WIELAND-STUDIEN

8

WIELAND-STUDIEN

Herausgegeben von

KLAUS MANGER,

DER CHRISTOPH MARTIN WIELAND-STIFTUNG BIBERACH

UND DEM WIELAND-FORSCHUNGSZENTRUM OSSMANNSTEDT

WIELAND-STUDIEN

8

Aufsätze
Texte und Dokumente

Universitätsverlag
WINTER
Heidelberg

Redaktion:
Tabea Dörfelt-Mathey, Yvonne Häfner, Klaus Manger, Dieter Martin,
Hans-Peter Nowitzki, Viia Ottenbacher, Robin Proks, Julia Rückert,
Sören Schmidtke, Lioba Schreiner, Frank Zöllner

Bibliografische Information der Deutschen Bibliothek

Die Deutsche Bibliothek verzeichnet diese Publikation
in der Deutschen Nationalbibliografie;
detaillierte bibliografische Daten sind im Internet
über *http://dnb. d-nb.de* abrufbar.

Umschlagbild:
Schattenriss Wielands von Eppelin,
entstanden um 1810.
Klassik Stiftung Weimar.

ISBN 978-3-8253-6258-4

Imprimé en Allemagne · Printed in Germany
Druck: Memminger MedienCentrum, 87700 Memmingen

Gedruckt auf umweltfreundlichem, chlorfrei gebleichtem
und alterungsbeständigem Papier

Den Verlag erreichen Sie im Internet unter:
www.winter-verlag.de

Inhalt

Vorwort

Nach seinem achtjährigen Aufenthalt in Zürich und Bern kehrte Christoph Martin Wieland im Mai 1760 nach Biberach zurück. Der Rat der Stadt hatte ihn zum Senator und Kanzleiverwalter seiner Vaterstadt berufen. Da man in Biberach wusste, dass Wielands Trauerspiel ›Lady Johanna Gray‹ bei der Erstaufführung am 20. Juli 1758 in Winterthur die Zuschauer »in das süsseste Entzücken gesetzt« und ihnen »häufige Thränen entlockt« hatte, wurde ihm am 7. Januar 1761 das »Directorium der Evangel. Comödianten Gesellschaft« übertragen. Im September desselben Jahres führte man Shakespeares Drama ›The Tempest‹ in Wielands Übersetzung und unter seiner Regie im Biberacher Komödienhaus in der Schlachtmetzig auf. Es handelte sich um die überhaupt erste Inszenierung des Werks in deutscher Sprache. Durch den Erfolg der Aufführung ermutigt, setzte Wieland seinen Plan einer Übersetzung sämtlicher Dramen Shakespeares zielstrebig um.

Christoph Martin Wielands Shakespeare-Übersetzung hat auf die deutsche Literatur- und Theatergeschichte eine nachhaltige Wirkung ausgeübt. Unbestritten ist, dass Wieland mit seiner Übertragung wesentliche Impulse für die Diskussion um Shakespeare in Deutschland gegeben hat. Damit wurde der englische Dramendichter erstmals einem breiteren Publikum zugänglich. Wielands Unternehmen forderte die Dichter des Sturm und Drang zur Kritik heraus, diente aber noch weit über diese Epoche hinaus zahlreichen Bühnenbearbeitungen als Grundlage.

Ungeachtet ihrer großen Bedeutung hat Wielands Shakespeare-Übersetzung seit ihrem Erscheinen eine Vielzahl kritischer Stellungnahmen hervorgerufen. Bemängelt wurde nicht nur Wielands Entschluss, Shakespeares Verse durch die Prosaform zu ersetzen; kritisiert wurde ebenso die Tatsache, dass er das Werk des elisabethanischen Dramatikers im Sinne der Rokokodichtung seiner Zeit inhaltlich und sprachlich glättete. Bis heute ist Wielands Shakespeare-Übersetzung aufgrund der kritischen Einschätzung der Anhänger des Sturm und Drang in ihrem Wert nicht angemessen gewürdigt worden, so dass sie Hans Radspieler zu Beginn der 1990er Jahre zu Recht als eines der »folgenreichsten, aber auch eines der am wenigsten bekannten und am meisten vernachlässigten Werke« der deutschen Literaturgeschichte bezeichnen konnte.

Das internationale und interdisziplinäre Kolloquium zu »Christoph Martin Wielands Shakespeare-Übersetzung und ihrer Wirkung in Literatur, bildender Kunst, Musik und Theater« fand vom 21. bis 23. Oktober 2011 auf Schloss Warthausen bei Biberach statt. Die in diesem Band versammelten Beiträge untersuchen die epochemachende Bedeutung von Wielands Shakespeare-Übersetzung am Beispiel der Biberacher Erstinszenierung im Kontext zeitgenössischer Debatten um Rhetorik, Ästhetik und Empfindsamkeit; darüber hinaus werden exemplarisch vielfältige Wirkungen des deutschen Shakespeare in der

Literatur, dem Theater, dem Musikleben und der bildenden Kunst in den Blick genommen. Dankenswerterweise fand die Dokumentation der Tagung Aufnahme in Band 8 der ›Wieland-Studien‹. Neben diesem Schwerpunkt versammelt er weitere Aufsätze und Dokumente zu Leben, Werk und Wirkung Christoph Martin Wielands. Ein ausdrücklicher Dank des Herausgebers Klaus Manger an den bisherigen Wissenschaftlichen Beirat der ›Wieland-Studien‹ beschließt ihn.

Unser besonderer Dank gilt der Familie von Ulm-Erbach, die die Tagung auf ihrem Familiensitz in Schloss Warthausen ermöglichte und mit ihrem Engagement wesentlich zum Gelingen derselben beigetragen hat. Zu danken haben wir auch den Sponsoren, namentlich der Arbeitsstelle der literarischen Museen, Archive und Gedenkstätten in Baden-Württemberg (Alim), der Arbeitsgemeinschaft literarischer Gesellschaften und Gedenkstätten (ALG), der Gesellschaft für Heimatpflege Biberach, der Wieland-Gesellschaft e.V. Biberach, der Schelle-Stiftung Biberach sowie dem Hotel Grüner Baum in Biberach.

Bedanken möchten wir uns zudem bei Viia Ottenbacher, der langjährigen Leiterin des Wieland-Museums mit Wieland-Archiv in Biberach, die insbesondere die Redaktion des Beitrags von Stuart Sillars übernommen hat. Dank gebührt weiterhin Robin Proks vom Deutschen Seminar der Albert-Ludwigs-Universität Freiburg, der mit großer Umsicht die Druckvorlage des Bandes eingerichtet hat sowie Elisabeth Rückert, Sören Schmidtke und Lioba Schreiner von der Arbeitsstelle Wieland-Edition der Friedrich Schiller-Universität Jena, die die Register erstellten. Die Finanzierung der Drucklegung verdanken die ›Wieland-Studien‹ der großzügigen Unterstützung durch den Freundeskreis des Goethe-Nationalmuseums e. V. Weimar und dem besonderen Engagement seines Vorsitzenden Dieter Höhnl.

Freiburg/Br. und Biberach/Riß, im Februar 2013

Yvonne Häfner, Dieter Martin

Christoph Martin Wielands Shakespeare-Übersetzung und ihre Wirkung in Literatur, bildender Kunst, Musik und Theater

Beiträge des Kolloquiums
vom 21. bis 23. Oktober 2011 auf Schloß Warthausen

Herausgegeben von
Yvonne Häfner und Dieter Martin

Thomas C. Starnes

SHAKESPEARE VOM ZÜRCHERSEE ZUR RISS*

Eulen nach Athen bringt derjenige, der vor Wielandfreunden in der Stadt Biberach steht und sie daran erinnert, dass im Jahre 1761 in der reichsstädtischen Schlachtmetzig mitsamt Komödienhaus etwas Wichtiges geschah, denn bekanntermaßen brachte die evangelische Komödiantengesellschaft im Monat September jenes Jahres ein neues Stück auf diese ehrwürdige Bühne, ›Der erstaunliche Schiffbruch‹ – eine Bearbeitung von William Shakespeares Schauspiel ›The Tempest‹. Das wenige, was über diese Aufführung bekannt ist, wird oft genug in den Annalen der Literatur wiederholt, denn damit tauchte Shakespeare vor zweihundertfünfzig Jahren zum ersten Mal in deutscher Sprache vor deutschen Theaterbesuchern auf – wenngleich nicht in einer »originalgetreuen Wiedergabe«, wie manchmal überenthusiastisch behauptet wird.[1] Die Übersetzung sowie die Bearbeitung und Inszenierung lieferte der geborene Biberacher und damalige Kanzleidirektor seiner Vaterstadt Christoph Martin Wieland – für alle stolzen Freunde oberschwäbischer Literaturtraditionen also ein Doppeltreffer. Die Geschichte von Shakespeare an der Riss fing aber nicht mit dieser Aufführung im September 1761 an. Fast ein ganzes Jahr vor dem Abend im Komödienhaus hatte Wieland den Entschluss gefasst, die gesamten Bühnenwerke Shakespeares zu verdeutschen, und zu diesem Zweck einen Vertrag über deren Veröffentlichung mit dem Zürcher Verlag Orell, Geßner und Cie. abgeschlossen.[2] Obwohl Wieland sein selbstgesetztes Ziel nicht erreichte, gelang es ihm doch, zwischen 1762 bis 1766 zweiundzwanzig Stücke zu übertragen, welche dann in acht Bänden ausgeliefert wurden.

Anderthalb Jahrhunderte später nannte der Heidelberger Germanist Friedrich Gundolf die Übersetzung Wielands eines der »unterirdisch einflussreichsten Werke der deutschen Literatur«.[3] Warum unterirdisch? Trotz einer weit verbreiteten negativ kritischen Rezeption – beschimpft wurde die Übersetzung oft und laut als eine schwache, untreue, sogar unerwünschte Nachahmung des

---

* Rede gehalten am 22. Oktober 2011 in der Stadthalle Biberach als Festvortrag am 350. Jahrestag der Gründung des Dramatischen Vereins Biberachs sowie als Abendvortrag zum Kolloquium anlässlich des 250. Jahrestages der Aufführung von Shakespeares ›Sturm‹ in der Übersetzung von C. M. Wieland.

1 Wie zum Beispiel von Kyösti Itkonen: Die Shakespeare-Übersetzung Wielands (1762 – 1766). Ein Beitrag zur Erforschung englisch-deutscher Lehnbeziehungen. Jyväskyla 1971 (Studia Philologica Jyväskyläensie 7), S. 13.

2 Wieland an Salomon Geßner (Biberach, 24. Juni 1762). In: WBr 3, S. 95 – 96, hier: S. 96; auf den Titelblättern hieß das Projekt: ›Shakespear. Theatralische Werke. Aus dem Englischen übersezt von Herrn Wieland‹.

3 Friedrich Gundolf: Shakespeare und der deutsche Geist. 6. unveränderte Auflage. Berlin 1922, S. 188.

Originals – haben die Kritiker, darunter viele junge Stürmer und Dränger, trotz allen Murrens, ihren Shakespeare durch Wielands Übertragungen kennen gelernt; diese verdeutschten Schauspiele haben sie einfach verschlungen – und in dem Engländer, wenn auch nicht in seinem Übersetzer, einen Abgott gefunden. Mit der Zeit verliehen die Mängel und Makel, welche Wielands Zeitgenossen an seiner Arbeit so sehr missbilligten, Impulse zu so vielen Revisionen und Verbesserungen, dass am Ende Shakespeare in Deutschland das Musterbeispiel aller weltliterarischen Einbürgerungen geworden ist. Im Laufe der 150 Jahre nach Wielands Übertragung haben die übersetzten Dramen dieses Engländers einen solchen Grad der Vollkommenheit und allgemeinen Beliebtheit erreicht, dass sie ein ganzes Säkulum lang zum Kern des Theaterrepertoires Deutschlands gehörten – und Gerhart Hauptmann behauptete sogar: »Es gibt kein Volk, auch das englische nicht, das sich ein Anrecht, wie das deutsche auf Shakespeare erworben hätte. Shakespeares Gestalten sind ein Teil unserer Welt […] wenn er auch in England geboren und begraben ist, so ist Deutschland das Land, wo er wahrhaft lebt.«[4] Diese wahrlich merkwürdige Rezeptionsgeschichte nahm ihren konkreten Anfang im Biberacher Komödiantenhaus mit der Aufführung von Shakespeares ›Sturm‹.

Der Bühnentext der epochemachenden Aufführung ist leider verschollen, aber zu deren Ehren hat der Dramatische Verein Biberachs während dieses Jubiläumsjahres den ›Sturm‹, wie Wieland ihn kurz nachher wiederum für die Veröffentlichung bearbeitete, mehrmals auf das Theater gebracht – und heute Abend wird er dank der Zusammenarbeit des Vereins mit dem Wieland-Archiv noch einmal gespielt. Es ziemt sich, Wielands bahnbrechende Leistung hier in seiner Vaterstadt auf diese Weise zu feiern. In den wenigen Minuten, die vor dem Anfang des Bühnengenusses bleiben, ist es vielleicht auch angemessen, einen kurzen Blick auf die Entstehung von Wielands Shakespeare-Projekt zu werfen.

Am 15. Oktober 1752 verließ der neunzehn Jahre alte Christoph Martin Biberach und fuhr nach Zürich. Dort sollte er, wie der ›Messias‹-Dichter Friedrich Gottlob Klopstock vor ihm, als Hausgast und Lehrling bei dem weit und breit bekannten Pädagogen und Literaturpatriarchen Johann Jakob Bodmer wohnen. Durch taktisch ausgedachte Briefe und auch durch eine schmeichelnde ›Abhandlung von den Schönheiten des Epischen Gedichts Der Noah‹, Bodmers neu erschienenem Bibelepos, hatte Wieland die Einladung von diesem Schweizer »Vater der Jünglinge« erwirkt.[5] Der frühreife und lernbegierige

---

4 Gerhart Hauptmann: Deutschland und Shakespeare. In: Jahrbuch der deutschen Shakespeare-Gesellschaft 51 (1915), S. VII – XII, hier: S. XII.

5 So wird Bodmer als Mentor vieler talentvoller Schüler, u. a. Klopstock, Wieland, Lavater und Füßli, in der Schweizer Literaturgeschichte oft genannt; vgl. Otto Hunziker: Bodmer als Vater der Jünglinge. In: Johann Jakob Bodmer. Denkschrift zum CC. Geburtstag (19. Juli 1898). Hg. von der Stiftung von Schnyder von Wartensee. Zürich 1900,

Biberacher hatte schon imponierende Kenntnisse von der einheimischen Literatur, von antiken Autoren und französischen Philosophen sowie von dem spanischen Romancier Miguel de Cervantes gesammelt – zunächst in der städtischen Lateinschule, nachher in dem berühmten Internat Klosterbergen und dann in Erfurt bei dem ihm verwandten Professor Johann Wilhelm Baumer. Zuletzt hatte er ein Jahr als Jurastudent auf der Universität Tübingen zugebracht, dort aber die Mehrzahl der Vorlesungen geschwänzt und sich der Dichtkunst gewidmet, eine Tätigkeit, deren Früchte bald in kleineren Gelehrtenkreisen Aufmerksamkeit erregten.

Von englischer Literatur kannte Wieland damals nicht viel mehr als das, was er in deutschen oder französischen Übertragungen gelesen hatte. Mit Bodmer sollte er aber einen Anglophilen kennen lernen, der schon Jahrzehnte lang mit Leib und Seele gegen die einseitige Frankophilie der Leipziger Gottsched-Schule gekämpft hatte. Dementsprechend hatte Bodmers künftiger Schüler Wieland immer wieder in Briefen in die Schweiz betont, wie sehr er die ehrliche Männlichkeit der Briten bewundere, sie mit den tändelnden Schwächen der Franzosen kontrastiert und sein Unglück bedauert, Englisch nicht früh gelernt zu haben: jetzt wolle er doch die Gedanken Miltons, Addisons, Popes, Youngs und Thomsons in ihrer eigenen Sprache lesen können.[6]

Warum der Name Shakespeare auf Wielands Desideratenliste fehlt, ist eine fesselnde Frage. Sicher war ihm wenigstens der Ruf des Dichters bekannt. Vielleicht war es die taktische Entscheidung eines jungen Mannes, der die Gunst des damals vierundfünfzig Jahre alten Bodmer gewinnen wollte. Er wusste, dass dieser Schweizer den Engländer John Milton für den größten Poeten seines Volkes hielt, und meinte, durch seine Übersetzung von Miltons ›Paradise Lost‹, die zwischen 1732 und 1769 in vier sukzessiven, verbesserten Ausgaben erschien, einen bedeutenden Beitrag zur Bildung des deutschen Geschmacks und Geistes gemacht zu haben. Bodmer hatte zwischen 1737 und 1747 auch Werke Alexander Popes und Samuel Butlers für seine Landsleute übertragen – und darüber hinaus nennt ihn die Literaturgeschichte seit seinem Tode die Schlüsselgestalt bei der Einführung von William Shakespeare ins deutsche Bewusstsein.

S. 79 – 114, und Martin Bircher: Shakespeare im Zürich des 18. Jahrhunderts. In: Geist und Schönheit im Zürich des 18. Jahrhunderts. Zürich 1968, S. 59 – 104, hier: S. 74.

6 Wieland an Johann Heinrich Schinz (Tübingen, 26. März 1752) und an Bodmer (Biberach, 14. Juni 1752). In: WBr 1, S. 54 – 55 und 95. Bei der Entscheidung Bodmers, Wieland nach Zürich einzuladen, spielte der junge Altstettener Hilfspfarrer Schinz eine bedeutende Rolle. Vgl. den Brief des Altstettener Predigers Johann Caspar Hess vom 16. Februar 1752 an Bodmer: »Der Vorschlag von einem Briefwechsel zwischen Wieland und unserm Schinz gefällt mir überaus wol. Ich wüßte kein besseres Mittel für uns, so wol die ganze Gemütsart dieses poetischen Jünglings aus dem Grund kennen zu lernen, als auch ihm nach und nach vorzubereiten, daß wir ihn nach einiger Zeit ohne alle Gefahr auf Zürich können kommen lassen.« (Zentralbibliothek Zürich Ms. Bodmer 11.1, Nr. 50)

Frühe Shakespeare-Kenntnisse scheint Bodmer hauptsächlich durch ein fleißiges Studium von Joseph Addisons Wochenschrift ›The Spectator‹[7] erworben zu haben. Dann im Jahre 1724, mehr als ein Vierteljahrhundert vor Wielands Ankunft in Zürich, erhielt er von einem Freunde die Werke Shakespeares – vermutlich die neue von Nicholas Rowe betreute Ausgabe. Umgehend dankte Bodmer dafür und behauptete, er wolle sich sofort damit beschäftigen.[8] Unsicher ist es aber, inwieweit oder wie bald er diese Absicht ausführte. Zwar nennt er den Engländer in verschiedenen Schriften der nachfolgenden Jahre, wenn auch oft mit schwankender Orthographie, doch immer mit Bewunderung: »Shakespear« sei ein englischer Sophokles; »Saksper« verdanke Milton seine meisterhafte Handhabung der Metapher; »Sasper« erweise mit seiner Gestalt Caliban im ›Sturm‹ seine unvergleichliche Einbildungskraft; »Saspars« Beschreibungen seien Wortmalereien; bei der Beschreibung von Geistern und Phantasie-Wesen fände »Schakspears« seinesgleichen nicht. Neben Lobeserhebungen gab es auch Textentlehnungen: für sein Heldengedicht ›Noah‹ machte Bodmer Anleihen aus dem ›Sommernachtstraum‹ und aus dem Geschichtsdrama ›Henry the Sixth‹.

Dessen ungeachtet ist es gar nicht sicher, dass Bodmer sich tatsächlich plangemäß sofort mit Shakespeare auseinandergesetzt hat. Jeder der oben spezifisch erwähnten Hinweise auf den englischen Dichter, jeder Vergleich, jeder Textauszug, jede Bewertung ist auch in der Zeitschrift Joseph Addisons, in den Essays Alexander Popes und Nicholas Rowes oder in den Bearbeitungen John Drydens zu finden. Das könnte selbstverständlich Zufall sein, und es lässt sich auch nicht feststellen, in wie weit Bodmer anderswo, zum Beispiel in Gesprächen, eine nähere Vertrautheit mit den Werken des Barden von Avon erkennen ließ. Trotzdem scheint die Frage, ob unsere Schlüsselfigur zu dieser Zeit Shakespeare wirklich sorgfältig gelesen hatte, nicht ganz unberechtigt zu sein. Ein Skeptiker könnte sogar mutmaßen, dass Bodmer Shakespeare damals eher aus zweiter Hand als aus den Schriften des Dichters selbst kannte.[9]

War Bodmer aber im Spätherbst 1752 vielleicht nicht ganz »shakespearefest«, so war sein neuer Schüler Wieland in der Hinsicht vergleichsweise so gut wie eine *tabula rasa*. Einiges deutet jedoch darauf hin, dass die zwei recht bald

---

7 Anfänglich kannte Bodmer nur ›Le spectateur‹, eine französische Ausgabe von Addisons Zeitschrift, die zwischen 1714 und 1726 in sechs Bänden bei David Mortier in Amsterdam erschien.

8 Bodmer an den Trogener Arzt Laurenz Zellweger (Zürich, 28. Januar 1724), zitiert nach John G. Robertson: The Knowledge of Shakespeare on the Continent at the Beginning of the Eighteenth Century. In: Modern Language Review 1 (1906), Nr. 4, S. 312 – 321, hier: S. 320.

9 Vgl. Theodor Vetter: J. J. Bodmer und die englische Litteratur. In: Bodmer. Denkschrift (Anm. 5), S. 313 – 386, hier: S. 330. Zu Deutungen dieser Namensvariationen vgl. u. a. Theodor Vetter: Zürich als Vermittlerin englischer Litteratur. Zürich 1891, S. 16 ff. August Koberstein: Shakespeare in Deutschland. In: Shakespeare Jahrbuch 1 (1865), S. 1 – 18, hier: S. 3. Karl Elze: Bodmer's Sasper. In: Ebd., S. 337 – 340. – Zu Bodmers Shakespeare-Rezeption vgl. auch den Beitrag von Dieter Martin im vorliegenden Band.

von diesem großen englischen Dichter gesprochen haben. In Wielands schon erwähnter und Monate vorher verfasster Abhandlung über Bodmers Bibelepos ›Noah‹[10] hatte der ernsthafte junge Essayist eine kurze Stelle im fünften Gesang des Gedichts besonders gelobt, ohne dabei zu wissen, dass die Zeilen eine fast wörtliche Übersetzung aus Shakespeare waren. Der geschmeichelte Schweizer plante eine Veröffentlichung des Aufsatzes, schickte aber zunächst einen Textentwurf an seinen langjährigen Briefpartner, den Hamburger Fabeldichter Friedrich Hagedorn, der umgehend darauf bestand, Bodmer müsse dem jungen Lobredner die Herkunft der gerühmten Zeilen erklären.[11] Was dann genau passiert ist, bleibt unbekannt, aber zwischen Wielands Zusendung seiner Schrift an Bodmer im Spätsommer 1752 und ihrer Drucklegung im Frühjahr 1753 wurden den zitierten Versen die Worte zugefügt: »Diese Vorstellung ist von Shakespeare entlehnt«.[12]

Die ersten Jahre Wielands in der Schweiz sind gut dokumentiert – abgesehen von dem, was uns hier besonders interessiert. Vielleicht dürfen Mutmaßungen in diesem Falle feste Belege ersetzen. Da Hinweise auf seine Erlernung der englischen Sprache fehlen, denke man an sein viel später abgelegtes Bekenntnis, er habe moderne Fremdsprachen meist durch Erraten und mit Hilfe von Wörterbüchern gelernt.[13] Zwei Ergänzungen zu Bodmers Handbibliothek im Jahre 1753, John Uptons ›Critical Observations on Shakespeare‹ und die neu erschienene, achtbändige Edinburger Ausgabe der Werke Shakespeares, gaben Wieland hinreichende Texte zum Enträtseln, und sicher benutzte er sie, um die Sprache und gleichzeitig deren größten Dichter näher kennen zu lernen. Einen aufschlussreichen Hinweis liefert die von Bodmer und Wieland zusammen betreute Ausgabe des ›Verlorenen Paradieses‹: In einer unterzeichneten Anmerkung verteidigt Wieland Miltons Vertrauen aufs Wunderbare und beruft sich dabei auf Hamlet – mit einem Zitat daraus im Englischen: »There are more things in Heaven and Earth than are dreamt of in your philosophy.«[14] Am 15. März 1755 behauptete Wieland während eines Gesprächs mit Freunden, Shakespeare sei ein Mann, dem »ewig der Engelländer Bewunderung bleiben« werde.[15] Im Jahre 1757, als Hauslehrer bei einer vornehmen Zürcher Familie, diktierte er seinen Schülern eine ›Theorie und Geschichte der Red- und Dicht-Kunst‹. Die Würdigung Shakespeares darin wird öfters »eine höchst einsichtsvolle Analyse« genannt. Bei einer objektiven Betrachtung der damaligen Shake-

---

10 Wieland an Bodmer (Biberach, 6. September 1752). In: WBr 1, S. 117 – 120, hier: S. 117.

11 Hagedorn an Bodmer (Hamburg, 17. September 1752). In: Friedrich von Hagedorn: Briefe Band 1. Hg. von Horst Gronemeyer. Berlin und New York 1997, S. 342.

12 AA I/3, S. 406.

13 Gespräch mit Karl August Böttiger (18. Oktober 1795). In: Karl August Böttiger: Literarische Zustände und Zeitgenossen. Begegnungen und Gespräche im klassischen Weimar. Hg. von Klaus Gerlach und René Sternke. Berlin 1998, S. 160.

14 AA I/4, S. 57 – 58. Vgl. Wielands spätere Übersetzung der Zeile: »Es gibt Sachen im Himmel und auf Erden, wovon sich unsre Philosophie nichts träumen läßt.«

15 Universitätsbibliothek Freiburg. Hs. Ring Nachlaß XX 313.

spearekenntnisse Wielands sollte jedoch nicht übersehen werden, dass sein Diktat keinen einzigen Gedanken enthält, den er nicht in Schriften Popes, Uptons und Rowes gelesen haben könnte. Möglicherweise hat sich Wieland zu dieser Zeit, wie vielleicht Bodmer vor ihm, eine eigenständige, eingehende Kritik des Engländers einfach nicht getraut.

Unter Bodmers Büchern aus England stieß Wieland auf andere Werke, die ihm zusprachen, vornehmlich die ›Charakteristika‹ Anthony Ashley Coopers, Earl of Shaftesbury und auch, wie es scheint, Nicolaus Rowes Tragödie ›Lady Jane Gray‹.[16] Auf jeden Fall verwendete er die Hauptbegebenheit im letzteren, die Hinrichtung von Englands schöner, frommer, junger, nur neun Tage herrschender Königin in einer eigenen ›Lady Johanna Gray‹. Diese Bearbeitung oder Nachahmung Wielands, übrigens das erste deutsche Blankversdrama, missfiel seinem alten Mentor Bodmer so sehr, dass dieser eine konkurrierende ›Lady Jane Grey‹ verfasste und veröffentlichte – und aus Berlin kam von dem Kritiker Gotthold Ephraim Lessing die sarkastische Bewertung des Wielandschen Stücks als eine minderwertige Plünderung seines englischen Vorbilds.[17] Im allgemeinen aber genoss Wielands Trauerspiel in der Schweiz einen so großen Beifall, dass er einen zweiten dramatischen Versuch, ›Clementina von Poretta‹, wieder aus englischen Quellen gezogen, unternahm. Sicher hat der Erfolg dieser zwei Bühnenexperimente mit tragischen Gestalten aus englischen Literaturwerken in ihm die Idee aufkeimen lassen, dem deutschen Theater auch die Dramen des größten englischen Dichters zugänglich zu machen. Dabei könnte er auch daran gedacht haben, durch eine solche Eindeutschung seinen Mentor, den Erz-Übersetzer Bodmer, zu übertrumpfen. Zu diesem Vorhaben wurde er durch Worte des Winterthurer Ratsherrn Wolfgang Sulzer ermutigt. Dieser meinte, ein geschickter Kopf würde durch eine Analyse der Schauspiele Shakespeares großen Dank verdienen. Sulzer empfahl jedoch eine sorgfältige Auswahl jener Szenen und Stellen, welche »würkliche Schönheiten besizen«, und warnte, »kein Drama dörffte ganz übersezzt werden«.[18]

Im Mai 1760 wurde der nunmehr berühmte junge Dichter Wieland als Senator in seine Vaterstadt nach Biberach berufen, und am 18. August wurde ihm die Aufsicht der evangelischen Komödiantengesellschaft anvertraut, da er »in derley Sachen wohl versirt« sei.[19] Lange bevor er in diesem Amt debütierte, ist die Idee der Eindeutschung Shakespeares in ihm so weit gereift, dass er sie gegen Ende 1760 in einem Brief an seinen Freund und künftigen Verleger Salomon Geßner vorlegte: Er wolle, heißt es, Shakespeare übersetzen und trachte, ihn so gut zu übersetzen, als er selbst wünschte, übersetzt zu werden,

---

16 Zentralbibliothek Zürich, Ms. Inventar der Bibliothek Johann Jakob Bodmers.

17 Gotthold Ephraim Lessing: Briefe die neueste Litteratur betreffend (1759 – 1765), hier: 63 – 64. Brief. In: G. E. Lessing: Werke und Briefe. Hg. von Wilfried Barner u.a. Frankfurt 1989 – 1994, Bd. 4, S. 649 – 657, hier: S. 653.

18 Sulzer an Wieland (Winterthur, 14. Januar 1759). In: WBr 1, S. 395 – 396.

19 Protokoll des Evangelischen Senats Biberach vom 18. Aug. 1760, S. 255: im Landeskirchlichen Archiv Stuttgart, Evangelisches Dekanatsamt Nr. 105.

wenn er Shakespeare wäre.[20] Drei Monate später erkundigte er sich bei dem Stuttgarter Gymnasialprofessor Johann Christian Volz, ob sonst jemand so ein Projekt vorhabe.[21]

Daraus lässt sich vermuten, dass Wieland schon im Winter und Frühling 1761 mit seinem Vorhaben beschäftigt war. Den ersten konkreten Beweis brachte aber erst Monate später die Aufführung seiner erfindungsreichen Inszenierung von Shakespeares ›Tempest‹. Aus Biberacher Dokumenten wissen wir von dieser Vorführung nur das nach schwäbischem Maßstab Allerwichtigste, nämlich dass sie ein finanzieller Erfolg war. Einiges mehr erfahren wir aus Wielands Erinnerungen daran fast vierzig Jahre später. Zu dem Text des ›Sturms‹ wurden einige Abschnitte aus Shakespeares ›Midsummer Night's Dream‹ hinzugefügt, um – wie der alte Dichter erzählte – dem damaligen Bedürfnis nach dem Wundersamen entgegenzukommen. Bei der Aufführung hätten die Liedeinlagen und auch der eingeflochtene politische Kommentar den Zuschauern besonders gefallen. Die talentvollsten Mitglieder der Komödiantengesellschaft hätten die Hauptrollen besetzt, von denen zwei, der verheiratete Büchsenmacher Johann Daniel Dettenrieder und die Jungfer Felicitas Knecht, kurz danach die Stadt unter nicht ganz ehrbaren Umständen verlassen hätten. Später verehelicht, sollten sie unter dem Namen Abt als Schauspieler ziemlich weit und breit bekannt werden.[22]

Warum wählte Wieland den ›Sturm‹ für die Komödiantengesellschaft? Vielleicht wegen der Länge des Stücks – es ist das zweitkürzeste aller Dramen Shakespeares. Noch wichtiger vielleicht für den Musikfreund Wieland, der später Singspiele dichtete und kommentierte, waren die Arien darin. Kaum weniger bedeutend war die Sprache Shakespeares: Einstimmig halten Forscher ›The Tempest‹ für das linguistisch modernste seiner Werke, ein Stück, das auch für heutige englische Zuschauer am wenigsten wegen veralteter Wendungen bearbeitet werden muss. Was englische Gelehrte heute erkennen, erkannte wohl auch vor 250 Jahren der deutsche Bearbeiter Wieland.

Den heute verlorenen Text zu seinem ›Erstaunlichen Schiffbruch‹ lieferte Wieland wenigstens teilweise – und vielleicht zum größten Teil – in Versen. Auch den ›St. Johannis-Nachts Traum‹, das erste Stück in seinen veröffentlichten ›Werken‹ Shakespeares, gab er versifiziert wieder. Die ziemlich flüssigen deutschen Jamben zeigen nach Ansicht des Marburger Germanisten Hermann Pongs gerade das, was Wieland an Shakespeares Werk ursprünglich angezogen

---

20 Wieland an Salomon Geßner (Biberach, 27. Dezember 1760). In: WBr 6.1, S. 204.

21 Wieland an Volz (Biberach, 1. März 1761). In: WBr 3, S. 27 – 30, hier: S. 29.

22 Gespräche mit Böttiger (24. April 1796 und 28. Dezember 1799). In: Böttiger (Anm. 13), S. 199 – 200 und 269 – 270. Falsch allerdings in Böttigers Aufzeichnungen ist der Satz, der Erfolg dieser Aufführung habe Wieland auf die Idee zur Übersetzung des ganzen Shakespeare gebracht. Zur ›Sturm‹-Aufführung vgl. auch Erhard Bruder: Wieland als Schauspieldirektor. In: Festschrift zum 200. Geburtstag des Dichters Christoph Martin Wieland. Hg. von Wilhelm Aichele im Auftrag des Kunst- und Altertumsverein Biberach. Biberach 1933. S. 74 – 76.

hatte: Eine schöpferische Spielfreude, die seine eigene geschmeidige Sprachkraft ins beste Licht setzt.[23] Ungeachtet der dort erwiesenen Begabung, Shakespeares Stilkunst zu empfinden, ging Wieland für seine folgenden Übersetzungen, von vereinzelten Stellen abgesehen, in Prosa über.

Sicher waren es auf der einen Seite Sprachschwierigkeiten, auf der anderen aber auch Gesellschaftsnormen, die zu dieser Entscheidung führten. Viele Engländer des 18. und sogar des späten 17. Jahrhunderts fanden die elisabethanische Sprache und Ausdrucksweise Shakespeares für modernere Leser und Theaterbesucher ungeeignet. Allgemein bekannt war, dass der damalige Londoner Schauspieler und Dramatiker David Garrick, besonders wegen seiner Shakespeare-Rollen berühmt, die Texte des Meisters bearbeitete. Möglicherweise von den Freiheiten beeinflusst, die sich Garrick gestattete, wählte Wieland eine Prosaübertragung, um seinem Text Klarheit und Natürlichkeit für das deutsche Publikum des 18. Jahrhunderts zu verleihen. Wäre dies seine Absicht gewesen, so ist es ihm gelungen – zumindest nach Meinung des älteren Goethe, der eben diese Natürlichkeit der Übersetzung lobte.[24]

Schon im Februar 1759 hatte Lessing in Berlin eine Übersetzung der Meisterstücke Shakespeares gewünscht – aber eine mit bescheidenen Veränderungen.[25] Sicher stimmte Wieland mit Lessing überein – von größerem Einfluss auf ihn waren aber wohl die Meinungen englischer Kritiker und Ästhetiker[26], besonders Shaftesburys, Wielands »Zwillingsbruder im Geiste«, wie Goethe meinte.[27] In seinem ›Ratschlag an einen Autor‹ erkennt Shaftesbury alle Stärken Shakespeares, einschließlich die Gabe, seinen Zuschauern zu gefallen. Zugleich bedauerte er aber die »angeborene Grobheit« des Dramatikers, seine ungeschliffene Manier, seine veralteten Redensarten und Witze, und die Ermangelung an Zusammenhang und Plan sowie an einem graziösen Schreibstil.[28]

---

23 Hermann Pongs: Wieland und Shakespeare. In: Festschrift Wieland (Anm. 22), S. 177 – 180, hier: S. 178.

24 Im Gespräch mit Johann Daniel Falk: Vgl. Goethes Gespräche. Hg. von Woldemar Freiherr von Biedermann in 9 Bden, Leipzig 1889 – 1891, hier: Bd. 3, S. 57.

25 Im 17. der »Briefe, die neueste Litteratur betreffend«. In: Lessing (Anm. 17), Bd. 4, S. 500.

26 Vgl. aber auch die Meinung von Hansjürgen Blinn, der in Wielands Bearbeitungen einfach einen Widerspruch zwischen der raffinierten Rokokokultur und der Renaissance Shakespeares erkennt; Hansjürgen Blinn: Shakespeare im Rokoko. Natur und Grazie in Wielands Shakespeare-Übersetzung. In: Literatur und Kultur des Rokoko. Festschrift für Gerhard Sauder zum 60. Geburtstag. Hg. von Matthias Luserke u. a. Göttingen 2001, S. 147 – 166.

27 So Goethe in seiner Rede ›Wieland's Andenken in der Loge Amalia zu Weimar gefeyert den 18. Februar 1813‹. In: WA I/36, S. 313 – 346, hier: S. 323. Wieland selbst nannte Shaftesbury den liebenswürdigsten aller modernen Schriftsteller. Vgl. Wielands Rezension von Herders ›Adrastea‹, NTM (1802), 4, S. 277 – 298, hier: S. 295.

28 Anthony Ashley Cooper, Earl of Shaftesbury: Soliloquy: or Advice to an Author. London 1710, S. 141. Im englischen Original hieß es: »Our old dramatick Poet may witness for our good ear and manly relish. Notwithstanding his natural Rudeness, his unpolished

Wieland nannte Shakespeare den ursprünglichsten und vortrefflichsten aller Dichter. Als beflissener Übersetzer bemerkte er in den Dramen aber auch manche, wie er sagte, »schwachen und zuweilen non-sensicalischen Stellen«.[29] Er entschied also, manche Szenen fallen zu lassen und manches veraltete Wort auszumerzen. Ihm allzu pöbelhaft vorkommende Umgangsformulierung unterdrückte er, manchmal unter Hinzufügung einer Anmerkung, in der er die Rohheit des Originals beklagte.[30] Hier darf aber auch nicht verschwiegen werden, dass manches Beibehaltene einfach missverstanden und falsch übersetzt wurde.

Im Fortgang der Arbeit erwies sich, zum Beispiel anhand von Ophelias Lied im ›Hamlet‹, Wielands Gabe, Shakespeares poetischen Genius nachzuempfinden und ihn sich anzueignen. Es gab Augenblicke, wo er seine Arbeit sehr positiv betrachtete: Einmal meinte er, man fände schwerlich ein amüsanteres Werk »nach dem Geschmak beynahe aller Leute«, und ein anderes Mal berichtete er, er habe mit großer Freude den äußersten Fleiß an sein Lieblingsstück ›Wie es euch gefällt‹ gewendet.[31] Meistens war aber die Gemütsstimmung, die er in Briefen an seinen Verleger verriet, düster. Das Projekt, das er anfangs als ein Mittel zur Entspannung ansah, wurde ihm bald zu einer »GaleerenSclaven Arbeit«, die ihn oft zur Verzweiflung brachte und ihm manchen Fluch entlockte, so dass er sich eingestehen musste, im Voraus nur eine »ziemliche Vorstellung« von den ihm vorstehenden Schwierigkeiten gehabt zu haben.[32] Wielands Schufterei dauerte jedoch mehr als fünf Jahre; Textreste zum achten und letzten Band der ›Theatralischen Werke Shakespears‹, welcher ›Hamlet‹ und das ›Winter-Mährchen‹ enthält, schickte er am 8. Mai 1766 von Biberach ab.[33]

---

style, his antiquated Phrase and wit, his want of Method and coherence and his Deficiency in almost all the Graces and ornaments of this kind of Writing, yet by the justness of his Moral, the Aptness of his many descriptions, and the plain and natural Turn of several of his characters he pleases.« Shaftesburys Worte auf Seite 64 in der gleichen Schrift haben seine negative Bewertung noch stärker betont: »The British Muses […] lisp as in their cradles, and their Stammering Tongues, which nothing but their Youth and Rawness can excuse have hitherto spoken in wretched Pun and Quibble. Our Dramatik Shakespeare […] preserve[s] this stile.« Dass Wieland schon früh Shaftesbury kannte und schätzte, beweisen viele seiner Briefe aus den Zürcher Jahren; in einem Schreiben vom 15. März 1755 nach Altstetten an Pastor Schinz wird Shaftesburys ›Advice to an Author‹ spezifisch empfohlen. In: WBr 1, S. 232.

29 Wieland an Salomon Geßner (Biberach, 9. April 1762). In: WBr 3, S. 79 – 80, hier: S. 79.

30 Allerdings ging Wieland nicht so weit mit seinen Textsäuberungen wie Thomas und Harriet Bowdler, die 1807 und 1818 in ihren englischen Prosa-Bearbeitungen, ›The Family Shakespeare‹, das Unanständige und Vulgäre so emsig strichen, dass »Bowdlerize« immer noch als Synonym für prüde Zensur gilt.

31 Wieland an Orell, Geßner und Cie (Biberach, 30. April und 14. Oktober 1762). In: WBr 3, S. 91 und 120 – 122, hier: S. 91 und 122.

32 Wieland an Salomon Geßner (Biberach, 24. Juni 1762 und 8. Mai 1766). In: WBr 3, S. 96 und 375.

33 Wieland an Salomon Geßner (Biberach, 8. Mai 1766). In: WBr 3, S. 375.

Somit endet die Reise Shakespeares von den Ufern des Zürcher Sees zur »unberühmt schleichenden Riss«, wie Wieland den Fluss mehr als einmal charakterisierte. Wieland hatte im Herbst 1752 im Hause seines Zürcher Lehrers Johann Jakob Bodmer die englische Sprache und etwa gleichzeitig Shakespeares Werke kennen gelernt. Des Schülers Wissbegier hat Bodmer sicher angefacht, denn dieser lobte den großen Engländer bei jeder passenden Gelegenheit – wenn es auch nicht ganz sicher ist, dass Bodmers Shakespeare-Kenntnisse zu dieser Zeit seinem Enthusiasmus gleichkamen. Rückblickend reizt sogar der Gedanke, der fleißige Wieland möge den Mentor angespornt haben, sich mit den Werken Shakespeares näher auseinanderzusetzen, denn in den nachfolgenden Jahren zeigte Bodmer eine wachsende Vertrautheit mit den Dramen und nahm kürzere sowie längere Stellen daraus in seine eigenen historischen und politischen Lesedramen auf.[34] Dem sei wie ihm wolle! Wielands Beschäftigung mit den Werken Shakespeares hat sich im gleichen Zeitraum so intensiviert, dass er die Möglichkeit erwog, sie zu übersetzen. Als der junge Mann als neuerwählter Senator seiner Vaterstadt an die Riss zurückkehrte, brachte er diesen Gedanken mit. Dort in der Heimat, ohne alle Vorbilder und nur zehn Jahre nach einer ersten Begegnung mit der englischen Sprache, die er nur aus Büchern lernte, unternahm es der zum Stadtschreiber ernannte Wieland, die Dramen des linguistisch kompliziertesten Dichters der englischen Literatur ins Deutsche zu übertragen. Zur Verfügung standen ihm nur William Warburtons Ausgabe der Werke Shakespeares von 1747 und als Hilfsmittel William Bowyers Französisches-Englisches Wörterbuch sowie ein kleines, nicht näher identifiziertes Lexikon Shakespearischer Wörter und Redensarten.[35] Einfach erstaunlich, dass es ihm gelungen ist! Als er das Projekt beendete, verhehlte er die durchgestandene Mühe und Qual nicht:

> Ich habe geleistet, was […] ohne Freunde, ohne einen Rathgeber […] möglich war. Ich schaudre selbst, wenn ich zurücksehe und daran dencke, daß ich den Shakespear zu übersetzen gewaget habe […] und ich sehe die Unvollkommenheit dessen was ich gethan habe […] Ich hoffe das Publicum soll nun mit mir zufrieden seyn […].[36]

Mit dem für das 18. Jahrhundert eingerichteten und herausgeputzten Shakespeare waren Teile des Publikums freilich nicht zufrieden. Ungerechten Beurtei-

---

34 Derartige Entlehnungen aus Shakespeare u. a. haben den Schweizer Historiker Gustav Tobler zu der Bemerkung geführt: »Bodmer war ein literarischer Kommunist, der alles, was ihm gefällt, sich ohne weiteres aneignet und unter seiner Marke wieder in den Handel bringt.« Vgl. Gustav Tobler: Bodmers politische Schauspiele. In: Bodmer. Denkschrift (Anm. 5), S. 115 – 162, hier: S. 157.

35 Die Herkunft der Hilfsmittel bleibt unbekannt. Vielleicht befanden sie sich in der Büchersammlung des Grafen Stadion in Schloss Warthausen, obwohl sie im Inventar der jetzt in Kozel/Böhmen aufbewahrten Stadion'schen Bibliothek nicht verzeichnet sind. Vgl. Walter Erhart: Von Warthausen nach Kozel: Die Bibliothek des Friedrich Grafen von Stadion (1691 – 1768). In: Euphorion 86 (1992), H. 2, S. 131 – 147, hier: S. 135 und bes. Anm. 48, S. 141 – 142 sowie Anm. 71, S. 146.

36 Wieland an Salomon Geßner (Biberach, 8. Mai 1766). In: WBr 3, S. 375.

lern erwiderte aber Wielands alter Widersacher Lessing in der ›Hamburgischen Dramaturgie‹: »Wir haben eine Übersetzung von Shakespeare. […] Das Unternehmen war schwer; […] aber was [Wieland] gut gemacht hat, wird schwerlich jemand besser machen. So wie er uns Shakespeare geliefert hat […], ist noch immer ein Buch, das man unter uns nicht genug empfehlen kann.«[37] Mit Empfehlung des scharfsichtigsten Kritikers der deutschen Aufklärung setzte sich die Migration des englischen Dramatikers vom Zürcher See zur Riss weiter fort – und seine Werke wurden durch die Arbeit des Biberachers Christoph Martin Wieland, einer der echten Schlüsselgestalten in der Geschichte Shakespeares auf dem Festland Europa, in alle Ecken Deutschlands eingeführt.

[37] Im 15. Stück der ›Hamburgischen Dramaturgie‹. In: Lessing (Anm. 17), hier Bd. 6, S. 527 – 528.

Dieter Martin

WIELANDS VORAUSSETZUNGEN

Shakespeare bei Bodmer

Daß Christoph Martin Wieland mit seiner Inszenierung von ›The Tempest‹, die im September 1761 unter dem Titel ›Der erstaunliche Schiffbruch‹ über die Biberacher Bühne gegangen ist, eine wichtige Wegmarke der Shakespeare-Rezeption auf dem deutschen Theater aufgerichtet hat, ist wohl unbestritten.[1] Nicht wirklich gestellt hat man aber die Frage, weshalb Wieland gerade ›The Tempest‹ an den Anfang seiner Beschäftigung mit Shakespeare gerückt hat.[2] Daß er einen weiten Bogen um Shakespeares Historien machte, läßt sich leicht verstehen – diese Stücke mußten für das deutsche Publikum, schon aufgrund ihrer ganz in der englischen Geschichte verankerten Stoffe, extrem sperrig wirken. Aber warum wählt Wieland nicht eine der gewaltigen Tragödien von Hamlet oder Othello, Lear oder Macbeth, deren große Charaktere den *deutschen Geist* später so nachhaltig angesprochen haben? Warum nicht eine der leichteren Verwechslungskomödien, die man an den zeitgenössischen Theatergeschmack mit seiner anhaltenden Vorliebe für Typenkomödien hätte anpassen können? Und warum nicht die Liebestragödie von Romeo und Julia, deren Konfliktstruktur dem seinerzeit aktuellen Bürgerlichen Trauerspiel ähnelte und die daher (wie im Gefolge von Wielands Übersetzung dann auch geschehen[3]) in diesem neuen Gewand hätte auftreten können? Weshalb stellte Wieland all diese Möglichkeiten hintan und entschied sich zunächst für eine der beiden phantastischen Komödien, deren extreme Mischung der Stände den Theaterregeln der Zeit zuwiderliefen, deren Wunderhandlungen quer zu der von der Aufklärung verkündeten Rationalität standen und die Figuren auf die Bühne brachten, die dem Maßstab der Vernunft widersprachen?

Um Antworten auf diese Fragen zu versuchen, sollte man sich zunächst vergegenwärtigen, daß sich Wielands Shakespeare-Aneignung nicht im leeren Raum, sondern in komplexen historisch-ästhetischen Zusammenhängen entwickelte. Fundamental geprägt ist der *deutsche Shakespeare* durch die große historische Lücke zwischen dem Original und seiner Rezeption. Gut hundert Jahre lang wußte man in Deutschland so gut wie nichts von Shakespeare. Auf dem deutschen Theater des 17. Jahrhunderts wurden zwar einige Stücke ge-

---

1 Vgl. die detailliert aus den Quellen gearbeitete Darstellung von Viia Ottenbacher und Heinrich Bock: Wielands Komödienhaus in Biberach. Marbach ^{2}1999 (Spuren 15).

2 Vgl. im vorliegenden Band auch die Überlegungen im Beitrag von Thomas C. Starnes.

3 Christian Felix Weiße: Romeo und Julie. Ein bürgerliches Trauerspiel in fünf Aufzügen. Leipzig 1768.

spielt, die mehr oder weniger entfernt mit Shakespeare zu tun hatten.[4] Aber das Bewußtsein, daß diese Theatertexte auf Shakespeare zurückgingen, fehlte völlig: Bei keiner dieser Einrichtungen des 17. Jahrhunderts steht der Name des Dichters. Als die Deutschen sich für ihn interessierten, hatte Shakespeare in seiner Heimat bereits eine intensive Rezeptionsgeschichte hinter sich, eine Geschichte unterschiedlicher Wirkungen und Wertungen, deren Zeugnisse einerseits in stark eingreifenden Theaterbearbeitungen, andererseits im gelehrten Diskurs zu finden sind: Diese beiden Segmente der einheimischen Wirkungsgeschichte – das englische Theater und der dortige gelehrte Diskurs[5] – sind für die deutsche Rezeption vorentscheidend. Im deutschen Sprachraum adaptiert man nicht den *ursprünglichen* Shakespeare, sondern ein bereits historisch vermitteltes Shakespeare-Bild, das im England des 17. und frühen 18. Jahrhunderts entworfen wurde. Symptomatisch zeigt dies schon die früheste Quelle, die Shakespeares Namen überhaupt in deutscher Sprache nennt: »Der *John Dryden*«, so schreibt Daniel Georg Morhof in seinem 1682 zuerst gedruckten ›Unterricht von der Teutschen Sprache und Poesie‹, »hat gar woll gelahrt von der *Dramaticâ Poesi* geschrieben. Die Engelländer die er hierin anführt sein *Shakespeare, Fletscher, Beaumont* von welchen ich nichts gesehen habe.«[6] Wie in diesem ersten Nachweis bleibt das deutsche Urteil über Shakespeare noch einige Jahrzehnte abhängig von englischen und sodann auch von vermittelnden französischen Quellen. Von deren ästhetischen Wertungen aus finden die deutschen Literaten erst nach und nach zu einer selbständigeren Auseinandersetzung mit Shakespeare.

Diese Vorbedingungen gelten in besonderem Maße für Johann Jacob Bodmer, Wielands Zürcher Mentor, dessen Einfluß auf seinen Zögling nicht hoch genug zu veranschlagen ist.[7] Bodmers Shakespeare-Rezeption, die im

---

4 Zu dieser Vorgeschichte vgl. Simon Williams: Shakespeare on the German stage. Bd. 1: 1586 – 1914. Cambridge u. a. 1990.

5 Vgl. hierzu die Darstellungen und Quellensammlungen von Brian Vickers (Hg.): Shakespeare. The Critical Heritage. 6 Bde. London u. a. 1974 – 1981, Jonathan Bate und Russell Jackson (Hgg.): Shakespeare. An Illustrated Stage History. Oxford u. a. 1996, und Klaus Peter Steiger: Die Geschichte der Shakespeare-Rezeption. Stuttgart u. a. 1987.

6 Daniel Georg Morhof: Unterricht Von Der Teutschen Sprache und Poesie / deren Uhrsprung / Fortgang und Lehrsätzen. Kiel 1682, S. 250. – Zu den frühen Shakespeare-Erwähnungen vgl. Hansjürgen Blinn: Der deutsche Shakespeare. Eine annotierte Bibliographie zur Shakespeare-Rezeption des deutschsprachigen Kulturraums (Literatur, Theater, Film, Funk, Fernsehen, Musik und bildende Kunst). Berlin 1993, hier S. 29 f., und Roger Paulin: The Critical Reception of Shakespeare in Germany 1682 – 1914. Native Literature and Foreign Genius. Hildesheim u. a. 2003, bes. S. 24 – 26.

7 Vgl. zuletzt Verf.: Bodmers streitbare Koalition mit Christoph Martin Wieland. In: Bodmer und Breitinger im Netzwerk der europäischen Aufklärung. Hg. von Anett Lütteken und Barbara Mahlmann-Bauer. Göttingen 2009 (Das achtzehnte Jahrhundert. Supplementa 16), S. 459 – 473, und Klaus Manger: »Vierzehn glükliche Tage in der förenen Hütte«. Wieland in der Schweiz. In: Europa in der Schweiz. Grenzüberschreitender Kulturaustausch im 18. Jahrhundert. Hg. von Heidi Eisenhut, Anett Lütteken und Carsten Zelle. Göttingen 2013, S. 305 – 321.

folgenden zunächst in ihren wesentlichen Zügen skizziert und dann an einem bislang nicht ausgewerteten Zeugnis näher untersucht wird, präsentiert sich als langanhaltend, vielfältig und uneinheitlich.[8] Bodmers Rezeption hält lange an, da die frühesten Nachweise schon in die 1720er Jahre fallen und Bodmer noch in seinen spätesten Schaffensphasen, als der Shakespeare-Enthusiasmus des Sturm und Drang ihn längst überrollt hatte, immer wieder auf Shakespeare zurückgekommen ist. Vielfältig ist seine Shakespeare-Rezeption schon insofern, als sie sowohl aus poetologischen Urteilen über Shakespeare wie auch aus poetischen Anleihen bei Shakespeare besteht, also sowohl eine kritisch-wertende wie eine dichterisch-produktive Seite hat. Dabei bleibt Bodmers Rezeption aber uneinheitlich: Der Zürcher hat seine Haltung zu Shakespeare nie in einer eigenen Abhandlung zusammengefaßt und bleibt mit seinen Shakespeare-Referenzen von vermittelnden Instanzen abhängig.

Bodmers Abhängigkeit belegt prägnant der Anfang seiner Shakespeare-Beschäftigung. Auf den Namen des englischen Dramatikers dürfte Bodmer erstmals gestoßen sein, als der 1698 geborene Student im Jahre 1718 die von Joseph Addison herausgegebene Zeitschrift ›Spectator‹ las, allerdings nicht im Original, sondern in französischer Übersetzung.[9] Die erste Lektüre von Shakespeare-Dramen in englischer Sprache, die Bodmer bald so gut beherrschte, daß er Miltons ›Paradise Lost‹ ins Deutsche übersetzte, datiert wohl auf Anfang 1724. Jedenfalls dankt Bodmer damals seinem Freund Zellweger, der englische Bücher über seine Kontakte zur niederländischen Universität Leiden besorgen konnte, für das, »Was ihr mir von Congrêve, Cibber, Addison, Shakespear und

---

8 Neuere Spezialstudien und Überblicksdarstellungen zu Bodmer und Shakespeare fehlen. Im Sammelband: Bodmer und Breitinger im Netzwerk der europäischen Aufklärung (Anm. 7) wird nur Bodmers produktive Shakespeare-Rezeption in seinen späten Dramen intensiver beleuchtet: Vgl. Albert Meier: »Keine Fesseln von einem König!« Bodmers Poetik des ›politischen‹ Schauspiels. Ebd., S. 314 – 326, bes. S. 322 – 324; Thomas Maissen: »Mit katonischem Fanatisme des Despotisme daniedergehauen«. Bodmers ›Brutus‹-Trauerspiele und die republikanische Tradition. Ebd., S. 350 – 364, bes. S. 353 f. und 360 f. – Aus der älteren Forschung sind zu nennen: Karl Elze: Bodmer's Sasper. In: Jahrbuch der deutschen Shakespeare-Gesellschaft 1 (1865), S. 337 – 340; Theodor Vetter: Bodmer und die englische Literatur. In: Johann Jakob Bodmer. Denkschrift zum CC. Geburtstag (19. Juli 1898). Hg. von der Stiftung von Schnyder von Wartensee. Zürich 1900, S. 313 – 386, hier bes. S. 325 – 330 und S. 367 – 369; Theodor Vetter: Shakespeare und die deutsche Schweiz. In: Jahrbuch der deutschen Shakespeare-Gesellschaft 48 (1912), S. 21 – 36; Gustav Becker: Johann Jakob Bodmers ›Sasper‹. In: Jahrbuch der deutschen Shakespeare-Gesellschaft 73 (1937), S. 139 – 141; Martin Bircher: Shakespeare im Zürich des 18. Jahrhunderts. In: Geist und Schönheit im Zürich des 18. Jahrhunderts. Zürich 1968, S. 59 – 65; Martin Bircher und Heinrich Straumann: Shakespeare und die deutsche Schweiz bis zum Beginn des 19. Jahrhunderts. Eine Bibliographie raisonnée. Bern und München 1971, S. 46 – 66 (mit weiteren Literaturhinweisen S. 64 – 66).

9 Kurt Schreinert: Der ›Spectateur‹ und sein Shakespeare-Bild 1714 – 1726. Zugleich ein Beitrag zur kontinentalen Frühgeschichte der moralischen Wochenschriften. In: Shakespeare-Studien. Festschrift für Heinrich Mutschmann. Hg. von Walther Fischer und Karl Wentersdorf 1951, S. 127 – 160, hier S. 137 – 139.

Dryden gesand« und verspricht von seiner Lektüre baldige »Rechenschafft« zu »geben«.[10] Der Katalog der von Bodmer genannten Autoren endet nicht zufällig mit »Addison, Shakespear und Dryden«: Dryden war schon für Morhof der entscheidende Shakespeare-Informant, und Addisons prägte die frühe deutsche Shakespeare-Rezeption entscheidend mit, nicht nur bei Bodmer, sondern auch bei seinem späteren Leipziger Widersacher Gottsched, dessen Frau 1739 Teile des ›Spectator‹ mitsamt den darin enthaltenen Shakespeare-Ausschnitten übersetzte.[11]

Addison und Dryden bleiben in den nächsten Jahren und Jahrzehnten, bis in die 1750er Jahre hinein, als Wieland an Bodmers Schreibtisch mitarbeitete, die wesentlichen Gewährsleute, die das Shakespeare-Bild des Schweizers bestimmten. Bedeutsam bis hin zu Wieland, darauf haben schon Ernst Stadler, Kurt Schreinert und in jüngerer Zeit Roger Bauer hingewiesen,[12] wurde vor allem die von Dryden und Addison betriebene Stilisierung Shakespeares zum genialen Dichter, zum Originalgenie, das die Regel der Dichtkunst mißachten dürfe, weil es seine Fehler durch seine Erfindungsgabe mehr als wettmache:

> There is a kind of Writing, wherein the Poet quite loses sight of Nature, and entertains his Reader's Imagination with the Characters and Actions of such Persons as have many of them no Existence, but what he bestows on them. Such are Fairies, Witches, Magicians, Demons, and departed Spirits. This Mr. *Dryden* calls *the Fairie way of Writing*, which is, indeed, more difficult than any other that depends on the Poet's Fancy, because he has no Pattern to follow in it, and must work altogether out of his own invention. [...] Among all the Poets of this Kind our *English* are much the best [...]. For the *English* are naturally Fanciful [...].
>
> Among the *English*, *Shakespear* has incomparably excelled all others. That noble Extravagance of Fancy, which he had in so great Perfection, throughly qualified him to touch this weak superstitious Part of his Reader's Imagination; and made him capable of succeeding, where he had nothing to support him besides the Strength of his own Genius. There is something so wild and yet solemn in the Speeches of his Ghosts, Fairies, Witches, and like Imaginary Persons, that we cannot forbear thinking them natural, tho' we have no Rule by which to judge of them, and must confess, if there are such Beings in the World, it looks highly probable they should talk and act as he has represented them.[13]

Kraft seiner Phantasie könne Shakespeare besondere Wesen erfinden, die ganz allein ihm ihr Dasein schulden: Feen, Hexen, Zauberer, Dämonen, Geister. Habe schon Dryden dies als »*Fairy way of Writing*« bezeichnet, so sei sicher, daß nur ein Dichter diesen Weg gehen dürfe, der sich ganz auf die Stärke seines Genies verlassen könne.[14] Hebt Addison damit die phantatischen Komödien besonders

---

[10] Zitiert nach Bircher/Straumann (Anm. 8), S. 50.

[11] Vgl. hierzu Paulin (Anm. 6), S. 43 – 49.

[12] Ernst Stadler: Wielands Shakespeare. Straßburg 1910, S. 5, Schreinert (Anm. 9), S. 148 f., und Roger Bauer: »The fairy way of writing«. Von Shakespeare zu Wieland und Tieck. In: Das Shakespeare-Bild zwischen Aufklärung und Romantik. Hg. von Roger Bauer. Bern u. a. 1988, S. 143 – 161, hier S. 145 mit Anm. 15.

[13] The Spectator Nr. 419, Tuesday, July 1. 1712.

[14] Vgl. Bauer (Anm. 12), S. 146 f. (mit weiteren Nachweisen).

hervor, so lobt er an anderer Stelle explizit ›The Tempest‹ auf Kosten anderer, der Realität näher stehender Stücke: Durch die Zeichnung des Caliban zeige Shakespeare größere Erfindungskraft als durch die der Tradition und der Geschichte verhaftete Zeichnung etwa Julius Caesars.[15]

Von hier aus lassen sich gut die Fäden zu Bodmer spinnen. Die nächsten Zürcher Shakespeare-Spuren finden sich in poetologischen Schriften der frühen 1740er Jahre, die zentral der Verteidigung Miltons gewidmet sind. Als Bodmer 1740 ›Joseph Addisons Critische Abhandlung von den Poetischen Schönheiten in Johann Miltons Verlohrnem Paradiese‹ verdeutschte, hat er Addisons dort wiederholtes Lob für Shakespeares Erfindung der Caliban-Gestalt mit übertragen[16] – ein Lob, das Wieland noch Jahre später, nämlich in einer Anmerkung zu seinem ›Neuen Amadis‹, mit explizitem Bezug auf Addison aufgreift.[17] Während Bodmers eigene ›Critische Abhandlung von dem Wunderbaren in der Poesie‹ Milton und Shakespeare in einem Atemzug preist,[18] stützt er sich in seinen ›Critischen Betrachtungen über die Poetischen Gemählde Der Dichter‹ von 1741 wiederum auf Addison, um Shakespeare für seine »Geister und Phantasie-Wesen« zu rühmen.[19]

---

15 The Spectator Nr. 279, Saturday, January 19. 1712: »It shows a greater Genius in *Shakespear* to have drawn his *Calyban*, then his *Hotspur* or *Julius Cæsar*: The one was to be supplied out of his own Imagination, whereas the other might have been formed upon Tradition, History and Observation.«

16 Johann Jacob Bodmer: Critische Abhandlung von dem Wunderbaren in der Poesie und dessen Verbindung mit dem Wahrscheinlichen In einer Vertheidigung des Gedichts Joh. Miltons von dem verlohrnen Paradiese; Der beygefüget ist Joseph Addisons Abhandlung von den Schönheiten in demselben Gedichte. Zürich 1740, S. 246 f.: »Daß Sasper seinen Calyban ausgesonnen hat, giebt einen grössern Geist zu erkennen als seine Erfindung des Hotspurs oder Julius Cäsars. Der erstere mußte aus seinem eigenen Kopfe hervor geholet werden, da die andern zween auf die Sage, die Geschichten und gleichmässige Begegnissen konten aufgeführt werden.« Zu Bodmers Schreibweise von Shakespeares Name vgl. Bircher/Straumann (Anm. 8), S. 49 f.

17 Wieland: Der Neue Amadis. In: WOA 9.1, S. 409 – 656, hier: S. 613: »Eine Art Halbmensch, von Shakespears Schöpfung, der Sohn der Hexe Sykorax und eines Feldteufels. S. den Sturm im I. Theil der Übersetzung Shakespears.« Um den expliziten Hinweis auf Addison erweitert Wieland seine Anmerkung dann in der Augabe letzter Hand: »Kaliban – So heißt in *Shakspeares Sturm* eine Art Halbmensch von seiner eigenen Schöpfung, ein unförmliches Mittelding zwischen Mensch und Meerkalb, dessen Erfindung und Darstellung vielleicht das *non plus ultra* der höchsten menschlichen Einbildungskraft ist, wie schon *Addison* in einem seiner *Spectators* bemerkt hat.« (Wieland: Der neue Amadis. In: C[1r] 5, S. 1 – 145, hier: S. 89).

18 Bodmer: Abhandlung (Anm. 16), Vorrede, Bl.)(4[v].

19 Johann Jacob Bodmer: Critische Betrachtungen über die Poetischen Gemählde Der Dichter. Mit einer Vorrede von J. J. Breitinger. Zürich 1741, S. 593: »Unter den Engelländern hat Sasper den Ruhm, daß er in der Vorstellung solcher Geister und Phantasie-Wesen, derer Ursprung auf den Aberglauben und die Leichtglaubigkeit gegründet ist, etwas besonderes gehabt habe […]. Addison hat von dieser Geschicklichkeit und Kunst desselben ein Urtheil gefällt, das mir Anlaß giebt, mich darüber näher und eigentlicher zu erklären. Er saget […].«

Bis um die Jahrhundertmitte blieb Bodmer ganz der genieästhetischen Argumentation Addisons verhaftet. Um 1750, als er von der Dichtungstheorie zum produktiven Dichten übergegangen ist, adaptierte er Shakespeares Dramen auch für seine poetischen Texte. Ausführlich dokumentiert hat man dies für seine politischen Dramen der 1760er Jahre.[20] Diese Werke fallen aber in eine Zeit, als Wieland sich von Bodmer bereits wieder abgewandt hatte. Wesentlich aufschlußreicher ist es daher, Bodmers kurz vor 1750 zweimal gedruckte Erzählung ›Pygmalion und Elise‹ in den Blick zu nehmen.[21] Den Shakespeare-Bezügen in dieser Erzählung wurde bislang offenbar nicht genauer nachgegangen,[22] obschon es sich hier wohl um die früheste poetische Shakespeare-Rezeption in der deutschen Dichtung überhaupt handelt und obschon Bodmer seine Vorlage im Text selbst ausdrücklich benennt: Man habe »angemerkt«, daß in der Erzählung, die Bodmer »ägyptische[n] Tagebücher[n]« und »Handschriften« entnommen haben will, »einige Einfälle und Reden wären, welche man in Shakespears bezauberten Insel läse« (S. 35 f.). Bodmer, der laut Wielands späterer Einsicht laxe Begriffe »vom schriftstellerischen Eigenthumsrechte« gehabt habe und »als Dichter wie ein Nachtrabe stahl«,[23] markiert hier seine intertextuelle Referenz vergleichsweise deutlich, auch wenn er anschließend suggeriert, seine Erzählung gehe nicht direkt auf Shakespeare zurück. Vielmehr habe dieser »die ägyptischen Originale, dic jczt in meiner Hand liegen, auch gesehen und sie in seiner Tragödie genutzet« (S. 36) – zweifellos eine euphemistische Umschreibung für den aneignenden Quellen-

[20] Vgl. die in Anm. 8 genannte Literatur sowie die positivistische Studie von Gustav Tobler: Bodmers politische Schauspiele. In: Bodmer. Denkschrift (Anm. 8), S. 115 – 162, bes. S. 123, 130 – 133 und 151 f.

[21] Johann Jacob Bodmer: Pygmalion und Elise. In: Neue Erzählungen verschiedener Verfasser. Frankfurt und Leipzig 1747, S. 1 – 68 (zitiert wird im folgenden nach diesem Erstdruck durch Angabe der Seitenzahl im laufenden Text); Johann Jacob Bodmer: Pygmalion und Elise. O. O. 1749; ein ›Zusaz zum Pigmalion‹ findet sich in: Johann Jacob Bodmer [u. a.]: Neue critische Briefe über gantz verschiedene Sachen, von verschiedenen Verfassern. Zürich 1749, S. 170 – 177; wieder abgedruckt ist Bodmers Erzählung in der Textsammlung: Künstliche Menschen. Dichtungen und Dokumente über Golems, Homunculi, Androiden und liebende Statuen. Hg. von Klaus Völker. München 1971, S. 324 – 357. – Daß Wieland diesen Text intensiv rezipiert hat, bezeugt Johann Gottfried Gruber: C. M. Wielands Leben. Neu bearbeitet. Tl. 1. Leipzig 1827, S. 127 – 132 (Wieland über seine eignen Schriften), hier: S. 131: »Die *Erzählungen* zu schreiben, faßte ich den Entschluß, als ich Bodmers aus Thomson übersetzte Erzählungen las; doch hatte mir schon vorher Pygmalion und Elisa etwas dergleichen eingegeben.« Auch verweist Wieland in einer Anmerkung zu seinen ›Zwölf Moralischen Briefe‹ (1752) bereits auf die Erzählung, als deren Verfasser er Bodmer noch nicht kannte: »Pygmalion wird meinen meisten Lesern entweder aus dem Französischen des Herrn von St. Hyacinthe, oder dem Deutschen, welcher mir noch schöner dünkt als jener, bekannt seyn.« Wieland: Zwölf moralische Briefe. In: AA I 1, S. 223 – 307, hier: S. 253.

[22] Zu nennen ist einzig der bibliographische Nachweis bei Bircher/Straumann (Anm. 8), S. 55 f.

[23] Johann Gottfried Gruber: Christoph Martin Wieland. Tl. 1. Leipzig und Altenburg 1815, S. 67.

gebrauch Bodmers, der laut Wieland nach dem »Grundsatz« verfahren sei: »wo ich etwas Schönes finde, ist es mein«.[24]

Welche schönen »Einfälle und Reden« aus »Shakespeares bezauberte[r] Insel« (S. 36) hat Bodmer aber seiner Erzählung einverleibt? Um den Stellenwert der Shakespeare-Anleihen zu bestimmen, muß man zunächst festhalten, daß Bodmer in der ersten Hälfte seiner zweiteiligen Geschichte – vor der zitierten Quellenfiktion – die Pygmalion-Mythe etwa in dem seit Ovid bekannten Verlauf nacherzählt: Der Künstler Pygmalion verliebt sich in eine selbst verfertigte Frauenstatue, und sein heftiger Wunsch nach der Belebung der Statue wird durch die Liebesgöttin erfüllt. Mit seiner Erzählung wendet sich Bodmer gegen die Pygmalion-Version des französischen Frühaufklärers André-François Boureau-Deslandes, bei dem sich die Belebung der Statue ohne göttliches Wunder aus der Neuordnung der Atome vollzieht, die sich nach der Darstellung des Verfassers sowohl zu anorganischen wie zu organischen Gebilden formieren könnten.[25] Gegen diese materialistische Version beharrt Bodmer darauf, nur göttliches Eingreifen könne das tote Material beleben. Anders als die meisten Pygmalion-Geschichten, die – wie Ovid – kurz nach dem Belebungswunder abbrechen und das künftige Geschick des Paares ausblenden, führt Bodmers Version weiter. Schon im ersten, im Handlungsverlauf eher traditionellen Abschnitt blickt Bodmer wesentlich auf die Erfahrungen und Erkenntnisse der neuerweckten, zunächst ganz unwissenden Frau und erkundet, wie sie in Abgrenzung von anderen Wesen ihre Identität bestimmt und zur Erkenntnis der göttlichen Schöpfungsmacht gelangt. Wie Bodmer den Pygmalion-Stoff von Anfang an zur Behandlung menschlicher Grundfragen nutzt, so reizt ihn auch in der Fortsetzung die Versuchsanordnung eines körperlich erwachsenen, aber geistig-seelisch völlig naiven, als tabula rasa in die Welt kommenden Menschen.

Hierfür konnte Bodmer die zentrale Konstellation von Shakespeares ›The Tempest‹ adaptieren: Der Zauberer Prospero ist für seine Tochter Miranda ein pygmalion-ähnlicher Schöpfer und Erzieher, der ihre Welt und ihre Kenntnisse bis hin zu der den Dramenanfang markierenden Ankunft der Schiffbrüchigen fast völlig bestimmt hat. Um diese Parallele zu ›The Tempest‹ zu betonen, versetzt Bodmer seinen Pygmalion – anders als bei Ovid – von vorneherein in ein robinsonhaftes Insel-Exil, das er als ideale Gegenwelt zu seiner sittlich

---

[24] Ebd. – Bodmer selbst veröffentlichte in der Entstehungszeit der ›Pygmalion und Elise‹-Erzählung sein ›Liebreiches Urtheil von dem Ausschreiben‹ in: Neue critische Briefe (Anm. 21), S. 455 – 457 (Brief 66; Titel im Inhaltsverzeichnis).

[25] Mit einer modernen Übersetzung ist Boureau-Deslandes' 1741 anonym erschienene Erzählung ›Pigmalion ou La Statue animée‹, die von den Zeitgenossen zunächst oft Thémiseul de Saint-Hyacinthe zugeschrieben worden ist (so auch in Bodmers Vorrede von 1747, Bl.)(4^r, und von Wieland in seinen ›Moralischen Briefen‹, s. Anm. 21, sowie in seinem Brief an Bodmer vom 6. März 1752. In: WBr 1, S. 45 – 52, hier: S. 50), abgedruckt und analysiert bei Rolf Geißler: Boureau-Deslandes. Ein Materialist der Frühaufklärung. Berlin 1967.

verrohten Herkunftsgesellschaft gestaltet. Indem Bodmer die politische Dimension des Dramas (den Prosperos Verbannung motivierenden Konflikt um die rechtmäßige Herrschaft in Mailand) ausklammert, indem er die von Ariel bestimmte Geistersphäre und das niedere Matrosen- und Caliban-Milieu wegläßt, konzentriert sich Bodmer ganz auf die bei Shakespeare wundersam isoliert erzogene beziehungsweise bei ihm neu geschaffene junge Frau sowie auf ihre Identitäts- und Erkenntnis-Fragen. Haben Prospero und Pygmalion ihre Geschöpfe Miranda und Elise weitgehend selbst geformt und geprägt, so ergibt sich aus den Unterschieden zwischen dem Tempest- und Pygmalion-Stoff doch eine bedeutsame Differenz: Shakespeares Prospero ist wesentlich ein Vater, der seiner Tochter einen von ihm ausgewählten Bräutigam zuführt; dagegen ist Bodmers Pygmalion als Schöpfer seiner Elise zugleich ihr erster Geliebter. Die Shakespeare wie Bodmer interessierenden Spontanreaktionen und Primärempfindungen eines weltfremden Mädchens, das zum ersten Mal einen jungen Mann erblickt, haben daher jeweils unterschiedliche Konsequenzen. Bei Shakespeare ist die gegenseitige Liebe zwischen Miranda und Ferdinand Teil von Prosperos Plan, für Bodmers Pygmalion ist Elisas Liebe zum jungen Neuankömmling ein konfliktträchtiges Motiv. Um dennoch zu einem Happy-End zu gelangen, läßt Bodmer (statt der intriganten Höflinge bei Shakespeare) Pygmalions Eltern mit seinem jüngeren Bruder auf der Insel stranden, sodaß Pygmalion zwar seine Elise an eben diesen Bruder abtreten muß, in der Wiederbegegnung mit der vermißten Familie aber doch auch sein Glück findet.

Wichtiger als die psychologische Schlüssigkeit der Erzählung, die Bodmer aus disparaten Stoffen eher gewaltsam zusammenmontiert, war für ihn offenkundig die Möglichkeit, Empfindungen eines naiven, gesellschaftlich unverbildeten Geschöpfs zu gestalten und sich dafür einer erprobten Vorlage zu bedienen. Schaut man allerdings genauer hin und sucht die von Bodmer adaptierten »Reden« aus »Shakespears bezauberte[r] Insel« (S. 36), dann bleibt die Ausbeute bemerkenswert mager. Wirklich fündig wird man erst, wenn man statt Shakespeares Original die seit 1670 vielfach gespielte und gedruckte Bearbeitung von John Dryden vergleicht.[26] Schon deren Untertitel ›enchanted island‹ (den auch Wieland in seiner Übertragung von 1763 aufnimmt[27]) paßt

[26] Verglichen wurde folgende Reprintausgabe: After the Tempest: The Tempest, or The Enchanted Island (1670); The Tempest, or The Enchanted Island (1674); The Mock-Tempest: or The Enchanted Castle (1675); The Tempest. An Opera (1756). Introduction by George Robert Guffey. Los Angeles 1969. Im laufenden Text zitiert wird der Druck von 1674 nach seiner originalen Paginierung. – Eine ausführliche vergleichende (und stark wertende) Inhaltsangabe bietet Otto Witt: The Tempest, or The Enchanted Island. A Comedy by John Dryden. 1670. […] in ihrem Verhältnis zu Shakspere's ›Tempest‹ und den übrigen Quellen. Diss. Rostock 1899, S. 11 – 63.

[27] Shakespeare/Wieland: Der Sturm; oder: Die bezauberte Insel. In: TW 5, S. 5. – In Wielands zentraler Vorlage, der von William Warburton edierten Ausgabe von 1747, lautet der Titel des Stücks dagegen nur (wie bei Shakespeare) ›The Tempest‹, und als Handlungsort wird angegeben: »An uninhabited Island.« (Shakespeare: Works (PW) 1, S. 1 f.)

besser zu Bodmers Angabe als die ursprüngliche Shakespeare-Fassung. Dryden, um nur seine entscheidenden Zutaten zu nennen, ergänzt das Traumpaar Miranda und Ferdinand durch das zweite Paar Dorinda und Hippolyto, um Eifersuchtsverwicklungen inszenieren zu können und um die beiden Mädchen, die – wie es in Drydens Personenverzeichnis explizit heißt – »never saw Man«, mit einem verborgen auf der Insel aufgewachsenen jungen Mann zu parallelisieren, der »newer saw Woman«.

Gegenüber Shakespeare vermehrt Dryden dadurch jene Situationen, in denen die menschenfern aufgewachsenen Figuren scheinbar ganz naiv fühlen, wahrnehmen und erstmals darüber reflektieren. Genau an diesen Passagen hat sich Bodmer reichlich bedient. So nimmt er schon für ein Gespräch, das Pygmalion und Elise einige Zeit vor der Schiffslandung führen, Formulierungen aus Drydens ›Tempest‹-Bearbeitung auf, die sich dort mitten im Drama in einem Dialog der beiden jungen Männer finden:

HIP. Why are there more fair Women, Sir,
Besides that one I love?
FERD. That's a strange question. There are many more besides that beauty which you love.
HIP. I will have all of that kind, if there be a hundred of 'em.
FERD. But, noble Youth, you know not what you say.
HIP. Sir, they are things I love, I cannot be without 'em:
O, how I rejoyce! more women!
FERD. Sir, if you love, you must be ty'd to one.
HIP. Ty'd! how ty'd to her?
FERD. To love none but her.
HIP. But, Sir, I find it is aginst my nature.
I must love where I like, and I believe I may like all,
All that are fair: come! bring me to this woman,
For I must have her. (S. 48)

Du erzählest mir, rief Elise, wunderbare Zeitungen; das wunderbarste ist, daß mehr Männer seyn. Ich wollte, daß deren zehen oder zwanzig zu uns herüber kämen, ich könnte sie lieben, wie ich dich liebe, es dünkt mich, ich könnte alle Männer lieben, welche so aussehen, wie du aussiehst.
[…]
Pygmalion erwiderte: Wenn du mich liebest, so must du bey mir bleiben, und mir alleine anhangen. Du kanst nicht auf einmal mehr als einen Mann lieben.
[…]
Sie antwortete: Das ist nun in deiner Natur, aber ich finde, daß es in meiner Natur ist, diejenigen zu lieben, die mir gefallen […]. (S. 41 – 43)

Pygmalions Aufklärung, daß es »mehr Männer« gebe, nimmt Bodmers Elise ebenso begeistert auf wie Drydens Hippolyto die Aussicht auf »more fair Women«. Gegen die sittlichen Einwände Ferdinands bzw. Pygmalions, die jeweils auf das Monogamie-Gebot verweisen, berufen sich Hippolyto und Elise in paralleler Argumentation auf das Recht ihrer »Natur«.

Wie Bodmer mit dieser Textübernahme die zeitgenössische Kontroverse zwischen Sittengesetz und Naturrecht in seine Erzählung integriert, so zeigt eine zweite Beispielpassage sein Interesse an der Frage, wie ein extrem unerfahrener Mensch ein ihm völlig fremdes Phänomen wahrnehmen und beschreiben kann:

> DOR. From yonder Rock,
> As I my eyes cast down upon the Seas,
> [...] I spy'd
> A huge great Creature. [...]
> This floating Ram did bear his Horns above,
> All ty'd with Ribbands ruffling in the wind;
> Sometimes he nodded down his head awhile,
> And then the waves did heave him to the Moon;
> He clamb'ring to the top of all the Billows,
> And then again he curtsi'd down so low,
> I could not see him; [...]
> MIR. [...] But, Sister, I have stranger news to tell you;
> In this great Creature there were other Creatures,
> And shortly we may chance to see that thing,
> Which you have heard my Father call, a Man. (S. 13 f.)

> Eines Tages kam sie mit glühenden Wangen in die Galerie gelaufen, und rief: O Pygmalion, was habe ich gesehen! Als ich von jener Klippe, die über dem Meere hängt, in die blaue Tiefe hinunterschauete, erblickte ich auf seinem glatten Spiegel eine grosse und ungeheure Kreatur, ich hielt es vor einen schwimmenden Widder, er trug die Hörner hoch empor, mit Bändern umwunden, die in dem Winde sauseten. Er hob die langen Füsse aus dem Wasser hervor, und peitschete mit starken Schlägen die Wellen, die dann davon schäumeten und brauseten. Endlich kam er an dem Gestade an, wo er stille stuhnd. Aber ich habe dir eine noch seltsamere Zeitung zu sagen; in dieser grossen Kreatur waren andere Kreaturen; ich sahe Geschöpfe auf zween Füssen von ihrem Rüken heruntersteigen, und an dem Ufer herumwandeln. [...] Ich hoffe, daß sie Menschen sind, und daß ich kürtzlich mehr Männer zu mir bekommen werde. (S. 54 f.)

Die Landung des Schiffes läßt Dryden – anders als Shakespeare – beide Töchter Prosperos im Dialog verhandeln. Die naivere Dorinda hat offenbar noch nie ein Schiff gesehen und beschreibt es als »Creature«, als einen mit den Wogen kämpfenden Widder. Die reifere Miranda weiß noch Seltsameres zu ergänzen, daß nämlich von dieser vermeintlichen »Creature [...] other Creatures« auf die Insel gelangt seien. Daraus macht Bodmer einen zusammenhängenden Bericht seiner Elise, die rasch vom Erstaunen über das fremde Phänomen zu der Hoffnung übergeht, ihr Wunsch nach »mehr Männer[n]« werde sich nun erfüllen.

Pygmalions bei Bodmer gleich anschließende Warnung vor den Neuankömmlingen ist ebenfalls einer (dort deutlich späteren) Szene der Vorlage entnommen. Als Miranda meint, sie müsse sich vor Männern doch nicht fürchten, schließlich sei auch er, ihr Vater, ein männliches Wesen, gibt Prospero zu bedenken, alte Männer seien von Natur aus zahm, jeder engere Kontakt mit jüngeren Männern aber sei für Mädchen höchst gefährlich und habe einen neun

Monate währenden Schmerzzustand zur Folge. Genau diese Argumente legt Bodmer, lediglich in umgekehrter Reihung, seinem Pygmalion in den Mund:

> MIR. But you have told me, Sir, you are a man;
> And yet you are not dreadful.
> PROSP. I Child! but I am a tame man; old man are tame
> By Nature, but all the danger lies in a wild
> Young man. […]
> You must not trust them, Child: no Woman can come
> Near 'em, but she feels a pain, full nine moneths. (S. 23)

> Pygmalion antwortete ihr: […] eh wir uns von ihnen sehen lassen, müssen wir uns zuerst versichern, ob es zahme oder wilde Männer seyn. Keine Frauensperson kömmt nahe zu den wilden jungen Männern, der sie nicht einen Schmerzen verursachen, der gantze neun Monathe währet. […] Betriege dich nicht, der ist ein alter Mann, und alte Männer sind ihrer Natur nach zahm. (S. 55 f.)

Schließlich konnte sich Bodmer auch für den emotionalen Höhepunkt, das Erwachen erster Liebesgefühle bei Elise, den Griff zur Vorlage nicht versagen: Wie Drydens Dorinda kommt Elise zur Erkenntnis ihres aus Leid und Begehren gemischten Liebesgefühls, indem sie zunächst ihr körperliches Gefühl beim ersten Kontakt der Hände mit entsprechenden Erfahrungen abgleicht, die sie mit ihrem Schöpfer Pygmalion gemacht hat, um dann ihre Befindlichkeit mit der turtelnder und girrender, trauernder und liebender Tauben, die sie in der Natur beobachtet habe, vergleichend zu erläutern.

> HIP. […] You have a hand like mine, may I not gently touch it?
> *(Takes her hand.)*
> DOR. I've touch'd my Father's and my Sister's hands,
> And felt no pain; but now, alas! there's something,
> When I touch yours, which makes me sigh: just so
> I've seen two Turtles mourning when they met;
> Yet mine's a pleasing grief; and so me thought was theirs:
> For still they mourn'd, and still they seem'd to murmur too,
> And yet they often met. (S. 26)

> Die neugierige Elise sagte, sie wollte mit allen Freuden mit ihm gehen, wenn er ihr die Hand darauf geben wollte, daß ihr kein Leid geschehen sollte. Er gab ihr die Hand, und leitete sie an derselben den Weg nach dem Gestade. Sie sagte in währendem gehen: Jezo zweifle ich, daß du eine Weibsperson seyst, denn indem ich deine Hand anrühre, fühle ich den Puls so starck und doch angenehm schlagen, wie wenn Pygmalion mich bey der Hand fasset, und seufzend machet, daß ich mit ihm seufze. Nicht anders als wie ich etwa zwo Turteltauben gesehen habe trauren, wenn sie einander begegnet sind; wiewol dieses Seufzen angenehme ist, wie der Turtel auch war, denn die traureten beständig, und girreten beständig, dennoch giengen sie öfters zusammen. (63 f.)

Bodmer, so zeigt sich, nutzt Shakespeares ›Tempest‹ in Drydens Bearbeitung, um wahrnehmungspsychologische Fragen zu behandeln, die Genese menschlicher Erkenntnisse zu thematisieren und die Frage nach der moralischen Güte ursprünglich-natürlicher Gefühle zu verhandeln: Elises kreatürlicher Wunsch nach vielen Männern wird nicht nur von Pygmalion getadelt, sondern auch vom Himmel durch ein Gewittergrollen ethisch abgeurteilt, und das befriedete Familientableau, mit dem die Erzählung endet, soll wohl eine rasche Veredlung des Naturwesens Elise zum sittlichen Menschen signalisieren.

Bodmers frühe produktive ›Tempest‹-Rezeption – das erste gedruckte Zeugnis einer dichterischen Auseinandersetzung mit Shakespeare in der deutschen Literatur – ist aber über den speziellen Fall hinaus auch systematisch doppelt interessant. Einerseits illustriert Bodmers Erzählung, wie wenig textsicher man in Bezug auf Shakespeare um 1750 in Deutschland noch war: Bodmer rekurriert ausdrücklich auf Shakespeare, gebraucht aber die spätere ›Tempest‹-Adaption von John Dryden. Die erheblichen und für seine Rezeption durchaus entscheidenden Differenzen zwischen Original und Bearbeitung dürfte Bodmer gar nicht bemerkt haben. Dafür spricht der Umstand, daß Bodmer nach der frühen Lektüre in Zellwegers Exemplaren[28] wohl erst Jahrzehnte später in den Besitz einer eigenen Shakespeare-Edition gekommen ist, nämlich der 1753 in Edinburgh gedruckten Werkausgabe, die er bei Abfassung von ›Pygmalion und Elise‹ noch nicht einsehen konnte.[29] Daß Bodmer bei seinem produktiven Versehen explizit auf Shakespeare verweist, unterstreicht andererseits, daß eben der von Addison als Genie gepriesene Shakespeare für den Zürcher Poetologen schon vor 1750 ein Gewährsmann für sensualistisch-anthropologische Fragen war – ein englischer Garant der Phantasie, den man gegen einen extremen französischen Materialismus ins Feld führen konnte.

Das in Bodmers ›Pygmalion und Elise‹ sichtbare zentrale Interesse an Shakespeares außergewöhnlichen, außerhalb der Gesellschaft stehenden Figuren, an denen sich genau wegen ihrer Asozialität ontologische Überlegungen anstellen ließen, hat die Schweizer Shakespeare-Rezeption über die bis heute unbeachtete Erzählung hinaus nachhaltig geprägt. Bodmer selbst hat in seinem um 1750 verfaßten Bibelepos ›Noah‹ nochmals eine Liebesbegegnung völlig unbedarfter junger Menschen nach Drydens ›Tempest‹-Bearbeitung gestaltet.[30] Und der junge Wieland, der als Lehrling Bodmers die wunderbare Erfindungsgabe und Charakterisierungskunst Shakespeares kennen und schätzen lernte, hat 1752 seine angeblich einem »Dichter aus Arabien« nachgestaltete, tatsächlich aber von Bodmers ›Pygmalion und Elise‹ inspirierte Verserzählung ›Zemin und

---

[28] Vgl. oben Anm. 10.

[29] Vgl. Bircher/Straumann (Anm. 8), S. 47. Zu Bodmers Buchbesitz s. Urs B. Leu: Johann Jakob Bodmers Privatbibliothek. In: Bodmer und Breitinger im Netzwerk der europäischen Aufklärung (Anm. 7), S. 831 – 844; hier S. 840 werden vier Dryden- und drei Shakespeare-Ausgaben verzeichnet. Nach freundlicher Auskunft von Herrn Kollegen Dr. Leu findet sich unter den sicher Bodmers Bibliothek zuzuweisenden Dryden-Drucken keine Ausgabe von dessen ›Tempest‹-Bearbeitung; dagegen ist die 1753 in Edinburgh gedruckte Shakespeare-Werksausgabe noch heute in der Zentralbibliothek Zürich als Exemplar aus Bodmers Bibliothek vorhanden.

[30] Vgl. dazu Carl Henry Ibershoff: Dryden's ›Tempest‹ as a source of Bodmer's ›Noah‹. In: Modern Philology 15 (1917), S. 247 – 253.

Gulhindy‹ veröffentlicht, die wiederum um das erste Aufeinandertreffen eines völlig isoliert erzogenen und füreinander bestimmten Liebespaares kreist.[31] Wie bedeutend aber das Interesse an der spezifischen Personenkonstellation und an den naiven, für neue Empfindungen besonders empfänglichen Charakteren aus ›The Tempest‹ nachgewirkt hat, zeigt sich eben daran, daß Wieland dann, nachdem er noch in Zürich den originalen Shakespeare kennengelernt hatte, in Biberach genau dieses Werk zuerst auf die deutsche Bühne brachte.

---

31 Wieland: Erzaehlungen. In: AA I 1, S. 340 – 424, hier: S. 353 – 367, zitiert: S. 353.

Peter Kofler

Zur Frage der Bühnentauglichkeit von Wielands ›Sturm‹,

oder: Der Text als Tiefenstruktur der *mise-en-scène*

In seinem Wort ›Zur Neuausgabe von Wielands Shakespeare‹ erinnert Hans Radspieler an den Erfolg der Biberacher Inszenierung des ›St. Johannis Nachts-Traums‹ zum 250. Geburtstag des Dichters.[1] Im Herbst 2011 hingegen jährte sich die Premiere des ›Sturm‹ in der Bearbeitung Christoph Martin Wielands zum 250. Mal,[2] eine Premiere, die darüber hinaus noch exakt 150 Jahre von der ersten dokumentierten Aufführung des englischen Originals in Whitehall vor Jakob I. am 1. November 1611 trennen. Biberach wurde damals zum Schauplatz eines Theaterereignisses von historischer Tragweite, denn es handelte sich dabei um nichts Geringeres als um »die erste im wesentlichen originalgetreue Wiedergabe eines Shakespeare-Stückes auf einer deutschen Bühne«.[3] Der Publikumserfolg dieser Inszenierung[4] ist umso überraschender, wenn man bedenkt, dass bis in die 1770er Jahre des 18. Jahrhunderts hinein nicht nur die Dramen eines Shakespeare, sondern ebenso die maßgeblich von diesem Dramatiker beeinflussten Dramen des Sturm und Drang allgemein als unaufführbar galten. Obwohl Wieland mehrfach betont, nicht für das Theater, sondern ausschließlich für Leser zu übersetzen, dienen seine Prosaübertragungen nicht nur in den letzten drei Jahrzehnten des 18. Jahrhunderts, sondern auch noch in Konkurrenz zu der seit 1796 erscheinenden poetischen Shakespeare-Übersetzung von Schlegel und Tieck als Bearbeitungsgrundlage. Und im Zuge der von der jüngsten Kritik vorangetriebenen Dekanonisierung des romantischen Shakespeare greift man auf deutschen Bühnen auch heute wieder vermehrt auf Wielands Texte zurück.[5]

---

1 Hans Radspieler: Zur Neuausgabe von Wielands Shakespeare. In: William Shakespeare: Ein St. Johannis Nachts-Traum. TW 1, S. 139 – 163, hier: S. 145.

2 Starnes 1, S. 198.

3 Radspieler (Anm. 1), 142 f. Vgl. dazu auch Urs Helmensdorfer: Wielands deutscher Shakespeare. In: Der deutsche Shakespeare. Basel u. a. 1965, S. 59 – 74, hier: S. 61; Sabine Kob: Wielands Shakespeare-Übersetzung. Ihre Entstehung und ihre Rezeption im Sturm und Drang. Frankfurt 2000, S. 103; und Hansjürgen Blinn: Shakespeare im Rokoko. *Natur* und *Grazie* in Wielands Shakespeare-Übersetzungen. In: Literatur und Kultur des Rokoko. Hg. von Matthias Luserke u. a. Göttingen 2001, S. 147 – 166, hier: S. 148.

4 Viia Ottenbacher und Heinrich Bock: »... wie Shakespeare seinen Pyramus und Thisbe aufführen läßt.« Wielands Komödienhaus in Biberach. Marbach 1991, S. 11.

5 Radspieler (Anm. 1), S. 145. Dazu schreibt Friederike von Schwerin-High: Shakespeare, Reception and Translation. Germany and Japan. London u. New York 2004, S. 132: »Lately, Wieland's translations are enjoying a comeback of sorts. [...] performances of Shakespeare plays in Wieland's translations are regaining popularity as well, perhaps

Im Herbst 1762 arbeitete der Biberacher Kanzleidirektor dann bereits an der ›Tempest‹-Übersetzung für die Züricher Ausgabe bei Orell, Geßner und Companie.[6] Ernst Stadler vermutet, Wieland habe zu der Zeit schon nicht mehr auf das Bühnenmanuskript zurückgegriffen.[7] Dessen Struktur und Formulierungen sowie die Aufführung vom Vorjahr waren ihm jedoch mit Sicherheit noch in frischer Erinnerung. Der Text erschien ein Jahr später im zweiten Band der ›Theatralischen Werke‹ unter dem Titel ›Der Sturm; oder: Die bezauberte Insel‹. Davon ausgehend möchte ich versuchen, einige Rückschlüsse auf das verlorene Bühnenmanuskript wie auf die Biberacher Inszenierung von 1761 zu ziehen. Ich schließe also von etwas Anwesendem, der gedruckten Übersetzung, auf etwas Abwesendes, die *mise en scène*, von etwas Permanentem, schriftlich Fixiertem, auf etwas Einmaliges, Ephemeres oder – um mit Lessing zu sprechen – Transitorisches. Vorweg jedoch einige grundsätzliche Anmerkungen zum Sonderstatus der Theaterübersetzung.

Die aufführungsorientierte Übersetzung eines dramatischen Textes zielt im Gegensatz zu einer leserorientierten nicht vorrangig auf eine semantische oder stilistische Übereinstimmung mit der Vorlage,[8] sie muss vielmehr versuchen die Grenzen, die ihr von der Materialität ihrer Signifikanten her gesetzt sind, in mehrfacher Hinsicht zu überschreiten. Als monosemiotisches System verweist sie indirekt auf die Multimedialität wie auf das semiotische Gesamtgefüge einer Aufführung,[9] insbesondere auf »Stimmbeugung, Gesichtsmimikry, Gesten, Körperbewegungen, Schminke, Haartracht, Kostüm, Accessoires, Bühnenbild, Beleuchtung, Musik und Geräusche«.[10] Ihre Sprache ist mehr als bloß rhythmisch strukturiert, es ist darüber hinaus eine visuelle, gestische und körperliche,[11] insgesamt also eine handlungs- und bühnenorientierte Sprache, welche die Stimme und den Körper des Schauspielers anzuregen und anzuleiten vermag, ohne dabei eine bestimmte Rolleninterpretation zwingend vorzuschreiben, eine

---

another instance of the decanonization of the Schlegel-Tieck version that has occurred in recent years.«

6 Christoph Martin Wieland an Salomon Geßner (Biberach, 30. Sept. 1762). In: WBr 3, S. 111 – 112, hier: S. 112; Christoph Martin Wieland an Orell, Geßner und Cie. (Biberach, 14. Okt. 1762). In: WBr 3, S. 120 – 122, hier: S. 120; und Christoph Martin Wieland an Orell, Geßner und Cie. (Biberach, 20. Okt. 1762). In: WBr 3, S. 123 – 126, hier: S. 125.

7 Ernst Stadler: Wielands Shakespeare. Strassburg 1910, S. 12.

8 Wolfgang Ranke: Übersetzen für das Theater: Dramatische Konventionen und Traditionen. In: Übersetzung. Ein internationales Handbuch zur Übersetzungsforschung, Bd. 1. Hg. von Harald Kittel u. a. Berlin u. New York 2004, S. 1015 – 1027, hier: S. 1015.

9 Norbert Greiner u. Andrew Jenkins: Sprachwissenschaftliche Aspekte der Theaterübersetzung. In: Übersetzung. Ein internationales Handbuch zur Übersetzungsforschung, Bd. 1. Hg. von Harald Kittel u. a. Berlin u. New York 2004, S. 669 – 675, hier: S. 670 f.

10 Umberto Eco: Semiotik der Theateraufführung. In: Performanz. Zwischen Sprachphilosophie und Kulturwissenschaften. Hg. von Uwe Wirth. Frankfurt 2002, S. 262 – 276, hier: S. 264.

11 Jean-Michel Déprats: La specifité de la traduction théâtrale: quelques exemples dans Shakespeare. In: Traduire le théâtre. Hg. von Walter Lenschen. Lausanne 1993, S. 33 – 43, hier: S. 38.

Sprache, die in der Lage ist ihre Bühnenwirksamkeit oder – mit Sophia Totzeva zu sprechen – ihr theatrales Potential im Kontext der Normen eines fremden Theaters auf eine kreativ-bewegende Weise zu entfalten.[12]

Zu den Fakten: Am 7. Januar 1761 wird der junge Kanzleiverwalter Christoph Martin Wieland zum Direktor der ›Evangelischen Comödianten Gesellschaft‹ ernannt.[13] Bereits am 1. März informiert er den Gymnasialprofessor Johann Christian Volz brieflich, er habe mit der Übersetzung von Shakespeares Werken begonnen.[14] Die Entscheidung, gerade mit ›The Tempest‹ zu beginnen,[15] ist alles andere als zufällig, entspricht doch dieses gemeinhin als Romanze eingestufte Stück zum einen Bodmers Idee des Wunderbaren,[16] zum anderen der Vorliebe des Rokoko für den anmutigen Scherz und das Gefällige, für Ironie und Parodie.[17] Auch die Nähe des ›Tempest‹ zum Singspiel dürfte nicht ohne Einfluss auf die Wahl gewesen sein.[18] Mit ausschlaggebend war schließlich noch die Einhaltung der neoklassischen Norm der Einheiten von Ort und Zeit[19] sowie

---

12 Sophia Totzeva: Das theatrale Potential des dramatischen Textes. Ein Beitrag zur Theorie von Drama und Dramenübersetzung. Tübingen 1995.

13 Friedrich Sengle: Wieland. Stuttgart 1949, S. 162 f.; Ottenbacher u. Bock (Anm. 4), S. 4; Starnes 2, S. 762; Radspieler (Anm. 1), S. 142 und Blinn (Anm. 3), S. 148.

14 Christoph Martin Wieland an Johann Christian Volz (Biberach, 1. März 1761). In: WBr 3, S. 27 – 30, hier: S. 29.

15 Starnes 1, S. 187.

16 Schwerin-High (Anm. 5), S. 28, stellt diesen Zusammenhang wie folgt dar: »Bodmer had just translated *Paradise Lost* and subsequently felt compelled to defend Milton's writings against attacks by Gottsched and his school. This debate eventually led him to write his essay *Kritische Abhandlung von dem Wunderbaren in der Poesie* […], in which he defended the use of non-realistic, supernatural devices in literature. It is noteworthy and probably more than a pure coincidence that Wieland, Bodmer's long-time, live-in pupil, was later to stage *The Tempest*, clearly one of Shakespeare's most fantastical plays«.

17 »Wieland«, schreibt Hansjürgen Blinn (Anm. 3), S. 150 f., »überträgt Shakespeare in einer Schaffensperiode, die selbst von denjenigen als seine Rokoko-Phase bezeichnet, wird, die nicht bereit sind, sein Gesamtwerk unter diesem Epochenbegriff einzuordnen. Es ist seiner Übersetzung […] deutlich anzumerken, dass er mit dem Widerspruch zwischen der Rokokokultur und dem Renaissancedichter kämpft, dessen Werk sich nicht ohne weiteres in die Rokokowelt integrieren ließ. Am leichtesten war dies noch mit den Märchen- und Zauberstücken«. »Wenn es auch«, so Blinn weiter, »eine geschlossene Kunsttheorie des Rokoko nicht gibt, so gibt es doch eine Reihe von Kennzeichen, die als ›typisch‹ für diese Epoche gelten können. Es sind dies der *Scherz*, der in Umdeutung des aufklärerischen *Witzes* in vielfältiger Gestaltung die Literatur des Rokoko durchzieht, die Forderung und Förderung des *Gefälligen*, *Graziösen*, die *Freude*, die das Rokoko mit der Anakreontik verbindet, die *Vorliebe für das Kleine und Niedliche*, für *Ironie*, *Parodie* und *Pikanterie*, für *Anmut*, der *Reiz der Grazie*, schäferliche Ausprägungsformen und die Annäherung des dichterischen Kunstwollens an die Bildkunsttheorie.«

18 Schwerin-High (Anm. 5), S. 31, hebt ausdrücklich hervor, Wieland »may have been moved to stage this particular work [›The Tempest‹] because of its appealing *Singspiel* qualities«.

19 Günter Walch: Supermans Stürme. In: William Shakespeare: Der Sturm. Übersetzt von Frank Günther. München [3]2008, S. 219 – 243, hier: S. 225.

die Kürze des Stücks. Die Aufführung fand nach zahlreichen Proben[20] im September desselben Jahres[21] in dem »im Obergeschoß des städtischen Schlachthauses«[22] untergebrachten Biberacher Komödienhaus statt und wurde wegen des großen Zuschauerandrangs auch nach Wielands Rücktritt von der Theaterdirektion mehrfach wiederholt.[23] Das verloren gegangene Bühnenmanuskript[24] trug den Titel ›Der Sturm oder Der erstaunliche Schiffbruch‹ und war weitgehend in Prosa verfasst; es existieren jedoch Hinweise auf eine Versifizierung der Arien.[25]

Zeigt sich die Offenheit des englischen Originals in seinem Changieren zwischen Komödie und Tragödie, zwischen Polit- und Rachedrama, zwischen Schäferspiel und Liebesgeschichte,[26] am elliptischen Bau der Handlung und des Verses[27] sowie an seinem ironischen, autoreferentiellen Epilog, dann jene von Wielands Übersetzung in ihrer Vorläufigkeit und Unfertigkeit, in der Überschreitung und Thematisierung der »Grenzen zwischen Text, Übersetzung, Paratext und Kommentar«.[28] In dieser Zergliederung und Fragmentierung, in dieser Aufspaltung in mehrere Ebenen,[29] stellt sie nicht nur den eigenen Prozesscharakter aus, sondern verweist strukturell auf jene Um- und Neuordnung, die einer Bearbeitung für die Bühne zugrunde liegt.

Aus einer Aufzeichnung Carl August Böttigers nach einem Gespräch mit Wieland Ende Dezember 1799 geht jedoch hervor, dass es sich im Fall des Bühnenmanuskripts von 1761 um einen Mischtext handelte; Wieland habe »für das biberacher Theater ein Stück aus Shakespears Midsummernights Dream und Tempest« zugeschnitten.[30] Radspieler vermutet eine Erweiterung des ›Sturm‹

---

20 Sengle (Anm. 13), S. 163.

21 Starnes 1, S. 198.

22 Radspieler (Anm. 1), S. 143.

23 Stadler (Anm. 7), S. 12.

24 Kob (Anm. 3), S. 103, und Blinn (Anm. 3), S. 148.

25 Stadler (Anm. 7), S. 12.

26 Zur Gattungszuordnung der späten Shakespearedramen vgl. Christopher J. Cobb: The Staging of Romance in Late Shakespeare. Text and Theatrical Technique. Newark 2007, S. 18 f.: »Shakespeare's late plays use genre in highly complex ways that have provoked lasting disagreement among critics about just what their genre is, although there is agreement about the genres the plays are using: tragedy, comedy, and romance, with admixtures of pastoral, satire, and masque.« Siehe auch Walch (Anm. 19), S. 227 und 241 f.

27 Virginia Mason Vaughan und Alden T. Vaughan: Introduction. In: William Shakespeare: The Tempest. Hg. von dens. London 1999, S. 1 – 138, hier: S. 21, bemerken dazu: »Like the play's action, the verse is often elliptical. Apostrophes are used to omit syllables from words, not simply to suit the iambic pentameter line but in all likelihood to compress the language and reveal the emotions boiling beneath.«

28 Bettine Menke und Wolfgang Struck: Wieland/Übersetzen. Einleitung. In: Wieland/Übersetzen. Sprachen, Gattungen, Räume. Hg. von dens. Berlin u. New York 2010, S. 1 – 9, hier: S. 7.

29 Menke/Struck (Anm. 28), S. 34.

30 Starnes 2, S. 762.

durch das Einfügen von Zwischenspielen aus dem ›Sommernachtstraum‹.[31] Thomas C. Starnes notiert zu dieser Aufführung, Wieland habe dabei auch einen »politischen Kommentar eingeflochten«.[32] Worum es dabei ging, klärt die bereits erwähnte Aufzeichnung Böttigers. Wieland habe »*damals* einen gewaltigen Haß gegen alle Könige« gehabt und deshalb für die Rolle des Königs von Neapel »einen recht abscheulichen, klapperbeinigen, ungestengelten, ungelenken Lümmel« gesucht, »der auch wirklich in einem eben von der Wanderschaft zurückgekommenen Schneider gefunden wurde«.[33] Ferneren Aufschluss über die Besetzung des Stücks bietet wieder eine Aufzeichnung Böttigers, diesmal vom 24. April 1796: »Ein gewisser Tettenrieder aus Ulm, ein Büchsenspanner« und »ein Frauenzimmerschuster, der in Paris gewesen war, [...] waren die Hauptacteurs beim Bürgerschauspiel in Biberach«.[34] Dieser Tettenrieder oder Dettenrieder war gleichzeitig auch Wielands Direktionsassistent.[35]

Aus diesen spärlichen Informationen lassen sich bereits erste Rückschlüsse auf den Stil der Inszenierung ziehen. Ein ursprünglich für einen exklusiven höfischen Kreis konzipiertes Stück wurde offensichtlich für ein bürgerliches Publikums adaptiert. »Es waren nämlich«, berichtet Böttiger, »in den meisten schwäbischen Reichsstädten eigene Corporationen von Schauspielern, die aus Bürgern und Bürgermädchen bestanden und jährlich bei gewissen Gelegenheiten ungefähr in der Manier spielten, wie Shakspeare seinen Pyramus und Thisbe aufführen lässt.«[36] Dies lässt ohne Zweifel auf eine Akzentuierung, wenn nicht gar auf eine Dominanz des Derb-Komischen bei solchen Aufführungen schließen. Weiterhin ist zu bedenken, dass die Biberacher Bühne über keine besonderen technischen Hilfsmittel verfügte.[37]

Eine inhaltlich-strukturelle Streichung, die Wieland an seiner Vorlage, der Pope-Warburton-Edition der ›Works of Shakespeare‹ von 1747, vornimmt, führt in den Kernbereich der theatralischen Konventionen des 18. Jahrhunderts. Es geht hier um den Epilog. Warum hat ihn Wieland nicht mit übersetzt? Und, lässt sich daraus ableiten, dass er auch in der Inszenierung von 1761 fehlte? Alles spricht dafür. Es ist nämlich von einem Bestreben des jungen Theaterdirektors auszugehen, der illusions(zer)störenden Wirkung einer autoreferentiellen, metatheatralischen Reflexion auf das Verhältnis von Fiktion und Wirklichkeit möglichst entgegen zu wirken. Konnten die elisabethanischer Tradition entsprechenden Spiele im Spiel, die Bankett-Szene und das Maskenspiel, um nur die wichtigsten zu nennen, auf Grund ihres magischen und märchenhaften, die Fiktionalität des Vorgestellten potenzierenden Charakters von Wielands bürgerlichen Zeitgenossen vermutlich noch akzeptiert werden, so war die täuschungs-

[31] Radspieler (Anm. 1), S. 142.
[32] Starnes 1, S. 198.
[33] Starnes 2, S. 762.
[34] Ebd., S. 508.
[35] Ebd., S. 762.
[36] Ebd., S. 508.
[37] Ottenbacher u. Bock (Anm. 4), S. 10.

zersetzende Intention des ›Tempest‹-Epilogs mit der Theaterauffassung der Zeit kaum mehr in Einklang zu bringen. In ihm tritt zudem nicht, wie sonst bei Shakespeare üblich, ein Schauspieler aus seiner Rolle, um sich direkt an die Zuschauer zu wenden, sondern Prospero selbst spricht, mit dieser Tradition spielend, ein Schlusswort, in dem »die Grenze zwischen Theater und Wirklichkeit bewußt *verwischt* wird«.[38] Einen derartigen Dialog zwischen Bühne und Zuschauerraum, eine solche autopoietische, das Publikum zum Ko-Subjekt der Aufführung erhebende Feedbackschleife[39] hätte das auf der strikten Trennung von Subjekt und Objekt gegründete Illusionstheater des 18. Jahrhunderts mit Sicherheit nicht verkraften können. In seiner ›Götz‹-Rezension von 1774, in der dem Schauspiel des »shakespearisierenden«[40] Goethe übrigens gleich vorweg jede Bühneneignung abgesprochen wird,[41] erklärt Wieland: »Sobald ich ein Drama für die Schaubühne schreibe, wird alles was die Illusion hindert, zum Fehler. Schreib' ichs bloß für Leser, so ist die Rede nicht von Illusion«.[42] Was Wieland nicht einmal seinen Lesern zumutete, musste demnach für Zuschauer völlig ausscheiden.

Die Theatertauglichkeit von Wielands Übersetzung macht Radspieler ganz allgemein an ihren sprachlichen und rhythmischen Qualitäten fest: »Die Sprache eines Theaterstücks«, meint er, bestehe »dann ihre Probe, wenn man der Frage der Sprechbarkeit und damit der Bühnenwirksamkeit nachgeht.«[43] Nun ist aber eine solch vorschnelle Gleichsetzung von Sprechbarkeit, oder Atembarkeit,[44] und Bühnenwirksamkeit nicht ganz unproblematisch, zumal wir es gerade bei ›The Tempest‹ mit einem Stück zu tun haben, dessen Verse derart komprimiert sind, dass deren Rezitation auch für den geübten Schauspieler eine ernstzuneh-

38 Shakespeare (Anm. 19), S. 217; siehe dazu auch Vaughan u. Vaughan (Anm. 27), S. 6.

39 Vgl. Erika Fischer-Lichte: Ästhetik des Performativen. Frankfurt 2004, S. 59: »Was immer die Akteure tun, es hat Auswirkungen auf die Zuschauer, und was immer die Zuschauer tun, es hat Auswirkungen auf die Akteure und die anderen Zuschauer. In diesem Sinne lässt sich behaupten, daß die Aufführung von einer selbstbezüglichen und sich permanent verändernden *feedback*-Schleife hervorgebracht und gesteuert wird.«

40 Wieland: Über das Schauspiel, Götz von Berlichingen, mit der eisernen Hand. In: AA I/21, S. 96 – 103, hier: S. 100.

41 Ebd., S. 97.

42 Ebd., S. 99.

43 Radspieler (Anm. 1), S. 145.

44 Ansgaar Haag: Übersetzen fürs Theater: Am Beispiel William Shakespeare. In: Babel 30 (1984), S. 218 – 224, hier: S. 221, bietet eine Definition dieser beiden Begriffe: »Um die Spielbarkeit zu sichern, muß sich der Wortlaut des Textes nach dem Rhythmus der seelischen Gefühle richten. Der Begriff der *Atembarkeit* besagt […], daß Satzrhythmus und Wortlänge den Emotionen entsprechen sollen, die der Schauspieler über den Atem transportiert.« Zur Atembarkeit siehe besonders Mary Snell-Hornby: Sprechbare Sprache – Spielbarer Text. Zur Problematik der Bühnenübersetzung. In: Modes of Interpretation. Essays Presented to Ernst Leisi on the Occasion of his 65th Birthday. Hg. von Richard J. Watts u. Urs Weidmann. Tübingen 1984, S. 101 – 116, hier: S. 107 und S. 113. Für eine kritische Diskussion des Begriffs der Sprechbarkeit siehe Greiner u. Jenkins (Anm. 9), S. 671.

mende Herausforderung darstellt. Freilich löst Wielands Prosa den shakespeareschen Wortstau rhythmisch auf, allerdings um den Preis der Verdeckung dieser ästhetischen Eigenheit des Originals. Will man demgegenüber zu einer differenzierteren Bestimmung von Bühnentauglichkeit vordringen, müssen Textqualitäten in den Blick genommen werden, die über eine möglichst reibungslose Sprech- oder Atembarkeit weit hinaus gehen.

»Im dramatischen Text«, schreibt Sophia Totzeva in ihrem Buch über ›Das theatrale Potential des dramatischen Textes‹, sei bereits »eine *potentielle* theatrale Realisation unter bestimmten theatralen Codes und theatralen Konventionen konzipiert«.[45] Dieses Potential steht für die Fähigkeit des Dramentextes, mit verbalen Mitteln jene Codes zu evozieren, die für eine Aufführung dieses Textes konstitutiv sind. Seine Form, sein Inhalt und seine Struktur verweisen intermedial auf die Normen und Zeichensysteme des Theaters. Mehr oder weniger deutliche Hinweise auf Gestik, Mimik und Proxemik sowie auf weitere aufführungsrelevante Aspekte liefern Impulse für eine mögliche Inszenierung.[46] Die Eignung für eine mediale und semiotische Transformation liegt in seiner performativ-deiktischen Dimension.[47] »Der geschriebene Text«, schreibt Totzeva, »ist durch sein Verlangen nach einer Bühnenkontextualisierung determiniert und zeigt durchaus seine Abhängigkeit von den physischen Bedingungen der Inszenierung, besonders von der Körperlichkeit des Schauspielers und seinen Fähigkeiten, einen Diskurs innerhalb des Raumes auf der Bühne zu materialisieren.«[48]

Diese Inszenierungshinweise finden sich in unterschiedlichem Ausmaß und Verhältnis verteilt auf die beiden linguistischen Systeme des Redetextes und des Nebentextes.[49] In ihrer Funktionsbestimmung des Nebentextes unterscheidet Totzeva zunächst zwischen einer kommentierenden und einer aktionalen Ausrichtung.[50] Die Funktion des kommentierenden Nebentextes bestehe in der »Unterstützung der primären literarischen Bedeutungskonstitution«,[51] jene des aktionalen in der »Lieferung direkter Hinweise für die Inszenierung, indem er Handlungsabläufe bezeichnet«.[52] Eine dritte Bestimmung ist die des ausgesparten Nebentextes, das heißt eine »Reduzierung bis zur Nullposition und Verlagerung seiner Bedeutungen auf die Strukturen des Redetextes«.[53] Shakespeares Dramentexte sind nun bekanntlich dadurch ausgezeichnet, dass der Redetext selbst die höchste Dichte an Inszenierungshinweisen bietet. ›The Tempest‹ bil-

---

45 Totzeva (Anm. 12), S. 36.
46 Ebd., S. 41.
47 Ebd., S. 49.
48 Ebd., S. 68.
49 Siehe dazu Brigitte Schultze: Übersetzen für das Theater: Redetext und Nebentext. In: Übersetzung (Anm. 8), S. 1027 – 1036.
50 Totzeva (Anm. 12), S.153.
51 Ebd., S. 153.
52 Ebd.
53 Ebd.

det hier insofern eine Ausnahme, als es Shakespeares Stück mit der höchsten Zahl an Regieanweisungen ist.[54]

Ein eindrucksvolles Beispiel für eine derartige Distribution der Inszenierungshinweise liefert gleich der Beginn der Eingangsszene von Shakespeares ›Tempest‹. Durch die deiktische Kraft der Sprache entwirft der elisabethanische Dramatiker im Nebentext den akustischen und visuellen Raum der Bühne, während der anschließende Redetext mit seiner Häufung illokutionärer Sprechakte auf die auszuführenden Handlungen verweist:

On a Ship at Sea.
A tempestuous noise of thunder and lightning heard:
Enter a Ship-master, and a Boatswain.
MASTER. Boatswain. –
BOATS. Here, Master: what cheer?
MAST. Good, speak to th'mariners: fall
to't yarely, or we run our selves a-ground;
bestir, bestir. [*Exit.*
Enter Mariners.
BOATS. Hey, my hearts; cheerly, my hearts; yare,
yare; take in the top-sail; tend to th'master's whistle;
blow, 'till thou burst thy wind, if room enough.[55]

Wielands Übersetzung dieser Stelle zeigt eine perfekte Übereinstimmung mit der Vorlage. Aus der Sicht der *Dramen*übersetzung, also der Übersetzung für Leser, stimuliert der Text den Entwurf eines virtuellen theatralen Raumes, in dem sich der Verlauf der Handlung vor dem inneren Auge abspielen kann. Aus der Perspektive der *Theater*übersetzung, der Übersetzung für die Bühne, konstituiert sich der Text hingegen als so präzis wie nötige und so frei wie mögliche Grundlage für eine Inszenierung:

In einem Schiff auf dem Meer.
Man hört ein Getöse von einem heftigen Sturm, mit Donner und Blizen.
Der Schiffspatron und der Hochbootsmann treten auf.
SCHIFFSPATRON. Hochbootsmann –
BOOTSMANN. Hier, Patron: Wie steht's?
SCHIFFSPATRON. Gut; redet mit den Matrosen; arbeitet mit den äussersten Kräften, oder wir gehen zu Grunde; greift an, greift an! *(Geht ab.)*
Etliche Matrosen kommen herein.
BOOTSMANN. Hey, meine Kinder; munter, meine Kinder! hurtig! hurtig! Zieht das Bramsegel ein! gebt auf des Patrons Pfeifchen acht – – Ey so blase, bis du bersten möchtest – –[56]

---

[54] Walch (Anm. 19), S. 222.

[55] Shakespeares Text wird zitiert nach der von Wieland als Vorlage verwendeten Ausgabe von Pope und Warburton: William Shakespeare: The Tempest. In: Works (PW) 1, S. 3.

[56] Wielands Übersetzung wird zitiert nach TW 5, hier: S. 7.

Die Betonung dieser Doppelperspektive, einer Wertung von Wielands Leistung aus der Sicht des Lesers *und* des Zuschauers, ist deshalb so wichtig, weil in der Kritik bisher fast ausschließlich eine leserorientierte Beurteilung vorherrschte.[57] Nur eine adäquate Einbeziehung des Zuschauer- bzw. Bühnenstandpunkts vermag jedoch zu erklären, warum sich die zahlreichen Bearbeitungen der vom Biberacher Kanzleidirektor übersetzten Shakespeare-Dramen mit so großem Erfolg und bis in die Romantik hinein auf den deutschen Bühnen halten konnten.[58]

In der fünften Szene des ersten Aktes konstituiert erzählte und gegenwärtige Musik den Raum theatraler Repräsentation:

> *Enter* FERDINAND; *and* ARIEL *invisible, playing and singing.*
> ARIEL'S SONG. […]
> FER. Where should this Musick be, i'th'air, or earth? –
> It sounds no more: and, sure, it waits upon
> Some God o'th'Island. Sitting on a bank,
> Weeping against the King my father's wreck,
> This musick crept by me upon the waters;
> Allaying both their fury and my passion,
> With its sweet air, thence I have follow'd it,
> Or it hath drawn me rather – but 'tis gone.
> No, it begins again.
> ARIEL'S SONG.
> *Full fathom five thy father lies,*
> *Of his bones are coral made:*
> *Those are pearls, that were his eyes;*
> *Nothing of him that doth fade,*
> *But doth suffer a sea-change,*
> *Into something rich and strange.*
> *Sea-nymphs hourly ring his knell.*
> *Hark, now I hear them, ding-dong, bell.*
> [*Burthen: ding-dong.*
> FER. The ditty does remember my drown'd father;
> This is no mortal business, nor no sound
> That the earth owns: I hear it now above me.[59]

Auch in diesem Fall folgt Wielands Übertragung exakt Ferdinands ängstlich-hoffnungsvoller Suche nach Herkunft und Ursache der gehörten Klänge und reproduziert dabei noch die entscheidenden rhythmischen und lautlichen Qualitäten der Vorlage:

---

[57] Peter Kofler: Shakespeare. In: Wieland-Handbuch. Leben – Werk – Wirkung. Hg. von Jutta Heinz. Stuttgart u. Weimar 2008, S. 394 – 403, hier: S. 401 – 403.

[58] Ebd., S. 400.

[59] Shakespeare (Anm. 55), S. 22 – 24.

Ferdinand tritt auf; Ariel unsichtbar singend und spielend.

FERDINAND. Wo kan diese Musik seyn? In der Luft oder auf der Erde? – – Sie hat aufgehört – –wahrhaftig es ist eine Anzeige, daß irgend eine Gottheit dieses Eiland bewohnt. Indeme ich auf einer Sandbank saß, und den Untergang des Königs meines Vaters beweinte, schien diese Musik über die Wellen mir entgegen zu schleichen, und besänftigte durch ihre Lieblichkeit beydes ihre Wuth und meine Leidenschaft; ich folgte ihr bis an diesen Ort, oder sie zog mich vielmehr an; – – Aber sie hat aufgehört – – Nun beginnt sie von neuem.

ARIEL *singt.* Fünf Faden tief dein Vater ligt,
Sein Gebein ward zu Corallen,
Zu Perlen seine Augen-Ballen,
Und vom Moder unbesiegt,
Wandelt durch der Nymphen Macht
Sich jeder Theil von ihm und glänzt in fremder Pracht.
Die Nymphen lassen ihm zu Ehren
Von Stund zu Stund die Todtengloke hören.
Horch auf, ich höre sie, ding-dang, ding-dang –

FERDINAND. Der Gesang spricht von meinem ertränkten Vater; diß ist nicht das Werk eines Sterblichen, noch eine irdische Musik; izt hör ich sie über mir.[60]

Zur Musik gesellt sich im Nebentext zur Bankettszene im dritten Auftritt des 3. Aktes der anmutige Tanz:

Solemn and strange musick; and Prospero *on the top,*
invisible. Enter several strange shapes, bringing in
a banquet; and dance about it with gentle actions
of salutation; and, inviting the King, &c. *to eat,*
they depart.[61]

Diesmal ist Wieland ausführlicher als Shakespeare. Um die Imagination seiner Leser zu unterstützen und das Verständnis der Vorgänge zu erleichtern, beschreibt er nicht nur die einladenden Gesten der auftretenden Geister etwas breiter, sondern weist in einem Zusatz ausdrücklich auf den Umstand hin, dass Prospero »den redenden Personen unsichtbar« bleibt:

(Man hört eine seltsame und feyrliche Musik, und Prospero zeigt sich (den redenden Personen unsichtbar) auf der Spize des Berges. Verschiedne wunderbare Gespenster treten auf, tragen eine Tafel mit Speisen und Getränk herzu, tanzen um dieselbe mit freundlichen Gebehrden, als ob sie den König und seine Gefährten willkommen heissen wollten, und nachdem sie dieselben eingeladen zu essen, verschwinden sie wieder.)[62]

Im Dialog zwischen Ferdinand und Prospero tritt in der dritten Szene des 4. Aktes die metatheatrale Dimension von Shakespeares Text zu Tage. Auf die Frage Ferdinands nach der Natur der Gestalten des Maskenspiels enthüllt sich

---

60 Shakespeare/Wieland (Anm. 56), S. 30 f.
61 Shakespeare (Anm. 55), S. 57.
62 Shakespeare/Wieland (Anm. 56), S. 79.

Prospero seinem künftigen Schwiegersohn gegenüber als Urheber und Regisseur dieses Spiels im Spiel:

A MASQUE
[…]
FER. This is a most majestick vision, and
Harmonious charming Lays: may I bold
To think these spirits?
PRO. Spirits, which by mine art
I have from their confines call'd to enact
My present fancies.
[…]
IRIS. You nymphs, call'd *Nayads*, of the winding brooks,
With your sedg'd crowns, and ever-harmless looks,
Leave your crisp channels, and on this green land
Answer your summons, *Juno* does command:
Come, temperate nymphs, and help to celebrate
A contract of true love; be not too late.
Enter certain Nymphs.
You sun-burn'd sicklemen, of *August* weary,
Come hither from the furrow, and be merry;
Make holy-day; your rye-straw hats put on,
And these fresh nymphs encounter every one
In country footing.[63]

Wieland übersetzt die Szene in Prosa, versäumt aber nicht, in einer Anmerkung ausdrücklich darauf hinzuweisen, dass »[d]ieses ganze Spiel […] im Original in Reimen« verfasst ist.[64] Der illusionsgefährdende Aspekt von Prosperos Doppelrolle bleibt jedoch unangetastet, wobei sich hier, ähnlich wie im bereits besprochenen Fall des Epilogs, die Frage stellt, ob diese Stelle im ursprünglichen Bühnenmanuskript enthalten oder modifiziert bzw. gestrichen war:

(Ein allegorisches Spiel.) […]
FERDINAND. Diß ist ein höchst majestätisches Gesicht, und eine bezaubernde Harmonie; und darf ich kühnlich glauben, daß es Geister sind?
PROSPERO. Geister, die ich durch meine Kunst aus ihren Bezirken hiehergerufen habe, meine Phantasien auszuführen. […]
IRIS. Ihr Nymphen der schlängelnden Bäche, Najaden genannt, mit euern Schilf-Kränzen und immer freundlichen Bliken, verlaßt eure kräuselnden Canäle und kommt, Juno befiehlt's, auf diese grüne Flur. Kommt, keusche Nymphen, und helft ein Bündniß treuer Liebe zu feyern; säumt euch nicht!
(Eine Anzahl Nymphen treten auf.)
IRIS *(fahrt fort.)* Ihr von der Sonne verbrennten Schnitter, des Augusts müde, kommt aus euern Furchen, und theilet unsre Lust. Macht Feyertag, sezt eure Strohhüte auf, und jeder gebe einer von diesen frischen Nymphen die Hand zum ländlichen Tanz.[65]

---

63 Shakespeare (Anm. 55), S. 63 – 66.
64 Shakespeare/Wieland (Anm. 56), S. 88.
65 Ebd., S. 88 – 91.

In verschärfter Weise stellt sich die Frage der Streichung für jene Rede, mit der Prospero in der vierten Szene des vierten Aktes Ferdinand dadurch zu beruhigen versucht, indem er, metafiktional, die illusorische Natur des vorgestellten Spiels offenlegt:

> PRO. You look, my son, in a mov'd sort,
> As if you were dismay'd; be chearful, Sir:
> Our revels now are ended: ›these our actors,
> As I foretold you, were all spirits, and
> Are melted into air, into thin air;
> And, like the baseless fabrick of th'air-visions
> The cloud-capt towers, the gorgeous palaces,
> The solemn temples, the great globe it self,
> Yea, all, which it inherit, shall dissolve;
> And, like the unsubstantial pageant faded,
> Leave not a rack behind! we are such stuff
> As dreams are made on, and our little life
> Is rounded with a sleep.‹ – Sir, I am vext;
> Bear with my weakness, my old brain is troubled:
> Be not disturb'd with my infirmity;
> If thou be pleas'd, retire into my cell,
> And there repose: a turn or two I'll walk,
> To still my beating mind.[66]

Auch in diesem Fall trägt der Übersetzer Wieland, ganz im Sinn der in der ›Götz‹-Rezension gemachten Unterscheidung, keinerlei Bedenken, das Verwirrspiel zwischen Fiktion und Wirklichkeit bis ins Detail beizubehalten:

> PROSPERO. Ihr seht bestürzt aus, mein Sohn; seyd gutes Muths, unsre Spiele sind nun zu Ende. Diese unsre Schauspieler, wie ich euch vorhin sagte, sind alle Geister, und zerflossen wieder in die Luft, in dünne Luft, und so wie diese wesenlose Luftgesichte, so sollen die mit Wolken bekränzte Thürme, die stattlichen Paläste, die feyrlichen Tempel, und diese grosse Erdkugel selbst, und alles was sie in sich faßt, zerschmelzen, und gleich diesem verschwundnen unwesentlichen Schauspiel nicht die mindeste Spur zurüklassen. Wir sind solcher Zeug, woraus Träume gemacht werden, und unser kleines Leben endet sich in einen Schlaf – – mein Herr, ich bin beunruhigt, habt Geduld mit meiner Schwachheit, mein altes Gehirn ist in Unordnung; laßt euch diesen kleinen Zufall nicht anfechten; geht in meine Celle, wenn's euch beliebt, und ruhet da – – Ein oder zwey Auf- und Abgänge werden mir wieder leichter machen.[67]

Jenseits ihrer theatergeschichtlichen Bedeutsamkeit als erster textnaher Inszenierung eines Shakespeare-Stücks auf einer deutschen Bühne lenkt die Biberacher ›Sturm‹-Aufführung von 1761 den Blick auf die von der Forschung bisher nicht ausreichend in Rechnung gestellte Tatsache, dass am Beginn von Wielands Shakespeare-Projekt eine konkrete Bühnenerfahrung steht, selbst wenn oder besser gerade weil diese vorerst deutschlandweit noch nicht Schule machen

66 Shakespeare (Anm. 55), S. 67 – 69.
67 Shakespeare (Anm. 56), S. 92 f.

konnte. Wielands Insistieren auf der Leserorientiertheit seiner Verdeutschung von insgesamt 22 Stücken des elisabethanischen Dramatikers ist keineswegs das Ergebnis einer freien Entscheidung, sondern angesichts der Theatersituation der 1760er Jahre ohne reale Alternative. Dieser Umstand wiederum wirft die Frage auf, ob Wielands Eingriffe in die Originaltexte, etwa die zahlreichen Streichungen beziehungsweise Zusammenfassungen ganzer Szenen und Akte, nicht zumindest teilweise aus der Perspektive künftig möglicher Inszenierungen zu erklären wären. Selbst wenn man berücksichtigt, dass die gedruckten Übersetzungen auf ihrem Weg zur Bühne mehr oder weniger starken, in Bühnenmanuskripten und Souffliierbüchern konkretisierten Bearbeitungen durch Schauspieler wie Theaterdirektoren unterzogen wurden, ist der spätere Theatererfolg von Wielands Shakespeare-Übersetzung schwerlich anders zu erklären als mit Textqualitäten wie Sprechbarkeit und deiktischer Evokation eines multisemiotischen und multimedialen Ereignisses, Qualitäten, die, wie bereits die Untersuchung des ›Sturm‹ hinreichend belegt, ihr bereits innewohnen und folglich ihre Bühnentauglichkeit konstituieren.

Yvonne Häfner

»Shakespeares Helden sind alle *Humoristen*«

Über eine Fußnote in Wielands ›Hamlet‹-Übersetzung

»Deutschland ist Hamlet«, schrieb Ferdinand Freiligrath (1810 – 1876) in seinem berühmt gewordenen, 1844 erschienenen Gedicht ›Hamlet‹ und prägte damit eine Formel, die die Titelgestalt von Shakespeares Tragödie für ein gesellschaftlich-politisch gebildetes Publikum interessant machen sollte.[1] Der Vormärzdichter nutzte in seinem Gedicht die gemeinhin übliche Charakterisierung Hamlets als eines zögerlichen, von Selbstzweifeln zerfressenen, melancholisch veranlagten Intellektuellen, um auf die politische Lethargie Deutschlands aufmerksam zu machen. Mit den Worten »Deutschland ist Hamlet« setzte er das Unvermögen der Deutschen, die Kleinstaaterei zu Gunsten eines geeinten Nationalstaates zu überwinden, jener Handlungsschwäche gleich, die für Hamlet bezeichnend sei. Die Selbstverständlichkeit, mit der sich der Vormärzdichter des brisanten politischen Vergleichs bediente, zeigt, wie geläufig die Vorstellung von der schwermütigen Charaktergrundierung Hamlets im 19. Jahrhundert war. Man hat argumentiert, dass bereits Goethe diese populäre Lesart wesentlich begünstigt habe, indem er im vierten und fünften Buch seines Romans ›Wilhelm Meisters Lehrjahre‹ (1795/96) seinem Helden eine entsprechende ›Hamlet‹-Deutung in den Mund legt.[2] Der Dänenprinz wird in ›Wilhelm Meisters Lehrjahre‹ als ein Mensch geschildert, in dem sich »der Begriff des Rechts und der fürstlichen Würde, das Gefühl des Guten und Anständigen mit dem Bewußtsein der Höhe seiner Geburt« gleichermaßen entwickelt haben und der als eine »zarte Seele« stets bereit ist, seinen Widersachern zu vergeben. Hamlets Tragik besteht nach Wilhelm Meisters Verständnis der Figur jedoch darin, dass er nicht die »sinnliche Stärke« besitze, die ihm aufgebürdete Schicksalslast zu bewältigen. Den Verlust der Krone, die er zu erben erwartet hatte, sowie den Schmerz über die eilige Wiederverheiratung seiner Mutter könne Hamlet unmöglich verkraften:

> Hier wird ein Eichbaum in ein köstliches Gefäß gepflanzt, das nur liebliche Blumen in seinen Schoß hätte aufnehmen sollen; die Wurzeln dehnen sich aus, das Gefäß wird zer-

---

1 Ferdinand Freiligrath: ›Hamlet‹. In: Ders.: Ein Glaubensbekenntniß. Zeitgedichte. Mainz 1844, S. 251 – 257, hier: S. 253.

2 Vgl. Walter Muschg: »Deutschland ist Hamlet«. In: Deutsche Shakespeare-Gesellschaft West. Jahrbuch 1965, S. 32 – 58, bes. S. 37 f.; Franz Loquai: Hamlet und Deutschland: zur literarischen Shakespeare-Rezeption im 20. Jahrhundert. Stuttgart u. Weimar 1993 (Metzler Studienausgabe), S. 3 – 13. – Vgl. ferner auch Willi Erzgräber: Probleme der Hamlet-Interpretation im 20. Jahrhundert. Eine Einleitung. In: Hamlet-Interpretationen. Hg. von Willi Erzgräber. Darmstadt 1977 (Wege der Forschung 214), S. 1 – 46, hier: S. 1.

> nichtet. Ein schönes, reines, edles, höchst moralisches Wesen, ohne die sinnliche Stärke, die den Helden macht, geht unter einer Last zu Grunde, die es weder tragen noch abwerfen kann; jede Pflicht ist ihm heilig, diese zu schwer. Das Unmögliche wird von ihm gefordert, nicht das Unmögliche an sich, sondern das was ihm unmöglich ist.[3]

Die Textpassage aus dem Roman ›Wilhelm Meisters Lehrjahre‹ zeigt, dass Goethe die in Shakespeares Originaltext ohnehin schon vorhandene, melancholisch-sentimentale Charaktergrundierung Hamlets weiter zuspitzen und ihn von seiner Romanfigur als einen empfindsamen Intellektuellen beschreiben lassen wollte, der von Schwermut und Unsicherheit gleichermaßen gelähmt wird.

Diese Tendenz zur Sentimentalisierung Hamlets muss indes auf Wielands Shakespeare-Übersetzung zurückgeführt werden, zu der sich Goethe im Verlauf seines Lebens mehrfach geäußert hat.[4] Dennis M. Mueller[5] hat auf der Grundlage detaillierter Quellenstudien bereits Ende der 1960er Jahre auf entsprechende Zusammenhänge aufmerksam gemacht. Seine Forschungsresultate belegen im Detail, dass Wieland etwa durch Streichungen einzelner Wörter oder Satzteile sowie durch gelegentliche Erläuterungen in den Fußnoten als Urheber des beschriebenen Charakterbildes im ›Wilhelm Meister‹ gelten kann, das später für eine ganze Generation im deutschen Sprachraum wie im Ausland bestimmend geworden ist. Ein ausgewähltes, von Mueller in seinem Aufsatz namhaft gemachtes Beispiel mag dies veranschaulichen: Anders als in Shakespeares Originaltext quittiert Wielands Ophelia Hamlets wütende Aufforderung, sie möge sich doch in ein Nonnenkloster begeben, nicht mit der Bemerkung, er sei zerfetzt von Raserei (»blasted with ecstasy«).[6] Vielmehr äußert sie bei Wieland ihr Bedauern darüber, dass ihr Geliebter als eine »unvergleichliche Tugend-Blüthe in finstrer Schwermuth hinwelkt«.[7] Dieser Zusatz, der bei Shakespeare keinerlei Entsprechung findet, akzentuiert die Sensibilität eines Jünglings, von dessen melancholischer Veranlagung und Unfähigkeit zu einem festen Entschluss sich rund dreißig Jahre später auch die Leser von Goethes Roman ›Wilhelm Meisters Lehrjahre‹ überzeugen konnten.[8] Bezeichnend ist, dass die

---

3 Goethe: Wilhelm Meisters Lehrjahre. In: MA 5, S. 242–246, hier: S. 245.

4 »Nun erschien Wielands Übersetzung. Sie ward verschlungen, Freunden und Bekannten mitgeteilt und empfohlen. [...] Shakespeare prosaisch übersetzt, erst durch Wieland, dann durch Eschenburg, konnte als eine allgemein verständliche und jedem Leser gemäße Lektüre sich schnell verbreiten, und große Wirkung hervorbringen.« Goethe: Aus meinem Leben. Dichtung und Wahrheit. In: MA 16, S. 526.

5 Dennis M. Mueller: Wieland's ›Hamlet‹ Translation and Wilhelm Meister. In: Deutsche Shakespeare-Gesellschaft West. Jahrbuch 1969, S. 198 – 212.

6 Mueller (Anm. 5), S. 207.

7 Alle Zitate aus: William Shakespeare: Theatralische Werke in 21 Einzelbänden. Übersetzt von Christoph Martin Wieland. Nach der ersten Zürcher Ausgabe von 1762–1766 neu hrsg. von Hans und Johanna Radspieler. Zürich 1993–1995 (TW), hier: William Shakespeare: Hamlet, Prinz von Dännemark. Ein Trauerspiel. In: TW 20, S. 97 (III, 2).

8 Kritisch zu Muellers Thesen äußert sich Volker Zumbrink: Metamorphosen des kranken Königssohns: Die Shakespeare-Rezeption in Goethes Romanen ›Wilhelm Meisters

von Mueller namhaft gemachten Besonderheiten in Wielands ›Hamlet‹-Übersetzung vom Übersetzer selbst im fünften Akt (dritte Szene) in einer langen Fußnote erläutert werden, die nach Einschätzung von Hans Radspieler zweifellos eine »Sonderstellung« einnimmt: So handele es sich bei der hinzugefügten Fußnote um die »einzige Interpretation«, die »Wieland einem von Shakespeares Stücken mitgibt«.[9] Dieser Befund ist bemerkenswert: Welche argumentativen Zusammenhänge lassen sich in Wielands Fußnotentext erkennen, und vor welchem Hintergrund kann diese »einzige Interpretation« beleuchtet werden?

Wielands Argumentation bezieht sich auf die zu erwartende Ermordung des Königs durch Hamlet, dessen Tötungsabsicht in der dritten Szene des fünften Aktes ganz besonders deutlich zum Ausdruck komme: Nach Wieland bestehe kein Zweifel daran, dass Hamlet »Absichten gegen den König gehabt habe«, da er vom ersten Akt des Stücks an von dem Willen beherrscht werde, seinen Vater zu rächen.[10] Unfähig, sein Handeln planmäßig auf die Mordabsicht hin auszurichten, habe der Held aber niemals darüber nachgedacht, »wie er dabey zu Werke gehen wolle«. Ungeachtet dieses retardierenden Moments, das notgedrungen eine stockende Dramaturgie zur Folge habe, sei »die Anlegung der Fabel, die Verwiklung und die Entwiklung derselben« unübertroffen, so dass dem »Englischen Parterre kein Stük ihres Shakespeares mehr als dieses« gefallen würde. Genau an dieser zentralen Stelle der Argumentation rekurriert Wieland auf den »Humor des Hamlet«, der mit der Deutung von Hamlets melancholischer Persönlichkeit zusammenhängt. Besonders aufschlussreich ist, dass Wieland an dieser Stelle Shakespeares Humorbegriff positiv der Leidenschaftstheorie des französischen Tragödiendichters Pierre Corneille gegenüberstellt und daraus eine die Epochen überdauernde Aktualität Shakespeares für seine Landsleute ableitet:

> Der Humor des Hamlet (Denn das was ihn in dem ganzen Lauf des Stüks beherrscht, ist viel weniger Leidenschaft als Laune) diese kalte, raisonnirende oder richtiger zu reden, phantasirende Melancholie, die nur dann und wann in plötzliche und eben so schnell wieder sinkende Wind-Stösse von Leidenschaft ausbricht, diese Gleichgültigkeit gegen sein eigens Leben, welche das grosse Vorhaben der Rache, wovon seine Seele geschwellt ist, dem ungefehren Zufall überlaßt, und es nicht der Mühe werth hält einen Plan anzulegen oder Präcautionen zu nehmen, um nicht selbst in den Fall seines Feindes verwikelt zu werden – – Alles dieses sind Züge, worinn Engländer ihr eignes Bild zu sehr erkennen, um nicht weit stärker davon interessiert zu werden, als durch die idealischen Charakters und die starken soutenierten Leidenschaften der Helden des Corneille. Shakespeares Helden, zumal seine Lieblings-Helden, sind alle *Humoristen*, und vermuthlich ist dieses eine Haupt-Ursache, warum ungeachtet Sprache, Sitten und Geschmak sich seiner Zeit so sehr verändert haben, dieser Autor doch für seine Landsleute immer neu bleibt,

Theatralische Sendung‹ und ›Wilhelm Meisters Lehrjahre‹. Münster 1997 (Zeit und Text. Münstersche Studien zur neueren Literatur 10), hier S. 142 f. und S. 234 – 263.

9 Vgl. Radspielers Notizen zum Text in: Shakespeare/Wieland: Hamlet (Anm. 7), S. 228 (Anhang). – Mueller (Anm. 5) erwähnt die Fußnote in seinem Aufsatz (S. 211) nur kurz und verzichtet auf eine weiterführende Analyse.

10 Shakespeare/Wieland: Hamlet (Anm. 7), S. 184 f.; die folgenden Zitate ebd.

> und etwas weit anzügelichers für sie hat, als alle die neuern, welche nach französischen Modellen gearbeitet haben.

»Shakespeares Helden, zumal seine Lieblings-Helden, sind alle *Humoristen*«: Was genau meint Wieland mit dieser Charakterisierung? Und: Welche Bedeutung hat diese Aussage über das ›Anziehende‹ Shakespeares im Hinblick auf die von Wieland angesprochenen theatergeschichtlichen Aspekte?

In den Ohren zeitgenössischer Leser dürfte die Gegenüberstellung von Shakespeare und Corneille die Assoziation zu Lessings siebzehntem Literaturbrief geweckt haben, der nur wenige Jahre vor Wielands Shakespeare-Übersetzung, nämlich im Jahr 1759, erschienen war. Unmissverständlich hatte Lessing in seinem berühmten Literaturbrief, der für die Shakespeare-Aneignung in Deutschland von zentraler Bedeutung ist, dargelegt, dass »Shakespeare ein weit größerer tragischer Dichter als Corneille« sei.[11] Dass es sich bei Lessings siebzehntem Literaturbrief um eine rhetorisch ausgeklügelte Attacke gegen Johann Christoph Gottsched und dessen Theaterreform handelte, ist in der Lessingforschung ausführlich diskutiert worden.[12] In äußerst scharfen Worten verurteilte Lessing Gottscheds Reform des Theaters als grundsätzlich verfehlt, da Gottsched seiner Meinung nach kein Feingefühl dafür gehabt habe, dass die alten dramatischen Stücke, »welche er vertrieb«,[13] viel eher dem englischen als dem französischen Geschmack glichen. Gottsched, so Lessing, hätte feststellen müssen, dass das Naturgenie Shakespeare für das deutsche Theater ein viel geeigneteres Muster abgegeben hätte als die nach rhetorischer Konvention ausgerichteten dramatischen Dichtungen eines Corneille oder Racine. Ebenso bedauernswert erschien es Lessing, dass Gottsched die Geistesverwandtschaft zwischen den älteren deutschen Volksstücken in der Art des Doktor Faust und Shakespeares Theaterdichtungen nicht erkannt habe. Lessings Polemik gipfelt in der Feststellung, dass Gottsched immer »nur mit den Augen der Franzosen gesehen« und dabei »keinen Shakespeare, keinen Jonson, keinen Beaumont und Fletcher etc. gekannt« habe, die er »hernach aus Stolz auch nicht hat wollen kennen lernen«.[14]

Zu Recht wurde in der Forschung darauf hingewiesen, dass dieses klare Bekenntnis zu dem britischen Dichter mit Lessings Übersetzung von John Drydens ›Essay of Dramatick Poesie‹ (1668) in Zusammenhang steht – einer Übertragung, die unter dem Titel ›Von Johann Dryden und dessen dramatischen Werken‹ im Jahre 1758 in Auszügen in der ›Theatralischen Bibliothek‹

---

[11] Gotthold Ephraim Lessing: Briefe, die neueste Literatur betreffend (1759–1765). Siebzehnter Brief. In: Ders.: Werke. Band 5: Literaturkritik. Poetik und Philologie. Hg. von Herbert G. Göpfert. München 1973, S. 70 – 73, hier: S. 72.

[12] Vgl. dazu Monika Fick: Lessing-Handbuch. Leben – Werk – Wirkung. Stuttgart u. Weimar 2000, S. 163 f.

[13] Lessing (Anm. 11), S. 71.

[14] Ebd., S. 72.

erschien.[15] Bei Dryden fand Lessing alle diejenigen Argumente vorformuliert, die ihm nicht nur für seine Polemik gegen Gottsched und dessen Orientierung am französischen Klassizismus, sondern ebenso für seine Begründung eines deutschen Nationaltheaters dienlich sein konnten. Denn Dryden hatte sich in seinem ›Essay‹ nicht nur für Shakespeare, sondern auch für andere elisabethanische Theaterdichter, namentlich für Beaumont, Fletcher und Ben Jonson, stark gemacht, freilich in der Absicht, diese gegen die französische Theatertradition auszuspielen und die deutliche Präferenz für seine englischen Landsleute zu signalisieren.[16] Lessing konnte seinen eigenen Landsleuten auf der Grundlage von Drydens ›Essay‹ deutlich vor Augen führen, dass es in England eine eigenständige Theatertradition gab, die nicht nur von dem ›Genie‹ Shakespeare, sondern ebenso von den großartigen Dichtungen Beaumonts, Fletchers und Jonsons lebte, die nach Dryden und Lessing allesamt als ›Genies‹ zu bezeichnen seien.[17] Wenn Lessing, der noch 1760 lapidar festgestellt hatte, dass Deutschland kein eigenes Theater habe,[18] sein deutsches Publikum zum Rückgang auf die eigene native Tradition ermuntern wollte, war er darauf angewiesen, nicht nur auf einen einzelnen Dichter, sondern auf eine ganze Theatertradition verweisen zu können.[19] Dass Wieland in dieser Hinsicht ganz im Sinne Lessings dachte und sogar gewillt war, seine Übersetzertätigkeit in den Dienst einer solch umfassenden Sicht auf die englische Theatertradition zu stellen, zeigt sein Brief an Orell, Geßner und Cie. vom 14. Oktober 1762:

> Ich habe unterdeßen den Gedanken gehabt, ob wir, inso fern Shakespear wohl aufgenommen werden sollte und Sie ihre Rechnung dabey finden, nicht künftig mit den schönsten Stücken von *Ben-Johnson, Fletcher, Sir John Sukling* und andern von dieser Art, welche theils seine *coaetanei* gewesen, theils bald auf ihn gefolgt, und so wenig sie in Deutschland bekannt sind, so sehr es zu seyn verdienen, ein gleiches versuchen wollten.[20]

---

15 Hansjürgen Blinn: Einführung. In: Shakespeare-Rezeption. Die Diskussion um Shakespeare in Deutschland. I. Ausgewählte Texte von 1741 bis 1788. Mit einer Einführung, Anmerkung und bibliographischen Hinweisen. Hg. von Hansjürgen Blinn. Berlin 1982, S. 21.

16 John Dryden: An Essay of Dramatick Poesie. In: The Works of John Dryden. Prose 1668 – 1691. An Essay of Dramatick Poesie and shorter Works. Volume XVII. Hg. von Samuel Holt Monk. Berkeley u. a. 1971, S. 54.

17 Hans Stephan Arnold: The reception of Ben Jonson, Beaumont and Fletcher, and Massinger in eighteenth century Germany. Diss. masch. University of Maryland 1962, bes. S. 55 – 62.

18 In seinem 81. Literaturbrief vom 7. Februar 1760 schrieb Lessing (Anm. 11), S. 257 – 266, hier: S. 259: »Wir haben kein Theater. Wir haben keine Schauspieler. Wir haben keine Zuhörer.«

19 »Lessing needed the other great Elisabethans as much now as he needed Shakespeare. If he wanted to present to the germans, for their encouragement and guidance, a theater that had grown entirely out of a native tradition, he could not point at a single and altogether exceptional genius.« Arnold (Anm. 17), S. 58.

20 WBr 3, S. 121, Z. 5 – 10.

Auch wenn Wieland seine Absicht, die erwähnten Stücke von Ben Jonson, John Fletcher und Sir John Sukling angesichts der »GaleerenSclaven Arbeit«, welche allein die Shakespeare-Übersetzung für ihn bedeutete,[21] zu übertragen, dann letztlich doch nie verwirklichen konnte, besteht kein Zweifel daran, dass er ein guter Kenner der englischen Bühnendichtung insgesamt war. Wielands Fußnoten-Interpretation ist also in einen ideengeschichtlichen Kontext einzuordnen, der mit Lessings theatergeschichtlichen Überlegungen in engem Zusammenhang steht.

Dieser Aspekt lässt sich auf der Grundlage der weitgefassten Begriffsgeschichte des englischen Wortes »humour« und dessen Übernahme ins Deutsche weiter präzisieren. Kyösti Itkonen hat in seiner Untersuchung zu Wielands Shakespeare-Übersetzung die Wortformen »Humorist« und »humoristisch« unter die Lehnbedeutungen eingeordnet und in Anlehnung an die umfassenden wortvergleichenden und wortgeschichtlichen Studien von Wolfgang Schmidt-Hidding und Karl-Otto Schütz[22] die Entfaltung des Humorbegriffs bis ins 18. Jahrhundert nachgezeichnet: Als ursprünglicher Fachterminus der Medizin[23] tritt das Wort im England des 15. Jahrhunderts aus der Physiologie der Säftelehre in den Sinnbereich der Psychologie ein und avanciert zu einem geläufigen Ausdruck, der auf der einen Seite eine den Charakter wesentlich bestimmende Gemütsbeschaffenheit (›Temperament‹), auf der anderen Seite seit dem 16. Jahrhundert ein auf die unausgewogene Mischung der Körpersäfte zurückzuführendes, unangepasstes Verhalten, mithin auch eine labile Gemütsdisposition im Sinne von ›Stimmung, Laune‹ bezeichnet. Im Deutschen sei der Begriff »Humor« mit der Bedeutung von ›Temperament‹ und dann auch mit dem Wortsinn ›Stimmung, Laune‹ etwas später, nämlich seit dem Anfang des 17. Jahrhunderts bezeugt.[24] Aufschlussreich ist, dass die Entfaltung des Humorbegriffs unter diesen Voraussetzungen theatergeschichtlich präzisiert werden kann, da die »humours« für das elisabethanische Drama grundsätzliche Bedeutung gewinnen:

---

[21] WBr 3, S. 96, Z. 12.

[22] Wolfgang Schmidt-Hidding: Wit and Humour. In: Humor und Witz. Hg. von Wolfgang Schmidt-Hidding. München 1963 (Europäische Schlüsselwörter 1), S. 37 – 160; Karl Otto Schütz: Witz und Humor. In: Ebd., S. 161 – 244.

[23] Zur Vorgeschichte des Wortes gehört die von der antiken Medizin entwickelten Lehre von den die vier Temperamente oder Charaktere bestimmenden Körpersäften. Die Vorstellung, wonach die vier Elemente (Feuer, Wasser, Luft, Erde) den vier kardinalen Eigenschaften (heiß, feucht, kalt, trocken) zugeordnet werden können, bildet seit der Antike die gültige Grundlage für die Auffassung, dass aus den Kombinationen der Eigenschaften der Elemente und den entsprechenden Hauptflüssigkeiten des Körpers die Temperamentenlehre mit ihrer sanguinischen, phlegmatischen, cholerischen oder melancholischen Gemütsverfassung entwickelt werden kann. – Zu den medizinischen Zusammenhängen vgl. Dieter Hörhammer: Art. »Humor«. In: Ästhetische Grundbegriffe. Historisches Wörterbuch in sieben Bänden. Bd. 3. Hg. von Karlheinz Barck u. a. Stuttgart u. Weimar 2001, S. 66 – 85, hier: S. 69, sowie Schmidt-Hidding (Anm. 22), S. 92 f.

[24] Kyösti Itkonen: Die Shakespeare-Übersetzung Wielands (1762 – 1766). Ein Beitrag zur Erforschung englisch-deutscher Lehnbeziehungen. Jyväskylä 1971 (Studia Philologica Jyväskyläensie 7), S. 79 f.

Während sie in der Tragödie für einen Protagonisten charakteristisch sind, der durch unbeherrschte Leidenschaften schicksalshaft determiniert ist,[25] werden sie für die Komödie im Hinblick auf die Darstellung von exzentrischem, schrullenhafte und komische Vorstellungen erzeugendem Verhalten interessant.[26]

Für die uns beschäftigende Fußnote in Wielands ›Hamlet‹-Übersetzung können wir mit Hilfe der wortvergleichenden und wortgeschichtlichen Studien vorläufig festhalten, dass Wieland – wie auch seine eigenwillige Übersetzertätigkeit nahelegt – mit der Aussage »Shakespeares Helden, zumal seine Lieblingshelden, sind alle *Humoristen*« auf eine durch unbeherrschte Leidenschaft determinierte Persönlichkeit verweist, deren befremdliches Verhalten auf eine unausgewogene Mischung von Körpersäften zurückgeführt werden kann. Doch insgesamt deuten Wielands Worte auf ein weitergehendes Interesse an einem adäquaten Verständnis der Lehnbedeutung, zumal er den Begriff des »Humors« mit dem Ausdruck »Laune« in Zusammenhang bringt und damit auf einen Übersetzungsvorschlag zurückgreift, den Lessing bereits 1758 in der 13. Abhandlung der ›Theatralischen Bibliothek‹ gemacht hat.[27] Vor diesem Hintergrund lohnt es sich, Lessings Beschäftigung mit dem Drama und insbesondere die bereits erwähnte Übersetzung von Drydens ›Essay of Dramatick Poesie‹ in der ›Theatralischen Bibliothek‹ an dieser Stelle noch etwas genauer in Augenschein zu nehmen. Denn Lessing interessierte sich für Drydens ›Essay‹ nicht nur, weil er seine Landsleute auf die herausragenden Dichter des elisabethanischen Zeitalters und damit auf das Vorbild einer einheimischen Theatertradition aufmerksam machen wollte. Das bei Dryden dargestellte fingierte Streitgespräch zwischen den vier Freunden Eugenius, Crites, Lisideius und Neander enthielt auch alle diejenigen Argumente, die die Aufmerksamkeit auf die Vorteile einer antiklassizistischen Form des Dramas lenken konnten. So konnte Lessing Drydens ›Essay‹ entnehmen, dass die Verteidigung des englischen Dramas gegenüber dem Vorwurf der am französischen Vorbild gemessenen Regellosigkeit eine ganze Reihe von neuen Bewertungsmaßstäben mit sich brachte, auf deren Grundlage etwa ein neuartiges Ideal der sogenannten Natürlichkeit, ein Ideal der Mannigfaltigkeit, die Freiheit

---

[25] Auf diesen Aspekt verweist Hörhammer (Anm. 23), S. 69.

[26] Itkonen (Anm. 24), S. 80, verdeutlicht in diesem Zusammenhang, dass beim englischen »humour« seit dem 17. Jahrhundert immer mehr die absichtlich evozierte Komik in den Vordergrund tritt. Im Deutschen erfahre der Begriff im 18. Jahrhundert eine ähnliche Bedeutungserweiterung: Seit Friedrich Justus Riedels ›Theorie der schönen Künste und Wissenschaften‹ (1767) kennzeichne »Humor« nicht mehr »die unbewusste Komik eines schrulligen Originals«, sondern vielmehr »die Fähigkeit, Heiterkeit bewusst zu erzeugen«.

[27] Dass Lessing zehn Jahre später im 93. Stück seiner ›Hamburgischen Dramaturgie‹ eben diesen Übersetzungsvorschlag verworfen und als »unrecht« zurückgenommen hat, da er sich zu sehr von der Bedeutung des französischen Wortes »Humeur« habe leiten lassen, konnte Wieland zum Zeitpunkt seiner ›Hamlet‹-Übersetzung aus dem Jahre 1766 freilich nicht wissen. Gotthold Ephraim Lessing: Hamburgische Dramaturgie. Hg. von Klaus Bohnen. Berlin 2010 (Deutscher Klassiker Verlag 42), S. 658 – 662, hier: S. 661 (Fußnote). Eine ausführliche Interpretation von Lessings späterem Worterklärungsversuch findet sich bei Schütz (Anm. 22), S. 180 – 185.

von den drei Einheiten oder anderen künstlichen Hemmnissen wie etwa dem Reim propagiert werden konnten.[28] Von besonderem Interesse dürfte für Lessing die These gewesen sein, dass es auf der Grundlage der französischen Regelpoetik »nicht wohl möglich« sei,

> die Leidenschaften so stark auszudrücken, daß das Gemüth der Zuhörer dadurch in Regung gesetzt würde, indem ihre Reden fast nichts als langweilige Declamationen sind, die uns nicht den eingebildeten Helden, sondern uns selbst zu betauern zwingen, daß wir ein so eckeles Gewäsche mit anhören müssen.[29]

Die Erweckung starker Leidenschaften und die Rührung des menschlichen Herzens sind – so lautet das Fazit – nur fernab der Zwänge klassizistischer Dramentheorie möglich. In den Kontext dieser Erörterungen gehören auch Drydens Ausführungen zum Begriff »humour«, denn auch diese sollen im Detail belegen, dass der antiklassizistischen Form des englischen Dramas mit seiner Naturwahrheit der Vorrang gegenüber der französischen Tragödie gebühre:

> For the lively imitation of Nature being in the definition of a Play, those which best fulfil that law ought to be esteem'd superiour to the others. 'Tis true, those beauties of the *French*-poesie are such as will raise perfection higher where it is, but are not sufficient to give it where it is not: they are indeed the Beauties of a Statue, but not of a Man, because not animated with the Soul of Poesie, which is imitation of humour and passions […].[30]

Die entsprechende von Lessing übersetzte Passage in der ›Theatralischen Bibliothek‹ lautet:

> Denn da die lebhafte Nachahmung der Natur mit in die Erklärung des Schauspiels gehört, so müssen auch diejenigen, die dieses Gesetz am besten erfüllen, auch vor den andern am meisten geschätzt werden. Wahr ist es, die Schönheiten der französischen Poesie sind von der Beschaffenheit, daß sie die Vollkommenheit, wo sie schon vorhanden ist, erhöhen; allein diese Vollkommenheit, wo sie fehlet, zu verschaffen, das sind sie nicht im Stande. Es sind Schönheiten einer Bildsäule, aber nicht eines Menschen, weil sie nicht durch die Seele der Poesie belebt sind, welche in der Nachahmung der Leidenschaften und Launen bestehet […].[31]

---

[28] Vgl. dazu auch Bärbel Czennia: Nationale und kulturelle Identitätsbildung in Großbritannien. Eine historische Verlaufsbeschreibung. In: Muster und Funktionen kultureller Selbst- und Fremdwahrnehmung. Beiträge zur internationalen Geschichte der sprachlichen und literarischen Emanzipation. Hg. von Ulrike-Christine Sander und Fritz Paul. Göttingen 2000 (Veröffentlichungen aus dem Göttinger SFB 529. Serie B: Europäische Literaturen und internationale Prozesse 5), S. 355 – 390, bes. 357 – 359; sowie Roger Paulin: The Critical Reception of Shakespeare in Germany 1682 – 1914. Native Literature and Foreign Genius. Hildesheim u. a. 2003 (Anglistische und Amerikanische Texte und Studien 11), S. 83 – 85.

[29] Gotthold Ephraim Lessing: Theatralische Bibliothek (1754 – 1758). In: Ders.: Sämtliche Schriften. Hg. von Karl Lachmann. Dritte, aufs neue durchgesehene und vermehrte Auflage, besorgt durch Franz Muncker. Bd. 6. Stuttgart 1890, 4. Stück, XIII. Abhandlung, S. 282.

[30] Dryden (Anm. 16), S. 44.

[31] Lessing (Anm. 29), S. 279.

Zur Naturwahrheit gehört – so könnte man diese Stelle in Anlehnung an Dryden und Lessing paraphrasieren – auch die Gestaltung wahrhafter Individuen mit wesenseigenen und auf die Person bezogenen Charakterzügen.[32] Die Kritik, wonach es nicht nur den Franzosen, sondern bereits den »Alten« an Naturwahrheit bei der Darstellung wahrhafter Individuen gefehlt habe, wird an einer anderen Stelle von Drydens ›Essay‹ weiter zugespitzt. In den Komödien der griechischen Dichter – so heißt es in Lessings sorgfältiger Übersetzung der englischen Vorlage – seien lediglich die »allgemeinen Charaktere der Menschen und ihre Sitten; als da sind alte Leute, Liebhaber, Bediente, Buhlerinnen, Schmarutzer, und andere solche Personen« dargestellt, und die Franzosen würden, »ob sie gleich das Wort Humeur in ihrer Sprache haben«, nur einen »sehr geringen Gebrauch in ihren Komödien und Possenspielen« davon machen. Weiter heißt es:

> Bey den Engländern aber ist es ganz anders, die unter Humor irgendeine ausschweifende Gewohnheit, Leidenschaft oder Neigung verstehen, die, wie ich schon gesagt habe, einer Person eigenthümlich ist, und durch deren Seltsamkeit sie sich sogleich von allen übrigen unterscheidet.[33]

Drydens Ausführungen und Lessings Übersetzung zeigen an dieser Stelle sehr deutlich, dass Eigentümlichkeit, Einzigartigkeit, Naturwahrheit und Individualität im Kontext der Humordebatte eine zentrale Rolle spielen. Entsprechende Argumentationen zielten darauf ab, eine Gegenkonzeption zu den konventionellen, prototypischen und gleichsam zu Bildsäulen erstarrten Charaktermodellen der »Alten« und der Franzosen zu entwerfen. Unübersehbar ist, dass Wieland in der Fußnoteninterpretation seiner Übersetzung von Shakespeares ›Hamlet‹ auf eben diese Kernbedeutung und deren semantisches Umfeld zurückgreift, wenn er nicht nur auf die Melancholie und den Einfluss der Körpersäfte bei Hamlet verweist, sondern ebenso eine lebendige, auf Individualität abzielende Charakterbeschreibung des Protagonisten bietet, die sich gleichsam als eine Art Gegenentwurf zu den »idealischen« Charakteren und stark »soutenierten Leidenschaften der Helden des Corneille« liest. Auch die von Wieland angefügte Schlussbemerkung, die darauf hinweist, dass Shakespeare ungeachtet des beständigen Sprach-, Sitten- und Geschmackswandels als Autor »für seine Landsleute immer neu« bleibe, weil er »Humoristen« im Sinne von individuellen Charakteren zeichne und nicht nach den Konventionen der französischen Modelle arbeite, ist im Kontext der Debatten rund um die antiklassizistische Dramentheorie in der Mitte des 18. Jahrhunderts zu verstehen. Die Interpretation, die Wieland seiner Übersetzung von Shakespeares ›Hamlet‹ beigefügt hat, bestätigt und wiederholt damit jenen zentralen Aspekt von Wielands Shakespeare-Begeisterung, der bereits für seine ›Theorie und Geschichte der Red-Kunst und Dicht-Kunst‹ aus dem Jahr 1757 kennzeichnend war. Un-

---

[32] Vgl. dazu auch die Ausführungen bei Schmidt-Hidding (Anm. 22), S. 98.

[33] Lessing (Anm. 29), S. 291 f. Dryden (Anm. 16), S. 60.

missverständlich hatte er in diesem Text seine große Bewunderung für Shakespeares Fähigkeit, individuelle Charaktere zu zeichnen, dargetan:

> [E]s ist kein Character so außerordentlich, keine Leidenschaft, keine Situation so schwer und delicat, daß er sie nicht mit der bewundernswürdigsten Richtigkeit zu schildern wisse. Eine jede Person hat bey ihm ihre eigenste Gestalt und Miene, welche sie bey keiner Gelegenheit verläugnet. Er ist in der Expression so richtig und accurat, daß er keine Person kein Bild, kein Wort brauchen läßt, das nicht in ihrer besondern Denkart und in ihren Umständen seinen Grund hätte. Niemals copiert er sich selber. Soviel Personen in allen seinen Stücken vorkommen, soviel besondre Character. Wo er die Natur in ihrer Schönheit mahlt, ist er unnachahmlich; und obgleich in ihm alles lauter Natur ist, so weiß er doch seine Character auf eine solche Art zu verschönern, die der Ähnlichkeit nicht den geringsten Abbruch thut.[34]

Lessings Übersetzung von Drydens ›Essay‹ in der ›Theatralischen Bibliothek‹ dürfte Wieland in eben dieser Auffassung bestätigt haben.

Geht man weitere Belegstellen in Wielands Shakespeare-Übersetzung im Hinblick auf verschiedene Übersetzungsvarianten des Humorbegriffs durch, zeigt sich freilich, dass sich aus dem komplexen, vielumfassenden Wort und seinem semantischen Umfeld eine ganze Wortgeschichte entwickeln ließe, die nicht nur den langen Entwicklungsgang des Begriffes, sondern auch Wielands geschickte Übersetzertätigkeit weiter beleuchten kann.[35] Einige Beispiele[36] sollen abschließend veranschaulichen, dass Wieland wie zahlreiche andere Dichter und Gelehrte des 18. Jahrhunderts um eine zutreffende Übersetzung und Erklärung des Wortes bemüht war. Mit Fingerspitzengefühl variiert Wieland die Übersetzung von engl. »humour«, wenn es darum geht, das Temperament, den Charakter, eine andauernde, einem Menschen eigentümliche Wesensart oder Neigung zu beschreiben. Während er Zettels Geneigtheit, im ersten Aufzug von ›Ein St. Johannis Nachts-Traum‹ bei der abendlichen Theaterprobe im Wald, einen Tyrannen zu spielen (»my chief humour is for a tyrant«)[37], mit »meine gröste Declination ist zu einem Tyrannen« übersetzt,[38] verdeutscht er Desdemonas Behauptung, wonach die Sonne, unter der Othello geboren worden sei, jegliche Eifersucht aus seinem Wesen ausgebrannt habe (»the Sun, where he was

---

[34] Christoph Martin Wieland: Theorie und Geschichte der Red-Kunst und Dicht-Kunst [1757]. In: Die Diskussion um Shakespeare in Deutschland (Anm. 15), S. 68 – 70, hier: S. 68.

[35] Die entsprechenden Belegstellen bei Shakespeare sind zusammengestellt in: Alexander Schmidt: Shakespeare-Lexicon: A Complete Dictionary of all the English Words, Phrases and Constructions in the Works of the Poet. Bd. 1, 3. Aufl., rev. and enlarged by Gregor Sarrazin. Berlin 1902, S. 561 f.

[36] Vgl. dazu die Belegstellen im Anhang.

[37] Shakespeare: A Midsummer-Night's Dream. In: Works (PW) 1, S. 104 (III, 1).

[38] Shakespeare/Wieland: Ein St. Johannis Nachts-Traum. In: TW 1, S. 21 (I, 4).

born, | Drew all such humours from him«)[39], mit der Wendung, »die Sonne, unter der er gebohren ward, zog alle groben Dünste von dieser Art aus ihm«.[40]

Bei der Beschreibung einer vorübergehenden Stimmung oder augenblicklichen Gemütsbeschaffenheit einer Person verwendet Wieland in seiner Übersetzung hingegen überwiegend den Begriff »Laune« beziehungsweise das Adjektiv »launisch«. So wird der im englischen Originaltext von ›As you like it‹ als »humorous« bezeichnete Herzog (»The Duke is humorous«)[41] bei Wieland als »läunisch« (»Der Herzog ist läunisch«) beschrieben. Ein weiteres Beispiel zeigt, dass Wieland etwa im Hinblick auf die im 18. Jahrhundert bereits geläufige Bedeutungsverschiebung des Ausdrucks in Richtung auf das Komische um eine textnahe Adaption bemüht ist: So lässt er Antipolis von Ephesus, der in Shakespeares ›Comedy of Errors‹ mit größtmöglicher Ungeduld nach dem Verbleib der Kette fragt (»Fie, now you run this humour out of breath: | Come, where's the chain?«), im vierten Aufzug von ›Die Irrungen oder Die doppelten Zwillinge‹ ausrufen: »Fy, Herr, ihr treibt den Spaß zu weit; kommt, wo ist die Kette«.[42] Eine eigenwillige Übersetzung wiederum wählt Wieland für die Benennung des Schlaftrunkes, den die zu der Heirat mit dem ungeliebten Paris verdonnerte Julia in Shakespeares ›Romeo and Juliet‹ zu sich nehmen soll. »Take thou this vial, being then in Bed, | And this distilled liquor drink thou off; | When presently through all thy veins shall run | A cold and drowsie humour, which shall seize | Each vital spirit«,[43] übersetzt Wieland folgendermaßen: »und wann du dann in deinem Bette bist, so nimm diese Phiole, und trinke sie rein aus, so wird augenbliklich ein erkältender einschläfernder Dunst durch alle deine Adern lauffen, und jeden deiner Lebens-Geister binden.«[44] Die wohl bezeichnendste Wortbedeutung erhält »humour« allerdings in Wielands Übersetzung von Shakespeares Historiendrama ›King John‹, das die Geschichte vom Leben und Tod eines Monarchen mit unsicherem Herrschaftsanspruch auf die Bühne bringt. Hier fällt im fünften Aufzug des Stücks, das bei Wieland den Titel ›Leben und Tod des Königs Johann‹ trägt, im Zusammenhang mit »humour« der Begriff der »Schwärmerei«: Während bei Shakespeare davon die Rede ist, dass das Aufbegehren der Grafschaften gegen den König einer aus dem Gleichgewicht geratenen Volksstimmung gleiche (»inundation of mistemper'd humour«),[45] bezeichnet Wieland in seiner Übersetzung den Volksaufstand als »Schwall einer fieberhaften Schwärmerey«.[46] Zeitgeschichtliche Umwälzungen,

---

39 Shakespeare: Othello, the Moor of Venice. In: Works (PW) 8, S. 353. (III, 9).

40 Shakespeare/Wieland: Othello, der Mohr von Venedig. Ein Trauerspiel. In: TW 18, S. 112 (III, 9).

41 Shakespeare: As you like it. In: Works (PW) 2, S. 306 (I, 7).

42 Shakespeare/Wieland: Die Irrungen oder Die doppelten Zwillinge. Ein Lustspiel. In: TW 11, S. 52 (IV, 1).

43 Shakespeare: Romeo and Juliet. In: Works (PW) 8, S. 86 (IV, 1).

44 Shakespeare/Wieland: Romeo und Juliette. Ein Trauerspiel. In: TW 17, S. 115 f. (IV, 1).

45 Shakespeare: King John. In: Works (PW) 3, S. 460 (V, 1).

46 Shakespeare/Wieland: Leben und Tod des Königs Johann. In: TW 8, S. 105 (V, 1).

kriegerische Auseinandersetzungen und Erbfolgestreitigkeit können demnach – so legt es Wielands Übersetzungsvorschlag nahe – dazu führen, dass ein ganzes Volk der Schwärmerei anheimfällt.

Zusammenfassend lässt sich festhalten, dass sich in Wielands Shakespeare-Übersetzung das Ringen um das adäquate Verständnis eines Begriffs widerspiegelt, der mit Fug und Recht unter die europäischen Schlüsselwörter gerechnet werden kann. Über Jahrhunderte hinweg, besonders aber im 17., 18. und 19. Jahrhundert, haben sich Schriftsteller und Gelehrte in Deutschland mit dem englischen Sprachgeist, der Geschichte des Wortes und deren Bedeutung für die je eigene Gegenwart auseinandergesetzt, so dass etwa Johann Gottfried Herder 1769 in den ›Kritischen Wäldern‹ feststellen konnte: »*Humour* z. E. ist offenbar ein Nationalwort der Engländer aus ihrem Charakter, und man muß also, um es in seinen kleinen Nuancen bestimmen zu können, selbst Engländer sein, selbst Brittisch Humorisieren können«.[47] Es ist unverkennbar, dass Wieland – indem er mit besonderer Sensibilität je nach Kontext den Bedeutungsinhalt des Wortes variierte – seine feinfühlige Übersetzertätigkeit unter Beweis gestellt und damit ein gewisses Verständnis für das »brittische Humorisieren« gezeigt hat.

Belegstellen

Sämtliche *englischen* Zitate stammen aus der achtbändigen, von William Warburton betreuten und mit einem Vorwort von Alexander Pope versehenen Ausgabe von The Works of Shakespeare: London 1747. Alle *deutschen* Zitate aus: William Shakespeare. Theatralische Werke in 21 Einzelbänden. Übersetzt von Christoph Martin Wieland. Nach der ersten Zürcher Ausgabe von 1762–1766 neu hrsg. von Hans und Johanna Radspieler. Zürich 1993–1995.

A Midsummer-Night's Dream I 4 (Bd. 1, S. 104):

BOT. [...] I will move storms; I will condole in some measure. To the rest; — yet, my chief **humour** is for a tyrant.

Ein St. Johannis Nachts-Traum I 4 (TW 1, S. 20 f.):

ZETTEL. [...] Ich will Stürme erregen, ich will condolieren, daß es eine Art haben soll! weiter! – – – – Aber meine gröste **Declination** ist zu einem Tyrannen.

Much Ado about Nothing I 2 (Bd. 2, S. 7):

BEAT. A dear happiness to women; they would else have been troubled with a pernicious suitor. I thank God and my cold blood, I am of your **Humour** for that; I had rather hear my dog bark at a crow, than a man swear he loves me.

Viel Lermens um Nichts I 2 (TW 14, S. 13):

BEATRIX. Ein schäzbares Glük für unser Geschlecht; es würde sonst mit einem gefährlichen Liebhaber geplagt seyn. Ich danke Gott und meinem kalten Blut, daß ich in diesem Glük eures **Sinnes** bin; ich wollte lieber meinen Hund nach einer Krähe bellen hören, als einen Mann schwören, daß er mich liebe.

---

[47] Johann Gottfried Herder: Kritische Wälder. Oder Betrachtungen über die Wissenschaft und Kunst des Schönen. Viertes Wäldchen über Riedels Theorie der schönen Künste. 1769. Drittes Stück. In: Ders.: Werke II. Hg. von Wolfgang Pross. Herder und die Anthropologie der Aufklärung. München u. Wien 1987, S. 226.

Much Ado about Nothing I 6 (Bd. 2, S. 15):

JOHN. […] I cannot hide what I am: I must be sad when I have cause, and smile at no man's jests; eat when I have stomach, and wait for no man's leisure; sleep when I am drowsie, and tend on no man's business; laugh when I am merry, and claw no man in his **humor**.

Viel Lermens um Nichts I 6 (TW 14, S. 26):

DON JUAN. […] Ich kan nicht verbergen, was ich bin: Ich muß schwermüthig seyn wenn ich Ursach habe, und über niemands Einfälle lächeln; essen wenn ich hungrig bin, und auf niemand warten; schlafen wenn mich schläfert, und um niemands Geschäfte willen wachen; lachen, wenn ich lustig bin, und mich nichts darum bekümmern ob andre im **Humor** sind mitzulachen oder nicht.

Much Ado about Nothing II 6 (Bd. 2, S. 28):

PEDRO. […] I will teach you **how to humour your Cousin**, that she shall fall in love with *Benedick*;

Viel Lermens um Nichts II 6 (TW 14, S. 47):

PEDRO. […] Ich will euch lehren, Fräulein, **wie ihr es eurer Base beybringen sollt**, daß sie in Benedicten verliebt werde […].

Much Ado about Nothing II 10 (Bd. 2, S. 38):

BENE. […] Shall quipps and sentences, and these paperbullets of the brain, awe a man from the career of his **humour**?

Viel Lermens um Nichts II 10 (TW 14, S. 61):

BENEDICT. […] Soll sich ein ehrlicher Mann durch Spöttereyen, Wortspiele und Sentenzen aus der Laufbahn seines **Humors** treiben lassen?

Much Ado about Nothing V 3 (Bd. 2, S. 79):

BENE. Fare you well, boy, you know my mind; I will leave you now to your gossip-like **humour;**

Viel Lermens um Nichts V 3 (TW 14, S. 124):

BENEDICT. Lebt wohl, Junge, ihr wißt meine Gesinnung; ich will euch izt euerm poßierlichen **Humor** überlassen –.

Much Ado about Nothing V 11 (Bd. 2, S. 93):

BENE. I'll tell thee what, Prince; a College of witcrackers cannot flout me out of my **humour**: dost thou think, I care for a satire, or an epigram?

Viel Lermens um Nichts V 11 (TW 14, S. 142):

BENEDICT. Ich will dir was sagen, Prinz; ein ganzes Collegium von Wiz-Aufknakern kan mich nicht aus meinem **Humor** spotten; meynst du, ich frage was nach einer Satyre, oder nach einem Epigramma?

As you like it I 7 (Bd. 2, S. 306):

LE BEU. Good Sir, I do in friendship counsel you
To leave this place. Albeit you have deserv'd
High commendation, true applause, and love;
Yet such is now the Duke's condition,
That he misconstrues all that you have done.
The Duke is **humorous**; what he is, indeed,
More suits you to conceive, than me to speak of.

Wie es euch gefällt oder Die Freundinnen I 7 (TW 3, S. 30):

LE BEU. Mein lieber Herr, ich rathe euch als ein Freund, diesen Ort zu verlassen. So viel Lob, Beyfall und Liebe ihr auch verdient habt, so sind doch die Umstände des Herzogs nun einmal so, daß ihn alles was ihr gethan habt, mißtrauisch macht. Der Herzog ist **läunisch**; in der That, es schikt sich besser für euch zu errathen was er ist, als für mich, es zu sagen.

As you like it III 3 (Bd. 2, S. 332):

CLO. […] As it is a spare life, look you, **it fits my humour well**; but as there is no more plenty in it, it goes much against my stomach.

Wie es euch gefällt oder Die Freundinnen III 3 (TW 3, S. 65):

HARLEKIN […] In so fern es ein sparsames Leben ist, seht ihr, **so steht es mir ganz gut an**: aber in so fern als nicht viel dabey zu erhohlen ist, hat mein Magen viel dagegen einzuwenden.

As you like it IV 1 (Bd. 2, S. 357 f.):

JAQ. I have neither the scholar's melancholy, which is emulation; nor the musician's, which is fantastical; nor the courtier's, which is proud; nor the soldier's which is ambitious; nor the lawyer's, which is politick; nor the lady's, which is nice; nor the lover's, which is all these; but it is a melancholy of mine own, compounded of many simples, extracted from many objects, and, indeed, the sundry contemplation of my travels, in which my often rumination wraps me in a most **humorous sadness**.

Wie es euch gefällt oder Die Freundinnen IV 1 (TW 3, S. 93 f.):

JAQUES. Ich habe weder die Melancholie eines Gelehrten, welche Eifersucht ist; noch des Musici, die phantastisch; noch des Höflings, welche stolz; noch des Soldaten, welche ehrgeizig; noch des Juristen, welche politisch; noch eines Frauenzimmers, welche zärtlich; noch eines Liebhabers, die das alles ist; sondern es ist eine Melancholie, die mir eigen ist, aus vielen Simpeln zusammengesezt, und in der That nichts anders als die Würkung der manchfaltigen Betrachtungen die ich über meine Reisen anstelle, deren öftere Erinnerung, mit den Anmerkungen die mir darüber beyfallen, mich in eine Art von **humoristischer Traurigkeit** sezen.

The Comedy of Errors I 2 (Bd. 3, S. 215):

ANT. A trusty villain, Sir, that very oft,
When I am dull with care and melancholy,
Lightens my humour with his merry jests.

Die Irrungen oder Die doppelten Zwillinge I 2 (TW 11, S. 13):

ANTIOPOLIS. Er ist ein ehrlicher Schurke, mein Herr, der mich, wenn ich niedergeschlagen und melancholisch bin, mit seinen närrischen Einfällen oft wieder **aufgeräumt macht**.

The Comedy of Errors I 3 (Bd. 3, S. 216):

ANT. I'm not in a sportive **humour** now;
Tell me and dally not, where is the mony?

Die Irrungen oder Die doppelten Zwillinge I 3 (TW 11, S. 15):

ANTIOPOLIS. Ich bin izt in keinem spaßhaften **Humor**; sag' mir ohne zu schäkern, wo ist das Geld?

The Comedy of Errors IV 1 (Bd. 3, S. 243):

ANG. Saving your merry **humour**, here's the note,
How much your chain weighs to the utmost carrat;
The fineness of the gold, the chargeful fashion;

Die Irrungen oder Die doppelten Zwillinge IV 1 (TW 11, S. 50):

ANGELO. Mit Erlaubniß des lustigen **Humors**, worinn ihr heute seyd, hier ist die Note, wie viel eure Kette auf den äussersten Carath wiegt, die Feinheit des Goldes, und die mühsame Arbeit;

The Comedy of Errors IV 1 (Bd. 3, S. 244):
E. ANT. Fie, now you run this **humour** out of breath:
Come, where's the chain? I pray you, let me see it.
Die Irrungen oder Die doppelten Zwillinge IV 1 (TW 11, S. 52):
ANTIPHOLIS VON EPHESUS. Fy, Herr, ihr treibt den **Spaß** zu weit; kommt, wo ist die Kette; ich bitt' euch, laßt mich sie sehen.

The Comedy of Errors IV 9 (Bd. 3, S. 255):
PINCH. It is no shame; the fellow finds his vein,
And, yielding to him, **humours well** his frenzy.
Die Irrungen oder Die doppelten Zwillinge IV 9 (TW 11, S. 69):
ZWIK. Es ist nicht unrecht; der Kerl merkt wo es ihm fehlt, und, um ihn nicht noch mehr aufzubringen, **sagt** er zu allen seinen phrenetischen Reden **ja**.

King John II 1 (Bd. 3, S. 402):
CHAT. […] With him along is come the mother-Queen;
An *Até*, stirring him to blood and strife.
With her, her neice, the lady *Blanch* of *Spain*;
With them a bastard of the King deceas'd,
And all th' **unsettled humours** of the land;
Leben und Tod des Königs Johann II 1 (TW 8, S. 23 f.):
CHATILION. […] Mit ihm kommt die Königin-Mutter, eine Ate, die ihn zu Zwietracht und Blutvergiessen anhezt; mit ihr, ihre Nichte, die Infantin Blanca von Spanien; mit ihnen ein natürlicher Sohn des abgelebten Königs, und mit ihm alle **unbändigen Köpfe** des Landes.

King John III 2 (Bd. 3, S. 422):
CONST. […] Thou fortune's champion, that dost never fight
But when her **humourous ladyship** is by
To teach thee safety!
Leben und Tod des Königs Johann III 2 (TW 8, S. 53):
CONSTANTIA. […] du Ritter der Fortuna, der nie ficht, wenn dieses **wetterläunische Fräulein** nicht neben dir steht, und dir Bürge für deine Sicherheit ist;

King John V 1 (Bd. 3, S. 460):
K. JOHN. This inundation of **mistemper'd humour**
Rests by you only to be qualify'd.
Leben und Tod des Königs Johann V 1 (TW 8, S. 105):
KÖNIG JOHANN. […] Dieser Schwall einer **fieberhaften Schwärmerey** kan von euch allein besänftiget werden.

King Richard II. III 4 (Bd. 4, S. 52):
K. RICH. […] and there the Antick sits,
Scoffing his State, and grinning at his Pomp;
Allowing him a breath, a little scene
To monarchize, be fear'd, and kill with looks;
Infusing him with self and vain conceit,
As if this flesh, which walls about our life,
Were brass impregnable: and, **humour'd** thus,
Comes at the last, and with a little pin
Bores through his castle-walls, and farewel King!

Leben und Tod König Richards des zweyten III 4 (TW 12, S. 76):

KÖNIG RICHARD. […] da sizt das groteske Ungeheuer und spottet mit grinsendem Lächeln seines Pomps, erlaubt ihm einen Athem-Zug, eine kleine Scene lang zu herrschen, gefürchtet zu werden, und mit Bliken zu tödten, lispelt ihm eitle schwülstige Gedanken ein, als ob das Fleisch, worinn sein Leben eingeschlossen ist, unzerstörbares Metall sey; und wann er ihn so **bethört** hat, kommt er zulezt, durchbort mit einer kleinen Steknadel seine Schläfe, und gute Nacht König!

King Richard II. V 10, (Bd. 4, S. 87 f.):

K. RICH. […] My brain I'll prove the female to my soul,
My soul, the father; and these two beget
A generation of still-breeding thoughts;
And these same thoughts people this little world;
In **humour**, like the people of this world,
For no thought is contented.

Leben und Tod König Richards des zweyten V 10 (TW 12, S. 127 f.):

KÖNIG RICHARD. […] Mein Gehirn soll das Weib meiner Seele werden, und meine Seele, der Vater; und diese zwey sollen ein Geschlecht von Gedanken mit einander zeugen, und diese Gedanken sollen diese kleine Welt bevölkern, **humorisirt**, wie die Einwohner der grossen Welt, denn kein Gedank' ist zufrieden.

The First Part of Henry IV. I 2 (Bd. 4, S. 104):

FAL. Well, *Hal*, well; and in some sort it jumps with my **humour**, as well as waiting in the Court, I can tell you.

P. HENRY. For obtaining of suits?–

FAL. Yea, for obtaining of suits; whereof the hangman hath no lean wardrobe. 'Sblood, I am as melancholy as a gib-cat, or a lugg'd bear.

P. HENRY. Or an old Lion, or a lover's lute.

FAL. Yea, or the drone of a *Lincolnshire* bagpipe.

Der Erste Theil von König Heinrich dem vierten I 2 (TW 13, S. 14 f.):

FALSTAFF. Gut, Hal, gut; das wär' ein Handwerk das sich zu meinem **Humor** so gut schikte, als bey Hof aufzuwarten, das kan ich dir sagen. Schlapperment! ich bin so schwermüthig wie ein Kater, oder wie ein Bär, den man bey den Ohren zieht.

PRINZ HEINRICH. Oder wie ein alter Löwe, oder wie eines Liebhabers Laute?

FALSTAFF. Ja, oder wie die Scharrpfeiffe in einem Lincolschirer Dudelsack.

First Part of Henry IV. I 3 (Bd. 4, S. 107):

P. HENRY. I know you all, and will a while uphold
The **unyok'd humour** of your idleness;

Der Erste Theil von König Heinrich dem vierten I 3 (TW 13, S. 21):

PRINZ HEINRICH. Ich kenne auch alle, und will noch eine Weile diesen **zügellosen Humor** eurer müßigen Lüderlichkeit in der Höhe halten;

The First Part of King Henry IV. II 11 (Bd. 4, S. 146):

P. HENRY. […] Why dost thou converse with that **trunk of humours**, that boulting-hutch of beastliness, that swoln parcel of dropsies, that huge bombard of sack, that stufft cloak-bag of guts, that roasted *Manning-tree* Ox with the pudding in his belly, that reverend vice, that grey iniquity, that father ruffian, that vanity in years?

Der Erste Theil von König Heinrich dem vierten II 11 (TW 13, S. 59):

PRINZ HEINRICH. […] Wie, schämst du dich nicht mit diesem **Weinfasse** umzugehen, mit diesem zusammengeballten Klumpen von Bestialität, mit diesem ungeheuren Kessel voll

Sect, mit diesem ausgestopften Felleisen von Kutteln, – – diesem ehrwürdigen Laster, dieser grauen Büberey, diesem Vater Spizbuben, dieser bejahrten Eitelkeit?

First Part of Henry IV. III 3 (Bd. 4, S. 157):

HOT. Now I perceive the devil understands *Welsh*: and 'tis no marvel, he is so **humourous**, by'r lady, he's a good musician.

LADY. Then would you be nothing but musical, for you are altogether govern'd by **humours**: lie still, ye thief, and hear the lady sing in *Welsh*.

Der Erste Theil von König Heinrich dem vierten III 3 (TW 13, S. 72):

HOT-SPUR. Nun merk' ich, daß der Teufel welsch versteht; bey unsrer Frauen, er ist kein schlimmer Musicant; kein Wunder, daß er so **wunderliche Launen** hat.

LADY PERCY. Wenn es die **Launen** ausmachten, so müßtet ihr über und über musicalisch seyn: Ligt still, ihr Dieb', und hört die Lady welsch singen.

The Second Part of King Henry IV. IV 8 (Bd. 4, S. 283):

K. HENRY. […] For he is gracious, if he be observ'd:
He hath a tear for pity, and a hand
Open as day, for melting charity:
Yet notwithstanding, being incens'd, he's flint;
As **humourous** as winter, and as sudden
As flaws congealed in the spring of day.

Der Zweyte Theil von König Heinrich dem vierten IV 8 (TW 13, S. 200):

KÖNIG HEINRICH. […] Er ist gütig und freundschaftlich gegen diejenige, die er ihm ergeben sieht; er hat Thränen für andrer Leiden, und eine immer offne Hand zur Wohltätigkeit. Allein, wenn er gereizt wird, ist er lauter Feuer, **launig** wie der Winter, und gäh wie ein Windsstoß an einem kühlen Morgen.

Timon of Athens I 5 (Bd. 6, S. 161):

TIM. Fie, th'art a churle; ye have got a **humour** there
Does not become a man, 'tis much to blame:
They say, my lords, that *Ira furor brevis est*,
But yonder man is ever angry.

Timon von Athen I 5 (TW 7, S. 27):

TIMON. Pfui, wie grob du bist! Ihr habt da einen **Humor** angenommen, der einem Mann nicht gut läßt; es ist gar nicht hübsch. Man sagt sonst, meine Herren, *ira furor brevis est*, aber dieser Mann dort ist immer entrüstet.

Julius Caesar I 5 (Bd. 7, S. 16):

CAS. […] If I were *Brutus* now, and he were *Cassius*,
He should not **humour me**.

Julius Cäsar I 5 (TW 9, S. 26):

CASSIUS. […] wär' ich izt Brutus, und er wäre Cassius, er würde nicht so **gefällig gegen mich seyn** – –

Julius Caesar II 3 (Bd. 7, S. 34):

POR: Is *Brutus* sick? and is it physical
To walk unbraced, and suck up the **humours**
Of the dank mornig?

Julius Cäsar II 3 (TW 9, S. 47 f.):

PORTIA. Ist Brutus krank, und ist das ein Heilungs-Mittel, so unangekleidet herum zu gehen, und die **Dünste** des feuchten Morgens einzusaugen?

Julius Caesar IV 3 (Bd. 7, S. 75):
BRU. I'll know his **humour**, when he knows his time;
What should the wars do with these jingling fools?
Companion, hence.
Julius Caesar IV 3 (TW 9, S. 108):
BRUTUS. Ich will auf seinen **Humor** acht haben, wenn er seine Zeit in Acht nimmt; was hat der Krieg mit diesen klingelnden Narren zu thun? Pakt euch Bursche.

Romeo and Juliet II 1 (Bd. 8, S. 33):
BEN. Come, he hath hid himself among these trees,
To be consorted with the **hum'rous** night:
Blind is his love, and best befits the dark.
Romeo und Juliette II 1 (TW 17, S. 44):
BENVOLIO. Kommt, er hat sich vermuthlich hinter diese Bäume verstekt, um keine andre Gesellschaft zu haben, als die **schwermüthige** Nacht; die Liebe ist blind, und schikt sich am besten in die Dunkelheit.

Romeo and Juliet IV 1 (Bd. 8, S. 86):
FRI. Take thou this vial, being then in Bed,
And this distilled liquor drink thou off;
When presently through all thy veins shall run
A **cold and drowsie humour**, which shall seize
Each vital spirit;
Romeo und Juliette IV 1 (TW 17, S. 115 f.):
BRUDER LORENZ. […] und wann du dann in deinem Bette bist, so nimm diese Phiole, und trinke sie rein aus, so wird augenbliklich ein **erkältender einschläfernder Dunst** durch alle deine Adern lauffen, und jeden deiner Lebens-Geister binden;

Hamlet, Prince of Denmark II 6 (Vol. 8, S. 170 f.):
HAM. He that plays the King shall be welcome; his Majesty shall have tribute of me; the adventurous Knight shall use his foyl and target; the lover shall not sigh *gratis*; the **humourous man** shall end his part in peace; the clown shall make those laugh whose lungs are tickled o' th' sere; and the lady shall say her mind freely, or the blank verse shall halt for't. What Players are they?
Hamlet, Prinz von Dännemark II 6 (TW 20, S. 75):
HAMLET. Derjenige, der den König macht, soll mir willkommen seyn; seine Majestät soll Tribut von mir empfangen; der irrende Ritter soll sein Rappier und seine Tarsche brauchen; der Liebhaber soll nicht gratis seufzen; die **lustige Person** soll ihre Rolle ruhig bis zu Ende spielen; der Hans Wurst soll alle lachen machen, deren Lunge ohnehin von scharfen Feuchtigkeiten gekitzelt wird, und die Damen sollen sagen was sie denken, oder die reimlosen Verse sollen es entgelten. Was für Comödianten sind es?

Othello, the Moor of Venice III 9 (Bd. 8, S. 352 f.):
AEMIL. Is he not jealous?
DES. Who, he? I think, the Sun, where he was born,
Drew all such **humours** from him.
Othello, der Mohr von Venedig III 9 (TW 18, S. 112):
AEMILIA. Ist er nicht eifersüchtig?
DESEDEMONA. Wer, er? Ich denke, die Sonne, unter der er gebohren ward, zog alle **groben Dünste** von dieser Art aus ihm.

Jutta Heinz

SHAKESPEARE IM ›TEUTSCHEN MERKUR‹

Als 1773 die erste Ausgabe von Wielands ›Teutschem Merkur‹ auf den Markt kommt, liegt die Publikation seiner Shakespeare-Übersetzung sieben Jahre zurück. Auch die erste Welle der Shakespeare-Rezeption mit den Beiträgen Lessings, Gerstenbergs und Goethes Mitte bis Ende der 1760er Jahre ist bereits über die literarische Landschaft in Deutschland hinweggezogen. Seinen Grundsatzbeitrag zur Debatte, ›Der Geist Shakespears‹, nimmt Wieland dann bereits in das dritte Heft der neuen Zeitschrift auf. Er erscheint damit beinahe zeitgleich mit weiteren Meilensteinen der Rezeption in den früheren 1770er Jahren wie Herders ›Von deutscher Art und Kunst‹ und den ›Anmerkungen übers Theater nebst angehängten übersetzten Stücken Shakespeares‹ von Jakob Michael Reinhold Lenz.[1] Shakespeare ist damit zwar frühzeitig ein Thema im ›Teutschen Merkur‹, er wird jedoch, wie die Folge zeigt, kein großes Thema bleiben: Die Zahl der Beiträge, die sich direkt mit ihm befassen, ist sehr überschaubar, ein guter Teil davon ist von Wieland selbst.[2] Es gibt also kein großes Textkorpus; ich werde deshalb punktuell auch andere aufklärerische Zeitschriften einbeziehen. Im ersten Teil werde ich auf Zeitschriftenbeiträge eingehen, die sich kritisch mit Wielands Shakespeare-Übersetzung in den 1760er Jahren und der Neuausgabe von Johann Joachim Eschenburg in den 1770er Jahren beschäftigen. Ein nächster Höhepunkt sind die Diskussionen um den so genannten ›Geist Shakespeares‹ im Zusammenhang mit der Shakespeare-Rezeption des Sturm-und-Drang Ende der 1770er Jahre, denen ich mich im zweiten Teil widmen werde. Danach verschwindet das Thema fast völlig, bevor es Ende der 1790er Jahre von den Romantikern wieder aufgenommen wird; diese spätere Phase werde ich abschließend nur kursorisch streifen und wieder mit Wieland selbst enden.

---

1 Vgl. die genauen Angaben bei Hansjürgen Blinn: Der deutsche Shakespeare: eine annotierte Bibliographie zur Shakespeare-Rezeption des deutschsprachigen Kulturraums. Berlin 1993, bes. S. 36 – 45.

2 Die Recherche nach Beiträgen zu Shakespeare erfolgte auf der Basis des digitalisierten Textes des TM im Göttinger Digitalisierungsprojekt sowie anhand des Stichwortregisters von TMRep. Im Übrigen scheint aber, zieht man die Bibliographie von Blinn (Anm. 1) zu Rate, das gleiche für die meisten anderen größeren aufklärerischen Zeitschriften zu gelten. Vgl. dazu auch Reinhard Ohm: »Unsere jungen Dichter«. Wielands literaturästhetische Publizistik im Teutschen Merkur zur Zeit des Sturm und Drang und der Frühklassik (1773–1789). Trier 2001, bes. S. 59 – 64, der Shakespeare als Beispiel für die Auseinandersetzung mit dem Sturm und Drang im ›Teutschen Merkur‹ behandelt.

I. Übersetzungskritik in aufklärerischen Zeitschriften

In Goethes ›Dichtung und Wahrheit‹ kann man zum Thema Shakespeare-Übersetzung lesen:

> Kommt man nun gar der höchst verdienstlichen Übersetzung Shakespear's mit dem Ausruf entgegen: »Von rechtswegen sollte man einen Mann wie Shakespeare gar nicht übersetzt haben«: so begreift sich ohne weiteres, wie unendlich weit die allgemeine deutsche Bibliothek in Sachen des Geschmacks zurück war, und daß junge Leute, von wahrem Gefühl belebt, sich nach anderen Leitsternen umzusehen hatten.[3]

Die Rezension, auf die sich Goethe hier in seinem vernichtenden Verdikt bezieht, erschien anonym 1765 im ersten Band der ›Allgemeinen Deutschen Bibliothek‹, nach der Publikation des vierten und fünften Bandes von Wielands Shakespeare-Übersetzung. Der anonyme Rezensent urteilt kurz und bündig, wie von Goethe korrekt zitiert:

> Von Rechtswegen sollte man einen Mann, wie *Shakespear*, gar nicht übersetzt haben. Ohne Kenntniß der englischen Sprache, der englischen Sitten, des englischen Humeurs, kann man an dem größten Theil seiner Werke keinen Geschmack finden […].

Und er ergänzt:

> Wir können übrigens nicht verheelen, daß es uns an vielen Stellen scheint, als wenn Herr W. seinen Autor nicht genung studirt hat.[4]

Bereits zwei Jahre zuvor hatte Christian Felix Weiße in seiner Rezension des ersten Bandes von Wielands Übersetzung in der ›Bibliothek der schönen Wissenschaften und der freyen Künste‹ die gleichen Zweifel aufgeworfen.[5] Weiße hatte 1768 selbst eine Prosafassung von ›Romeo und Julia‹ vorgelegt[6]; und er vertritt im allgemeinen Streit um die Vorzüge und Fehler Shakespeares eindeutig die Position derer, für die Shakespeare »eines der größten Genies […], die jemals gebohren wurden« ist, und zwar mit der Standard-Begründung bis hin zum Sturm und Drang: »Die Natur selbst scheint ihn zu ihrem Vertrauten gemacht […] zu haben«.[7] Seine angeblichen Formfehler rechneten ihm nur die »seichten und elenden Kunstrichter«[8] vor; allerdings sei, so Weiße bereits warnend und relativ hellsichtig, aufgrund der Übersetzung in den nächsten Jahren eine ebenso große Menge »elende[r] Nachahmer« zu erwarten,

---

3 Johann Wolfgang Goethe: Aus meinem Leben. Dichtung und Wahrheit. 7. Buch. In: Ders.: MA 16, S. 295.

4 In: Allgemeine Deutsche Bibliothek 1 (1765), H. 1, S. 300.

5 In: Bibliothek der schönen Wissenschaften und der freyen Künste 9 (1763), S. 257 – 270.

6 Christian Felix Weiße: Romeo und Julie. Ein bürgerliches Trauerspiel in fünf Aufzügen. Leipzig 1768.

7 Weiße (Anm. 5), S. 257 f.

8 Ebd., S. 258.

> die die begrabenen Hanswürste aufwecken werden, Todtengräberliedlein singen, Könige rasend werden, Gewitter und Stürme mit Hexentänzen in Calfonium aufführen, und Sterbeglocken zu Grabe werden läuten lassen.[9]

Wolle man Shakespeare trotz dieser drohenden Gefahr doch übersetzen, so betont Weiße ebenso wie der spätere Rezensent in der ›Allgemeinen Deutschen Bibliothek‹ die besondere Schwierigkeit gerade dieser Übersetzung, zumal aus dem historischen Abstand und bei einer hochgradig individualisierten, zu Wortspielen neigenden und in einigen Fällen bereits im Original dunklen Ausdrucksweise: »Er ist ohnstreitig einer der schwersten Dichter in seiner Sprache«.[10] Wieland sei insofern zwar für seine »edle[ ] Kühnheit«[11] zu loben; im Einzelnen findet Weiße jedoch auch reichlich Grund für Tadel. Den prinzipiellen Überlegungen folgt dementsprechend eine sich über mehrere Seiten hinweg ziehende Detailkritik der Wielandschen Übersetzung. Weiße beklagt vor allem, dass Wieland »allzu sklavisch[ ] wörtlich[ ]«[12] übersetzt habe, und zwar dann und wann sogar gegen »den Geist der eignen Muttersprache«:

> Die hin und wieder vorkommenden Fehler würden wir gern verzeihen, da sie immer noch nicht hindern, den Geist des Shakespear zu finden, und der Aufmerksamkeit der Leser wenig Abbruch thun; aber die allzu sklavische wörtliche Uebersetzung, die gar nicht den Geist der eignen Muttersprache zu Rathe gezogen, machet sie oft ekel und unverständlich.[13]

Auf die Formulierung vom »Geist des Shakespear« werde ich später noch zurückkommen; hier soll es zunächst um den Buchstaben gehen. Nur eine Stelle soll exemplarisch zeigen, mit welchen Problemen die Übersetzung tatsächlich zu kämpfen hat; Weiße wählt die Beispiele im Übrigen recht geschickt aus. Sie sind größtenteils aus dem ›King Lear‹ – neben dem ›Hamlet‹ eindeutig der Liebling aller deutschen Shakespeare-Kritiker und -Leser –, wie auch das folgende. Bei Shakespeare heißt es im ersten Akt, als Lear seine Töchter dazu auffordert, zu sagen, wer ihn am meisten liebt:

> Which of you, shall we say, doth love us most?
> That we our largest bounty may extend,
> Where nature doth with merit challenge.[14]

Wieland gibt für den letzten Vers: »Wo die Natur für das gröste Verdienst Ansprüche macht«;[15] Weiße schlägt alternativ vor: »wo die Natur mit dem

---

9 Ebd., S. 260.
10 Ebd.
11 Ebd., S. 261.
12 Ebd., S. 262.
13 Ebd
14 Shakespeare: The Life and Death of King Lear. In: Works (PW) 6, S. 5 (I, 1).
15 Shakespeare/Wieland: Das Leben und der Tod des König Lear. In: TW 2, S. 10 (I, 2).

Verdienste um den Vorzug streitet«.[16] In der Tieck-Schlegelschen Ausgabe wird es später heißen: »wo | Natur kämpft mit Verdiensten«.[17] Offensichtlich handelt es sich hier um eine Interpretationsfrage im Blick auf das Verb ›challenge‹, die jeweils zu einer anderen Auslegung der Stelle führen kann: Streitet die Natur nun mit dem Verdienst um den höchsten Lohn, oder fordern Natur und Verdienst ihn gemeinsam? – eine Frage, deren Beantwortung durchaus Konsequenzen für das Verständnis hat.

Weißes Kritik stellt also vor allem darauf ab, dass Wielands Übersetzung (nicht insgesamt, aber doch in vielen Fällen) zu nahe am Original bleibt, nicht idiomatisch genug ist und dadurch weder der Ausgangs- noch der Zielsprache gerecht wird.[18] Als Johann Karl August Musäus nach Abschluss der Übersetzung 1770 den achten Band in der ›Allgemeinen Deutschen Bibliothek‹ bespricht, geht auch er zunächst auf das bereits 1765 an gleicher Stelle vorgetragene und von Goethe kritisierte Argument ein, man solle Shakespeare besser gar nicht übersetzen – und wenn doch, dann solle man ihn zumindest besser studieren, »um den wahren Geist dieses großen Mannes einzusehen«.[19] Insgesamt ist auch Musäus der Auffassung, dass man Shakespeare trotz der zweifelsohne übergroßen Schwierigkeiten übersetzen sollte, und dass Wieland diese Schwierigkeiten »an vielen Orten glücklich besieget«[20] habe; gleichwohl lässt er ebenso wie Weiße eine ausführliche Detailkritik folgen. Er kritisiert dabei vor allem Wielands Neigung zu »Provinzial-Wörtern« anstelle des »reinen hochdeutschen Dialekt[s]«[21] sowie seine Neigung, in einem Trauerspiel unangemessen komisch zu werden – ein geläufiger Vorwurf gegen Shakespeare selbst ist ja seine Vermischung von tragischen und komischen Elementen. Wielands eigenes »Genie«, so Musäus, neige nämlich »mehr zum komischen«[22] und verstärke so noch das Problem bei Shakespeare.

Auch hier ein Beispiel. Die letzten Worte des Othello, bevor er sich selbst ersticht, lauten bei Shakespeare: »I took by the throat the circumcised dog, | And smote him thus.«[23] Baudissin übersetzt in der Tieck-Schlegelschen Ausgabe relativ wörtlich: »Ich den beschnittnen Hund am Hals ergriff | Und traf ihn – so!«[24] Wieland hingegen gibt: »daß ich […] den beschnittnen Hund bey der

---

[16] Weiße (Anm. 5), S. 263.

[17] Shakespeare's dramatische Werke. Übersetzt von August Wilhelm Schlegel. Ergänzt und erläutert von Ludwig Tieck. Bd. 8. Berlin 1832, hier S. 284 (den ›König Lear‹ hat Wolf Graf Baudissin übersetzt).

[18] Eine weitere wichtige Forderung ist die nach idiomatischer Übersetzung durch »gleichgültige[ ]« Sprichwörter im Deutschen; Weiße (Anm. 5), S. 266.

[19] In: Allgemeine Deutsche Bibliothek 11 (1770), H. 1, S. 51 – 59, hier: S. 52.

[20] Ebd., S. 53.

[21] Ebd. Auch Musäus kritisiert im Übrigen die zu wörtliche Übersetzung: »so daß sein Deutsches beynahe unverständlich wird« (ebd., S. 56).

[22] Ebd., S. 54.

[23] Shakespeare: Othello, the Moor of Venice. In: Works (PW) 8, S. 404 (V, 10).

[24] Shakespeare/Baudissin (Anm. 17), S. 280.

Gurgel gefaßt, und ihn so gekitzelt habe«,[25] was nach Musäus angesichts der Situation unangemessen, nämlich »zugleich niedrig und komisch«[26] ist. Auch hier kann man trefflich streiten, wer den immer wieder zitierten ›Geist‹ der Worte besser erfasst habe; tatsächlich hat ja Othellos Erzählung davon, wie er in Aleppo einen Türken wie einen »circumcised dog« bei der Gurgel fasst, etwas grimmig-sarkastisches beinahe eher als etwas tragisches.

Als Eschenburgs Überarbeitung von Wielands Übersetzung erscheint, kündigt Wieland im ›Teutschen Merkur‹ 1775 die Neuausgabe sehr lobend kurz an.[27] Die Grundsatzfrage, ob man Shakespeare überhaupt übersetzen solle, hat sich in den 1770er Jahren weitgehend erledigt, da er als Paradigma eines neuen Dichterbildes nun eine zentrale Rolle in den allgemeinen poetologischen Debatten der Zeit einnimmt. Es bleibt jedoch festzuhalten, dass gerade für eine detaillierte, exemplarisch arbeitende Übersetzungskritik die aufklärerischen Zeitschriften ein geeignetes Forum boten. Dabei werden im Kleinen neben übersetzungstheoretischen Fragen immer wieder größere poetologische oder sprachgeschichtliche Problemkomplexe durchsichtig. Allerdings zeigt sich auch, dass derartige Übersetzungsfragen letztlich zwar kontrovers diskutiert, aber nicht als ›richtig‹ oder ›falsch‹ entschieden werden können. Die Verlagerung der Debatte vom ›Buchstaben‹ der Übersetzung auf den ›Geist‹ Shakespeares ist insofern ein naheliegender Schritt.

II. Die Debatte um den »Geist Shakespears« im ›Teutschen Merkur‹

> Gegenwärtig will ich nur die Art, wie ich mit ihm [Shakespeare] bekannt geworden, näher anzeigen. Es geschah ziemlich früh, in Leipzig, durch Dodd's beauties of Shakspeare. Was man auch gegen solche Sammlungen sagen kann, welche die Autoren zerstückelt mitteilen, sie bringen doch manche gute Wirkung hervor. Sind wir doch nicht immer so gefaßt und so geistreich, daß wir ein ganzes Werk nach seinem Wert in uns aufzunehmen vermöchten. Streichen wir nicht in einem Buche Stellen an, die sich unmittelbar auf uns beziehen. Junge Leute besonders, denen es an durchgreifender Bildung fehlt, werden von glänzenden Stellen gar löblich aufgeregt, und so erinnere ich mich noch als einer der schönsten Epochen meines Lebens derjenigen, welche gedachtes Werk bei mir bezeichnete. Jene herrlichen Eigenheiten, die großen Sprüche, die treffenden Schilderungen, die humoristischen Züge, alles traf mich einzeln und gewaltig.[28]

---

25 Shakespeare/Wieland: Othello, der Mohr von Venedig. In: TW 18, S. 194.

26 Musäus (Anm. 19), S. 55.

27 Christoph Martin Wieland: William Schakespears Schauspiele. Neue Ausgabe, von Johann Joachim Eschenburg […]. In: TM (1775), 2. Vj., S. 286. Eine weitere inhaltliche Detailkritik unter dem Titel ›Aus einem Briefe an den Herausgeber, auf Verlangen eingerückt‹ erfolgt in einem mit T. unterzeichneten Beitrag im Jahrgang 1778, 2. Vj., S. 85 f.

28 Goethe (Anm. 3), S. 525 f.

Die allgemeine Debatte um Shakespeare in Deutschland, beginnend Mitte des Jahrhunderts in den Moralischen Wochenschriften, intensiviert im Umkreis des Sturm und Drang und nach einem Abflauen in den 1780er Jahren neu aufflackernd bei den Frühromantikern, ist vielfach dokumentiert worden;[29] auch Wielands Shakespeare-Rezeption ist in ihren Grundzügen hinreichend erforscht. Wesentliche Elemente seiner Shakespeare-Interpretation tauchen bereits in der ›Theorie und Geschichte der Red-Kunst und Dicht-Kunst‹ (1757) so gut wie vollständig auf und sind in gewissem Sinne repräsentativ. Shakespeare gilt Wieland bereits hier als »Original« und Inbegriff der »Natur«[30]; seine umfangreiche Kenntnis der »Welt« und des »menschlichen Herzens«[31] ist die Basis für seine in hohem Maße individualisierte, differenzierte Charakterzeichnung jenseits aller Klischees: »Es scheint ihm gleich viel Mühe zu kosten, einen König oder einen Baur, einen Herkules oder eine Venus zu mahlen«.[32] Ebenso nimmt Wieland die kanonische Aufrechnung von ›Fehlern‹ und ›Vorzügen‹ beziehungsweise ›Schönheiten‹ im Blick auf die formale Gestalt seiner Dramen vor. Zu den Fehlern gehören die immer wieder vorgetragenen Verstöße gegen die Wahrscheinlichkeitsdoktrin (die sich laut Wieland aus der Zeitgebundenheit von Shakespeares Dramen ergeben); die Nichtbeachtung der Aristotelischen Einheiten-Normen (die laut Wieland keine unumstößlichen, immer geltenden Regeln sind); schließlich die bereits erwähnte ungehörige Mischung von Komischem und Tragischem (die laut Wieland mehr Schönheiten als Fehler hervorbringt und darüber hinaus der allgemeinen Lebenserfahrung entspricht). Dies alles sind Argumente, die sich im Verlauf der allgemeinen Debatte topologisch verfestigen und relativ konstant erhalten werden.

Spezifisch für Wieland erscheinen jedoch bereits in der frühen Schrift drei Argumente. Zum einen schätzt er Shakespeare auch in moralischer Hinsicht hoch:

> Keiner hat das moralische Schöne, das Erhabene, das Anständige, das Liebenswürdige in Empfindungen und moralischen Handlungen besser gekannt und besser auszudrücken gewußt als er.[33]

Zum zweiten schreibt er ihm eine besondere Meisterschaft in »kalten Reflexionen und Raisonnements«[34] zu, also nicht nur bei der Darstellung von Leidenschaften oder Charakteren. Zum dritten fasst er Shakespeares Werke nicht in erster Linie als Tragödien, sondern eher als epische Werke auf: »Man könnte sie

---

[29] Vgl. Blinn (Anm. 1) sowie Sabine Kob: Wielands Shakespeare-Übersetzung. Ihre Entstehung und ihre Rezeption im Sturm und Drang. Frankfurt 2000.

[30] Christoph Martin Wieland: Theorie und Geschichte der Red-Kunst und Dicht-Kunst. In: AA I/4, bes. S. 389 – 392, hier: S. 389.

[31] Ebd., S. 390.

[32] Ebd.

[33] Ebd.

[34] Ebd.

füglicher dramatisch vorgestellte Heldengedichte als Tragödien nennen«.[35] Diese Gesichtspunkte werden auch für seine Ausführungen im ›Teutschen Merkur‹ bedeutsam.

Als Wielands Grundsatzbeitrag ›Der Geist Shakespears‹ dort 1773 erscheint[36], ist die Titelformulierung bereits geläufig, auch wenn sie weitgehend unspezifisch gebraucht wird; beide oben zitierte Rezensionen verwendeten sie beispielsweise. Wieland eröffnet seinen Artikel mit dem üblichen programmatischen Statement, das aber eine eigenwillige Akzentuierung vornimmt:

> *Shakespear* ist, däucht mich, unter allen Büchern das letzte, das sich ein Mann von Verstand und Geschmack nehmen lassen sollte.[37]

Auffällig ist hier der Bezug auf ein konventionelles Ideal des Kunstkenners als »Mann von Verstand und Geschmack«: Es zielt bereits darauf ab, Shakespeare zu ›intellektualisieren‹. Darauf folgt, diesmal im Blick auf Voltaires (und damit einer besonders prominenten Autorität in Sachen »Verstand und Geschmack«) bekannte Vorwürfe gegen Shakespeare, die übliche Aufrechnung von Fehlern und Vorzügen, wiederum jedoch akzentuiert im Blick auf geistige Fähigkeiten im engeren Sinne: Shakespeares »Geist« zeichne sich nicht nur durch besondere »Grösse« und einen exzeptionellen »Umfang« aus, der von »Sonnen und Sonnenstäubchen« bis hin zum »Elephanten und der Milbe«[38] reiche; er sei auch in moralischer Hinsicht als ein »freyer, unerschrockner, edler und wohlthätiger Geist«[39] vorbildlich: »Ich kenne unter allen Dichtern keinen grössern Dichter, unter allen Sittenlehrern keinen grössern Sittenlehrer«.[40] Schließlich sei die ideelle Substanz selbst durchaus bemerkenswert: »welcher andre Dichter ist so voll von ungemeinen, starken und erhabnen Gedanken?«[41]

Shakespeare wird hier also nicht etwa als unverbildetes Natur-Genie geschildert, das sich in Sturm-und-Drang-Manier nicht um konventionelle Moral schert und eher in Leidenschaften als in Gedanken exzelliert, sondern er wird selbst als »Mann von Verstand und Geschmack« etabliert.[42] Deshalb könne man auch, so nun Wielands Vorschlag, nach Art einer traditionellen Chrestomathie eine Sammlung der besten Stellen veranstalten, »die man dem Gedächtnis einzuprägen wünscht«, wie es die Franzosen bereits »unter dem Nahmen des

---

35 Ebd.

36 Christoph Martin Wieland: Der Geist Shakespears. In: TM 1773, H. 3, S. 183 – 195; hier zitiert nach: WOA Bd. 11.1, S. 64 – 72. – Reinhard Ohm (Anm. 2) geht besonders auf den Einfluss Herders und Lessings auf Wielands Argumentation ein.

37 Wieland (Anm. 36), S. 64.

38 Ebd.

39 Ebd., S. 66.

40 Ebd., S. 65.

41 Ebd., S. 66.

42 Ohm (Anm. 2), S. 62, weist darauf hin, dass sich diese Lesart von Shakespeare im Blick auf dessen »sittliche Verpflichtung« direkt im Gegensatz zu Goethes Einschätzung steht.

Geistes des *Montagne, Bacon, Bayle, J. J. Rousseau*«[43] vorgemacht hätten. Indem man ihn in diese respektable philosophische Ahnenreihe stellt, wird auch Shakespeare natürlich deutlich aufgewertet. Ein Beispiel für eine solche Zusammenstellung fügt Wieland zur besseren Veranschaulichung gleich bei – jedoch nicht ohne zuvor eine kurze Digression zur Übersetzungs- und Editionsproblematik zu machen und sein eigenes Prinzip der »getreuen Copie«[44] zu verteidigen, auch wenn sie Fehler lieber abbilde als sie pedantisch-kunstrichterlich zu korrigieren. Hier ist die Verbindung des ›Geists Shakespeares‹ mit dem ›Buchstaben‹ der Übersetzung am engsten geführt.

In Wielands Modell-Chrestomathie finden sich zunächst Spruchweisheiten aus dem ›Hamlet‹; daran anschließend »Regeln eines Vaters für seinen auf Reisen gehenden Sohn«[45] (ein verbreitetes Genremuster der philosophischen Populärliteratur in der Tradition der Charakterologie). Ebenfalls in Richtung Lebenshilfe geht der Auszug »Polonius zu Ophelien, da er sie vor der Liebe des Prinzen Hamlet warnt«.[46] Im Weiteren mischen sich bekannte Einzelstellen (»es giebt im Himmel und auf Erden Dinge, wovon kein Wort in unsrer Schulphilosophie steht«[47]) mit längeren Komplexen (»Ein meisterhaftes Gemählde eines staatsklugen Pedanten nach dem Schnitt der Zeiten Jacobs I.«,[48] also eine Art knapper Fürstenspiegel). Interessanterweise schließt ein Erzählerbericht über die Eroberung Trojas die Auszüge ab – er »beweiset«, so Wieland, »was Shakespear in der hohen Epopöe hätte leisten können«.[49] Wielands Shakespeare ist also auch hier, wie sich bereits in der ›Theorie und Geschichte‹ ankündigte, nicht nur ein »Mann von Verstand und Geschmack«, der wertvolle Lebensweisheiten in Form von einprägsamen Merksprüchen von sich geben kann, sondern ebenso ein verkappter Epiker.

Dass dies ein ganz anderer ›Geist‹ ist als derjenige, den die Sturm und Drang-Autoren in Shakespeare zu sehen vermeinen, zeigt am deutlichsten Wielands Anmerkung zu einer (kritischen) Rezension Johann Heinrich Mercks von Maler Müllers ›Situationen aus Fausts Leben‹ aus dem Jahrgang 1776 des ›Teutschen Merkur‹.[50] Müller hatte sich an einer Stelle auf den »Geist Shakespeares« berufen. Der Herausgeber merkt an:

> *Shakespears Geist!* – Unsre jungen Herren geben sich die Mine, als ob sie auf sehr vertrautem Fuße mit diesem Geiste lebten, und ihn citieren könnten so oft es ihnen einfiele. Ich möchte wohl sehen, wie ihnen zu Muthe würde, wenn ihnen Shakespears

[43] Wieland (Anm. 36), S. 66.
[44] Ebd., S. 67.
[45] Ebd., S. 68.
[46] Ebd.
[47] Ebd., S. 69.
[48] Ebd.
[49] Ebd., S. 71.
[50] Johann Heinrich Merck: Situationen aus Fausts Leben von Mahler Müller [Rezension]. In: TM 1776, 3. Vj., S. 81 – 83.

Geist einmahl würklich die Ehre anthäte, und in seiner Heldengröße vor sie hinträte! Es möchten wohl wenige von ihnen seinen Gegenwart ertragen können! W.[51]

Gleichwohl lässt Wieland in seiner Zeitschrift auch die gerügten »jungen Herren« zu Wort kommen. Ein Beitrag von Lenz mit dem Titel ›Das Hochburger Schloss‹ erscheint ein Jahr später.[52] Lenz beschwört anlässlich eines Spaziergangs durch die verfallene Ruine Hochburg im Schwarzwald Szenen aus dem ›King Lear‹; er reflektiert dabei über den Zusammenhang von Natur und Kunst sowie von Geist des Autors und einzelnem Kunstwerk:

Die Natur zerstört Schlösser um herrlichere Gegenstände für die Kunst hervorzubringen, und wär' es nichts weiter, als dem Geist des nachfolgenden Künstlers aus den Resten dieses grossen Werks zu ahnden übrig zu lassen. Daher das unvollendete oft an dem Höchsten. Der Geist des Künstlers wiegt mehr als das Werk seiner Kunst.[53]

Der hier beschworene ›Geist Shakespears‹ hat sich vollständig von seinem Werk losgelöst; er flottiert sozusagen als Kunstwerk von eigenem Rang frei umher und kann insofern auch von seinen Nachahmern an geeigneten Orten besonders gut erspürt werden. Daran schließt sich in Lenzens Beitrag eine Auseinandersetzung mit dem 1776 erschienenen Brief Voltaires an die *Academie francaise* an – Voltaire hatte angesichts einer neuen Übersetzung noch einmal öffentlichkeitswirksam die bekannten Vorwürfe gegen Shakespeare erhoben, was auch in anderen namhaften Zeitschriften der Zeit diskutiert wurde.[54] Schließlich endet auch Lenz mit Auszügen aus Stücken, deren Zuschreibung zu Shakespeare schon von den Zeitgenossen bezweifelt wurde, die er aber ebenfalls für den ›Geist Shakespeares‹ im weitesten Sinne retten möchte.

Wielands konkreterer Vorschlag einer Chrestomathie im ›Geiste Shakespeares‹ sollte jedoch auch konkrete Folgen haben. 1780 erscheint unter dem Titel ›Shakespears Geist‹ in Altona eine Auszugssammlung von Christian Hein-

---

51 Ebd., S. 82.

52 Jakob Michael Reinhold Lenz: Das Hochburger Schloss. In: TM 1777, 2. Vj., S. 16 – 29.

53 Ebd., S. 17.

54 Vgl. z. B. die im ›Deutschen Museum‹ erschienene Apologie Shakespeares gegen Voltaire von Johann Joachim Eschenburg (Shakespeare wider neue voltärische Schmähungen vertheidigt. In: Deutsches Museum 1777, Bd. 1, S. 40 – 70) und Johann Karl Wezels Antwort darauf in: Neue Bibliothek der schönen Wissenschaften und der freyen Künste Bd. 23 (1779), H. 2, S. 217 – 250 (wieder in: Johann Karl Wezel: Gesamtausgabe in acht Bänden. Jenaer Ausgabe. Hg. von Klaus Manger. Bd. 7: Versuch über die Kenntniß des Menschen. Rezensionen. Hg. von Jutta Heinz. Schriften zur Pädagogik. Hg. von Cathrin Blöss. Heidelberg 2001, S. 346 – 357, sowie den Kommentar dazu, S. 799 – 804). Auch Wezel macht hier den Vorschlag einer Chrestomathie: Vortrefflich sei Shakespeare vor allem »in Darstellung einzelner Situationen, einzelner Charakterzüge und starker Leidenschaften, einzelner Naivetäten, in der Stärke einzelner komischer und tragischer Bilder und Ausdrücke, in der Seltsamkeit mancher Ideenverbindungen; wer nach diesen Rubriken eine Chrestomathie aus ihnen zöge, lieferte uns ein nützliches und artiges Büchlein« (Neuausgabe, S. 356).

rich Schütze, einem klassisch gebildeten Pfarrerssohn, der auch eine Hesiod-Übersetzung und andere popularphilosophische Sammlungen vorlegte; 1786 folgt ›Der Geist Shakespear's‹ in zwei Bänden von Heinrich Ehrenfried Warnekros, Doktor der Weltweisheit und Rektor der Stadtschule in Greifswald. Als Eschenburg in der ›Allgemeinen Deutschen Bibliothek‹ 1782 die Publikation von Schütze rezensiert, weist er zunächst auf das (auch von Goethe angeführte) Vorbild von Dodds ›Beauties of Shakespeare‹ (1752) hin; er kennt aber auch den von Wieland ausgehenden Impuls: »ist die Idee dieser Sammlung wohl zuerst vom Hrn. Hofrath *Wieland* veranlaßt«.[55] Tatsächlich hatte zuvor schon Weiße in seiner oben erwähnten Rezension der Wielandschen Übersetzung von 1763 etwas Ähnliches vorgeschlagen, um die Probleme buchstabengetreuer Übersetzungen zu vermeiden und den ›Geist‹ Shakespeares besser zu vermitteln:

> Wir glaubten also, daß wenn ja mit dem Shakespear in unsrer Sprache etwas vorzunehmen wäre, daß man den Weg des Brümoy mit dem griechischen Theater einschlagen sollte, und einen Auszug von Scene zu Scene liefern, um die Oekonomie des Stücks, und die Situationen [...] nicht zu verliehren, die schönsten und besten Stellen und Scenen aber ganz zu übersetzen.[56]

Eschenburg nun – der als Übersetzer im Übrigen vielleicht nicht ganz neutral argumentiert – kritisiert solche »Blumenlesen« prinzipiell:

> die Blumen werden verpflanzt, und verlieren dabey nicht selten; zuweilen verduften oder welken sie sogar durch diese Verpflanzung.[57]

Ein wesentlicher Grund für diesen Verlust gerade bei Shakespeare sei, so Eschenburg in deutlichem Kontrast zu Wieland, dass dieser eben keine »Sentenzen und pathetische oder witzige Tiraden haschte, oder gar aus seinen Kollektaneen in seine Scenen trug«; vielmehr sei die Figurenrede bei ihm so tief in »Charakter«, »Denkart und Sprechart«[58] der Sprecher verwurzelt, dass sie aus dem Kontext gerissen keinen Sinn mehr machen könnte. Zudem, so nun ein rezeptionsästhetisches Argument, könne man beim Lesen solcher Sammlungen nicht lange konzentriert bleiben. Allenfalls sinnvoll wäre eine Chrestomathie nach dem Motto *Best of* zur Einstimmung und Gewinnung neuer Leser, die sozusagen durch die Häppchen-Lektüre angefüttert werden können (bis heute ein beliebtes Verfahren speziell bei schwierigen Autoren im Literaturbetrieb).

Mit beiden Punkten hat Eschenburg aus moderner Perspektive wahrscheinlich sogar Recht. Dass jedoch Shakespeare gleichwohl durchaus im von Wieland angeführten Sinn als Lieferant moralischer Lebensweisheiten präsentiert und memoriert werden kann, zeigt die bis heute anhaltende englische

---

[55] Johann Joachim Eschenburg: Shakespears Geist [Rezension]. In: Allgemeine Deutsche Bibliothek 48 (1782), H. 2, S. 441 f., hier: S. 441.

[56] Weiße (Anm. 5), S. 261; gemeint ist: Pierre Brumoy: Le Theatre des Grecs. 6 Teile. 1749.

[57] Eschenburg (Anm. 55), S. 441.

[58] Ebd., S. 442.

Rezeptionstradition, die schon Lichtenberg in einem seiner ›Briefe aus England‹ beschreibt:

> Der berühmte Monolog: *To be or not to be etc.* macht natürlich den großen Eindruck auf den Zuhörer nicht, und kann ihn nicht machen. Er tut aber doch ungleich mehr, als man von einem Räsonnement über Selbstmord und Tod in einem Trauerspiel erwarten sollte, deswegen, weil ihn nicht allein ein großer Teil der Versammlung wie ein Vaterunser auswendig weiß, sondern auch, mögte ich sagen, jedermann wie ein Vaterunser sprechen hört, zwar freilich nicht mit den großen begleitenden Ideen unsers geheiligten Gebets, aber doch mit einem Gefühl von Feierlichkeit und Würde, wovon sich jemanden, der England nicht kennt, kein Begriff geben läßt. Shakespear ist auf dieser Insel nicht berühmt, sondern heilig; man hört seine Sittensprüche überall; ich selbst habe sie am 7ten Februar, an einem wichtigen Tag, im Parlement gehört. So verwächst sein Namen mit den ehrwürdigsten Ideen; man singt aus ihm und von ihm, und daher lernt ihn ein großer Teil der englischen Jugend eher kennen als das ABC und den Pontius Pilatus.[59]

III. Rückblicke und Abwägungen

Lichtenbergs England-Briefe sind ein Beispiel für dasjenige Genre, in das die Diskussion um Shakespeare in den 1780er und 1790er Jahren zunehmend abwandert: die Reiseliteratur, die von Shakespeare-Aufführungen in England berichtet oder Anekdoten zu Leben und Werk des Dichters kolportiert.[60] Daneben gibt es vereinzelt Rückblicke auf die früheren Debatten, die meist versöhnlichere Wertungen im Kampf der Kulturmuster England / Shakespeare / Naturverehrung vs. Frankreich / Voltaire und die Klassizisten / Regelbefolgung vornehmen. Das gilt teilweise auch für Wielands dritten der ›Briefe an einen jungen Dichter‹ im ›Teutschen Merkur‹ des Jahres 1784, der ein letztes Mal Shakespeare als Idealbild des ›großen Dichters‹ mit den bekannten Argumenten präsentiert. Wieland bleibt sich dabei insofern treu, als er Shakespeare noch einmal als einen halb epischen, halb dramatischen Autor einordnet:

> Shakespears Stücke sind, größtentheils, Haupt- und Staats-Actionen, oder dramatisirte Novellen und Mährchen, bey deren Anlage er so wenig an den Plan des Oedipus dachte als an das Ceremonien-Tribunal zu Pecking.[61]

Daneben tritt gegenüber dem intellektualisierten Bild vom ›Geist Shakespears‹ nun wieder der stärker emotionale Zugang über die Darstellung von Affekten und Leidenschaften in den Vordergrund: Schätzenswert seien an Shakespeare vor allem die

---

[59] Die Briefe erscheinen zuerst im ›Deutschen Museum‹ (1776 – 1778), hier zitiert nach: Georg Christoph Lichtenberg: Schriften und Briefe. Bd. 3. Hg. von Wolfgang Promies. München 1994, S. 341.

[60] Vgl. z. B. Gottlieb Hufeland: Auszüge aus Briefen. In: TM 1785, 4. Vj., S. 78 – 91.

[61] Christoph Martin Wieland: Briefe an einen jungen Dichter. Dritter Brief. In: TM 1784, 1. Vj., S. 228 – 253, hier: S. 233.

> Stärke aller Seelenkräfte, an innigem Gefühl der Natur, an Feuer der Einbildungskraft, und der Gabe sich in jeden Charakter zu verwandeln, sich in jede Situation und Leidenschaft zu setzen.[62]

Insofern richte sich sein Werk vor allem an »Leser von unverdorbenem Gefühl« sowie »wahre[ ] Künstler«, die in ihm die »getreuen Abdrücke der Natur« als »Modelle«[63] studieren könnten. Der Beitrag endet schließlich mit dem vielzitierten, diplomatischen Urteil des salomonisch gereiften Richters im Kulturkampf:

> Ich glaube daß man gegen die Franzosen gerecht seyn kann, ohne darum Parthey gegen die Engländer zu nehmen. Meiner Meynung nach kann ein Mann von Talenten in allen Gattungen schätzbare Werke hervorbringen, und (wenn ich *Voltären* hier eine Wendung abborgen darf) die einzige Gattung, die ich aus unsrer Litteratur verbannt zu sehen wünsche, ist – die langweilige.[64]

Zusammenfassend kann man damit festhalten: Die Auseinandersetzung mit Shakespeare im ›Teutschen Merkur‹ scheint sowohl im Verlauf als auch in der Argumentation der Beiträge repräsentativ zu sein. Der Herausgeber selbst liefert die wichtigsten Beiträge, die auch einen gewissen Einfluss auf die Gesamtdebatte ausüben – wie beispielsweise die Diskussion um die ›richtige‹ Übersetzung oder die Anregung, den ›Geist Shakespears‹ nicht nur vage zu beschwören, sondern in Sammelwerken zu präsentieren. Dabei nimmt Wieland mehr oder weniger deutlich Stellung gegen die Shakespeare-Interpretation der Sturm-und-Drang-Autoren, trotz einiger Parallelen in der Argumentation (Naturnähe, Originalgenie, Rechtfertigung der Regelverstöße). Er lässt diese aber gleichwohl auch im ›Teutschen Merkur‹ zu Wort kommen, wie der Beitrag von Lenz zeigt. Auffällig sind seine spezifischen Neuakzentuierungen des kanonischen Shakespeare-Bildes, indem er ihn auch als epischen Autor auffasst und den geistigen und moralischen Wert seiner Werke betont. Beides weist darauf hin, dass Wieland sich selbst zumindest in den 1770er und zu Beginn der 1780er Jahre in gewissem Maße mit Shakespeare identifiziert beziehungsweise versucht, ihn

62 Ebd., S. 234.

63 Ebd., S. 236.

64 Ebd., S. 252. Ähnlich argumentiert später beispielsweise Jakob Heinrich Meister: Ueber Schakespear. In: Minerva 1792, H. 2, S. 264 – 272, hier: S. 268 f.: »Wenn es mir erlaubt wäre durch eine Vergleichung den Eindruck zu bezeichnen, den Shakespear und Racine auf mich gemacht haben, so würde ich sagen, daß ich den einen wie eine Colossalische Bildsäule betrachte, wovon die Idee auffallend und schrecklich ist, deren Ausführung aber Stückweise, bald als eine rohe Steinmasse, bald als eine vernachlässigte und dann wieder als die allervortreflichste Arbeit mir mehr Erstaunen als Bewunderung einflößt. Den andern betrachte ich wie eine Staue, deren Proportionen so regelmäßig sind wie der Vaticanische Apollo, deren Ganzes himmlischer ist, als die Natur selbst, und die ohngeachtet einzelner schwacher und tadelhafter Theile, mich doch immer durch den reinen, edlen und eleganten Kunststil vergnügt«.

seinem eigenen Idealbild eines Dichters anzugleichen – eine Funktion, die dann im Verlauf der 1780er Jahre immer stärker von den antiken Autoren übernommen wird.

Die Grenzen dieses Rezeptionsverfahrens zeigt exemplarisch Wielands kurzer Beitrag ›Ueber eine Stelle in *Shakespears Macbeth*‹ im ›Teutschen Merkur‹ des Jahres 1777, mit dem ich schließen will. Es geht dort um die kurze Passage, in der Lady Macbeth darüber nachsinnt, dass sie nicht eigenhändig den König ermordet hat: »Hätt' er nicht, wie ich ihn so schlafen sah, meinem Vater gleich gesehen, ich hätte es selbst gethan«.[65] Eschenburg hatte in seiner Übersetzung eine Anmerkung von Warburton übernommen, der in dieser Stelle anstelle eines »Zug[s] von *Natur*« – wie Wieland – »*sehr viel Kunst*« sieht und dazu ausführt, Lady Macbeth gebe hier trotz ihres Ehrgeizes »auf einen Augenblick den Empfindungen des Instincts und der Menschlichkeit Raum«.[66] Wielands eigene Erklärung weicht auf den ersten Blick, obwohl er immer wieder den Unterschied betont, gar nicht so sehr von derjenigen Warburtons ab: Auch für ihn zeigt Lady Macbeth in diesem Moment »noch einen *Rest von Menschengefühl*«.[67] Die Darstellung sei jedoch nicht mit psychologischer Raffinesse erkünstelt und diene weder der eigenen Rechtfertigung von Lady Macbeth noch dem Erklärungsbedürfnis des Lesers; vielmehr sei sie ihm direkt vom »Genius der Natur«[68] eingegeben worden:

> Also, da sie mit gezücktem Dolch sich dem schlafenden König nähert, einen Blick auf den guten alten Mann, den wohlthätigen Herrn, den freundlichen und unter seinen geglaubten Freunden sicher ruhenden Gast, wirft, – glaubt sie ihren alten Vater zu sehen, und schaudert zurück. *Hätt er nicht, wie ich in schlafen sah, meinem Vater ähnlich gesehen* – Welch ein Zug! welch ein Schlag an unser Herz.[69]

Der ›Geist Shakespears‹ wird hier, etwas zugespitzt gesagt, zu dem eines empfindsamen Familienstücks domestiziert – ein Genre, das Wieland in dieser Zeit wohl ungleich näher lag als die blutrünstigen Familiendramen des Sturm und Drang, und das mit seiner Nähe gleichermaßen zur Morallehre wie zur Erzählliteratur auch kompatibler zu seinem eigenen Werk ist. Wielands Shakespeare im ›Teutschen Merkur‹ ist insofern auch ein empfindsam überformter, moralphilosophisch unterfütterter und den Normen epischer Darstellung angepasster Shakespeare; ein Shakespeare »im Geiste Wielands«, sozusagen.

---

65 Christoph Martin Wieland: Ueber eine Stelle in *Shakespears Macbeth*. In: TM 1777, 1. Vj., S. 29 – 33, hier: S. 29.

66 Ebd., S. 30.

67 Ebd., S. 33.

68 Ebd., S. 31.

69 Ebd., S. 32.

Monika Nenon

HAMLETS ANFÄNGE

Zu Wielands Übersetzung und Franz von Heufelds Hamletadaption

Goethe schreibt über Shakespeares Hamlet in ›Dichtung und Wahrheit‹:

> Hamlet und seine Monologen blieben Gespenster, die durch alle jungen Gemüter ihren Spuk trieben. Die Hauptstellen wußte ein jeder auswendig und rezitierte sie gern, und jedermann glaubte, er dürfe ebenso melancholisch sein als der Prinz von Dänemark, ob er gleich keinen Geist gesehn und keinen königlichen Vater zu rächen hatte.[1]

Die wachsende Beliebtheit von Shakespeares Drama ›The Tragical History of Hamlet, Prince of Denmark‹ und seine Wirkung auf die psychische Gemütslage der Zeitgenossen, die Goethe hervorhebt, sollte sich im letzten Drittel des 18. Jahrhunderts zu einem regelrechten, von den Stürmern und Drängern getragenen ›Hamletfieber‹ steigern, das die weltanschaulichen Urteile über Hamlet im 19. Jahrhundert vorbereitet und die rege Aufführungspraxis auf den deutschen Bühnen einleitet, die im Grunde bis heute ungebrochen ist. Im 19. Jahrhundert wird Shakespeare neben Goethe und Schiller als dritter deutscher Klassiker gehandelt. Hamlet gilt nach Walter Muschg[2] als »Symbol des romantischen Weltgefühls«[3], wobei der nachdenkliche und zögerliche Prinz für viele zur Repräsentationsfigur für die deutsche Nation wird, die aufgrund ihres Zögerns verspätet und unter großen Widerständen zur nationalen Einheit und Gestalt findet. »Deutschland ist Hamlet!« dichtete 1844 Ferdinand Freiligrath und identifizierte damit eine literarische Figur mit einer historischen Lage, die für ihn durch Repression und Unfreiheit charakterisiert ist.[4] Hamlet wird zum deutschen »Mythus«[5] erklärt, dessen Faszinationskraft bis heute ausstrahlt. Dies bestätigt ein kurzer Blick auf die Theaterpraxis 2011: ›Hamlet‹ wurde auf mindestens 17 deutschen Bühnen aufgeführt und repräsentierte damit bei weitem das beliebteste Shakespearestück.

Fragt man sich, was am Anfang dieser beispiellosen Rezeptionswelle steht, so kommt man sehr schnell auf die Namen Christoph Martin Wieland und Franz

---

1 Goethe: Aus meinem Leben. Dichtung und Wahrheit. In: HA 9, S. 582.

2 Vgl. zur Rezeptionsgeschichte Hamlets im 19. Jahrhundert den Beitrag Walter Muschgs, der dem »Mythus Hamlet« in verschiedenen literarischen Bearbeitungen nachspürt. Walter Muschg: Deutschland ist Hamlet. In: Der deutsche Shakespeare. Hg. von Reinhold Grimm u. a. Basel u. a. 1965, S. 7 –31.

3 Muschg (Anm. 2), S. 19.

4 Einen Überblick über die deutsche Hamletlyrik in ihrer diversen Zielsetzung vermittelt: Brigitte Sessler: Hamlet – ein lyrisches Politikum? Hamlet in deutschsprachigen Gedichten vom 18. Jahrhundert bis heute. Heidelberg 2008.

5 Muschg (Anm. 2), S.10.

von Heufeld, denn Wieland macht bekanntlich das deutsche Publikum durch seine Shakespeareübersetzung, die in den Jahren 1762 – 1766[6] erscheint, mit dem englischen Autor bekannt, und Franz von Heufeld leitet 1773 in Wien mit einer Hamletadaption[7], die auf Wielands Übersetzung beruht, die Aufführungsgeschichte auf den deutschsprachigen Bühnen ein. Im Folgenden sollen vier Themen im Mittelpunkt stehen: Zum Einen möchte ich nach dem Beginn der Shakespeareübersetzungen und den Aufführungen fragen, um dann zum Anderen die spezielle Situation in Wien zu skizzieren. Dabei sollen drittens die Person und die Funktion Franz von Heufelds innerhalb der Wiener Theaterszene beleuchtet werden. Anschließend soll Heufelds Hamletadaption näher in den Blick genommen und nach den formalen und inhaltlichen Übernahmeprinzipien im Vergleich mit der Wielandschen Übersetzung gefragt werden. Dabei möchte ich mich besonders auf die Figuren Hamlet, die Mutter Hamlets und Ophelia konzentrieren.

Wie viel hat man nun zu Beginn des 18. Jahrhunderts von Shakespeare[8] gewusst? Es ist bekannt, dass in der ersten Hälfte des 18. Jahrhunderts Auszüge aus Shakespeares Werken über die Moralischen Wochenschriften wie ›The Spectator‹ und ›The Guardian‹, die Luise Gottsched 1739 und 1749 übersetzt, einem breiteren deutschen Publikum zugänglich gemacht werden. So veröffentlicht die Gottschedin zum Beispiel in ihrer Übersetzung des ›Spectators‹ einige Auszüge aus ›Hamlet‹ in Prosa. Auch andere Moralische Wochenschriften wie ›Der Vernünfftler‹ in Hamburg oder die ›Neue Bibliothec‹ in Frankfurt brachten zuvor vereinzelte Auszüge aus verschiedenen Werken Shakespeares. In den 1750er Jahren erscheinen in Johann Daniel Titius' Journal ›Neue Erweiterungen der Erkenntnis und des Vergnügens‹ Ausschnitte aus Shakespeares Drama ›Richard III.‹. Vor Wielands Übersetzung gab es nur zwei Stücke, die vollständig ins Deutsche übertragen werden: 1741 übersetzt Caspar Wilhelm von Borck mit ›Julius Cäsar‹ das erste Stück Shakespeares ins Deutsche, und 1758 erscheint Garricks Bearbeitung von ›Romeo and Juliet‹ in der Übersetzung von Simon Grynaeus in Basel. In den 50er Jahren des 18. Jahrhunderts jedoch nimmt die Diskussion um Shakespeare, an der sich unter anderen Nicolai, Moses Men-

6 Zitiert wird nach der von Hans und Johanna Radspieler besorgten Ausgabe: William Shakespeare: Theatralische Werke in 21 Einzelbänden. Übersetzt von Christoph Martin Wieland. Hg. von Hans und Johanna Radspieler. Zürich 1993 – 1995 (TW), die Übersetzung des ›Hamlet‹ hier in Bd. 20.

7 Zitiert wird nach der von Alexander von Weilen herausgegebenen Ausgabe: Franz Heufeld: Hamlet. Prinz von Dänemark. Ein Trauerspiel in fünf Aufzügen nach dem Shakespear. Wien 1772. In: Der erste deutsche Bühnen-Hamlet. Die Bearbeitungen Heufelds und Schröders. Herausgegeben und eingeleitet von Alexander von Weilen. Wien 1914.

8 Vgl. zur Rezeptionsgeschichte Shakespeares in Deutschland das ausführliche und informative Werk von: Roger Paulin: The Critical Reception of Shakespeare in Germany. 1682 – 1914. Native Literature and Foreign Genius. Hildesheim u. a. 2003. Zum Thema auch sehr detailliert: Kurt Albrecht Richter: Shakespeare in Deutschland in den Jahren 1739 – 1770. Oppeln 1912.

delssohn, Lessing und natürlich Christoph Martin Wieland beteiligen, ständig zu. Was die Aufführungspraxis anbelangt, so kommen Shakespeares Stücke zunächst anonym durch englische Komödianten im 17. Jahrhundert in die deutschen Länder. Beliebt ist zum Beispiel ›Der bestrafte Brudermord‹ – eine Hamletversion[9], die 1626 in Dresden und vielleicht auch an anderen Orten gespielt wurde. In Bezug auf beides, sowohl auf die Übersetzung als auch auf die Aufführungspraxis, wird Christoph Martin Wieland entscheidend. Wielands Übersetzungen von 22 Shakespearedramen, darunter auch im achten Band ›Hamlet‹, erscheinen in den Jahren 1762 – 1766. Wielands Sturminszenierung in Biberach, die im September 1761 stattfindet, bringt dieses Drama Shakespeares zum ersten Mal auf eine deutsche Bühne. Von da an war die Rezeption Shakespeares im deutschsprachigen Raum nicht mehr aufzuhalten, denn Wielands Übersetzung wurde sehr schnell zur verbindlichen Textgrundlage, die beim gelehrten und allgemein gebildeten Publikum sowie bei den Dramaturgen großes Aufsehen erregte und sich rasch verbreitete.

Sucht man nach dem Ort, an dem die Dramen Shakespeares zuerst zur Aufführung gelangt sind, so stößt man unweigerlich auf die Reichshauptstadt Wien.[10] Dort werden Anfang der 1770er Jahre – fünf Stücke beziehungsweise Stoffbearbeitungen von Shakespeare aufgeführt: ›Die lustigen Abentheuer an der Wienn‹ von Joseph Bernhard Pelzel (25. Juli 1772), Christian Felix Weißes ›Romeo und Julie‹ (12. September 1772) in der Bearbeitung von Heufeld, ›Macbeth, oder Das neue steinerne Gastmahl‹ von Gottlieb Stephanie (3. November 1772), ›Hamlet Prinz von Dänemark‹ in der Bearbeitung von Franz von Heufeld (16. Januar 1773) und ›Die ländlichen Hochzeitsfeste‹ von Christian Hieronymus von Moll (20. Februar 1773). Zu dieser Zeit gibt es in Wien zwei Hoftheater, die im Mittelpunkt des Wiener Theatergeschehens stehen: das Theater am Kärntnertor und das Theater nächst der Burg – das Burgtheater.[11] Zusammen mit diesen Theatern und den Bühnen in den Vor-

---

[9] Zur Aufführung in Dresden: Reinhold Freudenstein: Der Bestrafte Brudermord. Shakespeares ›Hamlet‹ auf der Wanderbühne des 17. Jahrhunderts. In: Britannica et Americana. Band 3. Hamburg 1958, S. 7 – 130, hier: S. 24. Zu den verschiedenen Hamletadaptionen und zu deren Aufführungsgeschichte siehe den vorzüglichen Beitrag von Simon Williams: The »Great Guest« Arrives: Early German ›Hamlets‹. In: Theatre Journal 38/3 (1986), S. 291 – 308.

[10] Vgl. zur Stellung Franz von Heufelds innerhalb des Wiener Theaterwesens die ausführliche und informative Arbeit von Walter Rogan: Franz von Heufeld. Ein Beitrag zur Geschichte der Wiener Sittenkomödie und des Wiener Burgtheaters. Phil. Diss. Wien 1932. Herbert Foltinek: Franz von Heufeld und seine Beziehungen zur englischen Literatur. In: Die Österreichische Literatur. Ihr Profil an der Wende vom 18. zum 19. Jahrhundert (1750 – 1830). Hg. von Herbert Zeman. Graz 1979, S. 445 – 463. Christine Roger: L'introduction de Shakespeare dans les répertoires des scènes viennoises. In: Revue germanique international 5/2007, S. 37 – 49.

[11] Zur Geschichte der beiden Theater in dieser Zeit siehe den fundierten Überblick von Gustav Zechmeister, der die Komplexität der Wiener Theaterlandschaft detailliert und kenntnisreich darstellt: Gustav Zechmeister: Die Wiener Theater nächst der Burg und nächst dem Kärnterthor von 1747 bis 1776. Wien 1971.

städten konnte die Reichshauptstadt bereits auf eine lange Theatergeschichte zurückblicken. Während der sich an der französischen Klassik orientierende Adel das regelmäßige Drama nach den Vorbildern von Corneille und Racine bevorzugt, schätzen die bürgerlichen Schichten und andere Stände mehr das Wiener Volkstheater, das vor allem von der Komödie beherrscht wird. Hans Wurst ist als komische Figur noch sehr weit verbreitet und erfreut sich nach wie vor großer Beliebtheit. Ende der 1760er beziehungsweise Anfang der 1770er Jahre wächst nun in Wien das Theaterpublikum, während die führenden Dramaturgen der Zeit gleichzeitig darum bemüht sind, die Qualität der deutschsprachigen Theaterproduktionen anzuheben. Sie propagieren die so genannten ›gelernten Stücke‹ im Gegensatz zum Stegreiftheater. Um die Vorherrschaft des französisch orientierten Theaters aufzuweichen, sucht man nun einerseits nach deutschsprachigen Originalstücken sowie andrerseits nach Übersetzungen in deutscher Sprache. So blickt man nun neben Frankreich und Italien auch nach England und entdeckt unter anderem Shakespeare, dessen Stücke nicht nur den gehobenen literarischen Ansprüchen, sondern auch den theaterpraktischen Wünschen entgegenkommen. Seine Dramen entsprechen zwar keineswegs den aristotelischen Anforderungen, doch enthalten sie starke, psychologisch motivierte Charaktere und eine differenzierte, ereignisreiche Handlung, die in eine bildreiche ausdruckskräftige Sprache verpackt beim Publikum zugkräftig zu sein versprechen. Dies ist auch der Grund, warum der gemeinhin als großer ›Theaterpraktiker‹ bezeichnete Franz von Heufeld, sich entscheidet, eine Bearbeitung von Shakespeares ›Hamlet‹ für die deutschsprachige Bühne zu schaffen.

Franz von Heufeld steht zu dieser Zeit im Zentrum der Wiener Theaterreformbestrebungen. Seine Person, die in der Theatergeschichtsschreibung noch nicht sehr viel Aufmerksamkeit gefunden hat, verdient es, näher unter die Lupe genommen zu werden. Franz Ulrich von Heufeld ist kein gebürtiger Wiener, sondern wurde am 13. September 1731 auf der Insel Mainau geboren, die damals zu Vorderösterreich gehörte. 17jährig kommt er nach Wien und studiert dort Philosophie und Rechtswissenschaften. Danach war er in verschiedenen, vornehmlich fiskal ausgerichteten Staatsämtern tätig, die ihm jedoch viel Zeit für sein Interesse an der Literatur und am Theater seiner Zeit ließen. Franz von Heufeld wird in der literarischen Öffentlichkeit als Journalist, als Schriftsteller und als Direktor der deutschen Bühne (1769, 1774 – 1776) bekannt und erwirbt sich um die Reform des Theaters große Verdienste. Sein Freund Christoph Gottlieb Klemm gibt Moralische Wochenschriften wie ›Die Welt‹ und ›Der österreichische Patriot‹ heraus, in denen Heufeld zunächst seine dramentheoretischen Überlegungen veröffentlicht, die auf Kultivierung des Geschmacks zielen. Heufelds Intention ist dabei, das literarische Niveau des Dramas anzuheben, indem er gegen die derben Hanswurststücke anschreibt. Er bevorzugt Komödien nach dem Vorbild Gellerts, die einem neuen anthropologischen Ideal, nämlich dem Prinzip der Natürlichkeit, verpflichtet sind. Als Komödienschreiber ist er jedoch nicht nur um literarische Qualität bemüht, sondern versucht den Vorlieben des Publikums, das sich noch sehr stark an den

Hanswurstkomödien orientiert, insofern entgegenzukommen, indem er die Hanswurstfigur in seinen Komödien nicht völlig verbannt, sondern sie weiterentwickelt und in modifizierter Form weiterhin auf der Bühne behält. So schafft er einen Kompromiss zwischen literarischer Reform und Publikumsorientiertheit, der in Wien auf Erfolg stößt. Seine Lustspiele, die Titel tragen wie ›Die Haushaltung nach der Mode oder was soll man für eine Frau nehmen‹, ›Die Liebhaber nach der Mode oder was soll man für einen Mann nehmen‹, ›Der Geburtstag‹, ›Der Bauer aus dem Gebirge in Wien‹, ›Dr. Guldenschnitt‹ sind regelmäßige satirische Verlachkomödien, die sich in den 1760er und 1770er Jahren großer Beliebtheit erfreuen und auch überregional bekannt werden. Neben der Arbeit an seinen eigenen Stücken widmet sich Heufeld der Bearbeitung von ausländischen Vorlagen. Zusätzlich zu Shakespeares ›Hamlet‹ bringt er auch Jean-Jacques Rousseaus Briefroman ›Julie ou la nouvelle Héloïse‹ in Dramenform – ein Stück, das auch in Hamburg aufgeführt, aber im achten und neunten Stück von Lessings ›Hamburger Dramaturgie‹ sehr kritisch rezensiert wird. Des Weiteren fertigt er auch eine Bühnenadaption von Fieldings Roman ›The History of Tom Jones, a Foundling‹ an. Als Leiter der Wiener Theaterkommission, die er zweimal im Jahr 1769 und dann 1774 – 1776 innehat, versucht er einen mittleren Reformkurs zu fahren. Mit der Schaffung von eigenständigen Wiener Komödien, der Aufführung von Schauspielen von anderen deutschsprachigen Schriftstellern und der Erweiterung des Repertoires durch Adaptionen von ausländischen Vorbildern gelingt es ihm, das Spektrum des Wiener Theaters zu erweitern, ohne dabei die Tradition der Volkskomödie ganz aufzugeben. Franz von Heufelds großer Antipode auf der Wiener Theaterszene wird Joseph von Sonnenfels, der ebenfalls versucht, das Niveau des Wiener Theaters anzuheben, sich aber dabei ganz an regelmäßige Vorbilder der französischen Klassik und an die daran anknüpfenden Gottschedschen Reformen hält. Als entschiedener Gegner der Wiener Volkskomödie und als ein Feind der Hanswurstiaden gehen ihm deshalb Heufelds Mischformen in manchen Fällen nicht weit genug. Zunächst arbeitet Heufeld jedoch mit Sonnenfels zusammen; er ist Beiträger seines Journals ›Mann ohne Vorurteil‹ und setzt sich wie er für eine Anhebung des Geschmacks und eine entsprechende Theaterreform ein. Heufelds Theateradaptionen der Romane von Fielding und Rousseau sowie die Hamletadaption sind als Versuche zu sehen, den Anforderungen von Sonnenfels und der Reformpartei an die deutschsprachige Bühne in Wien nachzukommen. Doch entstehen dabei immer wieder Rivalitäten, wie Walter Rogan[12] ausgeführt hat. Sonnenfels unterzieht einige Lustspiele Heufelds scharfer Kritik, und es kommt zu letztlich unüberbrückbaren Gegensätzen. Zwar hatte Heufeld das Repertoire des deutschen Theaters unter seiner Direktion erheblich ausgeweitet, doch war es finanziell nicht erfolgreich. Aus diesem Grund übernimmt Kaiser Joseph II. 1776 die Direktion der deutschen Bühne und macht sie zum deutschen Nationaltheater. Zusammenfassend läßt sich festhalten, dass Franz von Heufeld eine

---

12 Vgl. dazu Rogan (Anm. 10), S. 29 – 53.

einflussreiche Stelle in dieser Übergangszeit hatte und dass einige seiner Dramen auch überregional Erfolg hatten, worunter die Hamletbearbeitung zu zählen ist.

Bevor ich nun näher auf Heufelds Hamletadaption eingehe, möchte ich zunächst einige Punkte herausgreifen, die mir in Bezug auf Wielands Übersetzung[13] wichtig erscheinen. Zunächst soll vorausgeschickt werden, dass Franz von Heufeld bei seiner Hamletadaption Wielands Übersetzung in großen Teilen fast wörtlich übernimmt, aber dass es erhebliche Streichungen und Abweichungen von Wielands Text gibt, die vielleicht schon durch Wielands Übersetzung vorbereitet werden. Im Folgenden möchte ich deshalb zunächst auf einige sprachliche Merkmale von Wielands Übersetzung, wie zum Beispiel auf den Umgang mit Bildern und Metaphern, oder auf einige für anstößig gehaltene Stellen Shakespeares eingehen sowie seine – für Heufelds Adaption wichtig werdenden – Eingriffe im fünften Akt beschreiben.

Es ist schon vielfach betont worden, dass Wieland Shakespeares Werk mit großer Begeisterung und Anerkennung aufnimmt. In dem Essay ›Der Geist Shakespears‹[14], der im ›Teutschen Merkur‹ veröffentlicht wurde, schreibt Wieland über Shakespeare:

> Shakespear ist, deucht mich, unter allen Büchern das letzte, das sich ein Mann von Verstand und Geschmack nehmen lassen sollte. […] Welcher Schriftsteller hat jemals so tief in die menschliche Natur gesehen? Wer ihre geheimsten Triebräder, ihre verdecktesten Bewegungen, alle ihre Gesetze, Abweichungen und Ausnahmen, – wer das Unterscheidende jeder Leidenschaft, jedes Temperaments, jeder Lebensart, jeder Classe, jedes Geschlechts besser gekannt als Er?[15]

Er preist das psychologische Verständnis des Autors, sein feines Gespür für Standesunterschiede und sein überragendes sprachliches Ausdrucksvermögen:

> Wer hat jemals jede Art und Classe von Menschen, jedes Alter, jede Leidenschaft, jeden einzelnen Charakter die ihm eigentümliche Sprache so meisterlich reden lassen? Für welchen Gedanken findet er nicht ein Bild, für welche Empfindung nicht einen Ausdruck? […] ich kenne unter allen Dichtern keinen größern Dichter, unter allen Sittenlehrern keinen größern Sittenlehrer.[16]

Es ist sein erklärtes Ziel, das deutsche Publikum mit dem Werk des von ihm bewunderten Autors in allen oben genannten Dimensionen bekannt zu machen. Dabei gilt Shakespeare für ihn als »moralischer Schriftsteller«, dessen vielschichtiges Werk von Humanität geprägt ist, wie er in dem Essay ›Einige Nach-

---

[13] Einen neueren Forschungsüberblick zu Wielands Shakespeareübersetzung bringt Sabine Kob. Sabine Kob: Wielands Shakespeare-Übersetzung. Ihre Entstehung und ihre Rezeption im Sturm und Drang. Frankfurt 2000.

[14] Christoph Martin Wieland: Der Geist Shakespears. 1773. In: Ders.: Werke. Bd. III. Hg. von Fritz Martini u. Hans Werner Seiffert. München 1967, S. 275 –284.

[15] Ebd., S. 275 – 276.

[16] Ebd., S. 276 – 277.

richten Von den Lebens-Umständen des Herrn Wilhelm Shakespear‹[17] ausführt. Shakespeare schaffe in seinem Werk »viele Modelle und Exemplaria morum vitaeque« und sei deshalb ein »eben so nützlicher als angenehmer Schriftsteller«.[18] In diesen Worten wird deutlich, wie sehr Wieland dem Anspruch der Aufklärung an die Literatur, dem Horazischen prodesse et delectare, verpflichtet ist. Diesem Prinzip ist auch seine Übersetzung, die einen deutlich didaktischen Anspruch trägt, verpflichtet. Wielands Prosaübersetzung folgt der Vorlage von Shakespeares ›Hamlet‹ in der Warburtonausgabe meist sehr genau und hat das Ziel, das Geschehen in einem angemessenen sprachlichen Ausdruck präzise zu vermitteln, doch erlaubt sich der Übersetzer gelegentliche Eingriffe in den Text, die in seiner didaktischen Orientiertheit begründet liegen. Es geht mir im Folgenden keineswegs darum, wie es viele Interpreten vorher getan haben, Wielands Abweichungen von seiner Vorlage genau festzuhalten, um damit etwa längst bekannte Kritik an der Übersetzung zu wiederholen. Vielmehr gilt es daran zu erinnern, dass Wieland als Autor und Übersetzer Shakespeares Text in seinem Sinne für ein Publikum des 18. Jahrhunderts bearbeitet, in dem man allgemein sehr viel weniger als im Barockzeitalter für die ausschmückenden Formen der Sprache aufgeschlossen ist und eine rationale Poetik favorisiert.[19] Wielands Änderungen schließen deshalb zum Beispiel auch die Nichtübersetzung von Metaphern, Stilmerkmalen wie Alliterationen, derben Ausdrücken oder sprachlichen Formen mit sexuellen Konnotationen sowie die Weglassung oder Kürzung von einzelnen Passagen bis hin zur großzügigen Texteingriffen im 5. Akt ein. Einige wenige Beispiele sollen hier genügen: In der zweiten Szene des ersten Aktes, in der der König und die Königin Hamlet auffordern, die Trauer um seinen toten Vater zu überwinden, sagt die Königin vermeintlich tröstend zu Hamlet: »all that live, must die; Passing through nature to eternity.«[20] Wieland übersetzt: »alle, welche leben, müssen sterben«[21]. Der bildhafte Vers »passing through nature to eternity« fehlt völlig. Hamlets folgende Erklärung seines inneren Schmerzes wird von Wieland sehr genau und metaphorisch wiedergegeben, doch die Farbigkeit und Bildlichkeit einiger Wendungen Shakespeares werden leicht abgetönt und damit abgeschwächt: »nor the fruitful river in the eye«[22] – »nicht das immer-thränende Auge«[23]; »These indeed *seem*, For they are actions that a man might play«[24] – »Diese Dinge scheinen, in der

---

17 Christoph Martin Wieland: Einige Nachrichten Von den Lebens-Umständen des Herrn Wilhelm Shakespear. In: Shakespear Theatralische Werke. Aus dem Englischen übersezt von Herrn Wieland. VII. Band. Zürich 1766, S. 1 – 30.

18 Ebd., S. 25.

19 Dass Wieland einer rationalen Poetik verpflichtet ist, führt Peter Kofler in folgendem Beitrag schlüssig aus: Peter Kofler: Wielands Shakespeare-Übersetzung. Transtextuelle Brechungen von Fremde. In: Wieland-Studien 4 (2005), S. 19 – 31.

20 William Shakespeare: Hamlet, Prince of Denmark. In: Works (PW) 8, S. 126.

21 Shakespeare/Wieland: Hamlet (Anm. 6), S. 19.

22 Shakespeare: Hamlet (Anm. 20), S. 126.

23 Shakespeare/Wieland: Hamlet (Anm. 6), S. 20.

24 Shakespeare: Hamlet (Anm. 20), S. 126.

That; denn es sind Handlungen, die man durch Kunst nachmachen kann.«[25] Auf die abschließende Bitte der Königin, nicht nach Wittenberg zu gehen, und Hamlets Zustimmung dazu sagt der König:

> Why, 'tis a loving, and a fair reply;
> Be as our self in *Denmark*. Madam, come;
> This gentle and unforc'd accord of *Hamlet*
> Sits smiling to my heart, in grace whereof
> No jocund health, that *Denmark* drinks to day,
> But the great Cannon to the clouds shall tell;
> And the King's rowse the heav'n shall bruit again,
> Re-speaking earthly thunder. Come, away.[26]

Wielands Übersetzung ist im Gegensatz zur formalen und bildreichen Nominalsprache des Königs sehr schlicht, nüchtern und verkürzt wiedergegeben:

> Nun, das ist eine schöne liebreiche Antwort; seyd wie wir selbst in Dännemark! Kommet, Madame; diese gefällige und ungezwungne Einstimmung Hamlets ist mir so angenehm, daß dieser Tag ein festlicher Tag der Freude seyn soll – – Kommt, folget mir – –.[27]

Nun sollte man aber auch hervorheben, dass es etliche Beispiele gibt, in denen Wieland bildhafter als seine Vorlage ist. Am Ende der siebten Szene des 3. Aktes lautet Hamlets Monolog zum Beispiel:

> 'Tis now the very witching time of night,
> When Church-yards yawn, and hell itself breathes out
> Contagion to this world. Now could I drink hot blood,
> And do such business as the better day
> Would quake to look on. Soft, now to my mother –[28]

> Es ist nun Mitternacht, die Zeit wo Zauberer und Unholden hinter dem Vorhang der Finsterniß ihre abscheulichen Künste treiben; die Zeit, wo Kirchhöfe ihre Todten auslassen, und die Hölle selbst verpestete Seuchen in die Oberwelt aufdünstet. Nun könnt ich heisses Blut trinken, Dinge thun, von deren Anblik der bessere Tag zurükschauern würde. Stille! Nun zu meiner Mutter – –[29]

Den Vers »'Tis now the very witching time of night« übersetzt Wieland bildhaft ausschmückend mit »Es ist nun Mitternacht, die Zeit wo Zauberer und Unholden hinter dem Vorhang der Finsterniß ihre abscheulichen Künste treiben«; »When Church-yards yawn« mit »die Zeit, wo Kirchhöfe ihre Toten auslassen« und so weiter. An diesen Stellen – und es ließen sich noch viele andere finden – trägt Wieland die bildhafte Sprache Shakespeares weiter und läßt seiner eigenen

---

[25] Shakespeare/Wieland: Hamlet (Anm. 6), S. 20.
[26] Shakespeare: Hamlet (Anm. 20), S. 128.
[27] Shakespeare/Wieland: Hamlet (Anm. 6), S. 21.
[28] Shakespeare: Hamlet (Anm. 20), S. 200 – 201.
[29] Shakespeare/Wieland: Hamlet (Anm. 6), S. 120.

poetischen Ader freien Lauf. Er malt Shakespeare Bilder nach seiner Vorstellung großzügig aus und fügt Details hinzu, die in der Vorlage nicht vorhanden sind.

In dem Dialog mit Ophelia, der Hamlets berühmtem Monolog folgt, fordert Hamlet Ophelia unhöflich und harsch auf, in ein Nonnenkloster zu gehen.

> Get thee to a nunnery. Why wouldst thou be a breeder of sinners? I am myself indifferent honest; but yet I could accuse me of such Things, that it were better, my mother had not borne me. I am very proud, revengeful, ambitious, with more offences at my beck, than I have thoughts to put them in name, name, imagination to give them shape, or time to act them in. What should such fellows, as I, do crawling between heav'n and earth? we are arrant knaves, believe none of us – Go thy ways to a nunnery – Where's your father?[30]

Wieland:

> Geh in ein Nonnenkloster. Warum wolltest du eine Mutter von Sündern werden? Ich bin selbst keiner von den Schlimmsten; und doch könnt' ich mich solcher Dinge anklagen, daß es besser wäre, meine Mutter hätte mich nicht zur Welt gebracht. Ich bin sehr stolz, rachgierig, ehrsüchtig, zu mehr Sünden aufgelegt, als ich Gedanken habe sie zu namsen, Einbildungs-Kraft sie auszubilden, und Zeit sie zu vollbringen. Wozu sollen solche Bursche, wie ich bin, zwischen Himmel und Erde herumkriechen? Wir sind alle ausgemachte Taugenichts; traue keinem von uns – – Geh in ein Nonnenkloster – – Wo ist euer Vater?[31]

Nunnery/Nonnenkloster hat für das englische Publikum der damaligen Zeit auch die Konnotation eines Bordells, was natürlich im Deutschen völlig fehlt. Hamlet ist nach der Erfahrung mit seiner Mutter, die kurz nach dem Tod des Vaters seinen Onkel geheiratet hat, enttäuscht vom weiblichen Geschlecht, von sich selbst und von den Menschen im allgemeinen. Deshalb fordert er Ophelia auf, sich nicht fortzupflanzen: »Why wouldst thou be a breeder of sinners?« Der animalische Aspekt ist bei Wieland in der Übersetzung »Mütter von Sündern« nicht wiedergegeben. In Szene 6 des dritten Akts, die eine deutliche sexuelle Konnotation in sich birgt, ist dieser Austausch von Ophelia und Hamlet bei Wieland nicht vorhanden; er wird nicht übersetzt:

> *Oph*. You are keen, my lord, you are keen.
> *Ham*. It would cost you a groaning to take off my edge.[32]

Im fünften Akt, der mit den berühmten Totengräberszenen anfängt, findet man nun wesentliche Eingriffe in den Text und Auslassungen. Wieland überträgt Shakespeares »clowns« mit »Totengräber«, was schon den grotesken Aspekt herabstimmt. In der ersten Szene werden die Lieder der Totengräber, die derbburleske Anspielungen auf die Liebe, Jugend und Alter sowie auf politische Umstände enthalten, nicht übersetzt. Die dritte Szene, in der Hamlet Horatio

---

30 Shakespeare: Hamlet (Anm. 20), S. 184 – 185.
31 Shakespeare/Wieland: Hamlet (Anm. 6), S. 95.
32 Shakespeare: Hamlet (Anm. 20), S. 196.

darüber aufklärt, dass er auf des Königs Befehl nach seiner Ankunft in England hätte hingerichtet werden sollen, wie er dieses Todesurteil entdeckt und das Schreiben des Königs dahingehend ändert, dass dieses Urteil nicht ihn, sondern die Überbringer Rosencrantz und Guildenstern trifft, wird von Wieland nur zusammengefasst und in einer Fußnote ausführlich kommentiert und interpretiert.[33] Nur soviel ist zu betonen: Diese Szene zeigt nicht den melancholischen Hamlet, sondern den überlegt und kaltblütig handelnden, der seine verräterischen Jugendfreunde Rosencrantz und Guildenstern mitleidslos in den Tod schickt und sein eigenes Leben durch diese List geschickt rettet. Die vierte Szene, die Wieland ebenfalls nicht übersetzt und – bis auf den Schluss – nur zusammenfassend bringt, enthält die von dem Hofnarr Osrick vorgetragene Wette des Königs bezüglich der überlegenen Fechtkunst Hamlets, die er im Gefecht mit Laertes unter Beweis stellen soll, Hamlets Bereitschaft zum Duell und die Nachricht von der unmittelbaren Ankunft des Königs und der Königin, die Zuschauer des Duells sein wollen. Mit der weitgehenden Streichung dieser Szene nimmt Wieland die komischen Aspekte des Dramas weiter zurück, die ja bekanntlich in einer Tragödie nach den klassischen Regeln nichts zu suchen haben. Diese wenigen Beispiele mögen genügen, um nochmals in Erinnerung zu rufen, dass Wieland Shakespeares ›Hamlet‹ zwar weitgehend vollständig und mit großem Geschick und kreativem Sprachvermögen übersetzt, aber doch eine sprachlich vorsichtig geglättete und inhaltlich leicht gekürzte Fassung der literarischen Öffentlichkeit vorlegt, die seinen Maßstäben an Form, Inhalt und Ausdruck entspricht. Wichtig ist aber festzuhalten: Die Hamletübersetzung Wielands macht dieses schon in England meist gespielte Stück Shakespeares im deutschsprachigen Raum bekannt und wird nun für Franz von Heufeld zur Grundlage seiner Hamletadaption, auf die ich im Folgenden eingehen möchte.

Während Wielands Intention als Autor darin besteht, einen in Deutschland bis dahin weitgehend unbekannten Schriftsteller vorzustellen und seine Werke mit großer Fabulierkunst und schöpferischer Sprachgewalt möglichst adäquat zu übertragen, geht es Franz von Heufeld als Dramaturg in erster Linie darum, die Werke Shakespeares für die deutsche Bühne unter bestimmten Vorzeichen umzugestalten oder, wie der Herausgeber zur zweiten Ausgabe der Heufeldadaption formuliert: »[…] ein für England gutes Stück in ein brauchbares für Deutschland zu verwandeln«.[34] Dabei läßt sich Heufeld, wie im Folgenden verdeutlicht werden soll, von theoretischen wie praktischen Überlegungen leiten. Theoretisch stehen bei der Hamletadaption Heufelds die Regeln des klassischen Dramas in der aufklärerischen Variation mit den Forderungen wie zum Beispiel der nach den drei Einheiten, nach der Ständeklausel, nach der Forderung, Tragisches und Komisches nicht zu mischen, und nach einem relativ hohen der Tragödie angemessenem Sprachniveau im Hintergrund. Was die praktische Seite angeht, so gelten Shakespeares Stücke – mit wie im Fall ›Hamlets‹ vier Stunden

[33] Vergleiche zu dieser Fußnote den Beitrag von Yvonne Häfner in diesem Band.
[34] Zitiert nach Foltinek (Anm.10), S. 458.

reiner Spielzeit – als zu lang und müssen deshalb auf zwei bis drei Stunden Spielzeit reduziert werden: Die Handlung soll zügig voranschreiten, und aus diesen Gründen wird nun ziemlich großzügig der Rotstift angesetzt und relativ viel gestrichen. Auch die Umsetzung der theoretischen Forderungen hat gewichtige Texteingriffe zu Folge, die von der ursprünglichen Gestalt des Shakespearschen Dramas nicht mehr viel erkennen lassen. Dies soll im Folgenden etwas näher illustriert werden. Um die Einheit der Handlung und des Ortes zu wahren, läßt Heufeld alle Nebenhandlungen weg und konzentriert sich auf die am dänischen Hof stattfindende Haupthandlung zwischen dem König, der Königin und Hamlet. Aus diesem Grund fehlen Personen wie zum Beispiel Laertes – Polonius' Sohn, Rosencrantz, die Totengräber, Osrik, Voltimand und Cornelius, Reinaldo und Fortinbras – der Prinz von Norwegen und die mit ihnen verbundenen Handlungsstränge außer im Fall von Rosencrantz, dessen Äußerungen häufig Guildenstern in den Mund gelegt werden. Heufeld streicht im Grunde den ganzen vierten und fünften Aufzug und verteilt die ersten drei Aufzüge auf fünf mit einer völlig anderen Szeneneinteilung. Außerdem bekommen einige Hauptpersonen dänische Namen: Aus Polonius wird Oldenholm, aus Horatio Gustav, aus Bernardo Ellrich und so weiter. Um die Einheit der Zeit zu wahren, werden entsprechende Referenzen geändert. Heißt es bei Wieland etwa: »Mein Gnädiger Prinz, wie habt ihr euch diese vielen Tage über befunden?«[35], so schreibt Heufeld einfach: »Mein gnädiger Prinz, wie haben Sie sich seit gestern befunden?«[36] Wie man an diesen Streichungen und Konzentrierungen schon deutlich erkennen kann, verliert Shakespeares Drama vielfältige politische Aspekte und büßt auch an philosophischen Dimensionen ein wie zum Beispiel bei der Streichung der Totengräberszenen, die ja auch schon bei Wieland verkürzt wiedergegeben werden und die Heufeld deshalb gar nicht in ihrer vollständigen Gestalt kennen lernen konnte. Auch die Familiengeschichte verliert mit dem Wegfall von Ophelias Bruder Laertes an Komplexität. Ophelia selbst verschwindet im vierten Aufzug nach der Vorführung des Theaterspiels ›Die Mausfalle‹ aus dem Stück, ohne dass die Zuschauer von ihrem weiteren Schicksal erfahren. Sie wird als sanfte, tugendhafte junge Frau gezeigt, die unter der Zurückweisung Hamlets leidet und passiv dem Geschehen um sie herum ausgesetzt ist. Ihr langsames Abdriften in den Wahnsinn und ihre sinnlichen Seiten, die bei Shakespeare stärker in den Vordergrund treten, kommen bei Heufeld nicht zum Vorschein. In dieser Version tritt sie nicht als komplexer Charakter in Erscheinung, sondern wird im Grunde nur als Werkzeug des Königs und ihres Vaters eingesetzt, die die wirklichen Motive für Hamlets merkwürdige Verhaltensweisen herausfinden wollen. Inhaltlich werden durch diese Streichungen und Verkürzungen die Scheinwerfer auf die Hauptfigur Hamlet und auf seine Auseinandersetzungen mit dem König und der Mutter gerichtet. Trotz der Streichung vieler Reflexionsmonologe Hamlets stehen eher die zögerlichen und

---

35 Shakespeare/Wieland: Hamlet (Anm. 6), S. 93.

36 Shakespeare/Heufeld: Hamlet (Anm. 7), S. 33.

melancholischen Seiten Hamlets im Vordergrund, die spätestens seit Goethes Hamletinterpretation in ›Wilhelm Meisters Lehrjahre‹ über viele Jahrzehnte die Interpretation der Hamletfigur dominieren werden. Viele der aggressiven, berechnenden oder listigen sowie derb-komischen Charakterzüge Hamlets, die in den Nebenhandlungen zum Vorschein kommen, werden dem Zuschauer in Heufelds Version erst gar nicht vorgeführt. Die deutlichsten inhaltlichen Verschiebungen jedoch betreffen die Rolle der Königin. Während bei Shakespeare/Wieland der Charakter der Königin ambivalent bleibt und der Zuschauer letztlich nicht weiß, ob sie Schuld am Mord ihres Mannes trägt, wird die Königin bei Heufeld stark belastet. Die Königin wird als Komplizin ihres Gemahls porträtiert, die ihre Zustimmung zu dem Brudermord gab, wie ihr Schuldeingeständnis am Ende des Stücks deutlich demonstriert:

> Haltet ein, haltet ein Dänen! Höret, höret eure sterbende Königinn! Im Tode ist Wahrheit. Er war ein Mörder euer König; er vergiftete meinen Gemahl. Und diese eure Königinn – o daß meine eigene Zunge mein Ankläger werden muß – willigte in den Mord. (Es donnert, sie fällt in den Sessel; die Umstehenden beben erstaunt zurück.)[37]

Hamlet betont: »Der Himmel bekräftiget ihre Worte«.[38] In der dramatischen Schlussszene, die Heufeld weitgehend frei und völlig abweichend von Shakespeares Text gestaltet, dominiert die Person der Königin, die als sinnliche, schuldbeladene Frau ihr Schicksal erfährt, nicht jedoch ohne zuvor ihre Schande und Schuld einzugestehen. Um Verzeihung und Hamlet um eine Umarmung bittend, stirbt sie. Das Stück endet mit Hamlets Ermordung des Königs und der Äußerung des Bedauerns seiner »armen Mutter« gegenüber, der »unglücklichen Königinn«[39]. Hamlet selbst stirbt nicht, sondern überläßt sein Schicksal dem dänischen Volk. Heufeld wählt damit ein den Zuschauern gefälliges positives Ende, was man den »Wiener Schluss« genannt hat. Mit der Belastung der Königin wird Heufelds Hamletadaption noch mehr zum Familienstück, in dem die komplexen Beziehungen der Hauptpersonen untereinander sowie ihre Motive und Gefühle im Mittelpunkt stehen. Mord, Verrat, Macht, Inzest, Sexualität sind die Problemkomplexe, mit denen die Protagonisten ringen, während die politischen Aspekte des Stücks fast gänzlich aus dem Blickfeld geraten. Interessant sind in dem Stück die Frauenfiguren, die entweder wie im Falle Ophelias als unschuldige Tugend oder wie die Königin Gertrude als verführerische, sinnliche Mittäterin dargestellt werden.

Neben den inhaltlichen Änderungen lassen sich bei Heufeld etliche Abweichungen vom Wielandschen Texts nachweisen, von denen ich hier nur einige Beispiele anführen möchte. Heufelds Umgang mit Shakespeares bildhafter und metaphernreicher Sprache zum Beispiel ist viel restriktiver als der Wielands. Während Wieland um eine möglichst entsprechende Übertragung der Shake-

[37] Shakespeare/Heufeld: Hamlet (Anm. 7), S. 55 – 56.
[38] Ebd., S. 56.
[39] Ebd.

spearschen Vorlage besorgt ist und mit Genauigkeit und Kreativität am Werk ist, geht es Heufeld in seiner Adaption für die Bühne um leichte Spielbarkeit und Verständlichkeit, was eine Nüchternheit der Sprache zur Folge hat. Aus diesem Grund werden viele Wendungen und Metaphern einfach umformuliert oder ganz weggelassen. Heißt es bei Wieland in der ersten Szene: »thaten die Gräber sich auf«[40], so schreibt Heufeld: »eröffneten sich die Gräber«[41]. Wenn Wieland übersetzt: »der Morgen, in einen rothen Mantel eingehüllt«[42], formuliert Heufeld einfach »der Morgen bricht an«[43]. Statt wie Wieland »den Honig seiner Schmeicheleyen«[44] bildet Heufeld »die Harmonie seiner Schmeicheleyen«[45]. Heißt es in der Wielandübersetzung: »du magst himmlische Lüfte oder höllische Dämpfe mit dir bringen«[46], so fehlt die entsprechende Stelle bei Heufeld. Ebenso die folgende: »Denn wenn die Sonne Maden in einem todten Hund zeugt«.[47] Vielfach wird der Text von derben Wörtern oder von Ausdrücken mit sexuellen Konnotationen gereinigt. Aus Wielands »Trink-Gelagen«[48] wird bei Heufeld »Schwelgereyen«[49], aus Wielands »schwachen Schinken«[50] werden bei Heufeld »schwache Beine«[51], eine »Hure«[52] wird zur »Buhlerin«[53]. Wenn bei Wieland sehr anschaulich formuliert wird: »zu einem Tummel-Plaz der Ueppigkeit und blutschändrischer Unzucht gemacht werden«[54], schreibt Heufeld einfach »entehret«[55].

Durch diese wenigen Beispiele wird schon deutlich, dass Heufelds Text durch einen viel einfacheren und nüchternen Stil charakterisiert ist. Die Sprache wird von Bildern und Metaphern sowie von derb-sexuellen Ausdrücken ›befreit‹ und verliert dadurch sichtlich an Vielfalt, Anschaulichkeit und auch an Schönheit. Heufeld hat in zahlreichen Fällen keine Hemmungen, den Shakespeareschen Text nach seinen Vorstellungen vollkommen umzugestalten. Nur beim Spiel im Spiel, ›Die Mausfalle‹, das bei Wieland ebenfalls in Prosa gehalten ist, zeigt Heufeld Kreativität, indem er ziemlich frei formulierend den Inhalt in Alexandriner setzt und Reim verwendet. Insgesamt lässt sich feststellen, dass Heufeld Shakespeares ›Hamlet‹ nur in einer sehr verkürzten und sprachlich ge-

40 Shakespeare/Wieland: Hamlet (Anm. 6), S. 13.
41 Shakespeare/Heufeld: Hamlet (Anm. 7), S. 6.
42 Shakespeare/Wieland: Hamlet (Anm. 6), S. 15.
43 Shakespeare/Heufeld: Hamlet (Anm. 7), S. 6.
44 Shakespeare/Wieland: Hamlet (Anm. 6), S. 97.
45 Shakespeare/Heufeld: Hamlet (Anm. 7), S. 35.
46 Shakespeare/Wieland: Hamlet (Anm. 6), S. 38.
47 Ebd., S. 68.
48 Ebd., S. 37.
49 Shakespeare/Heufeld: Hamlet (Anm. 7), S. 13.
50 Shakespeare/Wieland: Hamlet (Anm. 6), S. 69.
51 Shakespeare/Heufeld: Hamlet (Anm. 7), S. 34.
52 Shakespeare/Wieland: Hamlet (Anm. 6), S. 91.
53 Shakespeare/Heufeld: Hamlet (Anm. 7), S. 32.
54 Shakespeare/Wieland: Hamlet (Anm. 6), S. 44.
55 Shakespeare/Heufeld: Hamlet (Anm. 7), S. 17.

reinigten Form auf die Bühne bringt, die sich auf das Geschehen innerhalb der Königsfamilie konzentriert. Freilich muss man hierzu anmerken, dass die Diskussion um die Spielbarkeit des ganzen Stücks schon in England beginnt, wo in der Version David Garricks zum Beispiel ebenfalls schon erhebliche Teile aus den Schlussszenen gestrichen wurden. Auch in Goethes ›Wilhelm Meisters Lehrjahre‹ trägt Wilhelm Serlo gegenüber seine Ansichten über die Nebenhandlungen, die sogenannten »äußern Verhältnisse«, vor, die seiner Meinung nach die Einheit des Stücks gefährden:

> Zu diesen äußern Verhältnissen zähle ich die Unruhen in Norwegen, den Krieg mit dem jungen Fortinbras, die Gesandtschaft an den alten Oheim, den geschlichteten Zwist, den Zug des jungen Fortinbras nach Polen und seine Rückkehr am Ende; ingleichen die Rückkehr des Horatio von Wittenberg, die Lust Hamlets dahin zu gehen, die Reise des Laertes nach Frankreich, seine Rückkunft, die Verschickung Hamlets nach England, seine Gefangenschaft beim Seeräuber, der Tod der beiden Hofleute auf den Uriasbrief: alles dieses sind Umstände und Begebenheiten, die einen Roman weit und breit machen können, die aber der Einheit dieses Stücks, in dem besonders der Held keinen Plan hat, auf das äußerste schaden und höchst fehlerhaft sind.[56]

Gerade um die Einheit und Regelmäßigkeit des Stücks, sich manifestierend in der Wahrung der drei Einheiten, geht es dem Theatermann Heufeld, der mit seiner Hamletversion ein den Regeln entsprechendes Stück auf die Bühne bringen will, das den neuen Geschmacksanforderungen im Ablöseprozess vom Stegreifspiel hin zum Literaturtheater gerecht wird. Die erste Aufführung von Heufelds ›Hamlet‹ findet am 16. Januar 1773 im Kärtnerthortheater statt und wird im selben Jahr, wie Walter Rogan[57] ausführt, noch sechsmal wiederholt. Auch außerhalb Wiens wird Heufelds Hamletadaption rasch bekannt. So wird das Stück 1774 in Pressburg, 1775 und 1776 in Salzburg und Pest, 1777 in Augsburg, Regensburg und Nürnberg und 1778 in Stuttgart aufgeführt. Im Juli 1776 sieht Friedrich Ludwig Schröder[58] eine Aufführung von Heufelds ›Hamlet‹ in Prag und bringt nur einige Wochen später in Hamburg seine eigene Hamletadaption auf die Bühne, die auf der Heufeldschen aufbaut, wie Renata Häublein anerkennend hervorhebt:

---

[56] Johann Wolfgang von Goethe: Wilhelm Meisters Lehrjahre. In: HA 7, S. 296. Vgl. zu Goethes Hamletrezeption: Eckhard Heftrich: Shakespeare in Weimar. In: Das Shakespeare-Bild in Europa zwischen Aufklärung und Romantik. Hg. von Roger Bauer. Frankfurt 1988, S. 182 – 200. Dennis M. Mueller: Wieland's ›Hamlet‹ Translation and Wilhelm Meister. In: Shakespeare-Jahrbuch 105 (1969), S. 198 – 212.

[57] Vgl. Zur Aufführungsgeschichte der Heufeldschen Hamletadaption Rogan (Anm.10), hier S. 117.

[58] Vgl. zu der Hamletadaption Friedrich Ludwig Schröder: Renata Häublein: Die Entdeckung Shakespeares auf der Bühne des 18. Jahrhunderts. Adaption und Wirkung der Vermittlung auf dem Theater. Tübingen 2005, S. 56 – 94. Nina Birkner: ›Hamlet‹ sur la scène allemande: l'apport de Friedrich Ludwig Schröder. In: Revue germanique internationale 5/2007, S. 147 – 164.

> Tatsächlich stellt Heufelds Bearbeitung innerhalb ihres historischen Kontexts eine Pionierleistung im bearbeitungstechnischen Umgang mit Shakespeares Werken dar, deren Wirkung auf die folgenden Shakespeare-Adaptionen, vor allem diejenigen Schröders, nicht unterschätzt werden sollte.[59]

Von da an breitet sich das von Goethe beschriebene ›Hamletfieber‹ über ganz Deutschland aus, und so kann der Dramaturg Johann Friedrich Schink schon 1781 – acht Jahre nach der Erstaufführung – fragen, wo es in Deutschland eine Schauspieltruppe gebe, die ›Hamlet‹ noch nicht aufgeführt habe.[60] Am Anfang dieser Aufführungspraxis stehen Wielands Hamletübersetzung und Franz von Heufelds Hamletadaption. Sie leiten in den deutschsprachigen Ländern eine Rezeptionswelle von Shakespeares ›Hamlet‹ ein, die bis heute noch nicht nachgelassen hat.[61]

---

59 Häublein (Anm. 58), hier S. 71.

60 Vgl. Johann Friedrich Schink: Dramaturgische Fragmente 1. Graz 1781, hier S. 153.

61 This work was supported in full or in part by a grant from the University of Memphis Faculty Research Grant Fund. This support does not necessarily imply endorsement by the University of research conclusions. Mein Dank gilt der Universität Memphis, die mich im Sommer 2011 durch ein Forschungsstipendium unterstützt hat.

Stuart Sillars

DANIEL CHODOWIECKI'S ›DER STURM‹

The play's first visual sequence

That a German illustrator should produce a series of twelve images depicting the action of ›The Tempest‹ in 1787, at least half a century before any English artist had produced more than a single frontispiece for the play, is remarkable enough. That he should do so not for an edition of the plays but for a popular, large-circulation almanac makes it truly outstanding.[1] Daniel Chodowiecki was born in Poland in 1726, but moved to Berlin in 1743, establishing a reputation with small, sentimental paintings of contemporary life and historical and biblical events. Although these were popular, the greater part of his output is in the medium of etching or engraving, and includes illustrations of Richardson's ›Clarissa‹, Cervantes' ›Don Quixote‹, Lavater's ›Physiognomy‹ and the works of Friedrich Schiller and Voltaire. In 1784 he produced his first series of etchings of Shakespeare, with 12 designs for ›Henry IV‹. These were followed by similar sets for ›Hamlet‹, ›Macbeth‹, ›The Merry Wives of Windsor‹ and ›The Tempest‹, all for almanacs, and not reproduced as part of an edition of the plays until much later. Put this in context: the first English series of designs for a Shakespeare play were those produced by Anthony Walker[2], for ›Romeo and Juliet‹, in 1753, but these were not published and exist only as a few scattered copies. John Bell's[3] edition of 1778 included two images per play,[4] as did that of Bellamy and Robarts[5] in 1788 – 91, but it was not until the 1830s that, through the advent of wood-engraving and cheap wood-pulp paper, the fully illustrated

---

1 Goettinger Taschen Calender vom Jahr 1788. Göttingen 1787. – A fuller account of the publication is given in Wilhelm Engelmann: Daniel Chodowiecki's sämmtliche Kupferstiche; beschrieben, mit historischen, literarischen und bibliographischen Nachweisungen, der Lebensbeschreibung des Künstlers und Registern. Neue Ausg. Berlin 1926, pp. 309 – 310. The volume also provides full details of all the artist's Shakespeare work. – Cf. Jens-Heiner Bauer: Daniel Nikolaus Chodowiecki […] Das druckgraphische Werk […]. Hannover [2]1984, No. 1299 – 1310, S. 187. – Cf. Elisabeth Wormsbächer: Daniel Nikolaus Chodowiecki […]. Erklärungen und Erläuterungen zu seinen Radierungen. Ein Ergänzungsband zum Werkverzeichnis der Druckgraphik. Hg. von Jens-Heiner Bauer. Hannover 1988, No. 1299 – 1310, S. 132.

2 Cf. Stuart Sillars: The Illustrated Shakespeare, 1709 – 1875. Cambridge 2008, pp. 101 – 109.

3 Cf. John Bell: Bell's Edition of Shakespeare's Plays, As they are now performed at the Theateres Royal in London. […] with Notes Critical and Illustrative. By the Authors of the Dramatic Censor. London 1774.

4 Some copies of the 1774 – 1757 edition have two images, but one of these pairs is always a portrait of an actor in character.

5 William Shakespeare: The Works. London: Bellamy & Roberts [ca. 1790]. Vol. 1 – 8.

editions of Charles Knight[6] and Barry Cornwell[7] were produced, offering a continuous visual treatment of the plays. It was another German painter, Moritz von Retzsch[8], who produced series of images for all the plays in the same decade.[9] But these came a generation later: Chodowiecki's work is outstanding for its date, as well as for its location – both in appearing in almanacs, and in being sold in Germany, not Shakespeare's native England.

Quite what the readers of the almanac made of the images can of course not be established. The single-line quotations from the play do little to clarify their narrative or identify the characters – unlike, for example, the presentation of half a dozen or more lines beneath the much larger, independent engravings produced as part of the Boydell[10] Shakespeare Gallery in the two decades spanning the turn of the eighteenth century. This suggests a certain knowledge of the play, or at the very least a supposition of such knowledge, or its assumption as a mark of cultural maturity in the readers, by those commissioning the images for publication. Only much later, in the 1920s, were the images used to illustrate an edition of a play, in a series that included all of Chodowiecki's work for the almanacs, by the Berlin publishing house of Eigenbrödler.[11] At best, then, the intent was to present significant moments of the play's process through an intimate visual medium, and for this reason the images merit close examination to determine their interpretive approaches.

The quotations included in Chodowiecki's prints are from Wieland's translation, although some deviate slightly from it – in the Eigenbrödler edition the text is that of Schlegel and Tieck.[12] As Wieland provided the first version of the play in the German language, so Chodowiecki provided the first treatment, in Germany and in any other country, of the play through a sequence of visual transmediations. For this reason, as well as for their considerable intrinsic interest, they merit wider attention, and discussion alongside the edition of the poet and translator whose work this volume commemorates.

---

6 William Shakespeare: The Pictorial Edition of the Works of Shakspere (Ed. Charles Knight). London 1839.

7 The Works of Shakspere, revised from the best authorities: with a memoir and essay on his genius by Barry Cornwall: [...] Illustr. with engr. from designs by K. Meadows. London 1843.

8 Gallerie zu Shakspeare's dramatischen Werken. In Umrissen erfunden und gestochen von Moritz Retzsch. Hrsg. in 4 Bänden von Ernst Fleischer. Leipzig 1828 – 1846.

9 For a detailed account of this process and the approaches taken by these editions, see Sillars (Fn. 2), pp. 98 – 148 and pp. 252 – 288.

10 John Boydell: A collection of prints, from Pictures Painted for the Purpose of Illustrating the Dramatic Works of Shakspeare. London 1805. – Cf. Winifred H. Friedman: Boydell's Shakespeare gallery. New York et al. 1976.

11 The images are reprinted in: William Shakespeare: Der Sturm. In: Ders.: Dramen. Hg. in sechs Bänden von Friedrich Walther nach der Schlegel-Tieckschen Übertragung. Mit je 12 Kupfern von Daniel Chodowiecki. Berlin 1924.

12 Shakespeare's dramatische Werke. Übersetzt von August Wilhelm von Schlegel, ergänzt und erläutert von Ludwig Tieck. 9 Bde. Berlin 1825 – 1833.

Whether as part of the almanac in which they originally appeared or as an integral element of the later edition, the images follow the play's sequence of events, and so it is sensible to discuss them first in this order so that the experience of reading them – the word is chosen carefully to emphasise the complexity of the physiological, literary and conceptual encounter in the sequence of the play. Each image is an etching, one of the most intimate print media since it is produced by the use of a metal point, resembling a pencil, on a copper plate covered with wax, and the intimacy is enhanced by the small size of the prints, each measuring 4 1/16 x 2 3/8" (10.32 x 6.03 cm). Viewing them, whether in the almanac or in the later edition, where they are reproduced in their original size and probably from the original plates, thus becomes a very personal, individual experience quite different from viewing an oil painting, framed engraving or even an illustration in a large folio edition.

Chodowiecki's sequence begins with an image of the mariners (Figure 1).[13] The only earlier image to do this is the frontispiece by François Boitard, engraved by Elisha Kirkall, to Nicholas Rowe's[14] edition of 1709, but there is no iconographic tradition linking the two. Boitard's image unites several moments of action in showing the foundering ship, the multiple forms of Ariel around it, and the figure of Prospero watching the storm he has conjured from the safety of the shore. This multitemporalism is fully appropriate for a frontispiece that is the only image in the edition; for a series, greater concentration on an individual moment, modified by anterior allusions as the play progresses, would seem quite intuitively to be more appropriate, and this is the approach taken by Chodowiecki. In consequence, the first image seems prosaic by contrast to Boitard's whirlwind composition, showing the Boatswain addressing the Duke of Naples on the deck of the ship. The line given as caption confirms this. »Ich bitte euch bleibt unten«[15] (»I pray now, keep below«; 1.1.11)[16] comes early in the event, before the shipwreck has become inevitable, the Boatswain striving to maintain normality in protecting his passengers. This is reinforced in the image itself, in which the absence of the supernatural is predominant: the flashes of lightning at the rear give no hint of their magical origin, and the exchange on board suggests a quite normal, albeit disturbing, seafaring event. The viewpoint is such that the viewer is at eye-level with the characters, by implication placing her or him on the deck of the ship. The immediacy this provides does more than make us feel

13 All the images are reproduced from the Goettinger Taschen Calender vom Jahr 1788 (Fn. 1) in the collection of the Wieland-Archiv Biberach.

14 The Works of Mr. William Shakespear in six volumes. Adorn'd with cuts; Revis'd and corrected, with an account of the life and writings of the author. By N[icholas] Rowe. London 1709.

15 Cf. also Wieland's translation from the edition of the play by Hans und Johanna Radspieler: William Shakespeare: TW, hier: Shakespeare/Wieland: Der Sturm; oder: Die bezauberte Insel. In: TW 5, p. 8 (I, 1): »Ich bitte euch, bleibt unten.«

16 Quotations in English, and their associated line numbers, are from the edition of the play by Stephen Orgel: William Shakespeare: The Tempest. Ed. by Stephen Orgel. Oxford et al. 1987 (The Oxford Shakespeare).

Fig. 1

Fig. 2

Fig. 3

Fig.4

part of the action: it allows us to share the moral and experiential viewpoint of the travellers, and thus reach the island with as much uncertainty as they. As an introit into the action it reflects the events of the first scene, and by implication makes Prospero's lengthy explanation that follows more necessary and more intimate. There is also a larger significance to the image, in the way in which the scene suggests the play's relation to the Shakespeare canon. ›The Comedy of Errors‹ begins with an account of a shipwreck, and the order of the opening scenes of ›Twelfth Night‹ have often been reversed in production so that it starts similarly. Both ›The Winter's Tale‹ and ›Pericles‹ include shipwrecks as important elements of the action. By giving this moment visual prominence, Chodowiecki's image reveals its importance in the play as a return to a trope that is significant throughout the canon in various ways. It also involves the reader and perhaps most especially the reader who is encountering the play for the first time, in its narrative and its intersections of the natural and the magic.

The second image (Figure 2) is an apparently innocuous presentation of Prospero speaking to the seated Miranda, but the seeming simplicity conceals important elements of interpretation that spread beyond the immediate setting to suggest relationships significant throughout the play. The setting is naturalistic, the vegetation of the island luxurious, but it is also recognisably civilised – the corner of a formal building in rectilinear enlightenment design visible at the extreme right and a mock-rustic bench, on which Miranda is seated, at the left. This perhaps links it to one of the better-known features of the artist's work, the depiction of contemporary bourgeois life, evident also in Miranda's costume; but the robe worn by Prospero places him within quite a different frame. It resembles contemporary drawings of eastern dress and was clearly seen as a mark of distinction. In an extremely rare set of instructions to an illustrator of Shakespeare's plays, Thomas Hanmer instructs Francis Hayman to depict Othello wearing a turban in his frontispiece for the play, arguing that »nothing adds so much dignity as a Turban«.[17] The pairing, in the extremes it presents, does much to suggest the difference between the two figures, identifying them even at a cursory glance as magus and maiden.

The text that captions the image, »Du bist schläfrig;«[18] (»Thou art inclined to sleep«; 1.2.185), defines an essential element of the scene, but one that is puzzling. Throughout the passage that precedes this line, in which Prospero tells Miranda of the usurpation of his dukedom and expulsion from Milan, the speaker repeatedly asks his daughter if she is awake and paying attention. Why

---

[17] The instructions are to Thomas Hanmer's: The Works of Shakespear. In six volumes. Carefully rev. and cor. by the former editions, and adorned with sculptures designed and executed by the best hands. 6 vols. Oxford 1744. – They are quoted in full by Marcia Allentuck: Sir Thomas Hanmer Instructs Francis Hayman: An Editor's Notes to his Illustrator. In: Shakespeare Quarterly, Vol. 27. No 3 (Summer 1976), pp. 288 – 315. Quotation from pp. 291 – 292

[18] Shakespeare/Wieland: Sturm (Fn.15), p. 20 (I, 2): »[...] du bist schläfrig; [...].«

does Prospero repeatedly seek to wake her, and why now is she allowed to sleep? What appears marginal, however, is central: Miranda's move towards sleep is a reflection of the magical qualities of Prospero's story, presenting in his speaking a quality that is apparent much more obviously in his acts of magic, such as conjuring the storm with which the play begins. That she is sleepy suggests the magical, incantatory effect of the narration, almost as a trance-inducing ritual that marks Miranda's maturity in being admitted to the actuality of her own history. The narration passed, its magic is allowed to take its effect, and Miranda allowed to sleep while Prospero moves to discussing his plan with Ariel. The subtlety of Chodowiecki's reading of the play is revealed in the selection of the moment, always an essential element of the illustrator's approach when presenting a literary text in visual form.

The third etching (Figure 3) returns to the relation between Miranda and Prospero, at the same time introducing the figures of Ferdinand and Ariel. The former is attired in what seems to be sixteenth-century military dress, drawn sword at his side in readiness; Ariel is a classical nude, female as in most productions of the day, shown in frontal composition hovering at an angle between the figures. The spectral nature is shown by careful use of outline etching with only a few internal lines to give modelling to an otherwise flat form. Miranda and Prospero are presented as before, so that the three orders are neatly presented in visual form by differences of design, texture or reference. The caption, »O mein theurer Vater, verfahrt nicht so rasch und strenge mit ihm.«[19] (»O dear father, | Make not too rash a trial of him, for | He's gentle, and not fearful«; 1.2.467 – 9) is reinforced by Miranda's posture, clinging to Prospero in supplication. If the image lacks the subtlety of that which precedes it, it conveys the new scene and circumstance with economy and grace; the introduction of Ariel both nods at performance and offers a basis for some of the later images which are present here in more vigorous poses. Perhaps the most striking aspect of the image is its selection of moment, depending on reader awareness of Prospero's initially hostile reaction to Ferdinand and Ariel linked to his powers through balanced pose and inclination of the head and eyes towards him. It is indeed a sophisticated and well-informed readership that is being addressed in the almanac.

The fourth image (Figure 4) introduces one of the most remarkable elements of the series, the figure of Caliban. An earlier discussion of the figure in an English history of the presentation of Caliban describes it as »a giant tortoise«, but this is a dangerously incomplete reading, even though it goes on to point out human elements in »upright stature and genitalia and to some extent in his face«.[20] This is too simple: the depiction resembles no specific animal since, as becomes apparent in this and subsequent images, it is a wholly new creation. In

19 Ibid., p. 34 (I, 6): »O mein theurer Vater, verfahret nicht so strenge mit ihm; […].”

20 Alden T. Vaughan and Virginia Mason Vaughan: Shakespeare's Caliban. A Cultural History. Cambridge and New York 1993, p. 223.

this regard the date of the composition is important. Too early to respond to the post-Darwinian drive to find a missing link between ape and man, but at a period of scientific exploration in which new species are being found and catalogued, it has about it a quality of presupposed actuality that combines the fictional forms of medieval and renaissance bestiaries with depictions of actual beasts, notably elephants and hippos, that are drawn only from travellers' tales. It thus has about it a combination of actuality and invention that makes it a compelling figure, matching the imaginative strangeness of Shakespeare's figure that, of course, eighteenth century readers could only conjecture from the printed word, in parallel with earlier stage representations.

The combination of life forms is striking. The forehead is sharply receding, yet the eyes have a penetrating quality suggestive of an intelligent, questing frown, while the mouth is wide and toothless, instead of arms there are forms suggestive of flippers or wings, and the legs are those from the hind quarters of a dog. The genitals are shown, tiny in contrast to the undifferentiated body. Most important is that all these separate elements are contradictory – the intelligent eyes contrasted against the sloping forehead, the open mouth suggesting an animal cry rather than human speech, the small genitals implying depleted masculinity. The whole figure, united by spotted coloration except on the belly, suggests a species vaguely recognised but not fully known. This not comic parody or subhuman caricature: it is a sentient being of quite another order, removed from it at a greater distance than Ariel yet with a hint of human understanding. That, in this image, Prospero engages with it in conversation, and Miranda looks directly into its eyes, suggests this distant familiarity. As a reading of the figure, it is conceivably the first, and arguably one of the most forcefully inventive in visualising Shakespeare's role. The caption adds considerably to this: »Oho! Oho! Ich wolt', es wäre geschehen!«[21] (»O ho! Oho! Would't had been done«; 1.1.348). Seen beneath such an ambivalent presentation of Caliban, it suggest the act of attempted rape as an amoral, animal impulse of procreation rather than one of human lust, an important uncertainty often elided in critical readings and productions.

The next image (Figure 5) shows the encounter between Caliban and the shipwrecked Trinculo and Stefano. This is by no means comic: the contrast in form between the two orders of being is shown as much in the etching techniques by which they are presented as by their physical appearances, the mortals depicted with strong, continuous etched lines and Caliban with far looser stipple. This reinforces the difference in figure type, the two men being shown in the tradition of the stage fool in cap and bells. The recumbent Caliban, his bundle of logs neatly tied at his side, lies in the foetal position, his wide eyes suggesting fear. This is far from the comic presentation of the encounter that stage convention has made familiar, and instead presents the meeting with allegiance to Cali-

---

21 Shakespeare/Wieland: Sturm (Fn. 15), p. 29 (I, 4): »O ho! o ho! – Ich wollt' es wäre vor sich gegangen; [...].«

Fig. 5

Fig. 6

Fig. 7

Fig. 8

ban, his familiar, childlike posture generating an almost instinctive sympathy in the onlooker. That the appended text is quoted from Trinculo: »Ha! Was giebts hier? Mensch oder Fisch? todt oder lebendig?«[22] (»What have we here – a man or a fish? – dead or alive? «; 2.2.24 – 5) makes the encounter between species more insistent, condensing Trinculo's first sight of Caliban with Stefano's later arrival. The use of such conjunction, rare in the sequence, accentuates the confusion of the first meeting, inflecting the still palpable comic effect with something rather darker and less certain.

The sixth image (Figure 6) is far more conventional, showing Ferdinand bearing logs while Miranda protests and Prospero, still turbaned, looks on. The caption comes from near the start of the scene, with Miranda's injunction »Ach! ich bitte dich arbeite nicht so eifrig«[23] (»Alas now pray you | Work not so hard«; 3.1.15 – 16). Prospero's response is presented at the very end of the text:

> So glad of this as they I cannot be,
> Who are surprised withal, but my rejoicing
> At nothing can be more (3.1.92 – 4)[24]

As the stage direction makes clear, Prospero has been observing the action, unseen, from near the beginning of the scene. His inclusion in the image is a valuable extension of performance into print, since it is too easy to forget the silent presence when reading the play. Yet Prospero's defensively folded arms do not suggest the joy of the final words. Is there, perhaps, a hint that here the image is controlling the unfolding of events through alluding to the much earlier lines with which Prospero responds to the attraction between Miranda and Ferdinand:

> ...this swift business
> I must uneasy make lest too light winning
> Make the prize light. (1.2.451 – 3)[25]

If so, the suggestion reveals a careful, almost directorial, reading of the play to control the reader's progress towards its resolution, and again the subtlety and depth of the artist's interpretive transformation becomes apparent.

The seventh image (Figure 7) offers a contrasting pairing to match that of the fifth, showing Caliban with Stefano and Trinculo and Ariel. The human figures are shown setting about each other under the magic spell of Ariel, who hovers above them with outspread wings. Again the three orders are clearly differentiated by skillful use of contrasting etching techniques. As before, Ariel is shown almost wholly in outline to suggest a classical figure, matched here by the suggestion of a magic that is ethereal as much as threatening in the interlaced legs and spread wings, a being that seems compounded of mermaid and deity,

---

22 Ibid., p. 57 (II, 2): »Ha! Was giebts hier – Mensch oder Fisch! todt oder lebendig?«

23 Ibid., p. 65 f. (III, 1): »Ach! Ich bitte euch, arbeitet nicht so strenge; […].«

24 Ibid., p. 69 (III, 1).

25 Ibid., p. 34 (I, 6).

suggesting the treatment of the mariners as something gently chastening. Ariel is depicted in the same form in the next image (Figure 8), where she floats above the banquet that is being carried in by three half-man, half-animal grotesques that, like her, are shown only in outline. The pointing finger of the Duke suggests that he is asking the question presented as the caption, »Was für eine Harmonie ist das? –«[26] (»What harmony is this?«; 3.3.18). In the play relating to the ethereal music that accompanies the banquet, it is here linked to the table itself, the act of breaking bread together seen as a kind of harmony – a detail again showing the skill of the illustrator in translating the play's language through media. This sense of ceremonial resolution, however, is undermined by what is surely a peacock as the central element of the banquet. Seen beside the elaborate dress of the Duke, and in sharp contrast to the grotesques carrying the table, this suggests itself as an emblem of pride. The effect is sharpened and redefined by the next etching (Figure 9), captioned »Ihr seid drey Männer der Sünde«[27] (»You are three men of sin«; 3.3.52) Ariel is now transformed in both structure and technique, the classical nude replaced by a large-breasted harpy with unkempt hair, claws and tail, the wings now presented as leathern and bat-like; the whole etched more deeply and in greater detail to suggest an animal corporeality. The banquet now vanished, the men respond with fear, and the change is powerfully evident through technique as well as subject. The effect is enhanced by the contrast with the earlier presentations of Ariel, revealing a larger control of narrative in the design of the images as a suite of visual treatments, skillful in selection and intersection of moment as in technique of individual execution.

The three remaining etchings are concerned with what might be termed the human resolutions of the play. The tenth (Figure 10) shows Prospero again sounding a warning note to Ferdinand about the protection of his daughter. Placed within an interior structured enough to suggest a simple court dwelling, there is a hint of the return to order in the earlier comedies, in the near-ritualistic transfer of daughter from father to husband; the gestures of the figures carefully reflect this, Prospero's monitory raised finger and defensive crossed arms balanced against Ferdinand's protective arm around the shoulders of Miranda. The caption confirms this, voicing Ferdinand's response to Prospero's warnings against intemperate lust: »Dieser weisse, kalte, jungfräuliche Schnee – kühlt die Hitze meiner Leber ab«[28] (»The white cold virgin snow upon my heart | Abates the ardour of my liver«; 4.1.55 – 6). Again, the subtlety of Chodowiecki's imaging is apparent: Miranda's demure posture, hands crossed before her, suggests a physical embodiment of »white cold virgin snow«. The next two etchings present the play's ending in contrasting ways, one concerned with the dissolution of magic, the other with human departures. For the penultimate (Fi-

[26] Ibid., p. 79 (III, 3): »Was für eine Harmonie ist diß?«
[27] Ibid., p. 81 (III, 4): »Ihr seyd drey Männer der Sünde, […].«
[28] Ibid., p. 88 (IV, 5): »[…] dieser weisse kalte jungfräuliche Schnee an mein Herz gedrükt, kühlt die Hize meiner Leber ab.«

Fig. 9

Fig. 10

Fig. 11

Fig. 12

gure 11), Prospero has resumed the costume of the magus and wields his staff to halt the passage of the »men of sin«.

The final image (Figure 12) is quite different, an intimate farewell between the two lovers and the travellers returning to Milan, over Alonso's words »Gebt mir eure Hände! –«[29] (»Give me your hands«; 5.1.213). There is no magic, no abandoned Caliban or freed Ariel, just a simple handshake to mark completion, marking a point of departure rather than the elaborate divestment of power found in the play. As in the initial image, there is an awareness of the play as a revisiting of the earlier canon; as there, too, the onlooker is by implication sharing the intimate space of the image and its human involvements. Again there is a hint of a return to the endings of the earlier comedies, the young couple given the elders' blessing. To a present-day reader, this final image, and the ending of the play that it implies, is striking for its absences. The play is now devoid of the closing Epilogue, with all the Victorian and later discussions of its being Shakespeare's farewell to the stage, but this in any illustrative form would be very difficult to bring off, and especially so in one whose form is rigidly dictated by the almanac structure. What is more striking is the lack of resolution concerning Caliban or Ariel, the former especially insistent after the now near-universal, and often reductive, reading of the play in a post-colonial light. Without these distractions, the ending of the play becomes something much more direct, enriched and made immediate through its implied dialogue with the earlier comedies, the simple handshake a suitable return to worldly relations, sincere though troubled, without the intervention of magic.

While each individual image presents an element of the play with considerable insight, when they are seen as a sequence, with or without the printed text, the series assumes a newer significance. The inclusion of trees and other elements of the natural world in a great many of the etchings forms more than a simple background, indicating the coexistence of nature and supernature on Prospero's island; the forms of Caliban and Ariel, each unprecedented in its imaginative identity, present a duality that can be read both literally and as metaphor of the ambivalences of human-kindness and the oppositions of good and bad magic. These qualities, absorbed more through a subconscious awareness of texture and composition, reveal the sequence as a remarkable treatment of the play, deserving a better exposure and a true equivalent to Wieland's translation as the first German visual transmediation of the play.

Extensive though Chodowiecki's output was, its influence on subsequent Shakespeare illustration is hardly noticeable in technique, although the idea of a nearly self-contained sequence did gain popularity at the start of the succeeding century. The outline engravings of Moritz von Retzsch have already been mentioned, but these owe as much to the fashion for pseudo-classical outline engraving, as suggested by Johann Joachim Winkelmann, as to the more representational style of Chodowiecki. More directly, they follow the practice of

[29] Ibid., p. 110 (V, 5): »Gebt mir eure Hände.«

The Tempest.

Cal. All the infections that the sun sucks up
From bogs, fens, flats, on Prosper fall, and make him
By inch-meal a disease! His spirits hear me,
And yet I needs must curse.

Mira. If, by your art, my dearest father, you have
Put the wild waters in this roar, allay them.

Act I. *Scene* II.

Ste. Come on your ways! open your mouth: here is that which will give language to you, cat; open your mouth.

Act II. *Scene* II.

Fer. ———————— My sweet mistress
Weeps, when she sees me work, and says, such baseness
Had ne'er like éxecutor.

Act III. *Scene* I.

Pro. Hey! *Mountain!* hey!
Ari. *Silver!* there it goes! *Silver!*
Pro. *Fury!* *Fury!* there, *Tyrant!* there! hark, hark!

Act IV. *Scene* I.

Pros. I'll break my staff,
Bury it certain fathoms in the earth:
And, deeper than did ever plummet sound,
I'll drown my book.

Act V. *Scene* I.

Fig. 13 (cf. Fn. 31)

Frank Howard, whose ›Spirit of the Plays of Shakespeare‹ appeared between 1827 and 1833.[30] Their relationship to the text also differed, presented as they were with a preface containing quotations of a dozen or so lines relating to each image. More important was the fact that they rearranged the narrative sequence of the plays so that, in the case of ›The Tempest‹, the events narrated by Prospero as having occurred before the play began are presented in strict chronological sequence, so that the relationship between events and images are quite different from those in the Chodowiecki suite.

Perhaps a closer relationship is found in another series of images produced in Germany, albeit issued in collaboration with a British publisher and captions in English, and owing their origin to the idea of their addition to printed editions. Designed by John Thurston and engraved on wood by John Thomson, these appeared in a single volume in 1825 (see Figure 13).[31] Each play had six images, one for each act and a further introductory engraving that in some way emblematised or encapsulated the driving impetus of the play – in the case of ›The Tempest‹, this showed Caliban bearing logs with an ethereal, distant figure of Ariel flying above. Intriguingly, many of the images that follow select the same scenes as those presented by Chodowiecki; yet most of them lack the imaginative involvement of these earlier etchings and, in showing Prospero's final rejection of his magical powers as the last image, displace their more intimate close, replete with suggestions of the earlier comedies and so relating the last romance to the canon as a whole with something both more faithful to the play and less suggestive as commentary. And, of course, in their place and form of publication, Chodowiecki's etchings remain unmatched: as both a visual engagement with the plays and an intellectual and visual embellishment of a highly practical, popular printed form, they retain their unique status and worth.

30 Frank Howard: The Spirit of the Plays of Shakespeare, exhibited in a series of outline plates, illustrative of the story of each play. Drawn and engraved by Frank Howard. With quotations and descriptions. London 1827 – 1833.

31 Illustrations Of Shakspeare: Comprised in two Hundred And Thirty Vignette Engravings; Adapted to all Editions by John Thomson, From Designs By John Thurston. London 1825.

Jean-François Candoni

SHAKESPEARES ›STURM‹ IM SPIEGEL VON MOZARTS ›ZAUBERFLÖTE‹

Anmerkungen zu Friedrich Gotters Libretto ›Die Geisterinsel‹

Gegenstand der folgenden Ausführungen ist eine deutsche Fassung von William Shakespeares ›The Tempest‹, die Christoph Martin Wieland wohl wenig verdankt, obgleich man vermuten darf, dass die Autoren von Wieland zu ihrem Projekt angeregt wurden und dessen Übersetzung von 1763 als Vorlage genutzt haben. Es handelt sich dabei um ein Opernlibretto, das 1793 vom Gothaer Dramenautor Friedrich Wilhelm Gotter (1746 – 1797) in Zusammenarbeit mit Friedrich Hildebrand von Einsiedel (1750 – 1828) verfasst wurde. ›Die Geisterinsel‹ ist die wohl bedeutendste Adaption von Shakespeares ›Sturm‹ für das Musiktheater in der Zeit der Spätaufklärung (der ›Sturm‹ war damals bei Opernkomponisten sehr beliebt; zwischen 1780 und 1815 erschienen europaweit ca. 15 Libretti, die den Stoff bearbeiteten). Gotters Unternehmen entspringt dem Willen, das Singspiel auf ein höheres ästhetisches Niveau zu bringen, und kommt Goethes Vorstellung eines literarischen Singspiels entgegen – der Verfasser von ›Jery und Bätely‹ hat sich übrigens stark für Gotters ›Geisterinsel‹ eingesetzt und ließ das Werk in der Vertonung von Johann Friedrich Anton Fleischmann 1798 in Weimar aufführen; seine Bemühungen wurden leider nicht von Erfolg gekrönt, und das Singspiel wurde vom Weimarer Publikum kühl aufgenommen. Erst mit Zumsteegs Vertonung, die 6. oder 7. November 1798 am Hoftheater Stuttgart uraufgeführt wurde,[1] und vor allem mit Reichardts Fassung von 1798, die 1825 ihre 55. Berliner Aufführung feierte, gelangte Gotters Textbuch postum zum ersehnten Durchbruch.[2]

Nicht nur die Wahl des Sujets, sondern auch Gotters Arbeitsmethoden zeugen von literarischen Ambitionen, die dem deutschen (und vor allem dem Wiener) Singspiel relativ fremd waren: Der Text wurde in Zusammenarbeit mit Einsiedel konzipiert, jedoch ohne Beteiligung eines Tonkünstlers. Einsiedels Anteil bestand im Wesentlichen darin, dass er den ersten Entwurf geliefert und Gotter in regelmäßigen Abständen bei der Niederschrift beraten hat – davon zeugt der Briefwechsel der beiden Autoren. Die Entstehung des Textbuches ohne Auftrag oder Mitwirkung eines Komponisten unterstreicht die literarischen Ambitionen des Singspiels: In Anlehnung an Pietro Metastasio wird das Libretto primär als Text konzipiert, nicht als bloß für eine Vertonung fungierendes Szenarium.

1 Siehe Christoph-Hellmut Mahling: Johann Rudolf Zumsteeg. »Die Geisterinsel«. In: Pipers Enzyklopädie des Musiktheaters. Hg. von Carl Dahlhaus und Sieghart Döhring. München u. Zürich 1997, Bd. 6, S. 817.

2 Angabe nach: Rolf Pröpper: Die Bühnenwerke Johann Friedrich Reichardts (1752 – 1814). Bonn 1961, S. 107.

Gotter war zwar ein bewährter Dramenautor und Theaterpraktiker, hatte aber wenig Erfahrung im Bereich Musiktheater; in einem Brief an Einsiedel bekennt er: »Ich unterwerfe jedoch Alles Ihrer Kritik, und vorzüglich Ihrem musikalischen Gefühle, das weit richtiger und geprüfter ist als das meinige«[3] – Einsiedel war in der Tat selbst Instrumentist und Dilettant in der Kompositionskunst. Die Zahl der Komponisten, die während der Entstehung des Textes in Erwägung gezogen wurden, ist beeindruckend, verrät aber schon eine gewisse Unsicherheit Gotters im Blick auf die musikalische Gestaltung des Projektes: Mozart[4], Ditters von Dittersdorf, Paul Wranitzki, Reichardt, Haydn, Johann Abraham Peter Schulz, Friedrich Fleischmann, Friedrich Heinrich Himmel und sogar André Modeste Grétry werden sukzessive genannt.[5] Tatsächlich wurde das Libretto dann von fünf Komponisten vertont: Fleischmann (Weimar 1798), Reichardt (Berlin 1798), Friedrich Wilhelm Haack (Stettin 1798), Zumsteeg (Stuttgart 1798) und Johann Daniel Hensel (Hirschberg 1799).

In puncto literarischer Qualität war Gotter zu keinen Kompromissen bereit und beharrte auf der Unantastbarkeit seines Textes. Als selbstbewusster Schriftsteller lehnte er es energisch ab, sich in die Rolle eines biegsamen Librettisten zu fügen, der sich dem Willen des Komponisten und dem Diktat des Publikumsgeschmacks unterwirft. Als der Wiener Komponist Ditters von Dittersdorf, den Gotter und Einsiedel für ihr Projekt gewonnen hatten, Veränderungen und Kürzungen im Libretto verlangte, lehnte Gotter jegliche Konzession rigoros ab. Empört über Dittersdorfs Forderungen schrieb er an Einsiedel:

> Der Vorschlag des Herrn von Dittersdorf zu Abkürzung der Oper verräth zu deutlich, welches Geistes Kinder die schalen poetischen Produkte sind, die er seit einiger Zeit zu komponiren, und zum Greuel des guten Geschmacks in die Welt zu schicken für gut gefunden hat.[6]

Dass Gotter einen literarisch anspruchsvollen Text geliefert hat, lässt sich dagegen gut an Goethes Urteil ablesen: Die ›Geisterinsel‹ sei »ein Meisterstück von Poesie und Sprache; es ließe sich nichts Musikalischeres denken«[7] – Schillers Urteil fiel dagegen ganz anders aus: Der Text, den er auf August Wilhelm Schlegels Bitte in den ›Horen‹ veröffentlichte, war ihm zu klassizistisch. Goethe gegenüber fällt er ein besonders negatives Urteil über Gotters Arbeit: »Ich habe den ersten Akt gelesen, der eben sehr kraftlos ist und eine dünne Speise.«[8]

---

3 Werner Deetjen: ›Der Sturm‹ als Operntext bearbeitet von Einsiedel und Gotter. In: Shakespeare-Jahrbuch 64 (1928), S. 77 – 89, hier: S. 80.

4 Siehe Gotter an Einsiedel, 3. November 1791. Zitiert nach: Deetjen (Anm. 3), S. 83: »fix und fertig steht das Gebäude, Mozart mit seinen Himmelschören zu empfangen.«

5 Vgl. Deetjen (Anm. 3), S. 87.

6 Gotter an Einsiedel, 2. März 1793. Zitiert nach: Deetjen (Anm. 3), S. 86.

7 Goethe. Begegnungen und Gespräche. Bd. 4: 1793 – 1799. Hg. von Renate Grumach. Berlin u. New York 1980, S. 247 (2. Okt. 1796).

8 Schiller an Goethe, 17. Aug. 1797. In: NA 29, S. 117 – 120, hier: S. 120.

Der Zwischenfall mit Ditters von Dittersdorf wurde von Musikwissenschaftlern als Beweis für die grundsätzliche Unvereinbarkeit norddeutscher und Wiener Kulturen und Kunstkonzeptionen interpretiert: Das norddeutsche, spätaufklärerische Libretto strebe (ganz im Sinne Wielands) ein anspruchsvolles Musiktheater an, dessen Anliegen die moralische Erziehung des Publikums sei, während sich die Wiener Tradition primär an Unterhaltung und Bühnenwirksamkeit orientiere. Diese These kann sich zum Beispiel auf Gotters missbilligende Äußerung über Dittersdorfs Vorhaben stützen, eine Bravourarie für Miranda zu komponieren: Der Schriftsteller wendet ein, dass der Charakter des Mädchens »›nichts als arie cantabili und parlanti verträgt‹«.[9] Das musikalisch Charakteristische hat also für ihn absoluten Vorrang vor dem Drang des Komponisten, die Unterhaltungslust des Publikums zu befriedigen.

Der Interpretationsansatz, Gotter habe sein Libretto als Gegenentwurf zur Wiener Tradition der Zauberoper konzipiert, erweist sich aber als einseitig und verkürzt: Sieht man sich den Text genau an, so entdeckt man über seine literarischen Ambitionen hinaus einen unleugbaren Hang zur Theatralik und zum Effekt, der die These, ›Die Geisterinsel‹ stelle »den letzten Fall eines erfolgreichen, spezifisch norddeutschen Singspiels« dar,[10] stark relativiert. Die aufwändige Dekoration (die auf der ersten Seite des Librettos ausführlich präsentiert wird), die zahlreichen Kulissenwechsel und Maschineneffekte knüpfen offensichtlich an die österreichische Zauber- und Maschinenoper an. Die Bühnenanweisungen bestätigen den Willen des Librettisten, die Schaulust des Publikums zu befriedigen. Ariels Auftritt auf einer Wolke, der Fels, der Flammen speit und sich dann in einen blühenden Rosenbusch verwandelt (2. Akt), der Kampf zwischen den angefeindeten Geistern (3. Akt) sind die auffälligsten Beispiele dafür. Diese gehäuften Maschineneffekte legen die Vermutung nahe, dass Gotter in nicht geringerem Maße als Schikaneder oder Hensler auf spektakuläre Wirkungen baut, um den Erfolg seines Singspiels sicherzustellen. Die Autoren, die zu Beginn ihrer Arbeit noch die Hoffnung hegten, dass Mozart ihr Libretto vertonen würde, verstießen entschlossen gegen Wielands Diktum, das deutsche Singspiel solle auf das »kostbare[ ] Schauspiel« der Barockoper verzichten, um einen veredelnden »Einfluß auf Geschmack und Sitten« zu haben.[11]

Die Affinitäten zwischen der ›Geisterinsel‹ und dem Wiener Singspiel lassen sich vor allem an den zahlreichen Ähnlichkeiten mit Mozarts und Schikaneders ›Zauberflöte‹ ablesen. Ungewiss ist, ob sich die deutschen Librettisten von Mozarts letztem Bühnenwerk direkt inspirieren ließen. Auch wenn es keine konkreten Belege dafür gibt, dass Gotter und Einsiedel die ›Zauberflöte‹ auf der Bühne gesehen haben, darf man doch davon ausgehen, dass ihnen Schikaneders

---

9 Gotter an Einsiedel, 2. März 1793. Zitiert nach: Deetjen (Anm. 3), S. 87.

10 Jörg Krämer: »Je menschlicher, desto anziehender«. ›Die Geisterinsel‹ – das deutsche Singspiel im Spannungsfeld kultureller Differenzen um 1800. In: Akten des X. IVG-Kongresses. Hg. von Peter Wiesinger. Wien 2000, Bd. 6, S. 219 – 226, hier: S. 219.

11 Christoph Martin Wieland: Versuch über das Teutsche Singspiel, und einige dahin einschlagende Gegenstände. In: WOA 12.1, S. 308 – 335, hier: S. 311, Z. 5 u. 31.

Libretto vertraut war. Fest steht jedenfalls, dass Einsiedel, der schon in seiner Jugend (Jahre bevor er sich an Gotter wandte) im Anschluss an Shakespeare eine ›Sturm‹-Oper entworfen hatte, bei der Herstellung von Wielands ›Dschinnistan‹-Sammlung mitgewirkt hatte und folglich mindestens eine der Hauptquellen von Schikaneder kannte. Monostatos, der ja als Caliban-ähnliche Gestalt interpretiert werden kann, ist das auffälligste Beispiel dafür. Dass Caliban in Gotters Libretto als »Gnome« bezeichnet wird, zeugt von Einsiedels Vertrautheit mit ›Lulu, oder die Zauberflöte‹, einem der berühmtesten ›Dschinnistan‹-Märchen.[12] Das reicht aber nicht hin, um sämtliche Ähnlichkeiten zwischen beiden Textbüchern zu erklären.

Die Figurenkonstellation der ›Geisterinsel‹ könnte man als Angleichung des Shakespeareschen Modells an das Handlungsschema der ›Zauberflöte‹ bezeichnen. Der weise Prospero, der – wie Sarastro – eine Form absolutistischer, jedoch aufgeklärter Herrschaft vertritt, schützt seine Tochter vor den Angriffen seines tückischen, sich bestialisch benehmenden Dieners, den er vergebens aus seiner »thierischen Rohheit zu entreißen« versucht hat.[13] Ähnlich wie Sarastro stellt Prospero den tugendhaften Prinzen, der um das Mädchen wirbt, auf die Probe. Der Zauberer rechtfertigt die Prüfungen, die er Fernando auferlegt, damit, dass er sich vergewissern will, dass er kein Heuchler sei: Nicht sein Status als Prinz, sondern allein die menschlichen Tugenden, die er aufzuweisen hat, können ihn der Liebe Mirandas würdig machen. Diese Tugenden sind Mut, Tapferkeit und Redlichkeit – eine Trias, die an Mozart und Schikaneder erinnert, wo es um Standhaftigkeit, Duldsamkeit und Verschwiegenheit geht.

Der eigentliche Gegner Prosperos ist die (bei Shakespeare bloß erwähnte) mächtige Hexe Sycorax, die bei Gotter unter Donner und Blitz auftritt und als eine Art Variante der Königin der Nacht betrachtet werden kann: Sie soll gerade in dem Moment zurückkehren, wo »den Sternen-Thron | die Nacht besteigt«[14]; und ihr einziger Beweggrund ist die Rache. Dass Caliban und Sycorax ein Bündnis schließen, um Prospero zu stürzen, versteht sich zwar von selbst (er ist ihr Sohn!); doch wird das Paar darüberhinaus der Beziehung zwischen Monostatos und der Königin der Nacht nachempfunden. So verspricht Sycorax ihrem Sohn die Hand Mirandas, genauso wie die Königin der Nacht Monostatos ihre Tochter Pamina zur Frau geben will. Sogar die Verschwörung Calibans, Oronzios und Stefanos gegen Prospero am Ende des Singpiels erinnert an die vorletzte Szene der ›Zauberflöte‹, mit dem winzigen Unterschied, dass die Attentä-

---

12 Johann Friedrich Gotter und Friedrich Hildebrand von Einsiedel: Die Geisterinsel. Ein Singspiel in drey Akten, Berlin 2010, Personenverzeichnis; vgl. August Jacob Liebeskind: Lulu oder die Zauberflöte. Mit einem Nachwort v. Friedrich Dieckmann. Frankfurt und Leipzig 1999, wo der »Aufseher« des Zauberers Dilsenghuin als »kleiner dicker Zwerg, ungefähr drei Fuß hoch«, eingeführt wird (S. 22).

13 Gotter (Anm. 12), S. 17; wie Monostatos hat Caliban versucht, die weibliche Protagonistin zu vergewaltigen, und wird dafür von seinem Herrn hart bestraft – wie es übrigens auch bei Shakespeare der Fall ist.

14 Ebd.

ter sich mit den wiederholt geflüsterten Worten »sachte, sachte«, an Stelle von »nur stille, stille« in die Wohnung des zu ermordenden Herrschers schleichen.[15]

Über diese Details hinaus beruht die Gesamthandlung der ›Geisterinsel‹ auf einer deutlichen, demonstrativen Gegenüberstellung von Licht und Finsternis. Dabei wird der unüberbrückbare Kontrast zwischen den beiden Parteien, zwischen den Vertretern der Aufklärung einerseits und den Anhängern des Obskurantismus andererseits, noch eindeutiger als bei Mozart und Schikaneder hervorgehoben – Sarastro und die Königin der Nacht sind bei weitem zwiespältiger und psychologisch ausdifferenzierter als Prospero und Sycorax in Gotters Fassung. Bei Gotter besteht nicht der geringste Verdacht, dass Rachedurst Prosperos Benehmen motivieren könnte; vielmehr ist er ein Fürst, der Proben bestehen musste, um schließlich zur Selbsterkenntnis zu gelangen: »Dank sey dem Unglücke, das mich zur Selbsterkenntniß gelehrt hat!«,[16] ruft er Fernando gegenüber aus, wobei die Proben, denen sich der junge Prinz zu unterziehen hat, implizit mit dem Schicksal des Mailänder Fürsten parallelisiert werden. Die Prüfungen, die der Mensch bestehen muß, um sich moralisch zu bessern und um zur Selbsterkenntnis zu gelangen, sind allgemeingültig.[17] Die Insel ist nicht primär eine Metapher für die Bühne als Welt, wie es bei Shakespeare der Fall war, sondern der symbolische Raum, in dem die Figuren Prüfungen unterzogen werden, sie ist eine ›Erziehungsanstalt‹ mit unkonventionellen pädagogischen Methoden.

Diese Klarheit und Eindeutigkeit der Botschaft, die das Singspiel vermitteln will, geht auf Kosten der Vielfältigkeit und der semantischen Dichte der Shakespeareschen Dramaturgie und der psychologischen Ausdifferenziertheit der Figuren. Ariel ist wohl die Gestalt, die im Vergleich zur Vorlage am meisten von ihrer Subtilität und Komplexität eingebüßt hat. Bei Shakespeare haben wir es mit einer ziemlich ambivalenten oder mindestens unfassbaren Gestalt zu tun. Dass Ariel an den vier Elementen teilhat, zeugt von seiner Nähe zur Alchemie, was ihm befremdende Züge verleiht. Er steht, wie die französische Shakespeare-Spezialistin Gisèle Venet gezeigt hat,[18] am Schnittpunkt von gut und böse, – einst stand er im Dienste der Sycorax, nun dient er Prospero: Er hat bloß den Herrn gewechselt.

Im deutschen Textbuch wird Ariels Rolle auf einfache Funktionen beschränkt, wie zum Beispiel Aufzählung der erforderlichen Tugenden, Akklamation des Herrschers und Tröstung. Sein Diskurs fällt meistens moralisch oder gar moralisierend aus: Er preist die Tugend und verschmäht die Heuchelei. Seine Arie im sechsten Auftritt des zweiten Aktes wird zu einer Präsentation des moralischen Programms, das dem Singspiel zugrundeliegt: »Ja, dem Heuchler

[15] Ebd., S. 74.

[16] Ebd., S. 31.

[17] Nebenbei sei bemerkt, dass das Motiv der Selbsterkenntnis ein Topos des Wiener Volkstheaters war – man denke besonders an die Gattung des Besserungsstückes.

[18] Siehe: William Shakespeare: La Tempête. Traduction de Jean-Michel Déprats, analyse, documents et notes de Gisèle Venet. Paris 2007, S. 105 – 126.

keine Gnade: | Ihn entlarven, ihn beschämen, | heißt der Tugend Sache rächen, | und der Wahrheit Opfer weihn.«[19]

Da Ariel im Stück gleichzeitig die Tonkunst vertritt, kann man daraus folgern, dass die Autoren den Tönen eine moralisierende Funktion verleihen. In dieser Hinsicht kann man sagen, dass das Libretto den Erwartungen Reichardts vollkommen entgegenkommt, insofern dieser nicht nur Lessings und Gotters Vorstellung des Theaters als Schule der Tugend teilte,[20] sondern auch davon überzeugt war, dass der Tonkunst eine erzieherische Funktion zukommt. Im moralischen ›Musikalischen Kunstmagazin‹ von 1791 schreibt er:

> Musik wirket aufs moralische Gefühl. Schöne, einfach-edle Melodie kann es verfeinern, reine, große Harmonie, mit jener verbunden, berichtigen, veredeln und festen; bedeutende, charakteristische Bewegung Ordnung und Verhältnisgefühl bewirken; und die Vereinigung dieser Teile samt den Vorteilen der Ausführung können hohe, edle, himmlische Gefühle und Andacht wecken und erhöhen.[21]

Wenn man im Anschluss daran davon ausgeht, dass der Musik hauptsächlich eine moralische oder tröstende Funktion zugeteilt wird, dann ist es um die Vorstellung von der Musik als Trägerin des Wunderbaren geschehen, wie sie Ludwig Tieck in seinem Aufsatz über ›Shakespeares Behandlung des Wunderbaren‹ darlegt.[22] Die Insel des Singspiels ist in der Tat voller Musik und Geister, aber die geheimnisvolle Stimmung der Shakespeareschen Vorlage fehlt. Bei Shakespeare ist das Wunderbare eine Metapher für die illusionäre Wirkung des Theaters: Die Bühne ist der Raum, wo alles möglich wird, wo das Wahre jederzeit zum Falschen, das Falsche zum Wahren werden kann. In Gotters Libretto erfährt das Wunderbare eine radikale Umfunktionierung. Dem Verfasser war es daran gelegen, »die Dunkelheiten der Einleitung wegzuschaffen und das Wunderbare der Fabel so viel [wie] möglich zu simplificiren. Je menschlicher, desto anziehender«,[23] fügt er hinzu. In der ›Geisterinsel‹ scheint das Wunderbare zu Gunsten einer Rationalisierung der Handlung in den Hintergrund zu treten.

Der anfängliche Sturm wird in Shakespeares Stück gemeinhin als tonangebend für den wunderbaren Charakter des Ganzen empfunden. Das Gewitter »erschüttert […] den Zuschauer fast, und bereitet ihn schon hindurch für alles Wunderbare vor, das nachher in seinem Stücke erscheint«, schreibt Ludwig

---

19 Gotter (Anm. 12), S. 35 f.

20 Siehe: Johann Friedrich Reichardt: Briefe, die Musik betreffend, Berichte, Rezensionen, Essays. Leipzig 1976, S. 53: »Ihr aber, die ihr das Theater für keine Schule der Tugend und Sitten haltet, sondern nur einen Platz des Vergnügens daraus machen wollet, können euch Lessings und Weißens und Krügers Lustspiele nicht auch äußerst vergnügen, indem sie euch belehren? Oder wollt ihr durchaus nicht gebessert werden?«

21 Ebd., S. 179.

22 Vgl. hierzu den Beitrag von Norbert Greiner im vorliegenden Band.

23 Gotter an Einsiedel, 20. Febr. 1791. Zitiert nach: Deetjen (Anm. 3), S. 78.

Tieck.[24] Um der Klarheit und Überschaubarkeit willen bevorzugt Gotter einen linearen Aufbau der Handlung. Deshalb hat er die ganze Struktur des ersten Aktes verändert: Bei Shakespeare folgt eine lange Rückblende Prosperos auf die spektakuläre Eröffnung des Stückes, im Libretto hingegen wird der Zuschauer bereits in den ersten Szenen über die Vorgeschichte informiert (Prosperos Verbannung aus Mailand), und der Sturm wird ans Ende des ersten Aktes verlegt, wo er zum Abschluss einer langen Ereigniskette und zum spektakulären Höhepunkt des Bühnengeschehens wird. Nun ist der Sturm durch zahlreiche Erklärungen vorbereitet und gerechtfertigt – und dadurch verharmlost! Der Zuschauer weiß genau, worum es sich handelt, welche Macht dahinter steckt, und wozu das Gewitter eingesetzt wird – so wird die von Shakespeare intendierte Sinnesverwirrung absichtlich ausgeschaltet. Dieser Hang zum Erläuternden fällt besonders in den Szenen auf, in denen ein geheimnisvoller Schlaf Miranda wiederholt überfällt. Ludwig Tieck sieht in diesem geheimnisvollen Schlaf eine Eigentümlichkeit des Shakespeareschen Wunderbaren: »Auch die seltsame Einschläferung der Miranda, die dem Zuschauer anfangs unbegreiflich ist, stimmt ihn für eine gewisse dunkle zauberische Empfindung«.[25]

Im ›Sturm‹ entsteht die wunderbare Stimmung durch das Beziehungslose, scheinbar Unzusammenhängende der beobachteten Vorfälle, durch die ständige Verwirrung, in welcher der Zuschauer gehalten wird. Gotter versucht diesen Schlaf zwar nicht wissenschaftlich zu erklären, jedoch in eine erklärbare Logik der Handlung einzuarbeiten, als Wirkung von Sycorax' Fluch: Jedes Mal, wenn Prospero über Mirandas Schicksal zu erzählen beginnt und sie »der sorglosen Unbefangenheit entreißen will, in der [sie] der Gefahr entgegen taumel[t], fallen [ihr] die Augen zu«[26]: Der (durch den fluchbedingten Schlaf veranschaulichte) Obskurantismus stellt sich der Wahrheit in den Weg.

Der Schlaf ist bei Shakespeare eine Modalität des Wunderbaren, er gehört zu den magischen Besonderheiten des Lebens auf der Zauberinsel und ermöglicht im ›Sturm‹ den Übergang von einer Chimäre zu einer weitergehenden Illusion:

> Du must dich nicht fürchten; diese Insel ist voll von Getöse, Tönen und anmuthigen Melodien, welche belustigen und keinen Schaden thun. Manchmal sumsen tausend klimpernde Instrumente um mein Ohr; manchmal Stimmen, die, wenn ich gleich dann aus einem langen Schlaf aufgewacht wäre, mich wieder einschläfern würden; dann däuchts mir im Traum, die Wolken thun sich auf, und zeigen mir Schäze, die auf mich herunter regnen wollen; daß ich, wenn ich erwache, schrey und weine, weil ich wieder träumen möchte.[27]

[24] Ludwig Tieck: Shakespeares Behandlung des Wunderbaren (1793). In: Ders.: Kritische Schriften. Leipzig 1848, Bd. 1, S. 37 – 74, hier: S. 49.
[25] Ebd.
[26] Gotter (Anm. 12), S. 16.
[27] Shakespeare: Der Sturm (III, 2). In: TW 5, S. 77.

In Gotters Libretto ist das Motiv des Schlafes dagegen eindeutig negativ gefärbt. Der Schlaf bedeutet eine Betäubung der Wachsamkeit des klaren Verstandes, die vor den obskurantistischen Mächten weicht: Caliban prophezeit, dass Prospero die Rückkehr und den Triumph seiner Mutter Sycorax »verschlafen« werde, und versucht (wie auch schon im englischen Stück) schließlich seinen Herrn im Schlafe zu ermorden.

Das Wunderbare entfällt bei Gotter nicht ganz, aber es wird völlig umfunktioniert: Alle Handlungen und Personen des deutschen Librettos sind höheren, übernatürlichen Mächten untergeordnet. Prospero wird nicht als ein allmächtiger, manipulierender Geisterbeschwörer und Drahtzieher dargestellt, wie bei Shakespeare, sondern als ein alter, machtloser, fast resignierter Zauberer, dessen Zauberkräfte deutlich verringert sind und dessen Schicksal in den Händen eines allmächtigen Geistes liegt. Der Geist der verstorbenen Maja ist eine Erfindung Gotters und laut dem Verfasser »eine Art Heilige«,[28] die als Gegenspielerin der Hexe Sycorax erscheint. Wir erfahren in den ersten Szenen, dass Prospero Sycorax einst mit Majas Hilfe besiegt und verbannt hat, dass die Verbannung nach neun Jahren zu Ende geht und dass die Frist jetzt um ist: In der darauffolgenden Nacht soll die Hexe ihre Macht wieder erlangen und will unbarmherzig Rache üben. Dass höhere, unkontrollierbare Mächte im Spiel sind, besagt aber nicht, dass das Phantastische den Grundton des Singspiels angibt. Der gespenstische Kampf zwischen Sycorax und Maja im zweiten Auftritt des dritten Aktes, der den Knoten der Handlung löst, bildet zwar den zweiten spektakulären Höhepunkt des Stückes, an dem die ganze Maschinerie des Barocktheaters eingesetzt wird[29]. Jedoch krankt diese Gespensterszene, die sich von der eher klassizistischen Ästhetik des Singspiels abhebt, an einer gewissen Blässe und Wirkungslosigkeit: Es kämpfen hier zwei leere Allegorien, die mehr als Popanze erscheinen, als dass sie beim Publikum Schauer erwecken würden. Lessings Kritik an Voltaires Gespenstern gilt auch für Gotters Geister: Sein »Gespenst ist nichts als eine poetische Maschine, die nur des Knotens wegen da ist; es interessiert uns für sich selbst nicht im geringsten« (wohlgemerkt: Gotter war ein großer Bewunderer Lessings).[30] Sobald einem übernatürlichen Ereignis oder einem wunderbaren Tatbestand eine allegorische Bedeutung zukommt, büßt das Geheimnisvolle seine faszinierende Kraft zugunsten der Deutlichkeit des Sinnes ein. So erklärt Hegel in seinen ›Vorlesungen über die Ästhetik‹, dass die Allegorie »die Klarheit der Bedeutung so sehr zum alleinherrschenden Zweck [hat], daß die Personifikation und deren Attribute zu bloßen äußeren Zeichen herun-

[28] Gotter an Einsiedel, 18. März 1791. Zitiert nach: Deetjen (Anm. 3), S. 82.

[29] Obwohl es Rückgriffe der romantischen Oper E. T. A. Hoffmanns und Webers auf das verpönte Wiener Singspiel gab, wäre es meines Erachtens übertrieben, in diesem spektakulären Bravourstück der ›Geisterinsel‹ einen Vorgeschmack auf die Dramaturgie der romantischen Oper zu sehen.

[30] Gotthold Ephraim Lessing: Hamburgische Dramaturgie. Hg. u. kommentiert von Klaus L. Berghahn. Stuttgart 1981, S. 67 (12. Stück).

tergesetzt erscheinen«.[31] Das gilt in besonderer Form auch für das Gewitter am Ende des ersten Aktes.

Shakespeares Sturm weist realistische und mythische zugleich Züge auf. Als mythisches ursprüngliches Ereignis begründet er alle Verwirrungen, Verkehrungen, welche die Gestalten (und mit ihnen der Zuschauer) im weiteren Verlauf der Handlung erleben. Er bestimmt den Verlust gewohnter Anhaltspunkte, der den magischen Charakter der Insel ausmacht. Dieser Sturm ist *tautegorisch* im Sinne Schellings – das heißt er besagt nichts anderes als sich selbst – und symbolisch zugleich, insofern er den schwindelerregenden Wirbel der Theateraufführung materialisiert. Obwohl er als ein in der Realität wirksames Phänomen dargestellt wird, ist dieser anfängliche Sturm ein Kunststück, das als solches entlarvt wird (siehe Ariels Bericht). Er ist, wie das Theater selbst, zugleich Wirklichkeit und Spiel, Sein und Schein. Bei Gotter verschiebt sich der Sturm ins Allegorische, und das Poetische tritt zugunsten der Eindeutigkeit des Sinnes zurück. Man kann sagen, dass die unergründliche Vieldeutigkeit des mythischen Sturms bei Shakespeare im Libretto zur illustrativen Übertragung eines eindeutigen diskursiven Vortrags verkümmert. Indem er die Klarheit der Bedeutungen privilegiert, verzichtet Gotter ganz auf die barocken Hinweise auf das Theater im Theater. Während der elisabethanische Autor die schiere Theatralik zur Schau stellt, während er die Täuschung gleichzeitig schafft und aufhebt, bleibt Gotter bei der Unmittelbarkeit der Maschineneffekte, die niemals als solche bezeichnet werden und sich doch unbeabsichtigt als leere Mechanik, als bloße Requisiten erweisen.

Das gleiche gilt für die unzählbaren Hinweise auf die Zeitproblematik, die den Verlauf der Handlung rhythmisieren. Die Frist von neun Jahren, an deren Ende Sycorax zurückkehren soll, erscheint zwar wie ein Damoklesschwert, das über dem Haupt der Protagonisten schwebt (dass die neun Jahre verstrichen sind, erfährt man gleich zu Beginn), die Funktion der zeitlichen Hinweise besteht aber primär darin, die dramatische Spannung künstlich zu verschärfen oder gar erst zu etablieren, während sie bei Shakespeare auf die Dauer der Aufführung verweisen und dadurch eine ganz andere Dimension erreichen.

Die Anpassung des Shakespeareschen Dramas an das Wertesystem der Aufklärung impliziert auch eine veränderte Auffassung von Herrschaft und Macht. Die ideologischen Voraussetzungen in Shakespeares Stück und im deutschen Libretto divergieren offensichtlich: Die politische Macht, wie sie Shakespeare darstellt, gleicht einem Kleid, das man je nach Einwirkung des Schicksals anlegen kann oder ablegen muss. Sie ist mehr Schein als Sein. Im ›Sturm‹ findet man keine Macht – bzw. kein Streben nach Macht – ohne Betrug, Verrat und Mord. Sogar Prospero, der zunächst als Opfer der finsteren Ränke seines Bruders erscheint, erhält im Laufe der Handlung fragwürdige Züge. Wenn man davon ausgeht, dass alle Standpunkte und Äußerungen im elisabethanischen Stück

---

[31] Georg Wilhelm Friedrich Hegel: Vorlesungen über die Ästhetik. Frankfurt 1986, Bd. 1, S. 516.

relativ sind (davon zeugen die divergierenden Urteile der Schiffbrüchigen über die eigentliche Farbe der Vegetation auf der Insel und über den dort herrschenden Geruch im dritten Akt), so hat der Zuschauer keinen Grund, Caliban weniger Glauben als seinem Herrn zu schenken, wenn Ersterer behauptet, Prospero sei ein Tyrann, »der [ihm] durch seine List diese Insel abgetrödelt« habe.[32]

Die Darstellung der Macht und des Staats fällt in der ›Geisterinsel‹ ganz anders aus als bei Shakespeare: Der Gang der Handlung, der im Sinne einer aufgeklärten Besserung der Menschen konzipiert wurde, führt von der Verwirrung zur Klarheit, vom drohenden Chaos zur Wiederherstellung der Ordnung. Hierbei geht es darum, Heuchelei zu entlarven, Lügner zu durchschauen und Usurpatoren zu bestrafen, damit die legitime Herrschaft letzten Endes wiederhergestellt wird unter den Bravorufen des Volkes (oder seiner Vertreter). Die Machtintrigen, in die Antonio und Sebastian im ›Sturm‹ verwickelt sind, fallen im Libretto einfach weg; die Gestalt des Sebastian verschwindet, der König von Neapel wird als treuer, absolut verlässlicher Freund Prosperos beschrieben; nur die Gestalt von Prosperos Bruder wird beibehalten (obwohl er nicht leibhaftig erscheint), aber als karikaturartiger Bösewicht, der als Tyrann zu gelegener Zeit ermordet wird, damit der gute Fürst nach Mailand zurückkommen kann. Die Zahl der potentiellen Usurpatoren wird im Vergleich zu Shakespeare so stark reduziert, dass die Tyrannei kein der Machtausübung innewohnender Fehler mehr ist, sondern nur ein vereinzelter Fall, eine isolierte Funktionsstörung. Dass Gotter die Vielschichtigkeit und Mehrdeutigkeit seiner elisabethanischen Vorlage zugunsten der Klarheit und Einfachheit aufopfert, erklärt sich nicht nur aus ideologischen bzw. theaterpraktischen Gründen, sondern auch durch die Forderungen des Singspiels.

Trotz Reichardts und Zumsteegs Bemühungen um ein breit angelegtes, durchkomponiertes Finale bleibt das Singspiel einer Ästhetik der geschlossenen Formen (die zahlreichen Textwiederholungen in Gotters Libretto zeugen davon) und der unvermittelten Brüche verpflichtet, insbesondere zwischen den gesprochenen Dialogen und den geschlossenen musikalischen Nummern. Shakespeares Stück privilegiert seinerseits das Transitorische (und der ständige Hinweis auf die Groteske ist eines der auffallendsten Momente dieser Ästhetik), die ununterbrochene Bewegung, die ständige Verwandlung der Dinge und Personen, das Fluktuierende und Flüchtige: In dieser Hinsicht bildet die Dramaturgie des ›Sturms‹ einen Antipoden zur Singspiel-Ästhetik.

Als Beispiel dafür kann man die Szene um die magische Tafel heranziehen: Bei Shakespeare (III 3) werden die Erwartungen Alonsos und Gonzalos gleich enttäuscht, da ihnen das versprochene Festmahl durch Ariels Auftritt, der sich in eine Harpyie verwandelt hat, sofort entzogen wird: Wunderbares und Groteskes, Märchenhaftes und Unheimliches, wohltuende Illusion und befremdende Desillusionierung sind subtil miteinander verflochten. Bei Gotter hingegen (II 8) wird der Schmaus bis zum Ende verzehrt: Wir haben hier eine derbe, komische

---

32 Shakespeare: Der Sturm (III, 2). In: TW 5, S. 72.

Szene, die musikalisch Anlass zu einem Terzett, einer Art Trinklied bietet, in dem die Lebensbejahung der Personen niederen oder untergeordneten Standes zum Ausdruck kommt. Es ist, als ob die Struktur des Singspiels den Autor zu schärfer konturierten, deutlicher kontrastierten Szenen-Einheiten gezwungen hätte, genauso wie die Musik nur klar definierte Charaktere duldet und das Zwiespältige und Widersprüchliche vermeidet. Obwohl Gotter kein Musiker war, ist er dennoch zur Einsicht gekommen, dass die Opernmusik es nicht vermag, äußerst differenzierten bzw. ambivalenten Gestalten, wie man sie bei Shakespeare findet, gerecht zu werden. Reichardt sprach in dieser Hinsicht von einer »höchst unnatürlichen Vermischung der entgegengesetzten Leidenschaften«.[33]

Zusammenfassend lässt sich sagen, dass ›Die Geisterinsel‹ in der Geschichte des deutschsprachigen Librettos sowohl aus historischen wie auch aus ästhetischen Gründen einen besonderen, weil komplexen Platz einnimmt. Chronologisch steht diese ›Sturm‹-Adaption am Berührungspunkt der spätaufklärerischen und der (vor)romantischen Musiktheorie. Gotters fragwürdiger Versuch, das Spektakuläre und das Wunderbare mit dem Streben nach literarischer Qualität zu vereinbaren, könnte als Vorwegnahme der Singspiel-Auffassung E. T. A. Hoffmanns angesehen werden, doch bleiben die Gedankenwelt und die Ästhetik des Librettisten weiterhin der klassizistischen Shakespeare-Rezeption verhaftet.

---

[33] Reichardt (Anm. 20), S. 119.

Gideon Stiening

»Dramatischer Gott«

Zur ›poetischen Theologie‹ in Herders ›Shakespear‹

I. Herders Essay als Reaktion auf Wielands Übersetzung

Herders Shakespeare-Essay, den er nach mehreren abgebrochenen Vorstufen 1773 in seiner Textsammlung ›Von deutscher Art und Kunst‹ veröffentlichte, gehört ohne Zweifel zu den bedeutendsten und einflussreichsten Programmentwürfen des Sturm und Drang. Dabei bedient sich Herder des frühneuzeitlichen Dichters und seiner Werke, um sein revolutionäres Verständnis des dichterischen Genies und genialischer Dichtung zu entwickeln. Weil aber für den Herder der 1770er Jahre nur die Dichtung des Genies echte, wahre Dichtung ist, kommt seinen Ausführungen zu ›Shakespeares Genie‹ der Status einer allgemeinen Poetik zu.

Zum poetologischen Programm avancierte dieser Essay nicht allein aufgrund seines »hymnischen Tons«,[1] der die Stilistik und Argumentationsbewegungen der ›Ältesten Urkunde‹ und damit der Theorie- und Darstellungsform des Sturm und Drang fruchtbar erprobt, sondern vor allem wegen seiner substanziell neuen Perspektive auf dramatische Dichtung überhaupt. Zu Recht hat die Forschung als eines der wesentlichen Momente dieser neuen Sicht die Historisierung der Gattungstheorie festgestellt,[2] denn Herder macht in der Tat erstmalig die sich historisch verändernden soziokulturellen Lebensumstände der Dramenautoren, den »Boden der Zeit«[3], zum kontextuellen *Bedingungs*gefüge *und* zum poetischen Reflexions*gegenstand*[4] ihrer dramatischen Kunst. Darüber hinaus wurden sowohl die genuin anthropologischen Argumente Herders als auch seine spezifisch spinozistischen Kriterien bei der Bestimmung des Shakespeareschen Ge-

1 Jochen Schmidt: Die Geschichte des Genie-Gedankens in der deutschen Literatur, Philosophie und Politik 1750 – 1945. 2 Bde. Darmstadt ²1988, Bd. II, S. 167.

2 Vgl. hierzu Peter Szondi: Poetik und Geschichtsphilosophie I. [Studienausgabe der Vorlesungen, Bd. 2] Frankfurt 1974, S. 65 – 81; Schmidt (Anm. 1), S. 169 ff.; sowie Peter Langemeyer: Johann Gottfried Herder. In: Ders. (Hg.): Dramentheorie. Texte vom Barock bis zur Gegenwart. Stuttgart 2011, S. 168 f.

3 Vgl. hierzu insbesondere die Studie von Wolfgang Pross: Herders Shakespeare-Interpretation: Von der Dramaturgie zur Geschichtsphilosophie. In: Das Shakespeare-Bild in Europa zwischen Aufklärung und Romantik. Hg. von Roger Bauer. Bern u. a. 1988, S. 162 – 181.

4 Zum Begriff des »poetischen Reflexionsgegenstandes« vgl. Klaus Hempfer: Zum Verhältnis von Literatur und ›Aufklärung‹. In: Zeitschrift für französische Sprache und Literatur 115 (2005), S. 21 – 53.

nies herausgearbeitet.[5] Übersehen wurden jedoch bislang die sowohl in den anthropologischen als auch den metaphysischen Argumenten enthaltenen theologischen Momente der Herderschen Poetologie, die es daher im Folgenden zu überprüfen gilt.

Die dem Sturm und Drang grundsätzlich eignende polemiologische Komponente von Genesis *und* Geltung der eigenen Systematik hat Herder auch diesem Text in vielfältiger Hinsicht eingeschrieben. So grenzt er sich bekannter Maßen in wenig überzeugender Weise von der klassizistischen Theorie und Praxis des französischen Theaters zwischen Corneille und Voltaire ab. Diese Verwerfung des Klassizismus gelingt im Übrigen deshalb nicht, weil er die für die antike und frühneuzeitliche Dramatik eingeführte historische Kontextualisierung für die französische Theaterkunst nicht einhält und somit in seinen eher literaturkritischen Werturteilen über Corneille und Voltaire hinter seine eigene Dichtungstheorie zurückfällt.[6]

In durchaus überzeugender Weise nimmt er allerdings eine strenge Abgrenzung von Wielands Shakespeare-Übersetzung und Kommentierung vor, wenn er schreibt:

> Und die kühnsten Freunde Shakespears haben sich meistens nur begnüget, ihn hierüber zu *entschuldigen*, zu *retten*: seine Schönheiten nur immer mit Anstoß gegen die Regeln zu wägen, zu kompensieren; ihm als Angeklagten das *absolvo* zu erreden, und denn sein Großes desto mehr zu vergöttern, je mehr sie über Fehler die Achseln ziehen mußten. So stehet die Sache noch bei den neuesten Herausgebern und Kommentatoren über ihn […].[7]

Tatsächlich hatte Wieland schon 1757 Shakespeare einerseits als Genie bezeichnet, ihm jedoch andererseits auch Verstöße gegen die Wahrscheinlichkeit und die aristotelischen Einheiten vorgeworfen. Auch im Hinblick auf seine Übersetzung hatte Wieland festgehalten: »Ich habe mich genöthigt gesehen, einige ekelhafte Ausdrüke aus diesem Gemählde […] wegzulassen.«[8] Daher dürfte Herder in der Tat mit den »neuesten Herausgebern und Kommentatoren« vor allem Wieland im Blick gehabt haben, so dass sein Text auch eine spezifische Rezeption der Wielandschen Shakespeare-Ausgabe darstellt.[9]

Wie berechtigt Herders Kritik auch immer gewesen sein mag, sicher ist, dass er aus einer Perspektive heraus argumentierte, die sowohl gegenüber Lessings als auch gegenüber Wielands Shakespeare-Deutungen grundlegende Änderun-

---

5 Vgl. Johann Gottfried Herder: Shakespear. In: Ders.: Werke. 3 Bde. Hg. von Wolfgang Pross. Darmstadt 1984 – 2002, Bd. I, S. 526 – 547, hier S. 535.

6 Vgl. hierzu u. a. Szondi (Anm. 2), S. 70 f.

7 Herder: Werke (Anm. 5), Bd. I, S. 526.

8 AA II 1, 27; zu dieser Haltung des Übersetzers Wieland vgl. Peter Kofler: Übersetzungen: Shakespeare. In: Whb, S. 394 – 403.

9 So auch zu Recht Jutta Osinski: Shakespeare als Sophokles' Bruder? Über Herders Shakespeare-Rezeption. In: Shakespeare im 18. Jahrhundert. Hg. von Roger Paulin. Göttingen 2007, S. 167 – 180, hier S. 167.

gen vornahm.[10] Diese substanzielle Differenz ist allerdings nicht auf einzelne Argumente, so die Historisierung der Gattungstheorie, zurückzuführen, sondern auf eine allgemeine Begründungstheorie, deren theologische Fundamente Herders Geschichts- und Dichtungstheorie, insbesondere seine Vorstellungen vom Genie, allererst hervorbrachten. Bei allem antisystematischen Affekt des Sturm und Drang im Allgemeinen und Herders im Besonderen lässt sich mithin eine kohärente Konzeption rekonstruieren, die im Folgenden darzustellen ist.

Weil sich – wie zu zeigen sein wird – diese allgemeine Begründungstheorie durch alle drei Fassungen des Textes nicht substanziell ändert, kann und muss auf den gesamten Textbestand zurückgegriffen werden; den Kategorien des herderschen Systems entsprechend sind die folgenden Überlegungen in vier Abschnitte gegliedert: »Welt« (II), »Geschichte« (III), »Mensch« (IV) und »Empfindung« (V).

II. ›Welt‹ als *natura naturans* und *natura naturata*

Sucht man nach den konstitutiven Prämissen der herderschen Argumentation im Hinblick auf sein emphatisches Shakespeare-Bild, so wird man in einem der Entwürfe fündig: In der ihm ganz eigenen Rhetorik und Stilistik der 1770er Jahre, die sich der offensiven Emotionalisierung des literarischen Sturm und Drang ebenso bedient wie der Tradition pietistischer Predigten, heißt es im ersten Entwurf zu seinem Essay:

> Shakespear, der Sohn der Natur, [Diener], Vertrauter der Gottheit, Dollmetscher aller Sprachen und Leidenschaften und Charaktere, Führer und Verwickler des Fadens aller Begebenheiten, die Menschliche Herzen treffen können – was sehe ich, wenn ich ihn lese! Theater, Koulisse, Komödiant, Nachahmung ist verschwunden: ich sehe Welt, Menschen, Leidenschaften, Wahrheit![11]

Diese These, die Herder schon im zweiten Entwurf kürzt[12] und die er in die endgültige Fassung nicht explizit übernimmt, ist eine der zentralen Passagen des Textes; sie ist daher im Folgenden im Sinne Herders auszudeuten. Herder sieht in den Stücken Shakespeares »Welt, Menschen, Leidenschaften« und »Wahrheit« gestaltet; die Dramen des frühneuzeitlichen Dichters sind für den Stürmer und Dränger mithin grundlegend und vollständig ihres Kunstcharakters entledigt: »Theater, Koulisse, Komödiant, Nachahmung« seien verschwunden. Durch sie und in ihnen meint Herder die Wirklichkeit in ihrer unmittelbaren Wahrheit sehen zu können, die sich vor allem empfinden lässt und somit nur im Modus der Empfindung in diesem ihrem Realitätsgehalt zu erfassen ist. Shakespeares Kunst besteht nach diesem Argument in einer ihrer wesentlichen Eigenschaften

---

10 Vgl. hierzu auch die präzisen Ausführungen bei Schmidt (Anm. 1), S. 161 – 178.
11 Herder: Werke (Anm. 5), Bd. I, S. 551.
12 Ebd., S. 557.

und Leistungen darin, von sich als Kunst zu abstrahieren. Shakespeare wird durch diese Argumentation zum Meister der »Kunst einer gewollten Kunstlosigkeit«, ein konstitutives Moment schon der empfindsamen Epistolartheorie und -praxis[13] sowie noch derjenigen des Sturm und Drang.[14] In jenem ästhetischen Prinzip der »Kunst einer gewollten Kunstlosigkeit« ist Shakespeare für Herder ein Meister und er ist *deshalb* der Meister der dramatischen Dichtkunst schlechthin.

Nun sollte man allerdings nicht meinen – und das unterscheidet Herders Genie-Konzept vom Authentizitätspostulat der Briefkultur des 18. Jahrhunderts[15] –, dass mit ›Wirklichkeit‹ hier die empirische Wirklichkeit des Lebensalltags gemeint sei. Ausdrücklich hatte Herder – wie zitiert – für Shakespeares Leistungen den Begriff der Nachahmung zurückgewiesen. Wenn der britische Dramatiker also »Welt, Menschen, Leidenschaften, Wahrheit« darstellen können soll, dann muss diese kosmologisch, anthropologisch, psychologisch und erkenntnistheoretisch wahre Wirklichkeit anders als durch einen empirischen Realitätsbegriff mit Bezug auf die unmittelbar umgebende Wirklichkeit bestimmt sein. Bei allem prätendierten epistemologischen Empirismus operiert Herder nämlich auch in diesem Text mit Kategorien, die aus anderen als empiristischen Kontexten stammen.[16] Im vorliegenden Falle handelt es sich erkennbar um einen Realitätsbegriff, der dem Rationalismus entstammt, hatte Leibniz doch ausführlich beschrieben und begründet, was »jenseits der Sinne und der Materie« liegt.[17] Dies ist nach Leibniz das hinter den Erscheinungen liegende *Wesen* der Wirklichkeit beziehungsweise der *Grund* – das heißt das durchgehende Begründetsein – allen Seins, die beide als empirische Realität, also mit den Sinnen, nicht zu erfassen sind: »Das Sein selbst und die Wahrheit lässt sich aus den Sinnen allein nicht

---

[13] So prägnant Wilhelm Voßkamp: Dialogische Vergegenwärtigung beim Schreiben und Lesen. Zur Poetik des Briefromans im 18. Jahrhundert. In: Deutsche Vierteljahrsschrift für Literaturwissenschaft und Geistesgeschichte 45 (1971), S. 80 – 116, hier S. 85.

[14] Vgl. hierzu Albrecht Schöne: Über Goethes Brief an Behrisch vom 10. November 1767. In: Festschrift für Richard Alewyn. Hg. von Herbert Singer u. Benno von Wiese. Köln u. Graz 1967, S. 193 – 229.

[15] Vgl. hierzu auch Gideon Stiening: Briefroman und Empfindsamkeit. In: Das Projekt der Empfindsamkeit und der Ursprung der Moderne. Richard Alewyns Sentimentalismusforschungen und ihr epochaler Kontext. Hg. von Klaus Garber u. Ute Széll. München 2005, S. 161 – 190.

[16] Vgl. hierzu die bahnbrechende Studie von Marion Heinz: Sensualistischer Idealismus – Untersuchungen zur Erkenntnistheorie und Metaphysik des jungen Herder (1763 – 1778). Hamburg 1994.

[17] Gottfried Wilhelm Leibniz: Von dem, was jenseits der Sinne und der Materie liegt. In: Ders.: Hauptschriften zur Grundlegung der Philosophie. Hg. von Ernst Cassirer. Hamburg [3]1966, Bd. II, S. 410 – 422. Nur en passant sei erwähnt, dass hierin eben der Kern des Vorwurfes Kants an Herder besteht, dass er nämlich metaphysische Kategorien verwendet, deren nicht-empirischen Status er aber verschleiert; vgl. hierzu u. a. Manfred Riedel: Historizismus und Kritizismus. Kants Streit mit G. Forster und J. G. Herder. In: Ders.: Urteilskraft und Vernunft. Kants ursprüngliche Fragestellung. Frankfurt 1989, S. 148 bis 170.

verstehen.«[18] In Hinblick auf dieses metaphysische Realitäts- und Wahrheitsverständnis ist Herder Leibniz stets verbunden geblieben. Shakespeares geniale Leistung besteht vor diesem Hintergrund allerdings darin, dieses Wesen der Welt, des Menschen und ihrer beider Geschichte in sinnlich wahrnehmbare Handlungszusammenhänge rückübersetzt, das heißt poetisch gestaltet zu haben. Dass aus diesem Prozess der Transformation empirischen und rationalen Wissens in Literatur eine Dichtung hervorgeht, die mehr oder anderes enthält als jene Rationalität, betont Herder mithilfe seines Geniebegriffs mit allem Nachdruck.

Welche konkretere Bedeutung verbindet Herder mit den Begriffen, die ihm jene Gegenstände erfassen, welche Shakespeare in seinen dramatischen Texten zu gestalten vermöge? Nehmen wir zunächst den Begriff der »Welt«, dann lässt sich dessen Bestimmung präzise an Herders Text rekonstruieren. Wie der Sturm und Drang insgesamt, so bedient sich auch Herder zur Konturierung seiner eigenen, an Shakespeare exemplifizierten Position einer kontroverstheoretischen Abgrenzung gegen andere, als überholt und falsch bestimmte Positionen.[19] Zur Charakterisierung der besonderen Leistungen Shakespeares nutzt Herder eine Gegenüberstellung seiner Kunst zu den dramatischen Leistungen der griechischen Antike einerseits und des französischen Klassizismus andererseits.[20] Die Griechen, insbesondere Sophokles, nehmen in dieser Abgrenzung den Status eines durchaus verdienstvollen, wenngleich letztlich abgelebten Kunstverständnisses ein, und zwar deshalb, weil sich die soziokulturellen Bedingungen seither grundlegend änderten:

> Wie sich Alles in der Welt ändert: so mußte sich auch die Natur ändern, die eigentlich das Griechische Drama schuf. *Weltverfassung*, *Sitten*, *Stand der Republiken*, *Tradition der Heldenzeit*, *Glaube*, selbst *Musik*, *Ausdruck*, *Maß der Illusion* wandelte: und natürlich schwand auch Stoff zu Fabeln, Gelegenheit zu der Bearbeitung, Anlaß zu dem Zwecke.[21]

Die Franzosen dagegen dienen als Beispiel für eine Fehlentwicklung, weil sie die Griechen schlicht kopierten, und das auch noch schlecht. Herder ist allerdings Systematiker genug, um dieses ästhetische Werturteil mit einer allgemeinen Begründung zu versehen, die er wie folgt ausführt:

> Eben da ist also *Shakespear Sophokles* Bruder, wo er ihm dem Anschein nach so unähnlich ist, um in Innern, ganz wie Er, zu sein. Da alle Täuschung durch dies Urkundliche, Wahre, Schöpferische der Geschichte erreicht wird, und ohne sie nicht bloß nicht erreicht würde, sondern kein Element mehr (oder ich hätte umsonst geschrieben)

---

[18] Leibniz (Anm. 17), S. 414.

[19] Vgl. hierzu die Einführung von Matthias Luserke: Sturm und Drang. Autoren – Texte – Themen. Stuttgart 1995, spez. S. 9 – 22.

[20] Zu diesem Argumentationskomplex vgl. auch Barbara Belhafaoui: Johann Gottfried Herder. Shakespeare – ein Vergleich der alten und der modernen Tragödie. In: DVjs 61 (1987), S. 89 – 124.

[21] Herder: Werke (Anm. 5), Bd. I, S. 530.

> von *Shakespears* Drama und Dramatischen Geist bliebe: so sieht man, die ganze Welt ist zu diesem großen Geiste allein Körper: alle Auftritte der Natur an diesem Körper Glieder, wie alle Charaktere und Denkarten treu zu diesem Geiste Züge – und das Ganze mag jener Riesengott des Spinosa »Pan! Universum« heißen. Sophokles blieb der Natur treu, da er Eine Handlung Einer Zeit und Eines Orts bearbeitete: *Shakespear* konnt ihr allein treu bleiben, wenn er seine Weltgegebenheit und Menschenschicksal durch alle die Örter und Zeiten wälzte, wo sie – nun wo sie geschehen: und Gnade Gott dem kurzweiligen Franzosen, der in Shakespears fünften Aufzug käme, um da die Rührung in der Quintessenz herunter zu schlucken. Bei manchen Französischen Stücken mag dies wohl angehen, weil da Alles nur fürs Theater versificiert und in Scenen Schaugetragen wird; aber hier geht das eben ganz leer aus.[22]

Sophokles und Shakespeare sind mithin in formaler Hinsicht vergleichbar, weil sie als künstlerische Genies aus ihren je eigenen Quellen schöpfen und ihre je eigenen Gegenstände poetisch bearbeiten; Herder spricht vom »Erfinden«.[23] Schon hier zeigt sich künstlerische Genialität zwar an die historischen Umgebungsbedingungen gebunden, in ihrer poetischen Gestaltung dieser historisch variierenden Reflexionsgegenstände allerdings mit dem Topos strenger, unvergleichlicher Individualität verknüpft.[24]

Mit dieser Passage liefert Herder nicht nur eine paradigmatische Studie seines Schreibstils, sondern auch eine zentrale Argumentation seines Beweisganges für Shakespeares spezifisches Genie. Hielt sich nämlich die griechische Kunst an die äußere Natur als deren Darstellungsmaßstab, und verkommt die Kunst der Franzosen im nur Künstlichen einer Nachahmung des Griechischen, so ist nach Herder der gestaltete Gegenstand der Dramatik Shakespeares die Natur und Kunst übergreifende Instanz des »Universums«. Herder präzisiert diesen Begriff mit der Metapher vom »Riesengott Spinosa«[25] und damit mit der ontologischen Instanz der Spinozanischen natura naturans et naturata,[26] beziehungsweise des ›Ein und Alles‹, das Lessing erst einige Jahre später (laut Jacobi) zum Schlachtruf einer antiempiristischen Philosophie und Weltanschauung erheben wird.[27]

---

22 Herder: Werke (Anm. 5), Bd. I, S. 542.

23 Ebd., S. 534

24 Vgl. hierzu die Studie von Undine Eberlein: Einzigartigkeit. Das romantische Individualitätskonzept der Moderne. Frankfurt u. New York 2000.

25 Herder: Werke (Anm. 5), Bd. I, S. 542.

26 Vgl. hierzu Baruch de Spinoza: Ethik in geometrischer Ordnung dargestellt neu übersetzt, hg. mit einer Einleitung versehen von Wolfgang Bartuschat. Lateinisch – Deutsch. Hamburg 1999, S. 62: »Nam ex antecedentibus jam constare existimo, nempe quod per Naturam naturantem nobis intelligendum est id, quod in se est et per se concipitur, sive talia substantiae attributa, quae aeternam et infinitam essentiam exprimunt, hoc est […] Deus, quatenus ut causa libera consideratur. Per naturatam autem intelligo id omne, quod ex necessitate Dei naturae sive uniuscujusque Dei attributorum sequitur, hoc est omnes Dei attributorum modos, quarenus considerantur ut res, quae in Deo sunt et quae sine Deo nec esse nec concipi possunt.«

27 Vgl. hierzu Friedrich Heinrich Jacobi: Über die Lehre des Spinoza in Briefen an Herrn Moses Mendelssohn. Auf der Grundlage der Ausgabe von Klaus Hammacher u. Imgard-Maria Piske bearbeitet von Marion Lauschke. Darmstadt 2000, S. 22 sowie die nach wie

Gestaltete Sophokles als bedeutendster Dramatiker der antiken Dichtung ausschließlich die natura naturata, so treiben die historischen Bedingungsfaktoren Shakespeare zur Darstellung von natura naturata *und* natura naturans, das heißt der geschaffenen und der schaffenden Natur.[28] Anders als Sophokles dringt Shakespeare also in die ontologischen Grundlegungsdimensionen des Seins vor. Shakespeare diente mithin nicht nur die Natur und auch nicht nur die menschliche Kultur beziehungsweise Kunst zum Maßstab seiner ästhetischen Prinzipien und als Darstellungsgegenstand seiner Dramatik, sondern die Welt im Sinne des Inbegriffs der gesetzmäßig organisierten und zum großen Teil erkennbaren Gesamtheit alles dessen, was ist – des »Universums«. Es ist die Instanz der natura sive deus, die allein Shakespeares Kunst zu erfassen und zu gestalten vermag. Weil nur das umfassendste ontologische Prädikat Gegenstand und Maßstab der Kunst Shakespeares sein kann, ist er auch nicht an die für Herder längst überholten aristotelischen Einheiten gebunden; Raum, Zeit und Handlungseinheit können und dürfen der Kunst Shakespeares keine Grenzen setzen:

> Im Gange seiner Begebenheit, im *ordine successivorum und simultaneorum seiner* Welt, da liegt sein Raum und seine Zeit. Wie, und wo er dich hinreiße? wenn er dich nur dahin reißt, da ist seine Welt. Wie schnell und langsam er die Zeiten folgen lasse, er läßt sie folgen; er drückt dir diese Folge ein: das ist sein Zeitmaß – und wie ist hier wieder Shakespear Meister?[29]

Shakespeare kann also nicht nur, er muss nach Herder – um der umfassend ontologischen Dimension seiner poetischen Reflexionsgegenstände gerecht zu werden – die dramaturgischen Einheiten von Raum, Zeit und Handlung überwinden.

Diese normative Komponente einer Transgression der aristotelischen Einheiten wird Jacob Michael Reinhold Lenz mit unübersehbarem Bezug auf Herder einer Kritik unterziehen: In seinem kurzen Text ›Über die Veränderungen des Theaters im Shakespear‹ aus dem Jahre 1776 hält er fest, dass Shakespeare keineswegs grundsätzlich die aristotelischen Einheiten durchbrochen habe. Daher bestehe sein unbezweifelbares Genie nicht darin, jene Regeln für ungültig erklärt zu haben. Vielmehr bestehe wahres dichterisches Genie – und so dasjenige Shakespeares – darin, einer intendierten Darstellungsabsicht entsprechend mit jenen Regeln umzugehen:

---

vor bedeutendste Studie zu diesem Thema von Hermann Timm: Gott und die Freiheit. Studien zur Religionsphilosophie der Goethezeit. Frankfurt 1974, S. 136 – 225.

28 Es scheint mir unverkennbar, dass Herders soziokultureller Historismus, den er schon im Zusammenhang des französischen Dramas nicht konsequent einhält, durch eine implizite Fortschrittskonzeption konterkariert wird; denn Herders Shakespeare leistet als poetischer Gestalter des εν και παν schlicht mehr und umfassenderes als der nur die *natura naturans poetisch* reflektierende Sophokles.

29 Herder: Werke (Anm. 5), Bd. I, S. 544.

> Das *Interesse* ist der große Hauptzweck des Dichters, dem alle übrigen untergeordnet sein müssen – fodert dieses – fodert die Ausmalung gewisser Charaktere, ohne welche das Interesse nicht erhalten werden kann, unausbleiblich und unumgänglich Veränderung der Zeit und des Orts, so kann und muß ihm Zeit und Ort geopfert werden […]. Fodert dieses es aber nicht, welcher echte Dichter wird seinen Schauspielern und Zuschauern mit Veränderungen der Szenen beschwerlich fallen, da die Einheit der Szene ihm so offenbare Vorteile zur Täuschung an die Hand bietet.[30]

Lenz depotenziert damit die Aufhebung der aristotelischen Einheiten, die Herder zum Kriterium des shakespeareschen Genies und damit zum *notwendigen* Moment wahrer nachantiker Dichtung erhoben hatte, zu einem nur möglichen Verfahren moderner Dichtung, das gemäß dem Darstellungsinteresse angewandt werden kann oder auch nicht. Lenz trifft damit – auch wenn er sich nicht explizit mit ihm auseinandersetzt, sondern mit »jungen Dichtern«, deren ebenso unmotivierte wie zeitgenössisch modische Orts- und Zeitsprünge keineswegs Anzeichen dichterischen Genies seien, – ein kritisches Zentrum der herderschen Argumentation: Die aristotelischen Einheiten sind nach Lenz verständnisfördernde, pragmatische Maximen der Dramenproduktion und weder deren Einhaltung noch deren Durchbrechung sind mit metaphysischer Dignität verbunden. Aber Herder will Shakespeares poetologische Innovationen zum Ausdruck des Genies schlechthin und damit zu wahrer Kunst erheben und so bemüht er sich, als »philosophischer Kopf« den ontologischen Status von Raum und Zeit zu depotenzieren:

> Sollte es denn jemand in der Welt brauchen demonstriert zu werden, dass Raum und Zeit eigentlich an sich nichts, dass sie die relativeste Sache auf Dasein, Handlung, Leidenschaft, Gedankenfolge und Maß der Aufmerksamkeit in oder außerhalb der Seele sind?[31]

Einerseits kann er mit diesem Argument an Spinoza anschließen, der im Rahmen seiner Metaphysik nachgewiesen hatte, dass »Zeit, Dauer und Maß« keinen objektiven Status innehaben, sondern nur als »auxilium imaginationis« bezeichnet werden können.[32] Andererseits referiert diese ›philosophische Überlegung‹ auf eine Debatte, die Kant seit den späten 1760er Jahren losgetreten hatte, und zwar gegen die in Berlin dominanten Thesen von einem relativen Raum, denen mit Newton die Annahme einer absoluten Raumes entgegengehalten werden

30 Jakob Michael Reinhold Lenz: Über die Veränderungen des Theaters im Shakespear. In: Ders.: Werke und Briefe in drei Bänden. Hg. von Sigrid Damm. Frankfurt 1992, Bd. II, S. 744 – 749, hier: S. 745.

31 Herder: Werke (Anm. 5), Bd. I, S. 543.

32 Baruch des Spinoza: Briefwechsel. Hg. von Manfred Walther, Hamburg [3]1986, S. 51 (Ep. 12, Brief an Ludwig Meyer vom 20. April 1663). Vgl. dazu die ausführlichen Kommentare bei Otto Baensch: Ewigkeit und Dauer bei Spinoza. In: Kant-Studien 32 (1927), S. 44 – 84 sowie Joachim Kopper: Einige Bemerkungen zu Ewigkeit und Dauer in Spinozas Ethik. In: Zeitschrift für philosophische Forschung 43 (1989), S. 432 – 448.

könne und müsse.[33] Herder bezieht hier deutlich gegen seinen Lehrer Stellung und bedient sich damit selbst Shakespeares in dieser Kontroverse.[34]

Zugleich kann er dem Dichter-Genie eine Kompetenz zuschreiben, die zwar jedem Dichter zukommt, nämlich die Befähigung zur Inventio, jedoch in einer Dimension, die die Grenzen von Raum und Zeit überschreiten. Denn die oben entwickelte Dimension des Seins als Reflexionsgegenstand genialischer Dichtung in empirisch konkrete Handlungszusammenhänge eines Dramas zu übersetzen, ist keineswegs ein rein rekonstruktiver, das heißt nachahmender Akt. An dieser Stelle der Argumentation wird die grundlegend theologische Systematik sichtbar: Die dichterische Handlung ist nämlich vielmehr ein zweiter Schöpfungsakt, Shakespeare und nur er, ein alter deus und das macht Herder erneut mit einem philosophischen Argument deutlich: Zwar ist es für jede echte Kunst erforderlich, in ihren Werken ein je vollkommenes Ganzes zu schaffen, was Herder zu Recht als eine metaphysische Definition bezeichnet, die man den unterschiedlichen Varianten der wolffianischen Ästhetik seit den 1750er Jahren in der Tat entnehmen kann.[35] Dieses Ganze bleibt jedoch in der griechischen Kunst an Natur als *natura naturata* gebunden und ist somit rekonstruktiv, das heißt mimetisch. Shakespeare hingegen hat sich – wie gezeigt – von diesem Maßstab gelöst, er musste dies nach Herder als tatsächlich moderner Dichter auch leisten und schöpft daher dieses vollkommene Ganze gleichsam neu:

> *Shakespear* fand vor und um sich nichts weniger als Simplicität von Vaterlandssitten, Taten, Neigungen und Geschichtstraditionen, die das Griechische Drama bildete, und da also nach dem Ersten metaphysischen Weisheitssatze aus Nichts Nichts wird, so wäre Philosophen überlassen, nicht bloß kein Griechisches, sondern wenns außerdem Nichts gibt, auch gar kein Drama in der Welt mehr geworden, und hätte werden können. Da aber Genie bekanntermaßen mehr ist, als Philosophie, und Schöpfer ein ander Ding, als Zergliederer: so wars ein Sterblicher mit Götterkraft begabt, eben aus dem entgegen

[33] Vgl. hierzu Immanuel Kant: Vom ersten Grunde des Unterschiedes der Gegenden im Raume. In: Kant's gesammelte Schriften. Hg. von der Preußischen Akademie der Wissenschaften. Berlin 1900 ff., Bd. II, S. 375 – 384; zur Erläuterung von Gehalt sowie wissenschafts- und philosophiegeschichtlicher Bedeutung dieses Textes vgl. Brigitte Falkenburg: Kants Kosmologie. Die wissenschaftliche Revolution der Naturphilosophie im 18. Jahrhundert. Frankfurt 2000, S. 114 – 129.

[34] Zu den Konturen dieser lebenslangen Kontroverse vgl. Hans Dietrich Irmscher: Die geschichtsphilosophische Kontroverse zwischen Kant und Herder. In: Hamann – Kant – Herder. Acta des vierten Internationalen Hamann-Kolloquiums im Herder-Institut zu Marburg/Lahn 1985. Hg. von Bernhard Gajek. Frankfurt a. M., u. a. 1987, S. 111 – 191 sowie Gideon Stiening: »Wissen« oder »Muthmassung«? Herders und Kants Streit über Gehalt und Status von Genesis 1 – 6. In: Genesis – Poiesis. Der biblische Schöpfungsbericht in Literatur und Kunst. Hg. von Ludger Lieb u. Manfred Kern. Heidelberg 2009, S. 133 – 158.

[35] Vgl. hierzu insbesondere Alexander Gottlieb Baumgarten: Ästhetik. 2 Bde. Übersetzt, mit einer Einführung, Anmerkungen und Registern hg. von Dagmar Mirbach. Lateinisch-Deutsch. Hamburg 2007, Bd. I, S. 541 ff. (§§ 562 – 564).

gesetztesten Stoff, und in der verschiedensten Bearbeitung dieselbe Würkung hervor zu rufen, *Furcht* und *Mitleid*.[36]

Das ist – bei aller wild-wuchernden Rhetorik – ein locus classicus für die Begründungstheorie einer Genieästhetik des Sturm und Drang[37]: Denn tatsächlich darf nicht unterschätzt werden, dass eine der entscheidenden Grundsätze des philosophischen Rationalismus jenes *ex nihilo nihil fit* ist, auf das Herder hier Bezug nimmt. So weist Descartes in den ›Principia philosophiae‹ jenem Grundsatz den Status des Axioms beziehungsweise der unumstößlichen Wahrheit zu:

Wenn wir aber einräumen, daß es unmöglich ist, daß aus dem Nichts etwas entsteht, dann wird der Satz *Aus dem Nichts entsteht nichts* weder gleichsam als irgendwie existierendes Ding, noch als Zustand eines Dinges angesehen, sondern gewissermaßen wie eine ewige Wahrheit, die in unserem Geist ihren Sitz hat und als allgemeiner Grundbegriff bzw. Axiom bezeichnet wird.[38]

Gleiches gilt für Spinoza, der in einem seiner Briefe festhielt: »›Aus nichts wird nichts‹. Diese und ähnliche Lehrsätze werden eben schlechthin ewige Wahrheiten genannt […]«.[39] Auch Gottfried Wilhelm Leibniz und Christian Wolff operierten mit dem Begriff der ewigen beziehungsweise der angeborenen Wahrheiten, womit beide Rationalisten weniger bestimmte Inhalte verbanden, die angeboren seien, als vielmehr die allgemeine Befähigung zur Aktualisierung apriorischer Kategorien. Gleichwohl hat auch Wolff den Grundsatz des *ex nihilo nihil fit* als unumstößliche Wahrheit bezeichnet.[40] Herder bezieht sich an dieser Stelle also in der Tat auf ein wichtiges Axiom aller rationalistischen Philosophie, schränkt es allerdings in seinem Geltungsumfang ein, und hierin besteht sein eigentümliches Argument: Hatten sich Leibniz und Wolff in ihrer Überzeugung von der Universalität und damit Uneinschränkbarkeit dieses Grundsatzes mit den Vorstellung der Schöpfungstheologie deshalb in Einklang gesehen,[41] weil

---

[36] Herder: Werke (Anm. 5), Bd. I, S. 535.

[37] So auch Manfred Engel: Der Roman der Goethezeit. Bd. 1: Anfänge in Klassik und Frühromantik. Stuttgart, Weimar 1993, S. 213 f.

[38] René Descartes: Prinzipien der Philosophie. Lateinisch–Deutsch. Übersetzt u. hg. von Christian Wohlers. Hamburg 2005, S. 54 f.: »Cum auterm agnoscimus fieri non posse, ut ex nihilo aliquid fiat, tunc propositio haec: *Ex nihilo nihil fit*, non tanquam res aliqua existens, neque etiam ut rei modus consideratur, sed ut veritas quaedam aeterna, quae in mente nostra sedem habet, vocaturque communis notion, sive axioma.«

[39] Spinoza: Briefwechsel (Anm. 32), S. 41 (Ep. 10, Brief an Simon de Vries vom Frühjahr 1663).

[40] Vgl. Christian Wolff: Erste Philosophie oder Ontologie. Nach der wissenschaftlichen Methode behandelt, in der die Prinzipien der gesamten menschlichen Erkenntnis enthalten sind. §§ 1 – 78. Übers. u. hg. von Dirk Effertz. Lateinisch – Deutsch. Hamburg 2005, S. 138.

[41] Vor allem Christian Wolff ist fest davon überzeugt, dass sich seine Metaphysik mit den Dogmen der christliche Religion und Theologie widerspruchsfrei vermitteln lassen, vgl. hierzu die grundlegende Studie von Ulrich Barth: Von der Theologia naturalis zur

eben nur für den Schöpfer dieser Grundsatz *nicht* gelte, wohl aber für seine Schöpfung und damit natürlich auch für jeden Dichter, so grenzt Herder diesen philosophischen Grundsatz ausdrücklich auch für einen Teil der Schöpfung ein: Es ist der Dichter als alter deus, der ebenso wie der Schöpfer aus dem Nichts zu schaffen, eine *creatio ex nihilo* ins Werk zu setzen vermag. Weil damit aber ausdrücklich der Erklärungsanspruch der Philosophie eingeschränkt wird, und dies mit einer unverkennbaren Geste der Überlegenheit, kann man hier von einem wuchtigen Übergriff der Theologie auf den rationalen Erklärungsanspruch der Philosophie oder der Wissenschaften in der Ästhetik sprechen.

Man kann aber auch – Hans Blumenberg hat diese Antinomie präzise rekonstruiert[42] – von einer Profanierung schöpfungstheologischer Substanz reden. Herder steht nicht allein mit seiner Theologisierung des dichterischen Genies, sondern auch mit seiner Poetisierung der Heiligen Schrift in der ›Ältesten Urkunde‹ für beide Tendenzen und hat dies auch kritisch zu spüren bekommen. Denn in der Tat ist es für einen Theologen des 18. Jahrhunderts weder gewöhnlich noch ungefährlich, die Bibel zu poetisieren oder den Schöpfungsgedanken ›noch einmal denken zu lassen‹. Letzteres unternimmt nach Herder Shakespeare und er begründet dies – präziser und kohärenter als Goethe – mit einer philosophischen und genuin theologischen Argumentation. Shakespeares Genie und damit das dichterische Genie überhaupt wird also in dieser theologischen Poetik durch seine Befähigung zur Schöpfung einer Welt definiert, womit jener oben zitierte Begriff der »Welt« als Gegenstand und Maßstab der genialischen Dichtung Shakespeares genauer bestimmt und der wahre Dichter einer Apotheose ausgesetzt wird: »Dichter! Dramatischer Gott«.[43]

Übrigens sind sich – so unterschieden ihre Begründungtheorien auch ausfallen – Goethe und Herder in dem einen Gedanken einig: Es ist die Philosophie – und für Herder, wie gesehen, die theologisch erweiterte Philosophie –, deren Kategorien allein Ordnung in das bestehende Chaos der divergierenden Poetiken und der poetischen Praxis des späten 18. Jahrhunderts zu bringen vermag. Herder sagt ja ausdrücklich, ein »Philosophischer Kopf«[44] hätte längstens das Dogma der aristotelischen Einheiten aufgehoben. Die Genialität Shakespeares ist allein durch philosophische und theologische Begriffe und Grundsätze angemessen zu verstehen und zu erklären. Auch Goethe hält ausdrücklich fest, dass der geheime Punkt, um den sich alle Shakespeareschen Stücke drehen sollen – bekanntermaßen das Zusammenstoßen des Eigentümlichen des menschlichen Ichs, die prätendierte Freiheit seines Wollens, mit dem notwendigen Gang des Ganzen – zwar noch von keinem Philosophen gedacht ward, aber eben nur von einem solchen zu denken ist.[45] Und tatsächlich ist das Verhältnis von Freiheit

---

natürlichen Religion. Wolff – Reimarus – Spalding. In: Ders.: Gott als Projekt der Vernunft. Tübingen 2005, S. 145 – 171.

42 Hans Blumenberg: Die Legitimität der Neuzeit. Erneuerte Ausgabe. Frankfurt 1988.

43 Herder: Werke (Anm. 5), Bd. I, S. 543.

44 Ebd., S. 542.

45 HA 12, S. 226.

und Notwendigkeit seit jeher und bis heute ein genuin philosophisches Problem. Bei aller Kritik am Rationalismus ist und bleibt auch für die Stürmer und Dränger die Philosophie jene Leitwissenschaft, die ihnen die entscheidenden und grundlegenden Fragen beantwortet kann.[46] Herders eigentümliche Stellung in dieser Debatte, die sich Shakespeares bedient, um seine eigene Position zu konturieren, besteht in der Theologisierung des begründungtheoretischen Fundaments, in diesem Falle einer systematischen Theologisierung der Genieästhetik.[47]

III. Geschichte als Bedingung und Gegenstand von Shakespeares Theater

Herder gibt seiner philosophisch und theologisch gewonnenen Kategorie »Welt« im Sinne der spinozanischen Instanz einer natura sive deus allerdings eine weitere Konkretisierung, die die spezifische Schöpfungsleistung des Shakespeareschen Genies genauer fassen lässt und sie zugleich begrenzt: Erläutern lässt sich dieses Moment bei einem erneuten Blickt auf jene Herdersche Begriffsreihe, die die Gegenstände des Shakespeareschen Dramas ausmachen sollten und die eingangs zitiert wurden: »Welt, Menschen, Leidenschaften, Wahrheit«. Klar ist, dass das Shakespearesche Universum vor allem durch Menschen bevölkert wird, deren nähere Bestimmung durch Herder noch zu betrachten ist. Die entscheidende Vermittlung zwischen Welt und Mensch liefert der Begriff der Geschichte, den Herder vor allem im ersten Entwurf seines Essays näher ausführt:

> Alle Shakespearschen Stücke sind eigentlich Geschichte; [...] so voll, so ganz, so lebendig wie sie im großen Zusammenlauf der Weltbegebenheiten nur geschehen kann.[48]

Geschichte wird als lebendiges Geschehen evoziert, gleichsam in einer historischen Aktualität vor Augen gestellt. Doch geht diese Darstellung theatralisierter Geschichte über bloße Veranschaulichung hinaus, das heißt noch einen erkennenden Schritt weiter und damit auch über alle historiographischen Darstellungen hinaus:

> Also hat Shakespear *Geschichte*, aber nicht *als Geschichte* aufs Theater gebracht! [...] Historische Illusion, dünkt mich also, entsteht dem Leser, wenn er in dem Fortfluß der Geschichte das Fortgehende Würkende aller Kräfte, die eine Begebenheit hervorbringen,

---

[46] Vgl. hierzu auch Gideon Stiening: »Die Nerven deines Schönheitsgefühls.« Hißmann als materialistischer Ästhetiker und Theoretiker des *Sturm und Drang*. In: Michael Hißmann (1752–1784). Ein materialistischer Philosoph der deutschen Aufklärung. Hg. von Heiner F. Klemme, Gideon Stiening u. Falk Wunderlich. Berlin 2013, S. 253 – 276.

[47] Vgl. hierzu die aufschlussreichen Hinweise bei Christoph Bultmann: Die biblische Urgeschichte in der Aufklärung – Johann Gottfried Herders Interpretation der Genesis als Antwort auf die Religionskritik David Humes, Tübingen 1999.

[48] Herder: Werke (Anm. 5), Bd. I, S. 550.

> Jede an ihrem Ort, und in ihrem Maße fühlt, daß er also teils voraus ahndend, teils allmählich erfahrend, das Resultat dieser Kräfte in der Begebenheit anschauend erkennet.[49]

Herder formuliert hier einen enormen Anspruch, der der Shakespeareschen Kunst zuzuschreiben sei: Nicht nur die Darstellung von Geschichte als Darstellung von Welt überhaupt wird hier entwickelt, mehr noch: allererst und ausschließlich die poetische Evokation historischer Prozesse vermag dem Zuschauer die Gründe, die wirkenden Kräfte der besonderen Ereignisse zu erkennen zu geben. Die dramatische Dichtkunst Shakespeares ermittle als metaphysisch fundierte Rekonstruktion die Gründe und Wirkmächte historischer Entwicklungen. Genialische Dichtung wird hiermit zur Strukturgeschichte erhoben, das heißt als einzig mögliche Reflexionsform dieser Art erklärender – und nicht nur beschreibender – Historiographie. Diese Darstellung begründeter Geschichtsverläufe leistet die Dichtung Shakespeares jedoch im Medium empirischer Konkretion anhand der poetischen Ausgestaltung von einzelnen Charakteren und Begebenheiten; seine Dramen formen somit zufällig Individuelles als notwendig Allgemeines; sein Genie produziert nach Herder mithin schon jenes individuelle Allgemeine, das nach Manfred Frank ein Signum erst der Schleiermacherschen Hermeneutik ausmacht.[50]

Unverkennbar klingt in diesen Passagen des Shakespeare-Essays schon Herders großes Projekt einer ›Philosophie der Geschichte‹ an, die ebenfalls die substanziellen Kräfte, und das heißt der Entwicklungsgesetze der Menschheitsgeschichte frei legen will; 1773 kann das vor allem das Genie Shakespeares – 1784/85 das Genie Herder. Das ist zwar zeitgenössisch avanciert; im Kontext der allgemeinen Literatur- und speziellen Dramentheorie der ›Goethezeit‹ aber durchaus prägend; noch Balzac wird diese Überbietungsleistung der literarschen Reflexion zueignen – allerdings gegenüber der Soziologie.[51] Auch der große Shakespeare-Verehrer Georg Büchner wird – unter Absehung der theologischen Begründungsdimensionen Herders – dem Drama eben jene oben entwickelte, sowohl veranschaulichende als auch erklärende Funktion für die politische Geschichte zuschreiben. An seine in heller Empörung auf die namentliche Publikation von ›Danton›s Tod‹ reagierende Familie, die vor allem von den drastischen Obszönitäten abgestoßen war, schreibt Büchner am 28. Juli 1835:

> Was übrigens die sogenannte Unsittlichkeit meines Buches angeht, so habe ich Folgendes zu antworten: Der dramatische Dichter ist in meinen Augen nichts, als ein Geschichtsschreiber, steht aber *über* Letzterem dadurch, daß er uns die Geschichte zum zweiten Mal erschafft und uns gleich unmittelbar, statt eine trockne Erzählung zu geben, in das Leben einer Zeit hinein versetzt, uns statt Charakteristiken Charaktere, und statt

---

49 Herder: Werke (Anm. 5), Bd. I, S. 561 f.

50 Manfred Frank: Das individuelle Allgemeine. Textstrukturierung und Textinterpretation nach Schleiermacher. Frankfurt 1977, S. 358 ff.

51 Vgl. hierzu die erhellenden Ausführungen bei Wolf Lepenies: Die drei Kulturen. Soziologie zwischen Literatur und Wissenschaft. München ^{2}2006, spez. S. 15 – 48.

> Beschreibungen Gestalten gibt. […] Seine höchste Aufgabe ist, der Geschichte, wie sie sich wirklich begeben, so nahe als möglich zu kommen.[52]

Schon für Herder steht – zwar nicht der Dramendichter überhaupt, wohl aber – das Genie Shakespeare über dem Geschichtsschreiber, weil er die Geschichte ein zweites Mal erschaffend in das Leben der Zeit versetzt und dadurch nicht nur veranschaulicht, sondern *erklärt*. Büchner bringt hier Herders zentralen Gedanken in einer nüchternen Sprache und ohne theologische Grundlegungen auf den Begriff.[53]

Wie oben ausgeführt, dient Geschichte für Herder jedoch nicht nur als Gegenstand der genialischen Kunst Shakespeares, sondern auch als kontextueller Bedingungsfaktor jeder dramatischen Kunst. Gelang Herder die Anwendung dieser methodischen Prämisse nicht durchgehend – so insbesondere im Hinblick auf die mehr literaturkritische Wertung des französischen Dramas –, so gelingt ihm die konsequente Durchführung jener These vor allem bei Shakespeare selbst. Denn auch die Rezeption der Produkte des britischen Genies sind den Veränderungen der Zeit ausgesetzt, so dass sie – wie schon die Kunst Sophokles' – einem historischen Bedeutungsverlust ausgesetzt sein wird: »Trauriger und wichtiger wird der Gedanke, daß auch dieser große Schöpfer von Geschichte und Weltseele immer mehr veralte!«[54]

Herder sieht allerdings Anzeichen dafür, dass der Staffelstab genialischer Dichtung an seinen Freund und Konkurrenten Goethe weitergegeben würde, dessen ›Götz von Berlichingen‹ als erste Erscheinung zeitgemäßer Genialität gedeutet wird:

> Glücklich, daß ich noch im Ablaufe der Zeit lebte, wo ich ihn [d.i. Shakespeare] begreifen konnte; und wo du, mein Freund, der du dich bei diesem Lesen erkennest und fühlst, und den ich vor seinem heiligen Bilde mehr als Einmal umarmet, wo du noch den süßen und deiner würdigen Traum haben kannst, sein Denkmal *aus unsern Ritterzeiten* in unsre Sprache, unsrem so weit abgearteten Vaterlande herzustellen.[55]

Die historische Bedingtheit der Herstellung genialischer Dichtung, die – wenn auch mit unreflektierten normativen Überlagerungen – zu einem notwendigen Übergang von Sophokles zu Shakespeare führte, erzwingt darüber hinaus das historische Absinken der Bedeutung der Genialität der Dichtungen Shakespeares und ihrer Ersetzung durch die Goethes. Zu einem nicht unerheblichen Problem wird dieser Historisierung poetischer Genialität jedoch die theologische Aufladung ihres Begriffs: Wie nämlich sollte die Leistung eines alter deus je veralten

---

52 Brief an die Eltern von 28. Juli 1835; Georg Büchner: Sämtliche Werke, Briefe und Dokumente. Hg. von Henri Poschmann. 2 Bde. Frankfurt 1992 u. 1999, Bd. II, S. 410.

53 Zu dieser Vermittlung von Strukturgeschichte und Dichtung bei Büchner vgl. demnächst Gideon Stiening: Wissen und Literatur in Büchners Werk. Studien zu seinen szientifischen, politischen und literarischen Texten. Berlin 2013 [im Druck].

54 Herder: Werke (Anm. 5), Bd. I, S. 546 f.

55 Ebd., S. 547.

können,[56] wenn nicht die Gottesinstanz selbst einer Zeitlichkeit ausgesetzt würde? Erneut zeigt sich, dass Herders *Theologisierung der Poetik* in Genie-Begriff gleichzeitig zu einer Ausweitung der theologischen Kompetenz und zu einer *Säkularisierung der Gotteslehre* tendiert.[57]

IV. Der ganze Mensch als individuelles Allgemeines

Für Herder leistet Shakespeare solcherart veranschaulichende und erklärende Geschichte vor allem deshalb, weil er den Menschen in den Mittelpunkt seiner historisch-dramatischen Rekonstruktionsarbeit stellt. Unübersehbar arbeitet Herder im Hinblick auf diesen zweiten zentralen Begriff seiner Bestimmung der Gegenstände Shakespeares mit den Kategorien der zeitgenössischen Anthropologie.[58] Denn Shakespeare stellt nicht irgendwelche Personen und auch keineswegs Charaktertypen auf seine Bühne; vielmehr gelingt es ihm, Individuen zu erschaffen, denen je spezifisch, nämlich historisch und anthropologisch Allgemeines zukommt. Es ist Shakespeares besondere Leistung, Geschichte an ebenso lebendigen, wie allgemeinen Menschen zu evozieren und zu erklären:

> Alle [Figuren des Shakespeareschen Theaters] ganze, individuelle Wesen, jeder aus seinem Charakter und von seiner Seite historisch teilnehmend, mitwürkend, handelnd; jeder gleichsam für sich Absicht und Zweck, und nur durch die schöpferische Kraft des Dichters, als Zweck zugleich Mittel; als Absicht zugleich Mitwürker des Ganzen![59]

Erneut ruft Herder im Anschluss an diese Passage das Motiv des Dichters als alter deus auf. Schon Shakespeare gelingt nach Herder mithin – wie angedeutet – die Darstellung eines individuellen Allgemeinen *und damit* die Darstellung des *ganzen Menschen*.[60] In dieser Verwendung der berühmten Formel geht es also

---

[56] So auch zu Recht Osinski (Anm. 9), S. 174.

[57] Diese doppelte Bewegung, die Herders Theorie auszeichnet und die durch sie befördert wird, lässt sich allererst erkennen, wenn die theologischen Wissensbestände des Autors ernst genommen werden; dies findet sowohl in der Erforschung zum Sturm und Drang wie auch der engeren Herder-Forschung noch zu wenig statt.

[58] Zu diesem Kontext vgl. u. a. Wolfgang Pross: Herder und die Anthropologie der Aufklärung. In: Johann Gottfried Herder: Werke (Anm. 5), Bd. II, S. 1128 – 1216.

[59] Herder: Werke (Anm. 5), Bd. I, S. 551.

[60] Zur Bedeutung dieses Schlachtrufes der Anthropologie des 18. Jahrhunderts vgl. u. a. Der ganze Mensch. Anthropologie und Literatur im 18. Jahrhundert. Hg. von Hans-Jürgen Schings. Stuttgart, Weimar 1994; Hans-Peter Nowitzki: Der wohltemperierte Mensch. Aufklärungsanthropologien im Widerstreit. Berlin u. New York 2003 sowie Gideon Stiening: Ein »Sistem« für den »ganzen Menschen«. Zum anthropologischen Argument bei Johann Karl Wezel. In: Aufklärung durch Kritik. Festschrift für Manfred Baum. Hg. von Dieter Hüning u. a. Berlin 2004, S. 113 – 139.

nicht um die Vermittlung von Körper und Seele,[61] sondern um eine Identität von charakterlich Individuellem und historisch Allgemeinem. Im Hinblick auf den Tatbestand, dass die Figuren Shakespeares den zeitgenössischen Morallehren des 18. Jahrhunderts in kaum einer Weise entsprechen, heißt es bei Herder:

> Jeder [würksame] *noch ganze Mensch* in allen seinen Stücken hat bloß Charakteristisch-Individuell zu denken, zu sprechen, und durch beides vielmehr zu handeln. Jedes Allgemeine, was ein Solcher, sagt, ist von [Nichts als] Individual- und Zeit und Charakterkräften gleichsam hervorgedrungen und errungen.[62]

Es ist die Befähigung, allgemein-menschliche Problemlagen in ihren historisch besonderen Erscheinungen analytisch darzustellen und in ihren jeweiligen Gründen zu gestalten. Das Genie Shakespeare vermittelt erneut unüberbrückbare Gegensätze, nicht nur Individuelles und Allgemeines, sondern auch Anthropologie und Geschichte, und zwar in einer Weise, dass lebendige ganze Menschen evoziert, geschaffen werden. Shakespeare wird damit zum genialischen Verkünder und poetischem Realisator einer Zentralkategorie der Anthropologie der Spätaufklärung.[63]

V. Empfindung, Gefühl, Leidenschaften – oder über die Grenzen des Verstandes

Blickt man abschließend ein letztes Mal auf die oben mehrfach zitierte Begriffsreihe, die nach Herder Shakespeares dramatische Kunst in ihrer transpoetischen Realitätsaffinität charakterisiere, nämlich »Welt, Menschen, Leidenschaften, Wahrheit«, so drängt sich der noch nicht betrachtete Begriff der Leidenschaften auf sowie der mit ihm verbundene allgemeine Emotionalismus des Sturm und Drang. Dabei ist in der oben zitierten Passage unübersehbar, dass die Gefühlsform der Leidenschaften zunächst und zumeist als *Gegenstand* der Shakespeareschen Kunst bestimmt wird, das heißt dass die unterschiedlichen Affekte als Momente beziehungsweise Erscheinungsformen jenes ganzen Menschen ge-

---

[61] So aber u. a. die Semantik der Formel bei Platner, vgl. Werner Euler: Commercium mentis et corporis? Ernst Platners medizinische Anthropologie in der Kritik von Marcus Herz und Immanuel Kant. In: Aufklärung 19 (2007), S. 21 – 68.

[62] Herder: Werke (Anm. 5), Bd. I, S. 548; dass Shakespeare in diesem Sinne ›ganze Menschen‹ poetisch ausgestaltet habe, wird in allen drei Fassungen deutlich herausgestellt, vgl. ebd. S. 546 u. S. 555.

[63] Zum komplexen, nicht immer kohärent vermittelten Verhältnis von Anthropologie und Geschichte in der Spätaufklärung vgl. u. a. Andreas Urs Sommer: Sinnstiftung durch Geschichte? Zur Entstehung spekulativ-universalistischer Geschichtsphilosophie zwischen Bayle und Kant. Basel 2006; Annette Meyer: Von der Wahrheit zur Wahrscheinlichkeit. Die Wissenschaft vom Menschen in der schottischen und deutschen Aufklärung. Tübingen 2008 sowie Gideon Stiening: Facetten des Fortschritts – Iselin und Kant. In: Isaak Iselin und die Geschichtsphilosophie der europäischen Aufklärung. Hg. von Lucas Marco Gisi u. Wolfgang Rother. Basel 2011, S. 177 – 200.

staltet werden, die das Theater des britischen Genies bevölkern. Starke und daher reine Leidenschaften sind für Herder Ausdruck solcher Individualität, der historisch Allgemeines zugeschrieben werden kann. Othello, Lear, Macbeth oder Hamlet sind nach Herder deshalb paradigmatische Helden des Shakespeareschen Theaters, weil sie das in ihnen erscheinende individuelle Allgemeine in Form von Leidenschaften ausdrücken. Es sind jene starken Affekte, die nach Herder allein die Gegensätze zwischen Anthropologie und Geschichte, Individuellem und Allgemeinem sowie Diesseits und Jenseits überbrücken können. Doch dienen die unteren Erkenntnisvermögen, die Herder längst nobilitierte,[64] nicht allein zum herausragenden Gegenstand der genialischen Kunst Shakespeares. Bei Herder muss ebenso der Rezipient diese Gegenstände, die das Besondere der Kunst Shakespeares, wie der Kunst überhaupt, ausmachen, fühlen beziehungsweise empfinden; gleich zu Beginn seines Essays schreibt er im Hinblick auf seine Absichten:

> Ich möchte es vielmehr gern, dass in dem kleinen Kreise, wo dies gelesen wird, es niemand mehr in den Sinn komme, über, für und wider ihn zu schreiben: ihn weder zu entschuldigen, noch zu verleumden, aber zu erklären, zu fühlen wie er ist [...].[65]

Neben der Abgrenzung von Wielands Verteidigungsstrategie dient diese Passage zudem zu einer ersten Kultivierung der emotionalistischen Hermeneutik. Denn die durch ein ebenso schlichtes wie geniales Komma getrennten Begriffe ›erklären‹ und ›fühlen‹ enthalten nach Herder eine identische Semantik, werden also als Synonyme verwandt. Deshalb werden die individuellen Unterschiede der jeweiligen Stücke des Genies auch durch »Hauptempfindungen« ermittelt und charakterisiert.[66]

Shakespeare ermögliche mit seiner lebendigen Darstellung von Charakteren und Handlungen eben diese Form des empfindenden Erkennens und ist damit erneut Paradigma für die Herstellung von Erkenntnisgegenständen, die die Begrenzungen verstandesfundierter Erkenntnis überwunden haben: »Da aber Genie bekanntermaßen mehr ist, als Philosophie«,[67] muss nicht nur seine Produktion, sondern auch die Rezeption seiner Werke vor allem über das Gefühl erfolgen. Diese emotionalistische Komponente der Shakespeare-Verehrung, die vor allem eine streng verstandeskritische ist und auf seinem Empfindungsverständnis basiert, das er kurze Zeit später auf den Begriff bringt,[68] wird die Shakespeare-

---

64 Vgl. hierzu u. a. die Arbeit von Ulrike Zeuch: Umkehr der Sinneshierarchie. Herder und die Aufwertung des Tastsinns seit der frühen Neuzeit. Tübingen 2000.

65 Herder: Werke (Anm. 5), Bd. I, S. 526.

66 Ebd., S. 541.

67 Herder: Werke (Anm. 5), Bd. I, S. 535.

68 Vgl. hierzu Johann Gottfried Herder: Von Erkennen und Empfinden der menschlichen Seele 1774, 1775, 1778. In: Ders.: Werke (Anm. 5), Bd. II, S. 543 – 723; zu dieser Schrift vgl. Heinz (Anm. 16).

Verehrung des Sturm und Drang nicht aufrechterhalten.[69] Jacob Michael Reinhold Lenz erkennt vielmehr, dass auch Shakespeares Dramen nach Regeln, anderen Regeln, organisiert sind, und so kann er diesem Modell gar neue Seiten für die eigenen Dramenproduktion abgewinnen. Lenz mehr als Herder ist ein Shakespeare des 18. Jahrhunderts.[70] Herders Emotionalismus aber, der seine historisch notwendige Seite an dem Bedürfnis der Überwindung von Regelpoetiken mithilfe eines Geniebegriffs hat,[71] das den Verfügbarkeiten vernünftigen Handelns enthoben sein musste, überfordert das Empfindungs- wie das Gefühlsvermögen, weil diesem weder subjektive noch gar objektive Allgemeinheit zukommen kann. ›Shakespeare ganz zu fühlen‹,[72] ist weder Garant für seine Genialität noch für seine historische Bedeutung.

[69] Vgl. hierzu auch Carolin Steimer: »Der Mensch! die Welt! Alles!« Die Bedeutung Shakespeares für die Dramaturgie und das Drama des Sturm und Drang. Frankfurt a. M., u. a. 2012.

[70] Vgl. hierzu u. a. Eva Maria Inbar: Shakespeare in Deutschland: Der Fall Lenz. Tübingen 1982 sowie Matthias Luserke: Die ›Anmerkungen übers Theater‹ als poetologische Grundlegungsschrift des Sturm und Drang. In: Ders.: Lenz-Studien. Literaturgeschichte – Werke – Themen. St. Ingbert 2001, S. 54 – 79.

[71] Diese historisch notwendige Seite und damit Herders Leistung übersieht Osinski (Anm. 9), die von Herders Emotionalismus als »Ideologem« spricht. Was allerdings am Emotionalismus »falsches Bewusstsein« sein soll, müsste die Autorin noch deutlicher erläutern; zwar ist die Überpotenzierung des Gefühls und der unteren Empfindungsvermögen inkohärent (was schon Kant zeigt), worin aber der interessegeleitete Fehlurteil bestehe soll, ist nicht erkennbar.

[72] Herder (Anm. 5), Bd. I, S. 545.

Norbert Greiner

LUDWIG TIECKS BEARBEITUNG DES ›STURM‹

Die bis heute weitgehend unbekannte ›Sturm‹-Bearbeitung Ludwig Tiecks ist eine Marginalie der deutschen Literaturgeschichte und der Shakespeare-Rezeption. Wenn wir ihr dennoch unsere Aufmerksamkeit schenken, dann aus zwei Gründen. Zum einen stellt sie im Werkumfeld Tiecks einen für dessen dichterische Entwicklung und romantische Perspektive wichtigen Gegenstand der Auseinandersetzung dar; und zum anderen wirft die von Tieck bevorzugte Perspektive auf Shakespeare ein interessantes Licht auf die romantische Auseinandersetzung mit Shakespeare, die anders und vielleicht auch komplizierter ist, als es das Kapitel ›Schlegel‹ darstellt.

Mit der naheliegenden, gelegentlich zu hörenden Erläuterung, dass Tiecks Bearbeitung des ›Sturm‹, Schlegels glättende Übersetzung des ›Romeo‹ und Mendelssohns Musik zum ›Sommernachtstraum‹ gemeinsam drei zwar verschiedene, aber doch kongeniale Umdeutungen Shakespeares im Geist der Romantik seien, wollen wir uns so ohne Weiteres nicht zufrieden geben. Diese allzu glatt aufgehende Gleichung (Missverständnis Shakespeares auf Seiten Tiecks –Umdeutung Shakespeares durch Schlegels Übersetzung – Umsetzung romantischer Poesie in Mendelssohns Musik) hat sich in der Literaturgeschichte festgesetzt. August Wilhelm Schlegels Umdeutung Romeos zum romantischen Liebhaber, Tiecks Empfänglichkeit für die shakespeareschen Naturgeister und Mendelssohns musikalischer Elfenzauber, dessen glättende Musik die Vorstellung einer harmonischen Natur entwirft, der Hörnerklang des ›Nocturno‹, der die Semantik des deutschen Waldes ein für allemal definiert – sie gelten als die Grundpfeiler der Umdeutung Shakespeares durch die deutsche Romantik. Allein, die Tiecksche Annäherung an Shakespeare mit der doch sehr viel reiferen und theoretisch ausgewogeneren Shakespeare-Deutung Schlegels und der deutlich späteren, spätromantischen Übersetzung in die Musik durch Mendelssohn-Bartholdy zu vergleichen und sie allesamt als repräsentativen Ausdruck des Gesamtgefüges der deutschen Romantik zu lesen, scheint mir einige Tendenzen der Tieckschen Bearbeitung zu übersehen und im Übrigen eben jenes Gesamtgefüge viel zu einheitlich darzustellen.

Ebenso verfehlt scheint mir die Deutung der Tieckschen ›Sturm‹-Bearbeitung als Ergebnis eines großen Missverständnisses. Für Gundolf gab es keinen Zweifel:

> Dass der Mondschein und die Sommernacht, Elfen und Nymphen, Waldweben und Nachtigallenschlag, Zwerge und Druden, Wünschelruten und Zaubersprüche, Unkenruf und Schuhu, behexte Prinzen und Dornröschen, dass der ganze Schatz unserer alten Sagen und Märchen […] der deutschen Dichtung und Bildung fruchtbar geworden ist, dass die Arbeit der Grimm, Arnim und Brentano, die Lyrizismen der Eichendorff und Lenau

> wach und erweckend, reg und erregend geworden sind, das ist vor allem eine Nachwirkung von Tiecks Missverständnis.[1]

Zur genaueren Einschätzung müssen wir die Entstehungsgeschichte dieser Bearbeitung wie überhaupt Tiecks Weg zu Shakespeare rekapitulieren.

Ludwig Tieck hatte das Glück, in einem Kontext aufzuwachsen, in dem im Gegensatz zum sonstigen deutschen Bildungsalltag das Englische bereits einen festen Platz hatte. Am Ende seiner Schulzeit beherrschte Tieck das Englische auf für damalige Zeit vorzüglichem Niveau: Ein Lehrer hatte ihm sogar die Übersetzung von C. Middletons ›Life of Cicero‹ überlassen. Shakespeare war für Tieck Teil des schulischen Bildungserlebnisses, er las ihn in der Übersetzung Eschenburgs unter einer Straßenlaterne,[2] so wie Anton Reiser seinen ›Hamlet‹ nächtens im Wald unter Tränen gelesen hatte. Ebenfalls noch als Primaner hielt er private ›Vorlesungen‹ über den ›Tempest‹.[3]

Mit dem Wechsel an die Universität Göttingen im zweiten Semester kam er schließlich an *das* anglophile Zentrum im deutschen Kulturraum, dessen nomineller Rektor im 18. Jahrhundert ja bekanntlich der englische König aus dem Haus Hannover war, der die Universität nicht nur mit einer Professur für Englisch, sondern auch einer umfangreichen englischen Bibliothek ausgestattet hatte.[4] Dem stellvertretenden Bibliotheksdirektor verdankt er den Zugang zu dieser in Deutschland einzigartigen Sammlung englischer Literatur und die umfassende Kenntnis der Texte, Textgeschichte und des literarischen Umfeldes der Shakespearedramen.[5] Dort studierte er ausgiebig die Shakespeare-Ausgabe von Theobald und Johnson.[6] In Göttingen war ja bekanntlich auch Bürgers umstrittene ›Macbeth‹-Bearbeitung entstanden; und von Göttingen aus hatte Bürger den jungen August Wilhelm Schlegel, der zur jener Zeit eine Professur in Hannover innehatte, zu einer Shakespeare-Übersetzung in Versen überredet.[7] Tieck freilich hielt sich von Bürger fern, dessen Reputation unter einer vernichtenden Rezension Schillers an seinen Gedichten gelitten hatte; das ist erstaunlich, gibt es doch interessante Bearbeitungsparallelen zwischen Bürgers ›Macbeth‹ und Tiecks ›Sturm‹, etwa bei der Ausarbeitung der lyrischen Passagen und Lieder. Er, Tieck, ließ sich indes nicht von Bürger, sondern von Eschenburg, bei dem er in Wolfenbüttel vorgesprochen hatte, zu seinem Unternehmen ermutigen. Was die Vorkenntnisse und Arbeitsbedingungen betrifft, war Tieck für seine Shake-

1 Friedrich Gundolf: Shakespeare und der deutsche Geist. Berlin ²1914, S. 335.

2 Roger Paulin: Ludwig Tieck. A literary biography. Oxford 1985, S. 7.

3 So Achim Hölter in: Ludwig Tieck: Schriften 1 (1789 – 1794). Hg. von Achim Hölter. Frankfurt 1991, S. 1213.

4 Alexander Gillies: Ludwig Tieck's English Studies at the University of Göttingen (1792 – 1794). In: JEGP 36 (1937), S. 206 – 223, hier: S. 207. So erwähnt in Marek Cybura: Ludwig Tieck als Übersetzer und Herausgeber. Zur frühromantischen Idee einer ›deutschen Weltliteratur‹. Heidelberg 1994, S. 73 f.

5 Gillies (Anm. 4), S. 207.

6 Paulin (Anm. 2), S. 38.

7 Ebd.

speare-Bearbeitungen also bestens gerüstet, allerdings unter einem gelehrt-aufklärerischen, nicht unter einem romantischen Stern.

Er nahm also gewissermaßen die Einflüsse mit, unter denen er in Berlin gestanden hatte. Dort hatte er einen großen Teil seiner Schulzeit damit verbracht, auf Betreiben zweier Lehrer zu einigen von diesen herausgegebenen Schriftenreihen mit Unterhaltungs- und Schauergeschichten beizutragen. Hier schlagen sich neben der Verarbeitung von und der Erprobung in zeittypischen und gefragten Genres der Schauerliteratur die düsteren Seiten, die weltverachtende Schwermut und der Nihilismus so manch einer frühen Schrift, etwa der Kunstmärchen nieder.[8] Von hier führt der Weg zu Shakespeare, nicht von den Positionen der Hochromantik her, die noch gar nicht ausformuliert waren. Ob nun Shakespeare eine Offenbarung und den Ausweg bot, oder ob Shakespeare den glatten thematischen Übergang von diesen Jugendjahren zur romantischen Position bedeutet, mag offen bleiben. Tatsache ist, dass der ›Sommernachtstraum‹, besonders aber der ›Sturm‹ und die daran geknüpften theoretischen Erwägungen das Bindeglied zwischen der Berliner und der Göttinger Zeit bildeten, die Tieck dann in Göttingen unter günstigen Umständen aufgriff und – nicht zuletzt unter dem Einfluss der gemeinsamen Bildungserlebnisse mit dem Freund Wackenroder – zu seinem romantischen Weltbild umformte.

Als Tieck sich 1792 zu seinem zweiten Semester in Göttingen einfand, war er für seine Shakespeare-Bearbeitung sehr gut vorbereitet. Dass Tieck sein eigentliches Studium der Theologie nicht ernsthaft, dafür aber die Shakespeare-Arbeit umso inbrünstiger verfolgte, ist gut belegt. Im November 1792 schreibt er dem Freund Wackenroder: »Ich lebe und webe jetzt im Shakespeare […] in acht Tagen habe ich mir den ganzen ›Sturm‹ abgeschrieben[9] und trage nun eine Menge Lesarten und Bemerkungen zusammen«.[10] Jahre später, in einem Brief an Schlegel vom 23. Dezember 1797 erwähnt er, dass er für die eigentliche Übersetzungsarbeit nur zwei Tage verwendet hatte.

Diese Arbeit steht aber nicht allein. Tieck hatte ihr eine ungewöhnliche Vorrede ›Über Shakespeare's Behandlung des Wunderbaren‹ vorangestellt, die in Umfang und Zeitaufwand fast das Hauptstück zu sein scheint. Wenn er für die Textbereitung acht Tage, für die Übersetzung zwei Tage benötigte, geht aus einem Brief Wackenroders an den Freund Koch vom 20. Februar 1794, also fast eineinhalb Jahr später, hervor,[11] wie viel Zeit ihn die Abhandlung gekostet haben muss. Ich glaube auch angesichts dieser Umstände, dass die ›Sturm‹-Bearbeitung noch stark der Berliner Schulzeit und der vorromantischen Shakespeare-Begeisterung verpflichtet ist. Möglicherweise öffnete die Bearbeitung ihm erst

[8] Vgl. Werner Kohlschmidt: Der junge Tieck und Wackenroder. In: Die deutsche Romantik. Hg. von Hans Steffen. Göttingen 1967, S. 30 – 44, hier: S. 31.

[9] Für die Abschrift benutzte er die Ausgaben von Johnson (Johnson: Plays VIII, London 1765) und von Theobald (Theobald: Works vol. I. London 1767); vgl. Tieck (Anm. 3), S. 1213.

[10] Tieck (Anm. 3), S. 1213.

[11] Paulin (Anm. 2), S. 37.

die Augen für ästhetische Anliegen, die er dann in der Abhandlung vertiefte, welche ihrerseits, stärker als der Text selber, Tiecks Weg zur Romantik vorzeichnet, der dann ja durch weitere, wichtigere Faktoren beeinflusst wurde. Man sollte vielleicht den ›Sturm‹ nicht allein als Anschauungsmaterial für Tiecks Thesen über das Wunderbare lesen, sondern als Ausgangspunkt für seine späteren Dichtungen. Wie auch immer: Der ›Sturm‹, aus der Sicht des vorromantischen Berliner Primaners und Göttinger Studenten gedeutet und bearbeitet, bietet mitsamt der Abhandlung ›Über Shakespeare's Behandlung des Wunderbaren‹ eine höchst problematische, höchst einseitige und allerhöchst produktive Sicht auf Shakespeare, die kein »Missverständnis« darstellt, sondern dem shakespeareschen Werk jene Dimension abringt, die für Tiecks eigene Dramen und vor allem die Kunstmärchen von zentraler Bedeutung werden: nämlich, das Wunderbare in der komplexen Bedeutung, die er ihm einräumen wird. Wir haben hier ein Musterbeispiel für das, was der heutige Wissenschaftsjargon »appropriation« nennt, ein Begriff, der Aneignung und Inbesitznahme verbindet. Der ›Sturm‹ und die Abhandlung dazu bezeichnen einen Endpunkt – nämlich den Endpunkt seiner Berliner vorromantischen Zeit; und zugleich einen Anfang – als Grundlage des Aufbruchs in die zunächst mit Wackenroder, dann allein oder mit anderen gestaltete romantische Teilschule, die wir heute mit Tieck verbinden.

Beide Teile bezeugen auf ihre Weise den Übergang von den Berliner Versuchen in der Gattung der Schauerliteratur zu einer anderen Form der Phantastik, die den Keim des Romantischen und die Wurzeln frühromantischer Poesie vom Zuschnitt Tiecks in sich tragen. Das Wunderbare hatte Tieck auch in seinen Pennälerversuchen dargestellt, nur eben nicht zu seiner Zufriedenheit. Shakespeares ›Sturm‹ und die Arbeit daran veranlassten ihn offenbar, das Phantastische nun nicht mehr im Geiste englischer Schauerromantik, sondern im Sinne einer Ahnung von romantischer Imagination deutscher Prägung neu zu überdenken. Diesen neuen Erfahrungsraum nannte er vorläufig – das Wunderbare.

Tieck griff bei seiner Bearbeitung auf Eschenburg – ergänzend auch auf Wieland direkt – zurück. Um die Tendenzen seiner Bearbeitung im Groben zu skizzieren, reicht ein Blick auf die ausführliche Rezension August Wilhelm Schlegels von 1797. Schlegel billigte die Kürzungen der »Witzeleyen zwischen Sebastian und Anthonio«, hielt sie für »nothwendig, weil sie in unübersetzbaren Wortspielen bestehen«. Alle weiteren Abänderungen hielt er für »zweifelhaft«, sah aber insgesamt »nur wenige und nicht sehr bedeutende«.[12] Anstoß nimmt Schlegel an den Ergänzungen, insbesondere der üppigen Ausarbeitung der Lieder und lyrischen Passagen.

Tatsächlich sind die Änderungen zwar gering an der Zahl, jedoch alles andere als unbedeutend. Sie bestehen nicht nur aus Hinzufügungen, sondern ersetzen tatsächlich ganze Passagen oder Szenenteile. Das soll an einigen Beispielen erläutert werden.

---

[12] Zitiert nach: Tieck (Anm. 3), S. 1220.

Eine der auffälligen Veränderungen dieser Art liegt im vierten Akt vor.[13] Bei Shakespeare verspricht Prospero Ferdinand die Hand seiner Tochter Miranda und lässt aus diesem Anlass durch Ariel ein Maskenspiel als Traumspiel dienstbarer Geister inszenieren. Darin allegorisieren Iris, die Frieden und Harmonie versprechende Götterbotin, Ceres, die Göttin der Fruchtbarkeit, und Juno, Schutzgöttin der Ehe, die bevorstehende Verbindung der beiden Liebenden. Mit diesem Zwischenspiel spielt Shakespeare, wie so oft, auf gebräuchliche Kulturpraktiken der zeitgenössischen Hofkultur an; in diesem Fall auf die aufwendigen Maskenspiele, für die man die besten und berühmtesten Künstler der Zeit engagierte. Besonders beliebt war diese eigene kleine Gattung am Hof James I. Ein großer künstlerischer Akt adliger Selbstdarstellung, der dem Volk gern auf der Bühne vorgeführt wurde.

Tieck bezeichnet die Maskenspiele als »Fehler«,[14] bezweifelt ihre Authentizität und ersetzt sie durch ein neu verfasstes, deutlich umfangreicheres Interludium: ein Tanz- und Singspiel, eingeleitet von einer kurzen Symphonie, in welchem eine Verbindung zwischen Ariel und einer eigens für ihn erfundenen Braut, Melida, inszeniert wird. Von Melida gerufene Sylphen und Sylphiden bilden einen Chor der Geister:

Eine kurze, ankündigende Symphonie. Melida, eine Sylphide, tritt auf.
MELIDA
Wohin seid ihr entschwunden,
Ihr lieblichen, dämmernden Gestalten?
Bin ich allein erschienen? –
Vernehmt ihr nicht in euren Hainen
Auf euren lichten Gewölken,
Im duftenden Schoß der Blumen,
Die süßen Töne, die euch rufen?

Schwebt auf lichtem Glanzgefieder
Her aus euren Felsenklüften
Unter süßen Blumendüften
Sinkt aus bunten Wolken nieder!
O vernehmt im fernen Tal,
Was der Herrscher euch befahl.

Mit Chorgesang und Tanz betreten die Geister die Bühne und besingen die Liebe in allerliebsten Versen:

CHOR DER GEISTER *mit Tänzen:*
Uns Sylphen und Sylphiden,
Mit buntem, gaukelndem Sinn,
Entfliehn im ew'gen Frieden,

[13] Ich greife auf Vorarbeiten zurück, die von Frau stud. phil. Katrin Bednarek im WS 2010/2011 im Rahmen einer Hausarbeit geleistet wurden.

[14] Ludwig Tieck: Über Shakespeare's Behandlung des Wunderbaren. In: Tieck (Anm. 3), S. 685 – 722, hier: S. 691.

Von Mensch und Welt geschieden,
Die tanzenden Stunden dahin.

Wir schwärmen im Hain,
Im Abendschein,
Und schlafen im Dunkeln,
Wenn Sterne funkeln,
In Blüten ein:
Und die düstern
Wipfel flüstern
Schlafgesang.–

Im leuchtenden Morgenstrahle
Küßt der Sylphe der Sylphide,
Im blühenden Tale,
Den letzten Schlaf vom Augenlide.

Still und rein,
Wie Mondenschein,
Leuchtet uns die holde Liebe!
Liebe! Liebe! holde Liebe!

Ja, so einfach ist das. Ariel wird erlöst. Seine Sehnsucht liegt weniger in der Freiheit, sie ist auf ungeahnte Erfüllung gerichtet, die alsbald gewährt wird:

ARIEL […]
Ach! Wann, wann wird doch enden
Die Sehnsucht, die mich quält?
Und welcher Gott kann senden,
Was diesem Herzen fehlt?
Das vorige Chor, ganz in der Ferne:
Liebe! Liebe! Holde Liebe!
[…]
Das Geisterchor ist indes zurückgekommen, und Ariel fliegt in die Arme der Melida.[15]

Mit der Anspielung auf eine geläufige Kulturpraxis bricht Shakespeare, obwohl er scheinbar ins Allegorische überhöht, die Illusion des Traumspiels auf und erinnert daran, dass es einen steten Bezug der Kunstwelt zur Lebenswelt gibt, zu den Traumspielen der Liebe bei Hof, an deren Strukturen in dieser Szene erinnert wird. Die Unterbrechung des Geschehens wird noch dadurch verstärkt, dass Prospero im ›Tempest‹ das Maskenspiel nicht zu Ende spielen lässt und unvermittelt an die Verschwörung Calibans erinnert. Shakespeare ›verstößt‹ damit gegen die Theorie des Wunderbaren, die Tieck aus dem ›Tempest‹ ableiten zu können glaubte. Als eine der wesentlichen Voraussetzungen für die Plausibilität des Wunderbaren postuliert er gerade die durchgängige Aufrechterhaltung der

---

15 Ludwig Tieck: Der Sturm. Schauspiel in fünf Aufzügen nach Shakspeare. In: Tieck (Anm. 3), S. 723 – 791, hier: S. 772 – 775.

Traumillusion, wie noch zu zeigen ist. Im ›Tempest‹ aber hält an dieser Stelle die Lebenswelt Einzug. Vermutlich hat Tieck deshalb das Maskenspiel als späteren Einschub von fremder Hand abgelehnt und entsprechend umgeschrieben. Mit der Apotheose der Liebe – »Des Lebens wonnevollstes Glück« – hält Tieck dagegen die Illusionsebene des Traumes aufrecht. Zugleich wird die Liebe thematisch ausgearbeitet und ganz im Sinn der später bei Schlegel zu beobachtenden Glättung der Romeofigur romantisiert. Eine eingehende Analyse der Laut-, Klang- und Rhythmuseffekte würde sich lohnen. Die Faktur des Eingeschobenen deutet in eindeutiger Weise auf die spätere Lyrik der einschiebenden Hand.

Ganz ähnlich verfährt Tieck mit dem Schluss, der uns als zweites Beispiel dienen mag. Prosperos Ankündigung, nach der Hochzeit der Kinder in Neapel nach Mailand zurückzukehren, vor allem auch sein Epilog, in dem er um die applaudierende Hand der Zuschauer buhlt und der von vielen als Abgesang des Künstlers auf seine Zauberei gelesen wird, sind bei Tieck gestrichen. Der Grund dürfte der gleiche sein. Von Illusionsdurchbrechung als Mittel romantischer Ironie will Tieck hier offenbar noch nichts wissen, so wichtig ihm dieses Mittel in seinen eigenen Dramen werden wird. Stattdessen endet das Stück mit einem Liebesduett von Ariel und Melida und einem Geisterchor:

ARIEL UND MELIDA

Wir flattern hier,
Wir flattern da,
Bald sind wir uns nah,
Bald fliegst du nach mir.
Ha! Für und für
Gebiete hier
Die Lieb' und wir!

CHOR *mit Tänzen*:

[…][16]

Ariel, Melida und der Geisterchor haben das letzte – gesungene – Wort, die Liebe feiert ihren Sieg, die Freiheit Ariels wird fast beiläufig erwähnt. Weder wird die Welt des Wunderbaren von der realen Welt eingeholt, noch wird das Wunderbare als Bestandteil des Realen vorgestellt.

Ein drittes Beispiel kann das Grundsätzliche dieser Bearbeitungstendenz verdeutlichen. Gonzalos Staatsutopie fällt bei Tieck recht knapp aus. Einzelheiten werden hier nicht ausgeführt, das Verbot von Handel, Krieg, Obrigkeit und Wissenschaft erinnert mehr an Schlaraffenland als an Thomas Morus, wobei freilich auch Shakespeares Gonzalo von Verballhornung nicht ganz frei ist. Bemerkenswert ist immerhin die Formel, mit der Tiecks Gonzalo seine Vision zusammenfasst: »Keiner der andre beherrscht, und keiner der beherrscht wird, *die glücklichste Gleichheit aller Stände.*«[17] Im Shakespeareschen Original findet sich nichts dergleichen.

---

[16] Ebd., S. 790 – 791.
[17] Ebd., S. 745 (*Hervorhebung N.G.*).

Damit legt Tieck Gonzalo immerhin den Titel eines Vortrags in den Mund, den er, Tieck, vor einer adligen Studentenverbindung in Göttingen, der er, der Handwerkersohn, hatte beitreten dürfen, gehalten hatte. Er trug den Titel ›Über die mögliche Gleichheit aller Stände‹[18], und gibt damit fast wörtlich das Motto für Gonzalos Utopie vor. Bei diesem Ansatz hätte man sich freilich gewünscht, Tieck hätte seinen Shakespeare noch genauer studiert. Denn die politische Dimension des Stücks, seine Verhandlungen von Macht und Autorität, der Umgang mit dem Fremden, Zuschreibungen von moralischen und zivilisatorischen Begabungen auf der Grundlage von Geschlecht und Ethnie – alle diese ›Tempest‹-Themen haben in der Traumwelt Tiecks keinen oder nur einen geringen Platz. In Tiecks Worten: »Der Sturm und der Sommernachtstraum lassen sich vielleicht mit heitern Träumen vergleichen.«[19] So lautet der programmatische Auftakt zu seiner Studie über die Behandlung des Wunderbaren. *Heitere* Träume sollen es sein, nicht jene, die ihn seit seinen Pennälergeschichten verfolgten.

Dazu bedurfte es weiterer Eingriffe, die zu unserem vierten Beispiel führen. Die Hinzufügung neuer und die lyrisierende Ausweitung der bereits vorhandenen Lieder machen den größten Eigenanteil Tiecks an seiner Bearbeitung aus.[20] Während Ariel nur vier Lieder singt, sind es bei Tieck zwölf, die entweder von Ariel selber oder von einem Geisterchor oder gemeinsam gesungen werden. Auch bei den Trinkliedern der Gruppe um Caliban weitet Tieck deren Umfang deutlich aus – von insgesamt 21 auf 71 Zeilen.

Betrachten wir Ariels erstes Lied. Es ist durchaus ambivalent; das Harmonieversprechen wird gestört durch bellende Wachhunde und eitles Hahnengekrähe. Auf diesen kakophonischen Effekt hatte auch Schlegel in seiner Rezension hingewiesen.

Ariel's Song.
Come unto these yellow sands,
And then take hands:
Curt'sied when you have, and kist;
(The wild waves whist;)
Foot it featly here and there,
And, sweet sprites, the burthen bear.
Burthen, dispersedly.
Hark, hark, bough, waugh: The watch-dogs bark, baugh-waugh
ARIEL *Hark, hark, I hear*
The strain of strutting chanticlere
Cry, cock-a-doodle-do.[21]

In der Bearbeitung Tiecks beherrschen Harmonie und Liebe die Szene.

18 Paulin (Anm. 2), S. 27.
19 Tieck (Anm. 14), S. 691.
20 Vgl. Stefan Scherer: Witzige Spielgemälde. Tieck und das Drama der Romantik. Berlin 2003, S. 263.
21 William Shakespeare: The Tempest. In: Works (PW) 1 (I, 6), S. 22.

ARIEL Still ist das Meer, –
Nun flieget hierher
Und schwärmt auf dem blühenden Ufer umher!

Bei freundlichen Küssen
Tanzt Arm in Arm,
Mit flüchtigen Füßen
Schwebe,
Brüderlich hebe
Sich hüpfend und jauchzend der lustige Schwarm.

Dem Widerklang
Am Felsenhang
Ertöne der lustige Rundgesang!
GEISTER *hinter der Bühne*: Bau, – Wau!
ARIEL Der Wachhund schlägt an!
GEISTER. Bau, – Wau!
ARIEL. Der muntere Hahn
Schreit krähend und kickernd zum Himmel hinan.
GEISTER. Kock – kock – akockerikiki![22]

Tiecks Ariel lässt von Stimmungsspannungen nichts erkennen: Die eigentlich alles andere als harmonischen ländlichen Urgeräusche werden bei ihm fast zur Hintergrundsmusik für Ferien auf dem Bauernhof. Bedeutsamer ist die Umschreibung des anschließenden Liedes.

Ariel's Song.
Full fathom five thy father lies,
Of his bones are coral made:
Those are pearls, that were his eyes;
Nothing of him that doth fade,
But doth suffer a sea-change
Into something rich and strange.
Sea-nymphs hourly ring his knell.
Hark, now I hear them, ding-dong, bell. Burthen: ding-dong.[23]

Während das Meer bei Shakespeare nur indirekt erwähnt ist, wird es bei Tieck als dramatisch-lyrischer Raum bewusst gestaltet und ausgearbeitet; die verklärende poetische Metamorphose des Leichnams des »Vaters« steht mit weiteren ergänzten Einzelheiten im Mittelpunkt. Die Meeresnymphen dienen allein der Verklärung des Todes:

ARIEL In des Meeres wüsten Hallen
Liegt dein Vater, tief und fern
Sein Gebein wird zu Korallen,
Perle wird sein Augenstern.

---

22 Tieck (Anm. 15), S. 738.
23 Shakespeare (Anm. 21), S. 23 f.

Auf dem dunklen, feuchten Boden
Wandelt bald der Leichnam sich
Alles wird zu Seekleinoden
Auf des Meeres dunklem Boden,
Wundervoll und schauerlich.

Seegöttinnen durch die weiten
Meergemächer leise schreiten,
Ihm den Totensang zu läuten. –
Den Totensang,
Ding, – dang!

GEISTER *ungesehen:*
Ding, – dang.
Ding, – dang.[24]

Mehr noch: Das poetische Bild löst sich auf in eine narrative Sequenz, unterstützt von einem fast schon balladenhaften Ton, in dem von einem ›wunderlichen‹ Geschehen berichtet wird. Das Meer wird als Handlungsraum evoziert, in dem sich die Metamorphose ereignet. Deutet hier das Zaubermeer auf den Runenberg voraus? Ein geglätteter Erlkönig wird, wenn man so will, zum Perlkönig. »Wundervoll« und »schauerlich« sind die verräterischen, geradezu programmatischen Schlüsselwörter des Textes. Das Meer ist gewissermaßen das Eingangstor in die Welt der Geister, die imaginiert und in ein Geschehen eingebunden wird, die sich damit aber auch verselbständigt.

Überhaupt wird diese Umdeutungstendenz durch eine weitere Ausweitung verstärkt. Die Musik spielt bei Tieck eine wesentlich größere Rolle, als sie es bei Shakespeare ohnehin schon spielt. Zur Komposition der Liedmusik und der symphonischen Einlagen konnte der Berliner Musikdirektor Wessely gewonnen werden; sie ist meines Wissens nicht erhalten. Darin sieht Tieck ein weiteres späteres Ziel romantischer Kunst vorgebildet, das er die »Musikalisierung der Poesie« nennt. Dieser Wirkmechanismus wird ausschlaggebend für die »Gefangennahme der Sinne«[25] und zur Voraussetzung für die ästhetische Wirkung des Wunderbaren.

Dieser wirkungsästhetische Gesichtspunkt nun wird zum Hauptanliegen der dem Stück beigefügten Abhandlung. Deren Leitfrage lautet: Wie gelingt es Shakespeare, dem Zuschauer das Wunderbare so wahrscheinlich zu machen, dass dieser sich bedenkenlos der fremden Welt hingibt. Seine Antwort lautet: durch die »Nicht-Unterbrechung der Illusion«, durch einen dauerhaften Traumzustand, der uns freihält von »Erinnerungen an die Wirklichkeit«.[26] Ging es bei Bodmer zu Beginn des Jahrhunderts darum, dem Wunderbaren einen Platz in der Literatur zu erstreiten, so liegt das Ziel nunmehr darin, das Wunderbare gar nicht mehr als Wunderbares, sondern als Selbstverständliches zu erfahren. Das macht den Zuschauer zum Teil der wunderbaren Welt, die er als seinen Erleb-

---

24 Tieck (Anm. 15), S. 739.
25 Klussmann; zitiert nach dem Kommentar von Achim Hölter (Tieck (Anm. 3), S. 1230).
26 Tieck (Anm. 14), S. 692 – 693.

nisraum begreift. Es kommt Tieck also gar nicht so sehr darauf an, zu wissen und zu zeigen, »was das Wunderbare eigentlich ist, wie darauf, zu glauben [...], dass es das Wunderbare gibt«[27], und zwar als Teil unserer Welt. Shakespeares Kunst besteht darin, »beim Zuschauer die Phantasie [...] in Spannung zu halten[28] und den »richtenden Verstand« einzuschläfern, und zwar so, dass »sich die Seele [...] willig der Bezauberung hingibt, und die spielende Phantasie durch keine plötzliche und widrige Überraschung aus ihren Träumen geweckt wird«.[29]

Die *erste* und wichtigste liegt in der durchgängigen, durch keine realistischen Elemente gestörten Einrichtung der Wunderwelt, wofür die Insel geradezu den idealen Topos liefert. Im Verlauf des Spiels werde die Seele des Zuschauers »nie wieder in die gewöhnliche Welt versetzt«[30], alles Realistische in dieser Welt wird ins Wunderbare transformiert. Das erklärt, warum Tieck die erkennbaren Anspielungen auf zeitgenössische Gebräuche entweder ganz tilgt oder ins Allgemeine ›veredelt‹. Ariel und Prospero sind übernatürlich durch ihre Seinsform und Kompetenz, Miranda und Ferdinand in der idealisierenden Veredelung ihrer Charaktere.

Der *zweite* Grund liegt in der gemäßigten Darstellung der Affekte. Die Leidenschaften der Liebe wie in den Tragödien sind hier ebenso gemäßigt wie die des Zorns oder der Rache in den Historien.[31] Die Welt des Wunderbaren erschließt sich erst dem Altersmilden.

Der *dritte* Grund ist erstaunlicher Weise das Komische: »Das Lächerliche präpariert sehr oft das Gräßliche.«[32] Insofern haben Caliban und Trinculo ihren erkennbaren Platz im Tieckschen Universum, ja, werden in den komischen Passagen sogar noch ausgearbeitet.

Der *vierte* und neben dem ersten wichtigste Grund ist schließlich die Verwendung von Musik: »Die Phantasie wird [...] eingeschläfert.«[33] Mit diesen Thesen, das ist wiederholt festgestellt worden, formuliert Tieck nicht nur seine Lesart Shakespeares, er begründet zugleich die »wesentlichen Momente seiner eigenen Produktion«, wie sie für die Kunstmärchen vom ›Blonden Eckbert‹ und dem ›Runenberg‹ grundlegend werden sollten.[34]

Insgesamt aber nimmt Tieck, vielleicht ohne es zu wissen, bei der Ausarbeitung seiner Gedanken seine These von den »heiteren Träumen« wieder zurück, so oft er sie auch wiederholt. Denn die von ihm in der Abhandlung beschriebene Shakespearesche Welt »der Gespenster und Ungeheuer« ist ebenso wenig nur heitere Feenwelt wie es die Nachtseiten der Seele sind, die die Traumwelt zum

[27] Lothar Pikulik: Romantik als Ungenügen an der Normalität. Frankfurt 1979, S. 428 f.
[28] Ebd., S. 423.
[29] Tieck (Anm. 14), S. 685.
[30] Ebd., S. 689.
[31] Ebd., S. 698.
[32] Ebd., S. 703.
[33] Ebd., S. 707 – 708.
[34] Pikulik (Anm. 26), S. 425, unter Rückgriff auf Klaus Müller-Dyes: Der Schauerroman und Ludwig Tieck. Diss. masch. Göttingen 1965.

Vorschein bringt und die Tieck selbst in seinen Märchen entwerfen wird. »Romantische Umdeutung« ist nicht die Entdeckung des Wunderbaren an sich, sondern allenfalls dessen poetische »Veredlung und Verfeinerung«[35], der seltsame Kunstgriff, das »Reich der Nacht [...] von einem sanften Mondschein« zu erhellen.[36] Natürlich ist das von Shakespeares ›Sturm‹, wie ja auch vom ›Sommernachtstraum‹, ein Stück weit entfernt, und gewiss geht diese Deutung des Romantisch-Wunderbaren in Mendelssohns Musik zum ›Sommernachtstraum‹ ein. Aber es ist kein Missverständnis. Tieck macht einfach nur Ernst mit seinem später erklärten Ziel, mit Hilfe des Volkstheaters Shakespeares der deutschen ›Volksphantasie‹ zu einer gehobenen Form und einem entsprechend höheren Rang zu verhelfen.

[35] Tieck (Anm. 14), S. 687.
[36] Ebd., S. 689.

Yvonne Nilges

DER ABTRÜNNIGE ADEPT UND SEINE WIRKUNG:

Christoph Martin Wieland als Shakespeare-Übersetzer

»Wie fang' ich nach der Regel an?
Ihr stellt sie selbst, und folgt ihr dann.«
Richard Wagner, ›Die Meistersinger von Nürnberg‹

In seinem Nekrolog ›Zu brüderlichem Andenken Wielands‹ resümiert Goethe auch die Verdienste des Dahingeschiedenen als Übersetzer. Sorgsam abwägend heißt es dort, im Jahre 1813:

> Es gibt zwei Übersetzungsmaximen: die eine verlangt, daß der Autor einer fremden Nation zu uns herüber gebracht werde, dergestalt, daß wir ihn als den Unsrigen ansehen können; die andere hingegen macht an uns die Forderung, daß wir uns zu dem Fremden hinüber begeben und uns in seine Zustände, seine Sprachweise, seine Eigenheiten finden sollen. Die Vorzüge von beiden sind durch musterhafte Beispiele allen gebildeten Menschen genugsam bekannt. Unser Freund, der auch hier den Mittelweg suchte, war beide zu verbinden bemüht, doch zog er als Mann von Gefühl und Geschmack in zweifelhaften Fällen die erste Maxime vor.[1]

So äquilibristisch und konziliant hatte Goethe nicht immer geurteilt; es sei nur an die Sturm und Drang-Farce ›Götter, Helden und Wieland‹ erinnert. Aber auch die Shakespeare-Übertragungen durch Wieland hatten bei den meisten Stürmern und Drängern ein Missbehagen erregt, indem sie sich vom englischen Original bewusst (und teilweise auch unbewusst) so weit entfernten, dass Shakespeares »Originalgenie« in Wielands Übersetzungen nur mehr entstellt zu rezipieren war. Gerstenbergs ›Briefe über Merkwürdigkeiten der Litteratur‹ eröffneten die Fehde gegen Wieland, und Goethe selbst erinnert sich in ›Dichtung und Wahrheit‹, wie die

> Verehrung Shakespeare's […] bei uns bis zur Anbetung [ging]. Wieland hatte hingegen, bei der entschiedenen Eigenheit sich und seinen Lesern das Interesse zu verderben und den Enthusiasmus zu verkümmern, in den Noten zu seiner Übersetzung gar manches an dem großen Autor getadelt, und zwar auf eine Weise, die uns äußerst verdroß und in unsern Augen das Verdienst dieser Arbeit schmälerte. Wir sahen Wielanden, den wir als Dichter so hoch verehrten, der uns als Übersetzer so großen Vortheil gebracht, nunmehr als Kritiker, launisch, einseitig und ungerecht.[2]

---

1 Johann Wolfgang Goethe: Zu brüderlichem Andenken Wielands. In: WA I/36, S. 311 – 346, hier: S. 329 f.

2 Johann Wolfgang Goethe: Dichtung und Wahrheit. In: WA I/28, S. 299 – 351, hier: S. 326. Zur Aufnahme von Wielands Shakespeare-Übertragungen vgl. auch Sabine Kob: Wielands Shakespeare-Übersetzung: Ihre Entstehung und ihre Rezeption im Sturm und

Wie »einseitig« und mithin »ungerecht« – bei aller berechtigten Kritik – dieses Verdikt nun seinerseits sein mochte, erhellt freilich, wenn wir die weitere Rezeptionsgeschichte Shakespeares in Deutschland übersehen. In der Nachfolge von Voltaires ›Lettres philosophiques ou sur les Anglais‹, die »les monstres brillants de Shakespeare« thematisiert hatten, war der Begriff vom unregelmäßigen Theater Shakespeares als einem »Ungeheuer« auch in Deutschland unter den frankophilen, an der *tragédie classique* orientierten Theaterkritikern zur Tradition geworden.[3] Als jedoch Cornelius Hermann von Ayrenhoff im Jahre 1783 sein Trauerspiel ›Kleopatra und Antonius‹ dem Shakespeare-Übersetzer Wieland widmete und in der Zueignungsschrift Shakespeare explizit als ein für das Drama nicht zuträgliches »Ungeheuer« apostrophierte, reagierte Wieland darauf mit einer Shakespeare-Apologie, die das »Ungeheuer«-Stigma Shakespeares nachdrücklich zu dementieren suchte.[4] Und in der Tat:

> Shakespeare'n zu übersetzen, war in jenen Tagen [immerhin] ein kühner Gedanke, weil selbst gebildete Literatoren die Möglichkeit läugneten, daß ein solches Unternehmen gelingen könne. Wieland übersetzte mit Freiheit, erhaschte den Sinn seines Autors, ließ bei Seite, was ihm nicht übertragbar schien, und so gab er seiner Nation einen allgemeinen Begriff von den herrlichsten Werken einer andern, seinem Zeitalter die Einsicht in die hohe Bildung vergangener Jahrhunderte.[5]

So – sehr viel ausgewogener als früher – der *klassische* Goethe. Sein ›Wilhelm Meister‹ verdeutlicht exemplarisch Wielands Meriten als Shakespeare-Übersetzer, indem der junge Wilhelm, *bevor* er mit den Werken Shakespeares näher bekannt wird, bezeichnenderweise unreflektiert die verbreitete Auffassung von »jenen Stücken« als »seltsame[n] Ungeheuer[n]« übernimmt – später jedoch Wielands ›Hamlet‹-Übertragung eingehend studiert und sich daran begibt, dieselbe für die Bühne zu bearbeiten. Leise Kritik an Wielands Shakespeare-Übersetzung scheint auch hier noch durch, wobei allerdings eine sachliche Distanzierung vom Sturm und Drang in dialektischer epischer Reflexion erfolgt: Wilhelm als Persona des jugendlichen Goethe plädiert für die Unantastbarkeit des Werkes, während der Theaterpraktiker Serlo seinerseits die Bühnenerfordernisse der Zeit gegenüber Wilhelm zu bedenken gibt (die wiederum zu Goethes Leitung des Weimarer Hoftheaters von 1791 bis 1817 in Beziehung standen):

Drang. Frankfurt 2000. Gleichfalls Dieter Martin: Le Shakespeare de Wieland entre lecteur et spectateur; Norbert Greiner: ›Beaucoup de bruit pour rien‹ de Wieland à Goethe: les débuts du théâtre de mise en scène; sowie Roger Paulin: ›Othello‹ et la pratique traductrice des années 1760: Wieland et Voltaire. In: Shakespeare vu d'Allemagne et de France des lumières au romantisme. Paris 2007 (= Revue germanique internationale; 5/2007), S. 109 – 132, S. 51 – 68 und S. 13 – 22.

3 Vgl. die – durchaus repräsentative – Zurückweisung der »abominables piéces [sic] de Schakespear« in dem Traktat ›De la littérature allemande‹ Friedrichs des Großen (1780). Hg. von Christoph Gutknecht und Peter Kerner. Hamburg 1969, S. 60.

4 Christoph Martin Wieland: Briefe an einen jungen Dichter. Dritter Brief. In: TM 1782, 3.Vj., S. 228 – 253.

5 Goethe: Andenken Wielands (Anm. 1), S. 326.

> Wilhelm hatte sich schon lange mit einer Übersetzung Hamlets abgegeben; er hatte sich dabei der geistvollen Wieland'schen Arbeit bedient, durch die er überhaupt Shakespearn zuerst kennen lernte. Was in derselben ausgelassen war, fügte er hinzu [...]. Er fing nun an, nach seinem Plane auszuheben und einzuschieben, zu trennen und zu verbinden, zu verändern und oft wiederherzustellen; denn so zufrieden er auch mit seiner Idee war, so schien ihm doch bei der Ausführung immer, daß das Original nur verdorben werde.[6]

Eine Bühnenadaption nach Wieland also: Was Goethe im ›Wilhelm Meister‹ literarisch darstellt, hat wenige Jahre später Schiller auch ganz praktisch unternommen. Wir wollen uns im Folgenden seiner Bühnenbearbeitung des ›Macbeth‹ (1800) zuwenden, um hier detaillierter und konkreter zu verfolgen, wie der abtrünnige Shakespeare-Adept Wieland als Übersetzer auf die Weimarer Klassik wirkte.

I.

Neben Wielands Übertragung des ›Macbeth‹ hat Schiller für seine Bühnenbearbeitung auch noch die Übersetzungen Johann Joachim Eschenburgs und Heinrich Leopold Wagners konsultiert. Diejenige Wielands war jedoch, wie wir zeigen wollen, für seine Bühnenadaption die prägendste. Wagner als Sturm und Drang-Übersetzer fügte sich nicht länger in den Selbstanspruch der Klassik, und von Eschenburg hatte sich Schiller bereits in einem Brief an August Wilhelm Schlegel vom 11. März 1796 distanziert. Dies als Reaktion auf Schlegels Plan, »den Shakespear« selbst »zu übersetzen«:

> Der Gedanke ist sehr glücklich, und der Himmel lohn es Ihnen, daß Sie uns von dem traurigen Eschenburg befreyen wollen. Mit diesem sind sie glimpflicher umgegangen als ers verdient [...]. Man sollte diese Erzphilister, die doch Menschen zu seyn sich einbilden, nicht so gut traktieren. [...]
>
> Auch Bürgers Makbeth und die übersetzten Hexengesänge haben Sie mir zu raisonnabel behandelt. Ich halte die letztern für eine recht Bürgerische Pfuscherey, so arg als irgend eine von ihm, und das ist nicht bloß meine PrivatMeinung. Göthe z.B. mit dem ich erst kurz noch davon sprach, findet sie greulich, und er hat, da er den Macbeth gern einmal in Weimar spielen lassen wollte, schon darauf gedacht, wie er sie anders übersetzt bekommen könnte.[7]

Schiller hat Bürger für seinen ›Macbeth‹ in Weimar denn auch gar nicht erst hinzugezogen. Wie sehr er sich stattdessen an Wielands Übertragung des ›Macbeth‹ orientierte, zeigt seine fast wörtliche Übernahme eben jener »Hexengesänge« nach Wielands Vorlage gleich zu Beginn des ersten Aufzugs und auch später:

---

6 Johann Wolfgang Goethe: Wilhelm Meisters Lehrjahre (Fünftes Buch). In: WA I/22, S. 163.

7 Friedrich Schiller: An August Wilhelm Schlegel (11. März 1796). In: NA 28, S. 198 f.

Die Schicksalsschwestern, Hand in Hand,
Schwärmen über See und Land,
Drehen so im Kreise sich,
Dreimal für dich
Und dreimal für mich,
Noch dreimal, daß es Neune macht –
Halt! Der Zauber ist vollbracht![8]

Statt »Kreise« steht bei Wieland »Cirkel« – sonst stimmen die Verse wörtlich überein.[9] Auch an anderen Stellen (die Wieland in Prosa übersetzte) bediente sich Schiller beinahe wörtlich bei Wielands Übersetzung und integrierte deren Prosa in den Blankvers seiner Bühnenbearbeitung. Bezeichnend indes, dass Wieland die »weird sisters« im englischen Original als »Schiksals-Schwestern« ins Deutsche übertragen hatte[10] – eine von Shakespeares Text bedeutsam abweichende Interpretation, die Schillers Bühnenadaption sogar noch steigert. Als Repräsentantinnen des Schicksals gemahnen die Hexen bei Schiller auf eigenwillige Weise an die Parzen oder Eumeniden; dem korrespondiert, dass sie in Weimar denn auch, in veritabler griechischer Drapierung, von Männern auf der Bühne dargestellt wurden und dass sie auf Kothurnen auftraten.[11] Derart klassisch waren sie bei Wieland nicht, doch war mit den »Schiksals-Schwestern« bereits ein Eingriff in den Text von Shakespeare vorgegeben, dessen Tendenz Schiller später noch verstärkte. Schillers Bemühen, die ›Macbeth‹-Bühnenbearbeitung an der Ästhetik der Weimarer Klassik auszurichten, ging denn auch so weit, dass bei ihm Macduff am Ende der Tragödie nicht etwa mit dem *Kopf* Macbeths, sondern mit dessen *Krone* wiederkehrt – ganz Schillers ›Gedanken über den Gebrauch des Gemeinen und Niedrigen in der Kunst‹ und überhaupt dem ästhetischen Postulat der »Veredelung« in der Gestaltung eines ernsten Kunstwerkes entsprechend.[12] Bei Wieland war Macduff noch – wie bei Shakespeare – mit dem Kopf des Usurpators aufgetreten, doch hatte auch Wieland – anders als Shakespeare – Macbeths Ermordung durch Macduff nicht länger auf offener Szene stattfinden lassen. Auch dies hat Schiller von Wieland übernommen.

Der auslegende Eigensinn von Wielands Übertragung führt gelegentlich zu einer vom Original abweichenden Sinnenteignung, welche – abgeschwächt und

8 Friedrich Schiller: Macbeth. Ein Trauerspiel von Shakespear zur Vorstellung auf dem Hoftheater Weimar eingerichtet von Schiller. In: NA 13, S. 80.

9 Vgl. William Shakespeare: Das Trauerspiel vom Macbeth. In: TW 15, S. 14.

10 Ebd.

11 Vgl. hierzu Goethes Regiebemerkungen zur Aufführung am Weimarer Hoftheater. Goethe: Brief an Schiller vom 30. Sept. 1800. In: WA IV/15, S. 125.

12 Zu Schillers ›Macbeth‹-Bearbeitung (ohne den Wieland-Fokus) vgl. auch die Darstellungen von William H. McClain: Schillers ›Macbeth‹: Sprache und Rhetorik. In: Goethezeit: Festschrift für Stuart Atkins. Hg. von Gerhart Hoffmeister. Bern u. München 1981, S. 217 – 230, sowie von Roger Paulin: Schiller's ›Macbeth‹ Reconsidered. In: Texte, Motive und Gestalten der Goethezeit: Festschrift für Hans Reiss. Hg. von John L. Hibberd. Tübingen 1989, S. 131 – 149.

auf Details bezogen – noch öfters in Wielands Übersetzung begegnet und sich in Schillers Bühnenadaption manifestiert. So etwa zu Beginn des dritten Aufzuges, als Banquo die erfüllten Prophezeiungen gegenüber Macbeth wie folgt Revue passieren lässt: »Thou hast it now – King, Cawdor, Glamis, all«[13] – enumerativ hier also ausgerichtet nach dem Rang, wohingegen Wieland die Aufzählung umkehrt und stattdessen chronologisch ordnet: »So hast du's also? Glamis, Cawdor, König«.[14] Dies wird von Schiller aufgegriffen: »Du hast's nun! Glamis! Cawdor! König!«[15] Oder, um ein zweites Beispiel anzuführen: Später berichtet ein ungenannt bleibender Lord Lennox von der geplanten Rebellion gegen Macbeth – »And this report | Hath so exasperate the King that he | Prepares for some attempt of war.«[16] Wieland übersetzt: »Die Nachricht von allem diesem hat den Tyrannen so erbittert, daß er schleunige Kriegs-Zurüstungen macht.«[17] Zweierlei fällt hierbei auf. Zum einen interpretiert Wieland die »Wut« Macbeths bei Shakespeare als »Erbitterung« – eine selbstständige Nuancierung, der Schiller in seiner Bühnenbearbeitung nicht folgt; zum anderen jedoch wird aus dem »König« bei Shakespeare in den Worten des namenlosen Lords nunmehr ganz unverhohlen ein »Tyrann« – ein Eingriff in den Originaltext, dem Schiller sich anschließt (bei ihm spricht Lenox [sic] selbst es aus): »Die Nachricht von dem allen | Hat den Tyrannen so in Wut gesetzt, | Daß er zum Kriege schleunig Anstalt macht.«[18] Hier wie bei der invertierten Enumeration der Titel zeigt sich, wie Wieland (und mit ihm Schiller) die frühneuenglische Vorstellung vom Gottesgnadentum des Königs, von dessen unangefochtener Sonderstellung zwar nicht nachgerade nivelliert; gleichwohl geht von der subalternen Ehrerbietung dem Königsstatus gegenüber, den der *Usurpator* für sich reklamiert, bei Wieland (und bei Schiller) in den Worten der Edelleute abgetönt manches verloren. Macbeth ist *unrechtmäßig* König, ihm kommen höchste Devotionsbekundungen nicht zu; das unterstreichen Wieland und auch Schiller, während Shakespeare Banquo und den Lord sich vorsichtiger, das heißt *auf den Königsrang als solchen ausgerichtet* äußern lässt. An diesen Stellen deutet Wieland Shakespeares Text subtil-subversiv um, indem er das Unrechtmäßige der Königswürde Macbeths akzentuiert – worin Schillers Auslegung ihm folgt.

Indessen werden auch Verständnisfehler übernommen, die nicht sowohl auf einer Eigeninterpretation als vielmehr auf fehlerhafter Kenntnis des Frühneuenglischen beruhen. Hier wäre eine ganze Reihe einschlägiger Übersetzungsstellen anzuführen, die in Wielands Übertragung im besten Falle ungenau, bisweilen auch den Sinn verfehlend ausfallen, und die Schiller in Anlehnung an Wieland in seine Bühnenadaption mit überträgt. Wenn Schiller etwa die schlaf-

---

13 William Shakespeare: The Complete Works. Hg. von Alfred Harbage. New York 1977, S. 1119.

14 Shakespeare/Wieland (Anm. 9), S. 52.

15 Shakespeare/Schiller (Anm. 8), S. 112.

16 Shakespeare (Anm. 13), S. 1125.

17 Shakespeare/Wieland (Anm. 9), S. 74.

18 Shakespeare/Schiller (Anm. 8), S. 129.

wandelnde, von ihrem Gewissen geplagte Lady Macbeth zu Beginn des fünften Aufzugs rufen lässt: »Nichts mehr, mein Gemahl! – | O nicht doch! Nicht doch! Ihr verderbet alles | Mit diesem starren Hinsehn!«,[19] so ist das »Hinsehn« eine Reminiszenz an Wielands »ihr verderbt alles mit diesem Starren«.[20] Das freilich ist ein Übersetzungsfehler, denn Shakespeares Original: »You mar all with this starting« bezieht sich ganz im Gegenteil nicht etwa auf eine starre Fixierung mit dem Blick, sondern auf schreckhafte *Bewegungen*, das heißt kontextuell auf einen nachgerade *blinden* Aktionismus.[21] Und wenn der verzweifelte Macbeth später resümiert: »I have supped full with horrors« – eine Anspielung auf die Bankettszene im dritten Akt mit Banquos Geist –,[22] so ist die Übertragung, die Wieland für diese Stelle wählt, irrtümlich insofern, als sie zwar die Banquo-Allusion bewahrt, doch nur mehr diese: »ich habe mit Schrekgespenstern zunachtessen gelernt«.[23] Nach Wielands Vorlage verfährt auch Schiller, doch kommt im zweiten Satzteil bei ihm auch der eigentliche Wortsinn der Metapher zu dem Recht, das Shakespeares Ausdruck auf eine ambiguose Weise offeriert. So heißt es denn – korrekt – bei Schiller, indem die englische Metapher im Deutschen in *zwei* Metaphern aufgespalten wird: »Ich hab' zu Nacht gegessen mit Gespenstern, | Und voll gesättigt bin ich von Entsetzen.«[24] Dieser letztere Gehalt, diese *vordringliche* Lesart von »I have supped full with horrors« findet sich bei Wieland so noch nicht; Schiller hatte sie (trotz seines Ressentiments) bei Eschenburg gefunden.

So deutlich Schillers Abneigung gegenüber Eschenburg auch war: Bereits in seiner Dissertation, dem ›Versuch über den Zusammenhang der tierischen Natur des Menschen mit seiner geistigen‹ (1780), hatte der junge Schiller aus Eschenburgs kürzlich erschienener Übersetzung des ›Macbeth‹ zitiert. In § 26 von Schillers Arbeit hatte es dort über den Schlaf geheißen:

> Noch mehr gewährt der Schlaf, der, wie unser Shakespear sagt, »den verworrenen Knäul der Sorgen auseinander löst, das Bad der wunden Arbeit, die Geburt von jedes Tages Leben, der zweite Gang der großen Natur ist«.[25]

In der zweiten Szene des zweiten Aktes war Schiller der Übertragung Eschenburgs gefolgt – jener Szene, in der Macbeth nach der Ermordung Duncans ausruft:

---

[19] Ebd., S. 239.
[20] Shakespeare/Wieland (Anm. 9), S. 103.
[21] Shakespeare (Anm. 13), S. 1131.
[22] Ebd., S. 1133.
[23] Shakespeare/Wieland (Anm. 9), S. 113.
[24] Shakespeare/Schiller (Anm. 8), S. 155.
[25] Friedrich Schiller: Über den Zusammenhang der tierischen Natur des Menschen mit seiner geistigen. In: NA 20, S. 74.

Methought I heard a voice cry 'Sleep no more!
Macbeth does murder sleep' – the innocent sleep,
Sleep that knits up the ravelled sleave of care,
The death of each day's life, sore labor's bath,
Balm of hurt minds, great nature's second course,
Chief nourisher in life's feast.[26]

Indessen: Abgesehen davon, dass der junge Schiller hier in der Anordnung der Appositionen an einer Stelle von Eschenburgs Übertragung abgewichen war, hatte er sich bereits dort in einer ein einziges Wort betreffenden textkritischen Entscheidung von Eschenburgs Vorlage dispensiert. Dies in dem Ausdruck »The death of each day's life« (»der Tod von jedes Tages Leben«), wo der junge Schiller eben nicht den »Tod«, sondern die »Geburt« in seiner Dissertation zitiert hatte – nach der Übersetzungsvorlage von Wieland. Bei Wieland nämlich, der einem textkritischen Eingriff Warburtons folgte, lesen wir an entsprechender Stelle »die Geburt von jedes folgenden Tages Leben«[27] – eine Konjektur, der Schiller sich anschloss und die auch noch in seiner Bühnenadaption des Jahres 1800 durchscheint. Dort heißt es, versifiziert:

Den Schlaf, der den verworrnen Knäul der Sorgen
Entwirrt, der jedes Tages Schmerz und Lust
Begräbt und wieder weckt zum neuen Morgen[.][28]

Letzteres: »und wieder weckt zum neuen Morgen« ist mithin Wielandscher Provenienz, indem Schiller an dieser Stelle Eschenburgs und Wielands Übertragungen dem Sinn nach miteinander kombiniert.

Obgleich also Schiller in seiner Bühnenbearbeitung des ›Macbeth‹ die Rollenverteilung der »Simplicität« wegen zum Teil modifiziert und überdies die derbe Pförtner-Szene seiner eigenen Ästhetik anverwandelt, auch etwa die Szene mit Macduffs Familie nicht mit einbezieht (dies hatte Wieland seinerseits sehr wohl getan), sind in der Bühnenadaption durchgängig wörtliche Wieland-Reminiszenzen auszumachen – und nicht nur solche, die sich vom ursprünglichen Gehalt bewusst oder auch unbewusst entfernen, sondern auch korrekte, sehr prägnante Formulierungen. So beispielsweise, wenn die Prophezeiungen der Hexen nach Wieland (und nach Schiller) Banquo »zu Hoffnung anfrischen« beziehungsweise »zur Hoffnung | Anfrischen«, was dem englischen Original (»And set me up in hope«) entspricht.[29] Ähnlich verhält es sich, um nur ein weiteres Exempel anzuführen, mit Macbeths Ermahnung der Mörder Banquos, sich wie Männer aufzuführen, und »Not i' th' worst rank of manhood, say't« – was Wieland mit »an ächter Mannheit nicht die allerlezten« übersetzt und Schiller

[26] Shakespeare (Anm. 13), S. 1117.
[27] Shakespeare/Wieland (Anm. 9), S. 38.
[28] Shakespeare/Schiller (Anm. 8), S. 100.
[29] Shakespeare/Wieland (Anm. 9), S. 52; Shakespeare/Schiller (Anm. 8), S. 204; Shakespeare (Anm. 13), S. 1120.

auch so übernimmt: »An echter Mannheit nicht die allerletzten«.[30] Was die Einheit des Ortes anbetrifft, ist es charakteristisch, dass sowohl Wieland als auch Schiller die letzten Szenen der Tragödie auf dem Schlachtfeld sämtlich an ein und demselben Ort stattfinden lassen – hierbei vorsätzlich abweichend von Shakespeare.

II.

Wieland als abtrünniger Adept Shakespearescher Dramen hat derweil auch dort als Übersetzer denkwürdige Spuren hinterlassen, wo man solche schlechterdings kaum noch vermuten würde. Auch hier, Dekaden später als bei Schiller, ist im Falle eines kreativen Rezipienten ein *affirmativer* Umgang mit den abweichenden Shakespeare-Übersetzungen durch Wieland auszumachen – eines Künstlers freilich, der bei Shakespeare nicht das Tragische, sondern das Lustspielhafte, Heitere betonte und sich gerade darin an Wielands Vorgaben orientierte. Die Rede ist von Richard Wagner, dessen Jugendoper ›Das Liebesverbot‹ (1836) und dessen spätere Oper ›Die Meistersinger von Nürnberg‹ (1868) markant auf Wielands Shakespeare rekurrieren – indem ersteres Werk, durchdrungen von den Ideen des Jungen Deutschland, eine freie Adaption von Shakespeares ›Measure for Measure‹ darstellt, die ihrerseits unorthodox auf Wielands ›Maaß für Maaß‹ zurückgreift, und letztere Oper in zentralen Aspekten an Wielands Übertragung des ›Midsummer Night's Dream‹ gemodelt ist.[31]

Zuvörderst ist zu konzedieren, dass Wagners Shakespeare-Studium, wie im 19. Jahrhundert zu erwarten, vor allem auf der zwölfbändigen etablierten, in Wagners Dresdener Bibliothek in vierter Auflage befindlichen Übersetzung von Schlegel/Tieck beruhte – welche jedoch für das ›Liebesverbot‹, da die deutsche Übertragung von ›Measure for Measure‹ des Grafen Baudissin erst im Jahre 1839 erschien, noch nicht herangezogen werden kann.[32] Da Wagners Englischkenntnisse ein Shakespeare-Studium im Original nicht zuließen, verbleiben als früh genug erschienene, potentiell verwendete Übersetzungen Wielands ›Maaß für Maaß‹, Friedrich Ludwig Schröders gleichnamige Übertragung und Eschenburgs ›Gleiches mit Gleichem‹. Keiner dieser Texte hat sich offenbar in Wagners Dresdener Bibliothek befunden, doch ist deutlich, dass Wagner auf die Wielandsche Übersetzung zurückgegriffen haben muss, als er sich »des Sujets von Shakespeares ›Maß für Maß‹ bemächtigt[e]«, um es, seiner »jetzigen Stimmung angemessen, in sehr freier Weise mir zu einem Opernbuch« umzugestalten und es gegenüber dem Original teils vorsätzlich zu reduzieren, teils hingegen auch motivisch zu erweitern.[33]

---

[30] Shakespeare (Anm. 13), S. 1121; Shakespeare/Wieland (Anm. 9), S. 56 f.; Shakespeare/Schiller (Anm. 8), S. 115.

[31] Vgl. zum Folgenden ausführlich Yvonne Nilges: Richard Wagners Shakespeare. Würzburg 2007, S. 54 – 89 und S. 138 – 169.

[32] Siehe Curt von Westernhagen: Richard Wagners Dresdener Bibliothek 1842 bis 1849. Wiesbaden 1966, S. 103.

[33] Richard Wagner: Mein Leben. Hg. von Martin Gregor-Dellin. München 1976, S. 91.

Ausschließlich die Übertragung Wielands enthält Detailparallelen zu Wagners Jugendoper. So tituliert Wieland das ernste Shakespearesche *problem play* ›Measure for Measure‹ in seiner Übersetzung bezeichnenderweise als »Ein Lustspiel«, und die konsequente Bezugnahme auf den »Clown« Pompey als dezidierten »Harlequin« entindividualisiert und typisiert Pompey bei Wieland beträchtlich nach der Tradition der *Commedia dell'arte*. Diese wiederum hat, noch offenkundiger als in dem Drama Shakespeares, im ›Liebesverbot‹ des jungen Wagner bis in dessen Figur Brighella [!] hinein nachgewirkt.[34]

Auch Wielands Übersetzung der Shakespeareschen Figur des Lucio als »Libertiner« deutet auf eine später selektiv erfolgende, analoge Metamorphose gegenüber Shakespeare in Wagners eigener Figur des Luzio.[35] Das Temperament des Letzteren in Wagners Oper gleicht dem eines jugendlich »lebhaften [...] Wildfanges«,[36] der schließlich jedoch aufrichtige Gefühle für Isabella zu empfinden fähig ist, derselben – nicht in skrupellosem Scherz – gar einen Heiratsantrag macht und sie vor der Schmach der Entehrung durch den Statthalter Friedrich zu bewahren sucht. »In dem erhabenen Erglühen | Spricht sich die schönste Liebe aus«, triumphiert Wagners Isabella;[37] dies ein benevolenter, nobilitierender Zug der Sympathielenkung von Seiten Wagners, der in Shakespeares ›Measure for Measure‹ durchaus noch nicht angelegt ist. Dort ist Lucio ein leichtsinniger, frivoler, gegenüber dem Herzog bramarbasierender und zynischer »fantastic«,[38] der in der Schlussszene als einzige Figur für seine Immoralität bestraft wird, indem er Kate Keepdown, ein leichtes Mädchen mit sprechendem Namen und Mutter seines kleinen Kindes, zu heiraten verurteilt wird. Shakespeares Darstellung der Lucio-Figur als ganz eigener »dissoluto punito« wird von Wieland in seiner Übersetzung zwar grundsätzlich beibehalten, doch weist Wielands Bezeichnung »Libertin« – als Übersetzung von »fantastic« – bereits in eine positiver konnotierte, das Groteske der Shakespeareschen Gestalt mildernde Richtung, wie sie sich Wagner im ›Liebesverbot‹ bei seinem Luzio nunmehr entsprechend ganz zu eigen macht.[39] So wird aus ›Measure for Measure‹, vermittelt über den abtrünnigen Adepten Wieland, beim jungen Wagner in einer ganz eigenen Umwertung der Werte eine »Große komische

[34] William Shakespeare: Maaß für Maaß oder Wie einer mißt, so wird ihm wiedergemessen. In: TW 4, S. 5; Shakespeare: Measure for Measure. In: The Complete Works. Hg. von Alfred Harbage. New York 1977 (Anm. 13), S. 403.

[35] Ebd.

[36] Wagner (Anm. 33), S. 122.

[37] Richard Wagner: Das Liebesverbot oder Die Novize von Palermo. In: Ders.: Gesammelte Schriften und Dichtungen Bd. 11. Leipzig [2]1887, S. 103.

[38] Vgl. Shakespeare (Anm. 13), S. 403 (Personenverzeichnis).

[39] Vgl. die schon zu Wielands Zeiten gebräuchlichen, miteinander konkurrierenden zwei Lesarten für »Libertin«: »Wüstling« auf der einen, aber auch bereits – aufwertend – »Freigeist« auf der anderen Seite. Ein solcher steht nun ganz und gar im Gegensatz zu Shakespeares Darstellung der Luzio des ›Liebesverbots‹.

Oper«, die auch in Einzelheiten des Librettos auf die Vorlage Wielands zurückverweist.[40]

Was nun ›Die Meistersinger von Nürnberg‹ anbelangt, so ist dies eine Oper, deren offenbare Quellen – anders als beim ›Liebesverbot‹ – natürlich nicht bei Shakespeare liegen. Gleichwohl sind Wagners ›Meistersinger‹ eine Reverenz zumal auch gegenüber Shakespeare – und dies abermals vermittels Wielands deutscher Übertragung. Die ›Meistersinger‹ als Wagners ganz eigener, ingeniöser ›Midsummer Night's Dream‹: Wie verhalten sich Wielands Übersetzungsbestrebungen hierbei den ›Meistersingern‹ gegenüber?

Der Umstand, dass Wagner in seiner ›Meistersinger‹-Oper gerade auf Wieland rekurriert, erhellt bereits aus dem frappanten, durch die Übertragung August Wilhelm Schlegels verdrängten deutschen Titel, mit dem Wieland Shakespeares Komödie jedoch durchaus zutreffend versehen hat: Wielands Übertragung des ›Midsummer Night's Dream‹ – die erste seiner Shakespeare-Übersetzungen und zugleich die einzige von ihm versifizierte – trägt nicht den (erst von Eschenburg 1775 eingeführten) Titel ›Ein Sommernachtstraum‹, sondern: ›Ein St. Johannis Nachts-Traum‹.

In der synkretistischen Verbindung des Namenstags Johannes des Täufers mit dem pagan-archaischen Fest der keltisch-germanischen Sommersonnenwende am 24. Juni manifestiert sich ein faszinierendes *tertium comparationis* von Wagners Oper und der Komödie Shakespeares, welch Letztere in ihrem Originaltitel auf eben jenes – für Wagners Oper so wesentliche – Datum anspielt. Denn im elisabethanischen wie auch noch im gegenwärtigen Englisch bezeichnet »Midsummer Day« den 24. Juni, das heißt die Sommersonnenwende und formal auch den Johannistag – freilich mit ausgeprägteren heidnischen als christlichen Implikationen, die sich aus dem höchsten Stand der Sonne an ebendiesem Tag ergeben und mythisch-rituell, auch und zumal lunatisch konnotiert sind.[41] Die durchgängige Mond-Metaphorik in Shakespeares Drama beschwört bewusst diese im Volksglauben tief verwurzelte mentale Ausnahme-Verwirrung der »Midsummer Night« vom 23. auf den 24. Juni, ebenso der unter diesem Aspekt als scherzhaft ephemer suggerierte, unbeschwerte Traum-Charakter des zauberhaft-phantastischen Komödien-Geschehens:

> If we shadows have offended,
> Think but this, and all is mended –
> That you have but slumb'red here
> While these visions did appear.
> And this weak and idle theme,
> No more yielding but a dream,
> Gentles, do not reprehend.
> If you pardon, we will mend.[42]

---

[40] Vgl. dazu eingehend Nilges (Anm. 31), S. 69.

[41] The Oxford English Dictionary Bd. 9. Hg. von J. A. Simpson und E. S. C. Weiner. Oxford ^{2}1989, s.v. »midsummer«.

[42] Shakespeare (Anm. 13), S. 173 (Pucks Epilog).

Obgleich sich also Wieland, noch einmal: bisweilen vorsätzlich von Shakespeares imponderablen Avantagen distanziert, die auch er selbst in seinen das dramatische Dekorum wahrenden Auslassungen und Annotationen als allzu barbarische empfindet; obgleich emendierende Abweichungen und vereinzelte regelrechte Übersetzungsfehler sich vom englischen Original gelegentlich entfernen, so ist dennoch zu betonen, dass Wieland schlechterdings der erste und einzige Shakespeare-Übersetzer ist, der den im deutschsprachigen Raum weithin unbekannten englischen Begriff des »Midsummer« in dessen subversiver Implikation erkannt und in beziehungsreiche Relation zum geläufigeren St. Johannis-Tag desselben Datums gebracht hat, so dass gegenüber nachfolgenden, allgemeineren ›Sommernachtstraum‹-Betitelungen Shakespeares Anspielung auf den 23./24. Juni in der Übersetzung ausdrücklich bewahrt wurde. Dies durchaus korrekt und zumindest in diesem Punkt gewiss ingeniös, da Volksglauben und Brauchtum im Hinblick auf das Datum durch synkretistische Verschränkung von Sommersonnenwende und dem Namenstag Johannes des Täufers in England wie in Deutschland seit jeher kaum mehr voneinander abwichen.[43]

Dass das volkstümliche St. Johannis-Verständnis im deutschsprachigen Raum nicht in sämtlichen Einzelheiten dem angelsächsischen Kulturraum gleichzusetzen ist, mindert nicht seine wesentlichen Übereinstimmungen und den zumeist gleichwohl identifikatorischen Gehalt, den Wielands Titel offeriert. Wusste man in Deutschland bislang tatsächlich »wenig von Elfen«, wie Heine in seinem für Wagners ›Tannhäuser‹ so bedeutenden »Elementargeister«-Essay zu bedenken gibt – Wielands späterer ›Oberon‹ ist bis in den poetischen Sprachduktus hinein maßgebend von seinem Shakespeare-Studium beeinflusst –, so waren stattdessen doch andere, allerdings unberechenbarere Kategorien von Geistern in Bezug auf die Johannisnacht bekannt, die ihrerseits dem Kobold Puck bei Shakespeare nahekommen. Die nicht ätherisch-elfenhafte, sondern koboldhafte, dämonisch-subversive Komponente der Shakespeareschen Komödie dominiert denn auch, der deutschen St. Johannis-Tradition gemäß, in Wagners zweitem Akt der ›Meistersinger‹, kulminierend in der nächtlichen Prügelszene.[44]

Wagner selbst spricht zwar stets von Shakespeares im Deutschen geläufigerem ›Sommernachtstraum‹, niemals von dem im kollektiven Bewusstsein zu Unrecht vergessenen Titel des ›St. Johannis Nachts-Traums‹. Wie sehr die durch Wieland vermittelten Johannis-Implikationen von Shakespeares Komödie indessen auf die ›Meistersinger‹ gewirkt haben, verdeutlichen bereits sämtliche Prosaentwürfe zu Wagners anfänglichem »Satyrspiel«. Die St. Johannis-Thematik ist vom frühesten Marienbader Entwurf des Jahres 1845 an vorhanden; das entsprechende Indiz stellt in diesem ersten Entwurf Wagners Lokalisierung des

---

43 Vgl. Manfred Becker-Huberti: Lexikon der Bräuche und Feste. Freiburg i. Br. 2000, s. v. »Johannes der Täufer«.

44 Heinrich Heine: Sämtliche Schriften 3. Hg. von Klaus Briegleb. München 1997, S. 651.

dritten Aktes dar, eine »Johanniswiese vor dem Tore«.[45] Diese Bezeichnung ist kaum zufällig gewählt, obschon auch das historische Nürnberg diverse Ortsnamen mit St. Johannis-Komposita aufweist; so etwa die Johanniskirche, den Johannisfriedhof und so weiter.[46] Eine Nürnbergische »Johanniswiese«, wie sie Wagner in sämtlichen Entwürfen der ›Meistersinger‹ verzeichnet, hat hingegen niemals existiert, so dass Wagner mit ihr nur die Hallerwiese meinen konnte, die sich – wie in der Oper – in unmittelbarer Nähe der Pegnitz befindet, im Jahre 1434 vom Nürnberger Rat erworben wurde und seither nach ihrem vormaligen Besitzer Berthold Haller benannt ist. Es ist die historische Hallerwiese, die in der Stadtgeschichte Nürnbergs als die von Wagner prätendierte, an das mythisch-Überzeitliche des ›Midsummer Night's Dream‹ gemahnende umbenannte »Johanniswiese« figurierte: als öffentlicher Sport-, Spiel-, Fest- und Schützenplatz.[47]

Die auffallende Substitution der Haller- durch eine fiktive »Johanniswiese« entstammt keiner der bislang bekannten Quellen Wagners und ist nur durch den Einfluss von Shakespeares beziehungsweise Wielands deutschem ›St. Johannis Nachts-Traum‹ erklärbar. Weder Goethes – für Wagner grundlegende, die Gestalt Sachsens wiederentdeckende – ›Erklärung eines alten Holzschnittes, vorstellend Hans Sachsens poetische Sendung‹ noch E.T.A. Hoffmanns Erzählung aus den ›Serapionsbrüdern‹: ›Meister Martin der Küfner und seine Gesellen‹ – in der gerade die Nürnberger Hallerwiese mehrfach namentlich erwähnt wird – oder auch Deinhardsteins für Lortzings Oper maßgebendes ›Hans Sachs‹-Drama berühren in irgendeiner Form eine Johannis-Thematik; die nicht-literarischen ›Meistersinger‹-Quellen Wagners: Wagenseil (1697), Jacob Grimm (1811) und Gervinus (1842) – ihrer jeweils vorrangig deskriptiven Intention entsprechend – ebenso wenig.[48]

Bereits der erste Prosaentwurf der ›Meistersinger‹ lässt also erahnen, dass der Johannis-Thematik früh ein besonderer Stellenwert zugedacht war. Waren Hans Sachsens Reflexionen zu Beginn des dritten Akts im ersten Prosaentwurf noch allgemein gehalten, so zeigt seine entsprechende »Wahn«-Kontemplation der zweiten Fassung, wie Wagner sich den zur »Johannisnacht« erhobenen zweiten Akt seither im Geiste vorstellte: als nächtlich-anarchische Irrungen und Wirrungen in Analogie zu Shakespeares ›Midsummer‹-/›St. Johannis Nachts-Traum‹-Konfusionen. Die ausführliche Skizzierung gemahnt eindringlich an Shakespeares Komödie:

---

[45] Wagner: Die Meistersinger von Nürnberg, Marienbader Entwurf. In: Wagner (Anm. 37), S. 354.

[46] Vgl. das Stadtlexikon Nürnberg. Hg. von Michael Diefenbacher in Zusammenarbeit mit Ruth Bach-Damaskinos. Nürnberg [2]2000.

[47] Ebd., s. v. »Hallerwiese«.

[48] Johann Christoph Wagenseil: Buch von der Meister-Singer Holdseligen Kunst. Hg. von Horst Brunner. Göppingen 1975; Jacob Grimm: Ueber den altdeutschen Meistergesang. Göttingen 1811; Georg Gottfried Gervinus: Geschichte der poetischen National-Literatur der Deutschen. 5 Bde., hier über den Meistergesang Bd. 2. Leipzig 1842.

> 's ist eben der Wahn, der bald gebändigt ist, bald losbricht! Diesmal war's wohl Johannisnacht; ein Glühwürmchen fand sein Weibchen nicht; geängstigt flog's durch manches müde Menschenhirn; dem knistert's nur wie Funk' und Feuer, die Welt steht ihm in Brand: das Herz erwacht, und pocht und tobt: die Hand ballt sich zur Faust, der Knüppel ist zur Hand [...]! 's war halt ein Koboldswahn![49]

Die gedankliche Nähe zum ›Ring‹, den Wagner für die ›Meistersinger‹ unterbrochen hatte, deutet sich einstweilen noch in der vorübergehenden Amalgamierung von St. Johannisnacht und Weltenbrand an, doch ist hier die Shakespeare-Assoziation dem endgültigen Wahn-Monolog des Librettos schon sehr ähnlich. Sie bleibt es auch im dritten Entwurf desselben Jahres 1861, in der die nach Wagner auch und zumal allegorische Bedeutung der den »Wahn« so leicht entfesselnden Johannisnacht intensiviert wird – zusätzlich zum ganz konkreten, in der Nacht vom 23. auf den 24. Juni zu denkenden St. Johannisnachts-Geschehen innerhalb der ›Meistersinger‹.

Bemerkenswert in diesem Kontext ist, dass auch bei Shakespeare der »Midsummer Night« als Zeitangabe ein symbolischer Stellenwert zukommt – anders als bei Wagner freilich noch ausschließlich. Denn der ›Midsummer Night‹-Titel – in Shakespeares Komödie selber kommt das Wort »Midsummer« niemals vor – ist mitsamt seiner adäquaten Geister- und der mit ihr verbundenen Liebeshandlung allegorisch aufzufassen, darf jedoch nicht auch als verbindliche Zeitangabe für die Komödie verstanden werden. So zentriert sich das Geschehen im ›Midsummer Night's Dream‹ – auch dasjenige der Waldesnacht – ja keineswegs um die Nacht vom 23. auf den 24. Juni, sondern wird in den Monat Mai gelegt. Theseus' Mutmaßung beim Auffinden der beiden Liebespaare: »No doubt they rose up early to observe | The rite of May«[50] macht aus dem ›Midsummer Night's Dream‹ daher keinen korrekt datierbaren, wohl aber einen allusorischen und für das Publikum als solchen auch stets transparenten Traum, der eben nicht allein auf eine mondbeglänzte Zaubernacht, sondern auf einen äquivoken, chaotischen *Mitt*-Sommernachtstraum, das heißt auf einen – mit Wieland zu sprechen – dezidierten Traum der im Deutschen seine Entsprechung findenden *St. Johannisnacht* verweist. Die Mittsommernacht bleibt bei Shakespeare daher rein symbolisch: als ein potentiell »immer der Herr« bleibender Einbruch eines wie im Traum erlebten, halb-bewussten »Wahn«-Zustands, der schließlich, so Wagner, in sublimierender Restitution gleichwohl seiner destabilisierenden Brisanz enthoben, »fein« gelenkt, heiter kanalisiert zu werden vermag.

Die Johannisnacht-Thematik der ›Meistersinger‹ wird gegenüber dem ›Midsummer Night's Dream‹ mithin in doppelter Hinsicht wirksam: in Anlehnung an Shakespeare stellt sie sich einerseits allegorisch-überzeitlich dar – auch dieser gleichsam mythische Aspekt hat viel zu Wagners kontinuierlicher Wertschätzung des Dramas in allen seinen Lebensphasen beigetragen –, andererseits tritt

---

49 Wagner: Die Meistersinger von Nürnberg, zweiter Entwurf. In: Wagner (Anm. 37), S. 366.

50 Shakespeare (Anm. 13), S. 167.

bei Wagner eine sich konkret hypostasierende, in den Johannis-Daten und dem Entwurfs-Postulat einer »Johanniswiese« manifest werdende ästhetisierende Historie in Übereinstimmung zu der Symbolik neu hinzu.

Shakespeare-Reminiszenzen innerhalb der Oper klingen aber auch und insbesondere in Detailanalogien nach. So ist der Entschluss Walthers und Evas, vor der väterlichen Verfügung durch gemeinsames Fortlaufen zu fliehen, im Ganzen derselben Entscheidung Lysanders und Hermias in der allerersten Szene Shakespeares nachempfunden; die Liebenden befinden sich hier wie dort in fast identischer Situation. Dass es sich in den ›Meistersingern‹ hierbei nicht nur um einen beliebigen, eskapistischen Liebestopos handelt, belegt das anfänglich verhaltene Zögern Evas auf Walthers emphatische Aufforderung hin, das von Seiten des Junkers irritierende Zweifel an der Treue der Geliebten aufkommen lässt. Dies findet sich so nicht in Shakespeares Original, wohl aber – und ausschließlich – erneut in Wielands Übertragung des ›St. Johannis Nachts-Traums‹. Im Original des ›Midsummer Night's Dream‹ resultiert Lysanders dringliche Beschwörung noch in einem unmittelbar darauffolgenden, überschwänglichen Affirmationskatarakt durch Hermia, welche sich sogleich zur Flucht bereitfindet. Anders als spätere Shakespeare-Übersetzer hat Wieland diese Textpassage ausgeweitet und eben das interpoliert, was Wagner effektvoll retardierend ebenfalls mit einbezieht: das Zögern der Geliebten auf den unterbreiteten Fluchtplan hin, bange Befremdung durch den stürmisch Liebenden als Folge. So philologisch zweifelhaft Wielands deutsche Interpolation an dieser Stelle sein möchte, so sehr ist auf der anderen Seite freilich auch nicht zu verkennen, in welchem Maße sie strukturell mit Wagners Ausgestaltung übereinstimmt:

> HERMIA Ach! mein Lysander!
> LYSANDER Zaudert Hermia? – –
> HERMIA Nein![51]

Hermias neu eingefügtes Zögern in der deutschen Übertragung ist bei Wieland eingehend sittlich-psychologisch kommentiert: »Der Dr. Warbürton« – Wieland bezieht sich auf Warburtons Shakespeare-Ausgabe aus dem Jahre 1747 –

> fand, daß Hermia sich [bei Shakespeare] zu schnell, und was das schlimmste ist, auf den ersten Antrag, durch eine Reihe von Eyden verbinde, mit dem Lysander davon zu lauffen. Er glaubt, daß Shakespear nicht fähig gewesen einen solchen Fehler zu machen [...]. Meine Empfindung widerspricht hier den Vernunftschlüssen des Kunstrichters. Ich finde eine solche Weiblichkeit in dieser Rede, daß sie mit Anständigkeit nur von Hermia gesagt werden kan. Empfindende Leserinnen mögen den Ausspruch thun. Damit aber doch das von Warbürton in dem Text vermißte Decorum gerettet werde, habe ich nach seinem Beyspiel die Freyheit gebraucht, auf die Worte Hermias – my good Lysander, den Lysander sagen zu lassen: Zaudert Hermia? welches er im Englischen nicht sagt. Worauf dann Hermia, als ob sie sich recolligire, erwiedert: Nein![52]

---

51 Shakespeare: Ein St. Johannis Nachts-Traum. In: TW 1, S. 14.
52 Ebd., S. 14 f.

Tatsächlich klingt Wielands Interpolation in Shakespeares Eingangsszene detailgetreu in Evas Selbstüberwindung, für Walther hingebungsvoll alles zurückzulassen, nach: »Das thör'ge Kind: da hast du's! da!«[53] – »als ob sie sich recolligire«.

III.

Wie fängt Wieland in seinen Shakespeare-Übersetzungen nun also »nach der Regel an«? In seinem Wieland-Nekrolog hatte Goethe angemerkt, dass die Übersetzungsmaxime des abtrünnigen Adepten zumeist darin bestanden habe, »daß der Autor einer fremden Nation zu uns herüber gebracht werde, dergestalt, daß wir ihn als den Unsrigen ansehen können«. Das haben wir im Falle von Schillers ›Macbeth‹-Bearbeitung durch Wielands Vorlage eindrucksvoll bestätigt finden können. Auch Wielands deutsche Übertragung von ›Measure for Measure‹ kann hierunter subsumiert werden – indem sie vom jungen Wagner in dessen Jugendoper ›Das Liebesverbot‹ freilich noch viel weiter »herübergebracht«, das heißt bis in die geistige Atmosphäre des Jungen Deutschland in der Zeit befördert wird. Denn, so lesen wir später bei Jacob Grimm: »übersétzen ist űbersetzen, *traducere navem*. Wer nun zur Seefahrt aufgelegt, ein Schiff bemannen und mit vollem Segel an das Gestade jenseits führen kann, muß dennoch landen, wo andrer Boden ist und andre Luft streicht.«[54] Die zweite, alternative Übersetzungsmaxime, welche Goethe dergestalt definiert hatte, dass *wir* »uns zu dem Fremden hinüber begeben und uns in seine Zustände, seine Sprachweise, seine Eigenheiten finden sollen«, hat Wieland derweilen in seiner Übertragung des ›Midsummer Night's Dream‹ durch den Johannis-Komplex beispielhaft berücksichtigt: so dass denn hier tatsächlich eine *Verbindung* beider Übersetzungsmethoden statthat, wie Goethe eingangs formulierte, die ihrerseits in diesem Sinne bis in Wagners ›Meistersinger‹ fortwirkte.

---

[53] Wagner: Die Meistersinger von Nürnberg. In: Wagner (Anm. 37) Bd. 7, S. 208.

[54] Jacob Grimm: Über das Pedantische in der deutschen Sprache. In: Reden und Aufsätze. Hg. von Wilhelm Schoof. München 1966, S. 102.

Florian Gelzer

WIELANDS SHAKESPEARE, STADLERS WIELAND

Ernst Stadlers Auseinandersetzung mit Wielands Shakespeare-Übersetzung

I. Einleitung

In den Jahren vor dem Ersten Weltkrieg erschien eine Reihe von Stücken des Dramatikers Carl Sternheim, die er zu dem Zyklus ›Aus dem bürgerlichen Heldenleben‹ zusammenstellte. Eines dieser Dramen, eine bissige Gesellschaftssatire über den Vorabend des Weltkriegs, trägt den Titel ›1913‹. Inmitten der überwiegend zynischen und abgeklärten Figuren tritt zwei Mal eine Lichtgestalt auf, ein edler Idealist namens Dr. Friedrich Stadler, der zum Sinnbild einer ethischen Neuorientierung des persönlichen und gesellschaftlichen Lebens wird. Das Stück endet mit einem Dialog zwischen Stadler und einem Diener, in dem vage ein künftiger Umbruch angedeutet wird. Stadler will »[d]urch die Nacht« abreisen, der Diener fragt, ob er Pferde bestellen soll – »Es ist schwarz. Ein Licht?« – und Stadler antwortet mit den Schlussworten des Stücks: »Muß sich finden! Gebe Gott – Leuchte zum großen Ziel.«[1]

Der in ›1913‹ als Gegenkraft zu den zynischen Kapitalisten gezeichnete Friedrich Stadler ist eine überdeutliche Hommage Carl Sternheims an seinen Freund, den 1914 gefallenen Dichter *Ernst* Stadler, dem das Stück auch gewidmet ist. Und so, wie er in Sternheims Drama – noch zu Lebzeiten übrigens – charakterisiert wird, ist Ernst Stadler auch im allgemeinen Gedächtnis geblieben: als einer jener früh verstorbenen ekstatisch-idealistischen Dichter des expressionistischen Jahrzehnts, ja als Symbolfigur dieser Aufbruchsbewegung. Zu diesem überhöhten Bild hat sicherlich auch die Aufnahme einiger Gedichte Stadlers in Kurt Pinthus' ›Menschheitsdämmerung‹ (1920) beigetragen, die kanonbildende expressionistische Lyrikanthologie.[2] Seither gilt Ernst Stadler neben Georg Heym, Georg Trakl und Franz Werfel als einer der führenden Exponenten der expressionistischen Bewegung, wenn nicht als einer ihrer geistigen Wegbereiter.

---

[1] Carl Sternheim: 1913. Schauspiel in drei Aufzügen. Dem Andenken Ernst Stadlers, des Dichters. In: Ders.: Dramen I. Hg. von Wilhelm Emrich. Neuwied am Rhein u. Berlin 1963 (Das Gesamtwerk 1), S. 217 – 294, hier: S. 294 (zuerst in: Die weißen Blätter 2 [1915], S. 137 – 185).

[2] Menschheitsdämmerung. Ein Dokument des Expressionismus. Hg. von Kurt Pinthus. Reinbek 1999 [veränd. u. erw. Aufl. [1]1920]. Die in der Sammlung enthaltenen Gedichte Stadlers sind seine bekanntesten geworden: ›Abendschluß‹, ›Tage‹, ›Der Aufbruch‹, ›In der Frühe‹, ›Vorfrühling‹, ›Fahrt über die Kölner Rheinbrücke bei Nacht‹, ›Der Spruch‹, ›Anrede‹, ›Zwiegespräch‹, ›Form ist Wollust‹.

Diese literaturgeschichtliche Einordnung ist nicht unproblematisch. Zum einen hat sich Stadler meines Wissens selbst nie als Expressionist bezeichnet, sondern sich eher in der Nachfolge der französischen Anti-Symbolisten gesehen. Zum anderen trifft das Bild vom ekstatischen Jungdichter nur auf einen Teil von Stadlers Schaffen zu. Denn der emphatische Verkünder des ›Aufbruchs‹[3] – so der sprechende Titel seiner berühmten Lyriksammlung – ist ebenso erfolgreich als Philologe, Universitätslehrer und Übersetzer hervorgetreten. Dieser Hintergrund ist übrigens nicht einmal so singulär: Zahlreiche prominente Dichter des Expressionismus sind promovierte Literaturwissenschaftler; stellvertretend sei Albert Ehrenstein genannt, ebenfalls in der ›Menschheitsdämmerung‹ vertreten, der unter anderem Wielands Lukian-Übersetzung umgearbeitet hat.[4]

Ein Schwerpunkt von Stadlers akademischer Arbeit liegt auf der Shakespeare-Rezeption in Deutschland und hier insbesondere der Shakespeare-Übersetzung von Christoph Martin Wieland. Diese Auseinandersetzung Stadlers mit Wielands Übersetzung steht im Mittelpunkt der folgenden Ausführungen, denen eine bestimmte These zugrundeliegt: Stadlers Wieland-Studien stellen keine ephemeren Qualifikationsarbeiten dar, sondern sind für sein Gesamtwerk wie auch für die Wieland-Rezeption der Wilhelminischen Zeit insgesamt von großer Relevanz. Dabei soll plausibel gemacht werden, dass die philologische Arbeit Stadlers und seine literarische Produktion nicht beziehungslos nebeneinander herlaufen, sondern eng miteinander verschränkt sind. Hierzu werden im ersten Teil die Grundlagen von Stadlers Wieland-Arbeiten in der damaligen Diskussion verortet und mit seiner eigenen literarischen und literaturkritischen Produktion in Beziehung gesetzt. Im zweiten, kürzeren Teil wird zu zeigen versucht, dass der implizite Zusammenhang der beiden Bereiche in Stadlers ambivalentem Verhältnis zu Stefan George und seinem Kreis begründet liegt.

II. Stadlers Wieland

Zunächst einige biographische Hinweise.[5] Ernst Stadler, 1883 im damals deutsch-elsässischen Colmar geboren, hat schon als Schüler und Student Ge-

---

3 Ernst Stadler: Der Aufbruch. Gedichte. Leipzig 1914.

4 Vgl. hierzu Florian Gelzer: »Wir brauchen dich«. Lukian als Identifikationsfigur im ›expressionistischen Jahrzehnt‹. In: Colloquia Germanica 37 (2004), S. 243 – 265.

5 Grundlegend für jede Beschäftigung mit Stadler ist die vorzügliche kritische Ausgabe: Ernst Stadler: Dichtungen, Schriften, Briefe. Kritische Ausgabe. Hg. von Klaus Hurlebusch u. Karl Ludwig Schneider. München 1983 (fortan abgekürzt: DSB), sowie der Katalog: Ernst Stadler und seine Freundeskreise. Geistiges Europäertum zu Beginn des Zwanzigsten Jahrhunderts. Hg. von Nina Schneider. Hamburg 1993. Die noch immer wichtigste Monographie zu Stadler ist: Helmut Gier: Die Entstehung des deutschen Expressionismus und die antisymbolistische Reaktion in Frankreich. Die literarische Entwicklung Ernst Stadlers. München 1977 (Münchner Germanistische Beiträge 21); vgl. ferner (mit Hinweisen auf die ältere Forschung): Klaus Hurlebusch: Ernst Stadler – Autor expressiver Verhaltenheit und literarischer Vermittlung. Eine Studie zu seinem 80. Todestag. In: DVjs 114 (1995), S. 219 – 239.

dichte veröffentlicht, die 1905 in dem Band ›Präludien‹ versammelt wurden.[6] Nach seiner mediävistischen Dissertation über zwei ›Parzival‹-Handschriften[7] erhielt Stadler ein Rhodes-Stipendium für Oxford.[8] Dort bereitete er am Magdalen College nicht nur seine Habilitationsschrift über Wielands Shakespeare vor. Der 25-jährige wurde – notabene ohne eine einzige einschlägige Publikation auf dem Gebiet – von der Königlich Preußischen Akademie der Wissenschaften dazu erkoren, bei der eben ins Leben gerufenen Gesamtausgabe von Wielands Werken die Abteilung der Shakespeare-Übersetzungen zu übernehmen. Die drei von Stadler betreuten Bände der Akademie-Ausgabe erschienen 1908, 1909 und 1911;[9] 1910 wurde zudem seine Habilitationsschrift mit dem lapidaren Titel ›Wielands Shakespeare‹ gedruckt.[10] Im selben Jahr reiste Stadler ein weiteres Mal nach Oxford, um – bereits habilitiert – noch einen Bachelor of litterature abzuschließen. Die entsprechende Dissertation hatte die ›History of Shakespeare Criticism in Germany‹ zum Thema, ist jedoch, wie leider überhaupt ein Großteil von Stadlers Nachlass, nicht erhalten. Als Privatdozent zunächst in Straßburg und anschließend in Brüssel, begann Stadler nach fünfjähriger Pause wieder Gedichte und literarische Übersetzungen[11] zu veröffentlichen. 1914 erschien die Lyriksammlung ›Der Aufbruch‹, die 57 seiner Gedichte aus diesen Jahren vereinigt. Stadler hatte mittlerweile einen Ruf an die Universität Toronto angenommen – doch dann brach der Erste Weltkrieg aus und er wurde als Reserveleutnant eingezogen. In der Nähe von Ypern in Flandern wurde er, 31jährig, von einer englischen Granate getötet.

---

6 Ernst Stadler: Präludien. Strassburg 1905.

7 Ernst Stadler: Über das Verhältnis der Handschriften D und G von Wolframs Parzival. Diss. Strassburg 1906.

8 Stadlers Aufenthalt in Oxford wird erwähnt bei: Erich Hugo Budde: Die Oxforder Universitätsreform. In: Preußische Jahrbücher 146, H. 11 (November 1911), S. 224 – 246 (234 f. zu Stadler). Ferner: Richard Sheppard: Ernst Stadler (1883 – 1914). A German Expressionist at Oxford. Oxford 1994 (Magdalen College Occasional Paper 2); ders.: Ernst Stadler in Oxford: Addenda, Corrigenda and Two Unpublished Letters. In: The Challenge of German Culture. Essays Presented to Wilfried van der Will. Ed. by Michael Butler and Robert Evans. Basingstroke 2000 (New Perspectives in German Studies), S. 59 – 76.

9 Vgl. AA II/1; AA II/2 und AA II/3 (Nachwort: AA II/3, S. 570 – 578; Lesarten und Erläuterungen: ebd., S. 579 – 623). Das Nachwort ist abgedruckt in: Christoph Martin Wieland. Hg. von Hansjörg Schelle. Stuttgart 1981 (Wege der Forschung 421), S. 33 – 44.

10 Ernst Stadler: Wielands Shakespeare. Straßburg 1910 (Quellen und Forschungen zur Sprach- und Culturgeschichte der germanischen Völker 107).

11 Zu nennen sind hier insbes.: Das Balzac-Buch. Erzählungen und Novellen aus dem Franz. des Honoré de Balzac übers. u. eingel. von Ernst Stadler. Straßburg, Leipzig [1913] (Einleitung S. 9 – 15); Francis Jammes: Die Gebete der Demut. Übertragen von Ernst Stadler. Leipzig 1913 (Der jüngste Tag 9). Vgl. Maurice Godé: Ernst Stadler traducteur de Francis Jammes. In : Traduire, adapter, transposer. Actes du colloque international Montpellier 15, 16 et 17 mai 2008. Ed. par Roger Sauter et Maurice Godé. Aix-en-Provence 2009 (Cahiers d'études germaniques 56), S. 127 – 142.

Die wissenschaftliche Leistung des früh Verstorbenen ist imponierend. Bis zu Hans und Johanna Radspielers sogenannter ›Zweiter Zürcher Ausgabe‹ von Wielands Übersetzung in den 1990er Jahren[12] galt Stadlers Edition als maßgebliche Referenzausgabe. Und bis in die jüngere Zeit ist seine ebenfalls genau vor einem Jahrhundert erschienene Habilitationsschrift die einzige Monographie zu Wielands Shakespeare geblieben.[13] Nimmt man die verschollene Studie über die Shakespeare-Rezeption hinzu sowie seine zahlreichen Übersetzungen und literaturkritischen Arbeiten, wird verständlich, dass die Zeitgenossen in ihm weniger den expressionistischen Dichter sahen, sondern eher den vielversprechenden Jungprofessor, der nebenher noch Gedichte schrieb.[14] Dass Stadler offenbar auch unter den Mitarbeitern der Akademie-Ausgabe einen Sonderstatus genoss, geht aus der Anlage seiner Bände hervor. Denn entgegen den Editionsprinzipien wurden der Apparat dort gleich an den Text angeschlossen und Stadler im Kommentarteil ausdrücklich mehr Freiheiten eingeräumt als den anderen Herausgebern.[15] Und so bildet die Shakespeare-Übersetzung innerhalb der notorisch unübersichtlichen und unvollständigen Akademie-Ausgabe eine erfreulich geschlossene Einheit.[16]

---

12 William Shakespeare: Theatralische Werke in 21 Einzelbänden. Übersetzt von Christoph Martin Wieland. Hg. von Hans und Johanna Radspieler. Zürich 1993 – 1995 (TW).

13 Für eine konzise Einführung sowie Literaturhinweise zur Rezeption von Wielands Shakespeare-Übersetzung sei verwiesen auf: Peter Kofler: Übersetzungen: Shakespeare. In: WHb, S. 394 – 403.

14 Interessanterweise findet sich auch ein literarischer Text, in dem der kosmopolitische Literaturwissenschaftler Stadler porträtiert wird: der 1916 erschienene Roman ›Horns Ring‹ von Stadlers Freund Otto Flake. Dort erscheint ein Literaturprofessor namens Robert von Stehr – unübersehbar eine Hommage an Ernst Stadler. Dieser wie Stadler weitgereiste von Stehr, in Madrid lehrend, lässt im Roman verlauten: »Ich habe nicht die Absicht, mich über die Pyrenäen zurückberufen zu lassen. [...] Sehen sie, es kann einem Deutschen kein größeres Glück widerfahren, als ins Ausland verschlagen zu werden, denn er lernt zu vergleichen« (Otto Flake: Horns Ring. Berlin 1916, S. 256 f.). Wie Friedrich Stadler in Sternheims ›1913‹ verfügt auch von Stehr in Flakes Roman über messianische Qualitäten: »Es gab in der europäischen Entwicklung Beispiele, daß ein solcher Dozent genügt hatte, um die Jugend eines ganzen Landes mit sich zu reißen« (S. 257).

15 Vgl. AA II/3, S. 570 (gezeichnet Erich Schmidt): »Damit Wielands Shakespeare in diesen drei Bänden ein geschlossenes Ganze bilde, soll der ›Apparat‹ gleich angeschlossen werden. Auch war dem Herausgeber in diesem Falle gern ein freieres, über Entstehungsgeschichte und Lesarten hinausgreifendes Verfahren einzuräumen.«

16 Dies wurde auch in den damaligen Besprechungen so wahrgenommen: Vgl. E. Schröder in: Historische Zeitschrift 104, H. 2 (1910), S. 368 – 370 (»Die Lesung macht im allgemeinen einen zuverlässigen Eindruck« (S. 370)); Robert Petsch in: Neue Jahrbücher für das klassische Altertum, Geschichte und deutsche Literatur 15 (1912), S. 501 – 516 (»Niemand war zu dieser Arbeit besser vorbereitet als Stadler, der uns bereits früher eine ebenso gründliche wie eindrucksvolle Charakteristik des ersten deutschen Shakespeare gegeben und ihre geschichtliche Bedeutung gewürdigt hat« (S. 505)); »[D]ie akademische Wielandausgabe konnte kaum besser eröffnet werden als durch die saubere Arbeit von Ernst Stadler, der in der angenehmsten Form und mit weiser Beschränkung auf das Notwendige eine Fülle von Belehrung und Anregung vor uns ausgebreitet hat« (S. 516)).

In der Forschung allerdings wird Stadlers Auseinandersetzung mit Wielands Shakespeare eher zwiespältig beurteilt. Wie bereits in den zeitgenössischen, ausnahmslos positiven Rezensionen der Habilitationsschrift[17] wird Stadlers Leistung zwar bis in die jüngste Zeit anerkennend gewürdigt, zuletzt etwa in einem neueren Beitrag von Rüdiger Campe.[18] Es wurde aber auch mit Verwunderung registriert, dass der Wieland-Experte Stadler in keiner Weise dem in der Wieland-Forschung verbreiteten apologetischen oder rehabilitierenden Gestus verfällt, sondern sich grundsätzlich kritisch zu Wielands Shakespeare-Übersetzung äußert. In neuerer Beurteilung wird Stadler deshalb vorgeworfen, die fatalen Fehleinschätzungen des 18. und 19. Jahrhunderts übernommen und ins 20. Jahrhundert weiter getragen zu haben, sodass seine Wieland-Arbeiten die Vorurteile über den Autor paradoxerweise eher noch vermehrt hätten. So bemerkt etwa Hans Radspieler, dass Stadler zwar eine »dankbar anerkannte Vorarbeit geleistet« und eine »noch heute unverzichtbare Monographie geschaffen« habe. Aber die Urteile Stadlers wiesen eine »so enge Zeitgebundenheit [auf], daß sie sich nicht selten als revisionsbedürftig erweisen«.[19]

Es ist hier nicht der Ort, diese Einschätzung nachzuprüfen und gegebenenfalls zu revidieren; dies hat die Forschung – die Arbeiten von Peter Kofler, Sabine Kob und anderen seien stellvertretend genannt[20] – mittlerweile gründlich

---

17 Vgl. Georg Witkowski in: Jahrbuch der Deutschen Shakespeare-Gesellschaft 17 (1911), S. 301 f. (»knapp[e], aber vortrefflich[e] Gesamtcharakteristik«); Max J. Wolff in: Das literarische Echo 13 (1910/11), S. 861 f. (»In einer Zeit so reger Übersetzertätigkeit kann Stadlers Schrift [...] auf allgemeines Interesse rechnen« (S. 861)); Hans Daffis in: Jahresberichte für neuere Deutsche Literaturgeschichte 21 (1910), Berlin 1913, S. 515 (»Der Herausgeber der Übersetzung von Shakespeares Werken in der Akademie-Ausgabe Wielands, E. Stadler, war ohne Frage auch der geeignetste, Werden und Wesen dieser Übersetzung monographisch zu behandeln. In einem frisch und anschaulich geschriebenen Buche hat er mit Sachkenntnis und Geschmack, unter Benutzung von teilweise noch unveröffentlichtem Material, seine Aufgabe vortrefflich gelöst«); Rudolf Ischer in: Euphorion 9 (1911), Ergänzungsheft, S. 266 f. (»Über Wielands Shakespeare-Übersetzung hat E. Stadler, der den Neudruck in der Gesamtausgabe besorgte, nun wohl das letzte Wort gesprochen. Denn was man über dieses ›literarische Abenteuer‹ (S. 2) Wielands nur zu wissen wünschen mag, hat der Verfasser in seiner klaren und übersichtlichen Schrift gesagt« (S. 266)).

18 »Grundlegend für die Beschäftigung mit Wielands Shakespeare-Übersetzungen sind weiterhin: Ernst Stadler [...] und Kyösti Itkonen« (Rüdiger Campe: Agathon und deutscher Shakespeare. Zu Wielands Stellung im Wissen der Literatur. In: Wieland / Übersetzen. Sprachen, Gattungen, Räume. Hg. von Bettine Menke u. Wolfgang Struck. Berlin 2010, S. 206 – 221, hier: S. 210).

19 Hans Radspieler: Zur Neuausgabe von Wielands Shakespeare. In: TW 1, S. 139 – 160, hier: S. 142.

20 Vgl. Sabine Kob: Wielands Shakespeare-Übersetzung. Ihre Entstehung und ihre Rezeption im Sturm und Drang. Frankfurt, Berlin u. a. 2000 (Europäische Hochschulschriften XIV, 365); Peter Kofler: Wielands Shakespeare-Übersetzung. Transtextuelle Brechungen von Fremde. In: Wieland-Studien 4 (2005), S. 19 – 30; neuerdings auch: Bettine Menke: Mit Steken-Pferden zum Deutschen Shakespeare. In: Menke; Struck (Anm. 18), S. 13 – 42.

geleistet. Es werden im Folgenden vielmehr einige Kernthesen aus der Auseinandersetzung Stadlers mit Wielands Shakespeare aufgegriffen, um sie im Kontext der Shakespeare-Rezeption vor dem Ersten Weltkrieg zu diskutieren.
Die Studie ›Wielands Shakespeare‹ beginnt überraschend. Statt mit dem Versuch, sein Publikum für Wielands Übersetzung zu gewinnen, setzt Stadler mit einer Bemerkung ein, die – gerade in der eleganten Formulierung, die er wählt – den Stellenwert von Wielands Übersetzung fundamental relativiert:

> Übersetzungen poetischer Werke haben stets nur einen bedingten und zeitlichen Wert. Die Unmöglichkeit zugestanden, die eigentümliche und einzigartige Gestalt eines dichterischen Gebildes durch die Mittel einer anderen Sprache in wirklich adäquater Weise auszudrücken – und jeder wird sie zugestehen, der einmal die künstlerische Schöpfung als ein organisches und notwendiges Ganzes erkennen gelernt und erfahren hat, wie schwankend schon der Sinn der Worte, wie andersartig die durch sie ausgelösten Vorstellungen von einer Sprache zur andern sind – dieses zugestanden, bleibt auch darüber hinaus noch den besten und gerade den besten Übersetzungen so viel persönlich und zeitlich Bedingtes anhaften, daß ihre Geltung immer nur solange dauern kann, bis eine folgende Generation neue Schönheiten in dem Original entdeckt und neue Ausdrucksformen findet, sie nachzuschaffen.[21]

Der Eingang gibt den Ton an für die gesamte Untersuchung, die von der grundsätzlichen Überholtheit von Wielands Übersetzung ausgeht. Der kritische Grundtenor lässt sich schon an den Kolumnentiteln ablesen: »Sklavische Treue« – »Übersetzungsfehler« – »Flüchtigkeitsfehler« – »Verwechslungen« – »Unkenntnis der älteren Sprache« – »Verwischung des metaphorischen Ausdruckes« – »Veränderung der Metaphern« – »Auslassung der Vergleiche« – »Vermeidung der Wortspiele« und anderes mehr. Das analytische Vorgehen selbst ließe sich am ehesten als *positivistisch* bezeichnen – Stadlers akademische Lehrer, Ernst Martin und Ernst Schmidt, waren nicht zufällig beide Schüler Wilhelm Scherers, des Gründervaters des literaturwissenschaftlichen Positivismus.[22] Längere interpretative Passagen sind eher selten, es dominieren akribische Stellenvergleiche und Wortlisten, die wohl auch noch Stadlers mediävistische Spezialisierung erkennen lassen. Dabei droht der Vorwurf der Schulmeisterei, den Stadler an Wieland richtet, manchmal auf ihn selbst zurückzufallen, wenn er seinerseits ›Schönheiten‹ und ›Fehler‹ von Wielands Übersetzung minutiös katalogisiert. Neu für die damalige Zeit – und noch heute durchaus bedenkenswert – sind dagegen Stadlers Einlassungen zur Einwirkung der Shakespeare-Rezeption in Wielands eigenen Werken wie dem ›Don Sylvio‹.[23] Der Argumentationsgang der Studie soll nun an drei Leitgedanken veranschaulicht werden:

---

[21] Stadler (Anm. 10), S. 1.

[22] Ernst Martin (1841 – 1910) wurde 1877 Nachfolger Wilhelm Scherers an der Universität Straßburg; Erich Schmidt (1853 – 1913) trat 1887 die Nachfolge Scherers an der Universität Berlin an.

[23] Stadler (Anm. 10), S. 96 – 112.

1) Die »Mittlerstellung« Wielands

»Als rechte Erscheinung der Übergangszeit«, schreibt Stadler, »nimmt sie [Wielands Übersetzung] gleich ihrem Verfasser, der sein Lebtag zwischen überschwänglicher Huldigung und verständnislosem Tadel ein wenig unsicher hin und her schwankte, eine Art von Mittlerstellung ein und machte sich gerade damit den beiden sich widerstrebenden Generationen gleichermaßen verdächtig«.[24] Dies klingt nach einem nachträglich gezogenen Fazit, tatsächlich aber gehört auch diese Einschätzung noch zur programmatischen Einleitung von ›Wielands Shakespeare‹. Die Vorstellung von Wieland als Vertreter einer Übergangszeit, der weder dem einen Pol (dem französischen Klassizismus der Frühaufklärung) noch dem anderen (dem beginnenden Sturm und Drang) richtig zugehörig war, ist nun allerdings keine originäre These Stadlers. Sie gehört vielmehr zu dem um die Jahrhundertwende verbreiteten Bild Wielands als eines verdienstvollen Mittlers und Vorbereiters. Bereits Goethe spricht in der berühmten Stelle seiner Schrift ›Zu brüderlichem Angedenken Wielands‹ (1813) über die »Übersetzungsmaximen«, vom »Mittelweg«, den »unser Freund« suchte.[25] Stadler übernimmt also die damals gängige Einschätzung Wielands als eines unglücklich zwischen die Generationen geratenen Mittlers.

Dies soll hier nicht weiter ausgeführt werden – im vorliegenden Zusammenhang ist vielmehr ein anderer Aspekt von Interesse. Stadler wurde nämlich *seinerseits* immer wieder und bis heute als Übergangserscheinung charakterisiert: als Dichter, der etwas unentschlossen zwischen Jugendstil und Symbolismus der Jahrhundertwende und dem Expressionismus steht und weder der einen noch der anderen Bewegung ganz zugeschlagen werden kann.[26] Und die Wendungen, mit denen Stadler selbst die Ablösung des Ästhetizismus durch eine neue, befreiende Art der Dichtung herbeischreibt, klingen ganz ähnlich wie diejenigen, mit denen er die Positionen des 18. Jahrhunderts zwischen klassizistischer Regelpoetik und Sturm und Drang konturiert. Damit sei keinesfalls irgendeine Wahlverwandtschaft oder gar Identifikation Stadlers mit Wieland behauptet. Aber es ist doch auffallend, dass er genau während seiner Auseinandersetzung mit Wielands Shakespeare die eigene literarische Produktion ruhen lässt und seine poetologischen Prinzipien grundlegend überdenkt, dass sich sein Wandel vom

---

[24] Ebd., S. 2. – Vgl. auch die ähnliche, etwas abwägendere Formulierung im Nachwort (AA II/3, S. 570 f.): »Entstanden in einer heftig bewegten Übergangszeit, trat sie [die Shakespeare-Übersetzung] mit ihrer Ausgleich suchenden Haltung in die gefährliche Mitte zweier Generationen, deren auseinander strebende Tendenzen sich in der gegensätzlichen Bewertung des englischen Dramatikers erkannten, und wurde so recht eigentlich zwischen zwei Parteien gedrängt, von denen die eine ihre Daseinsberechtigung schlechterdings bezweifelte oder verneinte, die andere aus einzelnen unläugbaren Schwächen auf den Unwert der ganzen Arbeit schließen wollte.«

[25] Johann Wolfgang Goethe: Zu brüderlichem Andenken Wielands 1813. In: WA I/36, S. 311 – 347, hier: S. 329 f.

[26] Vgl. z. B. Sheppard 1994 (Anm. 8), S. 33: »Stadler, like all the Expressionist generation found himself between two worlds, two epochs, two kinds of society, two scales of morality even.«

epigonalen Stilsynkretismus der ›Präludien‹ zu den bahnbrechenden Langversen des ›Aufbruchs‹ parallel zur intensiven theoretischen Beschäftigung mit formalen Fragen der Übersetzung vollzieht.

2) Das Problem der ›Form‹

Ein zweiter Leitgedanke Stadlers besagt, dass es Wieland an Verständnis für die ›Form‹ von Shakespeares Stücken gemangelt habe. Für Wieland sei bei Shakespeare die ›Form‹ lediglich eine »mehr oder minder zufällige Hülle, die oft die genialen Inspirationen, in denen die Natur durch diesen Dichter spricht«, mehr verdecke als hervorhebe: »Hier durfte die Form als etwas Nebensächliches geopfert werden, um desto reiner den eigentlichen Kern, das Gegenständliche, Stoffliche ans Licht zu stellen«.[27] Wieland, sich allein auf den *Gehalt* von Shakespeare verpflichtend, habe also die ›Nicht-Form‹, die Prosa, gewählt und auf den Vers, als Synekdoche aller poetischen Ausdrucksmittel, verzichtet. Stadler führt Wielands Entscheidung für die ›Nicht-Form‹ – und damit das künstlerische Ungenügen der Übersetzung – auch auf die mangelnde Ausdrucksfähigkeit des damaligen Deutsch zurück:

> Wieland, dessen Übersetzung den ersten kühnen Vorstoß zur dichterischen Eroberung Shakespeares bezeichnet, war gescheitert, weil seinem stilsuchenden Ehrgeiz keine Sprache sich anbot, deren frische, am dichterischen Erlebnis reingeglühte Größe und Schmiegsamkeit dem Reichtum Shakespeares gewachsen gewesen wäre, seine nachfühlende Erlebnisfähigkeit aber aus eigenem nur eine ganz bestimmte, räumlich beschränkte Sphäre von Shakespeares Welt zu umspannen und auszudrücken vermochte.[28]

Nur gerade dem »Leichte[n], Zierliche[n], Sinnlich-Graziöse[n]« der Märchenkomödien wie ›St. Johannis Nachts-Traum‹ oder ›Der Sturm‹ sei Wielands Sprachvermögen gewachsen gewesen. Vor der »ungeheuren Erdhaftigkeit der Tragödien« aber und der »Großartigkeit und dem Feuer ihrer Pathetik« habe sein »bewegliches Formtalent« versagt. »Ein langes und tief aufwühlendes dichterisches Erleben mußte erst die deutsche Sprache modeln, ehe sie es wagen durfte, Shakespeares Schöpfung in ihrer Ganzheit neu formend zu erschaffen«.[29]

Auch diese Auffassung eines Wieland, der in der schwebenden Märchenwelt von Shakespeares *romances* in seinem Element war, vor der wuchtigen Sprachkraft der Tragödien aber kapitulieren musste, ist keine These Stadlers, sondern ein gängiger Topos der Wieland-Forschung bereits des 18. und 19. Jahrhunderts, der sich prominent etwa in Goethes ›Noten zum West-Östlichen Divan‹ findet.[30]

---

[27] Stadler (Anm. 10), S. 25.

[28] Ernst Stadler: Rez. Friedrich Gundolf: Shakespeare und der deutsche Geist. Berlin 1911. In: Das literarische Echo 14 (1911/12), H. 2, Sp. 88 – 90 (wieder in: DSB 321 – 325, hier: S. 321 f.).

[29] Ebd., S. 322.

[30] Vgl. Johann Wolfgang von Goethe: Noten und Abhandlungen zu besserem Verständnis des West-östlichen Divan. In: HA 2, 126 – 268, hier: 255 f. In der dreigliedrigen

Was Stadlers Aussage aber Brisanz verleiht, ist, dass er sich gleichzeitig andernorts konkreter darüber geäußert hat, wo er denn das »tief aufwühlende dichterische Erleben« ausmache, das er Wieland und seiner Zeit noch abspricht. In einem Vorlesungsmanuskript von 1914 erklärt Stadler nämlich – auch hier ganz dem Zeitgeist folgend –, dass das Deutsche erst durch die Sprache Nietzsches zur vollendeten Nachbildung fremder Literatur vorbereitet worden sei:

> Vielleicht war erst jetzt die deutsche Sprache wirklich befähigt, mit den Mitteln dieser neuen Farbigkeit, dieses neuen Tempos, ihrer neuen Beweglichkeit und Sinnlichkeit das Werk großer ausländischer Dichter vollkommen nachzubilden. So erklärt sich die Entstehung von Übersetzungen wie Borchardts u*nd* Georges Dante, Schröders Homer, Gundolfs Shakespeare, von kleineren Versuchen d*er* Neuerwerbung alten ererbten Besitzes zu schweigen.[31]

Stadler verlängert mithin die literarhistorische Analyse bis in seine unmittelbare Gegenwart hinein: Bot die deutsche Sprache Wieland noch nicht ausreichend Möglichkeiten, die ›Form‹ Shakespeares nachzubilden, sei dies nun nach dem Einwirken Nietzsches bis zur Vollkommenheit möglich geworden.

3) Die Kategorie des ›Erlebnisses‹

Ein dritter Gedanke, der Stadlers Untersuchung leitet, ist die Auffassung, dass Wieland zwar ein beweglicher Nachahmer, aber kein eigentlich schöpferischer Autor gewesen sei: »So fehlte dieser Übersetzung der Zwang persönlichen Erlebens, der jede künstlerische Leistung, sei sie nun eigenschöpferisch oder nachbildend, einzig rechtfertigt.« Wielands Übersetzung trage »allzu deutlich das Zeichen eines bloß äußerlich unternommenen Experiments«, bleibe allzu sehr »bloß ›literarisches Abenteuer‹«.[32] Stadler bringt nun dieses Bild des erlebend-schöpferischen Autors nicht nur bei der Besprechung von historischen literarischen Konstellationen in Anschlag; es gilt ihm auch als Ideal für die zeitgenössische Produktion sowie seines eigenen lyrischen Schaffens. So heißt es etwa in einem Beitrag über Friedrich Lienhard:

> Das, was heute unsere Besten immer leidenschaftlicher suchen, immer tiefer begreifen, die Hingabe an alles, alles Irdische, die Befreiung aus wählerischem Geschmäcklertum, die Heiligsprechung jeder Form des Lebens, dieser neue Glaube, diese neue *Weltfreudigkeit*, sie ist dem Lienhardschen Ideal fremd, das aus den Bedrängnissen und Hoffnungen dieser Zeit auf ein bequemes und von philosophisch-moralischen Maximen umschirmtes ›Hochland‹ flüchtet.[33]

Typologie der Übersetzungstechniken erhält Wieland seinen Platz in der zweiten, französischen »Epoche«.

[31] Ernst Stadler: Geschichte der deutschen Lyrik der neuesten Zeit. Bruchstück einer Vorlesung von 1914. In: DSB 453 – 470, hier: S. 454. Für genauere Angaben zu den genannten Übersetzungen Rudolf Borchardts, Stefan Georges, Rudolf Alexander Schröders und Friedrich Gundolfs vgl. den Kommentar (DSB, S. 753 f.).

[32] Stadler (Anm. 10), S. 74.

[33] Ernst Stadler: Fritz Lienhard. In: Almanach pour les étudiants et pour la jeunesse d'Alsace-Lorraine 3 (1914), S. 92 – 99 (wieder in: DSB S. 294 – 306, hier: S. 305 (Hervor-

Die Kategorie der ›Weltfreudigkeit‹, beschrieben als eine Entgrenzung sowohl der traditionellen Formen wie auch des stofflichen Bereichs, wird von Stadler also gleichermaßen bei der Beurteilung älterer Texte wie bei der eigenen Poetik zum Maßstab genommen. Und seine ›Aufbruch‹-Gedichte handeln zu einem großen Teil von nichts anderem als von diesem ›Aufbrechen‹ der traditionellen Formen.

III. Stadler vs. Gundolf

Es wurden exemplarisch drei Leitgedanken herausgegriffen, an denen Stadler seine Analyse von Wielands Shakespeare-Übersetzung ausrichtet. Bei allen dreien erweist er sich als fest in den Vorstellungen der damaligen Germanistik verankert, die von festen Epochensignaturen ausging, dabei die frühe und mittlere Aufklärungszeit als grundsätzlich ›unkünstlerisch‹ und ›rationalistisch‹ abwertend. Wieland erscheint so als verdienstvoller Vorbereiter, der sich zwar von den Zwängen einer rationalistischen Regelpoetik zu lösen versuchte, aber selbst noch nicht originell schöpferisch im Sinne des Sturm und Drang tätig wurde – und es auch nicht konnte. Diese Argumentation Stadlers verläuft nun, so wird hier behauptet, parallel zu seiner Diagnose der eigenen Epoche und seiner eigenen poetischen Selbstfindung: Er selbst sieht sich in einer Übergangszeit, in der ein alltagsferner Ästhetizismus abgelöst werden sollte durch ein erlebendes, schöpferisches Dichten unter dem Signum der ›Weltfreudigkeit‹. Und im Mittelpunkt sowohl der Wieland-Studien wie auch des eigenen ›Aufbruchs‹ steht der Schlüsselbegriff der ›Form‹.

Dass Stadlers philologische Arbeit zu Wielands Shakespeare sich auf diese Weise mit seiner eigenen poetischen Entwicklung verschränkt, und dass er dabei dieselben ästhetischen Kategorien anwendet, ist insofern nicht selbstverständlich, als er nach außen seine akademische und seine literaturkritische, werkbegleitende Arbeit streng trennt. Es soll nun plausibel gemacht werden, dass *beide* Bereiche von einer – wenn auch unsicheren und ambivalenten – Annäherung an den Kreis um Stefan George geprägt sind. Hierzu muss man sich vergegenwärtigen, dass im Kreis um George genau parallel zu Stadlers Auseinandersetzung mit der Shakespeare-Übersetzung ebenfalls eine Reihe ambitionierter Shakespeare-Projekte in Angriff genommen wurden: 1909 legte Stefan George seine Version von Shakespeares Sonetten vor.[34] Zur selben Zeit prägte sein Schüler Friedrich Gundolf als Übersetzer und Literaturwissenschaftler die Shakespeare-Diskussion in Deutschland: Ab 1908, genau zur selben Zeit wie Stadlers Edition von Wielands Shakespeare in der Akademie-Ausgabe also, erschien »unter Mitwirkung des verehrten Meisters« in zehn Bänden

---

hebung F. G.)). Vgl. dagegen die frühe, lobende Besprechung: Ernst Stadler: Friedrich Lienhard: Gesammelte Gedichte. Berlin 1902. In: Die Gesellschaft 18 (1902), S. 256–261.

34 William Shakespeare: Sonnette. Umdichtungen von Stefan George. Berlin 1909.

Gundolfs ›Shakespeare in deutscher Sprache‹, im wesentlichen eine Umarbeitung der Schlegel-Übersetzung.[35] Und 1911 veröffentlichte Gundolf seine Habilitationsschrift ›Shakespeare und der deutsche Geist‹, die schon bald Kultstatus erreichen sollte.[36]

Stadler, der bereits 1903 den Kontakt mit dem George-Kreis gesucht hatte,[37] verfolgte diese ›Shakespeare-Welle‹ höchst aufmerksam. Noch in Oxford verfasst er eine Rezension über eine englische Ausgabe von George-Gedichten, in der er auch auf dessen eigene Übersetzungsarbeit zu sprechen kommt:

> George selbst hat in einigen seiner Übertragungen, in erster Linie dem Dante und den shakespeareschen Sonetten, den Weg gezeigt, wie in engster Anlehnung an Rhythmus und Wortlaut der Vorlage und in einer oft bis zur Nüchternheit herben Diktion durch die bloße Kraft des innerlichen Feuers ein fremdes Gebilde fast zur Eindringlichkeit des Originals erhoben werden kann.[38]

Auch die Shakespeare-Übersetzung von Gundolf war Stadler bekannt, und er nennt sie eine »glänzende Revision von Schlegels Shakespeare«.[39] In einem Brief aus dem Jahre 1911 spricht Stadler die Gefahr von Überschneidungen zwischen Gundolfs Studie und seiner Thesis über die Shakespeare-Rezeption sogar direkt an:

> ›Shakespeare und der deutsche Geist‹ will darstellen, welche neuen Werte der deutschen Dichtung durch die Transfusion Shakespeares geworden sind. Da hierbei wohl vor allem der produktiven Einflüsse gedacht werden wird, indessen ich lediglich der aesthe-

---

35 William Shakespeare: Shakespeare in deutscher Sprache. Hg., zum Teil neu übersetzt von Friedrich Gundolf. Berlin 1908 – 1918. Vgl. hierzu: Hanspeter Schelp: Friedrich Gundolf als Shakespeare-Übersetzer. In: Jahrbuch der deutschen Shakespeare-Gesellschaft 107 (1971), S. 97 – 117, hier: S. 117: »Uns Heutigen, insbesondere den jungen Lesern bzw. Hörern, die kaum mehr Beziehungen zu dem esoterischen Pathos und der ›orphischen Besessenheit‹ Georges haben, dürfte wohl keine Shakespeare-Übersetzung so wesensfremd sein und fernstehen wie die Friedrich Gundolfs.«

36 Friedrich Gundolf: Shakespeare und der deutsche Geist. Berlin 1911 (Werke aus dem Kreis der Blätter für die Kunst).

37 Vgl. die instruktiven Beiträge von Günter Heintz: Ernst Stadlers Anfänge. Collectanea Philologica. Festschrift für Helmut Gipper zum 65. Geburtstag. Hg. von Günter Heintz und Peter Schmitter. 2 Bde. Baden-Baden 1985 (Saecula Spiritalia 14), Bd. I, S. 239 –272; Günter Heintz: »Er ist unsicher und zwiespältig, daher wohl noch zu gewinnen.« Stadlers George-Nachfolge. In: Ders.: Stefan George. Studien zu seiner künstlerischen Wirkung. Stuttgart 1986, S. 74 – 106. Ferner: Roger Paulin: The Critical Reception of Shakespeare in Germany 1682 – 1914. Hildesheim 2003 (Anglistische und amerikanistische Texte und Studien 11), S. 495 – 498. Eine präzise Positionierung Stadlers innerhalb der frühen George-Rezeption jetzt auch bei: Achim Aurnhammer: Poetische Rezeption. In: Stefan George und sein Kreis. Ein Handbuch. Bd. 2, hg. von Achim Aurnhammer, Wolfgang Braungart u. a. Berlin 2012, S. 829 – 896, hier: S. 853 f.

38 Ernst Stadler: Rez. Stefan George: Selection from his works. Translated into English by Cyril Scott. London 1910. In: Das literarische Echo 12 (1909/10), H. 24 (15. Sept. 1910), Sp. 1790 – 1791, hier 1790.

39 Stadler: DSB, S. 323.

tisch-kritischen Aufnahme Sh*akespeare*s nachgehe, so denke ich aber nicht, daß sich die beiden Arbeiten in die Quere kommen werden.[40]

Gundolf wiederum bemerkt gegenüber Ernst Robert Curtius, das »Stadler-Buch« komme ihm zustatten, es sei »eine Monographie die einem wirklich Arbeit abnimmt anstatt sie zu vermehren«.[41] Curtius ist es auch, der – zwischen Stadler und dem George-Kreis vermittelnd – vergeblich versucht, ihn für den engeren Mitarbeiter-Zirkel zu gewinnen.[42] Auch in Gundolfs Habilitationsschrift, die gänzlich ohne Fußnoten auskommt, wird Stadlers Buch dankbar erwähnt: Für die »äussere Biographie« von Wielands Übersetzung genüge es, auf die »treffliche Studie« von Ernst Stadler zu verweisen. Ihn, Gundolf, dagegen gehe nur an, was Wielands Leistung als Ganzes für die Wirkung Shakespeares bedeute, »welchen Instinkten es seine Entstehung und Artung verdankt, welche Tendenzen des deutschen Geistes darin zum Ausdruck kommen«.[43]

Bei all diesen gegenseitigen Respektbekundungen – im Falle Stadlers ist es offene Bewunderung für Gundolf – wird hier doch deutlich, dass ihm durch die Shakespeare-Projekte aus dem George-Kreis offenbar eine Art Konkurrenzsituation erwachsen ist. Zum einen geriet ›Wielands Shakespeare‹ schon bald in den Schatten von Gundolfs ›Shakespeare und der deutsche Geist‹. Die gönnerhaften Bemerkungen Gundolfs ließen Stadlers Studie als tüchtige Fleißarbeit eines Philologen erscheinen, die allenfalls als Vorwurf für eine ›richtige‹ geistesgeschichtliche Überschau von Nutzen sein könnte. Auch hätte Stadlers Studie zur Shakespeare-Rezeption in Deutschland – wäre es denn zu einer Veröffentlichung gekommen – unweigerlich an Gundolfs Buch gemessen werden müssen. Zum anderen ist es mehr als nur eine Koinzidenz, dass Stadlers Edition von Wielands Shakespeare genau gleichzeitig mit Gundolfs Shakespeare-Ausgabe erschien. Denn hält man Stadlers Kritik an Wielands Shakespeare neben seine verstreuten Bemerkungen zu Gundolfs Übertragung, wird sichtbar, dass er offenbar tatsächlich in Gundolfs und Georges aristokratischem, die Form verabsolutierendem Übersetzungsverfahren das Ideal erfüllt sah, an dem er Wielands Shakespeare-Übersetzung gemessen hat.

Dies kommt prägnant in Stadlers geradezu hymnischer Rezension von ›Shakespeare und der deutsche Geist‹ zum Ausdruck, in der er Gundolfs Methode, die der eigenen, streng philologischen Herangehensweise diametral gegenübersteht, mit höchstem Lob bedenkt. Methode sei kein »allen Dingen gleichmäßig anstehendes Universalmittel«, sondern könne auch ›Erlebnis‹ be-

---

[40] Stadler an Hermann Georg Fiedler, 2. Apr. 1911 (DSB 483 f., hier: S. 484).

[41] Gundolf an Ernst Robert Curtius, 14. Sept. 1910. In: Friedrich Gundolf: Briefwechsel mit Herbert Steiner und Ernst Robert Curtius. Eingel. u. hg. von Lothar Helbing u. Claus Victor Bock. Amsterdam 1962 – 63 (Castrum Peregrini 54 – 56), S. 167 f., hier: S. 167.

[42] Curtius an Gundolf, 1. Okt. 1910. In: Gundolf (Anm. 41), S. 171.

[43] Gundolf (Anm. 36), S. 168. Vgl. auch S. 178: »Die gewissenhafte Zusammenstellung der einzelnen Motive siehe bei Stadler, auf den ich hier nur verweise, um anderswo gut gesagtes nicht unnötig zu wiederholen.«

deuten, »von innen her gefühlte und geforderte Formung«.[44] Stadler erweitert mithin seinen Erlebnis-Begriff nun vollends vom Dichter auf den Interpreten. Und es ist nicht weiter verwunderlich, dass er gerade das Wieland-Kapitel bei Gundolf besonders erwähnt. Denn die Charakterisierung Wielands als ›Impressionist‹ im Gegensatz zum ›Neuschöpfer‹ entspricht vollauf Stadlers eigener Auffassung:

> Man denke etwa an das Kapitel über Wieland, wo der bewegliche, immer nur am Geformten sich entzündende Impressionist, dessen Bestimmung und Beschränkung es ist, »umzuschaffen das Geschaffene«, dem zu den Dingen selbst niedersteigenden, aus dem Urstoff heraus formenden Neuschöpfer gegenübergestellt wird, um die Analogien zur Gegenwart, zu bestimmten, auch anderwärts vorgetragenen Ideen und Antithesen Gundolfs zu finden und zu erkennen, wie sehr hier das »in fernen Menschen Forschen« eine innere Rechtfertigung des eigensten Kunstgefühls, eine Entscheidung gegenwärtiger Fragen bedeutet. Und darin ruht über seine literarhistorische Bedeutung hinaus der starke Gegenwartswert dieses schönen Buches.[45]

Obwohl Stadlers und Gundolfs Urteile über Wieland hier sehr weit übereinstimmen, ja nahezu identisch zu sein scheinen, wäre es ungerecht, ihre Positionen kurzerhand gleichzusetzen. Gemeinsam ist beiden das intensive Interesse an *Form*fragen bei Shakespeare, die Auffassung seiner Dramen als *Lese*texte jenseits aufführungstechnischer und dramaturgischer Fragestellungen. Doch während Gundolf in ›Shakespeare und der deutsche Geist‹ – ohne jeglichen Bezug zur englischen Forschung – eine Geschichte der *deutschen* Literatur am Beispiel der Reaktion auf Shakespeare entwirft, ist die Vorgehensweise des anglo- und frankophilen Stadlers eine dezidiert komparatistische. Mag auch manche Kritik Stadlers aus heutiger Sicht zeitgebunden oder pedantisch wirken, er ist stets um historische, abwägende Perspektivik bemüht. Herrische Urteile in der Art Gundolfs und Georges finden sich bei Stadler nicht, es ist ihm im Gegenteil auch immer wieder darum zu tun, die Verdienste von Wielands Übersetzung herauszustreichen. Und gar bei der für ihn so zentralen Methodenfrage zeigt sich Stadler undogmatisch offen: Selbst strenger Philologe positivistischer Schule, anerkennt er die Vorzüge des geistesgeschichtlich-nacherlebenden Ansatzes Gundolfs, dem er dabei keineswegs folgt.

Von dieser bemerkenswerten Offenheit zeugt auch eine Bemerkung Stadlers in einem Beitrag über Ibsen, der die Beschränkung und Zeitgebundenheit der eigenen Sichtweise mitreflektiert:

---

44 Stadler: DSB, S. 323. Vgl. Gundolf (Anm. 36), Vorwort: »Methode ist Erlebnis, und keine Geschichte hat Wert, die nicht erlebt ist […].«

45 Ebd. S. 324 f. Stadler bezieht sich in dem Abschnitt auf Gundolf (Anm. 36), S. 161: »Er [Wieland] lebte vom Geformten und ›umzuschaffen das Geschaffene‹ ist das Wesen seiner Produktion. Er bedurfte der Anregung durch Geformtes, dieser erste Impressionist«. Die Formel »umzuschaffen das Geschaffene« stammt aus Goethes Gedicht ›Eins und Alles‹ (1821). Der Ausdruck »in fernen Menschen Forschen« wiederum ist aus Stefan Georges Gedicht ›An Gundolf‹ aus ›Der siebente Ring‹ (1907) gezogen (vgl. Stefan George: Der siebente Ring. Berlin 1931 (Gesamt-Ausgabe der Werke VI/VII), S. 165).

> Die lange und lehrreiche Geschichte der Aufnahme Shakespeares in Deutschland zeigt, wie sich das Bild dieses Dichters von Generation zu Generation gewandelt hat, wie jedes Geschlecht gerade so viel an ihm zu sehen und zu schätzen befähigt war, als es in seinem besonderen Lebensgefühl und seiner geistigen Erfassung der Dinge an Wahlverwandtem in sich trug.[46]

So bleibt Stadlers perspektivischer Ansatz – bei allen auch zeitbedingten Mängeln – wohl zukunftsträchtiger als Gundolfs und Georges apodiktische Setzungen und das Herausarbeiten des ›deutschen Geistes‹.

IV. Schluss

Es sollte deutlich geworden sein, dass Stadlers auf den ersten Blick trockene und unspektakuläre Auseinandersetzung mit Wielands Shakespeare-Übersetzung in aufschlussreicher Weise mit der Entwicklung seiner poetologischen Vorstellungen verschränkt ist: Was er an Wielands Übersetzung vermisst – Formgefühl, Fähigkeit zum schöpferischen Erlebnis, Pathos und Kraft der Sprache unter dem Signum der »Weltfreudigkeit« –, all dies gilt ihm gleichzeitig als Leitlinie seines eigenen Dichtungsverständnisses. Und so wird die Fundamentalkritik an Wielands Übersetzung gleichzeitig zu einem Plädoyer für den Gestus aristokratisch-ernster Erlesenheit, wie er ihn bei Gundolfs und Georges Übersetzungsarbeiten bewunderte. Insofern bedeutet, ex negativo, auch bei Stadler die Auseinandersetzung mit Wieland eine »innere Rechtfertigung des eigensten Kunstgefühls«.

Mit dem emphatischen Lob von Gundolfs ›Shakespeare und der deutsche Geist‹ ist aber auch gleichzeitig Stadlers größte Annäherung an den George-Kreis erreicht. Bereits ein Jahr später, 1912, distanziert er sich mit Nachdruck von George und insbesondere von der Idee des exklusiven Jüngertums, die allzuoft strapaziösen Leerlauf hervorbrächte.[47] Und in genauer Umkehrung seines einstigen Plädoyers für die ›Form‹ schreibt Stadler nun: »Es muß heute in

---

46 Ernst Stadler: Henrik Ibsen. In: Literarische Rundschau der Straßburger Neuen Zeitung 6 (31. Okt.1909); 7 (7. Nov.1909) (wieder in: DSB S. 403 – 415, hier: S. 404).

47 Die instruktive Stelle verdient es, ausführlich zitiert zu werden: »Die unmittelbare Folge [der Idee einer exklusiven Gemeinschaft; F. G.] war das Jüngertum jener ›Blätter für die Kunst‹, in denen ein äußerliches Nachzeichnen der Formen – wovor ein Wort Georges ausdrücklich gewarnt hatte – die Stelle des in der Form bezwungenen Erlebnisses vertreten mußte. Diese Dichter und ihre heute über das ganze Deutschland verstreute Gefolgschaft, die mühelos mit fremdem Gerät die Schönheit einzufangen gedachten, vergaßen, daß hinter jeder echten Schönheit ein Leiden steht, eine Angst und Verwirrung der Seele. ›Von einer ganzen Jugend rauhen Werken Ihr ahntet nichts‹. Die Idee von ›Herrschaft und Dienst‹, die Idee des Jüngertums, von George freilich selber gepflegt und begünstigt, mußte zu dem gefährlichen Wahn führen, als könne durch den Verzicht auf Eigenwilligkeit, auf freie Entfaltung seines Selbst, durch bewußte Unterordnung, Anpassung an ein erlauchtes Muster, an eine feste Form, eine dichterische Kultur gleichsam gezüchtet werden« (Ernst Stadler: Die neue französische Lyrik. In: Der lose Vogel 1 (1912), Nr. 5, S. 166 – 171 (wieder in: DSB S. 425 – 430, hier: S. 426 f.)).

Deutschland jeder Versuch ermutigt werden, den einschnürenden Ring des Formalismus zu durchbrechen, die Dichtung wieder zum Erlebnis heranzuführen, mit den Inhalten der Wirklichkeit zu füllen. Für die deutsche Lyrik wenigstens liegt heute das Heil bei den scheinbar Formlosen«.[48] Diese Loslösung von George, einhergehend mit einer Orientierung an Francis Jammes und Charles Peguy,[49] bestimmt Thematik und Grundbewegung der ›Aufbruch‹-Lyrik Stadlers – so auch seines wohl berühmtesten Gedichts ›Form ist Wollust‹ mit den Versen »Form will mich verschnüren und verengen, | Doch ich will mein Sein in alle Weiten drängen.«[50]

---

48 Stadler: DSB, S. 427.

49 Vgl. hierzu: Raymond Winling: Peguy et L'Allemagne. Paris 1975, II, S. 574 – 585, S. 828.

50 Stadler (Anm. 3), S. 30. Eine konzise Interpretation bei: Achim Aurnhammer: »Form ist Wollust«. Ernst Stadlers Beitrag zur Formdebatte im Expressionismus. In: Poetologische Lyrik von Klopstock bis Grünbein. Gedichte und Interpretationen. Hg. von Olaf Hildebrand. Köln u. a. 2003, S. 187 – 197.

Tobias Döring

Fluchen lernen

›Der Sturm‹ im postkolonialen Aufbruch

Was heißt es, einen Dramentext politisch zu lesen? Was für Produktivität können politisch interessierte Lesarten entfalten? Und was sind Konsequenzen, wenn Praktiken von Macht und Herrschaft damit zentral verhandelt werden?

Solche Grundsatzfragen richten sich mit besonderer Dringlichkeit an Shakespeares Alterswerk ›Der Sturm‹. Eine Aufsatzsammlung also, die sich der ersten deutschen Übersetzung dieses Dramas widmet, mag sich ihnen daher stellen, wie ich es mit diesem Beitrag an zwei Bearbeitungen aus den 1960er Jahren exemplarisch unternehmen will. Die karibischen Autoren George Lamming und Aimé Césaire, deren Werk nur ausschnittweise für eine sehr breite Debatte steht, haben sich in dieser Weise intensiv auf ›The Tempest‹ eingelassen und zwei Jahrhunderte nach Wielands Übersetzungsarbeit eigene Versionen dieses Stücks geboten, aus denen sich, so meine These, Aufschlüsse gewinnen lassen, die durchaus auch für die deutschen Debatten des 18. Jahrhunderts von Belang sind. Oder anders und als Frage formuliert: Wie verhält sich der deutsche Shakespeare, der mit Wieland in die Zeit des bürgerlichen Aufbruchs eingeführt wurde, zu dem politischen Shakespeare, mit dem sich schwarze Autoren seit dem postkolonialen Aufbruch auseinandersetzen? Und warum werden solche Auseinandersetzungen ausgerechnet immer mit dem ›Sturm‹ geführt, ganz so als stelle dieser Stücktext ein besonderes Vokabular zu politischer Positionierung bereit?

Kein Bühnenstück, vermutlich kein anderer literarischer Text überhaupt, ist in der Tat so eng mit der Geschichte des britischen Empire verbunden. Als vor fünfzig Jahren die große Dekolonisierungsbewegung einsetzte und viele Länder Afrikas und der Karibik, die jahrzehntelang, manchmal Jahrhunderte, unter Herrschaft oder Dominanz von Großbritannien standen, in die Unabhängigkeit, wie damals gern gesagt, entlassen wurden, bot ›The Tempest‹ zahlreichen Autoren und Theaterleuten dieser Länder ein Modell, in dem sie sich zu erkennen gaben oder zu erkennen glaubten und mit dem sie jedenfalls gezielt ihre eigene Situation gestalteten. Leitfigur und Stichwortgeber solcher Modellierungen für schwarze Intellektuelle war zumeist Caliban, die prekäre Grenzfigur des Stücks, im Personenverzeichnis der First Folio bekanntlich als »savage and deformed slave«[1] bezeichnet, von Wieland als »wilder und mißgeschaffner Sclave«[2] übersetzt und in der Bühnen- sowie Interpretationsgeschichte von ›The Tempest‹ seit

---

1 William Shakespeare: The Tempest. Hg. von Alden T. Vaughan und Virginia Mason Vaughan. London 2011, S. 162.

2 William Shakespeare: Der Sturm oder Die bezauberte Insel. In: TW 5, S. 6.

langem ein zentraler Referenzpunkt, wenngleich mit sehr unterschiedlichen Besetzungen.[3]

Wichtig ist hierbei die Einsicht, dass Kolonialismus-kritische Lesarten oder Versionen, wie sie seit den 1960er Jahren politische Unabhängigkeitsbestrebungen insbesondere in der Karibik maßgeblich darstellen und artikulieren halfen, die thematische Verflechtung dieses Stücks mit britischer Imperialpolitik keineswegs begründeten. Die gezielte Politisierung von ›The Tempest‹ vollzog sich nämlich nicht erst im Zuge der Auflösung des Empire; sie war vielmehr Ergebnis und Produkt bereits der Etablierung beziehungsweise Propagierung dieses Empire und stellte sich auf dessen Höhepunkt im viktorianischen Zeitalter schon sehr deutlich dar. Paradigmatisch zeigt sich dies, wie Howard Felperin gezeigt hat, an einem zeitlichen Zusammentreffen: 1876 wird Queen Victoria zur Kaiserin von Indien proklamiert, als im selben Jahr eine Schulausgabe von ›The Tempest‹ in der einflussreichen ›Rugby Edition‹ herauskommt; darin erklärt der Herausgeber J. S. Phillpotts die besondere Relevanz, die gerade dieses Stück für die zeitgenössische Welt habe. Die Erziehung, und das heißt: Humanisierung, moralisch und mental Zurückgebliebener sei jetzt in den Kolonien die zentrale zivilisatorische Mission:

> Even if there were special dangers to savage races when first brought into contact with civilization, yet we might justify the usurpation of power by those who were mentally and morally the stronger, as long as that usurpation was only used to educate and humanize the savage.[4]

›Der Sturm‹, so diese viktorianische Lehrmeinung, publiziert drei Jahre übrigens nach Gründung der ›New Shakespere Society‹ in Stratford-upon-Avon, erweise also die legitimierende Verbindung von der Kolonisierung zur Erziehungsarbeit wilder Völker; Shakespeare wird hier zum Agent wie zugleich Ausweis des Zusammenhangs von *empire building* und *canon building*. Seine politische Indienstnahme steht damit klar im Zeichen imperialer Interessenpolitik.

Phillpotts Bemerkung kommentiert zugleich den historischen Entstehungskontext des Stücks im frühen 17. Jahrhundert, die Frühphase also der britischen Expansionsbestrebungen und Siedlungsanstrengungen in der Neuen Welt, mit der Shakespeares Text in vielfacher Art verflochten ist,[5] und sie zielt namentlich auf die Figur des Caliban, in der sich solcherlei Verflechtungen verdichten – eine Figur, wie Phillpotts schreibt, »[which] may have had a special bearing on

---

3 Virginia Mason Vaughan: Shakespeare's Caliban. A Cultural History. Cambridge 1991.

4 Zit. nach. Howard Felperin: The Tempest in our Time. In: The Uses of the canon. Elizabethan literature and contemporary theory. Oxford 1990, S. 170 – 190, hier: S. 176 f.

5 Vgl. Peter Hulme: Colonial Encounters. Europe and the Native Caribbean, 1492 – 1797. London und New York 1986, sowie Peter Hulme und William Sherman: The Tempest and Its Travels. London 2000 und Francis Barker und Peter Hulme: Nymphs and Reaper Heavily Vanish. The Discursive Con-Texts of ›The Tempest‹. In: Alternative Shakespeares. Hg. von John Drakakis. London und New York 1985, S. 191 – 205.

the great question of a time when we were discovering fresh colonies«.[6] Was diese große Frage genau war, wird aus der berühmten Konfrontation Calibans mit Prospero deutlich:

> This island's mine, by Sycorax, my mother,
> Which thou tak'st from me.[7]

Der hier formulierte Anspruch Calibans, die Insel rechtmäßig geerbt und nur durch Zwang oder Gewalt einem Neuankömmling abgetreten zu haben, hat ebenso starke Resonanzen für die Kolonialgeschichte wie Calibans folgende Erzählung von seiner Erstbegegnung mit Prospero, der sich als Exilant und Flüchtling auf der fremden Insel einfand, bevor er sich zu deren Herrscher machte:

> When thou cam'st first
> Thou strok'st me and made much of me; wouldst give me
> Water with berries in't, and teach me how
> To name the bigger light and how the less
> That burn by day and night. And then I loved thee
> And showed thee all the qualities o'th' isle:
> The fresh springs, brine pits, barren place and fertile.
> Cursed be I that did so! All the charms
> Of Sycorax – toads, beetles, bats – light on you,
> For I am all the subjects that you have,
> Which first was mine own king; and here you sty me
> In this hard rock, whiles you do keep from me
> The rest o'th' island.[8]

In einem Stück, das – mit für Shakespeare ungewöhnlicher Genauigkeit – die Einheiten von Zeit und Ort strikt einhält, muss alles Relevante, das *vor* der eigentlichen Bühnenhandlung liegt, durch solche Erzählungen, also diegetisch, übermittelt werden. In den zahlreichen Auseinandersetzungen zwischen Prospero und seinen Untergebenen führt dies zu regelrecht rivalisierenden Narrativen: Wer wem welche Geschichte über die Vorgeschichte dieser Insel zu erzählen in der Lage ist und wer seine Version der Geschichte gegen die konkurrierenden Versionen letztlich durchsetzen kann, begründet in der Deutungshoheit über das Vergangene aktuelle Machtansprüche auf das Inselterritorium und schafft den politischen Bezug zur Gegenwart. Eben dieser Anspruch wird mit Calibans Erzählung hier gestellt, und eben darum bietet sich diese Figur, wie oft bemerkt, so klar als Modell zur Selbstpositionierung postkolonialer Erzähler an, um gleichfalls einen solchen *claim* auf Geschichte und Geschichtsdeutung zu formulieren. Shakespeares »deformed slave« präformiert daher, besonders für karibische Insel-Autoren, die eigene Sprechrolle im Kolonialdiskurs.

---

6 Felperin (Anm. 4), S.176 f.
7 Shakespeare (Anm. 1), S. 195 (I, 2).
8 Ebd. S. 195 f.

Dies nicht zuletzt aufgrund der bemerkenswerten Ironien, die hier zugleich im Spiel sind. Calibans historische Erzählung, die auf eine regelrechte Dialektik von Herr und Knecht zuläuft (»I am all the subjects that you have«), beginnt ja zunächst mit der Geschichte einer Zähmung und Erziehung ganz im Muster kolonialer Zivilisationsbringer, wie Phillpotts sie viktorianischen Schulkindern erzählt. Der selbstbewusste An- und Ausspruch, der im Ganzen dieser Rede vorgetragen werden soll, gründet also in einer vorbewussten, aber noch erinnerten Frühphase der Wildheit, die auch die Rede selbst betrifft, denn offensichtlich war es ja vor allem sprachliche Erziehungsarbeit, die hier geleistet werden musste. Wenn Caliban also ausgerechnet seine Artikulationsmöglichkeiten gerade jenem Herrn verdankt, dessen Macht er brechen will, macht ihn dies zu einem durchaus unbequemen und ambivalenten Modell postkolonialer Schriftsteller. Speziell wenn sie wie Lamming und Césaire auf Englisch beziehungsweise Französisch schreiben (und schreiben müssen, denn indigene Sprachen sind in der Karibik seit der Frühen Neuzeit ausgerottet), können sie ihre Behauptungen eines Eigenen an Geschichte, Sprache und Bestimmung nur dadurch unternehmen, dass sie notwendig dessen konstitutive Verflechtungen mit dem anderen bezeugen. So wird von ihnen just die Autorität, die eigentlich gebrochen werden soll, zugleich partiell bestätigt. Der Bruch, den der postkoloniale Aufbruch insgesamt darstellt, verläuft mitten durch sie hindurch.

> My subject is the migration of the West Indian writer, as colonial and exile, from his native kingdom, once inhabited by Caliban, to the tempestuous island of Prospero's and his language.[9]

So schreibt George Lamming 1960 in der Einleitung zu ›The Pleasures of Exile‹, einem wegweisenden Band aus literarischen Essays und historischen Reflexionen, mit dem er sich und der Welt die Paradoxien seines Lebens, Arbeitens und Schreibens zwischen der Alten und der Neuen Welt, zwischen England und Karibik, London und Barbados, erklärlich machen will. 1927 in Barbados geboren und dort im kolonialen Schulsystem klassisch-britisch sozialisiert, war der Autor 1950 nach Großbritannien ausgewandert als Teil jener ersten großen Migrationsbewegung nach dem Zweiten Weltkrieg, durch die sich britische Kultur und Gesellschaft so nachhaltig verändern sollten. Die Erfahrung dieser Migration, der Versuch einer Neuorientierung in einem Land, das sich zwar als Mutterland bezeichnet, aber dennoch fremd und feindselig erscheint, und die Suche nach der eigenen Rolle im größeren historischen Prozess motivieren und gestalten alle seine literarischen Arbeiten, zunächst die Autobiographie ›In the Castle of My Skin‹, dann etliche Romane wie beispielsweise ›Water With Berries‹ (der Titel ist der angeführten Caliban-Rede entlehnt) und eben der genannte Band mit Essays. In allen diesen Texten nutzt Lamming Shakespeares ›Sturm‹ als Deutungs- wie als Stellungsmuster, um die eigene Position und die karibisch-afrikanischer Migranten insgesamt zu klären. Sein historisches Inter-

9 George Lamming: The Pleasures of Exile. London 1984 [1960], S. 13.

esse liegt hauptsächlich auf der haitianischen Revolution von 1803 unter Toussaint L'Ouverture, der ersten auch militärisch erfolgreichen schwarzen Widerstandsbewegung gegen eine europäische Groß- und Kolonialmacht. »Caliban Orders History« überschreibt Lamming das entsprechende Kapitel und gibt schon dadurch zu erkennen, wie emphatisch er karibische Geschichte in der Semantik von Shakespeares ›Sturm‹ selbst ordnet und deutet. Wie auch im zitierten Satz der Einleitung fokussiert er dazu auf den Gegensatz von Prospero und Caliban, Herr und Knecht, und identifiziert seine eigene Herkunft umstandslos mit Caliban und dessen »Königsreich«, aus dem er nunmehr exiliert und auf Prosperos »stürmische Insel« gelangt sei. Dadurch verschiebt er allerdings die Topographie des Shakespeare-Stücks: die Insel – England – ist zugleich Exil und Heimatort, denn sie ist der Ort von Sprache, Prosperos Sprache, wie es hier ausdrücklich heißt, die doch zugleich zur Sprache Calibans und damit auch zu Lammings eigener geworden ist.

Davon zeugt bereits der – gängige – Ausdruck, der ihm zur Selbstbezeichnung dient, wenn Lamming hier von sich und seinesgleichen als »West Indian writer« spricht. Damit gebraucht er einen Terminus, der nicht nur eklatant eurozentrisch, sondern eigentlich ebenso eklatant falsch ist, da er den Irrtum des Columbus fortzeugt, als dieser seinerzeit die westwärts entdeckten Inseln Indien zuwies. Doch »falsch« ist hier der falsche Ausdruck, da die Geschichte der Karibik seit der Frühen Neuzeit immer auch eine Geschichte von Verschiebung und Verkennung, der ständigen Transfers und Migration gewesen ist. Auch die schwarze Bevölkerung der Karibik, als Nachfahren afrikanischer Sklaven, ist dort ja nur in dem Sinne zu Hause wie der Sklave Caliban auf Shakespeares Insel heimisch ist: zwar dort geboren, aber als Sohn einer Mutter, die selbst aus Afrika – in seinem Fall: aus Algier – stammt. Der Anspruch auf Nativität erweist sich wiederum als einer, der durch Migration vermittelt ist. Damit stellt sich Lammings Lesart, wenn er so emphatisch Caliban zur Leitfigur der eigenen Schriftstellerarbeit wählt, dezidiert den Ironien der Sprache und dialektischen Verwicklungen der Geschichte zwischen Herr und Knecht, die sich gerade auch im aktuellen Text fortschreiben.

Gleich zu Beginn seines ersten Essays ›In the Beginning‹ heißt es dazu:

> Caliban is his [i.e. Prospero's] convert, colonised by language, and excluded by language. It is precisely this gift of language, this attempt at transformation which has brought about the pleasure and paradox of Caliban's exile. Exiled from his gods, exiled from his nature, exiled from his own name! Yet Prospero is afraid of Caliban. He is afraid because he knows that his encounter with Caliban is, largely, his encounter with himself.[10]

Prosperos »gift of language«, wie hier angeführt, ist genau eine solche »Gabe der Zivilisation«, mit der das Kolonialgeschäft traditionell begründet und legi-

[10] Ebd., S. 15.

timiert wurde.[11] Mit dieser Formulierung bekennt sich der westindische Autor daher nicht nur zu einer Konversion und kulturellen Transformation, die er selbst durchlaufen hat und die nur mehr um den Preis von Selbstverleugnung, ja womöglich von Verstummen, je rückgängig zu machen wäre; er positioniert sich zugleich in der Diskussion um Gabentausch und Sprachunterweisung in Shakespeares ›Sturm‹, eine Debatte, von der zum Ende noch einmal zu reden ist, weil sie in der Tat mehr Spiel- und Deutungsraum eröffnet, als hier deutlich wird.

Zunächst aber ein Blick auf mein anderes Beispiel für karibisch-postkoloniale Auseinandersetzungen mit ›The Tempest‹, Aimé Césaires »Stück für ein schwarzes Theater« mit dem Titel ›Une tempête‹, also ›Ein Sturm‹, entstanden 1969 in Paris in Zusammenarbeit mit Jean-Marie Serreau.[12] Der Autor stammt aus Martinique, ist politisch lange als Mandats- und Amtsträger aktiv gewesen, geboren 1913, also eine Generation älter als George Lamming, und ist mit seinem Werk noch ganz anderen Diskussions- und Traditionszusammenhängen verpflichtet, wie zum Beispiel dem französischen Surrealismus, der für Lamming und die anglophon westindische Literatur der 1960er Jahre keine Rolle spielt. Überdies ist ›Une tempête‹ ein Bühnenstück, arbeitet also mit Shakespeares eigenem Medium, dem Theater, was ihm ebenfalls noch andere Strategien und Wirkungsmöglichkeiten als das Medium des Essays öffnet. Dennoch ist die Gegenüberstellung instruktiv, denn sie zeigt Konvergenzen, die auf Gemeinsamkeiten deuten. Beispielsweise scheint Césaire an Lammings zuletzt zitierte Bemerkung anzuknüpfen, mit der er der Prospero-Figur eine psychologische Dynamik einschreibt und ihre ständige Konfrontationen mit den Untergebenen als Selbstbegegnung mit dem eigenen Verdrängten deutet. Césaires gesamtes Stück ist in dieser Weise konzipiert. Eine einleitende Regiebemerkung verlangt die »Atmosphäre eines Psychodramas«, bei dem die Schauspieler nach einander auftreten und »nach Belieben eine Maske« wählen,[13] so dass alle ihre Rollen im Sinne eines Selbsterfahrungsdramas ausprobieren. Ein Spielleiter kommentiert dies mit den Worten:

> Jedem seine Rolle, und jeder Rolle ihre Maske. Du, den Prospero? Warum nicht? Es gibt Machtgelüste, die sich selbst nicht kennen. Du, den Caliban? Schau, schau, das ist verräterisch![14]

Das metatheatrale *framing* des gesamten Stücks durch diese einleitende Maskenwahl ist doppelwertig: einerseits »verrät« die präferierte Maske etwas über den wählenden Darsteller und dessen heimlichen Gelüste, »die sich selbst nicht kennen«; andererseits führt sie ein Kontingenzmoment in die folgende Geschichte ein: was immer auf der Bühne anschließend gezeigt wird, hat Experi-

---

11 Ulla Haselstein: Die Gabe der Zivilisation. Kultureller Austausch und literarische Textpraxis in Amerika, 1682-1861. München 2000.

12 Aimé Césaire: Ein Sturm. Stück für ein schwarzes Theater. Übers. von Monika Kind. Berlin 1970 [1969].

13 Ebd., S. 5.

14 Ebd., S. 6.

ment- und Spielcharakter und hätte bei anderer Rollenverteilung vielleicht ganz anders aussehen können.

Das wird vor allem relevant für die zentrale Auseinandersetzung zwischen Herr und Knecht, die bei Césaire folgendermaßen lautet (ich zitiere Auszüge):

> CALIBAN: Du hast mich gar nichts gelehrt. Außer, natürlich, deine Sprache zu kauderwelschen, damit ich deine Befehle verstehe: Holz hacken, Geschirr spülen, Fische fangen, Gemüse pflanzen, weil du viel zu bequem bist, das selber zu machen. [...]
> PROSPERO: Was wärst du schon, ohne mich?
> CALIBAN: Ohne dich? Na, ganz einfach der König! König der Insel! König meiner Insel, die ich von Sycorax habe, meiner Mutter! [...][...]
> PROSPERO: Was soll denn dieser Stumpfsinn? Ich versteh kein Wort.
> CALIBAN: Ich will dir damit nur sagen, daß ich künftig nicht mehr auf den Namen Caliban hören werde.
> PROSPERO: Wie bist du da darauf gekommen?
> CALIBAN: Na, Caliban ist einfach nicht mein Name.
> PROSPERO: Meiner vielleicht? [...]
> CALIBAN: Nenne mich X. Das ist besser. Als sagte man: Mensch ohne Namen. Noch genauer, der Mensch, den man seines Namens *beraubt* hat.[15]

In der Überschreibung des überlieferten Shakespeare-Texts, dessen Konturen in diesem Dialog noch kenntlich sind, positioniert sich das karibische *Rewriting* in einem Palimpsest, das gerade durch die Spannung zwischen Altbekanntem und Aktuellem seine Kraft gewinnt. Denn im Jahr 1969 ist unverkennbar, *wem* Calibans Auftritt und Widerspruch aktuell Präsenz und Stimme geben sollen: X steht hier für Malcolm X, Leitfigur der afro-amerikanischen Politisierung jener Jahre, die ihren ererbten Nachnamen »Little« als Instrument und Stigma kolonialer Sklavengeschichte abgelehnt und abgelegt hat. Auch der historische Gegenspieler zu Malcolm X, Martin Luther King, kommt in ›Une tempête‹ zu Wort: ihm wird die Rolle Ariels zugewiesen, des Kollaborateurs der Macht, der sich auf Absprachen mit dem Unterdrücker einlässt und ihm so lange zu Diensten ist, wie er den Versprechen traut und dafür vom revolutionären Caliban verachtet wird:

> ARIEL: Armer Caliban, du rennst in dein Verderben. Du weißt genau, daß du nicht der Stärkere bist, daß du nie der Stärkere sein wirst. Was hilft es dir zu kämpfen?
> CALIBAN: Und du? Was hat dir deine Fügsamkeit, deine Onkel-Toms-Geduld und diese ganze Speichelleckerei genutzt? Du siehst ja selbst, der Bursche wird mit jedem Tage anspruchsvoller und despotischer. [...]
> Ariel: Ich glaube nicht an die Gewalt. [...] Weder Gewalt noch Unterwerfung. Versteh mich recht. Prospero muß geändert werden. In seiner Ahnungslosigkeit muß man ihn stören, bis er zur Einsicht seiner eigenen Ungerechtigkeit gelangt und ihr ein Ende setzt.[16]

---

15 Ebd., S. 16 – 19.
16 Ebd., S. 24 f.

Mit dieser Kontroverse zwischen militantem und gewaltlosen Widerstand greift Césaires Stück nicht nur auf Kontroversen der schwarz-amerikanischen Bürgerrechtsbewegung zurück, sondern zeigt zugleich ein Deutungsschema auf, das Lammings Lesart bereits 1960 etablierte: Ariel als williger Vollstrecker eines despotischen Herrscherwillens, dessen Macht er in der vagen Hoffnung dient, sie künftig zu beerben:

> For Ariel, like Caliban, serves Prospero; but Ariel is not a slave. Ariel has been emancipated to the status of a privileged servant. In other words: a lackey. Ariel is Prospero's source of information; the archetypal spy, the embodiment – when and if made flesh – of the perfect and unspeakable secret police.[17]

Während Ariels Zwischengängerposition und ambivalente Stellung in der Machtkonfiguration der Insel zur Jahrhundertwende 1900 dem uruguayischen Autor José Enrique Rodo noch dazu diente, die prekäre Zwischenstellung lateinamerikanischer Kultur in ihren besten Möglichkeiten auszuweisen und zu preisen, wird die Figur in der postkolonialen Perspektive der 1960er Jahre zum Inbegriff von Korruption und Kollaboration, Ausdruck eines falschen Bewusstseins in selbstbetrügerischer Hingabe an das überkommene Machtsystem. Onkel Tom und Geheimpolizist: so gegensätzlich Césaires und Lammings Sinnfiguren auch erscheinen, sie treffen sich in dieser Anklage und in der Gegenüberstellung zu einer positiv, weil radikal-rebellisch aufgefassten Caliban-Figur.

Was lässt sich nun aus diesen Beispielen und den – ja nur ganz skizzenhaft und fragmentarisch diskutierten – Textpassagen zur Politisierung von Shakespeares ›Sturm‹ im postkolonialen Aufbruch entnehmen? Und wie verhalten die karibischen Shakespeare-Versionen sich zu den deutschen zwei Jahrhunderte zuvor? Drei Punkte will ich hierzu anmerken, bevor ich zum Schluss die Lektüre-Perspektive noch einmal umkehre und auf Shakespeares Text zurückkomme.

Erstens erscheint es zweckmäßig, für solche Texte wie die von Césaire und Lamming den Begriff *Rewriting* zu verwenden, weil der die Doppelstrategie, um die es geht, am treffendsten beschreibt: *Rewriting* bezeichnet sowohl Wiederholung als auch Widerstand und bringt mit der doppelten Semantik der Vorsilbe *re-* das ambivalente Verfahren genau auf den Punkt. Shakespeares ›Tempest‹ wird in und mit Césaires ›Tempête‹ ebenso wenig einfach zurückgewiesen wie etwa in Lammings Essays; im Gegenteil, das Stück wird ja samt seiner Sprache, seinen Figuren und deren Konflikten immer eigens und ausführlich rekapituliert und sei es mit dem Ziel, es ganz anders zu aktualisieren und politisch in den Dienst zu nehmen. Diese Umdeutung verlangt zugleich, dass Wirksamkeit und Deutungsmacht von Shakespeares Text zunächst vorauszusetzen sind. Genau wie Shakespeares Caliban erklärt, dass seine Sprache in Prosperos Redeunterweisung gründet, so gründen diese postkolonialen Texte genau auf der

[17] Lamming (Anm. 9), S. 99.

Autorität, die sie bestreiten und beenden wollen. Darin liegt die Ironie postkolonialer Gründungsfiguren.

Zweitens jedoch zeigen unsere Beispiele noch eine andere Möglichkeit, Caliban in die umkämpfte Rolle als Gründungsfigur für politische Bewegungen der 1960er Jahre einzusetzen. Dazu genügt ein weiterer Blick auf die anfangs zitierte Rede, mit der er seine angestammten Rechte einfordert und sich selbst dafür verflucht, Prosperos Freundlichkeiten anfänglich getraut zu haben. Alles, was ihm jetzt noch bleibt, ist Fluchen – Fluch über sich, Fluch über Prospero – als probatem und einzigem Verfahren, seine Ohnmachtstellung zu verändern. Darin liegt die Dialektik postkolonialer Artikulation, wie Caliban sie in dem anschließenden Wortwechsel formuliert. In Wielands Übersetzung heißt die Stelle:

> PROSPERO: [...] Ich hatte Mitleiden mit dir, nahm die Mühe dich reden zu lehren, und wieß dir alle Stunden etwas neues. Da du nicht im Stand warst, du wilder, deine eigne Meynung zu entdeken, sondern gleich einem unvernünftigen Vieh nur unförmliche Töne von dir gabst, begabte ich deine Gedanken mit Worten, damit du sie anderen verständlich machen könntest. [...]
> CALIBAN: Ihr lehrtet mich reden, und der ganze Vortheil, den ich davon habe, ist daß ich fluchen kan; daß ihr die Pest dafür hättet, daß ihr mich reden gelehrt habt![18]

Fluchen lernen lautet das Fanal, mit dem der Ausgang dieser Kreatur aus der Unmündigkeit markiert wird. Fluchen lernen heißt jedoch zugleich, Sprache als Waffe zu gebrauchen lernen. Der Fluch steht ja für eine reale Wirkungsdimension von Worten, wenn diese gezielt dazu dienen, Wirklichkeit nicht einfach zu beschreiben, sondern in sie einzugreifen,[19] das heißt die Welt zu verändern – eine Macht von Sprachgebrauch und Sprache, die sich bestens als Modell für engagierte Literatur eignet, weil sie weltverändernde Kraft reklamiert. Dies ist es vielleicht auch, was Lamming mit »the gift of language« selbst in Anspruch nimmt und was ihm wie anderen Autoren die Gewissheit geben mag, selbst mit der Übernahme kolonialer Sprache politisch wirksam sein zu können.

Damit drittens zur Frage, ob und wie aus den karibischen *Rewritings* zugleich Aufschluss über deutsche Shakespeare-Versionen im 18. Jahrhundert zu gewinnen ist. Wie verhält sich Lammings und Césaires Shakespeare-Konzept zu Wielands – und im weiteren zum Shakespeare-Kult des deutschen Sturm und Drang?

Zunächst, so muss man sagen, klar konträr. Während für die genannten postkolonialen Autoren Shakespeare und ›The Tempest‹ geradezu der Inbegriff von Unterdrückung und kolonialem Kanon sind, der im Viktorianismus (wie zitiert) ausdrücklich für die Politik des Weltreichs zum Einsatz kommt, mithin für all das steht, was kulturell zurückgewiesen werden muss und von dem politische Befreiung zu erkämpfen ist, steht Shakespeare in den ästhetischen Debatten Deutschlands seit Wieland sowie Lessing genau umgekehrt für Freiheit und Be-

---

[18] Shakespeare/Wieland (Anm. 2), S. 29.

[19] Björn Quring: Shakespeares Fluch. Die Aporien ritueller Exklusion im Königsdrama der englischen Renaissance. München u. Paderborn 2009.

freiung. Wenn im 18. Jahrhundert, wie Bettine Menke schreibt, Shakespeare der Name ist, »unter dem im Deutschen die *Querelle* der Alten und der Modernen ausgetragen wurde«, dann ist Shakespeare zugleich Leit- und Kampfbegriff gegen das Diktat französischer Regelpoetik und deren Statthalter wie Gottsched und Voltaire.[20] Aus diesem Grund dient just das Ungeregelte, Ungetüme, Ungezähmte der Natur, die man in Shakespeare zu erkennen glaubt, als Ansporn, alle Fesseln und Vorgaben abzuwerfen und sich hinfort dem ungebundenen Genie anzuvertrauen. Shakespeares Autorität wird umso emphatischer gepriesen und gesucht, desto eher sie sich gegen die Autorität klassizistischer Ordnungsentwürfe, die zugleich als Ordnungsmuster des Ancien Regime erscheinen, in Stellung bringen lässt. Daher die Feier Shakespeares als Naturgott und Naturgenie, wie beispielsweise Wieland sie in seinem ›Merkur‹-Beitrag von 1773 inszeniert:

> Seine Schauspiele sind, gleich dem grosen Schauspiele der Natur, voller anscheinenden Unordnung; – Paradiese, Wildnisse, Auen, Sümpfe, bezauberte Thäler, Sandwüsten, furchtbare Alpen, starrende Gletscher; Zedern und Erdschwämme, Rosen und Distelköpfe, Fasanen und Fledermäuse, Menschen und Vieh, Seraphim und Ottergezüchte, Groses und Kleines, Warmes und Kaltes, Trocknes und Nasses, Schönes und Ungestaltes, Weisheit und Thorheit, Tugend und Laster, – alles seltsam durcheinander geworfen – und gleichwohl, aus dem rechten Standpuncte betrachtet, alles zusammen genommen, ein groses, herrliches, unverbesserliches Ganzes![21]

Hier scheint die kuriose Aufzählung der vermischten Naturphänomene, für die Shakespeare einsteht, ebenso auf die Naturbeschwörung in ›The Tempest‹ zu verweisen wie die »wilden Stürme der Seele«, die Wieland im weiteren in Shakespeares Dramen ausmacht.[22] Damit gewinnt das Kennwort *Sturm* in »Sturm und Drang« durch Shakespeares ›Sturm‹ enorm an Kenntlichkeit und Konkretion, nicht zuletzt weil just in diesem Stück die fremde und verwirrend ungeordnete Natur der Insel, die alle Ankömmlinge fasziniert, ja größtenteils von Caliban verbal geschildert und beschworen wird. Es scheint daher fast so, als habe Wieland seine eigene Natur-Shakespeare-Beschwörung diesem wilden Inselführer abgelauscht.

Dies ist schon deshalb von Belang, weil Naturalisierung selbstverständlich auch eine Politisierung darstellt und weil das Übersetzen selbst einer Strategie des *Rewriting* folgt, also immer zugleich Widerständiges und Fremdes in die neue Version einbringt. Von diesem Standpunkt aus betrachtet, sind Wieland und die deutschen Shakespeare-Freunde des 18. Jahrhundert daher längst nicht unbedingt konträr zu Lamming, Césaire und den anderen karibischen Autoren des 20. Jahrhunderts anzusehen, sondern treffen sich in ihrer beiderseitigen

---

20 Bettine Menke. Mit Steken-Pferden zum Deutschen Shakespeare. In: Wieland/Übersetzen. Sprache, Gattungen, Räume. Hg. von Bettine Menke und Wolfgang Struck. Berlin 2010, S. 13 – 42, hier: S. 16.

21 Christoph Martin Wieland: Der Geist Shakespeares. In: AA I 21, S. 64 – 67, hier: S. 64 f.

22 Ebd., S. 65.

Appropriation Shakespeares für programmatische und kulturpolitische Zwecke. Wenn die Vertreter klassischer Regelpoetik im 18. Jahrhundert als prosperohafte Ordner oder Regulierer der Kultur erscheinen, dann lässt der Freiheitsruf »Natur!«, mit dem sich ihre Machtstellung bestreiten lässt, sämtliche Stürmer und Dränger in der Tat in einer Rolle wie der Calibans agieren. Shakespeare im 18. Jahrhundert im Naturdiskurs zu verorten ist daher ebenso eine Maßnahme, kanonische Autoritäten zu verwerfen, wie Shakespeare im 20. Jahrhundert dem Kolonialdiskurs zu subsumieren: beides dient dem erklärten Ziel, anderen Kulturmodellen und Autoritäten Geltung zu verschaffen. Im Übrigen liegt ja eine bemerkenswerte Kongruenz darin, dass Kolonialismus sich stets als Kultivierung unbeackerter Natur versteht und dass ausgerechnet ein Stück wie ›The Tempest‹ durchweg dieses Kolonialbegehren auf die Bühne bringt: die rohe Natur einer wunderbaren Insel, wie Shakespeares Gonzalo bei Wieland sagt, zu einer »Pflanzstätte« zu machen.[23] Indem die Werke Shakespeares durch Wieland und die aufkommenden Genie-Ästhetiker zur ungeordneten Natur erklärt werden, autorisieren sie damit zugleich ihre eigene Kultivierungsarbeit als Kolonisierung eines wilden Textes – denn bekanntlich hat sich Wieland ja, trotz aller emphatischen Shakespeare-Verehrung, keineswegs gescheut, wildwüchsige Passagen im Shakespeare-Text, die seinen Anstoß erregten, im Zuge seiner Übersetzung auszumerzen.

Auf diesem Hintergrund lohnt abschließend ein weiterer Blick in diesen Text und seine sprachlichen Details. Die zentrale Konfrontation zwischen Prospero und Caliban über die Belange seiner Sprache lautet bei Shakespeare wie folgt:

> CALIBAN: You taught me language, and my profit on't
> Is I know how to curse. The red plague rid you
> For learning me your language.[24]

Tatsächlich verweist der Sprachkonflikt, wie er in diesem kurzen Wortwechsel ausgetragen wird, auf Sprachdebatten in der Frühen Neuzeit, als die europäischen Humanisten vor der Frage standen, ob die Einwohner der Neuen Welt, die mit den spanischen Erkundungs- und Eroberungsfahrten zunehmend ins Blickfeld kamen, über menschliche Sprache verfügten oder ob die Laute, die sie von sich gaben, nur »unförmliche Töne« waren, wie es bei Wieland heißt, also viehische gedankenlose, unmenschliche Äußerungen darstellten. Hierzu divergierten die gelehrten Meinungen erheblich; wie Stephen Greenblatt in einem berühmten Aufsatz von 1976 gezeigt hat, war die Sprachenfrage das Shibboleth der Kolonialdebatten im 16. Jahrhundert: »Language is, after all, one of the crucial ways of distinguishing between men and beasts.«[25] Wer Kolonisierten also die eigene

---

[23] Shakespeare/Wieland (Anm. 2), S. 45.
[24] Shakespeare (Anm. 1), S. 198 (I, 2).
[25] Stephen Greenblatt: Learning to Curse: Aspects of Linguistic Colonialism in the Sixteenth Century. In: First Images of America. Hg. von Fredi Chiapelli. Berkeley 1976. S. 561 bis 580, hier: S. 567.

Fähigkeit zu sprachlicher Mitteilung absprach, wie es Prosperos Bericht über seine spracherzieherischen Mühen impliziert, sonderte die so Charakterisierten aus dem Kreis der Menschheit aus. Fluchen lehren wäre so der koloniale Weg zur Menschwerdung.

Allerdings macht Shakespeares Text die Sache sehr viel komplizierter, denn er geht just nicht in einer klaren Übernahme solcher kolonialen Argumentationsverfahren auf. Calibans Antwort enthält nämlich eine vielsagende Ambivalenz, die in der deutschen Wieland-Version jedoch nicht mehr kenntlich ist. Im Original findet sich ein potenzieller Doppelsinn, wenn Caliban in seinem zitierten Vorwurf gegen Prospero zu Beginn von »language«, zum Ende aber von »your language« spricht: hat der Wilde von dem Kolonialherrn also *dessen* Sprache oder Sprache *überhaupt* gelernt? Beherrschte Caliban vor seiner Begegnung mit Prospero vielleicht schon eine andere Sprache, die seither verschüttet worden ist? Die Differenz ist in der Tat entscheidend, wenn es um die Differenz von Mensch und Tier und damit um den Status des Humanen geht, der in den politischen Debatten, die in und mit diesem Stück geführt werden, seit langem die zentrale Rolle spielt.[26] Seit Greenblatts Deutung gibt es überdies den Hinweis auf ein sprachliches Indiz, mit dem der Drucktext, wie es scheint, so etwas wie die Spur zu Calibans verborgener oder verlorener Sprache legt. In seiner berühmtesten Rede beschreibt der vermeintlich Wilde in wunderbaren Versen die Natur der Insel so:

> CALIBAN: I prithee, let me bring thee were crabs grow,
> And I with my long nails will dig thee pignuts,
> Show thee a jay's nest, and instruct thee how
> To snare the nimble marmoset. I'll bring thee
> To clust'ring filberts, and sometimes I'll get thee
> Young scamels from the rock.[27]

Caliban wirbt um Vertrauen und Gefallen; dem neuen Herrn, den er so gern für sich gewinnen will, preist und bietet er auf diese Weise die Naturschätze der Insel an. Seine Rede lebt daher von ihrer Konkretion, von den anschaulichen, handgreiflichen und, wie man wohl verstehen soll, wohlschmeckenden Kreaturen dieser schönen neuen Welt. Sechs Beispiele führt er dafür an, eines in jedem Vers: »crabs«, »pignuts«, »jay«, »marmoset«, »filberts« und »scamels«, in Wielands Übersetzung: »Holzapfelbäume«, »Trüffel«, »Nußheher«, »Meerkaze«, »Haselnüsse« und »Gemsen«.[28] Doch gerade bei der Klimax dieser Reihe versagt alle Anschaulichkeit, denn die Referenz des hier Benannten entzieht sich unserem Verständnis prinzipiell: Was »scamels« sind oder sein sollen, lässt sich allenfalls erraten, ihre konkrete Referenz hat noch kein Leser, Übersetzer oder Textherausgeber geklärt, die Vokabel ist im Englischen schlicht unbekannt und

---

[26] Andreas Höfele: Stage, Stake, and Scaffold. Humans and Animals in Shakespeare's Theatre. Oxford 2011.

[27] Shakespeare (Anm. 1), S. 238f. (II, 2).

[28] Shakespeare/Wieland (Anm. 2), S. 64.

als Wortform auch historisch nicht belegt. Was immer für ihr Auftreten im Drucktext der First Folio auch der Grund sein mag – am wahrscheinlichsten ist hier gewiss ein Fehler des Setzers –, durch die zahlreichen Entzifferungsversuche, mit denen Generationen von Herausgebern sich bemüht haben, ihr irgendeinen einen Sinn zu geben, ist diese Wortformel zur Chiffre für die Sprache und Welt Calibans geworden, eine andere Sprache, die man wohl Calibanesisch nennen müsste, mit alternativen semantischen Kodierungen und konkreten Referenzen, die unserm Blick auf immer undurchsichtig – »opacitiy«, wie Greenblatt schreibt – und unserem Zugriff damit strikt entzogen bleibt, eine wilde Welt mithin, die nicht kolonisierbar ist.[29]

Einen Dramentext wie Shakespeares ›Tempest‹ politisch lesen, könnte damit nicht nur heißen, seine Rollen für den Kampf politischer Bewegungen und Debatten neu zu verteilen oder aktuell umzubesetzen, sondern hieße zugleich auch, solchen Spuren nachzugehen. Sie weisen auf ein Feld des Unverfügbaren, an dem die Macht, die sich in Prospero verkörpert, wie auch die Sprache oder Kultivierung, die seit Wieland viele Übersetzer unternommen haben, an ihre Grenzen stoßen. Mit dem postkolonialen Aufbruch ist Shakespeares ›Sturm‹ ein anderer Text geworden. Das jedenfalls lässt sich aus seinem Fluchen lernen.

---

[29] Greenblatt (Anm. 25), S 575.

Jan Philipp Reemtsma

Der Dolch, der noch gebraucht werden will, und der Selbstmord, von dem keiner etwas weiss

Versuch einer Interpretation von Christoph Martin Wielands Libretto ›Rosamund‹[1]

Als Wieland das Libretto für ›Rosamund‹ schrieb, erwartete er zunächst mehr.[2] Seine von Anton Schweitzer komponierte ›Alceste‹ war auch in Mannheim ein Erfolg gewesen, nun erging von dort ein unspezifizierter Folgeauftrag an Wieland.[3] Wieland begann aber bald, die Lust zu verlieren, und bat seinen Freund Jacobi, bei dem Mannheimer Minister Hompesch darauf hinzuwirken, das in der Zwischenzeit mit Namen versehene Projekt ad acta zu legen – »aus vielen, sehr erheblichen Ursachen«[4]. Zudem hörte Wieland davon, daß der Mannheimer Hof in großen finanziellen Schwierigkeiten steckte. Doch Wieland lieferte sein Libretto. Ob es stimmt, oder ob, wie zu vermuten ist, Koketterie dabei war, jedenfalls schrieb Wieland an Merck, er habe gar nicht so recht an die Arbeit herangewollt, allein: »Ich mußte; denn ich hatte mir in einem Anfall von bonhommie ein Wort entfallen lassen, das man für Versprechen nahm. Sagen ich will nicht, gieng nicht an: sagen, ich kann nicht, noch weniger. Ich raffte mich also zusammen – wurde warm – fermentirte – und so gieng's dann weiter, von Punct zu Punct, wie Sie wissen, daß es nach dem ordentlichen Lauff der Natur zu gehen pflegt, wenn ein Kind des Geistes gebohren werden soll, das Lebenskraft in sich habe. Nun ist's vorbey – und Gott helf' uns weiter.«[5]

Wielands Erwartungen, resp. Hoffnungen waren zunächst nicht gering. Wenn »der's componirt, seinen Mann prästirt, wie ich nicht zweifle, und die Acteurs halbweg mit Menschengefühl spielen, so muß das Ding einen Effekt machen, wie noch keine Oper gemacht hat«[6]. Da ist nicht nur die Euphorie des Autors,

---

1 Anläßlich der Neuinszenierung der Oper in Schwetzingen am 20. Mai 2012 im Rahmen der Schwetzinger SWR Festspiele.

2 Zum Folgenden vgl. Tina Hartmann: Das Libretto oder die Königin der Poesie. Literatur zwischen Musik- und Lesetext am Beispiel der ›Alceste‹-Bearbeitungen von der deutschen Barockoper bis Christoph Martin Wieland. Habilitationsarbeit. Philosophische Fakultät der Friedrich Schiller-Universität Jena. November 2009, S. 423 ff. (Typoskript).

3 Vgl. Franz Karl Freiherr von Hompesch-Bollheim an Wieland (Schwetzingen, 10. September 1776). In: WBr 5, S. 549 – 550, hier: S. 550.

4 Wieland an Friedrich Heinrich Jacobi (Weimar, 27. Januar 1777). In: WBr 5, S. 587 bis 589, hier: S. 589.

5 Wieland an Johann Heinrich Merck (Weimar, 4. April 1777). In: WBr 5, S. 605 f.

6 Ebd., S. 605.

der sein Werk abgeschlossen hat, in Anschlag zu bringen – Wieland wollte von Anfang an »einen Effekt machen«, die Arbeit zielte darauf:

> Ich arbeite wieder an einer Oper, Rosemund genannt – Sie kennen ja Heinrich II. seine Rosemund und Woodstock's Park etc. Ich gehe aber mit dem Ding um als mit einer Fabel.[7] Es wird, als ein opus m u s i c u m betrachtet, ein gewaltiges opus werden – S c h w e i z e r componirts. Von A l c e s t e soll dann, ob Gott will, die Rede nicht mehr seyn.[8]

Und auch wenn man ebenfalls in Anschlag bringt, daß Wieland in seinen Briefen zuweilen dazu neigte, sehr enthusiastisch zu formulieren, so ist dergleichen von einem Autor, der kaum je von bloßen Schaffensräuschen sich diktieren ließ, was er zu Papier brachte, nicht ohne Bedacht gesagt. Bleibt die Frage: einen »Effekt«, ein »gewaltiges opus«, das gar die ›Alceste‹ in den Schatten stellen sollte – in welcher Hinsicht?

Zunächst muß man bedenken, wie Wieland seine ›Alceste‹ für Weimar kalkuliert hatte. Wieland, der zu dieser Zeit bekannteste und populärste Dichter Deutschlands, hatte seine Umsiedlung an den durchaus kleinen und provinziellen Weimarer Hof gleichsam pointiert durch zwei außergewöhnliche literarische Unternehmungen. Erstens die Gründung einer literarisch-politischen Zeitschrift unter dem Titel ›Der Teutsche Merkur‹, was den damit verbundenen Anspruch signalisiert: In Frankreich, in Paris erschien der ›Mercure de France‹. Zweitens sollte Weimar mit einer eigens für das dortige Theater konzipierten Oper die Aufmerksamkeit des literarischen Deutschland auf sich ziehen. Beide Unternehmungen waren erfolgreich. Der ›Teutsche Merkur‹ entwickelte sich zur wichtigsten deutschen Zeitschrift der zweiten Hälfte des 18. Jahrhunderts, die von Anton Schweitzer komponierte ›Alceste‹ war, und das nicht nur in Weimar, ein großer Erfolg. Sie war zudem ein Wendepunkt in der Geschichte des deutschen Singspiels, das Wieland und Schweitzer im Rückgriff auf die deutsche Barockoper »erfolgreich in die Traditionen der großen europäischen Oper« einbetteten.[9] »Beweise für die Durchschlagskraft seines radikalen Experiments« – eine Oper, nur bestehend aus Arien und Rezitativen (nebst einer kleinen Choreinlage) – »sind neben dem beispiellosen zeitgenössischen Erfolg seiner *Alceste* (1776)[10] ihr Nachleben in Glucks Pariser Fassung der Alceste (1776)

7 Fabel nicht im heutigen literaturwissenschaftlichen, sondern im Sinne von märchen- oder legendenhaftem Stoff, der bearbeitet werden kann, wie es dem Autor tunlich erscheint.

8 Wieland an Johann Heinrich Merck (Weimar, 24. August 1777). In: WBr 5, S. 542 f., hier: S. 543.

9 Hartmann (Anm. 2), S. 10.

10 Unter anderem in Schwetzingen, wo 237 Jahre später seine verschollen geglaubte (s. u.) ›Rosamund‹ neu inszeniert wurde: »Hochwohlgebohrner / hochzuverehrender geheimer Rath! Welcher Dämon, Gnom oder Höllen-Breuglischer Teufel mit zähneflätschendem Affengesicht, ledernen Flügeln und kurzbeinichten Drachenfüßen kan die Schuld haben, mein Theuerster Herr geh: Rath, daß Ihr enthusiastischer Brief vom 14ten August mir erst den 4ten December, und zwar durch die ordin. Post zugekommen ist? Was müssten Sie von mir dencken, daß ich Ihnen auf einen solchen Brief nicht antworte? Aber vor allen Dingen

und den großen Opern Mozarts ›Idomeneo‹ (1779), ›Die Entführung aus dem Serail‹ (1782) und ›Die Zauberflöte‹ (1791).«[11] Wieland musste seine ›Alceste‹ den Gegebenheiten des Weimarer Hofes, der nur über geringe Ressourcen verfügte, anpassen[12] und hatte, die empirische Nötigung zur formalen Herausforderung machend, darauf abgezielt, ein Modell »für kleine Höfe und Schauspieltruppen zu schaffen«. Nun aber bot ihm Mannheim die Gelegenheit, ein Modell »für eine deutsche Oper, der alle Ressourcen zur Verfügung standen«[13], zu entwickeln. Man mag sich wundern, daß hier so viel von »Experiment«, »Modell«, »kalkulieren« und so fort die Rede ist. Aber man wird Wieland – dem Autor und seiner historischen Rolle – nicht gerecht, wenn man ihn nicht immer wieder (auch) als den Techniker liest, der er nicht zuletzt in seinen eigenen Augen war. Von Wieland stammen die ersten deutschen Romane, die als Werke der Literatur (und nicht als bloße Unterhaltungsware) angesehen wurden. Wieland war der erste, der den Blankvers auf die Bühne brachte, der erste, der die meisten Theaterstücke Shakespeares übersetzte, derjenige, durch den die deutsche Versdichtung internationales Renommee erhielt. Er war der erste politische Journalist von Rang in Deutschland. Seine

---

erklären Sie mir die Möglichkeit der Sache. Wie viel Vergnügen über die Herzerhöhenden Nachrichten, die Sie mir darinn von der vortreflichen Vorstellung meiner Alceste zu Schwetzingen, und von dem glücklichen Erfolg derselben geben, wurde mir durch diese abscheuliche Verzögerung 4 Monat lang vorenthalten!« Wieland an A. von Klein (Weimar, 10. Dezember 1775). In: WBr 5, S. 452 f., hier: S. 452. Die Ankündigung einer eventuellen weiteren Oper findet sich im selben Brief.

11 Hartmann (Anm. 2), S. 10.

12 In Deutschland herrsche die allgemeine »Meynung, daß die sogenannte Opera seria ein Werk der Feerey seyn müsse, worinn alle schönen Künste mit einander in die Wette eifern, die vollkommenste Befriedigung der Augen und Ohren äußerst-sinnlicher und verzärtelter Zuschauer hervorzubringen; oder (um ohngefehr das nemliche mit den Worten des Grafen Algarotti zu sagen) ›daß in der Oper Poesie, Musik, Deklamation, Tanzkunst und Mahlerey, alle ihre anziehendsten Reitzungen vereinigen müssten, um den Sinnen zu schmeicheln, das Herz zu entzücken, und die Seele durch die angenehmsten Täuschungen zu bezaubern.‹ – So lange man mit dem Wort Oper diesen Begriff verbindet, werden freylich nur sehr wenige Fürsten in Europa reich genug seyn, ein so kostbares Schauspiel zu haben, oder in die Länge auszuhalten; und daß bey diesen wenigen die teutsche Sprache die italiänische jemals aus ihrem verjährten Besitz des lyrischen Theaters verdrängen werde, wird sich wohl niemand einfallen lassen [...] wenn wir die Schöpfer einer neuen und höchst interessanten Art von Schauspielen wären; eines Singspiels, welches, ohne viel mehr Aufwand zu erfodern als unsre gewöhnlichen Tragödien, durch die bloße Vereinigung der Kräfte der Poesie, Musik und Aktion, uns einen so hohen Grad des anziehendsten Vergnügens geben könnte [...] daß auch die mittelmäsigste Stadt in Teutschland bey etwas mehr Aufmerksamkeit auf die Verbesserung ihres Musikwesens als man bisher für nöthig gehalten, vermögend wäre, ihren Bürgern [...] wenigstens zu gewissen festlichen Zeiten des Jahres, ein öffentliches Vergnügen von der edelsten Art, und gewiß nicht ohne nützlichen Einfluß auf Geschmack und Sitten zu verschaffen.« Wieland: Versuch über das Teutsche Singspiel, und einige dahin einschlagende Gegenstände. In: WOA 12.1, S. 308 – 335, hier: S. 310.

13 Hartmann (Anm. 2), S. 427.

Übertragungen und Kommentierungen antiker Autoren – Horaz, Cicero und viele mehr – setzten Standards. Zudem begleitete er seine literarischen Tätigkeiten immer wieder durch reflektierende Schriften[14], wie z. B., im Falle der Oper, seinen ›Versuch über das Teutsche Singspiel‹.[15] In solchem Zusammenhang also – der Möglichkeit, eine Muster-Oper auf die Bühne zu bringen, die größere Möglichkeiten bot, als Weimar dies tat – muß man Wielands Hoffnung auf einen bedeutenden Effekt und eine Oper, die seine ›Alceste‹ in den Schatten stellen sollte, lesen. Wieland »wollte das musikalische Ausdrucksspektrum der *Alceste* erweitern und suchte einen spezifischen Ansatz für eine Mannheimer Reformoper, die Stoff für Chöre, Tänze wie für Szenenwechsel und prächtige Dekorationen geben sollte«, eine im Grunde bereits »romantische Konzeption«.[16]

*

Trotz der allgemeinen Übung, Libretti auch unabhängig von ihrer Vertonung als rein literarische Werke zu rezipieren – es gab durchaus auch reine Leselibretti[17] – und obwohl er seine Texte im ›Teutschen Merkur‹ (ohne Partitur, auch wenn es eine gab, was nicht immer der Fall war) zur Kenntnis gab, war Wieland doch entschieden der Ansicht, das Libretto sei der Musik untergeordnet, es habe ihr zu dienen beziehungsweise anregende Vorlagen je nach Kompositionsziel zu liefern. Musik sei die »*Sprache* des Singspiels«[18], die er »lyrisches Theater« nannte – eine Bezeichnung, aus der hervorgeht, daß das im eigenen Sinne Theatralische eine durchaus untergeordnete Rolle spielen solle:

> Stücke, in welchen vermöge der Natur des Subjects viel Staatsinteresse räsonnirt wird, oder wo die Personen lange Dialogen oder Reden zu halten haben, um einander durch die Stärke ihrer Gründe zu überzeugen, oder durch den Strom ihrer Beredsamkeit hinzureißen, sollten also vom lyrischen Theater gänzlich ausgeschlossen werden.[19]

Einfach habe das Stück zu sein, handlungsarm, auf »Einfalt im Plan« komme es an: »Handlung kann nicht gesungen, sie muß agirt werden; je mehr Handlung also je weniger Gesang«.[20] Der Gesang sei die Hörbarmachung von Emotionen, die Worte dienten der Musik gleichsam als Trägersubstanz. Den erweiterten Möglichkeiten der Mannheimer Bühne, sprich: den für die Musik dadurch zur

---

14 Vgl. Christoph Martin Wieland: Schriften zur deutschen Sprache und Literatur. Hg. von Jan Philipp Reemtsma, Hans und Johanna Radspieler. 3 Bde. Frankfurt am Main und Leipzig 2005.

15 Wieland: Versuch (Anm. 12), S. 310 f.

16 Hartmann (Anm. 2), S. 426.

17 Vgl. ebd., S. 17 ff.

18 Wieland: Versuch (Anm. 12), S. 314.

19 Ebd., S. 318.

20 Ebd., S. 320.

Verfügung stehenden vielfältigen Formen, passt sich Wielands Libretto an. Neben Rezitativen und Arien gibt es mehrfache Choreinlagen als Bestandteile der Handlung, auch Tänze sind zu sehen.[21] Das für die Oper gewählte Sujet liefert dafür die Möglichkeiten. Wieland hat es teils »aus der Geschichte theils aus der schönen Alt-Englischen B a l l a d e , wozu sie den Stoff gegeben«[22], vor allem aber aus Addisons Oper ›Rosamond‹.

Der Inhalt, so wie ihn das uns vorliegende Libretto[23] bietet, ist dieser: Der englische König Heinrich II. hat eine Geliebte, Rosamund, die er vor seiner Ehefrau Elinor in der Nähe seines Palastes (bei Woodstock, Oxfordshire) in einem Labyrinth[24] verbirgt. Wir sehen Elinor voller Verdacht, dann enthüllt ihr Höfling Belmont, der den Sinn des Labyrinths, das jenseits der Palastgärten, wiewohl in Sichtweite liegt, ausgekundschaftet hat, daß der Verdacht zu Recht bestehe. Rosamund, in einem »prächtigen Garten« innerhalb des Labyrinths, beklagt die Abwesenheit ihres Geliebten (er ist auf einem Feldzug), begleitet vom »Chor der Jungfrauen«, angeführt durch ihre »Freundinnen« Emma und Lucia als Chorführerinnen. Sie erfährt, daß der König in Kürze ankommen werde.

---

21 Nicht als Beigaben, gar Pausenfüller wie in früheren deutschen Singspielen, sondern als Teile der Handlung.

22 Wieland: Rosamund. Ein Singspiel in drey Aufzügen. In: WOA 13.1, S. 576 – 626, hier: S. 577.

23 Die Angaben der Zitate aus der ›Rosamund‹ im Folgenden im Text.

24 »Labyrinth«: man muß das im Sinne der »Fabel« nehmen. Wieland zitiert: »Rosamond [...] zu Woodstock, wo K[önig] Heinrich ein Haus von wunderbarer Bauart für sie hatte bauen lassen. Es wurde, nach einigen, L a b y r i n t h u s oder D ä d a l u s -Werk genannt, weil es wie ein Irrgarten gebaut war, so daß niemand, ohne vom König unterrichtet zu seyn, zu Rosamunden kommen konnte. Gleichwohl gieng die Sage, die Königin habe vermittelst eines Knäuels Zwirn oder Seide (den der König ohn' es gewahr zu werden, da er aus ihrem Zimmer zu Rosamunden gegangen, nachgeschleppt) den Weg zu ihr gefunden, und sey so übel mit ihr umgegangen, daß sie nicht lange mehr gelebt habe.« Wieland: Rosamund (Anm. 22), S. 577.

Später weist Wieland darauf hin, daß es sich bei »Labyrinth« um ein bloßes Ausspinnen des Umstands gehandelt habe, daß Rosamunde im Verborgenen gelebt habe (gehalten wurde, wenn man so will): »Auch der berühmte L a b y r i n t h oder *Bower* der Rosamund, [...] scheint [...] auf einem bloßem Mißverstand und auf der herrschenden Volksneigung – bey der kleinsten Veranlassung aus einer ganz natürlichen Sache was Wunderbares zu machen – entstanden zu seyn. *A bower* oder *a Boure*, wie dies Wort im 13ten Jahrhundert geschrieben wurde, bezeichnete damals ungefähr eben das, was die Franzosen *Apartement* nennen. [...] Denn was gehen einen Dichter die würklichen Umstände einer Begebenheit an? Bey ihm ist die Frage nie, wie eine Sache sich würklich zugetragen: sondern wie sie sich hätte zutragen müssen, um so angenehm, so rührend, so wunderbar zu seyn, als es sein und des Lesers Interesse ist, sie zu machen.« Wieland: Nachtrag zur Geschichte der schönen Rosamund. In: WOA 14.1, S. 28 – 32, hier: S. 31 f.

Wieland also nimmt das überlieferte »bower« für »Labyrinth«, nimmt aber in den Dekorationsanweisungen nur die Bedeutung »von Lauben umgebenes Frauengemach« auf und lässt die Sache mit dem Ariadne- beziehungsweise Heinrich-Faden fallen. Jedenfalls gilt für Wielands »Labyrinth« wie für das verborgene Zimmer, »daß Niemand als der König selbst, oder wenn er's verstatten wollte, den Zugang dazu finden konnte« (ebd., S. 32).

Elinor erfährt dieses auch und will dem *tête à tête* von Heinrich und Rosamund zuvorkommen. Sie verschafft sich mit Hilfe Belmonts gewaltsam Zutritt zum Labyrinth und gerät in die Äußerungen der Vorfreude von Rosamund und Chor. Diese verläßt die Szene, Elinor entschließt sich zur Rache, lässt Belmont trotz dessen Versuchen, die Königin umzustimmen, einen Giftbecher holen. Rosamund beklagt zusammen mit ihren Freundinnen nicht nur den Wechsel des Geschicks, sondern klagt auch darüber, daß dieser selbstverschuldet sei. Die Königin offeriert ihr den Giftbecher und einen Dolch: sie möge wählen. Rosamund bittet um Erbarmen, das ihr nicht gewährt wird – sie trinkt das Gift. Die Königin entfernt sich mit Belmont. Der König ist zunächst vor dem Palast angekommen, dann »eilt er dem Garten zu«, und wir sehen ihn im Garten des Labyrinths, wo er auf die im Chor um den Tod Rosamunds klagenden Emma und Lucia trifft. Er erfährt von Rosamundes Tod, doch Belmont teilt ihm auch mit, daß er das Gift mit einem Betäubungstrank vertauscht habe. Rosamund erwacht. Zu einer glücklichen Szene kommt es nicht, da Elinor sich naht. Rosamund flieht, Elinor sieht, daß Belmont sie hintergangen hat. Elinor, die gescheiterte Mörderin, verwünscht ihren Mann und stellt diesen ebenfalls vor eine Wahl – sie, die gekränkte Frau, standesgemäß in ihrer Rolle zu belassen oder seine Ehre der Liebe zu Rosamund zu opfern. Elinor geht, Rosamund, erschüttert durch das Todeserlebnis, kommt und bittet Heinrich, sie ins Kloster gehen zu lassen. Heinrich weist die Bitte zurück, will Rosamund öffentlich zu seiner Frau und Königin erheben. In dem Augenblick, in dem Heinrich im Thronsaal vor versammelter Ritterschaft Rosamund die Hand reichen will, dringt – »die Thüren des Saales werden aufgesprengt« – Elinor ein, zieht einen Dolch und ersticht Rosamund. Ende.

Das Stück ist handlungsarm, aber dennoch passiert, wie man sieht, allerlei. Szenen wechseln in kurzer Folge, ebenso die Emotionen: Verdacht, Eifersucht, Sehnsucht, Liebe, Freundschaft, Kampf, Wut, Verzweiflung, Klage, Angst und Entsetzen, Erleichterung und Freude, Zorn, Verachtung, Melancholie, Freude, ein sonderbares Gemisch aus Freude und Resignation, Triumph, Rache. Dem kompositorischen Können werden reichlich Vorlagen geliefert, und auch wird ihm die nicht leichte Aufgabe gestellt, das, was sich dem Zuschauer als Einheit schneller Bilderfolge präsentiert, dem Zuhörer als musikalische Einheit zu offerieren.[25]

Wie gelungen das Experiment ›Rosamund‹ ausgefallen ist, war umstritten. Zunächst hatte sie Pech, was die Aufführung betraf. Wegen Hoftrauer musste die Premiere verschoben werden[26], nach drei – durchaus erfolgreichen – Wiederholungen musste die Oper abgesetzt werden, weil das Orchester nach Mün-

[25] Tina Hartmann weist u. a. darauf hin, daß Schweitzer die Arien der Elinor jeweils »um einen Ton höher steigen ließ«. Hartmann (Anm. 2), S. 426.

[26] »Die famose Oper, die am 7ten Jenner zum erstenmal gespielt werden sollte, soll nun, dem Vernehmen nach erst den 13ten oder 14ten gegeben werden – Über das Volk!« Wieland an Katharina Elisabeth Goethe (Mannheim, 23. Dezember 1777). In: WBr 5, S. 692 f., hier: S. 692.

chen umzog, »lediglich in Breslau wurde sie aufgenommen und häufig wiederholt«.[27] »Die Zeitgenossen waren skeptisch«, schreibt Tina Hartmann, »Abt Vogler warf Schweitzers Musik in seiner Besprechung in den Rheinischen Beiträgen zur Gelehrsamkeit u. a. vor, das Stück hätte keinen Plan und kritisierte Schweitzers Chromatik, die in ›Rosamunde‹ noch deutlicher zu Tage trete, als ein zu häufiges »Ausweichen in fremde Töne«. Der »1777 in Mannheim weilende Mozart« äußerte sich »zunächst würdigend, später zunehmend kritisch über Schweitzers Musik«, der Dichter und Komponist Karl Sigmund von Seckendorff »stellte Schweitzer neben Gluck«.[28] Wieland ist in seinen Briefen auf den – gemessen an seinen Hoffnungen und Erwartungen eklatanten – Misserfolg der ›Rosamund‹ nicht eingegangen.

*

Wir kennen nur die Endfassung der ›Rosamund‹. Es gab wenigstens zwei Vorfassungen, die nur Spuren in der Korrespondenz hinterlassen haben. Der erste Leser der ersten Fassung ist wohl Friedrich Heinrich Jacobi gewesen, der damit alles andere als zufrieden war. Er sehe es als seine »dringende Pflicht« an, das in aller Deutlichkeit zu sagen.

> Von den Schönheiten des Details, von einigen herrlichen Situationen ist nicht die Rede, sondern von dem G a n z e n der Personen und der Handlung. Es ist wahr, daß ich nicht der Mann bin, den poetischen Theil einer Oper zu beurtheilen; ich habe nicht die Gattung Imagination, welche sich die Wirkungen der Musik und des ganzen Schauspiels hinzudenken kann, und werde also manches tadeln, was die höchste Kunst des Meisters war; aber Deine Alceste ist doch auch eine Oper … Lieber, ich bitte Dich, ziehe Kenner, von deren Ehrlichkeit Du überzeugt bist, zu Rathe, damit Du auf allen Fall das Stück noch zurücknehmen könnest. Auf eine ausführliche Kritik kann ich mich nicht einlassen. Lies Du selbst das Stück noch einmal ganz unbefangen durch, bedenke, daß es einst in Druck ausgehen und von Vielen wird gelesen werden, die nicht im Stande sind, Musik und Decoration sich lebhaft genug vorzustellen; setze Dich also aus Deiner Phantasie heraus in den Kopf und das Herz solcher Leser, und urtheile dann. – Wenn Du wüßtest, wie sauer es mir wird, Dir dieses zu schreiben, Du hättest Mitleiden mit mir.[29]

Das ist nicht wenig, und man denke immer, was es heißt, das mit Vorfreude auf günstige, bestenfalls natürlich begeisterte, Aufnahme übersandte Werk eines Freundes zu kritisieren, daß am Ende herauskommt: Zieh es zurück!

Gehen wir ins Detail. Jacobi räumt zunächst ein, daß er sich die ›Rosamund‹ komponiert und aufgeführt nicht vor das innere Auge bringen könne – doch das Stück müsse auch als *Leselibretto* (Jacobi spricht *nicht* davon, daß sich die

---

[27] Hartmann (Anm. 2), S. 428.

[28] »… und gleichwohl, wie Helen Geyer gezeigt hat, besonders aus ›Rosamunde‹ Anleihen in die Zauberflöte und Idomeneo übernahm.« Hartmann (Anm. 2), S. 428 f.

[29] Friedrich Heinrich Jacobi an Wieland (Düsseldorf, 4. Mai 1777). In: WBr 5, S. 615.

›Rosamund‹ als Theaterstück ohne Musik zu bewähren habe) Bestand haben, es werde gedruckt werden, und Wieland (Jacobi baut vor) könne nicht darauf hoffen, daß nach einer Aufführung die Sache aus den Ohren, Augen und den Sinnen sei, sich, wie heutige Rundfunkleute zu sagen pflegen, »versende«. Kurz: Jacobi sagt nicht, dies und das müsse geändert werden, damit die Sache noch passabel geraten könne, sondern das Ganze tauge nichts. Punkt. Nebenbei erfahren wir, daß der Text bereits nach Mannheim abgegangen sei und Hompesch mit den zwei letzten Aufzügen auch nicht zufrieden sei und Umarbeitung wünsche.[30] Wir wissen nicht, ob von Hompesch milder urteilt als Jacobi und nur die beiden letzten Akte meint, oder ob auch Jacobi *aufgrund dieser* das Ganze für misslungen hält, aber nicht sieht, wie dem Ganzen durch deren Reparatur aufzuhelfen wäre.

Zunächst aber antwortet Wieland, und der Brief ist für einen Autor, der von der Kritik buchstäblich vor den Kopf geschlagen ist, erstaunlich. So möchte man, wenn einem dergleichen widerfährt, auch reagieren können:

> Liebster Bruder, Dein Brief vom 4ten hat mich weder betrübt, noch in Verlegenheit, sondern für's erste nur in eine wunderbare Art von dummem Erstaunen gesetzt, wie wenn einem bei hellem Himmel auf einmal ein Donnerkeil vor die Füße fiele. Du weißt, wie groß meine Meinung von Deinem Urtheil ist, daß sie mich gegen mein eigenes Gefühl mißtrauisch machen kann. Auf der andern Seite habe ich diese Rosemunde in so ununterbrochener Hitze gemacht, nachher so oft gelesen, vorgelesen, abgeschrieben, daß ich meiner Sache gewiß zu seyn glaubte. Ich könnte Dir zwar gleich jetzt den Plan des Dinges in seiner ganzen Simplicität vorlegen, Dir für alles meine Gründe sagen; aber dieses schriftlich zu thun, wäre eine schreckliche Arbeit; und was könnte es helfen? Das Unglück ist, daß Du alles nicht gleich und von selbst so gesehen, so gefühlt hast, wie ich. An einem von Beiden liegt nun der Fehler. D u bist unpartheiisch, Du liebst mich, Du bist alles, was man seyn muß, um über jedes Menschenwerk, welcher Art es sey, zu urtheilen; i c h hingegen bin nicht unpartheiisch, kann es nicht seyn. Es ist also sehr leicht möglich, daß D u Recht hast. Hingegen ist Dir auch, seit wir uns kennen, schon mehr als einmal begegnet, daß Du mit Dingen, die mir gefielen und gewiß in ihrer Art vortrefflich waren, unzufrieden gewesen bist; Du hast Deine Launen so gut wie Andere; ich hingegen, eben weil ich der Verfasser bin, kann […] am besten wissen, wie gut oder schlecht mein Werk ist. Es ist also auch möglich, daß i c h Recht habe.[31]

Er bittet Jacobi »das Ding« mit dessen Bruder Georg zusammen noch einmal zu lesen, er werde es inzwischen Goethe vorlegen, »wiewohl er im Grunde von dem, was das wahre Wesen der Oper ist, nicht mehr weiß als Du, und das ganze genre nicht liebt.«[32] Auf den Punkt gebracht: Du, Jacobi bist mir gut gesonnen und in deinem Urteil nicht mutwillig, obwohl du in der Vergangenheit zuweilen danebengelegen hast. Ich muß, was du sagst, also ernstnehmen. Als Autor ist man immer parteiisch für seine Sache, kann also danebenliegen, ist aber eben

[30] Eine sprachliche Unart, auf die Karl Kraus einmal hingewiesen hat, die aber spezifisch moderner Laxheit, wie wir sehen, nicht zuzurechnen ist. Statt »die zwei letzten Aufzüge« müsste es natürlich heißen: »die letzten zwei Aufzüge«.

[31] Wieland an Friedrich Heinrich Jacobi (Weimar, 9. Mai 1777). In: WBr 5, S. 615 f.

[32] Ebd., S. 616.

auch Fachmann und so einfach missrät es einem nach langen Jahren des Schreibens nicht. Dazu kommt, daß ich, Wieland, über das, was ein Libretto sein soll und kann, lange nachgedacht habe (anders als du und Goethe), was immerhin auch in Rechnung zu stellen ist. Wieland ist ziemlich getroffen von Jacobis vernichtender Kritik, läuft sie doch darauf hinaus, das Stück aus dem Verkehr zu ziehen und nicht etwa umzuarbeiten. Aber er hat Takt genug, Jacobi nichts übelzunehmen. Sein Selbstbewusstsein ist groß genug, einzuräumen, er könne sich irren, wiewohl doch auch der Kritiker im Irrtum sein könne – ein Autor sei in eigener Sache eben sowohl *Liebhaber* als auch *Autorität*. Etwa zwei Wochen später schreibt er:

> Ich habe nun auch Göthens Meinung von der Sache, und sie stimmt völlig zu der Deinigen. Er hat mir alles sehr begreiflich gemacht. Seiner Meinung nach liegen die Hauptgebrechen im Sujet selbst. Das proton pseudos aber liegt nach ihm darin, daß ich das Ding, anstatt mit dramatischem, mit epischem Sinn gefaßt habe. Ich denke, Du verstehst, was er damit meint; denn schriftlich kann ich Dir's nicht erklären. Genug, ich glaube, daß ihr Recht habt, und daß ich ein … bin, wie ich von Jugend an immer eine Art von Vermuthung hatte.[33]

Ein … was? Wir wüßten's gerne. Gleich wird er sagen, daß er für das dramatische Fach keine Begabung habe, aber ist das nur Koketterie? Ich glaube, der Schnitt geht tiefer.

Es ist uns ein weiterer Brief Jacobis nicht erhalten, in dem er augenscheinlich versucht, Wieland ein wenig aufzubauen und sich selbst wieder in das Licht des Bewunderers zu stellen. Jacobi muß etwas geschrieben haben wie: Was ist denn schon die ›Rosamund‹ gegen den großen ›Agathon‹, in dem sich doch dein ganzes Genie zeigt! Wieland antwortet und dreht das Argument, der Autor sei Liebhaber *und* Autorität, nun so:

> Du sprichst mir, ohne Zweifel, um mir ein wenig wohl zu thun, und aus freundschaftlichem Mitleiden, vom Agathon. Aber Rosemund ist nur leichter zu übersehen, als Agathon; wer hat sich die Mühe gegeben, in diesem das Ganze zu untersuchen? Wie viel wäre von Anfang bis zu Ende gegen alle Personen zu sagen, die ich darin auftreten lasse! Was für ein dickes Buch könnte nur ich selbst schon dagegen schreiben! Kurz, lieber Bruder, es ist ein trauriges Schicksal, Autor zu seyn.[34]

---

[33] Wieland an Friedrich Heinrich Jacobi (Weimar, 24. Mai 1777). In: WBr 5, S. 617.

[34] Ebd. Dies letztere, die Klage über den Stand des Autors, wird in einem Brief an Merck kurze Zeit später ausgeführt. Der Brief ist so eigen, daß ich ihn ganz hinsetze:
»Aber vor Mannheim behüte mich der Himmel. Meine Rosemunde ist (Ihnen ins Ohr gesagt) ein dummes Ding, das weder gedruckt, noch anderswo als etwan in Gotha oder Weimar aufgeführt werden kan und darf. Nach dieser lezten mißlungnen Probe erkenne und bekenne ich vor Gott und Menschen, daß ich weder Sinn, noch Talent für dramatische Composition habe, und soll mich dieser und jener etc. wenn ich mich wieder verführen lasse, eine Oper zu schreiben. Man schreibt seine Schande daran, und die Freude die man an der Musik dafür haben könnte, wird einem doch immer auf mancherley Art verkümmert. Ich werde Noth haben, von Mannheim mit leidlichem Anstand loß zukommen: aber es muß doch gehn; und hab ich nur erst den Kopf aus der Schlinge, so sollen

Lassen wir das unkommentiert. Jacobi hatte auch einen Brief Hompeschs beigelegt, in dem der seine Einwände gegen die besagten letzten beiden Akte ausführt:

> Herzlichen Dank für Hompesch's Brief. Der Inhalt soll in meiner Seele ewig begraben bleiben. Der edle, gute Mann dauert mich. Alles, was er von Rosemund schreibt, ist w a h r . Nichts ist gewisser, als daß ich für das Dramatische gar keinen Sinn habe. Ich sehe nun hintendrein alles, was ihr wollt, und mehr dazu; aber der arme Schweizer hat nun bald drei Acte ganz herrlich componirt, und der allein dauert mich.[35]

Sie mich nicht wieder kriegen. Diesmal hat mich bloß und allein wieder meine verwünschte bonhomie in den Dr. geführt. Pro futuro mögen sie sich an Mahler M ü l l e r und den Exjesuiten K l e i n halten, und mich ungehudelt lassen.

Uebrigens, bester M., kam all das liebreiche und herzliche, was mir Ihr lezter Brief sagte, gar zu gelegner Zeit, und that mir die Dienste des besten Opiats in einem Krampfhusten. Seegne Sie Gott dafür, daß Sie mich lieb haben, und entschlossen sind, bey mir und mit mir auszuhalten, und daß Sie (wenigstens bey guter Laune) meine Nugas für aliquid halten. Allmählich müssen wir freylich aus der Mode kommen, und der neuen daherfließenden Generation Plaz machen. Ich bin auf Alles gefaßt. Wenn ich ein einzelner Mensch wäre, oder nur ein horazisches Tiburtinum hätte, so hätt' ich schon lange keine Zeile mehr d r u c k e n lassen. Wenn ich zurücksehe, und bedenke, was ich binnen 25 Jahren erlebt habe, was das für eine Zeit war wo ich anfieng – daß B r o k s in meinem 13ten Jahr mein Lieblingsautor war [er ists in gewissen Dispositionen noch izt –] – und bedenke mit was für Männern ich in meiner Jugend lebte, und sehe die Männer, die izt mit Sceptern oder Zauberstäben herumwandeln und herrschen und Zeichen und Wunder thun, und damals, da H a g e d o r n und G e l l e r t und Z a c h a r i ä und G l e i m oben an unserm Pindus saßen, noch kleine Buben und Hosenscheisser waren – und sehe was die würklich großen herrlichen Kerls, die neben mir und über mich emporgeschossen sind wie Cedern Libanons, was für allerley Vögeln und Vieh und Käfern und Ungeziefern sie unter dem Schatten ihrer Aeste Schutz und Nahrung geben, und wie unsere liebe Jugend bey alle dem immer roher, unwissender und stumpfer wird, und unser liebes Publicum überhaupt sich an der Nase herumführen läßt, und bald bewundert bald cruci fige schreyt, ohne zu wissen was es thut etc. etc. etc. so sehne ich mich dann von Herzen aus diesem schändlichen Autorkarren, an dem ich nolens volens ziehen muß, ausgespannt zu seyn, und fühle dann das Glück aller ehrlichen Kerle qui Nasum habent et queis aliquid salit in laeva parte mamillae, die ruhig auf der Seite flacken und all dem literarischen Unwesen zusehen können, ohne mehr Theil daran zu nehmen, als an dem was izt in Golconda und Calicut vorgehen mag. Aber der Himmel hat nicht gewollt, daß es mir in diesem Leben so gut werde.

Also, l. Hr. und Fr., haben Sie ein gerechtes Mitleiden mit mir, und wenn Sie mir würklich gut sind, so helfen Sie mir ritterlich und wie ein treuer Waffenbruder durch alle Abentheuer, die wir noch zu bestehen haben, bis uns endlich erlaubt werden mag, wie die beyden alten Ritter uns in unser Grab zurückzuziehen, und uns der Vergangenheit als eines Traums zu erinnern, der nun vorbey ist, und der Welt als einer Scene von Brettern, wo wir, unter gleichvielwerthem Klatschen und Zischen, bald dies bald jenes, aber n i e u n s s e l b s t vorgestellt haben, weil w i r s e l b s t , unter der Maske die wir tragen mußten, e w i g v e r k a n n t w u r d e n , und von dem wir nur abgetreten sind, um nun bald dahin zu gehen, unde negant redire quemquam, und wo das Tröstlichste was wir davon wissen ist, daß es dort nicht toller zugehen kann als hier.« (Wieland an Johann Heinrich Merck (Weimar, 26. Mai 1777). In: WBr 5, S. 618 – 621, hier: S. 619 – 621).

35 Wieland an Jacobi (Anm. 33).

Wieland fügt sich drein: Ihr habt alle recht, ich hätte das Ganze nicht anfangen sollen, bin nicht der rechte Mann für dergleichen. Armer Schweitzer, der mit seiner Arbeit schon so weit vorangeschritten ist! Nun, wie auch immer. Er habe keinen Sinn für's Dramatische, schreibt also Wieland, aber man muß das im Kontext der Goetheschen Kritik sehen, die sich wohl mit der Hompeschs verbindet (und beide mit Jacobi). Es geht hier um jenes »Dramatische«, das Bühnenwerke schlechthin, seien es Theaterstücke, seien es Singspiele oder Opern, haben müssen. Oder müssten, wie man hier im Konsens annimmt? Wir kennen ja eine berühmte Einrede des 20. Jahrhunderts gegen das Dramatische auf der Bühne, von Bertolt Brecht nämlich, der sein explizit »episches« Theater gegen eine Dramaturgie der Einfühlung, wie sie von Lessing etwa nicht nur praktiziert, sondern auch theoretisch fundiert worden war, gerichtet hatte. Das Stichwort »episch« fällt ja auch in Wielands Brief, soll aber nicht als Vorgriff auf das »epische Theater« gedeutet werden, das wäre Humbug. Gleichwohl muß ihm Aufmerksamkeit gelten. Der Vorwurf an Wieland wird so viel besagt haben wie: das Libretto ›Rosamund‹ sei zu sehr erzählt, die Konflikte nicht wirklich gestaltet und als Handlungen vor Augen geführt. Dadurch, könnte man die Einwände deuten, werde dem Leser/Zuschauer verwehrt, einfühlend mit dem Geschehen mitzugehen, mitzufühlen und dadurch werde auch dem Komponisten nicht die Vorlage geliefert, die es brauche, den Zu*hörer* entsprechend zu engagieren. Noch einmal: Opern sind gesungene Emotionen, wie Adorno schrieb.[36] Wieland nannte, worum es ihm ging, wie wir oben gelesen haben, »lyrisches Theater«. Nicht »dramatisches«, und da mag der gewisse Vorbehalt liegen, den wir in Wielands Brief bei allem »ich sehe alles, was ihr wollt«, das ohnehin etwas von einem »macht doch, was ihr wollt!« hat, anklingt, wenn er den fehlenden Sinn für's Dramatische so herausstellt. Vom dramatischen Fach im engeren Sinne hatte er sich nach seinen Jugendversuchen[37] gänzlich zurückgezogen. Worum es hier also geht, ist, daß er einsieht, sein Libretto, so wie es vorliegt, habe *nicht genug Dramatik*, um den *lyrischen Auftrag* bühnengemäß zu erfüllen. Dies sei an den letzten beiden Akten festzumachen, folge aber aus dem »Sujet selbst«, wie Goethe meinte. Eignet es sich nicht für die Bühne, egal wie das Genre beschaffen sei? So etwas gibt es.[38] Aber Wieland hat ja weitergemacht, wie notgedrungen auch immer, und ist am Ende doch auch zufrieden gewesen. Wie also? Die Stoff-Vorlage, die es in mehreren Überlieferungen gibt, besagt zunächst: Ein König hat eine Mätresse, Rosamund, die er verbirgt, die Königin kommt darauf. Es gibt die Geschichte in Varianten und man hat die Wahl: Rosamunde wird von der Königin in des Königs Abwesenheit aufgespürt und so von ihr behandelt, daß sie stirbt; sie geht, nachdem sie entdeckt worden

---

[36] Theodor W. Adorno: Einleitung in die Musiksoziologie. In: Ders.: Gesammelte Schriften. Hg. v. Rolf Tiedemann. Bd. 14. Frankfurt am Main 1997, S. 255.

[37] Lady Johanna Gray. Ein Trauer-Spiel von C. M. Wieland. Zürich 1758; Clementina von Poretta. Ein Trauerspiel von dem Verf. der Lady Johanna Gray. Zürich 1760.

[38] Lessings Scheitern am Stoff der geplanten ›Matrone von Ephesos‹ ist genau darauf zurückzuführen.

ist, ins Kloster und stirbt dort auf der Stelle oder später; sie wird von der Königin vergiftet; die Königin stellt Rosamunde vor die Wahl, einen Giftbecher zu trinken oder sich erdolchen zu lassen, worauf diese den Becher wählt und stirbt. Wieland wählt die letztere Möglichkeit aus einer Vorlage, die bereits ein Bühnenstück war.

> Man hat in gegenwärtigem Singspiel den Umstand, daß K. Elinor mit Gift und Dolch zu Rosamund kommt – und den, daß sie nicht würklich vergiftet wird, aus dem Singspiel gleiches Nahmens entlehnt, welches der berühmte Addison i. J. 1706. auf die Englische Schaubühne gebracht; wiewohl von dem letztern Umstand hier ein ganz andrer Gebrauch gemacht wird.[39]

Hier muß denn wohl ein Blick auf diese Vorlage geworfen werden – ›ROSAMOND. | AN | OPERA. | Humbly Inscrib'd to Her | GRACE the DUTCHESS | of MARLBOROUGH. || London 1707‹ –, wenn sie uns auch nicht lange beschäftigen muß. Am Anfang freut sich die Königin Eleanor an den Schönheiten des Schlossparks, bis sie ein Page daran erinnert, daß unweit »the bower« Rosamond verbirgt. Eleanor ist verzeifelt vor Eifersucht und schwört Rache. – Ein »Sir Trusty«, der das »Labyrinth« bewacht, und seine Ehefrau Grideline haben eine Eifersuchtsszene. Sie verdächtigt ihn eines Techtelmechtels mit Rosamond – komische Episode. Dann Rosamond allein, sich nach König Heinrich sehnend. Der König kommt, wird von Sir Trusty empfangen und ist zunehmend unwillig über die protokollarischen Umstände, die jener macht, weil er endlich in Rosamonds Arme eilen will – zunehmend komische Szene. König Heinrich und Rosamond, dann ein Page und Grideline. Der Page bestärkt sie in ihrer Eifersucht[40] und bringt sie dazu, das Labyrinth zu betreten, um die beiden zu überraschen. Darum ist das Tor offen und unbewacht, als die Königin kommt. Rosamond glaubt, den König zu hören, allein es ist die Königin. »*Enter the Queen with a Bowl in one Hand, and a Dagger in the other.* Queen: Thus arm'd with double Death I come« (S. 21). Man wird sagen müssen, daß sie weniger eine Wahl anbietet, als vielmehr droht. Rosamond bittet erfolglos, trinkt, stirbt. Königin und Begleitung mit der Leiche, die ins Kloster geschafft werden soll, ab. Sir Trusty betritt die Szene, sieht Becher und Dolch, begreift, schreibt dem König[41], trinkt den Becher leer. Heinrich schläft, wird von

---

39 Wieland: Rosamund (Anm. 22), S. 578.

40 »Page. Well may you feel these soft Alarms, | She has a Heart – – – | Grid[eline]. – – – And He has Charms.« – Nicht schlecht. Anonymus [Jopseh Addison]: Rosamond. An Opera. Humbly Inscrib'd to Her Grace the Dutchess of Marlborough. London: Printed for Jacob Tenson, within Grays-Inn Gate next Grays-Inn Lane 1707, S. 17.

41 Dies nun ist wohl unfreiwillig komisch – oder trügt uns der in den Jahrhunderten sich gewandelt habende Witzgeschmack und es war nicht nur nicht komisch gemeint, sondern auch fern davon, so zu wirken? »Great Sir | Your Rosamond is dead | As I am at this present writing« (S. 26). Die Reaktion des Königs als er das liest ist übrigens für den heutigen Geschmack ähnlich sonderbar: »Support me, Heav'n! What's this I read? | O Horror! Rosamond is dead!« (S. 31). In freiwilliger Komik findet sich so etwas durchaus: »Ihr Mann ist tot und lässt sie grüßen.«

Engeln umschwebt, die ihm einen Traum von der künftigen Größe seiner Dynastie (mit Agincourt und allem Zubehör) eingeben. Der König erwacht – er wird sein Leben ändern. Er trifft auf den Giftbecher und den toten Sir Trusty, liest und begreift: »The fatal Bowl | Inform'd my Soul | *Eleonora* was too near« (S. 31). Des Königs Trauer rührt die Königin und sie enthüllt ihm, daß sie Rosamond nur einen Schlaftrunk gegeben hat: »The Living you lament« (S. 32). Ist's wahr? Der König sagt, er sei nur hergekommen, um Rosamond zu verabschieden: »I came to take my last Adieu« (S. 33). Königin: Rosamond lebe und werde ins Kloster gehen/gebracht werden.[42] König und Königin liegen sich in den Armen, er schwört ihr Treue, sie gibt ihm ihre Liebe wieder: »King: O happy Day! O pleasing View! | My Queen forgives – – – | Queen. – – – My Lord is true.« (S. 34). Sir Trusty erwacht, er und Grideline sehen das Königspaar und bei ihnen ist nun auch wieder alles gut.

Wieland streicht alles Komödiantische. Der Topos »Höhere/Niedere Minne« hat eine lange und schöne Tradition, mag Wieland hier aber nicht gefallen. Er hat in der Art Oper, die ihm vorschwebt, keinen Platz. Ferner fällt die Bekehrung des Königs durch den engelinduzierten Traum, der ihn an seine Pflichten vor der englischen Geschichte mahnt, weg. Bei Wieland führt nach dieser Auskahlung des Stücks alles direkt auf das, was bei Addison eine Art Schockintervention war, und bei ihm ein Mordversuch ist, den ein anderer verhindern muß (Sir Trusty wird zum Ritter vom Turm), und die jeweils anderen folgen hin. Dennoch, dieser Ablauf ist zwar vom Geschehen her im landläufigen Sinne dramatisch genug, hat aber, rein bühnentechnisch betrachtet, immer noch wenig Dramatisches. Denn mit einem Mord kann die Sache enden – durchaus effektvoll, wenn die dahin führende Geschichte danach ist, aber wenn die vermeintlich Ermordete sich gesund wieder erhebt, muß eben ausgeführt werden, was dann passiert, denn eine kaum bedeutende Gruppe der (froh oder wütend) baß Erstaunten wäre ein Bühnenwitz. Der Autor hat die *Möglichkeit* und damit die *theatralische Pflicht*, sich auszudenken, was aus dem allen wird. Wird die Mätresse, der Ehe und der Sitten – oder einer neu erwachten Liebe – wegen, verstoßen? Wird die Ehefrau der Liebe zur Mätresse wegen verstoßen? Kann der König sich nicht entscheiden und wir verlassen ihn bei Ausdrücken des Leids und der Selbstvorwürfe (möglich, aber für die Zeit und ihre Vorstellung von aufgehender Dramatik äußerst unwahrscheinlich)? Bringt die Königin den König um? Bringt sie sich oder den König um? Versucht sie ein zweites

[42] »But soon the waking Nymph shall rise, | And, in a Convent plac'd, admire | The Cloister'd Walls, and Virgin Quire, | With them in Songs and Hymns divine | The beauteous Penitent shall join, | And bid the guilty World Adieu« (S. 33). »Das Nymphlein wird gar bald erwachen, | In einem Kloster; dessen heilg'e Mauern | Anstaunen, und die Schöne – die Büß'rin nun – sie wird in jüngferliche Chöre | Einstimmen und in gottgefäll'gen Liedern und Hymnen | Der schlimmen Welt für immer Valet sagen.« Ganz so barbarisch klingt das Original, das meines Wissens nie übersetzt worden ist, was wir nicht bedauern müssen, nicht, aber immerhin.

Mal, die Mätresse umzubringen, diesmal erfolgreich? Der Autor kann wählen, und, je nach Wahl, werden ganz unterschiedliche Libretti daraus.

Die Rekonstruktion der Akte mit Hilfe der Notizen des Bühnenbildners klärt wenig, wirft vielmehr eine Unklarheit auf. Das letzte Bild heißt dort »Plutos Königspalast mit Thron[43] (Ball)«. Entweder (diese Möglichkeit gibt uns Tina Hartmann dankenswerter Weise an die Hand[44]) hat er für eine Szene, die mit der Unterwelt nichts zu tun hat, Dekorationen aus einem anderen Stück verwendet, oder das Stück endet tatsächlich vor Plutos Thron – aber was wäre denn zuvor gewesen und was dann? Hier sind der Phantasie keine Grenzen gesetzt. Stirbt Rosamund und wird wieder aus dem Hades zurückgeholt?[45] Wie ginge es dann oben weiter? Und: Hätte eine solche Änderung – in der uns vorliegenden Dreiaktfassung findet sich ja nichts, was auf eine solche Möglichkeit deutet – keine Spuren in den Briefen hinterlassen? Überlebt Rosamund den Mordanschlag, wird aber (wie in der Endfassung) von Elinor erstochen – und Elinor ersticht sich desgleichen (diese Möglichkeit bringt Jacobi ins Spiel)? Dann wäre der Schluß die Begegnung der beiden Rivalinnen vor Plutos Thron – und was machen sie dann?[46] Nein, darüber zu spekulieren hat wenig Sinn. Geändert hat Wieland die in der ersten Fassung noch stattfindende Ermordung des »Ritters vom Thurm«, ob die nun beim ersten Eindringen Elinors und Belmonts in das Labyrinth stattfindet oder in einem Turmzimmer, das in den Dekorationsplanungen zur ersten Fassung vorgesehen war, später nicht mehr[47], ist nicht klar. Wieland nennt dieses Handlungselement »unnöthig«[48], ist also dabei, zu straffen. Es folgt der für die Umarbeitung entscheidende Satz: »Daß Rosemund am Ende noch von der Königin erstochen werde, fängt mir an einzuleuchten«. Ein Vorschlag Jacobis, den wir nicht kennen? Wie auch immer: »dieß würde den ganzen Gang der letzten Acte ändern«[49]. Nicht nur das, es würde ein in wesentlichen Teilen anderes Stück werden. Hier nun greift Jacobi ein:

---

43 Vgl. Siegfried Scheibe: Zur Entstehungsgeschichte von Wielands Singspiel ›Rosamund‹. In: Wieland-Studien 2, S. 97 – 119, hier: S. 108.

44 »Ob die Oper hier in der Unterwelt enden oder, was wahrscheinlicher ist, Dekorationen aus einer anderen Aufführung wiederverwendet werden sollten, ist nicht mehr zu entscheiden.« Hartmann (Anm. 2), S. 462.

45 Eine – man müsste zugeben: aufdringliche – Parallele zur ›Alceste‹. Hartmann weist auf einige Parallelen zur Vorgängerin hin. Ebd., S. 426.

46 Ich hätte etwas zu offerieren: Zwei Klagegesänge, die sich zu einem Duett verbinden (»Wir haben Leben, haben Lieb' verloren«), Versöhnung in gemeinsamem Leid; zweistrophige Arie (erst Elinor, dann Rosamund), die die Liebe zu Heinrich preisen, dann Wiederaufnahme des gemeinsamen »Haben Leben, haben Lieb' verloren«. Endlich die Arie Plutos über die Eifersucht: »sie bringt uns unwillkommne Gäste«, dann lässt er die beiden wieder ins Leben gehen mit dem Auftrag, Heinrich gemeinsam glücklich zu machen. Aber so ist es nicht gewesen, wenn es auch in gewisser Weise Wielandisch gewesen wäre.

47 Vgl. Scheibe (Anm. 43), S. 112.

48 Wieland an Friedrich Heinrich Jacobi (Weimar, 4. Juni 1777). In: WBr 5, S. 622 f., hier: S. 623.

49 Ebd.

> Wenn nun Rosemunde vorgeführt würde und der König ihr wirklich die Krone geben wollte, könnte die Gemahlin in einer Aufwallung von wüthendem Ekel das Mädchen ermorden, und, wenn Du willst, auch sich selbst. [...] Wenn Rosemunde und die Königin sterben, so kann die Oper ganz erbaulich werden, ohne zu choquiren; denn so etwas macht einen stutzen (einen, der in Heinrichs Fall ist), das ist genug zur Herzensfreude aller Frommen.[50]

Was also empfiehlt Jacobi damit? Der Mord solle gesühnt werden und zwar durch die Königin selbst, außerdem solle das Stück nicht etwa mit ihrer Verhaftung enden, was etwas schal wäre. Drittens meint Jacobi, das Stück würde dadurch »erbaulicher« und zwar für alle die, die in »Heinrichs Fall« sich befinden, kurz (Ehe-)Männer, die zwischen zwei Frauen stehen. Ihnen also sei ins Stammbuch geschrieben, daß daraus nichts Gutes kommen kann. Damit sind »*alle* Frommen« befriedigt. Am Ende steht dreifach Leid. Man kann es so fassen. Moralisch ist wohl nichts daran auszusetzen, und ästhetisch wohl auch nicht, denn ein solcher Mord oder Selbstmord macht ebenso einen theatralischen Effekt wie einen moralischen.

Aber Wieland setzt die Anregung nicht um. Am Ende der überarbeiteten vieraktigen Fassung steht die Ermordung Rosamunds, und so bleibt es auch in der Endfassung. Diese bringt also konzeptionell nichts Neues. Es kann auch gar nicht anders sein, denn während Wieland noch sein Libretto korrigiert, arbeitet Schweitzer bereits an der Komposition und ist, wie sich von selbst versteht, über Wielands eingehende Korrekturen nicht froh.[51] Die dreiaktige Fassung ist, wie es scheint, erst kurz vor der Vorbereitung der Aufführung entstanden und hat wohl wenig mehr beinhaltet, als eine Neugruppierung des Textes.[52] Allerdings ist die signifikant, denn Wieland kehrt zu der klassischen Aktaufteilung insofern zurück, als dramatische Pointierung traditionellerweise in fünf oder eben drei Akten erfolgt. Hier müssen wir noch einmal auf die Beziehung von Inhalt und dramatischer Form zurück kommen. Wenn also die Erstfassung nicht mit einem Mord endet, sondern mit der Erhebung Rosamunds zur Königin – was insofern legitimiert ist, als der König sich durch den Mordversuch nicht mehr an die Königin gebunden fühlt[53] – dann läge die dramatische Pointe im Mordversuch, und alles andere folgte daraus, wäre gewissermaßen Nachgeschichte, die gleich-

---

50 Friedrich Heinrich Jacobi an Wieland (Düsseldorf, 11. Juni 1777). In: WBr 5, S. 625 f., hier: S. 626.

51 »Bester Herr Hofrath! Nicht sehr weit bin ich gekommen. Die Ausarbeitung der Oper kostet Mühe. [...] Ich bedaure sehr, daß Sie aus der mir so gut gerathenen Arie: Wie ein Kind in Mutterarmen etc. ein Duett gemacht haben. Doch, jeder hat seine Ursachen. Wenn Sie mir diese Arie lassen können, so verspreche ich Ihnen, das Duo im 3ten Act: Dir hingegeben etc. etc. recht süß zu componiren. Kommen Sie mir ja so viel als mögl. zu Hülfe. Die Zeit ist kurz, der Schreiberey zu viel. Es ist nicht gleich alles aus dem Kopf in den Händen«. Anton Schweitzer an Wieland (Gotha, 9. September 1777). In: WBr 5, S. 654.

52 Vgl. Scheibe (Anm. 43), S. 105 f. Erstfassung (fünf Akte) April 1777, zweite Fassung (vier Akte) Juni/Juli 1777, gültig noch bis Oktober.

53 So jedenfalls in der Endfassung.

sam enthüllte, was die vorschnelle Tat (ob real, ob imaginiert) an Folgen nach sich zieht.

Ich meine, daß Jacobis und vor allem Goethes Einwände (zu episch, zu wenig dramatisch) auf diesen Ablauf zielen. Die Erstfassung hat keine zureichende Pointierung, sie wäre tatsächlich episch gewesen insofern, als dem Zuschauer nur *die möglichen Folgen* einer Handlung vorgeführt werden, denn was auf sie folgt, sind Handlungskommentierungen, sei es durch die Königin, sei es durch den König. Auch seine Handlung, Rosamund zu erheben, ist im Kern nicht dramatisch, sondern nur vor Augen geführte Handlungskonsequenz, zumal das Stück ja alles daran setzt, sie zu legitimieren. Wäre sie uneinsichtig, bloße Willkür, sie stünde in Parallele zu dem Mord. Dann hätten wir zwar einen Ausgang, der dramatisch mehr befriedigte, aber ein Stück, an dessen Ende nichts als eine durch Willkür zerstörte Welt übrig bliebe. Wieland hätte so etwas nicht geschrieben. Daß ihm ein ›Ende mit Mord‹ im Grunde auch nicht lag, wird daraus deutlich, daß er es eben nicht vorgesehen hatte. Er hat sich überzeugen lassen und dann gesehen, daß sich für dieses Ende ein Dreiakter empfiehlt. Aber warum hat er sich überzeugen lassen, *contre cœur* zu dichten?

Daß man hier erneut spekulieren muß, versteht sich. Aber, wie ich glaube, nicht schlechthin ins Blaue. Wieland war Techniker. Er schrieb keine Oper, weil er von einem Stoff fasziniert war und ihn in die ihm gemäße Form bringen wollte, sondern er wollte eine Oper schreiben und suchte nach einem Stoff. Er wählte die Geschichte von Rosamunde, in der Fassung, in deren Zentrum das mörderische Angebot der Königin steht »Becher oder Dolch«. Jacobi hätte es am liebsten gesehen, wenn Wieland darauf verzichtet hätte:

> Anstößig ist mir ferner, daß die Königin mit Gift und Dolch auftritt und die Wahl anbietet; dieß ist so schrecklich verbraucht und hat für mich etwas Possenspielartiges.[54]

Das kann man so sehen, aber Wieland hatte nun einmal Addisons ›Rosamond‹ zum Apropos gewählt, und dort ist die Szene der Mittelpunkt. Daran wollte Wieland nichts ändern, er fand sie operntauglich. In einem Brief an Sophie von La Roche macht er das, was er in den anlässlich der ›Alceste‹ verfassten grundsätzlichen Überlegungen zur Oper (s. o.) ausgeführt hatte, noch einmal deutlich: Das Libretto sei die Vorlage für die Komposition, auf die es eigentlich ankomme. Im Zentrum des so zu verstehenden Librettos aber stehe die Becher-und-Dolch-Szene.[55] Aufschlußreich sind die beiden Stellen, in denen Wieland

---

[54] Jacobi an Wieland (Anm. 50), S. 625.

[55] »Rosamund wird Ihnen großes Vergnügen machen – nicht, als ob ich glaubte, was ich dabei gethan habe, sey ein großes Werk; sondern weil ich glaube, Sie werden in Ihrem Leben nie in solchem Grad erfahren haben, was die Magie der Musik ist, als in dieser Oper. Mein ganzes Verdienst bei der Sache ist, daß ich einige schöne Arien gemacht und Schweizern Gelegenheit gegeben habe seinen ganzen Genie zu deployiren. Sie werden alle Ihre Nerven von Nöthen haben, um die Scene, wo die Königin mit Gift und Dolch zu Rosamunden kömmt, auszuhalten«. Wieland an Sophie von La Roche (Weimar 26. Oktober 1777). In: WBr 5, S. 672 ff., hier: S. 673. Da mag nun Einiges auf die Wieland

den Ausdruck *proton pseudos* verwendet. Einmal im Referat von Goethes Kritik, das *proton pseudos* liege in der epischen Behandlung des Stoffes, das zweite Mal selbstkritisch:

> Mein proton pseudos war, daß ich das Stück zu e r b a u l i c h machen wollte; und das noch protoron pseudos, daß ich ein solches Sujet gewählt habe.[56]

Also müsse der Mord am Ende eben sein. Aber warum kein Selbstmord zusätzlich, wie Jacobi aus Gründen der moralischen Erbaulichkeit, die ja mit der theatralischen Dramatik nicht streiten muß, vorgeschlagen hatte?

Folgen wir zunächst dem Agieren der Rächerin, dann dem der Titelfigur.

*

Erster Akt. Die Königin im Argwohn, Rosamund tief in Sorge wegen Heinrichs langer Abwesenheit, dann Kunde von seinem Nahen. Wie tritt uns Elinor entgegen? Zunächst als eine, die weiß, daß es ein Geheimnis gibt, nicht aber, welches. Sie weiß nur, daß etwas vor ihr – der Königin! – verborgen ist:

> Wie? bin ich Königin,
> und dieser Labyrinth soll ein Geheimnis mir
> verschließen? – seine Eisenpforte
> sich nur dem König öfnen? –[57]

doch mutmaßt kaum jemand ungerichtet:

> O! zu lange fühl ichs, daß er sich
> vor mir verbirgt – daß E l i n o r nicht mehr
> in seinem Herzen herrscht! –[58]

---

bekannte Sensitivität (oder, wenn man mag, Sentimentalität) der La Roche gezielt sein – es ändert nichts.

56 Wieland an Jacobi (Anm. 48), S. 623.

57 Wieland nutzt diesen Aspekt, um dem »Ritter des Thurms« (in der Druckfassung statt »vom Thurm«) das Leben zu retten (also ist sein Tod in der Erstfassung vermutlich dort zu suchen). Belmont und der Ritter »fechten«, Elinor macht dem ein Ende: »Weg! hier ist keine Pforte | die mir sich schliessen darf –«. Wieland: Rosamund (Anm. 22), S. 591.

Im Übrigen rettet dieser Umstand Belmont ein wenig die Ehre, denn es scheint, der Ritter habe ihm das Geheimnis des Layrinths im Vertrauen mitgeteilt: »Verräther, s o betrogst du mich | aus meiner Pflicht? Ich bin verlohren; Aber euch | wird bald die Rache treffen – Zittert alle vor | des Königs Zorn! – Mit mir macht was ihr wollt.« Ebd. So hat Belmont im Auftrag der Königin spioniert und war dabei leichtfertig. Ihn in der Folge totzuschlagen, wäre arg, es sei aber nicht vergessen, daß er befehlswidrig handelte, denn er wußte, daß der Königin durch des Königs Befehl der Eingang verschlossen ist. Egal, was sie sagte, der Riegel war nun einmal er selbst. Schön, daß er nicht erschlagen wird, obgleich er sich hätte erschlagen lassen müssen. Doch um derlei Quisquilien geht es in der Oper nicht.

58 Wieland: Rosamund (Anm. 22), S. 579.

Er verbirgt sich beziehungsweise sein Wissen um etwas, von dem zu ahnen ist, worum es sich handelt, wenn es für Elinor auch nicht greifbar und lokalisierbar ist. Damit hat er »in seinem Herzen« die Königin entthront, die diesen Umstand außer an ihrem Gefühl daran merkt, daß sie in ihrem eigenen Reich zu einem Ort – und der ist just in des Schlossgartens Nachbarschaft[59] und in Sichtweite – keinen freien Zugang hat. Eine doppelte Kränkung, verschloßnes Herz, verschloßner Ort. Belmont enthüllt das Geheimnis:

> Der Labyrinth ist einer Nymphe Sitz,

und Elinor:

> So lohnst du meiner Liebe? –
> Alles hab ich dir geopfert, Alles,
> und so lohnst du mir?
> Treuloser! – Mein Geschenk sind die Provinzen
> woher du siegreich eilst – und, o!
> des schmählichen Gedankens! Heinrich eilt
> um zu den Füßen einer Bulerin
> die Lorbeern hinzulegen,
> die Ich ihm brach![60]

Das sollte man nicht überlesen. Sie habe ihm »alles« geopfert, und was das ist, wird gesagt, *Provinzen, woher du siegreich eilst.* Elinor hat also in die Ehe ihren Herrschaftsbesitz eingebracht und den Herrschaftstitel durch die Ehe an ihren Mann abgetreten, beziehungsweise den Rechtsanspruch auf sie.[61] Auf die bezeichnende Formulierung, daß sie ihm die Lorbeeren »gebrochen« habe, sei nur hingewiesen. Diese Provinzen muß Heinrich nun erst erobern oder rückerobern. Jedenfalls ist der Waffengang erfolgreich gewesen, Heinrich kommt als Sieger zurück und Elinor stellt sich vor, daß er zunächst seiner Mätresse in die Arme sinkt, gleich als lege er ihr nicht nur sein Herz, sondern auch seinen Status als Sieger symbolisch zu Füßen. Und nicht ins Ungefähr ist das phantasiert; die Chorführerin singt:

---

59 So die Szenenanweisung: »Ein Saal im Königlichen Palast. Aussicht in dessen Gärten, die in der Ferne vom Thurm, der in den Labyrinth führt, geschlossen wird.« Wieland: Rosamund (Anm. 22), S. 579.

60 Ebd., S. 580 f.

61 Die Encyclopedia Britannica informiert uns unter ›Henry II‹: »In May 1152, Henry married Eleanor, in her own right duchess of Aquitaine, whose marriage to King Louis VII of France had been annulled two months previously. The marriage made Henry ruler of much of the greater part of France.« Was dazu nicht paßt, ist, daß Heinrich von England aus die Provinzen erobert (und daß er sie überhaupt erobern muß), denn historisch war es umgekehrt: er eroberte England von Frankreich aus, wurde erst am 19.12.1154 gekrönt. Er regierte bis 1189 als »one of the most powerful and respected rulers of Western Europe in the second half of the 12th century«. Das Auktionsverzeichnis von Wielands Bibliothek führt diverse Werke zur französischen und englischen Geschichte, vor allem natürlich David Humes ›History of England‹ auf.

Er kommt, von Siegesarbeit heiß
an deinem Blick sich aufzufrischen:
Du wirst den Heldenschweiß
ihm von der Stirne wischen,
dem goldnen Helm sein lockicht Haar entbinden,
und um sein Lorberreis
der Liebe Rosen winden.[62]

Ein klassisches Bild wird zitiert: der Held, der in dem Schoß der Geliebten vom Kampfe ausruht.

Zweiter Akt. Auch Elinor erfährt von Heinrichs naher Rückkunft. Begegnung Elinor Rosamund. Wahl Gift oder Dolch. Zu Beginn des zweiten Aktes wählt Elinor ihre Rolle:

[…] –
Sie triumphiert –
und ich – kann wenn ich will in einen Winkel mich
verbergen, meine Schmach und sein verlohrnes Herz
beweinend. – Nein, beym Himmel!
Elinor hat andre Waffen
an Verräthern sich zu rächen,
als Weiberthränen![63]

Nicht: »Verrätherinnen« (ein Ausdruck, der der Königin zustünde) – die Rache, wie immer sie ausfallen mag, soll *ihn* treffen. Für dieses Ziel wird sie – der Ausdruck »über Leichen gehen« verbietet sich, weil sie es ja tatsächlich tut. Festzuhalten ist, daß ihre Wut vor allem ihm gilt. Aber zunächst wird das Motiv wiederholt und verstärkt. Elinor fühlt sich vernichtet, nicht nur als Ehefrau, sondern als Königin, deren bloßen Namen sie nur noch trägt, jedenfalls für eine Weile:

[…] In ihre Arme eilst du –
Elinor ist nicht mehr – Kann
am Namen einer Königin sich gnügen lassen –
und, auch diesen leeren Namen,
wie lange wird ihr noch erlaubt seyn ihn zu tragen?[64]

Es folgt eine Arie, die im zweiten Teil ein Dank an die Erynnien ist, die ihr den Gedanken zum Mord eingeben, und ein (je nach Geschmack fürchterliches oder possenspielhaftes) Angebot, Rosamund (die Königin kennt inzwischen ihren Namen) möge die Wahl haben: Becher oder Dolch.

Verruchter Gedanke,
nein, dich ertrag ich nicht!

---

62 Wieland: Rosamund (Anm. 22), S. 585.
63 Ebd., S. 587.
64 Ebd., S. 588.

Nichts mehr zu schonen
machst du zur Pflicht![65]

Die Königin stutzt, »staunt« sagt die Regieanweisung:

Habt Dank, ihr Plaggöttinnen!
dies soll mich befreyn!
Ich eile von hinnen –
o! stärkt meine Sinnen,
und weihet zur Rache,
zur Rache mich ein![66]

Die Königin trifft auf Rosamund, fragt, wer sie sei, wie sie dort hinkomme, spricht sie dann mit Namen an und zeigt so, daß sie Bescheid weiß – auf Rosamunds Reaktion gehen wir unten ein. Rosamund verlässt die Szene und Elinor zeigt sich von ihrem Erschrecken, das nicht schuldbewusst ist, zunächst bewegt, dann schüttelt sie die Regung ab:

Beynah entwafnete ihr Anblick meinen Grimm.
Die Unglücksel'ge! wie sie zitterte! –
Weh dir, Verführer! – Ganz gewiß, sie lebte
in Unschuld eh sie dich erblickte;
eh dein liebelügend Aug
und deine Schlangenzunge sie bethörte! –[67]

Heinrich ist der »Verräther«, er ist der Verführer der unschuldigen Rosamund, die sich ihm nicht ans Herz geworfen, die er betört hat. Reicht das? Reicht es, zu sagen, sie könne doch nichts dafür? Aber sie kann:

Aber nichts soll ihr die Unschuld helfen,
die sie nicht bewahren konnte[68]

Aber vornehmlich nicht sie soll für ihr ›Fallen aus der Unschuld‹ bestraft werden. Es wird ihr zugestanden, daß sie nicht wusste, was sie tat, wenn ihr daraus auch keine Nachsicht erwächst. Der Verräter und Verführer – beides zusammen wird in der Wendung »dein Verbrechen« sichtbar – soll bestraft werden durch Rosamunds Tod. Nicht allein, daß er sie dann nicht mehr »hat«, sondern daß er so schuldig wird an ihrem Tod:

fallen soll sie, deines
Verbrechens Opfer! – So bestraf ich dich
Treuloser, in der Thörin, die der Liebesrausch
sich selbst vergessen macht! –[69]

---

65 Ebd.
66 Ebd.
67 Ebd., S. 594.
68 Ebd.
69 Ebd.

Die Königin befiehlt Belmont den Giftbecher herbeizuholen, Belmont bringt ihn, wenn auch mit anderem Inhalt.[70] Die Königin, zunächst noch allein, statuarisch, eine Racheallegorie, nimmt ihn und zieht den Dolch hervor:

Der Schlange Kopf, die mich gestochen,
ist unter meinem Fuß, und nicht
zertreten sollt' ich ihn?
Wen soll ich scheuen?
Furcht geziemt dem Schuldbewußten,
nicht dem Beleidigten, der Recht sich schafft![71]

»Schlange« nunmehr wohl doch Rosamund und nicht der »Verräter«, der in ihr symbolisch bestraft wird, denn getötet wird nun einmal sie. Zudem verpasse man nicht die Anspielung auf die Genesis[72], Verführte und Verführerin werden eins. Elinor also reklamiert nicht nur Rache, sondern das Recht zur Rache für sich. Die Rache will sie auskosten, und das nun trifft nur Rosamund, nicht den König:

Sie wähle nun zu schärfrer Pein
Gifft, oder diesen Stahl!

Rosamund bittet um Gnade. Elinor lässt sich für einen Augenblick rühren, dann ist sie wieder die Königin, die sich darauf besinnt, was die Zukunft *ihr* möglicherweise geboten hätte:

Sie rührt mich wider Willen –
Stark, mein Herz!
In wenig Stunden wär' ich so in ihrer
Gewalt, wie sie in meiner jezt –[73]

Rosamund:

Laß meine Jugend – ach ich wag es nicht
zu sagen, meine Unschuld – dich erbarmen!
Und doch – du Himmel, weißt's!

Elinor:

Der mag sich dein erbarmen,
Verbrecherin! – Ich bringe dir – den Tod.
Hier! wähle! hier ist Gift, und hier ein Dolch!

---

70 »Gehorchend that ich meine Pflicht; | Izt thu ich sie mit Nichtgehorchen« (Wieland: Rosamund (Anm. 22), S. 595) – Pflicht dem König gegenüber oder als Mensch? Wir wissen es nicht.

71 Wieland: Rosamund (Anm. 22), S. 596.

72 Eine Zeit, in der die Ubiquität der Entdeckungen von »Intertextualität« zu den besonders lästigen Moden gehört, muß einen ja nicht dazu verleiten, bloß weil man nicht zu den Gecken gehören will, Bibelassonanzen zu überhören.

73 Wieland: Rosamund (Anm. 22), S. 600.

Was heißt das: »Und doch – du Himmel weißt's!«? Sie bittet die Königin, sich ihrer »Unschuld« zu erbarmen, wissend, daß diese Bitte ins Leere geht – »und doch« … Der Himmel weiß um ihre Unschuld. »Unschuld«, man wird es wohl bei der traditionellen Bedeutung nehmen müssen, die in solchen Situationen nicht ohne Gewicht ist. Hartmann spricht von der »ausdrücklich jungfräuliche[n] Rosamunde«[74]. Später, im Tode, wird Rosamund vom König sagen:

> Er ehrte meine Unschuld – liebte mehr
> als sein Vergnügen mich –
> Wohl mir! ich fall' ein reines Opfer![75]

Sagen wir es ein wenig hölzern: Der Beischlaf fand nicht statt, aber was wird die Zukunft bringen? Der Königin gilts gleichviel, ob die Liebesnacht schon vollzogen ist.[76] Rosamund muß es, zumal in solcher Situation, nicht egal sein:

> […] Sag, was kann ich thun
> dich zu versöhnen?

Elinor:

> Stirb![77]

Noch einmal fleht Rosamund. Sie bittet um ihr Leben, verspricht, in ein Kloster zu gehen, wo sie ohnehin in Kürze vor Trauer sterben werde[78]:

> Verstatte mir, in heilge Mauren mich
> vor allen Menschen zu verbergen! Schenke mir
> die kurze Frist! Mein Gram
> wird diesem armen Leben bald genug
> ein Ende machen.

Vergebens. Elinor:

> Thörin, weg
> mit deinen Künsten! Denkest du
> auch mich damit zu fangen?
> Hier – Nimm und stirb![79]

Wieland lässt die Königin seelischen Abwehraufwand treiben, um sich nicht erweichen zu lassen. Sie stellt Rosamund als Magierin hin, gegen deren Künste sie sich wehren müsse. Hat sie nicht schon Heinrich verhext?[80] Rosamund

---

[74] Hartmann (Anm. 2), S. 427.
[75] Wieland: Rosamund (Anm. 22), S. 603.
[76] »Die Königin [bleibt] eine Figur, deren Handeln als nachvollziehbare Reaktion auf Heinrichs Verhalten gezeigt wird.« Hartmann (Anm. 2), S. 427.
[77] Wieland: Rosamund (Anm. 22), S. 600.
[78] So ist ihr Ende in einigen Varianten der Überlieferung.
[79] Wieland: Rosamund (Anm. 22), S. 601.
[80] So auch bei Addison.

nimmt schließlich den Becher. Wieland, der die Königin erneut nicht so kaltherzig zeigen will, wie er sie reden lässt, gibt folgende Anweisung: »Die Königin wendet sich plötzlich weg, wirft sich in einen Lehn-Stuhl neben einem Tisch, und verbirgt ihr Gesicht.«[81] Im Sterben, oder was alle außer Belmont dafür halten, betet Rosamund zur »göttlichen Gerechtigkeit«. Auch an Elinor wendet sie sich. *Wie* sie beides tut, wird noch zu erörtern sein. Rosamund: »ich sterb um Seinetwillen!« Elinor: »Ich war zu rasch! –«[82] Es folgt die Ankunft des Königs. Er erhält zunächst die Nachricht von Rosamunds Ermordung und schwört Rache.[83] Dann wiederum heißt es, sie lebe. Rosamund und der König. Elinor kommt und trotz Belmonts Versicherung, sie habe nichts zu besorgen, flieht Rosamund. Die Königin erkennt den Betrug Belmonts, der erwidert, es sei doch nur zu ihrem Besten. Die Königin wendet sich an den König, und zwar mit majestätischem Gestus des Nebenbei:

> E i n Wort nur, Heinrich![84]

Sie verschmäht, sich für das, was sie getan hat, Mord oder nicht Mord, zu entschuldigen. Auch fordert sie nicht ihre Rechte ein, denn diese habe sie einst, in bessern Zeiten, durch Liebe erhalten, die nun nicht mehr bestehe[85]:

> […] ich – verschmäh es, Dir, wie eine arme
> Verlaßne, Klagen vorzuwinseln!
> veracht ein schnödes Herz, das Fliegen gleich
> sich von der königlichen Lilie
> auf einen Erdschwamm setzt –.

Sie bittet nicht um Gnade (im Zweifelsfall um ihr Leben), denn mit gnädig Gewährtem lasse sie sich nicht abspeisen. Bemerkenswert ist das Bild von der Fliege, die mit einem stinkenden Pilz nicht nur Vorlieb nimmt, sondern sich gerne auf ihn setzt.[86] Heinrich ist empört über die Haltung, in der ihm Elinor begegnet:

---

[81] Wieland: Rosamund (Anm. 22), S. 602.

[82] Ebd., S. 603.

[83] Auch hier ein kleiner Hinweis auf die Details. Der König singt von »tausend Furienfackeln«, also den Attributen der Erynnien, die die Königin zuvor beschworen hatte, und von »tausend Dolchen«, die für ihn der Gedanke an Rosamunds Tod sei.

[84] Wieland: Rosamund (Anm. 22), S. 615.

[85] »Am fatalsten ist mir das Vorhaben der Königin, ihren Mann wieder an seine vorige Zärtlichkeit zu erinnern.« Hier folgt Wieland. »Ich würde die Königin nicht von selbst kommen, sondern vorfordern lassen.« Hier nicht. Jacobi an Wieland (Anm. 50), S. 625. Wieland hat für sich beschlossen – mit Perspektive auf den Einsatz des Dolches am Ende –, eine Frau im Seelenharnisch vorzuführen.

[86] Und: die »königliche Lilie«. Der zeitgenössische Leser oder Hörer dürfte, wiewohl Eleanors erster Mann König von Frankreich, aber kein Bourbone, an die Bourbonen-Lilie gedacht haben – wohl als Assoziationsbrücke zu »königlich« schlechthin. Wer hat schon, damals wie heute, die französischen Dynastien am Schnürchen? Schlägt man aber Geschichte nach, findet sich, daß Eleanors Ehe darum päpstlicherseits aufgelöst worden

Wie? Kommst du, mir ins Antlitz noch zu trotzen?
Geh, reitze meine Rache nicht zum Grimm,
und nie vergifte mehr[87] dein Anblick meine Augen!

Elinor:

Laß mich vollenden und dann wähle, nach Gefallen,
Schmach oder Ruhm![88]

Was schlägt sie vor? Ein Herz und eine Krone – das ist vorbei. Das Herz – das ist vergeben. Die Krone könnte bleiben. Und zwar, das ist die Pointe, nicht um Elinors willen, gleichsam als Abspeisung auf höchstem politischem Niveau, sondern um seiner, Heinrichs, Ehre willen, die er darum nicht in den Schmutz ziehen dürfe, weil sie einen rechtmäßigen Anteil an ihr habe. Das ist ein bemerkenswerter Spielzug.

Es sey! Vergessen sey es, daß mein Herz gewonnen
zu haben einst dein Stolz war – daß ich dich,
aus allen Königen der Welt allein,
einst meiner würdig hielt – es ist vorbey!
Nur daß ich allem Theil an deiner Ehre
so schnell entsage, das erwarte nicht!
Ist dies ein Rest von Liebe, so verzeyh ihn mir,[89]
und o! um deinetwillen nur
bedenke was du bist, und was du warst!
was deines Lebens Frühling einst
der Welt versprach, und was
in seiner üppigsten Verschwendung
das Glück für dich gethan!
Zu welcher Glorie du den edeln Nahmen
P l a n t a g e n e t erhöhen konntest? – Heinrich,
bedenk es, und – erröthe vor dir selbst![90]

Antwort:

Und du – besudelt mit der frischen Schande
des Meuchelmordes – Du erfrechest dich
der Ehre heilgen Nahmen auszusprechen?

---

ist, weil Ludwig VII. Eleanor verstoßen hatte, um ihre Schwester zu heiraten. Eleanors Ehe mit Heinrich II. war also (jenseits aller politischen Überlegungen) eine Revanche, die Zurücksetzung hinter Rosamund, die Wieland sie imaginieren lässt, der Vorbote einer grausamen Wiederholung.

87 »Tausend Dolche« zuvor, nun »und nie vergifte mehr«.

88 Wieland: Rosamund (Anm. 22), S. 615.

89 Ein Augenzwinkern zu Jacobi hin (Anm. 85)? Man traut seinen Augen nicht. Das heiß ich Witze machen, die kein andrer Mensch versteht beziehungsweise erst der genaue Leser des Textes und der Begleitkorrespondenz nicht ganz 235 Jahre später. Aber auch Philologen dürfen ihren Spaß haben.

90 Wieland: Rosamund (Anm. 22), S. 616.

– Wirfst zum Vormund dich
für m e i n e Ehre auf? –
Verlaß mich! Herrsche wo du Recht
zu herrschen hast – Nimm sie zurück
die Länder Galliens, dein Erbgut – Geh[91]

Heinrich kontert auch auf hohem Niveau, wenn auch nicht auf im Wortsinne königlichem. Er schmeißt ihr, was sie in die Ehe eingebracht hat – und also Macht und somit Ehre des Hauses Plantagenet[92] mit ausmacht –, wie einen Bettel vor die Füße: »Have it!« Und »Have it!« kontert auch die Königin, nachdem Heinrich so weit gegangen ist, nicht nur seine Frau (immerhin nur wider Willen keine Mörderin) zu verstoßen und zurück in ihre Erbprovinzen zu schicken, sondern ankündigt, Rosamund zu ihrer Nachfolgerin zu machen:

Mörderin! Aus meinen Augen! D u entehrst
die Krone, die du trägst – S i e würde
den Thron der Erde zieren!

Elinor:

Ha! ists dahin gekommen? – Wohl! So eile nur,
Was hält dich? Habe sie! Ergötze Welt
und Nachwelt mit dem Schauspiel deiner Thorheit!

Es folgt die »herrliche Arie« (Jacobi[93]) – sie ist wirklich eine tolle Verkehrung von Demütigung durch den Triumph *der* Anderen in Triumph über die Selbstdemütigung *des* Anderen:

Unwürdiger, du sollst sie haben!
Sie triumphier!
folg ihrem Wagen in Fesseln nach[94],
Du sollst sie haben,
und meine Seel soll
sich laben
an deiner Schmach!

Entehre dich mit ihr
vor allen Zeiten,[95]
setz auf den Thron sie dir
zur Seiten,
sey Selbst das Werkzeug meiner Rache,
mache
das Maas der Schande voll![96]

91 Ebd.
92 Nicht ganz historisch.
93 Jacobi an Wieland (Anm. 50), S. 626.
94 So die besiegten Könige im römischen Triumphzug.
95 Das ist: Die ganze Zukunft soll immerwährender Zeuge sein.
96 Wieland: Rosamund (Anm. 22), S. 617.

Heinrich macht – gegen innige Einwände Rosamunds *nota bene* – sein Vorhaben wahr. Die Ritter werden im Thronsaal versammelt. Sie, die Siegreichen, mögen heimkehren und den Frieden genießen, »Ruh und häuslich Glück«. Doch allein er, Heinrich, solle sich in geheimem Gram verzehren?

> geheimer Gram, des Lebens gift'ger Wurm,

solle

> an eures Königs Ruhe nagen?
> Nein! – ich will sie von mir werfen,
> diese Schlange, die ich allzulange duldend
> in meinem Busen heegte![97]

In nicht *an*. Wörtlich genommen, ist die Schlange der Wurm des Grams, aber die gängige Redeweise ist nun mal »die Schlange, die ich *an* meinem Busen nährte« und das wäre eben Elinor. Wie bei Scheidungen oft die Rede geht: Heinrich wirft Elinor vor, daß sie seiner Liebe noch nie wert gewesen sei. Nun aber geht es um ihr Verbrechen, sie habe »sich die Ehre, meinen Thron | zu theilen, selbst geraubt«:

> […] Hier, vor Euch Allen,
> verstoß ich sie, und gebe Rosamund
> mein Herz und meine Hand […][98]

Und zu Rosamund:

> So komm, Geliebte, komm, und nimm den Plaz
> wozu Dich unsre Liebe ruft!

Die Regieanweisungen am Wechsel von der 17. zur 18. Szene lauten:

> Rosamund nähert sich dem Thron mit zitterndem Schritte.

Sowie:

> Auf einmal werden die Thüren des Saales aufgesprengt und die K ö n i g i n , von ihren Rittern gefolgt, dringt herein.

Königin:

> Ich ward wohl nicht erwartet
> bey diesem Fest?

---

97 Ebd., S. 624.

98 Den Satz »Laßt eure Augen reden | für Heinrichs Herz!« – also sinngemäß: »ist sie nicht viel jünger und schöner?« – hätte Wieland Heinrich ersparen können, denn die vielbeschrienen inneren Werte offenbaren sich den Augen, zumal einer abgekämpften Kriegerschar, die zu Frau und Kind heimgeschickt wird, nicht ohne Weiteres. Wieland: Rosamund (Anm. 22), S. 624.

Und dann stößt sie ihr einen Dolch ins Herz:

> Elende! stirb – – Ich bin gerochen! Nun
> macht was ihr wollt![99]

Heinrich ruft »faßt die Mörderin!«, aber das, wenn es denn, wie zu vermuten, geschieht, geschieht, nachdem der Vorhang gefallen ist; sein »O rettet, rettet!« ist vergebens. Rosamund:

> Mein Schiksal ist erfüllt! – Ich sterb' –
> in Deinen Armen.
>
> (Der Vorhang fällt.)[100]

Die eine emotionale Achse des Stücks ist die Rache der Königin und die Emotionen, in denen sie zum Ausdruck kommt. Da Wieland beschloß, Rosamund am Ende nicht krönen, sondern erstechen zu lassen, ist, weil es sich um kein psychologisches Drama handelt[101], keine *Vielzahl* von Emotionen am Platz, sondern nur eine einzige, diese aber in ihrer ganzen Ausdrucks*vielfalt*. Konsequenterweise zeigt Wieland seine Elinor – auch um zu verhindern, daß sie zu plan gerät – dabei, wie sie sich gegen zuwiderlaufende Impulse wehrt. Die Konzentration auf diese eine Emotion und den einen Text, tauglich als Trägersubstanz für die so gewünschte Musik, folgt aus der dramaturgischen Grundentscheidung. Woraus aber folgte diese? Nicht aus auf Hoftauglichkeit zielender Librettohygiene – nichts weist auf solche Rücksicht hin. Sie folgt aus dem *proteron pseudos*, der Wahl des Sujets, die nicht mehr abzuändern war. Gift und Dolch gehören nun mal zur Rosamunde-Vorlage, die Wieland gewählt hatte, und auf dieses Motiv wollte er partout nicht verzichten, es wäre sonst eine beliebige höfische Eifersuchtsgeschichte gewesen. Was nun aber in einer *erzählten* Geschichte problemlos hingehen mag – im *Drama* geht es nicht. Wenn die Wahl der Todesart und der Tod nicht Endpunkt der Handlung sein sollen – und sie sollten es nun einmal nicht sein –, wird der Dolch nach der Wahl des Bechers zum leeren Requisit. Bei Tschechow heißt es, eine Pistole, die im ersten Akt an der Wand hänge, müsse im letzten auch benutzt werden. So verlangt der Dolch von sich aus seinen Einsatz. Daß Wieland, nachdem er sich von der gerügten epischen Behandlung des Stoffes verabschiedet und zur dramatischen hingewandt, genau dies gesehen hatte, zeigt das mehrfache textliche Spiel mit Gift und Dolch. Derlei unterläuft einem Techniker wie Wieland nicht. Am Ende musste der Dolch gebraucht werden. Und warum nicht zwiefach – Mord *und* Selbstmord, wie Jacobi es gern gehabt hätte? Es hätte die Pointierung

---

99 Ebd., S. 625.

100 Wieland: Rosamund (Anm. 22), S. 625 f.

101 Dort würde man ein Hin-und-Her der Emotionen erwarten, wenn nicht fordern (Skrupel, Zögern, Angst, Wut usw.), bis der Entschluß, zureichend psychologisch fundiert, gefallen und ausgeführt ist.

verpatzt, die doch in dem immer wieder variantenreich vorgeführten Rachefuror auf den Mord zielt, nicht auf eine Art Selbstbestrafung, die eine Rücknahme des majestätischen Trotzes gewesen wäre: Macht was ihr wollt!

*

Kommen wir nun zur Titelheldin Rosamund und damit zur zweiten dramatischen Achse des Stücks.

Rosamund ist, das sei vorweggenommen, nicht einfach die Passive, mit der geschieht, was eben mit ihr geschieht, die wartet, sich Sorgen macht, freudig erleichtert ist, entdeckt, versuchsweise vergiftet, beinahe zur Königin erhoben, schließlich erdolcht wird und in den Armen des geliebten Königs stirbt, obwohl der äußere Handlungsverlauf in dieser Weise richtig beschrieben wäre. Anders als bei Elinor war Wieland bei der Gestaltung der Rosamund völlig frei. Sehen wir zu. Zunächst erleben wir sie, wie geschildert. Dann kommt die Begegnung mit Elinor. Rosamund:

> O Gott! – Was kann ich sagen?

und dann:

> wenn nichts für mich in deinem Herzen spricht –
> O! läg ich tief in meinem Grab![102]

Nicht »ich sehe schon mein Grab« oder ähnlich, ihren Tod sieht sie nicht voraus, sondern sie wäre lieber tot als in dieser Situation. Das ist nicht oberflächliche Theatralik, es ist mehr, es ist die Scham, die der Blick der Königin in ihr plötzlich erweckt.[103] Ist sie vorher in ihrem Labyrinth und der Liebe zum König wie in sich selbst verschlossen, gleichsam weltlos, tritt sie plötzlich und schockhaft in die Welt ein. Sie ist plötzlich jemand: Ehebrecherin. Man wende nicht ein, das habe sie vorher gewusst. Es geht hier nicht um psychologische Wahrscheinlichkeiten. Und doch, wir kennen es, daß wir erst im Blick des Anderen sehen, was wir (auch) sind. Nehmen wir den Text, wie er ist. Was kann ich sagen? Was könnte für sie sprechen? Man könnte sagen, ihre Liebe. Die achtet nicht Gesetz noch Macht. Aber das meint sie nicht. Sie sagt nicht, daß das Territorium der Moral die Liebe nicht eingemeinde, daß vor ihrer Liebe die Königin insofern machtlos sei, als ihr allenfalls die Gewalt bleibe. Sie ruft nach etwas anderem, nach etwas in der Königin, in Elinors Herz. Noch einmal: was

---

[102] Wieland: Rosamund (Anm. 22), S. 593.

[103] Es mag der Leserin und dem Leser allzu weit hergeholt erscheinen, wenn ich auf das Kapitel ›Der Blick‹ in Sartres ›Das Sein und das Nichts‹ verweise. Ist es aber nicht. Es würde nur zu weit führen, wenn ich erläuterte, warum nicht. Darum nur der Texthinweis: Jean Paul Sartre: Das Sein und das Nichts. Versuch einer phänomenologischen Ontologie. Hg. von Traugott König. Reinbek ^{10}1993 (Gesammelte Werke in Einzelausgaben. Philosophische Schriften 3), S. 457 – 538 (auch für sich lesbar).

kann sie sagen, für sich sprechen lassen? Daß doch beide Menschen seien und um die Wege des Herzens wissen? Ja, Elinor weiß um sie, aber dadurch wird nichts besser. Wir haben es gelesen, Unschuld gewiß, aber sie hat sie nicht bewahren können. Sie hat ihr Nicht-Bewahren selbst gewählt, Verführung hin oder her, und was sie in ihrer Weltabgeschlossenheit nicht, sondern erst im Blick der Königin sah, ist sie immer gewesen, seit sie in ihren Platz im Bower einwilligte. Rosamund ist in ihrem Zimmer, ihre Zofen versuchen, sie zu trösten, gar damit, der König werde rächen, was ihr widerfahren sei, und das ist ja wenig mehr, als daß ihr die Königin eine Szene gemacht und einen Schrecken eingejagt hat. Rosamund:

> O, nichts von Rache! Alle Schuld ist mein!
> Ach! daß der Zauberschleyer eher nicht
> von meinen Augen fiel!
> Ach, daß er jemals mich umnebelte![104]

und in der Arie:

> […] ich fühl –
> es ist V e r b r e c h e n ! – Er, den ich allein geliebt,
> allein, aus allem in der Schöpfung,
> kann mir niemals, niemals angehören!
> Nie darf ich wieder nur
> die Augen auf zu ihm erheben! –[105]

Sie geht von dieser Haltung im Herzen nicht mehr ab, wie wir sehen werden. An die Barmherzigkeit der Königin appelliert sie, wie wir gelesen haben, im Namen ihrer »Unschuld«, was nichts fruchtet. Sie trinkt das vermeintliche Gift, spricht im Tode das oben Zitierte, daß sie als ein reines Opfer falle, aber das ist tatsächlich gemeint, wie oben interpretiert. Im Herzen fühlt sie sich *nicht* »unschuldig«:

> […] Ich sterb –
> und sterbend, göttliche Gerechtigkeit,
> bet' ich dich an! – Vor dir
> ist Rosamund nicht schuldlos! – Nimm,
> die Schwachheit eines zärtlichen,
> nichts böses ahnenden, in seiner ersten Liebe
> verirrten Herzens abzubüßen,
> mein Leben an! –[106]

Als nun Rosamund erwacht, glaubt sie an ein gutes Ende, wie billig, nicht:

> Wars nur ein grausam Spiel
> das meine Feindin mit mir trieb? – Erwartet
> mich ärgers noch?[107]

---

[104] Wieland: Rosamund (Anm. 22), S. 597 f.
[105] Ebd., S. 598.
[106] Ebd., S. 602.
[107] Ebd., S. 611.

und ruft Heinrich zu Hilfe. Heinrich nimmt sie in die Arme, Rosamund »in frohem Schrecken«:

> O Himmel! Du? Mein König, Du? –
> Du noch in meinem Arm?
> O Wonnetod! N u n laß mich sterben![108]

Der König schaudert noch, macht sich Vorwürfe, daß er Rosamund überhaupt habe verlassen (und also gefährden) können, dann wieder sie:

> Der Wechsel ist zu schnell, zu unverhoft,
> zu groß mein Glück als – daß es dauren könnte.[109]

Das kann man ebenso als psychologische Plausibilität nehmen wie als Textmarkierungen. Rosamunds Glück ist nun immer von Todeskonnotaten begleitet. Es folgt die Begegnung von König und Königin, an deren Ende Heinrich seine Absicht, Rosamund zur Königin zu erheben, dartut. Dann der König und Rosamund (»sich ihm zu Füßen werfend«):

> Mein König, eine einzige, die lezte Bitte
> versage nicht der armen Rosamund![110]

Der armen Rosamund, nicht der glücklichen. Und diese arme Rosamund hat eine Bitte:

> O Himmel, stärke mich!

Denn es ist nichts Kleines, was sie bittet –

> Die Rede stockt in meinem Munde – doch, ich muß! –
> O höre meine lezte Bitte!

– »letzte Bitte«, wie auf dem Totenbett:

> […] Laß mich fliehn,
> und meines Lebens Rest dem Himmel weyhn![111]

Dabei handelt es sich um nichts anderes, als die Bitte darum, lebendig begraben zu werden – in einem Wieland-Text wird man es so lesen dürfen. Man achte zudem darauf, daß hier plötzlich Addisons fatales Kloster wiederkehrt. – Der König:

---

108 Ebd., S. 612.
109 Ebd.
110 Ebd., S. 618.
111 Ebd., S. 619.

Wie? Rosamund? was ist dir? Grausame,
welch eine Bitte? Du, du willt mich fliehn?[112]

Sie begründet die Bitte:

O wenn ich je Dir theuer war, so höre mich!
Du kennst dies Herz! Es war vom ersten Anblick Dein!
Es überließ so willig sich
dem süßen Irthum! War so glücklich im Gedanken
für Dich allein zu schlagen! – Himmel! daß es nur
ein Irthum war! ein süßer Traum!
Ach Heinrich, diese schreckenvolle Nacht
hat mich erweckt[113], im Donner mich erweckt
aus meinem Traum!

Er:

Hat nur aus einem Traume
zum süßeren Genuß der Wahrheit dich erweckt!

Sie:

Ach! kann ich länger mir verbergen, daß mein Glück
ein Blendwerk war? daß meine Liebe zwischen Dir
und deiner Königin, und deiner Ruhe steht?
Daß sie – o schrecklicher Gedanke!
Daß sie – Verbrechen ist?[114]

Ohne Wenn und Aber. »Verbrechen« – was die Konvention angeht, das versteht sich, aber da ist weit mehr. Ihr Glück selbst sei Blendwerk gewesen, denn ihre Liebe habe ja zwischen dem König und seiner Frau und des Königs Seelenruhe gestanden. Eine Liebe, so wird man es verstehen müssen, die dem Geliebten schade, sei keine Liebe, verrate sich selbst und ihn. Alles Spuk und Nebelspiel. Sie ist in die Welt geworfen und dort aufgeschlagen. Das Höhlengleichnis, gewendet. Was für ein Anti-Platon! Der König, der nicht versteht, was der Fall ist und worum es ihr geht, versucht, Rosamund, die hinzufügt, er möge sie nicht mehr lieben und daß eine Kluft sie auf ewig trenne, durch wuchtiges Missverstehen zu trösten. Die »Kluft« versteht er als die Anwesenheit der Königin. Da müsse sie nicht sorgen, die Königin habe durch den Mordanschlag das Band zwischen ihr und ihm zerrissen:

Leer ist ihr Platz auf meinem Thron,
und ihn zu füllen winkt die Liebe D i r ! [115]

[112] Er ist ein wenig egozentrisch. Rosamund geht drüber weg, wir folgen ihr.

[113] Nicht erst die »Todeserfahrung […] sensibilisiert« sie (Hartmann (Anm. 2), S. 427), es war, wie wir gelesen haben, der erste Blick der Königin. Alles Weitere, bis hin zur Bitte um das Kloster, folgt daraus.

[114] Wieland: Rosamund (Anm. 22), S. 619.

[115] Ebd., S. 620.

Den Kelch, bittet sie ihn, möge er an ihr vorübergehen lassen:

> Ach! eine Hütte, Heinrich, nicht ein Thron![116]

Sie bittet nicht um Exil in englischer Heide, in Moor und Wald, denn das Kloster bleibt das Ziel – nur eine Erinnerung daran, wie es hätte sein können, was auf immer nun verloren:

> Wie glücklich hätte sie mit deiner Liebe
> mein Herz gemacht![117]

Er:

> Auch dieses Glück, Geliebte,
> wird unser seyn. Des Thrones Sorge wird
> nicht alle Ruh mir rauben. Oft
> heruntersteigen werd ich, hier
> im Frieden dieser stillen Hayne
> des Lebens reinste Wonn' in deinem Arm zu suchen!
> Nicht König mehr! Dein Schäfer! Alles Alles dir
> wie du mir Alles! –[118]

Wieland ist nicht selten ein wenig offen, was die Dummheiten und Eitelkeiten der Männer angeht, und nicht erst in ›Menander und Glycerion‹. Der König nimmt Rosamunds Klage für die Befürchtung, das Hofleben werde die künftigen Gemeinsamkeiten aufzehren. Er beruhigt sie damit, daß sie beide sich zusammen zurückziehen könnten. Er versteht sie nicht, er gibt ihr nach, sie bittet um ein wenig Zeit noch, es hilft nichts,

> [...] Du hast gesiegt!
> Gebiete! Hier ist deine Rosamund,
> bereit für Dich zu leben und – zu sterben.

Es klingt wie eine bloße Formel, das »bereit zu leben und zu sterben«, aber ich schlage vor, das »Du hast gesiegt« zu ergänzen um »und wusstest nicht, was du damit tatest« und Wielands Rosamund beim Wort zu nehmen, das er sie wiederholen lässt:

> Dir hingegeben
> hab ich mein Alles!
> Mein Glück, mein Leben,
> und was ich bin.

Sie *will* nicht alles geben für ihn, sie *hat* es schon, und es ist hin. Heinrich hält es für Liebesgeplauder:

---

[116] Ebd.
[117] Ebd.
[118] Ebd., S. 621.

Wär ich Beherrscher
des Erdenballes,
Dich zu erhalten
Gäb ich ihn hin!

Sie:

Für dich nur leben,
für dich erkalten,

Er, der, vom eigenen Pathos getragen, nicht hinhört:

ihn hinzugeben,
dich zu erhalten,

»Beyde«:

O seliger Gewinn![119]

Es folgt, was wir schon gelesen haben.

Ist anzunehmen, daß die Erstfassung ohne finalen Mord im Thronsaal auskommt, stattdessen mit der Erhebung Rosamunds zur Königin, die mit bösem Gewissen den Thron besteigt, und mit der Aussperrung Elinors endet? Das ist unwahrscheinlich. Dann wäre Rosamunds Bitte, sie nicht zur Königin zu machen, nur dazu gut gewesen, sie nicht als eine darzustellen, die nur allzu gern Königin würde, und ihre Bitte um das Kloster wäre einer vorübergehenden, rasch beschwichtigten Laune entsprungen. Das Kloster bliebe ein blindes Motiv. Nein, Rosamund erfüllt sich im Augenblick der Thronbesteigung[120] ihre Bitte selbst und verkündet, sie gehe ins Kloster. Und Vorhang!

Ich nehme an, diese vorbereitete, aber doch nicht unbedingt zu erwartende Pointe war in Wielands Augen genug Dramatik für die Bühne. Aber es war nur für die Seele genug. Die zweite Achse des Librettos: Rosamunds Entwicklung von der selig Träumenden zur Angeblickten und Erwachenden, zur an sich selbst Verzweifelnden, die über wiedergewonnenes Leben und des Königs Küsse nicht glücklich sein kann und um die Wiederherstellung des vorherigen außerweltlichen Zustands bittet – nicht mehr im Bower aufbewahrt, sondern im Kloster eingemauert. Diese Bitte, weil ihr nichts anderes übrig bleibt, erfüllt sie sich selbst und handelt so zum ersten und einzigen Mal im Stück – in derartig atemberaubender Weise, daß man auf jede Rampendramatik verzichten können sollte.

Sind Opern nicht gesungene Emotionen? Elinors Haß, Rosamunds Scheitern an der Welt – was für eine Gegeneinanderbewegung der Gefühle! Als Wieland von Jacobi hörte, ihm sei das Stück missraten, fühlte er sich »für's erste nur in eine Art von dummem Erstaunen gesezt, wie wenn einem bei hellem Himmel auf einmal ein Donnerkeil vor die Füße fiele«. Rekonstruiert man das Ganze so, wie ich es vorschlage zu tun, kann man das weiß Gott verstehen. Wieland muß einsehen, daß

[119] Ebd., S. 622 f.
[120] Bis dahin muß es, gemäß den Notizen des Bühnenbildners, gehen.

Jacobi nicht verstanden hat, worum es ihm gegangen war, und darüber hinaus, daß es ihm vielleicht nicht gelungen war, dies sichtbar zu machen. Nach ein wenig Zögern wirft er das Steuer herum, setzt jetzt auf die äußere Dramatik, das Stück endet nun mit einem Mord, was sich (siehe oben) anbietet, weil so das blinde Requisit Dolch noch ins Spiel gebracht werden kann. Aber Mord und Selbstmord, wie Jacobi vorschlägt? Das wäre nicht nur aus den schon angegebenen Gründen unmöglich gewesen, sondern auch um Rosamundens Willen. Vergessen wir doch nicht, daß Dichter ihre Figuren lieben, wie sie ihnen unter der Feder geraten, ihnen nicht ohne Weiteres wieder nehmen können, was sie ihnen nun einmal durch die Niederschrift Zug um Zug zuwachsen ließen. Der Mord ist das Bühnenäquivalent zum Kloster. Die Liebeslaube war der Himmel auf Erden, das Kloster ist der Tod auf Erden, so war die Logik der Erstfassung – Laube und Kloster, beide nicht von der Welt, die sich die anderen teilen. Der Dolch befördert Rosamund aus dieser, wohin auch immer. Alle anderen bleiben zurück, wo sie schon immer gewesen sind, egal, wie es weitergeht.

Der Text, den Wieland seiner Rosamund gab, spricht nicht erst, seit sie aus dem Scheintod erwacht ist, sondern vorher schon, kaum daß sie erblickt ward – »O! läg ich tief in meinem Grab!« – vom Tod. Auf dieser Welt ist ihres Lebens nicht länger. Wieland läßt uns wissen, wenn wir es hören, daß sie das weiß und daß es dabei bleibt. Wenn nun König Heinrich sie auf den Thron zwingt – »Du hast gesiegt!« –, weiß sie ohnehin, was geschieht, und was der blinde König, ein König, der seinen Thronsaal ebenso wenig zu verschließen weiß wie seine Liebeslaube, nicht voraussieht: »Auf einmal werden die Thüren des Saales aufgesprengt«. Rosamunds Einwilligung, den Thron für einen kurzen Moment zu besteigen, um dem Geliebten zu Willen zu sein – »nimm den Platz, wohin dich unsre Liebe ruft!« – sie nähert sich dem Thron mit zitternden Schritten, ist ein Selbstmord. »Dir hingegeben, für dich erkalten.« Keiner hat es gesehen, Wieland hat es keinem erklärt. Nachlesen kann man es.

Florian Gelzer

»IMMER ABER WERDEN WIR EINANDER LIEBEN KÖNNEN, WENN SCHON UNSRE DENKUNGSART IMMER UNGLEICH BLEIBEN SOLLTE«

Christoph Martin Wieland und Isaak Iselin

I. Einleitung

> Gleiche Neigungen und Absichten haben lange ehe wir von einander wußten, unsre sympathetischen Seelen vereiniget. Sie können sich schwehrlich vorstellen wie erstaunt ich war als ich in den Patriotischen Träumen das erstemal meine eigensten Ideen und einen guten Theil von solchen die ich noch niemals der Welt bekannt zu machen Gelegenheit gehabt, fand. Diese *Conformität* unsers Geistes und Hertzens würde uns allem Ansehen nach auf eine sehr ähnliche Art handeln gemacht haben, wenn wir auch in ganz verschiednen Zeiten oder in weit entfernten Ländern gelebt hätten.[1]

Mit diesen euphorischen Worten wendet sich der 25jährige Christoph Martin Wieland von Zürich aus – wohin ihn Johann Jakob Bodmer als vielversprechendes literarisches Jungtalent geholt hatte – im Oktober 1758 an den Autor der ›Philosophischen und Patriotischen Träume eines Menschenfreundes‹, die er soeben mit Begeisterung gelesen hat. Autor der ›Träume‹ ist der fünf Jahre ältere Isaak Iselin (1728 – 1782): Ratsschreiber in Basel, Aufklärer und vielseitig tätiger Publizist, der mit diesem Werk zum ersten Mal auch über die Schweizer Grenzen hinaus bekannt geworden war.[2] Der überaus hochgestimmte Ton von Wielands Brief, der mit Emphase von einer tiefen Seelenverwandtschaft spricht, könnte vermuten lassen, dass hier der Grundstein zu einer intensiven empfindsamen Freundschaftsbeziehung gelegt worden sei. Dies ist aber nicht der Fall. Christoph Martin Wieland und Isaak Iselin haben sich persönlich nie getroffen, und auch die schriftliche Kommunikation blieb auf wenige Kontaktaufnahmen und briefliche Austausche beschränkt, die sich über mehrere Jahrzehnte verteilen. Es liegt also keiner jener ausgedehnten Briefwechsel vor, wie ihn beide Autoren lebenslang mit einem weitgespannten Netz von (zum Teil denselben) Briefpartnern pflegten und für die beide – Wieland freilich mehr als Iselin – berühmt geworden sind.[3] Das Verhältnis zwischen dem deutschen und dem

---

1 Wieland an Iselin (8. Oktober 1758). In: WBr 1, S. 367 – 368. – Für eine kritische Durchsicht des Textes danke ich Andreas Mauz und Carmen Götz.

2 [Isaak Iselin:] Filosofische und Patriotische Träume eines Menschenfreundes. Freiburg [recte: Basel: Thurneysen] 1755.

3 Wielands Korrespondenz ist in der mittlerweile abgeschlossenen Briefausgabe umfassend dokumentiert. Die für das vorliegende Thema ergiebigsten Briefwechsel Iselins sind die unpublizierten, wechselnd auf Deutsch und Französisch verfassten Korrespondenzen mit seinem Freund Jean Rodolphe Frey, einem Offizier in französischen Diensten, sowie seine

Schweizer Autor ist auch nicht von Kontinuität und Treue bestimmt, sondern ausgesprochen unbeständig und wechselhaft: geprägt von hohem gegenseitigem Respekt zwar, aber auch von falschen Erwartungen, Enttäuschungen, Zweifel und Kritik.

Weshalb denn überhaupt eine gemeinsame Betrachtung der beiden Autoren? Wenn hier die Beziehung zwischen Wieland und Iselin erstmals im Gesamtzusammenhang untersucht wird,[4] dann nicht in der Absicht, diese zur Geschichte einer bedeutenden Freundschaft zwischen zwei Aufklärern zu stilisieren oder nach etwaigen Spuren des einen im Werk des anderen zu fahnden. Es wird vielmehr davon ausgegangen, dass der Austausch zwischen Wieland und Iselin *gerade* durch seinen fragmentarischen, teils auch widersprüchlichen Charakter sein besonderes Profil erhält. Denn die Meinungsumschwünge, Kontaktlücken und das zeitweilige Verstummen der beiden sind mindestens so sprechend und erklärungsbedürftig wie eine umfassende Kommunikation: Obwohl Iselin beispielsweise schon früh deutliche Kritik an Wielands Werken sowie an seinem Charakter äußert, verfolgt er dessen literarische Produktion weiterhin mit gleichbleibender kritischer Anteilnahme. Und Wieland bemüht sich umgekehrt trotz spöttischer Bemerkungen über den Basler Aufklärer immer wieder um dessen Aufmerksamkeit und nimmt Iselins Neuerscheinungen interessiert zur Kenntnis. Ziel der folgenden Ausführungen ist es also, nach den Gründen dieser ambivalenten Haltungen zu fahnden und das komplexe Profil der Beziehung zwischen Wieland und Iselin herauszuarbeiten, diese auf ihren exemplarischen Charakter hin zu befragen und in einen größeren Zusammenhang zu stellen.[5] Dabei sind es drei einander überlagernde Themenbereiche, denen die Aufmerksamkeit gilt:

Briefe an den Zürcher Politiker und Historiker Salomon Hirzel. Gedruckt liegen bislang einzig die Briefwechsel Iselins mit dem Luzerner Politiker Joseph Anton Felix von Balthasar und mit Friedrich Nicolai vor sowie Auszüge aus weiteren Korrespondenzen, z. B. mit Moses Mendelssohn, Johann Caspar Lavater, Johann Heinrich Pestalozzi oder Thomas Abbt. Für den vorliegenden Zusammenhang waren v. a. wichtig: Holger Jacob-Friesen (Hg.): Profile der Aufklärung. Friedrich Nicolai – Isaak Iselin: Briefwechsel (1767 – 1782). Edition, Analyse, Kommentar. Bern, Stuttgart, Wien 1997 (Schweizer Texte N. F. 10); Ferdinand Schwarz (Hg.): Briefwechsel des Basler Ratschreibers Isaak Iselin mit dem Luzerner Ratsherrn Felix Balthasar. In: Basler Zeitschrift für Geschichte und Altertumskunde 24 (1925), S. 1 – 311; Louis Frison (Hg.): Isaak Iselin: Zehn Briefe an Thomas Abbt. In: Recherches Germaniques 6 (1976), S. 250 – 268.

4 Die bislang einzige Arbeit, die den Fokus auf das Verhältnis zwischen Wieland und Iselin richtet, ist ein von Jakob Keller besorgter kommentierter Auszug aus dem (mittlerweile größtenteils in der Wieland-Briefausgabe enthaltenen) Briefwechsel der beiden (Jakob Keller (Hg.): Ungedruckte Briefe Wielands an Isaak Iselin. In: Archiv für Litteraturgeschichte 13 (1885), S. 188 – 219).

5 Wie instruktiv eine solche Doppelbetrachtung sein kann, hat Ulrich Im Hof in einer Arbeit über Isaak Iselin und Moses Mendelssohn gezeigt (Ulrich Im Hof: Mendelssohn und Iselin. In: Moses Mendelssohn und die Kreise seiner Wirksamkeit. Hg. von Michael Albrecht, Eva J. Engel und Norbert Hinske. Tübingen 1994, S. 61 – 92 (Wolfenbütteler Studien zur Aufklärung 19)).

1. Zunächst soll die Geschichte der Beziehung zwischen Wieland und Iselin genauer konturiert und mit neuen Materialien ergänzt werden – vom ersten Interesse aneinander über die allmähliche Distanzierung bis zur erneuten Annäherung.[6] Hier hat vor allem die Arbeit mit dem Nachlass von Isaak Iselin etliche neue Funde zutage gebracht, die das bisher Bekannte ergänzen können.[7] Was bislang nur verstreut und in Fußnoten erwähnt wird,[8] soll im Zusammenhang betrachtet werden. Das Interesse gilt jedoch nicht biographischen Details, schon gar nicht einem Bild des ›literarischen Lebens‹ der Zeit. Entsprechend wird auch der Versuchung widerstanden, *ausladend* aus dem Iselin-Nachlass und den Briefwechseln zu zitieren; der Fokus ist vielmehr dezidiert auf jene Ausschnitte gerichtet, die für die Entwicklung der Beziehung zwischen Wieland

6 Da hier der dokumentarische Aspekt im Vordergrund steht, wird versucht, die Hinweise auf die Sekundärliteratur auf ein Minimum zu beschränken. Weitergehende interpretatorische Analysen sowie eine eingehende Kommentierung der herangezogenen Quellen sind im gegebenen Rahmen ebenfalls nicht zu leisten. Für die Wieland-Forschung sei zur Einführung pauschal auf die einschlägigen Abschnitte und Literaturangaben im ›Wieland-Handbuch‹ verwiesen, im vorliegenden Zusammenhang insbesondere auf den Überblick von Dieter Martin zum Frühwerk (WHb, S. 150 – 168). Eine Einführung zu Isaak Iselin kann hier nicht vorgenommen werden. Vgl. zur ersten Orientierung: Ulrich Im Hof: Isaak Iselin 1728 – 1782. Basel 1960 (Neujahrsblatt der Gesellschaft zur Beförderung des Guten und Gemeinnützigen 138), sowie die neueren Handbuch-Artikel: Raimund Bezold: Isaak Iselin. In: Killy Literaturlexikon. Autoren und Werke des deutschsprachigen Kulturraumes. 2., überarb. Aufl. Hg. v. Wilhelm Kühlmann u. a. Bd. 6, Berlin, New York 2009, S. 48 – 49; Andreas Urs Sommer: Isaak Iselin (1728 – 82). In: The Dictionary of Eighteenth-Century German Philosophers. Hg. von Heiner F. Klemme u. Manfred Kuehn Bd. 2, London 2010, S. 575 – 579. Unverzichtbare Grundlage für jede Beschäftigung mit Iselin sind nach wie vor die magistralen Arbeiten von Ulrich Im Hof (Ulrich Im Hof: Isaak Iselin. Sein Leben und die Entwicklung seines Denkens bis zur Abfassung der ›Geschichte der Menschheit‹ von 1764. 2 Bde.: Isaak Iselins Leben und Bildungsgang bis 1764; Iselins Stellung in der Geistesgeschichte des XVIII. Jahrhunderts. Basel 1947 [Diss. Basel 1944]; ders.: Isaak Iselin und die Spätaufklärung. Bern, München 1967). Der neueste Forschungsstand zu Iselin (ausgehend von der ›Geschichte der Menschheit‹) ist dokumentiert in: Isaak Iselin und die Geschichtsphilosophie der europäischen Aufklärung. Hg. von Lucas Marco Gisi und Wolfgang Rother. Basel 2011 (Studien zur Geschichte der Wissenschaften in Basel 6).

7 Der Nachlass von Isaak Iselin wird im Staatsarchiv Basel-Stadt (Privatarchiv 98a) sowie auf der Universitätsbibliothek Basel (NL 33) aufbewahrt. Für die vorliegende Arbeit wurden insbesondere die Tagebücher (Tb) Isaak Iselins (StABS: PA 98a, 1 – 15), der Briefwechsel zwischen Iselin und Johann Rudolf Frey (StABS: PA 98a, 47 – 56) sowie die Briefe Iselins an Salomon Hirzel (StABS: PA 98a, 57 – 62) ausgewertet. Die hier herangezogenen ungedruckten Quellen Iselins stammen, falls nicht anders vermerkt, aus diesen, zu Einzelbänden zusammengebundenen Beständen des Staatsarchivs Basel-Stadt, auf die jeweils mit Angabe von Bandnummer und Seitenzahl in Klammern verwiesen wird. Ferner wird in Klammern angegeben, falls eine Brief- oder Tagebuchstelle (z. B. bei Starnes oder Schwarz) gedruckt erschienen ist. Für die Tagebücher Iselins konnten dankenswerterweise Transkriptionen benutzt werden, die Herr Hans-Ulrich Fiechter (Binningen) erstellt hat; sämtliche Einträge wurden jedoch an den Originalen überprüft.

8 Vgl. v. a. die konzisen Hinweise bei Im Hof 1967 (Anm. 6), S. 218 – 219, 221 – 222.

und Iselin relevant sind. Diese notwendige Einschränkung führt dazu, dass der Schwerpunkt auf Iselin liegt und nicht auf den in der Regel bereits gut erforschten Wieland-Texten. Wo es sich allerdings um argumentativ bedeutsame Quellen handelt, werden diese mit gebührender Ausführlichkeit vorgestellt.

2. Diese Quellenarbeit soll jedoch nur als Basis für weitergehende Überlegungen dienen. Die Beziehung zwischen Wieland und Iselin besitzt nämlich durchaus exemplarischen Charakter. Am Beispiel Iselins lässt sich eine in der damaligen protestantischen Schweiz typische Rezeptionshaltung gegenüber ›neuerer Literatur‹ ablesen, für die Wieland ein besonders aufschlussreiches Beispiel darstellt: Denn einerseits wird er in der Schweiz der 1750er Jahre als *die* größte Hoffnung der deutschsprachigen Literatur nach Haller und Klopstock verehrt. Andererseits wird seine Wende zu einer neuen, experimentelleren und freizügigeren Art von Literatur, die er in den 1760er Jahren vollzieht, von seinen ehemaligen Anhängern in der Schweiz nicht mehr akzeptiert, sondern mit Vehemenz abgelehnt – wie sich beispielhaft im Bruch mit seinem ehemaligen Mentor Johann Jakob Bodmer zeigt.

3. Bei dieser Bewegung von der emphatischen Aufnahme zur schroffen Ablehnung Wielands in der Schweiz des 18. Jahrhunderts stellt Iselin nun einen interessanten Fall dar. Bis zu einem gewissen Grad teilt auch er die moralischen Bedenken gegenüber Wielands freizügigeren Dichtungen, fungiert also tatsächlich als »getreuer Außenposten der Zürcher Bewegung«.[9] Bei genauerer Betrachtung zeigt sich aber ein ambivalentes Bild: Wie in der Forschung gezeigt werden konnte, geht Iselin bereits im Hinblick auf die Rezeption Jean-Jacques Rousseaus einen eigenen Weg, der sich von der begeisterten Aufnahme des Philosophen z. B. in Zürich (und Bern) erheblich unterscheidet.[10] Und so lässt sich auch in Bezug auf Wieland – der stellvertretend für andere damals moralisch umstrittene Autoren stehen kann – feststellen, dass Iselin hier eine eigenständige und differenzierte Haltung einnimmt. Diese gilt es herauszuarbeiten und nach Iselins spezifischem Literaturverständnis im Kontext der Schweizer Aufklärung zu fragen, das einige Ungleichzeitigkeiten und Verschiebungen zu erklären hilft.

Diese Aspekte werden in fünf Schritten behandelt, die mehr oder weniger der chronologischen Abfolge entsprechen: Zunächst werden Iselins erster Kontakt mit den frühen Werken Wielands und deren intensive Rezeption dokumentiert, bei der sich seine ambivalente Haltung gegenüber Wieland bereits abzeichnet (II). Diese Auseinandersetzung Iselins mit Wielands frühen Schriften bildet den Hintergrund, vor dem die beiden Autoren am Ende der 1750er Jahre Kontakt

---

9 Im Hof 1967 (Anm. 7), S. 69.

10 Vgl. hierzu die wichtigen Studien von Béla Kapossy (Béla Kapossy: The sociable patriot. Isaak Iselin's protestant reading of Jean-Jacques Rousseau. In: History of European Ideas 27 (2001), S. 153 – 170; ders.: Iselin contra Rousseau. Sociable Patriotism and The History of Mankind. Basel 2006 (Schwabe Philosophica IX)). Grundlegend zur Schweizer Aufklärung: Simone Zurbuchen: Patriotismus und Kosmopolitismus. Die Schweizer Aufklärung zwischen Tradition und Moderne. Zürich 2004.

aufnehmen: Im Projekt einer privaten Erziehungsanstalt glauben sie, ihre Interessen zusammenführen zu können (III). Nach dem Scheitern dieses Plans gingen die beiden auf Distanz zueinander. Insbesondere bei Iselin lässt sich jedoch feststellen, dass er Wielands Produktion nach wie vor mit kritischer Aufmerksamkeit verfolgt; sein spezifisches Literaturverständnis lässt ihn aber z. B. eine Anfrage Wielands um Mithilfe bei der Subskription des ›Agathon‹-Romans ablehnen (IV). Als Rezensent der ›Allgemeinen deutschen Bibliothek‹ bot sich Iselins allerdings Gelegenheit, sich öffentlich eingehend mit Wielands Hauptwerken auseinanderzusetzen. Seine Rezensionen des ›Agathon‹, des ›Diogenes mainomenos‹ und des ›Goldnen Spiegels‹ sind nicht nur wichtige Beiträge der Wieland-Kritik; sie lassen sich auch als poetologische Stellungnahmen lesen, die es ermöglichen, Iselins Literaturverständnis genauer zu umreißen (V, VI).

II. Annäherungsversuche: Iselin liest Wieland

Isaak Iselin wurde, soweit sich feststellen lässt, durch Johann Heinrich Schinz, den mit Bodmer befreundeten Pfarrer von Altstetten, erstmals mit Nachdruck auf Wieland aufmerksam gemacht. Seit Wielands Ankunft in Zürich 1752 versorgte Schinz Iselin sozusagen druckfrisch mit den neuesten Werken des jungen Dichters.[11] So nimmt Iselin ab dem Winter 1752, nach einem langen Aufenthalt in Paris, die jeweiligen Neuerscheinungen Wielands unverzüglich zur Kenntnis und notiert sich Leseeindrücke im Tagebuch und in Briefen. Nach der Lektüre des ersten Buchs von der ›Natur der Dinge‹ (1752) – Wielands großem, noch in Tübingen entstandenem Lehrgedicht – zeigt sich Iselin beeindruckt. Allerdings scheint es ihm »an gewissen Orten nicht genug ausgearbeitet« und »noch nach der Jugend des Verfassers zu schmekken«. Insbesondere stört er sich an den zahlreichen »Anrufungen der Minerva, der Musen, so die dem Verfasser sehr gefallen zu haben scheinen, und daraus er fast nicht herauskommen können«. Die »Schreibart« Wielands sei zudem »nicht rein genug« und seine Reime »ofte gar zu unrichtig«. Insgesamt anerkennt Iselin das große Talent Wielands jedoch uneingeschränkt: »Indessen ersezzen die grossen Schönheiten, die diese Gedichte zieren, diese Mängel auf eine so ausnemende Art, dass man nicht anders kan, als mit dem Verfasser überaus wol zufriden zu sein. Welch ein schöner, welch ein feiner Geist! Wie vil verspricht derselbe nicht seinem Vaterlande.«[12] Offenbar hat Iselin sogar gemeinsam mit Jean Rodolphe Frey Auszüge aus ›Die Natur der Dinge‹ ins Französische übersetzt und an Mme de Graffigny geschickt – Iselin hatte die Autorin der ›Lettres d'une Peruvienne‹ (1747) in Paris kennen-

[11] In einem Brief an Schinz vom 6. September 1752 bedankt sich Iselin für Schriften Wielands, die er sich am 23. August 1752 erbeten hat (ZB Zürich: MS M 16.17). Wieland wird in nahezu jedem zwischen Schinz und Iselin gewechselten Brief erwähnt.

[12] Tb 19. September 1752 (2, S. 429).

gelernt und mit ihr einen Briefwechsel geführt.[13] Ähnlich äußert sich Iselin zum ›Schreiben an Herrn*** von der Würde und der Bestimmung eines schönen Geistes‹ (1752). Er zollt dem Gedicht großes Lob und findet »eine edle und feürige Poesie darinne«, hält es aber für »in der Taht allzu scharf und ernsthaft«.[14]

Durch die Vermittlung von Schinz wird bereits 1752 zum ersten Mal die Möglichkeit einer persönlichen Kontaktaufnahme mit Wieland erwogen. Schinz habe ihn, so Iselin, »auf eine sehr verbindl[iche] Art zu einem Briefwechsel mit Hn. Wielanden ein[geladen], welches ich auch nicht ausschlagen werde«. Und wie so viele damalige Leser staunt Iselin über das frühreife Talent Wielands: »Er ist erst 19 Jahre alt – welch ein bewunderungswürdiger Geist.«[15] Dem Lob der dichterischen Leistung mischt Iselin aber immer wieder – und hier unterscheidet er sich deutlich von der begeisterten Rezeption in Zürich – kritische Bemerkungen zu dessen Sprachgebung und Versifikation bei. Im ›Anti-Ovid oder die Kunst zu lieben‹ (1752) zum Beispiel hat Iselin »vil Schönes und Erhabnes gefunden«; aber er äußert auch hier Bedenken:

> Ich möchte gerne sehr, dass Hr. Wieland die Sprache mehr respektierte, und die Regeln der Mechanik der Verse. Es ist gar zu Schade um die schönen Sachen, die er segt [sic] – denn desgleichen Mängel sein zum mindsten sehr anstössig. Gesäzze, denen der weise Haller selbst seit [?] und bisweilen zu dem Nachtheile der Stärke seiner Gedanken unterworfen, können wol von einem ieden Poeten die gleiche Unterwürfigkeit fordern.[16]

In den ›Zwölf Moralischen Briefen in Versen‹ (1752) findet Iselin »grosse, erhabene, einnemende Schönheiten«.[17] Aber auch sie enthielten, »obwohl nicht in gleichem Masse, die neml[ichen] Fehler« wie Wielands andere Schriften. »Wenn ich recht wol mit denselbigen sollte bekant werden, so wollte ich demselben hierüber recht eifrig predigen.«[18] Gleichzeitig wird Iselin ungeduldig, weil die Kontaktaufnahme mit Wieland (via Schinz) offenbar noch nicht zustande gekommen ist: »Er & Hr. Wieland antworten mir nicht – Ich will ihnen meinen Brief schikken – um eine Antwort v. Schinz auszupressen.«[19]

In den folgenden Monaten – so lässt sich anhand von Iselins Tagebuch gut verfolgen – liest Iselin sämtliche damals erhältlichen Schriften Wielands. Genauer: Er arbeitet sie Kapitel für Kapitel, Stück für Stück systematisch durch, in vielen Fällen auch in mehrfachen Durchgängen. So nimmt er sich etwa die ›Mo-

---

[13] Vgl. Tb 19./20. Mai 1752 (auch in: Ferdinand Schwarz (Hg.): Isaak Iselin: Pariser Tagebuch 1752. Basel 1919, S. 98 – 99) und 2. Dezember 1752 (2, S. 570); der Briefwechsel Iselins mit Graffigny datiert bis 1753 (24, S. 28 – 41).

[14] Tb 14. November 1752 (2, S. 520) (Starnes 1, S. 37).

[15] Ebd. Am 17. November 1752 hat Iselin bereits »Briefe an Hn. Wieland nach Zürich geschriben, darinne ich ihm in Sonderheit die Fr. vn. Graffigni schildre« (Tb 2, S. 532).

[16] Tb 1. Dezember 1752 (2, S. 567).

[17] Tb 3. Dezember 1752 (2, S. 571).

[18] Tb 1. Dezember 1752 (2, S. 567 – 568).

[19] Tb 7. Dezember 1752 (2, S. 581).

ralischen Briefe‹ einzeln vor, auch gemeinsam mit seiner Frau oder mit Freunden.[20] Zum zehnten ›Moralischen Brief‹ notiert er sich beispielsweise: »Die Arbeiten dises iungen Schriftstellers gefallen mir wie mehr ich sie lese desto besser. Er scheinet von dem Geiste des Schönen und des Guten beseelet.« Wieland schreibe irgendwo nach Anakreon von einem »wollustathmenden Mädchen«, entsprechend könne man sein Werk »tugendathmende Gedichte nennen«.[21] Schließlich: »Wie mehr man dises Verfassers Werke liest, desto mehr Schönheiten entdekket man darinne. Er hat dieses mit dem Herz gemein.«[22] Dieses Bild von Wieland als einem ernsthaften, moralisch-tugendhaften Dichter prägt Iselins Rezeption des Frühwerks. So bemerkt er anlässlich eines erneuten Durchgangs des ersten Gesangs von der ›Natur der Dinge‹, Wieland müsse »doch ein grosser Geist sein«,[23] das Ganze sei »gewiss von einer ausserordentlichen Schönheit« und ein »Gedicht, das unsrer Nation eine ewige Ehre machen wird«. Aber auch hier tadelt er die Arbeitsweise: Das Gedicht sei weit davon entfernt, »dass es gehörig ausgefeilet wäre«. Es sei »ewig Schade, wenn Wieland sich nicht alle Mühe gibt, es auf den höchsten Grad der Sprachfertigkeit und d[er] Unverbesserlichkeit zu bringen«.[24] Im Vergleich zu Georg Ludwig De Bar – Iselin hat gerade die Versbriefe dieses damals bekannten Modeautors gelesen – fielen Wielands ›Moralische Briefe‹ ab: De Bar habe »etwas so vortreffliches, etwas so eigenes, dass man ihn allezeit mit einem neüen Vergnügen wider liset«. Wieland habe ihn in seinen ›Moralischen Briefen‹ zum Vorbild genommen; »ab[er] so lustvoll W's Arbeit ist, so köm[m]t sie doch vn Bars seiner lange nicht bei«.[25] Restlos begeistert zeigt sich Iselin wiederum von der 1752 erschienenen Sammlung ›Erzählungen‹:[26] »Es ist alles so natürl[ich] und so delicat geschildert – es ist nichts gekünsteltes, nichts übertriebenes darinne wie in Wielands neüen Schriften.«[27] Darüber hinaus beeindrucken Iselin unter anderem auch die ›Briefe von Verstorbenen an hinterlassene Freunde‹ (1753),[28] das Epos ›Der gepryfte Abraham‹ (1753),[29] das Blankversgedicht

---

[20] Vgl. etwa Tb 2, S. 561 – 563.

[21] Tb 20. Dezember 1752 (2, S. 604).

[22] Tb 30. November 1752 (2, S. 563).

[23] Tb 21. Januar 1753 (3, S. 36).

[24] Tb 25. Januar 1753 (3, S. 49). Vgl. auch Tb 23. September 1755 (5, S. 187) im Hinblick auf eine anonyme Gedichtsammlung: »Es ist vil Wiz und vil Delicatesse darinne und daneben ist alle die Natur selbst. eine solche Schreibart wird doch zulezt noch auch vor Wielands und Bodmers ihrer den Preis und das Feld behalten.« Auch später: »[D]ie Begriffe darinnen sind gross, ab[er] nicht gar deütlich noch ordentlich ausgeführet« (Tb 4. Juli 1760 (7, S. 181).

[25] Tb 9. März 1753 (3, S. 108).

[26] Sie enthalten: ›Balsora‹, ›Zemin und Gulhindy‹, ›Die Unglycklichen‹ [später: ›Serena‹], ›Der Unzufriedene‹ [›Zohar‹], ›Melinde‹, ›Selim‹ [›Selim und Selima‹].

[27] Tb 16. Dezember 1753 (3, S. 321).

[28] Ebd. (»Wielands Schreiben des Junius an den Dafnis gelesen.«)

[29] Vgl. Tb 19./20. Dezember 1753 (3, S. 323 – 324).

›Erinnerungen an eine Freundin‹ (1754),[30] die ›Hymne auf Gott‹ (1754)[31] oder die ›Sympathien‹ (1754).[32]

1754 bot sich für Iselin zum ersten Mal Gelegenheit zu einem Treffen mit Wieland in Zürich. Denn Iselin durfte seinen Onkel mütterlicherseits, den einflussreichen Politiker Isaak Burckhardt, auf die Tagsatzung (eine Versammlung von Abgeordneten aller Schweizer Kantone) begleiten. Obwohl Iselin bei dieser Gelegenheit Johann Jakob Bodmer, Johann Heinrich Schinz und andere Zürcher, mit denen er schon länger in Briefkontakt gestanden hatte, persönlich kennenlernte, kam es zu keiner Begegnung mit dem jungen Dichter, wie Iselin seinem Freund Jean Rodolphe Frey enttäuscht mitteilt: »Je n'ai pas vû Wieland. S'il étoit aussi mauvais poète qu'il est impoli, il ne vaudroit pas la peine qu'on en parleroit, ou qu'on daigne le regarder. Il étoit invité deux fois dans la maison Schinz par rapport a moi, il n'est pas venû, & on m'a dit qu'il etoit impossible de le voir chés lui.«[33] Einen guten Monat nach der Enttäuschung über das misslungene Treffen in Zürich und über Wielands kapriziöse Art lobt Iselin jedoch die vorbildliche moralische Einstellung Wielands in den höchsten Tönen, die derjenigen Klopstocks weit überlegen sei. Als »genie createur« stehe Klopstock jedoch über Wieland, der in erster Linie ein genialer Imitator vorhandener Stile und literarischer Konventionen sei:

> M. Wieland est a présent le Saint de Bodmer ... & il se peut que son caractère moral le mette beaucoup au dessus de Klopstock ... car il passe pour être un modéle de vertu; mais tout respectable qu'il soit par cet endroit, tout aimable poëte qu'il soit, il aura pourtant la modestie de lui céder l'honneur du genie createur; lui qui ne fait qu'imiter quoi qu'il faille convenir qu'il imite avec autant de succés, que Kl[opstock] n'invente. Et si vous me demandiés lequel des deux j'aimerois mieux etre, je ne balancerois pas a choisir le personnage de Wieland; tout comme j'aimerois mieux être un Fontenelle ou un Gresset, qu'un Voltaire ou un Rousseau. Mr. Wieland vient de nous donner des Hymnes sur le soleil, & sur Dieu; qui sont de toute beauté.[34]

In den Einträgen der folgenden Monate lässt sich beobachten, dass Iselin die ›moralischen‹ Schriften Wielands nicht nur weitere Male durcharbeitet, sondern dass er sie gleichsam als Erbauungsliteratur, das heißt: als Anregung zur moralischen Selbstprüfung, benutzt. So macht etwa der siebte der ›Moralischen Briefe‹, in dem Wieland »einen glükkseligen Menschen zieml[ich] schön beschreibt«, besonders großen Eindruck auf Iselin. Es folgt die selbstkritische Reflexion: »Einfältiger Mensch, der ich bin – da ich dise Glükkseligkeit geniessen könnt und dieselbe dem Ehrgeizze und den Vorurteilen aufopfere. Doch ich muss noch einige Jahre warten, villeicht kann ich dann mit Ursache und gutem

---

30 Vgl. Tb. 27. Februar 1754 (4, S. 69).
31 Vgl. Tb 18. Oktober 1754 (4, S. 247).
32 Vgl. Tb. 12. Oktober 1755 (5, S. 268).
33 Iselin an Frey, 24. Juli 1754 (50, S. 57).
34 Iselin an Frey, 3. Oktober 1754 (50, S. 101).

Grunde eine solche stille Lebensart wählen.«[35] Die religiöse Lyrik Wielands der Zeit wie die ›Hymnen auf die Allgegenwart und Gerechtigkeit Gottes‹ (1756)[36] oder die Prosahymnen ›Empfindungen eines Christen‹ (1757)[37] legten eine solche Rezeptionsweise auch nahe.

Auch wenn ein direkter Kontakt weiterhin nicht zustande kam, konnte Iselin immerhin enge Freunde und Gewährsmänner aus dem unmittelbaren Umfeld des berühmten Schüler Bodmers in Zürich befragen: So berichteten Iselin etwa Elisabeth Grebel-Lochmann, die mit Wieland befreundete Witwe,[38] über den Gast, auch Johann Georg Zimmermann oder Johann Jakob Bodmer persönlich. Großen Anteil nimmt Iselin – der auf seiner Pariser Reise 1752 beinahe täglich Theateraufführungen besucht hatte – auch an Wielands Märtyrer-Tragödie ›Lady Johanna Gray‹ (1758),[39] über die er sich im Briefwechsel ausführlich äußert:

> Ich habe Hn. Wielands Trauerspiel mit Vergnügen gelesen. Ich bin begihrig eine Vorstellung davon zu sehen, um zu erfahren, ob mich dises Stük alsdenn eben so sehr ergözzen werde. Ich zweiffle aber einigermaßen daran. Die Acteurs müßen in der Aussprache mit einer besondern Geschiklichkeit die erstl[ich] ungewöhnte Versart, und denn die harten Verse die sich hin und wider finden zu verbergen wißen. Der Charakter der Johanna ist unverbeßerlich. Guilfords seiner ist freilich allzu unbestimmt. Man merket sich nichts an dem guten Menschen als daß er gerne möchte König sein. So findet sich der Charakter der Suffolk von der gleichen Art. Ich gestehe gerne daß die neüsten Menschen also sind; aber auf der Schaubühne will man die Haubtpersonen stärker bezeichnet, und der Aufmerksamkeit des Zuschauers würdig haben. Der Ausgang des Stükkes hat mich

---

35 Tb 10. Juni 1755 (5, S. 104).

36 Vgl. Tb 24. März 1756 (6, S. 87).

37 Vgl. Tb 19. Januar 1757 (7, S. 267): »Wie erhaben, wie rührend, wie schön sein dieselben nicht!«

38 Iselin hat Elisabeth Grebel auf einer Reise nach Baden kennengelernt: »[Ich] spazierte [...] lange mit der Fr. Gerichtschreiber Grebel. [...] Sie machte mir vil Wesens aus meinen Träumen. Hr. Wieland hatte ihr dieselbe gegeben gleich als sie herauskamen« (Tb 18. August 1755 (5, S. 453); Iselin an Frey, 20. August 1755 (50, S. 346): »J'ai entre autres fait la connoissance d'une dame qui paroit avoir infiniment d'esprit, & de merite; grande amie de Wieland. Elle est un scavante si l'on veut, mais quelle différence entre elle & nôtre amie la metaphysicienne. C'est la Dame Grebel, soeur du Colonel Lochmann; Elle a un neveu dont elle fait infiniment decet [?]; Elle l'a mis sous l'inspection de Mr. Wieland, qui a un soin de sa conduite, de ses moeurs & de son instruction pendant un an; & qui doit y avoir trés bien reussi.« Grebel an Iselin, 2. Oktober 1755 (25, S. 222 – 223): »Vielleicht schließen Sie zu viel auß dem Umgang den ich mit Hrn. Wieland habe, seine Geschäfte laßen es ihme nicht zu, viele Zeit an Gesellschaften zu verwenden, dennoch kan ich nicht läugnen, daß ich ihrer viele vergnügte Stunden, die ich ehedem an andere unnütze, so genante Zeitvertreibe verwandt, zu verdanken habe, dieser menschenfreundliche Gelehrte fordert eben nicht viel von einem Frauenzimmer, ein aufmerksames Ohr und ein redliches Hertz stellt ihn zufrieden. [...] Hr. W[ieland] weiß nichts von meiner Correspondenz mit ihnen, ich fürchte dieser strenge moralist möchte mich einer Eitelkeit beschuldigen.«

39 Bodmers gleichnamiges, als Gegenentwurf konzipiertes Stück war Iselin ebenfalls bekannt (vgl. Schinz an Iselin, 13. Februar 1759 (65A, 38)).

auch nicht befridigt. Ich weiß nicht ob Johanna gestorben ist oder nicht und weiß nicht wie sie gestorben ist. Ich empfinde sehr wol daß es sehr schwär war einen Auftritt zu veranstalten da eine solche Erzählung eingerükket werden konnte. Der Kunst des Dichters würde aber eine solche Schwierigkeit nicht unübersteiglich gewesen sein. Ich wünschte dem Hn. W. anstatt des Parterres von Wintertur, Zürich und Basel ein parisisches. Er würde von demselben und dieses von ihm verschiednes lernen und alsdenn würden sich Natur und Kunst in ihrer erhabensten Vollkommenheit miteinander vereinen. Ich bin überzeüget er würde auch den Fehler wider die Einheit des Ortes vermieden haben, wenn sein Stükke an einem Orte hätte aufgeführet werden sollen wo er keine Verzeihung desselben zu hoffen gehabt hätte.[40]

Zu derselben Zeit spielt Iselin mit der Idee, Wieland als Begleiter auf eine ›Syndikatsreise‹ mitzunehmen: Als Vertreter des Standes Basel wurde der Ratsschreiber Iselin 1758 beauftragt, an einer Gesandtschaft in die ›ennetbirgischen‹ Vogteien (das heißt: die jenseits der Alpen gelegenen italienischsprachigen Untertanengebiete der Eidgenossenschaft) teilzunehmen. Auf dieser prestigeträchtigen ›Dienstreise‹ hätte er offenbar Wieland gerne dabei gehabt: »Vorm Jahre hatte ich im Sinne wenn ich Gesandter in Italien worden wäre Hn. Wieland ihren liebl. Poeten zu ersuchen dise Reise mit mir zu machen, versteht sich auf meine Kosten.«[41] Es schien aber eher unwahrscheinlich, dass Wieland zusagen würde: »Ich glaubte eine solche kleine Reise würde ihm Vergnügen machen, allein man hat mir gesegt daß er nicht würde angenommen haben. Ich muß also auch für dismals solche Gedanken fahren laßen.«[42] Nun wiederholt Iselin aber noch einmal sein Angebot:

Wenn Herr Wieland mich auf meiner Reise mit seiner Gesellschaft beglükseligen will so bitte ich ihn mich davon bald zu benachrichtigen; indem ich noch werde einige Anstalten besorgen müssen wegen der Pferde u. d. g. Ich kann es sagen dass mich meine Italiä-

---

40 Iselin an Hirzel, 11. August 1758 (57, S. 263). Iselin bemühte sich auch, der Ackermannschen Truppe zu einer Aufführungsmöglichkeit in Basel zu verhelfen: »Sie haben bei Ihnen die Akkermannische Gesellschaft von Schauspilern die gewiss in ihrer Art vortreflich ist. Wir hatten dieselbe vor einem Jahre, und sie hat sich den Beifall aller Liebhaber zugezogen. Ich bin begihrig Herrn Wielands Trauerspil zu lesen und noch begieriger die Vorstellung desselben zu sehen. Sagen Sie dem Hn. Akkermann er soll sich auf die Zeit da er vorm Jahre bei uns gewesen nur wider melden, obgleich man ihm verdeuten lassen es nicht zu tuhn. Er wird schon Gehör finden – insonderheit wenn er vorstellet daß er in ihrer frommen Statt so wol aufgenommen worden, und von da gute Zeugnisse bringt, dazu Sie ihm am besten verholfen sein können, und als ein Freund der schönen Künste solches zu tuhn nicht unterlassen werden. Ich beschwöre Sie bei dem Apollo[,] der Thalia, und der Melpomene dazu« (Iselin an Hirzel, 9. Juni 1758 (57, S. 244)). Ohne große Begeisterung schreibt Iselin jedoch nach der Aufführung in Basel: »Nous avons ici depuis quelques semaines la troupe d'Ackermann qui ne fait pas merveille. Elle nous a donné vendredi passé Jeanne Gray de Mr Wieland. Me Ackermann y a fait merveille. Touts [sic] les autres acteurs n'ont guére fait qui vaille. Il étoit d'autant plus necessaire qu'ils fissent bien puisque leurs caractéres & leurs rôles n'étoient pour la pluspart guéres capables d'interesser« (Iselin an Frey, 25. Oktober 1758; 50, S. 334).

41 Iselin an Hirzel, 5. Mai 1758 (57, S. 228).

42 Ebd.

> nische Gesandtschaft alsdann noch weit mehr freuen würde. Schon habe ich das Vergnügen dass H. Venner Ougsburger von Bern das Sindicat besuchen wird – aus dessen Umgang ich mir unendlich vil annemliches und lehrreiches verspreche. Es scheint alles übereinzustimmen um nun diese Reise angenem zu machen. Ich bitte Sie Hn. Wielanden auf das freundschaftlichste von mir zu grüssen.[43]

Offenbar kam von Wieland keine Reaktion, sodass Iselin die Idee bald wieder verwarf:

> Herr Wieland hat mir nicht geschrieben; und ich habe Ihrem Rahte gefolget. Ich hätte mir seine Gesellschaft sehr gewünschet. Ich habe ihn aber nicht zu einer Sache nöhtigen wollen von deren er einige Unannemlichkeiten und Reisebeschwerden zu befürchten hette, daher ich nachher alle Schuld hätte tragen müßen. Über dis disputiere ich eben nicht so gern und finde nichts unannehmlichers als die Unterredungen da einer mit Macht alles was ihm einfällt zu behaubten sich verbunden glaubt.[44]

Nimmt man noch einmal Iselins frühe Rezeption von Wielands Schriften als Ganzes in den Blick, erstaunt das gleichbleibend intensive Interesse an dem jungen Dichter. Auf der einen Seite nimmt Iselin, wie viele andere Erstleser in der Schweiz, beeindruckt die in hohem Tempo vorgelegte Produktion des jungen Dichters zur Kenntnis und unterzieht die thematisch und stilistisch heterogenen Schriften unverzüglich einer gründlichen und aufmerksamen Lektüre. Nicht dass die dabei geäußerten Bemerkungen literarhistorisch von großer Bedeutung wären: Iselin greift auf das gängige Vokabular der damaligen Kritik und ›Verbesserungspoetik‹ zurück, die pauschal ›Schönheiten‹ lobt und ›Fehler‹ tadelt. Auf der anderen Seite ist es die Person Wielands selbst, die in ihrer offenbar etwas divenhaft und kapriziös empfundenen Art Iselin fasziniert und verunsichert: Immer wieder versucht er, den – ihm ja nur geschilderten – Eindruck der Person Wieland und seines Verhaltens mit dem ›Ethos‹ seiner Schriften in Einklang zu bringen. Bemerkenswert scheinen nun aber die Intensität, mit der das junge Talent Wieland unter Beobachtung gesetzt wurde, und die hohen Erwartungen, die man von Anfang an auf ihn setzte. Die Freunde in Zürich, aber auch geographisch weiter entfernte Gewährsmänner wie Iselin, sahen es offenbar für ihre Pflicht an, das ungemein produktive Jungtalent in die richtigen Bahnen zu führen. Iselin ist nicht der Einzige, der dabei im brieflichen Austausch oft in den Ton eines besorgten Lehrmeisters fällt, der über einen vielversprechenden Schüler spricht – auch wenn er gerade einmal fünf Jahre älter als Wieland ist, zur Zeit der intensivsten Lektüre ein 25jähriger über einen 20jährigen urteilt. Umso schroffer erscheinen die kritischen Bemerkungen zu Wielands neueren Werken, den ab den 1760er Jahren entstehenden freizügigeren Versdichtungen etwa. So schreibt Iselin anlässlich der dreibändigen ›Poetischen Schriften‹ (1762): »Hn. Wielands Vorrede zu der neüen Sammlung seiner Gedichte gel[esen]. Der Mensch raset.«[45]

---

[43] Iselin an Hirzel, 20. Juni 1758 (57, S. 251 – 252).
[44] Iselin an Hirzel, 11. Juli 1758 (57, S. 256).
[45] Tb 18. Feb. 1762 (9, S. 70).

III. Gescheiterte Anwerbungsversuche: das Projekt der ›Pflanzschule‹

Während die ersten Versuche Iselins, den berühmten Gast in Zürich persönlich kennenzulernen, gescheitert waren, eröffnete sich in der zweiten Hälfte von Wielands Aufenthalt in der Schweiz eine andere Möglichkeit zur Bekanntschaft oder sogar Zusammenarbeit der beiden. Diesmal ist allerdings nicht die Literatur das verbindende Thema, sondern die Pädagogik im weiteren Sinne: Schon seit früher Zeit hegte Iselin die Idee einer nicht-universitären Ausbildungsstätte für eine junge Elite, und er legte Pläne zu entsprechenden ›Akademien‹ oder ›Pflanzschulen‹ vor. Umgekehrt war Wieland zur selben Zeit auf der Suche nach einer Anstellung als Lehrer, sei es an einer höheren Schule oder einer Privatakademie, und trat ebenfalls mit eigenen Vorschlägen zur Unterrichtsgestaltung hervor. Diese gemeinsamen Bemühungen um eine ›eidgenössische Akademie‹ sind längst bekannt und in verschiedenen Arbeiten nachgezeichnet worden, zuletzt von Daniel Tröhler und Jesko Reiling.[46] Eine nochmalige Darstellung dieser Projekte im historischen Kontext ist deshalb nicht beabsichtigt, es wird nur kurz das Wichtigste der (einigermaßen komplexen) Entwicklung zusammengefasst. Die Debatte um die ›Pflanzschule‹ interessiert also einzig als eine weitere Station in der Beziehung zwischen Iselin und Wieland, anhand deren sich zeigen lässt, wie beide den jeweils anderen in taktischer Hinsicht in ihre Projekte einbeziehen wollten und wie das Misslingen ihrer Zusammenarbeit zum Teil auf falschen Vorstellungen beruhte.

Im August 1755 notiert Iselin im Tagebuch: »Ein Einfall den Frei und ich einst gehabt, eine Art Akademie aufzurichten darinne wir einige Staats und Kriegsleüte in den ihnen wichtigen und nüzzlichen Erkänntnussen unterweisen wollen, kam mir wider in den Sinn – und dabei, dass wir Hn. Wieland in unsrer Gesellschaft aufnämen und hieher zögen.« Das »Dings« sei »so dumm nicht – für mich und Wieland zum mindsten«, aber Frey sei »in Umständen, da es nicht wol gehen kan. Ich muss doch einen Plan hievon machen«.[47] Diesen Plan von einer Akademie hat Iselin in den folgenden Jahren – mit immer neuen Modifikationen – verschiedentlich genauer ausgearbeitet. Umgekehrt hatte Wieland schon 1754 einen ›Plan von einer neuen Art von Privatunterweisung‹ herausgegeben und sich unter anderem damit als Privatlehrer empfohlen.[48] Als Iselin nun

[46] Vgl. Daniel Tröhler: Republikanismus und Pädagogik. Pestalozzi im historischen Kontext. Bad Heilbrunn 2006, S. 98 – 120; Jesko Reiling: Die »Gelehrtheit der Republikaner«. Johann Jakob Bodmer und Isaak Iselin. In: Gisi/Rother (Anm. 6), S. 153 – 176.

[47] Tb 26. Oktober 1755 (5, S. 225 – 226).

[48] Christoph Martin Wieland: Plan von einer neuen Art von Privatunterweisung. In: Die neuesten Sammlungen vermischter Schriften. Bd. 3, Zürich: Johann Kaspar Ziegler, 1754, 1. St., S. 135 – 147 (wieder in: AA I/4, S. 176 – 182). Vgl. Wieland an Zimmermann (20. Februar 1759). In: WBr 1, S. 407 – 408: »Ich *public*irte ohne Nahmen, einen lange zuvor, ohne Absicht auf Zürich, aufgesezten Plan einer Privatschule. Er gefiel. Viele wakern Leute *interess*ierten sich mächtiglich für die Realisirung dieses Plans ohne den Urheber zu errathen. Herr Rathshr. Heidegger errieth ihn. Ein reicher und *genereus*er *Negociant* und

seine Akademiepläne genauer ausführte und konkret plante, die Akademie in Basel zu begründen, bezog er Wieland schon in die Planung mit ein: Daniel Bernoulli sollte Mathematik lehren, Anton Birr Altphilologie, Iselin Staatsrecht und Schweizer Geschichte – und für die Logik und Metaphysik war Wieland vorgesehen, wie Iselin im Briefwechsel mit Frey und mit Bodmer verschiedentlich erwähnt. Die Idee eines gemeinsamen Projekts lag mithin in der Luft, doch erst im Jahr 1758 kam es zu einer Konstellation, die darauf hindeutete, dass der Plan nun realisiert werden könnte. In diesem Jahr nämlich ermöglichte Iselin die Drucklegung eines in privaten Zirkeln geradezu kultisch verehrten Entwurfs des Luzerner Ratsherrn Franz Urs Balthasar, die ›Patriotischen Träume eines Eydgnossen, von einem Mittel, die veraltete Eydgnoßschaft wieder zu verjüngeren‹.[49] In dieser bereits 1744 verfassten Schrift ruft Balthasar zur Erneuerung der Eidgenossenschaft auf und verlangt insbesondere eine ›Pflanzschule‹ für eine schweizerische Elite. Wieland wiederum hatte schon 1755 auf Bitten des Hofrats Reinhard von Baden-Durlach damit begonnen, einen ›Plan einer Academie zu Bildung des Verstandes und Herzens junger Leute‹ auszuarbeiten, der ursprünglich auf den Braunschweigischen Hof zugeschnitten war.

Diesen noch ungedruckten Plan sandte Johann Jakob Bodmer 1758 an Iselin, der eine Art Gutachten dazu verfassen sollte. Iselin riet nicht nur dringlich zur Drucklegung des ›Plans einer Academie‹. In der Neuauflage seiner ›Philosophischen und Patriotischen Träume eines Menschenfreundes‹, die 1758 erschien, erwähnte er am Schluss des Kapitels »Die Auferziehung« als zwei konkrete Beispiele Balthasars ›Patriotische Träume eines Eydgnossen‹ sowie Wielands ›Plan einer Academie‹, von dem er auch öffentlich wünschte, dass er gedruckt werden möge.[50] Zudem wurde einem Teil der Auflage der ›Philosophischen und Patriotischen Träume eines Menschenfreundes‹ Iselins ›Unvorgreifliche Gedanken über die Verbesserung der B- - - hohen Schule‹ beigebunden, eine Schrift zur Reform der Basler Universität, in der ebenfalls die Idee einer von der Universität getrennten Akademie aufgegriffen wird.[51] Als nun Wielands ›Plan einer Academie zu Bildung des Verstandes und Herzens junger Leute‹ 1758 anonym

---

ein Edelman übergaben mir ihre Söhne.« Iselin hat den ›Plan‹ sofort nach seinem Erscheinen gelesen (vgl. Tb 3. September 1754 (4, S. 216)).

[49] [Franz Urs Balthasar:] Patriotische Träume eines Eydgnossen, von einem Mittel, die veraltete Eydgnoßschaft wieder zu verjüngeren. Freystade: bey Wilhelm Tells Erben, 1758. Titel und Vorwort stammen von Iselin; ursprünglich lautete der Titel ›Utopianisches ohnfelbares Mittel die veraltete Eydtgenoßschaft jung zu machen‹.

[50] Vgl. die Fußnote in: [Isaak Iselin:] Philosophische und Patriotische Träume eines Menschenfreundes. Zweyte und vermehrte Auflage. Zürich: Conrad Orell, und Comp., 1758, S. 227. Erneut verweist Iselin auf den ›Plan‹ in den im ›Politischen Versuch über die Berathschlagung‹ (1761) erschienenen »Brief an Clinias« ([Isaak Iselin:] Politischer Versuch über die Berathschlagung. Nebst einem Anhange vermischter Schriften. Basel: Emanuel Thurneysen, 1761, S. 242 – 243).

[51] Darin erwähnt Iselin auch Wielands ›Ankündigung einer Dunciade für die Deutschen‹ (1755) ([Isaak Iselin:] Unvorgreifliche Gedanken über die Verbesserung der B---schen hohen Schule. Zürich: Orell & Co., 1758, S. 25).

in Zürich erschien,[52] war er dank der geschickten Vorarbeiten Iselins bereits gut eingeführt: Iselins eigene Akademievorschläge, Balthasars wortmächtiges Postulat einer eidgenössischen Pflanzschule sowie Wielands Ideen für private Akademien bildeten ein Ensemble von Texten mit vielfachen wechselseitigen Bezügen, die entsprechend große Beachtung fanden. Indem Wieland nun seinem ›Plan einer Academie‹ noch ›Gedanken über den patriotischen Traum, von einem Mittel, die veraltete Eidgenossenschaft wieder zu verjüngern‹ beifügte,[53] machte er überdeutlich, dass er bewusst an Balthasars und Iselins Pläne anschließen und sich als aktiver Mitarbeiter anbieten wollte. Mehr noch: Taktisch geschickt empfahl Wieland in den ›Gedanken über den patriotischen Traum‹ Basel als geeigneten Ort für eine ›Pflanzschule‹. Durch diese gegenseitigen Bezugnahmen – Iselin wies öffentlich auf Wieland und seine Akademiepläne hin, Wieland machte öffentlich auf Basel und Iselins Pläne aufmerksam – waren die Entwürfe der beiden so eng aufeinander abgestimmt, dass man die Autorschaft damals wie noch in der neueren Forschung z. T. nicht mehr auseinanderhalten konnte.[54] Wieland war unterdessen zudem auf Iselins ›Philosophische und Patriotische Träume eines Menschenfreundes‹ aufmerksam gemacht worden, hatte den Verfasser als »Dion« und »Epaminondas« bezeichnet und die Schrift Johann Arnold Ebert gegenüber in den höchsten Tönen gerühmt:

> Der *respectable* Verfaßer der Patriotischen Träume [...] ist ein junger Staatsmann in der Republik Basel, der bereits eine ansehnliche Stelle in derselben bekleidet und würklich alle Qualitäten eines *Dion* und *Epaminondas* besitzt. Er heißt *Iselin*. Es befremdet mich eben so wenig daß das Buch eines so großen Geistes in Deutschland unbekannt ist, als daß es *Sie, Mein theurester Herr*, so sehr bezaubert hat. Der *Genius* der deutschen Nation ist noch nicht erhöht genung um einige seiner Schriftsteller fassen zu können. Dieses ist den Söhnen derer die itzt Väter sind aufbehalten. Und doch glaube ich daß die Scribenten selbst viele schuld haben. Wir haben noch allzuwenige, wenn wir ja einige haben, welche zugleich wie die Engländer denken, und die wie die Franzosen schreiben können.[55]

Die Voraussetzungen zu einer Zusammenarbeit waren im Grunde also ausgezeichnet. Im Oktober 1758 wendet sich Iselin in Sachen ›Pflanzschule‹ an Jo-

---

[52] Christoph Martin Wieland: Plan einer Academie zu Bildung des Verstandes und Herzens junger Leute. Zürich 1758 (wieder in: AA I/4, S. 183 – 206).

[53] Christoph Martin Wieland: Gedanken über den patriotischen Traum, von einem Mittel, die veraltete Eidgenoßschaft wieder zu verjüngern [1758]. In: AA I/4, S. 206 – 218.

[54] So schreibt Iselin am 11. November 1758 an den Sohn von Franz Urs Balthasar, Felix Balthasar: »Ew. Wolgeboren tuhn mir die Ehre an, mich für den Verfaßer der ›Betrachtungen über die Patriot. Träume von einem Mittel etc.‹ zu halten. Sie irren sich aber. Dise schöne Arbeit ist von H. Wielanden, der nicht einmal ein Eydsgenoße ist, aber durch seine edle Denkungsart und seine Gesinnungen ein solcher zu seyn verdiente, wenn die Eydsgenossenschaft in ihrem vollkommnen Glanze und Ansehn wäre. Wol aber habe ich den Druk des Patr. Traumes über die Verjüngerungen, der mir durch H. Altlandvogt Engel mitgeteilt worden, veranstaltet« (Schwarz (Anm. 3), S. 8). Noch im ›Wieland-Handbuch‹ wird Balthasars ›Patriotischer Traum‹ versehentlich Isaak Iselin zugeschrieben (vgl. WHb, S. 165).

[55] Wieland an Johann Arnold Ebert (August und Oktober 1758). In: WBr 1, S. 359 – 360.

hann Jakob Bodmer. Er wolle Franz Urs Balthasars ›Traum‹ von einem ›eidgenössischen Eliteseminar‹ ausführen: »Es könnte nämlich einige geschikte Leute, denen ich immer unser Hr. Wieland an die Spizze sezze zusammen treten, einen Plan eines solchen Unterrichts und einer solchen Auferziehung entwerfen [und] denselben gemein machen.« Obwohl er mit anderen Geschäften überhäuft sei, schlägt Iselin Bodmer und Wieland »eine Zusammenkunft in Bruk oder Arau vor[], um allda in einer gemeinschaftlichen Berathschlagung einen solchen Entwurf ins Reine zu bringen und die besten Mittel auszuwählen wie dasselbe könnte ausgeführt werden«.[56] Wieland reagiert auf die Initiative Iselins mit einem langen (eingangs bereits zitierten) Brief, der sich als veritables Bewerbungsschreiben erweist:

> Unser ehrwürdiger Freund, Hr. Bodmer hat mir von einem Project gesagt, welches *Sie* ausgeführt zu sehen wünschen, und wozu *Sie* durch den Patriotischen Traum eines Eidgenossen veranlaßet worden. Ew. Hochedelgebohren sind so gütig gewesen dabei an mich zu denken und mich geschikt zu halten, zu dessen Ausführung etwas beyzutragen. Ich kan Ihnen meine Dankbarkeit für Ihre mir unendlich schäzbare Achtung nicht anders zeigen, als daß ich mich erbiete, zu Realisierung dieses Projects alles zu thun was ich kan, ob ich gleich empfinde, daß dieses sehr wenig ist. Finden Sich noch zwey oder drey Mitarbeiter, welche in aller Absicht sich zu mir schicken, und finden sich junge Leute, die sich zu Tugendhaften Menschen und wahren Patrioten wollen bilden lassen, So sollen Ihnen meine Dienste gewidmet seyn.
>
> *Ew. Wolgeb.* kennen mein Project einer Academie; ich sende Ihnen hier auch meine Gedanken von dem Vorschlag eines Eidgenößischen *Seminarii.* Was weiter zu thun sey, darüber erwarte ich Ihre Befehle.[57]

Nach dieser begeisterten Antwort Wielands versuchte Iselin weiter, bei seinen Zürcher Freunden für das Projekt zu werben:

> Herr Bodmer wird Ihnen mit mehrern segen können was ich so wohl Ihm als nachher ausführlicher Hern [sic] Wielanden über einen Einfall geschrieben, der mir wegen einiger Realisierung dises Projectes zu Sinne gekommen. Ich halte nicht für unmöglich etwas desgleichen im Kleinen zu unternemen. Ich möchte daßelbe hier tuhn. Ich habe einen rohen Entwurf hierüber gemacht. Fordern sie denselben von Hn. Wielanden und ich bitte Sie mir Ihre Gedanken hierüber aufrichtig umständlich, und das mehr als ein Critikus als als [sic] ein Freund zu eröfnen. Gefällt Ihnen die Sache so bitte ich Sie noch mehr ich bitte Sie zu Beförderung derselben behilflich zu seyn. Wenn Sie auch bey Ihnen oder sonst iemand wüste[n] der die Erklärung der allgem. und Eydg. Geschichte auf eine unserm Zwekke gemäße Art zu übernemen fähig und willig wäre so wäre es mir sehr lieb. Es müste aber jemand seyn der mit Hn. Wieland harmonisirte.
>
> Wegen der Fysik und Mathematik, wie auch wegen den *auctoribus classicis* wäre mir kein Kummer; wenn das Proiect einen größern Umfang bekäme. Aber für die Logik & Metaphysik möchte ich auch lieber eine Fremden als einen Basler. Bei uns sind dise Wißenschaften nicht genung bebauet.[58]

---

56 Iselin an Bodmer, 4. Oktober 1758 (ZB Zürich, Ms. Bodmer 22.26, Nr. 11; Starnes 1, S. 137).

57 Wieland an Iselin, 8. Oktober 1758 (WBr 1, S. 367 – 368).

58 Iselin an Hirzel, 13. Oktober 1758 (57, S. 280 – 282).

Insbesondere verteidigt Iselin den Standort Basel gegenüber Zürich; zudem wolle er die ›Pflanzschule‹ möglichst klein halten, während Bodmer an eine größere Anstalt denkt:

> Ich habe Hn. Bodm[er] einige Gründe überschriben warum ich meine Vatterstatt vorzüglich zu dem Versuche einer Eidsg. Pflanzschule vorgeschlagen. Ich erkenne die Vorzüge der Ihrigen. Die Namen eines Bodmers und eines Breitingers gehen freylich hier über alles. Ich glaube aber es würde doch leichter seyn Leute hieher zu ziehen da man noch andre Vorteile hat, als da wo der von der Pflanzschule zu hoffende beynahe alleine wären. Was die Sitten anbetrift glaube ich gibt es allerorts so vile Anläße zur Verderbnis als hier. Ich glaube es wäre auch möglich die Jünglinge hier in einem Hause und an einer Kost [?] zu versorgen.
>
> Ich bin freylich der Meinung daß die Sache durch besondern Briefwechsel müße betrieben und zu Stande gebracht werden. Wenn man von Anfange also nur zehn, achte in [?] sechs iunge Leute bekommen könnte die unter Hn. Wieland den Studien obliegen wollten die den tugendhaften Menschen und den guten Bürger bilden. Ich werde wenn H. Wiel[ands] Entwurf fertig seyn wird denselben wo ich nur kan hin schiken. Villeichte bringet man doch einige zusammen. Ich werde insonderheit stark an Herrn Baltasar sezen, iemand von seinen Mitbürgern unter die Zahl der Seminaristen zu bringen.[59]

Wieland geht zunächst auf Iselins Pläne ein, stimmt auch dem Vorschlag, zunächst klein anzufangen, zu und erläutert konkrete finanzielle und logistische Überlegungen.[60] Und anscheinend hat Iselin Wieland erneut ermuntert, nach Basel zu ziehen, wie aus einem Brief Wielands vom Januar 1759 hervorgeht:

> Ich bin von der liebreichen Vorsorge, die *Sie* für mich äussern, und von Dero mir So schmeichelhaften Wunsche, mich in Ihre Vaterstadt zu ziehen, äusserst gerührt. Da ich Zürich ve*rl*assen muß, Zürich, wo ich meine ersten und besten Freunde gefunden, wo ich gerne, wenn es nur möglich wäre, so lange bliebe, biß entweder alle die ich liebe, mir, oder ich ihnen allen, die Augen zugedrükt hätte, – Da ich eine nur sehr dunkle Aussicht in die vor mir liegende Zukunft habe, und auf jeden Wink der Vorsicht begierig acht gebe, So muß es mir nothwendig ungemein erfreulich seyn, daß ich in Basel einen edelmüthigen Freund habe, der mir in dieser Stadt eine Art von *Asyle* zu finden Hofnung macht. […] *Ew. Hochwolgeb.* würde mich ausnehmend verpflichten, wenn *Sie* mir eine bestimmtere umständliche Eröfnung darüber geben wollten, wie *Sie* glaubten, daß ich in Basel, Ihrem lezten Vorschlag nach, leben könnte. Das nützliche Vergnügen, mit *Ihnen* an dem gleichen Ort zu seyn, wäre allezeit einer der stärksten Reitze, die mich dahin zögen.[61]

Iselin sah es offenbar für notwendig an, für die eventuelle Übersiedlung Wielands Vorkehrungen zu treffen. Denn zu dieser Zeit war Iselin wegen einiger Schriften, in denen er die Regierung direkt kritisierte, sowie durch seinen Ein-

---

[59] Iselin an Hirzel, 20. Oktober 1758 (57, S. 292 – 293).

[60] Wieland an Iselin (9. November 1758). In: WBr 1, S. 384 – 386. Am 10. November schreibt Iselin ungeduldig: »Hr. Wieland antwortet mir nicht wegen dem Entwurfe der Pflanzschule. Villeichte ist ihm die Sache schon verleidet.« (Iselin an Hirzel, 10. November 1758; 57, S. 299).

[61] Wieland an Iselin (4. Januar 1759). In: WBr 1, S. 394 – 395.

satz in wichtigen politischen Debatten wie jener über die Einbürgerungsgesetze umstritten und auch angefeindet.[62] Offenbar fürchtete Iselin, dass Wieland dadurch Nachteile erwachsen könnten:

> Ich trachte Ihnen Hn. Wieland zu entziehen. Ich muntere ihn auf, sich hieher zu begeben, und zu versuchen ob er durch philosofische Collegien sich nicht ein anständiges Auskommen verschaffen könnte. Ich sehe aber nur noch im Entfernten und Dunkeln eines und das andre vor das disen Vorsaz unserm würdigem Freünde sehr vortheilhaft machen könnte. Er muß aber selbst nichts davon wißen – Meine Hofnungen sind auf Muhtmaßungen gegründet die fehlen könnten. Ich möchte ihm nicht Anlaß geben, mir einst vorrüken zu können als hätte ich ihn mit eiteln Vertröstungen verführet.[63]

Die Bedenken Iselins waren sicherlich nicht unbegründet. In seinen Schriften der damaligen Zeit, und mehr noch in seiner privaten Korrespondenz, findet sich heftige Kritik an den verkrusteten politischen Verhältnissen in der Basler Gesellschaft und Politik. Anscheinend hat er solche Vorbehalte auch Wieland gegenüber ausgesprochen – ein entsprechender Brief hat sich nicht erhalten – und ihm deshalb geraten, vor einer Übersiedlung gebührend vorzufühlen und sich bei wohlmeinenden Parteien vorgängig zu empfehlen. Diese Ratschläge, mit denen Iselin Wieland warnen wollte, keine allzu hohen Erwartungen auf Basel zu setzen, hatten diesen aber empfindlich irritiert und beleidigt. In einem langen Brief an Iselin schreibt Wieland, er bedauere es, dass dieser genötigt sei, in Basel zu leben, »unter Leuten, die allem Ansehen nach sehr schlecht verdienen einen solchen Mitbürger zu haben«. Es folgen eine lange Reihe empörter und sarkastischer Bemerkungen. Er habe es nicht nötig, Empfehlungsschreiben mitzubringen, »ja so gar die Empfehlung eines Kaufmanns«, »um mir endlich die Erlaubnis zu verschaffen, in Basel Luft zu athmen«. Er gesteht, »daß ich ohne die äusserste Noth eine so glükliche *Situation* nicht mit dem *humiliant*en Zustand vertauschen möchte, von einer Ringmauer voll reicher Kaufleute, üppiger Stutzer und geblähter Pedanten *de haut en bas tract*iert zu werden.« Iselins ›Philosophische und Patriotische Träume eines Menschenfreundes‹ und andere Schriften hätten ihm ein sehr schlechtes Bild von der Stadt gegeben, der es offenbar an esprit fehle und in der ein rein kaufmännischer Geist herrsche: »Je mehr Ähnlichkeit der *Esprit* einer Stadt mit dem *Esprit* von Amsterdam hat, desto weniger kan der Wunsch in mir aufsteigen, mich dahin zu begeben, und für einen Ankömling aus dem Monde angesehen zu werden.«[64]

Die Ernüchterung über Wielands heftige Absage war zwar groß – aber man gewinnt den Eindruck, als hätte Iselin bereits damit gerechnet, dass die konkrete

---

[62] Hier ist insbesondere an Iselins ›Freymühtige Gedancken über die Entvölckerung unserer Vatterstadt‹ (1758) und andere Schriften zu denken, mit denen er sich für die Öffnung des Bürgerrechts einsetzte und die in Basel für großen Aufruhr sorgten ([Isaak Iselin:] Freymühtige Gedancken über die Entvölckerung unserer Vatterstadt. [Basel 1758].

[63] Iselin an Hirzel, 19. Januar 1759 (57, S. 320).

[64] Wieland an Iselin (24. Januar 1759). In: WBr 1, S. 396 – 398.

Zusammenarbeit mit ihm von Schwierigkeiten begleitet werden könnte. So berichtet er die Vorkommnisse sachlich dem Zürcher Freund Hirzel:

> H. Wieland hat nicht in meine Vorschläge eintreten wollen. Ich habe ihm angerahten, mit guten Empfehlungsschreiben an hiesige Standesglider und Gelehrte hieherzukommen – und durch eine Einladungsschrift seine Absichten kund zu tuhn – Ich habe ihm gesagt, ich würde ihm für d[en] Anfang mein Haus und meinen Tisch antragen, da aber ein allzugenaues Verhältnis mit mir ihm in dem Sinne des einen oder andern nachteilig seyn könnte, so wolle ich für ein paar Monate die Kost für ihn an einem dritten Orte bezahlen, da er denn in diser Zeit sehen könne ob etwas für ihn zu machen sey oder nicht. Meine Absicht hiebey war insonderheit dem Verdacht auszuweichen als ob ich ihn hiehergezogen hätte, und also dieienigen Leute, die villeicht alleine um mir zu widersprechen, ihm zuwider gewesen wären, nicht von ihm abzuwenden. Er findet alles dises sehr übel. Er glaubet keine Empfehlungsschreiben nöhtig zu haben – er mag nicht in einer Statt wohnen die so viel Gleichheit mit Amsterdam hat, und wo alles kaufmännisch denket. Er kann sich nicht dazu verstehen nicht alsobald so sehr mein Freund zu scheinen als er es ist. Er mag solche Mittel nicht brauchen die Ehre zu erlangen unsern Söhnen Weisheit zu lehren. Er ist noch nicht so sehr gedemühtigt etc. Ich muß also auch diese Hofnung Hn. W[ieland] und meinem Vaterlande zu dienen, fahren laßen, ob ich gleich einigen Schein von Hofnung vor mir gesehen, Hn. W[ieland] allhier eine beständige Stelle finden zu machen. Ich mag ihm aber nichts davon segen, weil die Sache so ungewiß ist, und ich nachher den Verweis nicht erwarten möchte ihn mit falschen Versprechungen aufgezogen zu haben.[65]

Auch an Wieland selbst schreibt Iselin unaufgeregt, er habe nur in bester Absicht gehandelt:

> Sie irren sich wenn Sie sich vorstellen das Sie nicht von vilen und auch von den angesehnsten Leuten allhier mit einer so besondern Achtung und Höflichkeit würden aufgenommen worden seyn, als in Zürich. Es gibt mitten in unserm, obgleich sehr kleinen, Amsterdam, noch Leute die die Verdienste zu erkennen und zu schäzen wisen, und unsre Gelehrten sind nicht so aufgeblähete Pedanten das sie nicht den Wert anderer geschikter Leüte zu bestimmen, und derselben vortreffliche Eigenschaften zu lieben fähig wären. Bey der grosen Verderbnis unter deren wir seufzen ist doch noch nicht so sehr alles Gute von uns verbannet, das ein verständiger Mann sich nicht anderst als durch die äuserste Demühtigung bewegen lasen könne bey uns zu wohnen.[66]

So enthusiastisch Iselin den Versuch begonnen hatte, Wieland für das Projekt der ›Pflanzschule‹ zu gewinnen – oder ihn mit einer anderen Anstellung nach Basel zu ziehen –, so rasch ließ er auch wieder vom Vorhaben ab. Es war nicht das erste Mal, dass Wieland ihm eine Absage erteilt hatte: In Zürich war er nicht auf die Einladungen zu einem Treffen eingegangen, und der Vorschlag, ihn auf die »italiänische Reise« zu begleiten, war ebenfalls unbeantwortet geblieben. So machte die Begeisterung, mit der sich Wieland auf das Basler Projekt einzulassen schien, wohl gerade in ihrer etwas übereifrig-servilen Art deutlich, dass es ihm in erster Linie um die Möglichkeit einer dringend gesuchten Anstellung

---

65 Iselin an Hirzel, 30. Januar 1759 (57, S. 325).

66 Iselin an Wieland (9. Februar 1759). In: WBr 1, S. 400.

ging und weniger um die so wortreich beschworene Freundschaft. Wenig später urteilte Iselin denn auch recht trocken über Wielands Beitrag zum ›Pflanzschulen‹-Projekt: »Hr. Wielands Plan einer Akademie zur Bildung des Verstandes und des Herzens ist nicht die allerbeste. Es sind verschiedne gute Gedanken und Vorschläge drin – aber sie erschöpfet den Gegenstand nicht.«[67] Wenn man sich vergegenwärtigt, dass Iselins ›Anwerbung‹ Wielands ja allein auf der Basis der Lektüre seiner Schriften sowie der Berichte von Zürcher Freunden geschah, so erstaunt die Desillusionierung nicht unbedingt: Denn bereits Iselins Lektüreeindrücke und seine Bemerkungen zu Wielands genau beobachtetem Auftreten in Zürich waren bei aller Bewunderung auch von Skepsis und Zweifel begleitet. Die sprunghafte und unberechenbare Art des jungen Autors stand für Iselin in einem irritierenden Kontrast zu dessen ernsthafter, moralisierender Dichtung jener Jahre.

Kennzeichnend für Iselin ist jedoch, dass er sich nach den enttäuschenden Erfahrungen mit Wieland zwar manchmal kritisch über dessen Charakter äußerte, seine literarische Produktion jedoch mit gleichbleibender Intensität verfolgte – also gleichsam eine Trennung zwischen Person und Werk vollzog, die den ehemaligen Zürcher Freunden Wielands nicht gelingen wollte. In nuce zeigt sich dies, wenn Iselin etwa kurz nach dem Scheitern der ›Pflanzschule‹ über die Pläne Wielands, nach Bern überzusiedeln schreibt, er wünsche, »daß Hr. Wieland sich beßer nach Bern schike als er geglaubt sich nach Basel zu schiken«; zudem sehe er »seinem Cyrus mit Ungeduld entgegen«.[68] Während Iselin also – zutreffend, wie sich herausstellen wird – prophezeit, dass Wieland auch in Bern auf Schwierigkeiten stoßen könnte, und lakonisch feststellt, dass er, Iselin, »seine Gunst völlig verlohren zu haben« scheine, erwartet er dennoch gespannt dessen angekündigtes Epos über den legendenhaften persischen Herrscher Kyros:

> Ein geschikter Freund von Bern verspricht Hn. Wieland den Beyfall viler verständiger Leute. Verlanget er da mehr und einen allgemeineren, wie ich aus Ihrem Schreiben schließe, so kan er es auch leicht mit diesen verderben. Er will alldort eine periodische Schrift im Geschmake des Zuschauers herausgeben. Ich wollte ihm rahten dises nicht zu frühe zu tuhn und zu erst die Leute kennen zu lernen. Er ist bey Hn. Dr. Zimmermann gewesen. Ich scheine seine Gunst völlig verlohren zu haben. Ich werde seinen Cyrus deswegen nicht mit wenigerm Vergnügen lesen.[69]

---

[67] Tb 2. August 1760 (7, S. 221/207). Inzwischen war auch Lessings vernichtende Kritik des ›Plans einer Academie‹ erschienen (in: Briefe die Neueste Litteratur betreffend 1 (1759), S. 44 – 64, 65 – 80).

[68] Iselin an Hirzel, 19. April 1759 (57, S. 343). Iselin hatte schon lange Kenntnis von dem Plan des ›Cyrus‹-Epos: »Schon Sie werden mich durch die Mitteilung von Hn. Bodmers Tragödien höflich verbinden. Hr. Wieland hätte keinen Helden wählen können der seinem Geiste und seinem Herzen angemeßener gewesen wäre als der Cirus. Er ist auch wie deßen Geschichtschreiber der lieblichste Schriftsteller und eine wahre *apis attica*« (Iselin an Hirzel, 26. Februar 1758; 57, S. 193 – 194).

[69] Iselin an Hirzel, 30. April 1759 (57, S. 351).

Auch bei anderer Gelegenheit anerkennt Iselin Wielands poetisches Talent – nicht ohne noch einmal ironisch auf seine Absage anzuspielen. So schreibt er an Hirzel von einem Kuraufenthalt:

> Ich verschwöre mich aber nicht daß mich nicht noch die Lust ankommen sollte was ich Ihnen oben in Prose von meinem dermaligen Aufenthalte in Prose erzählet, und nicht mehr dazu in Versen auszuführen, wenn nur Sie, oder Hr. Geßner oder Hr. Wieland mir ihren Pinsel dazu leihen wollten. Kommen Sie mein Freünd und helfen Sie mir; oder schiken Sie mir Hn. Gesner. Ich will ihn in Gegenden führen, wo sein mahlerischer Wiz neue seiner würdige Gegenstände finden solle. Oder es noch beßer zu machen, kommen Sie alle beyde. Hn. Wieland mag ich nicht mehr einladen. Er würde endlich über meine Unverschämtheit böse werden.[70]

IV. Wielands Produktion unter kritischer Beobachtung

Im Juni 1759 siedelte Wieland nach Bern über, um eine Hauslehrerstelle anzunehmen. Weiterhin wurde Iselin von ›Informanten‹ – unter anderem dem Politiker und Juristen Daniel Fellenberg – genau über den Gast unterrichtet. Aber auch Wieland selbst nahm unverzüglich wieder Kontakt mit Iselin auf und sandte ihm die ersten Gesänge seines im Entstehen begriffenen Epos ›Cyrus‹ zu. Es sei ihm »ungemein erfreulich daß ich länger in einem Lande bleiben kan, wo *Sie* mein *theuerster Herr* und Freund, leben, und wo ich mir immer mit der Hofnung, *Sie* persönlich zu sehen, schmeicheln kan.« Vorderhand genüge es ihm, »mit Ihrem Geiste zu *convers*ieren und hoffe es noch öfter zu haben, wenn die Geschäfte womit *Sie* überhäufft sind, Ihnen, wie ich wünsche, ferner erlauben die Welt zu belehren und zu bessern.«[71] Iselin nahm sich das lange erwartete Epen-Fragment sogleich vor und berichtet den Brieffreunden von seinen ersten Eindrücken:

> Ich habe erste den ersten Gesang von dem Cyrus gelesen, und dises mit vilem Vergnügen. Ich finde darinne edle, erhabne, und angeneme Bilder und Gedanken im Überfluße, die Schreibart deücht mich sehr natürlich und lieblich, und das Sylbenmas kömmt mir so glücklich, leicht und sanftfließend vor als immer bey Klopstoken, Groneken [sic] und Zachariä. Da ich nur so wenig davon gelesen so kan ich im übrigen nicht segen ob ich an der Anlage des Gedichtes oder der Ausführung deßelben etwas auszusezen finde, und mein Tadel würde auch von sehr geringem Gewichte seyn, da ich die Regeln der Kunst sehr schlecht verstehe. Mich deücht nur Hr. W. laße uns in dem Anfange in der Ungewisheit was für eine Handlung seines Helden er besingen wolle; welches die Beurteilung seines Plans und der Ausführung davon schwär machen wird. Ich erinnre mich auch einige Bilder in dem ersten Gesange angetroffen zu haben die mich nicht allzu richtig gedeücht. Z. b. s. 19. … Die Erde zur Urne des Staubes ihrer Bewohner zu machen, warum er die Brust des Gerechten den Himmel der Tugend nennt! So dünket mir auch s. 19. die Flügel an den Fersen des Cyrus sich beßer an die Fersen des Achilles zu schiken. Ich haße das Wunderbare nicht aber es muß natürlich und der Sache angemeßen seyn. Die

---

70 Iselin an Hirzel, 20. Mai 1759 (57, S. 355 – 356).

71 Wieland an Iselin (Anfang Juni 1759). In: WBr 1, S. 464.

Vorrede des Hn. W. hat mich wie andre seiner neüen prosaischen Schriften wegen der vilen unnöhtig eingemischten franz. Wörtern befremdet.

Hier haben Sie meine unvorgreiflichen Gedanken mein Freünd, nun erwarte ich billig die Ihrigen da Sie alle fünf Gesänge zu lesen haben.[72]

Offenbar hat Iselin seine Kritik am ›Cyrus‹-Fragment auch Wieland persönlich mitgeteilt – sie wurde aber anscheinend nicht gut aufgenommen, wie er seinem Freund Frey berichtet: »La lettre avec laquelle M. Wieland m'a adressé son Cyrus est la premiere que j'ay recûe de lui aprés celle qui nous a parûe inconséquente. Il ne m'a nonplus écrit depuis. Il me paroit qu'il ne peut pas digerer la moindre critique.«[73] Auch die thematisch mit dem ›Cyrus‹ verwandte Dialogerzählung ›Araspes und Panthea‹ (1760) las Iselin sofort nach ihrem Erscheinen.[74] Doch ist es Wieland, der im Oktober des Jahres auf ein Werk von Iselin reagiert: Dieser hatte ihm offenbar durch Daniel Fellenberg seinen ›Versuch über die Gesezgebung‹ (1760)[75] überreichen lassen, was Wieland zum Anlass nimmt, seinerseits Iselin einen ausführlichen Entwurf über die bestmögliche Gesetzgebung zukommen zu lassen.[76] Bezeichnenderweise ist der Brief – wie im gallophilen Bern üblich – auf Französisch verfasst, was im Zürcher Bodmer-Kreis noch verpönt gewesen wäre. Des Weiteren beklagt sich Wieland, er fühle sich isoliert und deplatziert in Bern und mit seiner Hauslehrerstelle völlig unterfordert.

---

72 Iselin an Hirzel, 11. Juni 1759 (57, S. 361 – 362). Vgl. auch Iselin an Frey, 8. Juli 1759 (51, S. 370): »M^{r}. Wieland m'a envoyé avec une lettre extrémement polie les 5 prémiers chants de son Cyrus. J'y ay trouvé de grandes beautés – Il m'a demandés mes remarques sur cet ouvrage. Je ne luy ai envoyées que fort peu – J'ay surtout trouvé qu'il ne designoit pas bien l'active de son héros – et je pense que le poeme epique ne chante pas seulement un héros, mais un fait, une action qui soit une et ou tout aboutisse. Je verrai s'il prendra en bonne part ma critique – dont vous jugerés si elle est fondée ou non, en recevant le poëme.« Frey stellte später Wielands poetische Leistung im ›Cyrus‹ sogar über diejeinige Klopstocks: »Wieland est sans contredit un des grands Poëtes et peut-etre le plus grand Poete que l'Allemagne ait produit. La langue allemande perd beaucoup de sa rudesse entre ses heureuses mains, et se prête merveilleusement aux plus beaux morceaux des grands Poetes grecs et latins qu'il a su faire passer dans son poeme. […] Plus je réfléchis sur ce qui contribue à la beauté d'un Poeme Epique, et plus je vois combien Klopstock a manqué son but« (Frey an Iselin, 16./17 April 1760 (52, S. 86)). Ein späterer Tagebucheintrag Iselins lautet: »Ich las vor dem Thor Herrn Wielands Vorrede zu seinem Cyrus. Es sind schöne und vortreffliche Gedanken darinnen – die Schreibart aber ist gar nachlässig, und oft undeütlich« (Tb 5. Januar 1761; 8, S. 11).

73 Iselin an Frey, 6. August 1759 (51, S. 389).

74 Vgl. Tb. 8./9. August 1760 (7, S. 235 – 236).

75 [Isaak Iselin:] Versuch über die Gesezgebung, von dem Verfasser der Philosophischen Träume. Zürich: Orell und Comp., 1760.

76 Wieland an Iselin (2. Oktober 1759). In: WBr 1, S. 535 – 538. Hierzu auch: Florian Gelzer: »Eine glükliche Nation ohne Religion und Gesetze«. Morellys ›Basiliade‹ (1753) als literarisches Modell für den jungen Wieland. In: ›Natur‹, Naturrecht und Geschichte. Aspekte eines fundamentalen Begründungsdiskurses der Neuzeit (1600 – 1900). Hg. von Simone De Angelis, Florian Gelzer und Lucas Marco Gisi. Heidelberg 2010 (Beiträge zur neueren Literaturgeschichte 283), S. 335 – 358, hier S. 353 – 355.

Entsprechend teilt Iselin seinen Freunden mit, Wieland scheine »in Bern nicht so vil Vergnügen zu finden als er in Zürich genosen. Ich stellt es mir wol vor. So sehr als die Liebe zu den Wissenschaften in Bern leuchtet, so ist er doch nicht der Ort wo ein Philosoph wünschen sollte zu leben – insbesonderheit wenn er noch sein Glüke zu machen hat.«[77] Und an Hirzel: »Herr Wieland soll mit Bern sehr misvergnügt sein, und man hat mir ins Ohr gesegt daß man ihm allda dise Gesinnungen reichlich erwidre. Wir haben uns nicht betrogen wenn wir uns vorgestellet daß diser vortreffliche Geist für disen Ort nicht gemachet sei.«[78] Gleichzeitig bedauert Iselin, dass Wieland in Bern seine Talente nicht auf eine ihm adäquate Weise einsetzen kann: »Ich bedaure den Hn. Wieland – er hat mir lang nicht geschrieben – Er wäre wol würdig bey einem Fürsten oder sonst einem grossen Herrn Brodt und Schutz zu finden. Er hat seine Fehler, aber sein Schicksal ist doch seinen Verdiensten gar nicht angemessen.«[79] Wieland bedrohe »das für die Verdienste unempfindliche Bern mit seiner Rückkehr nach Biberach«, worauf die Berner anfingen, »sich mit einem unbeschreiblichen Eifer auf alle Arten von Gelehrtheit zu legen«.[80] Weiterhin hörte sich Iselin gerne Augenzeugenberichte über Wieland an. 1760 war zum Beispiel Vinzenz Bernhard Tscharner, der Berner Schriftsteller und Magistrat, bei Iselin in Basel zu Besuch: »[E]r ist ein sehr liebenswürdiger Mann – und von vielem Verstand und Einsichten. – Wir redten viel von Hn. Wielanden – er muss doch ein seltsamer Kopf seyn.«[81] Auch bekommt Iselin ein Abschiedsschreiben an Hans Konrad Lochmann, einen ehemaligen Schüler Wielands, zu Gesicht: »Es sind schöne Gedanken darinnen; aber die Schreibart ist im höchsten Grade nachlässig.«[82] Ferner tritt Iselin mit zwei Schülern Wielands aus Zürich, den Gebrüdern Johann Kaspar und Johann Konrad Ott, in Kontakt: »Die Herren Ott und mein Freünd Frey spiesen mit uns zu Nacht – der Abend gieng angenehm hin. – Diese Otten sind vortreffliche junge Leüte, die fünf Jahre lang Hn. Wielands Unterricht genossen und mit grossem Nutzen gereiset haben.«[83]

1760 kehrte Wieland einigermaßen abrupt in seine Heimatstadt Biberach zurück, wo er das Amt des Kanzleiverwalters antrat. Iselin, der sein Leben lang darüber klagte, dass sein zwar hoch angesehenes, aber kräftezehrendes Amt ihm zu wenig Zeit für seine schriftstellerische Tätigkeit ließ, musste die Parallele zu seinem eigenen Werdegang natürlich auffallen. Und so stellt er mit einer Mischung aus Mitleid und grimmiger Genugtuung fest, dass sie beide nun dasselbe glanzlose Schicksal teilten: Iselin als Ratsschreiber in seiner Geburtsstadt Basel, Wieland als Kanzleiverwalter in seiner Geburtsstadt Biberach. Sie seien

[77] Iselin an Zimmermann, 5. Dezember 1759 (Niedersächsische Landesbibl. Hannover Ms. 42, 1933, A II 47a, Nr. 11) (Starnes 1, 164 Anm. 7).
[78] Iselin an Hirzel, 13. Januar 1760 (58, S. 9).
[79] Iselin an Hirzel, 1. [?] März 1760 (58, S. 17).
[80] Iselin an Hirzel, 20. [?] März 1760 (58, S. 26).
[81] Tb 14. April 1760 (7, S. 79).
[82] Tb 14. Februar 1761 (8, S. 75).
[83] Tb 21. Oktober 1761 (8, S. 357).

»zwei Narren von Schreibern«, heißt es später, wobei »der Reichsstädter, der bald Andachtsbücher, bald Romanen, bald Zoten schreibet«, als der größere Narr vorzuziehen sei.[84] Zur selben Zeit mehren sich auch die kritischen Bemerkungen. So stößt sich Iselin an Wielands schnell wechselnden Verbindungen: »Hn. Wielands Weise sich über seine Verlöbniße auszudrücken, ist in meinen Augen mehr als ein poëtischer oder philosophischer Muthwillen. Ich finde dieselbe eines gescheiden Menschen ganz unwürdig. Er hätte das nämliche weit anständiger segen können.«[85] Die Hoffnung, Wieland dereinst nach Basel ziehen zu können, war damals offenbar noch nicht ganz verflogen. Als Wieland einmal Johann Georg Zimmermann über seine Biberacher Amtsgeschäfte klagt, er müsse »alles versuchen was mich zu einiger Unabhänglichkeit von meinen Yahoos führen kan«,[86] wendet sich Zimmermann an Iselin, der Wieland nach Basel locken solle: »Er ist mit seinen Orang-Outangs noch immer im Prozesse, und wäre unendlich glücklicher bey Ihnen, wenn leicht etwas zu seinem Vortheil in Basel könnte gethan werden.«[87] Mit der Zeit werden die Bemerkungen über Wieland aber kritischer: So mag Iselin zum Beispiel der Vorrede von Wielands ›Poetischen Schriften‹ (1762), einer ersten Sammelausgabe seiner frühen Werke, die insbesondere wegen ihres eloquenten Vorworts viel beachtet wurde, nichts abzugewinnen: »Man hat mir dieselbe [Vorrede] als ein Meisterstück von Autorspolitic angerühmet. Ich verstehe nicht genug davon – Hr. Wieland zeigt deücht es mich daß er ein Mensch ist der von seiner Einbildungskraft sich allezeit hat dahinreissen lassen, und selbst nie gewußt was er gewollt hat.«[88] Ungewöhnlich dagegen ist Iselins Plädoyer für Wielands hohen Gebrauch an Fremdwörtern und Französismen, der ihm bei den Zeitgenossen viel Kritik eingebracht hatte: »Herr Wieland hat von den ersten wider angefangen sich fremder Worte zu bedienen. Man hat ihn deswegen in der Schweiz nicht gelobet. Indessen dürfte doch eine allzuängstliche Ausweichung fremder Worte dem Nachdrucke oft nachtheilig seyn. Der Franzose und insonderheit der Engelländer sind so eckel nicht.«[89]

Das Jahr 1764 bedeutet sowohl für Iselin wie für Wieland eine wichtige Zäsur: Iselin veröffentlicht die erste Fassung seines Hauptwerks, die ›Philosophischen Muthmassungen über die Geschichte der Menschheit‹ (in späteren Auflagen nur noch ›Geschichte der Menschheit‹ genannt); Wieland wiederum publiziert seinen ersten Roman, ›Don Silvio von Rosalva, oder der Sieg der

84 Iselin an Zimmermann, 21. Mai 1768 (nach Im Hof 1967 (Anm. 6), S. 218). Ähnlich auch Iselin an Hirzel, 19. August 1766 (60, S. 207) und an Frey, 16. April 1769 (54, S. 394): »Ah que Wieland, welcher wie ich zu einem Canzleÿdirector eingeschräncket [?] war, ah que Wieland étoit sage & hereuse d'avoir plantés [?] lá les magnifiques imbécilles. Saves vous qu'il est actuellement Professeur a Erfourt & qu'il y a annonce un cours sur mon histoire de l'humanité.«

85 Iselin an Hirzel, 15. [?] Januar 1761 (58, S. 125).

86 Wieland an Zimmermann (20. Dezember 1762). In: WBr 3, S. 141.

87 Zimmermann an Iselin, 29. Dezember 1762 (41, S. 64) (Starnes 1, 230).

88 Iselin an Hirzel, 20. Januar 1762 (58, S. 300).

89 Iselin an Thomas Abbt, 22. Oktober 1763 (Frison (Anm. 3), S. 256).

Natur über die Schwärmerey‹. Durch die Vermittlung Zimmermanns kommt es zu einem Austausch der beiden Werke: »Der Herr Canzler Wieland«, schreibt Zimmermann an Iselin, »oder wie ich ihn zuweilen im Scherze nenne, der Prinz Biribinker zu Biberach, hat ein sehnliches Verlangen nach ihrer Geschichte der Menschheit«.[90] Auch er zeigt sich besorgt über Wielands ›Metamorphose‹, das heißt, dessen Entwicklung von einem Autor moralisch-religiöser Werke zum Verfasser leichterer und freizügigerer Texte:

> Mit Herrn Wieland war ich ein ganzes Jahr hindurch nicht in der geringsten Verbindung. Er schickte mir neulich seinen Don Sylvio blos zum durchlesen. Denn ich musste das Exemplar nach Bern senden. Ich weis eigentlich von seinen besondern Umständen nichts, das seine Schriften Ihnen nicht auch entdecken könnten. Er ist das Gegentheil von allem was er gewesen ist, und macht daraus so wenig ein Geheimnis als ich. Ihre Geschichte der M[enschheit] wird ihm ungemein angenehm seyn, weil er sich sehr darnach gesehnt hat. Sie soll morgen abgehen.[91]

Am 23. Juni 1764 überreicht Zimmermann Iselin »den Don Sylvio des seraphischen Amtsbruders von Biberach mit einem schönen Compliment«[92] – Wieland hatte ihm zuvor geschrieben, er schäme sich, Iselin »für ein Werk das dem *Nutzen* des Menschlichen Geschlechts gewidmet ist, ein so eitles Spielwerk als Don Silvio ist zu geben«.[93] Kurz darauf jedoch wendet sich Wieland mit einem Brief an Zimmermann, in dem er über Iselins ›Geschichte der Menschheit‹ Spott und Häme ausgießt und den Autor als naiven Weltverbesserer kritisiert. Es sei »in unsern Tagen überall der Gebrauch Bücher in Form der esprit des loix zu schreiben, so wie es vor zwanzig Jahren Mode war, selbst die Theorie der Pasteten-Beckerey in geometrische Lehrart zu bringen«. Auf Zimmermanns Werk ›Über die Einsamkeit‹ ([1]1756) Bezug nehmend, schreibt Wieland: »Sie affectiren in Ihrem großen dicken Buche von der Erfahrung, *für Jünglinge* zu schreiben, und schreiben in der That, (die *Vorwelt* allein ausgenommen) *für alle Arten von Welt.* Herr I[selin] giebt sich in seiner *Geschichte der Menschheit* die Mine für das menschliche Geschlecht zu schreiben, und schreibt in der That *für Knaben und Frauenzimmer.*« Und dann zielt Wieland ad personam:

> Bey einer etwas genauen *analysi* würde dieser gute wackre liebe Mann, eine ziemlich comische Figur machen. Es ist (um mich eines Schakespearischen Schwungs zu bedienen) in der That etwas possierliches, in diesen unsern Tagen einen ehrlichen Mann zu sehen, der *in his doublet and hose* ganz gravitätisch dahertritt und euch beweißt, daß die Ursache warum es nicht besser in der Welt geht, der Mangel an Weisheit und Tugend ist. Eine glänzende Entdeckung! und wodurch die Welt viel gebessert wird.[94]

---

[90] Zimmermann an Iselin, 28. April 1764 (nach Keller (Anm. 4), S. 215 Anm. 1). Prinz Biribinker ist eine Märchenfigur aus dem ›Don Sylvio‹.

[91] Zimmermann an Iselin, 5. Mai 1764 (41, S. 87 – 88) (Starnes 1, S. 258).

[92] Vgl. Tb 22. November 1764 (11, S. 215).

[93] Wieland an Zimmermann (11. Mai 1764). In: WBr 3, S. 265.

[94] Wieland an Zimmermann (18. Mai 1764). In: WBr 3, S. 268 – 269.

Im Herbst desselben Jahres richtet Wieland allerdings wieder einen servilen Brief an Iselin, »le seul Ami que j'ai à Basle«, als er nach einem Doktor für den Grafen Friedrich von Stadion sucht.[95] Zimmermann scheint Iselin die heftige Kritik Wielands nicht mitgeteilt zu haben – jedenfalls nimmt Iselin weiterhin wie gewohnt jedes neue Werk Wielands gewissenhaft zur Kenntnis. Das »heroisch-comische Gedicht« ›Idris‹ (1768) lehnt er eher ab, ›Musarion oder die Philosophie der Grazien‹ (1768) gefällt ihm wiederum.[96] Unter anderem liest er im Jahre 1767 auch, eher beiläufig offenbar, Wielands Shakespeare-Übersetzung.[97] Bemerkenswerterweise wird sie jedoch in der Korrespondenz mit Wieland sowie mit anderen Briefpartnern ansonsten kein einziges Mal erwähnt. Der scheinbar gegen sämtliche dramatische Regeln verstoßende Shakespeare blieb Iselin überhaupt lebenslang vollkommen fremd.

V. Respektvolle Auseinandersetzungen: Iselin rezensiert Wieland

Mit gleichbleibendem Interesse war Iselin den sprunghaft wechselnden Themen und Gattungsformen von Wielands ›Schweizer‹ Produktion gefolgt, hatte sich hie und da warnend über die Gefahr der schnellen Arbeitsweise und der ›nachlässigen Schreibart‹ geäußert, die Werke aber insgesamt mit großer Anerkennung rezipiert. ›Don Sylvio‹ und andere freizügigere Werke aus der Biberacher Zeit markieren jedoch – wie für viele andere damalige Leser – einen Wendepunkt: Iselins Urteile werden vorsichtiger, misstrauischer. Ohnehin ist ab etwa 1760 ein zunehmender moralischer Rigorismus bei Iselins literarischen Auffassungen zu verzeichnen, der z. T. auch zu massiven Kehrtwenden in seinen Beurteilungen führt.[98] Als 1767 Wielands ›Geschichte des Agathon‹ erscheint, liest Iselin auch dieses Werk wie alle Neuerscheinungen des Autors unverzüglich. Hier wird nun aber deutlich, dass er sich dem Roman bereits mit einem ge-

---

95 Wieland an Iselin (9. Oktober 1764). In: WBr 3, S. 304 – 308.

96 Vgl. Tb 16. Februar 1769 (13, S. 338); Tb 14, Dezember 1768 (13, S. 227). Vgl. auch Iselin an Hirzel, 19. Februar 1769 (61, S. 11): »Was denkt man in Zürich von dem Idris. Hier reissen sich die Leüte solchen aus den Händen – und alles ruft Wunder daß ein Deütscher so viel Verstand hat. Mir deücht es ist ungemein viel Phantasie darinn – und viel glückliche Partien – aber lange nicht so viel als Hr. Prof. Riedel daraus herdemonstrieren wird. Und überhaupt scheinet mir das Werk des Verfassers vom Agathon nicht würdig. Mit dem Musarion bin ich noch vil besser zufriden. Obwohl mir die Satyre darin etwas schielend vorkömmt ist die Morale davon desto schöner. Aber jene reißt bey Wielanden insgemein nider was dise aufbauet. In disem gleichet er Voltairen noch mehr als durch die mannigfaltigen Gaben die er vereiniget.«

97 Tb 2. Februar 1767 (13, S. 14).

98 Einschlägig hierzu sind v. a. das Kapitel »Von den besondern Pflichten, welche die Gelehrten und die Schriftsteller in Betrachtung der Verderbniß des Staates zu beobachten haben« in den ›Philosophischen und Politischen Versuchen‹ ([Isaak Iselin:] Philosophische und Politische Versuche. Zürich: Orell und Compagnie, 1760, S. 146 – 157) sowie der »Brief an Kritias« im ›Politischen Versuch über die Berathschlagung‹ (Iselin (Anm. 50), S. 202 – 213).

wissen Grundverdacht nähert. Und bei den ersten Schilderungen seiner Eindrücke nimmt er das damals bereits geläufige Wort von Wielands ›Chamäleonsgeist‹ auf:

> [Ich habe] noch mehr nicht als neün Bücher von dem Agathon gelesen – ohne noch zu wissen ob das Buch etwas taugt oder nicht. Ich finde so viel Grosses, Wahres, Schönes, so viel spitzfündiges, falsches und plattes darinn daß ich nicht daraus kommen kann. Unser liebe [sic] Wieland hat gewiß seit dem er die Sympathien geschrieben hat viel beobachtet, viel erfahren, viel gedacht. Aber er hat das Zeügs erbärmlich unter einander geworfen und mir däucht er weiß nun gar nicht ob er an die Tugend glauben soll oder nicht. Er scheint für den Charakter des Aristippus eine besondere Zärtlichkeit gefasset zu haben und vielleicht wünschet er daß man auch von ihm einst sagen soll *omnis Wielandium decuit color & status & res*[99] – Und in der That ist sein Chamäleonsgeist für keine Person in der Welt besser aufgeleget als für alle eine nach der anderen nachzumachen – wie er alle Arten von Schriftstellern schon nachgemachet hat. Seine weiche und biegsame Einbildungskraft ist ihm hiezu unendlich vortheilhaft – Herr Gesner hat mir den Agathon als ein Meisterstück des menschlichen Witzes angerühmet – und ich habe viele einzelne Stellen darin angetroffen die mich entzücket haben. Aber über das Ganze kan ich mit mir selbst nicht einig werden. Was sagt der Vater Bodmer zu dem Dinge was denken Sie davon und wie wird es überhaupt in der alten Zürich angesehen?[100]

Ab 1768 war Iselin für die ›Allgemeine deutsche Bibliothek‹ tätig, eines der angesehensten damaligen deutschsprachigen Rezensionsorgane, und wurde mit der Zeit zu deren wichtigstem und produktivstem Schweizer Mitarbeiter.[101] Als ersten großen Beitrag bietet er dem Verleger Nicolai an, die ›Geschichte des Agathon‹ zu besprechen: »Wenn noch niemand dise Arbeit übernommen hat«, schreibt Iselin, »so will ich mich gern damit beladen.« »[Ich] finde neben allerhand Schielendem und auch Falschem so viel Vortref[fliches] in diesem Werke, dass mich die Mühe nicht reuen soll dasselbe zu zerglidern.«[102] Nicolai antwortet, das »Urtheil eines Genies von dem andern ist mir eine erwartenswürdige Sache«.[103] Die Rezension erscheint 1768,[104] und Iselin – der seine Autorschaft

---

[99] Vgl. Horaz, Epistulae 1,1,19: »Omnis Aristippum decuit color et status et res« (›Aristipp kleidete jede Farbe, jeder Stand, jedes Vermögen‹). Interessanterweise verwendet Wieland das hier auf ihn gemünzte Zitat als Motto für seinen Roman ›Aristipp und einige seiner Zeitgenossen‹ (1800 – 1802).

[100] Iselin an Hirzel, 12. September 1767 (60, S. 298 – 299).

[101] Zu Iselins Mitarbeit an der AdB vgl. ausführlich Jacob-Friesen (Anm. 3), S. 69 – 92.

[102] Iselin an Nicolai, 24. September 1767 (Jacob-Friesen (Anm. 3), S. 171). Vgl. Zimmermann an Iselin, 26. [?] September 1767 (nach Keller (Anm. 4), S. 217 – 218): »Den Agathon beurtheilen Sie als ein Kenner. Doch leidet das eingestreute Nidrige einige Entschuldigung, wenn man den Ton des Ganzen betrachtet, der humoros seyn soll. Zur Psychologie scheint mir dieses Buch sehr wichtig. Einem jungen Menschen würde ich es ganz und gar nicht in die Hände geben. Die Einkleidung ist allerdings reizend, aber die Schreibart leuchtet mir nicht ein; ich kann nicht begreifen, warum Wieland so entsezlich lange Perioden macht.«

[103] Nicolai an Iselin, 20. Oktober 1767 (Jacob-Friesen (Anm. 3), S. 173).

[104] [Rez. Christoph Martin Wieland: Geschichte des Agathon. Bd. 1. 2.]. In: AdB 6 (1768), 1. St., S. 190 – 211 (gezeichnet »Q«). Iselins Wieland-Rezensionen in der AdB sind

geheim halten möchte – verschweigt Nicolai die Mühen nicht, die ihm der ›Agathon‹ bereitet hat: »Das Dingens ist ein gar zu selzames Gemische als daß man so leicht damit fertig werden könnte.« Er habe »gethan was ich konnte um das Buch in ein vortheilhaftes Licht zu setzen, aber ich durfte doch auch die Fehler desselben nicht verschweigen«. Deshalb fürchte er, Wieland, »den ich gewiß bewundere werde sehr übel mit mir zufriden seyn, oder vilmehr mit der Bibliothek, denn mich muthmasset er gewiß nicht«.[105] Während Iselin der psychologischen Zeichnung der Figuren und überhaupt der literarischen Gestaltungsweise hohes Lob erteilt, spricht er in der Rezension seine bislang nur in der Privatkorrespondenz geäußerten ethisch-moralischen Bedenken und den Vorwurf der ›Schlüpfrigkeit‹[106] Wielands nun auch offen aus. Er hält den Roman für nichts weniger als jugendgefährdend:

> Diese Art von Schriften, wo die Liebe immer das vornehmste Triebrad ausmachet, kann leicht in der unerfahrnen Jugend den Gedanken erzeugen und unterhalten, daß die Liebe die Hauptbeschäftigung des Lebens ausmache und daß ihre Befriedigung den Menschen auf den höchsten Gipfel der Glükseligkeit versetze. Dieser falsche Begriff bringet das ganze System der Gedanken der Jugend in die größte Unordnung und er verursachet täglich das Unglük der schönsten Seelen und unzählicher Familien. Wir wünscheten also lieber von so vortreflichen Genies als H. W. ist, solche Bücher welche diesen schändlichen Irthum bekämpfeten und welche die Jugend belehreten, in wie fern ihre zärtlichen Gefühle zu ihrer Glükseligkeit und zu ihrem Elende beytragen und wie solche sie nothwendig unglüklich machen müssen, wenn sie aus denselben den wichtigsten Gegenstand ihres Lebens machen.[107]

Solche Aussagen mussten Iselin nun in Verlegenheit bringen, als sich Wieland – der Iselin offenbar wie erhofft nicht als Verfasser der Rezension vermutete[108] – im Zusammenhang mit dem Roman direkt an ihn wandte. Anlässlich der zweiten Auflage des ›Agathon‹ fragt nämlich Wieland bei Iselin an, ob er in

---

bislang weder in der Wieland- noch in der Iselin-Forschung gebührend beachtet worden. Eine gründliche Analyse wäre lohnenswert, muss aber an anderer Stelle erfolgen.

105 Iselin an Nicolai, 5. November 1767 (Jacob-Friesen (Anm. 3), S. 179).

106 Der Ausdruck fällt in der Korrespondenz häufig. Vgl. etwa Iselin an Hirzel, 16. Dezember 1768 (60, S. 384): »Haben Sie Hn. Wielands Idris und dessen Musarion gelesen. Da ist vortreffliche Poesie. Aber der Mann wird täglich schlüpfriger seinen Beschreibungen – und verfällt völlig auf Kindereyen die ihm vor fünfzehn Jahren kaum zu verzeihen gewesen wären.«

107 AdB 6 (1768), 1. St., S. 191.

108 In der Vorrede zum ›Idris‹ nimmt Wieland auf Iselins ›Agathon‹-Rezension Bezug und weist den Vorwurf der allzuschnellen Arbeitsweise zurück: »Die Beobachtung, die der weise Beurtheiler des Agathon in der allgemeinen Bibliothek gemacht hat, daß ich schnell arbeite, ist mit seiner Erlaubniß, nichts weniger als richtig; wollte der Himmel, daß einige Leute nicht hastiger urtheilen, als ich arbeite. Es sind nun fünf Jahre, daß ich über diesen unwürdigen Idris an meinen Nägeln kaue« (Christoph Martin Wieland: Schriften zur deutschen Sprache und Literatur. Hg. von Jan Philipp Reemtsma; Hans und Johanna Radspieler. 3 Bde., Frankfurt/Main, Leipzig 2005, Bd. 1, S. 197).

der Schweiz für sein Subskriptions-Projekt zum Roman Werbung machen könne:

> Sollten Sie, mein Liebenswürdiger Freund, in Basel oder sonst unter Ihren Bekannten in der Schweiz einige Liebhaber für unsern Agathon zusammenbringen können, welche lieber ein dem Nationalgeschmack Ehre machendes Vorhaben befördern helfen, als auf einen wohlfeilern Nachdruck (der von niederträchtigen Buchhändlern vermuthlich bald genug zu meinen Schade wird veranstaltet werden) warten wollen: So bitte ich die Nahmen derselben mir oder meinem Jacobi (wie es Ihnen am gelegensten ist) bekannt zu machen. Ich habe, ausser der Orell und Geßnerischen Buchhandlung, mich sonst noch an niemand in der Schweiz gewendet.[109]

In seiner Antwort – die nur als Entwurf erhalten ist – erteilt Iselin Wieland eine deutliche Absage, die ein vielsagendes Licht auf seinen Literaturbegriff wirft: Zwar bewundere er in Wieland »das Genie welches der deutschen Litteratur am meisten Ehre macht und jede Begebenheit die Ihr Glück und Ihren Wohlstand vermehret ist mir höchst erfreulich«. Er sehe sich aber »durch höhere Betrachtungen genöthiget«, die Bitte abzuschlagen:

> Ich kann mich nicht entschließen an der Ausbreitung und der Beförderung von Schriften Theil zu nehmen deren Geist und deren Thon bey den meisten Lesern eine nach meinen einfältigen Begriffen sehr schädliche Gleichgiltigkeit für die Grundsätze veranlassen müßen die für die wahre Glückseeligkeit des Menschen von der größten Wichtigkeit sind. Ich bewundere den Agathon und alle Ihre neueren Schriften. Ich empfinde bey der Lesung derselben ein Vergnügen das demjenigen ähnlich ist, welches ich bey der Lesung der Werke eines *Voltaire* und eines *Rousseau* empfinde. Allein mein Vergnügen wird dabey immer durch den Gedanken verbittert, daß eben diese Zauberischen Reize die mich entzücken für andre und für viele andre der Zunder verderblicher Gesinnungen und allzuheftiger Leidenschaften werden könne. Vielleicht ist diese Furcht übertrieben, allein so lange ich sie für gegründet halte, kan ich nicht anders als derselben gemäß handeln – und wer weiß ob nicht eine Zeit bevorstehet da Sie selbst auf diese Weise denken werden. Immer aber werden wir einander lieben können, wenn schon unsre Denkungsart immer ungleich bleiben sollte.[110]

Nach diesem Geständnis setzte der Kontakt zwischen den beiden verständlicherweise eine Weile aus, was aber Iselin nicht davon abhielt, weiterhin jede Neuerscheinung Wielands – der 1769 Professor für Philosophie in Erfurt geworden war – aufmerksam zur Kenntnis zu nehmen.

Nach den abfälligen Bemerkungen über Iselins ›Geschichte der Menschheit‹ ist es eher überraschend, dass Wieland seine Lehrtätigkeit an der Erfurter Uni-

[109] Wieland an Iselin (12. Mai 1772). In: WBr 4, S. 500.

[110] Iselin an Wieland, 17. Mai 1772 (Entwurf) (26, S. 128 – 129) (WBr 4, S. 507 – 508). Es ist bezeichnend für den Generationenwechsel, dass Peter Ochs, Iselins Nachfolger als Ratsschreiber und späterer Direktor der Helvetischen Republik, die ›Agathon‹-Subskription wiederum tatkräftig unterstützte (vgl. Gustav Steiner: Eine Basler Büchersammlung aus dem 18. Jahrhundert. In: Basler Zeitschrift für Geschichte und Altertumskunde 23 (1925), S. 179 – 224, hier: S. 190 – 191).

versität ausgerechnet mit Vorlesungen über dieses Werk begann![111] Unter anderem erfuhr Iselin von Georg Michael Frank von La Roche, dem Ehemann von Wielands Jugendliebe Sophie Gutermann, Näheres über Wielands neue Anstellung in Erfurt. Wieland habe dort eine »starcke Cabale seiner Universitäts-Feinde und Neyder seines Ruhms unter den alten Professoren« überstanden, schreibt La Roche, und er »erwarte täglich seinen Diogenes, welcher mit Ende des Jahrs die Presse verlassen«.[112] Iselin entschließt sich sofort, auch diesen neuen Roman Wielands – ›Sokrates mainomenos oder die Dialogen des Diogenes von Sinope‹ (1770) – für die AdB zu rezensieren. Allerdings findet er, wie er Nicolai mitteilt, wenig Gefallen an dem Werk:

> Sie haben mir verdeutet, mein schätzbarer Herr und Freund, daß Sie die Anzeige des Diogenes gern sobald möglich hätten. Hier ist dieselbe. Ohne Zweifel werden Herr Riedel und Herr Wieland damit wider nicht gar wohl zufriden seyn. Aber wenn nur Sie mein werthester Herr, und das Publicum es sind. Ich kann nicht begreifen daß ein Mann wie Wieland so oft und so tief sinkt. Ich sehe disen Mann für das schönste und glücklichste und allgemeinste Genie Deutschlandes an, und es thut mir in der Seele weh ihn sich

---

[111] Vgl. Wieland an Bodmer (1. Mai 1769). In: WBr 3, S. 605: »In Erfurt werde ich öffentlich und besonders über *Iselins Geschichte der Menschheit* lesen.« Einzelheiten zu Wielands Vorlesung über die ›Geschichte der Menschheit‹ sind leider nicht bekannt; vgl. Iselin an Hirzel, 13. April 1769 (61, S. 28): »Wissen Sie mein theuerster Freund! daß Hr. Wieland nun Professor in Erfurt ist – und ein Collegium über meine Geschichte der Menschheit angekündigt hat.« Dem notorisch unzuverlässigen Carl August Böttiger zufolge sagte Rudolf Zacharias Becker: »Wieland las über Iselin die Geschichte der Menschheit, widerlegte ihn in vier Wochen, dann warf er ihn ganz weg; denn er hatte das Collegium in Erfurt angeschlagen, ohne Iselin selbst genau gelesen zu habe« (Starnes 2, S. 589). Die Bezüge zwischen Wielands geschichtsphilosophischen Schriften im Kontext der Rousseau-Debatte und Iselins Geschichtsphilosophie sind in der Forschung vielfach herausgearbeitet worden (vgl. zuletzt die Beiträge in Gisi/Rother (Anm. 6)). Im direkten Austausch der beiden Autoren scheinen Probleme der Geschichtsphilosophie jedoch keine Rolle gespielt zu haben, auch finden sich bei Iselin keine Notizen über Wielands einschlägige geschichtsphilosophische Beiträge. Interessanterweise stellt Herder im ›Journal meiner Reise im Jahr 1769‹ Iselins ›Geschichte der Menschheit‹ in direkten Zusammenhang mit der ›Geschichte des Agathon‹: »Das ist eine Tugend, und Glückseligkeit und Erregung, gesammlet aus mehr als aus Iselins Geschichte, aus dem lebendigen Vorstellen der Bilder aller Zeiten und Sitten und Völker; und gleichsam daraus die Geschichte eines Agathon in jeder Nation gedichtet!« (Johann Gottfried Herder: Werke. Hg. von Wolfgang Proß. Bd. I: Herder und der Sturm und Drang (1764 – 1774). Mit einem Nachwort von Pierre Pénisson. München, Wien 1984, S. 375). Hierzu der Kommentar von Wolfgang Proß: »Auch hier verdeutlicht H[erder] die Gleichsetzung von individueller und kollektiver Entwicklung auf psychologischer Grundlage, wenn er Iselins *Mutmaßungen* und den ersten großen Roman einer individualpsychologischen Entwicklung, Wielands 1766/67 erschienene *Geschichte des Agathon*, als aufeinander bezogene Modelle darstellt« (ebd., S. 813).

[112] La Roche an Isaak Iselin, 2. Januar 1770 (abgedruckt in: ›Allgemeine Zeitung München‹ 1891, Beilage 268) (Starnes 1, S. 358).

> selbst so ernidrigen zu sehen. O Riedel, Riedel wenn ich an deiner Stelle wäre so wollte ich anders mit meinem Freunde reden.[113]

Genauer erörtert er seine Vorbehalte seinem Freund Frey:

> J'ai receu [?] enfin de Zuric le Diogéne de Wieland. C'est une production bien singuliere & plein d'esprit. Il y a des morceaux qui vous enchanteront par leur beauté – mais il n'y a aucun qui ne soit deparé par quelque trait de lubricité ou de pétulance. La visite qu'alexandre a rendû au prince des cyniques y est traitée d'une maniere fort agréable & Il y a ajouté une seconde ou le conquérant représente son entreprise sous le point de vue sous lequel je l'ai envisagée dans l'histoire de l'humanité. Le dernier chapitre donne l'idee de la republique de Diogéne; Il est difficile de dire si ce morceau doit étre plus admiré pour son impertinence ou pour l'esprit qui y regne. L'ensemble fait au reste un persiflage asses absurde.[114]

Auch die Rezension selbst setzt mit einer Reihe von kritischen Bemerkungen ein, das Fazit fällt schließlich dennoch positiv aus:

> Ungeachtet der *Sokrates mainomenos* durch mannigfaltige Flecken entzieret ist; so sehen wir indessen ihn doch für eine der ausgesuchtesten Früchte unserer Litteratur an. – Die größten mahlerischen Schönheiten, die tiefsten Blicke in das menschliche Herz, die feinesten und die edelsten Gefühle der Menschlichkeit geben ihm einen innern Werth, der wenigen andern Werken unsrer besten Köpfe, in einem so hohen Grade zugeschrieben werden kann, und bis auf einige unnöthige fremde Wörter, haben wir auch die Schreibart so vollkommen gefunden, als viele Gedanken reizend, richtig, bündig, rührend sind.[115]

---

[113] Iselin an Nicolai, 7. April 1770 (Jacob-Friesen (Anm. 3), S. 237). Friedrich Justus Riedel war zu dieser Zeit als Professor für Ästhetik Wielands Kollege in Erfurt.

[114] Iselin an Frey, 14. April 1770 (55, S. 5). Auch La Roche, Wieland gegenüber stets wohlwollend eingestellt, zeigte sich über den ›Diogenes‹-Roman enttäuscht: »Herrn Wielands Diogenes hat meiner Erwartung keine Genüge geleistet. Dem ersten Plan nach versprach ich mir eine nüzliche Ausarbeitung, und ich fand nur wizigen Glimmer und Schimmer; Den ein gesezter Geist obenhin im Durchlaufen Liest – vor jungen Leüten verbirgt; und dann sich selbst fragt: *Cui bono?* von allen Orten Jauchzet man ihme freylich viele Lobsprüche zu. Er ist mein Freünd; ich gönne ihme Ruhm und reichen Verdienst. Aber nach meinem Villeicht sehr altvätterischen Moral Geschmak ist das Ding für unsere Nachkommen nichts nüz und für uns gegenwärtig ohne Safft« (La Roche an Iselin, 4. Mai 1770) (Keller (Anm. 4), S. 216 – 217).

[115] [Rez. Christoph Martin Wieland: Sokrates mainomenos oder die Dialogen des Diogenes von Sinope]. In: AdB 13 (1770), 2. St., S. 601 – 606, hier: S. 606 (gezeichnet »G«). Von Iselin stammt auch eine kurze Anzeige einer französischen Übersetzung des ›Diogenes‹-Romanes: »Sie [die Übersetzung] ist wie das Urstücke in einer reizenden angenehmen, dahinreissenden Schreibart abgefasset. Man misset darinn wenige der bezaubernden Schönheiten desselben« (Rez. Socrate en delvie [sic, recte: délire], ou Dialogues de Diogene de Synope […]. In: AdB 24 (1775), S. 105 (gezeichnet »Pl.«). Einen Auszug aus Wielands ›Gedanken über eine alte Aufschrift‹ – einem Text, der gewöhnlich mit dem ›Sokrates mainomenos‹ zusammengebunden wurde – nahm Iselin überdies in ein von ihm herausgegebenes Lesebuch auf, die ›Sammlung dem Nutzen und dem Vergnügen der Jugend geheiliget‹ – notabene als einzigen Text von Wieland (vgl. Betragen des Weisen in Rucksicht auf die Urtheile, welche andre von ihm fällen (Wielands Gedanken über eine

In Erfurt verfasste Wieland – im Hinblick auf seine Tätigkeit als Prinzenerzieher in Weimar – seinen großen politischen Gesprächsroman ›Der goldne Spiegel oder die Könige von Scheschian‹ (1772). Aufgrund seiner politisch-pädagogischen Thematik wurde das Werk gerade in der Schweiz mit besonderer Spannung erwartet: Denn die darin verhandelten Themenkreise wie die richtige Erziehung des Fürsten, die Frage nach der angemessenen Regierungsform oder das Problem des Luxus und die Möglichkeiten seiner Eindämmung gehörten zu den meistdiskutierten Problemen im Umkreis der Schweizer Aufklärer wie Albrecht von Haller, Johann Jakob Bodmer oder eben Isaak Iselin. Überdies wurde das Genre des Staatsromans im Gegensatz zur ansonsten grundsätzlich beargwöhnten Romanliteratur als ernste Lehrgattung sehr geschätzt – sogar Iselin spielte mit dem Gedanken, seine polittheoretischen Entwürfe schließlich in einem Staatsroman darzulegen. Dass der ›Goldne Spiegel‹ in der Schweiz wohlwollender aufgenommen werden würde als etwa ›Don Sylvio‹ oder der ›Agathon‹, vermutete auch Wieland selbst: Es sei einer seiner sehnlichsten Wünsche, schreibt er an Salomon Gessner, dass der ›Goldne Spiegel‹, »welcher nun vermuthlich auch in dasigen Gegenden bekannt seyn wird, mich mit meinen alten helvetischen Freunden entweder ganz aussöhnen, oder wenigstens diese mir so sehr angelegene Aussöhnung *befördern* möge«.[116] Und tatsächlich zeigte sich auch Isaak Iselin nach den Erfahrungen mit dem ›Agathon‹ und dem ›Diogenes‹ vom ›Goldnen Spiegel‹ positiv überrascht:

> Haben Sie Hn. Wielands goldnen Spiegel gelesen? Herr Wieland kehret wieder zu bessern Grundsätzen zurücke wie ich es ihm in einem an ihn vor einiger Zeit abgegebenen Briefe prophezeyet hatte, ehe ich noch etwas von diesem Werke wußte – Der zweyte und der dritte Band sind ausnehmend schön. Die Erziehung Tifans ist ein vortreffliches recht reizvolles und lehrreiches Stück. [...] Die Episode von den Kindern der Natur im ersten Bande ist nicht weniger ein bewunderungswürdiges Stück, obwohl eines und das andre daran auszusetzen ist – Der vierte Band ist voll grosser Schönheiten – aber voller politischer Irrthümer – Man siht daß der Dichter hier nicht so wohl vorgearbeitet gefunden hat als bey den ersten oder daß er nicht so wohl ausgewählet und das Ausgewählte nicht so gut verstanden hat. Es scheinet ihm dises mit einigen Stellen meiner Schriften geschehen zu seyn – Ich habe seit einiger Zeit gehöret Hr. Wieland werde Erfurth verlassen und als Hofmeister oder Informator eines Prinzen nach Weimar gehen.[117]

Die Rede von der ›Aussöhnung‹, die der ›Goldne Spiegel‹ bewirken könne, zieht sich durch die Briefwechsel Iselins mit verschiedenen Schweizer Freunden. So schreibt etwa der Berner Magistrat und Ökonom Niklaus Emanuel Tscharner an Iselin: »Ich freue mich mit dem Autor auszusöhnen, denn ich habe verschiedene seiner Werke mit Nuzen und Vergnügen gelesen«. Allerdings schränkt er das Lob gleich wieder ein: »[W]o er [Wieland] den Wiz den Verstand nicht beherrschen läßt, da ist er vortreflich; aber wie verführerisch ist die

---

alte Aufschrift). In: Isaak Iselin: Sammlung dem Nutzen und dem Vergnügen der Jugend geheiliget. 2. Aufl., Basel 1773, S. 187 – 188).

[116] Wieland an Gessner (20. Juni 1772). In: WBr 4, S. 540.

[117] Iselin an Hirzel, 2. September 1772 (61, S. 233 – 234).

Einbildung nicht; wahr ist, die seine ist so reizend als lebhafft, und es ist schwer der Ruhmbegierde zu wiederstehen, in einer Art nicht nur vortreflich, sondern auch original sich zu zeigen.«[118]

Iselins umfangreiche Besprechung des ›Goldnen Spiegels‹ – sie erschien Anfang 1773 in der AdB[119] – ist eine gründliche, beziehungsreiche Auseinandersetzung mit dem Werk und eine der gehaltvollsten Rezensionen des Romans überhaupt. Da im ›Goldnen Spiegel‹ zahlreiche Leitthemen von Iselins Schriften verhandelt werden – die Luxusdebatte, die Frage der besten Verfassung, ökonomische Probleme des Staates etc. –, diskutiert Iselin diese besonders eingehend und auch unter Bezugnahme auf seine eigenen Schriften. So verweist er unter anderem auf seinen ›Zweyten Palämon‹ (1770), eine Abhandlung über den »Aufwand« bzw. die Notwendigkeit von Luxusgesetzen.[120] Und im Schlussabschnitt wirft er Wieland (wie bereits im oben zitierten Brief an Hirzel angedeutet) sogar Plagiat an seinen Schriften vor: Es sei nicht richtig, »die dogmatischen Schriftsteller« mit Verachtung hinunterzusetzen und sie »der Unnützbarkeit verdächtig zu machen«, insbesondere dann nicht, »wenn sie [die Dichter] die Gedanken derselben ihren Helden in den Mund legen, oder die Entwürfe derselben in ihre Dichtungen zwar verschönert und geändert, aber nicht allemal verbessert, hinübertragen«.[121] Und eine Anmerkung ergänzt: »Man sehe z. E. Herrn *Iselins* Stück über die Erziehungsanstalten, und man vergleiche damit *Tifans* Erziehungsentwürfe«[122] sowie »Herrn *Iselins Schinznach* […] und Ge-

---

[118] Tscharner an Iselin, 20. November 1772 (44, S. 161). Tscharner kontrastiert ferner den ›Goldnen Spiegel‹ – die Gegenüberstellung ist später topisch geworden – mit Albrecht von Hallers Staatsroman ›Usong‹ (1771): »Ja, Mein werthester Freünd, mit dem ehrlichen und weisen Danischmende bin ich so ziemlich zufrieden; und mit Herrn Wieland, so fern er gut hält, ausgesöhnt; Insonderheit gefallen mir über die Policey, und seine Eintheilung des Volkes in Klaßen, diese hat mir jeher in der Sinesischen Gesäzgebung der Mittelpunct der ersten geschienen. […] Ich erwarte mit Ungedult die Folge dieses goldenen Buchs. […] Hallers Usong lese ich zum zweytenmahl mit mehr Vergnügen als das erste. Glauben Sie wohl, daß, ob ich für mich schon die Könige von Seschian solchem vorziehe, ich Hn. Hallers Werk für gemeinnüziger halte als Wielands; Ich weis nicht, ob nicht viele sind, die denken wie ich, eine Handlung gefällt mir stäts beßer als eine Erzählung, und so komt mir ersteres gegen letzteres vor« (Tscharner an Iselin, 22. Dezember 1772 (44, S. 171 – 173)).

[119] [Rez. Christoph Martin Wieland: Der goldne Spiegel, oder die Könige von Scheschian. In:] AdB 18 (1773), 2. St., S. 329 – 363 (gezeichnet »Rh«; abgedruckt in: Christoph Martin Wieland: Der goldne Spiegel und andere politische Dichtungen. Hg. von Herbert Jaumann. München 1979, S. 748 – 757).

[120] Vgl. die Anm. ebd., S. 359. Gemeint ist: [Isaak Iselin:] Der zweyte Palämon, oder von dem Aufwande. Worinn verschiedene Irrthümer des ersten Palämons berichtiget, und über die Quellen der Theurung und der Armuth einige Anmerkungen gemachet werden. Zürich: Orell, Gessner, Füeßli und Compag., 1770.

[121] Ebd., S. 362.

[122] Ebd., S. 362 Anm. Gemeint ist Iselins Abhandlung »Ueber die Erziehungsanstalten«, die (nur) in seinen ›Vermischten Schriften‹ (1770) enthalten ist (Isaak Iselin: Vermischte Schriften. 2 Bde. Zürich: Orell, Geßner, Füeßli und Comp., 1770, Bd. 2, S. 105 – 139). Herbert Jaumann hat in seinem Kommentar den Plagiatsvorwurf plausibel entkräftet (vgl. Wieland (Anm. 119), S. 786 Anm. 291).

schichte von *Scheschian* […], wo dieselben Gedanken als richtig angewandt werden.«[123] Iselins Hinweis auf seine eigenen Schriften – der im Verdacht gipfelt, Wieland habe sich seiner Argumentationen bedient – legt beredtes Zeugnis davon ab, wie intensiv er sich mit dem ›Goldnen Spiegel‹ auseinandersetzte.

Während die Autorschaft der ›Agathon‹- und der ›Diogenes‹-Rezension offenbar mit Erfolg geheim gehalten werden konnte, gab sich Iselin schließlich als Autor der Besprechung des ›Goldnen Spiegels‹ zu erkennen. Durch Nicolai erfuhr Iselin, dass Wieland – vielleicht aufgrund der doch auffallenden Hinweise auf Iselins Werke – nachgefragt habe, wer der Rezensent sei.[124] In einem langen Brief an Wieland, der sich wie eine Zusammenfassung ihres wechselhaften Verhältnisses liest, eröffnet Iselin seine Verfasserschaft:

> Sie verlangen, verehrungswürdiger Freund, den Recensenten des goldnen Spiegels zu kennen. Ich sehe zwar nicht daß diese Entdeckung Ihnen sonderlich angelegen seyn sollte. Da mir aber Herr Nicolai meldete, daß Ihnen solche einiges Vergnügen machen würde: so mache ich mir kein Bedenken Ihnen zu sagen, daß ich es bin. Ich hoffe Sie werden darinn den Mann nicht verkennen der seit mehr als zwanzig Jahren Ihren Genie bewundert Ihre Person liebet und Ihre Schriften immer mit der wärmsten Theilnehmung liest; obgleich eben so wenig als die kühnen Ausflüge welche Sie ehmals bisweilen in das Empyrium thaten, er die kleinen Ausschweifungen nach seinem Geschmack findet, welche Sie seit einiger Zeit in die Gärten der Epicureer gewaget haben.[125]

Offenbar noch immer in der Meinung, Wieland habe sich über ihn »lustig machen« wollen, relativiert er den Plagiatsvorwurf am Schluss seiner Rezension:

> Aus diesen Gesinnungen, die Ihr edels Herz wenn sie mich auch zu Irrthümern verleitet hätten nicht misbilligen kann floß die Wärme mit deren ich dasjenige an Ihrem vortrefflichen Werke tadelte, das mir daran bedenklich schien. Wahrheit in den Meynungen und Richtigkeit in den Gefühlen sind die einzigen Quellen der höheren Glückseeligkeit der Menschen. Mir schienen dieselben in dem goldnen Spiegel hin und wieder verletzet; und wie höher in meinen Augen der Mann stand von welchem die Verletzung herrührte: desto dringender fand ich die Pflicht sie zu bemerken und meine Nebenmenschen davor zu warnen – Ich gestehe Ihnen indessen gerne daß ich mit mir selbst über verschiedene

---

[123] Im ersten Band seiner ›Vermischten Schriften‹ hat Iselin Kernpassagen aus früheren seiner Schriften in Dialogform umgeschrieben unter dem Titel »Schinznach, oder Über die Anfänge der bürgerlichen Weisheit«. Die achte dieser ›Schinznacher Unterredungen«, auf die er hier anspielt, handelt von der Untrennbarkeit der politischen und der sittlichen Tugend (vgl. Iselin (Anm. 122), Bd. 1, S. 234 – 260).

[124] Vgl. Wieland an Nicolai (18. Juni 1773). In: WBr 5, S. 126.

[125] Iselin an Wieland, 10. August 1773 (26, S. 130 – 131) (WBr 5, 155). Vgl. Iselin an Hirzel, 27. September 1773 (61, S. 283): »Haben Sie in der allg. Bibliothek die Anzeige von dem goldnen Spiegel gelesen mein Freünd! und wie sind Sie damit zufrieden. Ich kan Ihnen im Vertrauen den Verfasser nennen – Ich bin es – Hr. Wieland war so begierig ihn zu wissen und ich habe die Einfalt gehabt, auf das dringende Anhalten des Hn. Nicolai mich ihm zu entdecken. Ich muthmasste er habe meinen Kritik nicht gar zu wohl aufgenommen denn ich habe auf meinen Brief […] keine Antwort erhalten. Ich besorge ich habe der Eigenliebe des guten Kadons [?] gar zu nahe getreten. Allein es ficht mich wenig an: denn ich zweifle ob ein andrer insonderheit ich gelinder würde behandelt [sic] haben.«

> Stellen in dem Schluße dieser Anzeige ziemlich unzufrieden bin. Ich hätte meine Empfindlichkeit über einige Züge durch welche Sie über mich sich lustig zu machen schienen vielleicht ganz unterdrücken wenigstens nicht so lebhaft zeigen können. Allein Ihr eigenes Gewissen wird bey Ihnen entscheiden ob ich ganz unrecht gehabt habe oder nicht. So weit über unser Verhältnis als Verfasser und als Recensent die unmoglich durchaus gleich denken können.[126]

Schließlich möchte Iselin, dass sie »als Freunde mit einander reden«, und wünscht Wieland das Beste für die bevorstehende Anstellung in Weimar: »Ich wünsche Ihnen von Hertzen Glück daß die Vorsehung Sie in eine Lage versetzet hat wo Sie für die Glückseeligkeit vieler Menschen unter den Augen einer weisen und erleuchteten Fürstinn an der Vervollkommnung der Erziehung hoffnungsvoller Prinzen arbeiten können. Der Himmel wolle ihre Bemühungen mit den glücklichsten Erfolgen bekrönen und er lasse Sie auf dieser Bahn lauter Rosen finden.«[127] Auch später erwies Iselin dem ›Goldnen Spiegel‹ noch einmal die Ehre, als er die Geschichte der Erziehung des Tifan, die er bereits in der Rezension besonders gelobt hatte, in seiner Zeitschrift ›Ephemeriden der Menschheit‹ als »Meisterstück eines unserer größten Schriftsteller« hervorhebt. Iselin bejaht dort die Idee, adligen Kindern ihren Stand zu verbergen und sie isoliert vom väterlichen Haus aufzuziehen: »Allein eine solche Erziehung kann nur in einem Romane oder nur in sehr seltenen Umständen Platz haben.« Und dann erfolgt der Hinweis auf die Tifan-Geschichte aus dem ›Goldnen Spiegel‹: »Es werden unter unsern Lesern wenige seyn, welche diese nicht kennen und nicht wissen werden, daß sie ein Meisterstück eines unserer größten Schriftsteller ist, der uns schon so viel Schönes geliefert hat.«[128]

Aus späteren Jahren sind nur noch vereinzelte Bemerkungen der beiden Autoren überliefert, ein eingehenderer Kontakt hat offenbar nicht mehr stattgefunden.[129] Iselin verfolgte Wielands glänzende Karriere aus der Distanz und nicht ohne Ironie. So nahm er sich zum Beispiel gemeinsam mit den Freunden Frey und Wolleb Goethes Satire ›Götter, Helden und Wieland‹ (1774) vor, die gegen die angeblich verniedlichende Figurenzeichnung in Wielands Singspiel

---

[126] Ebd., S. 155 – 156.

[127] Ebd., S. 156.

[128] [Isaak Iselin:] Der geborene Herr. Anmerkung über die Erziehung. In: EdM 3 (1777), S. 247 – 253, hier: S. 250.

[129] Durch seine Freunde wurde Iselin jedoch nach wie vor über Wieland unterrichtet. Vgl. etwa Zimmermann an Iselin, 14. April 1775 (41, S. 320) (Starnes 1, S. 533): »Wieland […] war neulich am Hofe zu Gotha so *wielandisch* als in dem Hause des Herrn Schulthessen [sic] Sinners in Bern. | Die von Wielands Ungnade in Weimar ausgestreueten Gerüchte sind falsch. Er lebt meist da in einer glücklichen Musse aber worüber Sie eben nicht erstaunt werden, *politisch* oder weltklug ist er nicht, so gut er auch sonst das wissenschaftliche davon einsieht. Er ist in Weimar *Wieland* wie er in Zürich und Bern, was den Umgang betrifft. […] Wenn es also am Ende doch nicht gut geht, so ist es freilich nicht der Abderiten am Hofe, sondern *sein* Werk. Die Prinzessin Louise von Darmstadt, künftige Hertzoginn von Weimar, eine gantz vortrefliche Dame und Lavaters grosse Freundin, *wielandisiert* gar nicht.«

›Alceste‹ (1773)[130] gerichtet war: Nun zittere Wieland, den doch bislang alle Welt gefürchtet habe, vor Goethe.[131] An anderer Stelle vergleicht er Wieland erneut mit Goethe, »der nicht nur noch größere Sprünge thut als er [Wieland], sondern der noch Originalsprünge thut, da er immer nur Nachahmer war«.[132] Und im selben Jahr 1775 findet sich im Tagebuch die folgende, nicht leicht einzuordnende Passage, die offenbar aus einem Entwurf eines Briefes an Wieland stammt und auf eine erneute Verstimmtheit Wielands Bezug zu nehmen scheint:

> Dass einem Canzleydirector von Biberach oder einem Rathschreiber von Liestal das Blut ein bisgen aufwallet, wenn nach Ihrem Ausdrucke mein lieber Hr. Wieland, ein Rathsher, sie stärker und unhöflich anklotzt; das[s] einem Autor das nämliche geschiehet, wenn er in einem Tagbuche ein schlimmes Compliment antrifft: das ist ganz natürlich und verzeihlich, eine der ersten Lehrgänge, welche deren Unterdrückung auch die Stoiker nicht fordern; wenn aber ein Canzlist und ein Autor schlimme Complimente nicht vergessen können, wenn der Canzlist noch des folgenden Tages empfindlich ist und wenn der Schriftsteller es solang bleibet, bis ein Bogen abgedruckt ist; wenn sie fähig sind, sich zu rächen, so sind sie keine Männer. Jedoch ist es Ihnen erlaubet, sich mit Bescheidenheit zu vertheidigen, wenn sie bezeigen, dass der Angriff, der auf sie geschehen, ihren guten Absichten nachtheilig hätte seyn können.[133]

Für Wieland wiederum verfestigte sich offenbar das Bild von Iselin als eines idealistischen Träumers. Zur Zeit von Goethes Rheinreise mit Johann Caspar Lavater und Johann Bernhard Basedow schreibt er etwa, wenn sich dieser »mit dem idealischen Politiker Iselin« und dem Wundertäter Lavater vereinige, »so weiß Gott, was die drei Männer zusammen aus uns machen werden«.[134] Und er unterließ es nicht, Iselins ›Ephemeriden der Menschheit‹ immer wieder zu kritisieren. Im ›Teutschen Merkur‹ wurde Iselin etwa – sicherlich mit Billigung Wielands – von Johann Heinrich Merck als »schlappe[r] Menschheitvertreter

---

[130] In einem Brief vom 30. Juni 1773 (55, S. 198) hatte Frey Iselin bereits (sehr negativ) über die ›Alceste‹ berichtet: »Il [ein befreundeter Franzose; F. G.] m'a de plus fait lire un Opéra fait par Viéland [sic] qui a été mis en musique, et éxécuté; c'est *Alceste*; les vers en sont très lyriques, mais la pièce est extraordinairement froide. Il y a surtout un 4. Acte d'une glace et d'une inutilité incroyables.«

[131] »Le Sgr. Wieland que tout le monde craignait jusqu'a présent tremble devant lui« (Iselin an Frey, 27. April 1775 (55, S. 300)). Sehr scharf hat (in anderem Zusammenhang) der Historiker Gustav Steiner gesehen, dass es hier nicht um Schadenfreude ging: »Wielands Ansehen war erschüttert. Was wunder, wenn Iselin, über den die genialische Moderichtung hinwegschritt, in ihm einen Leidensgefährten sah und ihm schon deshalb seine Teilnahme schenkte« (Steiner (Anm. 110), S. 189).

[132] Iselin an Hirzel, 27. September 1775 (62, S. 60) (abgedruckt in: Jakob Keller: Goethe im Kreise Isaak Iselins. In: Goethe-Jahrbuch 6 (1885), S. 84 – 94, hier: S. 91). Ebd.: »Ich stelle mir daher [vor] daß die Erscheinung von Göthen Wielanden sehr wehe thun soll. Er der bis[her] dem witzigen Deutschlande mit so vielem Eyfer und ausschliessendem Beyfalle vorgaukelte[.]«

[133] Tb 26. April 1775 (15, S. 333).

[134] Wieland an Friedrich Jacobi (1. Juli 1774). In: WBr 5, S. 278.

von Ephemeridenschreiber« verspottet.[135] Solche kleinen Spitzen, die zwischen dem Herausgeber des ›Merkurs‹ und dem Herausgeber der ›Ephemeriden‹ ausgetauscht wurden, wuchsen schließlich anlässlich der Publikation einer Anekdote über Rousseau zu einer ausgedehnten Streitsache an, die in zahlreichen umfangreichen Stellungnahmen ausgefochten wurde.[136] Iselins letzte Erwähnung Wielands wiederum stammt aus einem wenige Tage vor seinem Tod niedergeschriebenen Vermächtnistext. Anlässlich einer ausufernden Rezension von Johann Friedrich Reichardts ›Musikalischem Kunstmagazin‹ diskutiert Iselin auch dessen Idee einer Vertonung von Klopstocks ›Messias‹. Noch besser wäre es, schreibt Iselin, die gesamte frühe Entwicklung der Menschheit zum Thema einer »Nazionalepopee« zu machen, eines gewaltigen Universalepos, dessen Dichter durch eine Subskription unterstützt werden sollte. Und hier kommt er zum letzten Mal auf Wieland zu sprechen, der – da »entschweizert« – für ihn nicht mehr als möglicher Autor eines solchen Menschheitsepos in Frage kommt: »Ist nicht Herr Wieland aus einem theils verliebten, theils enthusiastischen, theils süssen, theils frommen Dichter, durch den Grafen von Stadion, den Herrn von La Rosche und durch seine Gemahlin gänzlich entschweizert, und vom Sänger des Patriarchen zum Geschichtschreiber des Agathons umgeschaffen worden?«[137]

VI. Fazit

Überblickt man die Beziehung zwischen Wieland und Iselin abschließend in ihrem Gesamtverlauf, erweist sich diese zwar als ein wechselhaftes, aber doch bemerkenswert lange andauerndes Verhältnis. Was erst bei näherer Betrachtung auffällt – und hier in groben Strichen skizziert werden kann –, sind die doch verblüffenden Parallelen, die sich in der hier behandelten Periode zwischen den beiden Biographien abzeichnen: Die Jugend- und Studienzeit beider Autoren ist von ausgreifender und exzessiver Lektüre geprägt, beide eignen sich so schon in frühen Jahren einen außergewöhnlichen enzyklopädischen Wissensfundus an.

---

135 [Johann Heinrich Merck:] Eines Ungenannten Fragment einer Beantwortung über die Frage im Merkur: welches sind die sichersten Kennzeichen des geraden Menschenverstandes. In: TM 4 (1776), S. 68 – 78, hier: S. 72: »[…] und nur der schlappe Menschheitvertreter von Ephemeridenschreiber sieht diese Weisheit als Tyranney an«. Vgl. auch die späte Replik in EdM 2 (1783), S. 738.

136 Auf den in der Forschung schon mehrfach behandelten Fall, der rasch auf grundsätzliche Fragen zum Verhältnis von persönlicher Moral und öffentlicher Darstellung ausgeweitet wurde, kann hier nicht näher eingegangen werden. Vgl. jetzt die gründliche Darstellung: Carmen Götz: Die Konstrukteure des ›Tugendhelden‹ Rousseau. Menschen, Medien und die ambivalente Rolle von Anekdoten. In: Zwischen Vielfalt und Imagination. Praktiken der Jean-Jacques Rousseau-Rezeption. Entre hétérogénéité et imagination. Pratiques de la réception de Jean-Jacques Rousseau. Hg. von Jesko Reiling und Daniel Tröhler. Genf 2013 (Travaux sur la Suisse des Lumières).

137 [Isaak Iselin:] Rez. J. F. Reichardt: Musikalisches Kunstmagazin. St. 1. Berlin 1782. In: EdM 2 (1782), S. 257 – 296, hier: S. 290.

Beide entscheiden sich nach einem eher widerwillig aufgenommenen Jurastudium schon früh für eine literarische Tätigkeit (wenn auch Iselin seine Versuche als Dichter sehr bald abgebrochen hat), beide sind in der Folge um eine Anstellung an einer Universität beziehungsweise einer Privatakademie bemüht. Sowohl Iselin wie Wieland treten schließlich nolens volens eine Anstellung im höheren Staatsdienst ihrer jeweiligen Heimatstadt an, wobei der Ratsschreiber Iselin in Basel ähnliche Aufgaben zu verrichten hatte wie der Kanzleiverwalter Wieland in Biberach. Dabei klagte der eine wie der andere über die verkrusteten Strukturen seiner Heimatstadt und darüber, dass die literarische Tätigkeit in die knappen Freizeitstunden neben der anstrengenden Amtstätigkeit verbannt wurde. Und beide wählten nach amourösen Eskapaden in der Jugendzeit eine ›Vernunftehe‹ und wurden zu kinderreichen Familienvätern – Iselin mit neun, Wieland mit vierzehn Kindern. Hinzu kommt bei beiden in der fraglichen Periode ein ausgeprägtes Interesse sowohl an staatspolitischen wie an pädagogischen Fragestellungen, die zum einen zu den erwähnten konkreten Projekten wie der ›Pflanzschule‹ führte, zum anderen die intensive Aufmerksamkeit Iselins auf entsprechende literarische Umsetzungen in Wielands Epen und Staatsromanen erklärt. Die biographischen Parallelen sollen hier nur angedeutet und nicht weiter strapaziert werden – es ist aber unübersehbar, dass zumindest Iselin solche Gemeinsamkeiten durchaus wahrnahm und Wieland nicht einfach als freien Schriftsteller, sondern als ›Amtsbruder‹ und Leidensgefährten, zeitweilig auch als möglichen Mitarbeiter bei pädagogischen oder anderen Projekten betrachtete.

Was Iselin für Wieland bedeutete, ist auch aufgrund der hier neu publizierten Quellen nur schwer auszumachen. Festhalten lässt sich auf jeden Fall, dass Wieland Iselins Hauptwerke nicht nur zur Kenntnis nahm, sondern intensiv studiert hat: So hat er sich etwa zu den ›Philosophischen und Patriotischen Träumen eines Menschenfreundes‹ oder dem ›Versuch über die Gesezgebung‹ ausführlich geäußert – und auf letzteren sogar mit einem eigenen Legislations-Entwurf reagiert. Und die ›Geschichte der Menschheit‹ hat Wieland offenbar derart beschäftigt, dass er seine Professorentätigkeit in Erfurt mit Vorlesungen über dieses Werk begann. Diese Rezeptionszeugnisse sowie die überschwänglichen Huldigungs- und Lobesbekundungen in seinen Briefen an Iselin kontrastieren jedoch auffallend mit seinem offenkundigen Desinteresse an persönlichen Begegnungen mit dem Basler Autor, die trotz dessen vielfachen Bemühungen nicht zustande kamen. Auch bleibt Wielands euphorisches Lob für Iselins ›Träume eines Menschenfreundes‹ oder auch Franz Urs Balthasars ›Patriotische Träume eines Eydgnossen‹ bei näherem Hinsehen merkwürdig allgemein und unbestimmt. Eine wichtige Bezugsgröße sind Iselins politische und reformerische Schriften für Wieland offenbar nicht gewesen. Und wenn man berücksichtigt, wie wendig und präzise er sich während seines Schweizer Aufenthalts den verschiedensten Erwartungen anzupassen wusste, drängt sich etwas Verdacht auf, dass sein Engagement für die Schweizer ›Patrioten‹ wohl doch mehr von taktischen Überlegungen als von innerer Überzeugung angetrieben wurde. Iselin war für Wieland wohl in erster Linie ein wichtiger ›Stützpunkt‹ in Basel, einem Ort, den er zumindest vorübergehend durchaus als Wirkungsstätte ins Auge fasste. Ebenfalls auffallend ist, dass Wieland sich eigentlich nur dann an Iselin wendet, wenn er sich von ihm eine Hilfeleistung oder einen Vorteil verspricht, sei es im Zusammenhang mit einer Anstellung, einer Empfehlung oder bei seinem Subskriptionsprojekt für den ›Agathon‹. Umso empfindlicher und beleidigter reagierte Wieland auf Kritik Iselins an seinen Werken oder empfand dessen Hilfeleistungen als bevormundend. Nach dem Erscheinen der ›Geschichte der Menschheit‹ hatte sich bei Wieland offenbar das Bild Iselins als eines weltfremden Idealisten verfestigt. In seinem ›Teutschen Merkur‹ ließ er es sich deshalb auch nicht nehmen, ironische Spitzen gegen den Herausgeber der ›Ephemeriden der Menschheit‹ zu publizieren.

Demgegenüber wurde deutlich, dass Iselin trotz zunehmender Vorbehalte gegenüber Wielands moralischen Ansichten und dem angeblich allzu freizügigen *esprit* seiner Schriften praktisch alle Werke Wielands sofort nach ihrem Erscheinen gründlich durchgearbeitet hat – es gibt wohl keinen zweiten deutschsprachigen Autor, mit dem sich Iselin über so lange Zeit hinweg intensiver auseinandersetzt. Nach der Rückkehr von seiner Pariser Reise hoffte er offenbar, in Wieland ein Leitmodell für seine Vorstellung eines verantwortungsbewusst-moralischen Autors gefunden zu haben. Je länger, je ausgeprägter bekundet er jedoch – ganz ähnlich wie bei gewissen französischen Autoren – Mühe mit Wielands virtuosen und schillernden Stilexperimenten. Dabei zeichnet sich ab, dass für Iselin die entscheidende ›Literaturrevolution‹ bereits früher, vor dem Auftreten Wielands stattgefunden hat: Die prägenden Autoren der Jugend- und Studienzeit – Albrecht von Haller, Johann Jakob Bodmer, Friedrich von Hagedorn, in der Prosa vor allem aber die französischen und englischen Essayisten des frühen 18. Jahrhunderts – bleiben auch späterhin der Maßstab für Iselins eigenes Schreiben: Klarheit, Verständlichkeit, vor allem aber eine deutlich erkennbare moralische Absicht stehen für ihn als positive Kriterien im Vordergrund. Die experimentelle Poetik Wielands der 1760er und 1770er Jahre – ganz zu schweigen vom anbrechenden Sturm und Drang – hat Iselin zwar interessiert verfolgt, sie war ihm im Grunde aber zunehmend suspekt. Hier geht er konform mit anderen Schweizer Autoren der mittleren und späten Aufklärung: Bekanntermaßen kam es nach Wielands Schweizer Aufenthalt zum Bruch mit Johann Jakob Bodmer und den ›Zürchern‹; aber auch die früheren Berner Bewunderer Wielands verfolgten seine ›Metamorphose‹ mit Bedenken und Unverständnis.

Wenn sich Iselin auf den ersten Blick in diese konservative Strömung der Schweizer Aufklärung einordnen lässt, zeugt seine Auseinandersetzung mit Wieland doch von bemerkenswerter Eigenständigkeit: Seine Kritiken des ›Agathon‹, des ›Diogenes‹ und des ›Goldnen Spiegels‹ sind das Resultat einer umsichtigen Wahrnehmung, die den Innovationsgehalt dieser Texte durchaus erkennt und ästimiert. Dem Umgang mit anderen für ihn zentralen Autoren wie etwa Rousseau oder Montesquieu vergleichbar, kam es bei Iselin sozusagen zu einer Trennung von Autor und Werk: Bei allen Bedenken gegenüber den moralischen Qualitäten eines Autors versuchte er, das jeweilige Werk nicht von der Biographie des Autors her zu betrachten, sondern als eigenständige Gebilde in ihrer poetischen Eigenart zu würdigen. Dass er dabei oft zu kritischen Urteilen kam, die mit denjenigen seiner Schweizer Freunde im Einklang standen, ist nicht abzustreiten. Es gilt aber hervorzuheben, dass Iselin diese Einschätzungen zumeist aus einer Analyse der *Texte* gewann und nicht aus dem Charakter des Autors ableitete. Vor diesem Hintergrund entstanden seine Rezensionen von Wielands großen Romanen, die zu den perspektivenreichsten und gründlichsten zeitgenössischen Besprechungen gehören. So blieb Wieland für Iselin lebenslang ein ebenso anregender wie provozierender Widerpart, der in seinen Augen durchaus den intellektuellen und literarischen Rang eines Rousseau oder Voltaire einnahm.

Viia Ottenbacher

»...DAHER VERLOR SICH GAR MANCHES WIEDER...« *

Die Rekonstruktion der Bibliothek des Dichters Christoph Martin Wieland im Biberacher Wieland-Archiv

Es mag manchen gar seltsam anmuten, dass ausgerechnet im oberschwäbischen Biberach an der Riß eine Rekonstruktion der Bibliothek des Dichters Christoph Martin Wieland (1733 – 1813) unternommen wird und nicht im thüringischen Weimar – wo Wieland den größten Teil seines Lebens verbrachte. Eine Erklärung hierfür findet man in den Anfängen der Biberacher Wieland-Verehrung, insbesondere in der Gründung und Weiterentwicklung des Biberacher Wieland-Museums.

1733 in Oberholzheim, einem kleinen, der Reichsstadt Biberach gehörenden Dorf geboren, zog Christoph Martin mit drei Jahren, als sein Vater das Pfarramt des Siechenpredigers in Biberach übernahm, in die damals etwa 4 500 Einwohner zählende Reichsstadt. Dort hatten seine Vorfahren bereits seit dem 16. Jahrhundert wichtige städtische Ämter, als Bürgermeister oder Mitglied des Großen Rats, inne gehabt. Bis heute vereinnahmt Biberach die Strophe aus Wielands Verserzählung ›Oberon‹ für sich, in der es heißt:

> Du kleiner Ort, wo ich das erste Licht gesogen,
> Den ersten Schmerz, die erste Lust empfand,
> Sei immerhin unscheinbar, unbekannt,
> Mein Herz bleibt ewig doch vor Allen dir gewogen.
> Fühlt überall nach dir sich heimlich hingezogen,
> Fühlt selbst im Paradies sich doch aus dir verbannt;
> O möchte wenigstens mich nicht die Ahnung trügen,
> Bei meinen Vätern einst in deinem Schoß zu liegen![1]

In Biberach ist Wieland groß geworden, besuchte die Lateinschule, wo er mit erst sechs Jahren der Jüngste in der Klasse mit Neun- bis Zehnjährigen war, und in seine Vaterstadt kam er nach Internat, abgebrochenem Jura-Studium in Tübingen und Aufenthalt bei Johann Jakob Bodmer in der Schweiz mit 27 Jahren wieder, als er 1760 zum Senator und Biberacher Kanzleiverwalter gewählt wurde. Neun Jahre hat er in diesem Amt verbracht, bevor er nach Erfurt als Pro-

---

* Heinrich Meyer: Wielands Nachlaß. In: Zürcherische Beyträge zur wissenschaftlichen und geselligen Unterhaltung. Hg. von J. J. Hottinger, J. J. Stolz und J. Horner. Bd. 2, H. 3. Zürich 1815, S. 81 – 88, hier: S. 83. – Überarbeitete Fassung des Vortrags gehalten am 9. Februar 2012 im Rahmen der Wieland-Vorträge des Wieland-Archivs in der Volkshochschule Biberach, zuvor im Goethe-Nationalmuseum Weimar im Rahmen des Bücherfestes im April 2003.

1 Wieland: Oberon. 4. Gesang, Strophe 22. In: WOA 15.1, S. 4 – 246, hier: S. 61.

fessor der Philosophie weiter zog und danach nach Weimar als Prinzenerzieher – neun Jahre, die ihn in seinem dichterischem Schaffen reifen ließen und in denen er Werke wie die Romane ›Der Sieg der Natur über die Schwärmerey oder Die Abentheuer des Don Sylvio von Rosalva‹ und ›Geschichte des Agathon‹ sowie die Verserzählungen ›Idris und Zenide‹, ›Comische Erzählungen‹, und ›Musarion‹ verfasste, um nicht die Übersetzung von 22 Stücken Shakespeares zu vergessen.

So wundert es nicht, dass Biberacher Bürger am Anfang des letzten Jahrhunderts sich seiner erinnerten und beschlossen, ein Museum zu gründen, um ihn und sein Werk zu ehren und die Erinnerung an ihn zu pflegen. Bereits 1877 wurde ein »Wieland-Comité« gegründet, und man beschloss, »dem Dichter Wieland ein Denkmal zu setzen«, das im Juni 1881 in Anwesenheit von großen Teilen der Bürgerschaft eingeweiht wurde.[2]

In den letzten Jahren seiner Biberacher Zeit hatte der Dichter das Obergeschoss eines Gartenhauses gemietet, unweit der Stadt – heute mitten darin –, um sich von den Plagen des Alltags, vom ewigen Schreiben langer Protokolle und von lästigen Besuchern, die allerlei Anliegen an den Stadtschreiber hatten, zu erholen und Muße für seine Schriftstellerei zu finden.[3] In eben diesem Gartenhaus wurde am 3. September 1907 das Biberacher Wieland-Museum mit einem großen Fest unter reger Beteiligung der Bevölkerung, wie auch in Anwesenheit von Nachkommen Wielands aus Weimar und der Schweiz eröffnet. Die Festgäste dinierten im Hotel Rad, wo auch Wieland seinerzeit verkehrte, das Festmenü hatte fünf Gänge, der König von Württemberg schickte ein Glückwunschtelegramm, und sowohl im Theater als auch vor dem Gartenhaus wurden feierliche Reden gehalten. Auf den Punkt brachte es der Grazer Begründer einer Wieland-Forschung, Prof. Dr. Bernhard Seuffert, als er mit folgenden Worten die Bestätigung für ein Biberacher Wieland-Museum formulierte:

> Nichts Wesentliches ist in Wielands künftigem Leben und Wirken, was nicht in seiner Biberacher Zeit sich angesetzt hätte. In den neun Jahren hat er sich selbst gefunden, ist er Wieland geworden. Und so darf Biberach ihn nicht nur deswegen den Seinigen nennen, weil er in diesem Gebiete geboren ist, weil er dieser Stadt gedient hat, sondern noch mehr, weil es ihm die Freiheit ließ, sein Selbst zu entfalten.[4]

---

[2] Paul Speidel: Wieland in seinem Leben und in seinen Werken. Ein Vortrag gehalten im Radsale zu Biberach den 17. April 1877. Biberach 1877. Vgl. auch Viia Ottenbacher: Wieland-Verehrung in Biberach. In: Kurzer Aufenthalt. Streifzüge durch literarische Orte. Hg. von Ute Harbusch und Gregor Wittkop. Göttingen 2007, S. 193 – 196.

[3] Vgl. Gärten in Wielands Welt. Bearb. von Heinrich Bock und Hans Radspieler. Marbach ²1999 (Marbacher Magazin 40).

[4] Bernhard Seuffert: Wieland in Biberach. In: Vorträge gehalten bei der Wieland-Feier in Biberach a. Riß am 3. September 1907 von B. Seuffert und P. Weizsäcker. Biberach-Riß 1907, S. [13] – 30, hier: S. 29; vgl. auch Viia Ottenbacher: Wieland und Biberach. In: Schwaben*spiegel.* Literatur vom Neckar bis zum Bodensee 1000 – 1800. Hg. von Ulrich Gaier, Monika Küble, Wolfgang Schürle. Ulm 2003, S. 447 – 459.

Nach der Eröffnung folgten viele erfolgreiche Jahre für das Museum mit zahlreichen Besuchern, die im Obergeschoß des Hauses eine Ausstellung vorfanden, bestückt mit Porträts, Büsten, Vitrinen mit Objekten aus dem Nachlass von Wielands Familie, wie zum Beispiel Puppengeschirr der Kinder, ein Kinderkäppchen, ein Strumpf – vielleicht des Dichters? – sowie eine Sammlung seiner Werke in verschiedenen Ausgaben. Die Sammlungen und das Häuschen überstanden die Kriege, und unter der Leitung von Eugen Schelle sowie in den Jahren nach 1972, als das Wieland-Museum in die Verwaltung der Stadt Biberach überging, entwickelte sich aus der stets umfangreicher werdenden Büchersammlung neben dem Museum ein Wieland-Archiv, das heute sozusagen das Herzstück des Museums und der 2009 gegründeten Christoph Martin Wieland-Stiftung bildet. Das Archiv wanderte von dem zu klein gewordenen Gartenhaus zuerst in einen Raum des Alten Spitals, um dann bei der Eröffnung der Stadtbücherei 1969 in der Unteren Schranne in geeignete Räume einzuziehen; seit 2002 befindet sich das Archiv im neu erbauten Notariatsgebäude im Zeppelinring 56. Das Archiv, genau genommen eine Spezialbibliothek, ist in diesem Zeitraum zu einer international anerkannten Forschungsstätte mit über 16 200 Bänden und über 1 000 Handschriften angewachsen. Im ursprünglichen Museum, in Wielands Gartenhaus mit Nebengebäude, findet der heutige Besucher eine 2009 neu eingerichtete interessante und anregende Dauerausstellung zu Wielands Leben und Werk.[5]

In den fünfziger Jahren des letzten Jahrhunderts hat Hansjörg Schelle, ein Enkel des Gründers und ersten Leiters des Wieland-Museums, Reinhold Schelle, die verschiedenen Sammelgebiete des Archivs inhaltlich definiert. Zu dem Bestreben, alle Ausgaben von Wielands Werken zu sammeln, wurde beschlossen, neben literaturwissenschaftlichen Arbeiten zu Leben und Werk des Dichters, auch die Werke derjenigen Zeitgenossen zusammenzutragen, die auf Wielands literarische Tätigkeit Einfluss genommen haben und in denen der Einfluss des Dichters erkennbar ist. Bei der Lektüre der Studie von Albert Fuchs über die französischen Einflüsse im Werk Wielands[6] stieß Schelle auf eine ihm bis dahin unbekannte Quelle: das ›Verzeichnis der Bibliothek des verewigten Herrn Hofraths Wieland‹. Hier bot sich die Gelegenheit, Wielands literarische Welt zu er-

5 Zur Geschichte des Biberacher Wieland-Museums und Wieland-Archivs vgl. Hans Radspieler: Wieland-Museum Biberach an der Riss 1905 – 1985. Biberach ²1990; Hansjörg Schelle: Das Wieland-Museum in Biberach an der Riß. In: BC – Heimatkundliche Blätter für den Kreis Biberach 24 (2001), H. 2, S. 1 – 45; Viia Ottenbacher: Das Wieland-Museum. Die Städtischen Jahre 1972 bis 2007. In: BC – Heimatkundliche Blätter für den Kreis Biberach 31 (2008), H. 1, S. 72 – 93. Zur neuen Ausstellung vgl. Yvonne Häfner: Tätigkeitsbericht Wieland-Stiftung und Wieland-Archiv mit Museum Biberach 2006 – 2010. In: Wieland-Studien 7 (2012), S. 237 – 260, hier: S. 253 – 258.

6 Albert Fuchs: Les apports français dans l'œuvre de Wieland de 1772 à 1789. Paris 1934 (Bibliothèque de la revue de littérature comparée 101).

fahren und zu untersuchen – damit war die Idee zur Rekonstruktion von Wielands Bibliothek für das Biberacher Wieland-Museum geboren.[7]

Eine Rekonstruktion ist laut ›Brockhaus‹ der Vorgang des neuerlichen Erstellens oder Nachvollziehens von etwas mehr oder weniger nicht mehr Existierendem oder Unbekanntem, beispielsweise eines verloren gegangenen Werks der Musik, Literatur oder Kunst, eines zerstörten Gebäudes, eines Tathergangs oder eines Datenbestandes. Die Rekonstruktion ist nicht nur der Vorgang, sondern auch das Ergebnis.[8] Warum und zu welchem Ende rekonstruiert man die Bibliothek eines längst verstorbenen Dichters? Untersuchungen haben gezeigt, dass die Bibliothek irgendeiner Person seine Bildungswelt widerspiegelt sowie Hinweise auf seine Persönlichkeit und Aufschlüsse über seine literarischen und persönlichen Beziehungen gibt. Bücherregale im eigenen Wohnraum geben ebenfalls Aufschluss über unsere Vorlieben und Lebenserfahrungen.

> Der Katalog einer Dichterbibliothek vermittelt dem kundigen Leser Interessen und Geschmack ihres ehemaligen Besitzers und ermöglicht es, einen der höchstpersönlichen Eindrücke von der inneren Struktur des Geistes eines schöpferischen Menschen zu genießen.[9]

Das 18. Jahrhundert stand allgemein im Zeichen der Privatbibliotheken – erst gegen Ende des Jahrhunderts beziehungsweise Mitte des 19. Jahrhunderts setzte die Bewegung der öffentlichen Bibliotheken ein. Eine gut ausgestattete Privatbibliothek gehörte zum unentbehrlichen Handwerkszeug eines jeden Gelehrten und machte ihn unabhängig von öffentlichen oder höfischen Anstalten.[10] Eine interessante Untersuchung von Gerhard Streich über die Büchersammlungen Göttinger Professoren im 18. Jahrhundert hat den durchschnittlichen Bücherbesitz damals auf 4 000 Bände ermittelt. Von Interesse sind hier die Bibliotheken der drei anderen Größen in Wielands Weimar. Die Statistik über den Umfang des jeweiligen Bücherbestandes kann danach mit Wielands Bibliothek verglichen werden.[11]

Bei Goethe ist es übersichtlich. Mitte des letzten Jahrhunderts hat Hans Ruppert einen umfangreichen Katalog der Bibliothek Goethes akribisch zu-

---

7 Vgl. Schelle (Anm. 5), S. 24 – 25.

8 Brockhaus. Enzyklopädie. 21. Aufl. Bd. 22. Gütersloh u. a. 2006, S. 774 f.

9 Roland Folter: Deutsche Dichter- und Germanistenbibliotheken. Eine kritische Bibliographie ihrer Kataloge. Stuttgart 1975 (Bibliographien des Antiquariats Fritz Eggert 6), S. 8.

10 Vgl. Öffentliche und private Bibliotheken im 17. und 18. Jahrhundert. Raritätenkammern, Forschungsinstrumente oder Bildungsstätten? Hg. von Paul Raabe. Bremen u. Wolfenbüttel 1977 (Wolfenbütteler Forschungen 2); Walther Rumpf: Das literarische Publikum der sechziger Jahre des 18. Jahrhunderts in Deutschland. In: Euphorion 28 (1927), S. 540 bis 564.

11 Gerhard Streich: Die Büchersammlungen Göttinger Professoren im 18. Jahrhundert. In: Raabe (Anm. 10), S. 241 – 300; vgl. auch Hansjörg Schelle: Zu Friedrich Heinrich Jacobis Briefwechsel und Bibliothek. In: Zeitschrift für Deutsche Philologie 119 (2000), H. 4, S. 601 – 611.

sammengestellt. Dieser Katalog führt die etwa 6 500 Nummern auf, die bis heute noch im Weimarer Goethehaus aufgestellt sind. Somit ist Goethes Bibliothek – bis auf einige Ausnahmen – in Gänze erhalten geblieben. Interessant vielleicht, dass von Wieland in diesem Katalog sieben Werke zu finden sind – und die gleiche Anzahl von Goethe-Titeln finden wir im Verzeichnis von Wielands Bibliothek.[12] Von Johann Gottfried Herder ist bekannt, dass er die größte Bibliothek besaß. An die 8 000 Bände befanden sich im Katalog der Versteigerung, die ein Jahr nach seinem Tod im April 1805 stattfand. Friedrich Schiller, knapper bei Kasse als die anderen, hatte die kleinste Bibliothek der vier Weimarer Dichter – knapp 700 Titel beziehungsweise etwa 2 000 Bände sind verzeichnet.[13] Wielands Bibliothek hatte bei seinem Tod an die 3 900 Bände.

Werfen wir einen Blick auf die Beziehungen des Dichters zu Büchern beziehungsweise auf seine Berührungen mit Bibliotheken im Laufe seines Lebens. In einem Gespräch mit Karl August Böttiger (1760 – 1835), dem Weimarer Gymnasialdirektor und Berichterstatter zahlreicher Gespräche mit Weimarer Persönlichkeiten, erinnert sich Wieland, wie er 1745, also mit zwölf Jahren, in Abwesenheit des Vaters sich heimlich Zugang in dessen Bibliothek verschaffte und mit großem Interesse in Schneiders ›Philosophischem Lexikon‹ gelesen hat. Mit 13½ Jahren kam er in das Internat Klosterberge bei Magdeburg, wo seine bedeutendste Entdeckung das ›Dictionnaire historique et critique‹ des Frühaufklärers Pierre Bayle war.[14] Johann Christoph Adelung (1732 – 1806) erwähnt etwas spöttisch in einem Gespräch mit Böttiger am 5. Juni 1790 in Dresden:

> Er sei noch ein Zeitgenosse Wieland's in Klosterbergen gewesen, wo Letzterer mit eisernem Fleiße beständig Bayle's Dictionnaire, eben nicht zur Erbauung des frommen Abts Steinmetz, studirt habe. Bayle's Dictionnaire sei daher auch der eigentlich einzige Erkenntnißgrund alles Dessen, was Wieland wisse.[15]

Als Wieland nach dem abgebrochenem Studium in Tübingen die ersehnte Einladung des damaligen Schweizer Dichterpapstes, Johann Jakob Bodmer, erhielt und als Gast in dessen Haus einzog, stand ihm dort eine umfangreiche, gelehrte Bibliothek zur Verfügung. Bekanntlich ermöglichten ihm die Bestände der Bibliothek, die eindeutig des Besitzers Vorliebe für englische Kultur und Literatur widerspiegelten, unter anderem, sich autodidaktisch Kenntnisse der englischen Sprache anzueignen, die ihm wiederum später die Übersetzung von Shakespeares Theaterstücken in Biberach erleichterten.

---

12 Goethes Bibliothek. Katalog. Bearb. von Hans Ruppert. Weimar 1958.

13 Friedrich Schiller: Schillers Bibliothek. In: NA 41, T. 1, S. 561 – 852, hier: S. 821.

14 Karl August Böttiger: Literarische Zustände und Zeitgenossen. Hg. von Klaus Gerlach und René Sternke. Weimar 1998, S. 224.

15 Vgl. Christoph Martin Wieland nach seiner Freunde und seinen eigenen Äußerungen. Zusammengestellt und mitgetheilt von C. W. Böttiger. In: Historisches Taschenbuch 10 (1839), S. 361 – 464, hier: S. 384.

In zwei seiner frühen Schriften aus und vor dieser Zeit erkennt man bereits seine lebenslange Einstellung zu Büchern: Im siebten der ›Moralischen Briefe‹ aus dem Jahre 1752 schreibt der 17jährige über den wahren Weisen und seine Bücher:

> [...] Sein Büchersaal stellt zwar
> Kein Chaos ohne Form von allen Schriften dar,
> Die, zu der Motten Lust, Pandolph in Schränke schliesset;
> Doch wird hier kein Homer, kein Sophokles vermisset.
> *Er braucht was er besitzt.*[16]

Der bedauerlicherweise nicht ausgeführte sechste Abschnitt der ›Geschichte der Gelehrtheit. Seinen Schülern dictirt 1757‹ trägt den Titel: »Vorschlag, wie eine Büchersammlung von den auserlesensten zu errichten sey« und hätte sicher weitere Vorstellungen des Dichters preisgegeben.[17] Bereits als junger Mann wollte Wieland Bücher also nicht nur aus reiner Freude am Sammeln zusammentragen, sondern sie waren ihm sein Leben lang unentbehrliches Handwerkszeug. In späteren Jahren wird er bereuen, dass er nicht alles aus der Jugend mehr behalten habe, wie etwa Heideggers ›Acerra philologica‹.[18]

Als Wieland 1760 nach Biberach kam und zum Senator und Kanzleiverwalter gewählt wurde, erwartete ihn eine Umgebung, die ihn über den neun Jahre dauernden Aufenthalt für die meiste Zeit betrübte. An seinen Freund Johann Georg Zimmermann schreibt er im Februar 1763:

> Biberach ist ungeachtet verschiedner nicht geringer Vortheile, die mir daselbst gewiß sind, schlechterdings der Ort nicht wo ich bleiben kan [...]. Hier gehen meine Talente für das Publicum verlohren. Unter solchen Zerstreuungen, unter solchen Leuten, bey einem solchen Amte, ohne Bibliothek, ohne Aufmunterung, was kan ich da thun?[19]

Zu seinem Glück öffnete ihm seine Base und frühere Verlobte, Sophie La Roche, einen Ausweg aus dieser unseligen Lage, indem sie ihm ab dem Sommer 1761 Besuche auf dem nahe gelegenen Schloss Warthausen ermöglichte. Dort war ihr Mann, Georg Michael La Roche, Sekretär des Reichsgrafen Friedrich von Stadion, der seinen Alterssitz nach Warthausen verlegt hatte. Allerdings, wie sie ihm am 16. Juli desselben Jahres schreibt, wolle der Graf vor Wielands Besuch seine Bibliothek ordnen, damit er bei dessen Ankunft »bestehen könne«.[20] Auf Schloss Warthausen erwartete Wieland eine großartige Bibliothek, die ihm besonders die französischen Dichter, wie auch die wichtigsten Schriftsteller der Zeit, zugänglich machte. Im Gegensatz zu Bodmer favorisierte Graf

[16] Wieland: Moralische Briefe. In: AA I/1, S. 223 – 310, hier: S. 266.
[17] Wieland: Geschichte der Gelehrtheit. In: AA I/4, S. 230 – 302, hier: S. 230.
[18] Gespräch mit Böttiger (28. November 1798. Wieland logirt bei Herdern.) In: Böttiger (Anm. 14), S. 238 – 244, hier: S. 238.
[19] Wieland an Johann Georg Zimmermann (Biberach, 11. Februar 1763). In: WBr 3, S. 151 – 154, hier: S. 152.
[20] Sophie La Roche an Wieland (Warthausen, 16. Juli 1761). In: WBr 3, S. 32 f., hier: S. 32.

Friedrich von Stadion die antiken und französischen Autoren. Walter Erhart hält in seiner Untersuchung über die Bibliothek des Grafen von Stadion fest, dass die Bibliothek ein charakteristisch französisch-aristokratisches Gepräge hatte und nur eine geringe Auswahl an englischer und deutscher Literatur, besonders englischer Belletristik, vorhanden war. Unter anderem findet Wieland eine Anzahl höfischer Traktatliteratur vor, die in der ›Geschichte des Agathon‹ zahlreich zitiert wird, sowie einige theoretische Werke über Komik und Satire, die ihren Nachklang in Biberacher Werken, wie ›Die Abenteuer des Don Sylvio von Rosalva‹ und ›Comische Erzählungen‹ finden. Die deutschen Bücher dieser Bibliothek waren vorwiegend staatsrechtlichen und geographisch-historiographischen Inhalts. Von der deutschen Literatur war Wieland während der Biberacher Zeit beinahe gänzlich abgeschnitten.[21]

Bei seiner Ernennung 1769 zum Professor der Philosophie in Erfurt hat Wieland dem dortigen Freund und Gönner, Friedrich Justus Riedel (1742 – 1785), seinen Bedarf an Räumlichkeiten beschrieben:

> Unter einer bequemen Wohnung verstehe ich, etliche in einander gehende Zimmerchen, je mehr je lieber; z. B. eines für mich; eines für meine Frau, ein Schlafzimmer; ein Bibliothekszimmerchen, ein Zimmerchen für den jungen La Roche [einen Sohn von Sophie und Georg Michael La Roche, den Wieland als Zögling nach Erfurt mitnahm] […] eine Kindsstube und einen mäßigen Hörsaal, den wir allenfalls gemeinschaftlich haben könnten. Küche und ein paar Kammern versteht sich von selbst.[22]

Mit dem ersten Transport sollten abgehen seine »Meublen«, bestehend aus einem Fass mit Betten, zwei Bücherkisten und zwei Kisten mit Kupferstichen unter Glas. Sehr viele Bücher werden also nicht in Wielands Bibliothekszimmerchen gewesen sein, als er 1772 von Erfurt nach Weimar zum Prinzenerzieher berufen wurde. Aus einem Gespräch mit Böttiger im April 1797 wissen wir, dass er beim Umzug nach Weimar eine ganze französische Bibliothek kaufte, wie es heißt, »bloß um doch mit Büchern einzuziehen.«[23]

Anders als in Biberach fand der Dichter in Weimar eine überragende Bibliothek vor. Herzogin Anna Amalia hatte 1766 das Grüne Schloß zu einem Bibliotheksgebäude für die reiche Sammlung von mittelalterlichen Handschriften und kostbaren alten Drucken umgebaut. Indem die Bücher somit in dem wunderschönen dreigeschossigen Bibliothekssaal untergebracht wurden, fielen sie dem Brand des Residenzschlosses von 1774 größtenteils nicht zum Opfer (jedoch

---

[21] Walter Erhart: Von Warthausen nach Kozel. Die Bibliothek des Friedrich Grafen von Stadion (1691 – 1768). In: Euphorion 86 (1992), S. 131 – 147; vgl. hierzu Wieland an Leonhard Meister (Weimar, 28. Dezember 1787): »Im Jahr 1760 wurde ich als Senator in meine Vaterstadt berufen und bald darauf zum Stadtschreiber […]. In diesem Posten blieb ich bis Ostern 1769 […] und war von aller deutschen Literatur, aus aller Verbindung mit deutschen Gelehrten und Schriftstellern bis ins Jahr 1769 so rein abgeschnitten, als ob ich schon den Styx passiert hätte.« In: WBr 9.1, S. 358 – 363, hier: S. 360.

[22] Wieland an Friedrich Justus Riedel (Biberach, 3. Februar 1769). In: WBr 3, S. 579 – 581, hier: S. 580 – 581.

[23] Gespräch mit Böttiger (4. April 1797). In: Böttiger (Anm. 14), S. 221 – 223, hier: S. 223.

leider eine große Menge derselben beim katastrophalen Brand der Herzogin Anna Amalia Bibliothek im September 2004). Aus Briefen wissen wir allerdings, dass einige Bücher, die Wieland seinem Zögling Carl August ausgeliehen hatte, 1774 im Brand des Residenzschlosses verloren gingen.[24]

Wielands Bibliothek hat also über wenige Jahre häufige Änderungen erfahren: Ankauf einer kleinen Büchersammlung bei der Abreise aus Erfurt sowie Verlust einiger Bücher durch den Schlossbrand. Hinzu kommen noch die häufigen Umzüge innerhalb Weimars in den Jahren 1772 bis 1797, als er auf sein Landgut Oßmannstedt zog. 1803 kehrte er nach Weimar zurück in das Haus am Erfurter Tor, wo er bis zu seinem Tod wohnte.[25]

Im Sommer 1787 besuchte Friedrich Schiller den Dichter Wieland und verbrachte einige Stunden in seiner Gesellschaft. Als der Ältere sich für einen Besuch im »Clubb« frisieren ließ, schloss er dem Jüngeren seine Bibliothek auf. Schiller berichtet in einem Brief an seinen Freund Christian Gottfried Körner:

> In seiner Bibliothec [sic!] (die ich aber kaum anfangen konnte zu durchlaufen) wimmelt es von französischen Feenmährchen, Romanen, und dergleichen Schriften, von englischen Romanen und italienischen Dichtern, an welchen seine Bildung und Schriftstellerei hängen mag.[26]

Klein war die Bibliothek zu diesem Zeitpunkt, wie es scheint, nicht mehr. Auf seine frühen Jahre zurückblickend bedauerte Wieland später in einem Gespräch mit Böttiger:

> Schade, daß ich nicht reich genug war, um mir einen Sekretair zu halten. Der hätte die Kataloge durchsuchen u. mir eine Bibliothek complettiren müssen. Ich hätte dann noch mehr gelesen, übersetzt, weniger geschrieben u. selbst erfunden.[27]

Erst 1793 wurde sein Wunsch, zumindest teilweise, in der Person von Samuel Christoph Abraham Lütkemüller (1769 – 1833) erfüllt. Dieser hatte nach der Lektüre von Wielands ›Geschichte des Agathon‹ aus großer Bewunderung für den Dichter sein Theologie-Studium in Halle abgebrochen und war nach Weimar gereist, um dem Dichter mit großem Enthusiasmus seine Dienste anzubieten.[28] Seine ersten Eindrücke hat er 1826 unter dem Titel »Wieland's Privatleben« veröffentlicht:

---

[24] Werner Deetjen: Wielands Bibliothek. In: Funde und Forschungen. Eine Festgabe für Julius Wahle zum 15. Febr. 1921. Dargebracht von Werner Deetjen u. a. Leipzig 1921, S. 1 – 10 , hier: S. 1 – 2.

[25] Egon Freitag: Wielands Wohnungen und Gärten in Weimar: In: Gärten in Wielands Welt (Anm. 3), S. 42.

[26] Friedrich Schiller an C. G. Körner (Weimar, 28. [–29. und 31.] Juli 1787. In: NA 24, S. 112 – 118, hier: S. 116.

[27] Gespräch mit Böttiger (16. März 1801?). In: Böttiger (Anm. 14), S. 275 – 277, hier: S. 276.

[28] Vgl. Hansjörg Schelle: S. C. A. Lütkemüller in seinen Beziehungen zu C. M. Wieland. In: Jahrbuch der Jean-Paul-Gesellschaft 20 (1985). S. 127 – 200.

> Wieland wohnte, als ich nach Weimar kam, in einem eigenen Hause, welches […] zwischen zwei Gasthöfen, dem Erbprinzen und Elephanten lag. […] Wieland's Museum war im zweiten Geschoß, und bestand aus einer mittleren Stube und einem größern und kleinern Seitenzimmer. In letzterem war seine Bibliothek aufgestellt, in ersterer arbeitete er, empfing darin auch Besuche. […] Über Wieland's Schreibpult hing das Bildniß der verwittweten Herzogin Amalie, seiner erhabenen Gönnerin und Freundin, und auf einem Spiegeltische saß Voltaire in einem Armstuhl aus Buchsbaumholz geschnitzt, mit sprechendem Gesicht und Wesen. Ein kleines Vorzimmer war mit dem Bildnisse des Grafen von Stadion geschmückt, der, wie bekannt, auf seinem Schlosse Warthausen viel Einfluß auf Wieland's frühere Geistesbildung hatte.[29]

Und einige Zeit später berichtet der eifrige Sekretär, der vom Dichter auch mit der Korrekturarbeit des ›Teutschen Merkur‹ und der ›Sämmtlichen Werke‹ betraut wurde, von einem Gespräch mit Wieland:

> Mein Bücherwesen ist, wie Sie sehen, nicht überall in guter Ordnung – sprach Wieland nach meinen ersten Besuchen seiner Bibliothek – […] Wissen Sie was? Sie könnten mir wohl ein wenig helfen, und ich will Ihnen schon sagen, wie. Auch wär's nicht übel, wenn ich einmal erhielte, was ich noch nie besaß, nämlich ein Verzeichniß meiner sämmtlichen Bücher.[30]

Die Bücher, nach Lütkemüller etwa 6 000 Stück, wurden nun von ihm zum Teil anders geordnet und aufgestellt, und er fing an, ein Verzeichnis zu erstellen. 1826 schließt er rückblickend seinen Bericht über die vorzunehmende Katalogisierung:

> Gütiger Wieland! Wie viele glückliche Stunden habe ich in Deiner Bibliothek verlebt! Nur zu sehr folgte ich meinem Genius. Der Katalog wurde nie vollendet und W[ieland] hat mir nie, nicht einmal einen liebreichen Vorwurf darüber gemacht.[31]

Vermutlich rührt Lütkemüllers Angabe über die Größe der Bibliothek seines Mentors, die um einiges umfangreicher wäre als im späteren Versteigerungsverzeichnis, von seiner überschwänglichen Verehrung her. Bekannt ist auch, dass Wieland bei seinem Umzug 1797 nach Oßmannstedt einige hundert Bücher, die ihm entbehrlich schienen, verkauft hat.[32] Die Büchersammlung, die Sophie von La Roche ein Jahr später bei ihrem Besuch auf dem Landgut im Bibliothekszimmer vorfand, genügte jedoch, um ihre Bewunderung hervor zu rufen. In ihrem Buch ›Schattenrisse abgeschiedener Stunden in Offenbach, Weimar und Oßmannstedt‹ schreibt sie:

---

[29] Samuel Christian Abraham Lütkemüller: Wieland's Privatleben. In: Der Gesellschafter oder Blätter für Geist und Herz 10 (1826), 175. Bl., 3. November, bis 186. Bl., 22. November, S. 881 – 939, hier: S. 881. Vgl. dasselbe in: Berühmte Schriftsteller der Deutschen. Hg. von Friedrich Gubitz. Bd. 1. Berlin 1854, S. 153 – 246.

[30] Ebd., S. 897 f.

[31] Ebd.

[32] Deetjen (Anm. 24), S. 2.

> In Wielands Büchersammlung findet man von jedem großen Gelehrten alter und neuer Zeit auch das vollkommenste Werk schöner Kenntniß ihres Geistes.[33]

Die Bibliothek, die Wieland besaß, als er am 20. Januar 1813 starb, konnte leider nicht – wie im Fall Goethes – als Ganzes in Oßmannstedt oder in seinem letzten Weimarer Domizil erhalten bleiben, sondern kam zur Versteigerung. Nach dem Tod des Dichters wurde von seiner Hinterlassenschaft ein genaues Inventar aufgenommen, und die Versteigerung der sogenannten »Effecte« (Kleidungsstücke, Wäsche, Betten, Möbel usw.) erfolgte am 29. März 1814 und an einigen folgenden Tagen im Erdgeschoß des Herzoglichen Palais.[34] Die Bibliothek durfte von den Hinterbliebenen »privatim« katalogisiert und versteigert werden. Es wurde ihnen gestattet, die Versteigerung so lange zu verschieben, bis nach dem Friedensschluss von Paris im Mai 1814 ruhigere Zeiten eingetreten waren und dadurch ein höherer Erlös zu erwarten war. Das Verzeichnis der hinterlassenen Bibliothek wurde vom Weimarer Bibliothekar und Schwager Goethes, Christian August Vulpius (1762 – 1827), erstellt. Es erschien 1814 mit folgendem Titel: ›Verzeichnis der Bibliothek des verewigten Herrn Hofraths Wieland, welche den 3. April 1815 und die folgende Tage, gegen gleich baare Bezahlung, zu Weimar öffentlich versteigert werden soll‹. Wielands alter Freund Friedrich Justin Bertuch (1747 – 1822) verfasste die Vorrede, datiert Weimar, den 12. Nov. 1814, in der er seine Hochachtung für den Dichter ausspricht:

> So empfange denn hiermit das teutsche Publicum, das seinen Wieland fast ein halbes Jahrhundert hindurch liebte und verehrte, und mit Recht stolz auf seinen großen Dichter war, seine literarische Geräthschaft, vertheile sie unter sich, und erhalte sich auch damit ein kostbares Andenken. […] Mir sey aber vergönnt, auch hiermit noch eine Blume der Liebe und wärmsten Freundschaft auf sein Grab zu legen.[35]

Geplant für den 3. April 1815 im Haus der »Ressource in der Teichgasse«, musste die Versteigerung infolge ständiger Truppendurchzüge und den damit verbundenen Unruhen nochmals verschoben werden und konnte schließlich Ende Juni/Anfang Juli 1815 stattfinden.[36] Wielands Sohn Carl (1778 – 1856)

---

33 Sophie von La Roche: Schattenrisse abgeschiedener Stunden in Offenbach, Weimar und Schönebeck im Jahr 1799 (Nebentitel: Reise von Offenbach nach Weimar und Schönebeck im Jahr 1799). Leipzig 1800, S. 49.

34 Deetjen (Anm. 24), S. 1 ff.

35 Friedrich Justin Bertuch: Vorrede. In: Verzeichnis der Bibliothek des verewigten Herrn Hofraths Wieland, welche den 3. April 1815 und die folgende Tage, gegen gleich baare Bezahlung, zu Weimar öffentlich versteigert werden soll. Weimar 1814. Reprint. München 1977. S. [4].

36 »Ressource« war der Name einer 1799 in Weimar gegründeten Gesellschaft aus Adligen und Bürgern, deren Haus sich in der Teichgasse befand. Vgl. Karl Gutzkow: Erinnerungen, Berichte und Urteile seiner Zeitgenossen. Eine Dokumentation. Hg. von Wolfgang Rasch. Berlin 2011, S. 500.

schreibt im Frühjahr 1815 an seinen Schwager Gottlieb Friedrich Erler (1773 – 1857), dem zweiten Ehemann von Wielands Tochter Amalia:

> Die Bücherauction hat sollen im April seyn, der Termin ist aber bis den 12. Junij verlängert worden. Cataloge sind fast in allen Buchhandlungen zu bekommen. Ich würde Dir ein paar schicken, ich scheue aber das Porto, welches ungeheuer ist, da Ihr sie auf nähern Wege haben könnt u. auf jeden Fall in Leipzig, bei Herrn Proclamator Weigel.[37]

Das Verzeichnis umfasst 3 854 Buch- und Zeitschriftennummern, wobei hier nicht Titel gezählt wurden, sondern einzelne Bände. Neben den Büchern werden weitere 68 Nummern aufgeführt, acht Ölgemälde – darunter Porträts von Herzogin Anna Amalia und Graf Stadion –, Kupferstiche, Pretiosen und verschiedene Gebrauchsgegenstände aus des Dichters Besitz, wie zum Beispiel ein paar silberne Hemdenknöpfe, ein paar mit Gold plattierte Schnallen, eine Papierschere und ein Federmesser.

Wie viele andere Versteigerungsverzeichnisse aus dieser Zeit hatte das Verzeichnis nicht das Ziel, einen bibliographisch wertvollen Katalog zu präsentieren, sondern wurde schnellstmöglich erstellt und enthielt nur Verfasser und Kurztitel, wobei diese in unterschiedlicher Genauigkeit und Ausführlichkeit erfasst und Anonyme beziehungsweise Pseudonyme häufig nicht aufgelöst wurden. Die Einteilung erfolgte, nicht sehr genau, in neun Sachabteilungen, wobei innerhalb der Abteilungen die Bücher weder alphabetisch noch nach Einzelgebieten, sondern lediglich nach Größen geordnet sind.

Die erste Abteilung enthält Lexica und Wörterbücher, wie z. B. Pierre Bayles 1730 erschienenes ›Dictionnaire historique et critique‹ in vier Bänden, das dem Dichter bereits aus seiner Internatszeit bekannt und ein lebenslanger Begleiter und wichtige Quelle war, Johann Christoph Adelungs ›Wörterbuch der hochdeutschen Mundart‹ und von Christian Friedrich Schwan, ›Dictionnaire de la langue Francoise et Allemande, et Allem. et. Franc.‹ 1782 in sechs Bänden erschienen. Zum Hauptbestandteil von Wielands Bibliothek gehörten seit seiner Jugend die Klassiker des Altertums; so sind auch in der zweiten Abteilung die Werke der griechischen und lateinischen Autoren am zahlreichsten, und man sieht, wie Bertuch im Vorwort schreibt,

> […] dass vorzüglich die edlen Classiker der Griechen und Römer Freunde Wielands waren, mit denen er so gern und so vertraut umgieng, die besonders ihn als Greis aufheitern und ihm sein höheres Alter noch froh und geistig genußreich machten.[38]

---

37 Carl Wieland an Friedrich Erler (Weimar, o. Datum, verm. Mai 1815). Original Wieland-Archiv. o. Inv. Nr. Die Sortierung, Zuordnung und teilweise Transkription der noch nicht inventarisierten Briefe der Nachkommen Wielands, die dem Archiv Anfang der 1970er Jahre von Frau Hanna Schott, geb. Erler, einer Nachfahrin Wielands, gestiftet wurden, wurde von Dr. Hans Radspieler (†) unternommen.

38 Bertuch (Anm. 35), S. [3].

Darunter finden sich Werke wie Homers ›Ilias‹, verschiedene Ausgaben des Lukian, den Wieland auch übersetzt hatte, Werke von Sophokles, Aristophanes, Xenophon und elf verschiedene Ausgaben von Cicero. Mit der Übersetzung von Ciceros ›Briefen‹ hatte Wieland seine letzten Jahre zugebracht.[39]

In der dritten Abteilung werden historische, geographische und topographische Bücher sowie Reisebeschreibungen aufgeführt, gefolgt von zwei weiteren Abteilungen mit philosophischen, politischen, juristischen und theologischen Titeln sowie von Werken zu Technik, Naturwissenschaften, Ökonomie und Mathematik.

Es wundert nicht, dass die literarische Abteilung mit insgesamt 1 793 Nummern die größte ist – hiervon heben sich die 973 Bände französischer Literatur ab, gefolgt von der deutschen Literatur mit 461 Bänden. In den wenigen Untersuchungen zu Wielands Bibliothek wird wiederholt bemerkt, dass diese Sammlung deutscher Literatur mehr oder weniger durch Zufall zusammengekommen ist – viele Prachtexemplare, freundschaftliche Geschenke an den berühmten Dichter oder Werben um die Gunst des Herausgebers des ›Teutschen Merkur‹. Man erkennt kein gezieltes Sammelprinzip und ist erinnert an die Verse des jungen Wieland: »Er braucht, was er besitzt«. Wie der spätere Beobachter der Versteigerung, Heinrich Meyer, bemerkte:

> In Hinsicht auf Wielands langes Leben und genossenes großes Ansehen als Gelehrter und Dichter, mag man sich beynahe wundern, dass […] bey ihm nicht noch eine weit größere Zahl deutscher Bücher zusammengekommen, als sich wirklich vorgefunden haben, allein er war äußerst gutmüthig und mittheilend, *daher verlor sich gar Manches wieder*, worüber die sehr beträchtliche Zahl der fehlenden einzelnen Bände von ganzen Werken den sprechendsten Beweis ablegte.[40]

Zum Schönsten der zeitgenössischen Titel zählt ohne Zweifel die zweibändige Prachtausgabe der ›Schriften‹ (1777 – 1778) von Salomon Geßner (1730 – 1788), dem Schweizer Idyllen-Dichter, die Wieland von Geßners Witwe, Judith Geßner, 1795 als Gabe zum Christfest erhalten hat. Wieland nannte sie »das schönste Weyhnachtsgeschenk, das mir jemahls in meinem Leben gemacht wurde […]; denn es ist das schönste und liebste aller meiner Bücher«.[41]

---

[39] Vgl. Heinrich Bock: »[…] Ciceron. aber liebte ich am meisten«. Anmerkungen und Texte zu Wielands letzten Lebensjahren. In: Wieland-Studien 7 (2012), S. 106 – 119; Jan Philipp Reemtsma: Wielands letztes Werk. In: Wissen – Erzählen –Tradition. Wielands Spätwerk. Hg. von Walter Erhart und Lothar van Laak. Berlin u. New York 2010, S. 345 – 363.

[40] Heinrich Meyer: Wielands Nachlaß. In: Zürcherische Beyträge zur wissenschaftlichen und geselligen Unterhaltung. Hrsg. von J. J. Hottinger, J. J. Stolz und J. Horner. Bd. 2, H. 3. Zürich 1815, S. 81 – 88, hier S. 83. Vgl. auch undatiertes Gespräch mit Böttiger (Anm. 14), S. 271: »Der Bondische Horaz wurde Wieland 2mal gestohlen. Man schenkte ihm in Wittenberg editiones minutissimas.«

[41] Wieland an Judith Geßner (Weimar, 8. Januar 1796). In: WBr 13.1, S. 169 – 172, hier S. 170.

Unter den 212 Bänden der englischen Literatur finden sich Wielands hochgeschätzte Autoren wieder – Sterne, Fielding, Shaftesbury und Pope, um nur einige zu nennen, sowie einige leichte Komödien und Tragödien wie ›The jovial crew‹, ›The platonic Wife‹ oder ›The capricious lovers‹, die Anfang des 18. Jahrhunderts in England populär waren und im Theatre Royal in London aufgeführt wurden – und selbstverständlich eine Ausgabe von Shakespeares Werken in acht Bänden aus den Jahren 1767 bis 1771.[42]

Die italienische und spanische Literatur ist mit 143 Nummern innerhalb der literarischen Abteilung am geringsten vertreten. Die Werke von Tasso und Ariost, deren Einfluss man in Wielands ›Idris‹, im ›Neuen Amadis‹ und ›Oberon‹ aufspüren kann, überwiegen, und ›Don Quixote‹ von Cervantes, das Werk, das als Vorlage für seinen Roman ›Die Abenteuer des Don Sylvio von Rosalva‹ diente, ist in drei verschiedenen Ausgaben vorhanden.

Diese wenigen Beispiele aus dem Verzeichnis von Wielands Bibliothek genügen, um die Bandbreite der Sammlung zu zeigen, die in ihrer Ganzheit das universelle Wissen eines Gelehrten des 18. Jahrhunderts widerspiegelt – in diesem Fall eines Dichters, der als Weltbürger, als Kosmopolit, sich schreibend als Teil einer Weltliteratur empfunden hat.[43]

Mitte Juni 1815 konnte die Versteigerung endlich stattfinden. Ein Brief von Goethes Freund Johann Heinrich Meyer (1759 – 1832), dem sogenannten »Kunscht-Meyer«, vom 25. Juni 1815 aus Weimar an den Dichter, der gerade die Bäder in Wiesbaden genoss, gibt Auskunft über den Verlauf der Versteigerung:

> Verehrtester Freund! Seit acht Tagen treibe ich wunderliche Studien: [um] einige Commissionen der Frau Erbprinzessinn von Meckelnburg [sic!][44] zu besorgen […] besuche ich jeden Nachmittag die Auction von Wielands Büchernachlaß. Da nun aus allen Enden von Deutschland, aus Dänemark und Schweden und Holland Aufträge da sind, so gibt der Inhalt der Bücher, die hohen und niedrigen Preise, zu denen sie verkauft werden, die Gegenden wohin sie gehen pp., Gelegenheit, über den Zustand des Geschmacks der gelehrten und Lesewelt, die man sonst nicht leicht so anschaulich machen kann, nachzudenken. Noch deutlicher spricht sich die nationale Neigung und Abneigung aus: daher gingen die vortrefflichen französischen Geschichtsschreiber, Memoiren und dergleichen, in Saffian gebunden, mit goldnem Schnitt, welche wie Ihnen bekannt ist, Wieland besessen, fast um nichts weg. Die Engländer galten einen guten Preis, ja in Betracht der geldlosen Zeit kann man sagen: sie wurden wohl bezahlt; alte Classiker, und was dazu

---

42 Diese Ausgabe konnte bisher für die Rekonstruktion nicht akquiriert werden; die seltene, achtbändige Ausgabe ›The Works of Shakespear‹ herausgegeben von Pope und William Warburton (1747), die Wieland als wichtigstes Hilfsmittel bei seiner Übersetzung diente, nicht aber im ›Verzeichnis‹ ist, wurde vor ein paar Jahren angekauft.

43 Das Wort »Weltliteratur« hat Wieland lange bevor Goethe geprägt, vgl. Hans-J. Weitz: »Weltliteratur« zuerst bei Wieland. In: arcadia 22 (1987), H. 2, S. 206 – 208; und Ulrich Ott: »Weltliteratur«. In: Bunte Blätter: Klaus Mecklenburg zum 23. Februar 2000. Gesammelt von Rudolf Elvers [u. a.] Basel 2000, S. 225 – 237.

44 Caroline Luise, Prinzessin von Mecklenburg-Schwerin, geb. Prinzessin von Sachsen-Weimar (1756 – 1837), Gattin des Erbprinzen Friedrich Ludwig (1778 – 1819).

gehört, fanden zwar wenige Liebhaber, aber die wenigen wußten gute Waare zu schätzen. Wörterbücher, Compendien, Lexica und dergleichen fanden den besten Absatz, ja sie rissen sich drum;[45]

Einen ausführlicheren Bericht über die Versteigerung veröffentlichte Heinrich Meyer unter dem Titel »Wielands Nachlaß« in den ›Zürcherischen Beyträgen zur wissenschaftlichen und geselligen Unterhaltung‹. Dort beschreibt er im Detail den Verlauf der Versteigerung und sucht vor allem nach den Gründen für die unterschiedlich erzielten Preise der verschiedenen Abteilungen.[46] Im Großen und Ganzen hält er die Preise für zu niedrig, wobei er anmerkt, dass die Zeit für den Geldbeutel der Bücherfreunde nicht günstig sei und außerdem das Publikum anscheinend nicht sehr begierig sei, Bücher, welche Wieland besessen, sich zum Andenken an ihn zu kaufen und deswegen teurer zu bezahlen – der Deutsche halte eben nicht viel auf Reliquien oder besser gesagt, reale Erinnerungen an ausgezeichnete Männer seiner Nation. Dass die alten Klassiker trotz der schlechten Zeiten einen guten Preis erzielten, sei deswegen geschehen, weil man dieser Tröster am Ende doch bedürfe.

Bemerkenswert sei es wohl nicht, merkt Meyer an, dass Sprach- und andere Lexika noch besser bezahlt wurden, wenn man bedenkt, dass das Leben und Wirken für den Moment bei den Zeitgenossen immer mehr überhand nimmt und man sich bloß für den Augenblick stückweise und oberflächlich informiert – dazu sei das bequeme Nachschlagen fraglicher Artikel in Büchern nach alphabetischer Ordnung ein sehr passendes Mittel (die Menschen haben sich in den letzten fast zweihundert Jahren offenbar nicht viel geändert, denkt man an die vielen Internet-Suchmaschinen, iPads und Smartphones unserer Tage, die schnelles, oft oberflächliches Wissen vermitteln). Joachim Heinrich Campes und Johann Christoph Adelungs Wörterbücher waren unter allen am besten bezahlt, da, nach Meyer, so mancher Ehrenmann glaubt, rein deutsch vaterländische Gesinnungen am besten durch Vermeidung aller Undeutschheit in der Sprache zu beweisen seien.

Eine fast »carrikaturmäßig hervortretende Abneigung gegen französische Bücher« findet Mayer »ergötzlich«, insbesondere für den, der – wie er – unter der französischen Übermacht leiden musste. Auch die prächtigsten Bücher konnten nicht gute Preise erzielen, und mussten abbüßen »was Frankreich um Deutschland verschuldet«. Als am 18. Juni der Sieg Blüchers und Wellingtons in der Schlacht bei Waterloo während der Auktion bekannt wurde, will es Meyer scheinen, dass danach die französischen Bücher einen besseren Absatz erzielten. Die englischen Bücher, darunter die »elegante Ausgabe mit schönen Kupfern«

[45] Heinrich Meyer an J. W. von Goethe (Weimar, 25. Juni 1815). In: Goethes Briefwechsel mit Heinrich Meyer. Hg. von Max Hecker. Bd. 2. Weimar 1919 (Schriften der Goethe-Gesellschaft 34), S. 355 – 358, hier: S. 355 f.

[46] Nachfolgende Zusammenfassung der Beschreibung der Versteigerung vgl. Meyer (Anm. 40), S. 81 – 88.

von Laurence Sternes ›The life and opinions of Tristram Shandy‹[47], des Dichters Liebling, erzielten hohe Preise und wurden gern gekauft. Der Grund dafür, nach Meyers Überlegung, sei wohl, dass die Deutschen in Sinnesart, Gefühlen und Meinungen mit den Engländern mehr als mit irgendeinem andern Volk übereinstimmen. Die wenigen spanischen Bücher wurden viel verlangt, woraus Meyer folgert, dass die Spanier sich in den letzten Jahren beliebt gemacht hätten, und »die in Amerika vor hundert und hundert Jahren verübten Grausamkeiten werden ihnen nicht weiter vorgeworfen, selbst das Schelten über die Inquisition ist nicht sonderlich mehr Mode.«[48] Aus der Abteilung der italienischen Bücher sei nichts Auffallendes zu berichten, außer, dass die Dichter dieser Nation beliebt seien und dass man den Ariost oft in den Händen der Damen finde und auf Toiletten, wiewohl halb versteckt, zuweilen das ›Decamerone‹ des Boccaccio.

Meyer schließt seine teilweise launigen Ausführungen zum Verlauf der Auktion und zum Kaufverhalten des Publikums wie folgt:

> Billig und zum Lob muss ich noch anmerken, dass, ungeachtet der schweren Zeiten und des Geldmangels, doch die Werke unserer vorzüglichsten Schriftsteller gesucht und nach Beschaffenheit wohl bezahlt worden sind.[49]

Insgesamt wurden bei der Auktion 2 564 Speciestaler und 13 Groschen eingenommen. Zum Verständnis: Wieland hatte als Prinzenerzieher ein Jahresgehalt von 1 000 Thalern. Schiller hingegen erhielt vom Herzog 1790 ein Jahresgehalt von 200 Talern, und Goethe bezog 1820 ein Gehalt von etwa 3 100 Talern. Dahingegen hatten Pfarrer und Gymnasiallehrer in Weimar 600 bis 700 Taler. Das Existenzminimum lag bei 70 Talern jährlich.[50] In der Weimarer Herzogin Anna Amalia Bibliothek befindet sich ein Exemplar des Versteigerungsverzeichnissen, in dem fein säuberlich von einer noch zu ermittelnden Hand die erzielten Preise festgehalten wurden. In wessen Besitz die ersteigerten Bücher gingen, ist leider nicht festzustellen.[51]

Als man in Biberach Mitte des vorigen Jahrhunderts daran ging, die Bibliothek des Dichters zu rekonstruieren, stieß man auf allerlei Hindernisse: Zuallererst musste das Verzeichnis der Versteigerung beschafft werden. 1956 hat der damalige Leiter des Wieland-Museums, Eugen Schelle (1891 – 1972), eine Negativ-Kopie von der Akademie der Wissenschaften in Berlin erhalten, wonach er einen Karteikatalog erstellte, der, alphabetisch geordnet, die systematische Suche nach Autoren und Werken ermöglichte. 1977 erschien ein Reprint des Verzeichnisses, das die Lesbarkeit erleichterte. Erst 1993 mit der Veröffentlichung eines Alphabetischen Verzeichnisses der Wieland-Bibliothek durch

---

47 Vgl. Wieland-Bibliothek, Nr. 816.5 [evtl. London, W. Strahan, 1782; oder: Lond., C. Cooke, 1793, 6 T. in 3 Bdn.].

48 Meyer (Anm. 40), S. 87.

49 Ebd., S. 88.

50 Vgl. Goethe trifft den gemeinen Mann. Alltagswahrnehmungen eines Genies. Hg. von Marina Moritz. Köln 1999, hier S. 36.

51 Herzogin Anna Amalia Bibliothek, Magazin. Signatur Wiel458.

Klaus-P. Bauch und Maria-B. Schröder standen jedoch vollständige bibliographische Angaben zu allen Titeln zur Verfügung.[52] Ob mit der ursprünglichen Kartei der fünfziger Jahre oder mit dem alphabetischen Verzeichnis von Bauch/Schröder – die Sucharbeit in zahlreichen und umfangreichen Antiquariats- und Auktionskatalogen blieb gleichermaßen mühsam. Als das Wieland-Archiv 1972 in die Verwaltung der Stadt Biberach kam, hatte man fast die Hälfte der 3 854 Bände bereits erworben.

Für die Rekonstruktion der Bibliothek wurden früh einige Maßstäbe festgelegt: Es sollten nur diejenigen Ausgaben gekauft werden, die den Angaben im Verzeichnis entsprechen – das heißt weder frühere oder spätere Ausgaben noch Nachdrucke – sozusagen die gleichen Werke oder mit Glück sogar dieselben Bücher, die Wieland in seiner Bibliothek besaß.

Ein Beispiel hierfür ist die achtbändige Ausgabe von Goethes ›Schriften‹ von 1787 bis 1790,[53] die sich in Wielands Bibliothek befand und auf die Wieland sogar subskribiert hatte. Der Verleger Georg Joachim Göschen hat Jahre später seinem Autor Ernst von Houwald erzählt, dass Wieland, auf Wunsch Goethes, die ersten Bände der ›Schriften‹ mit Blick auf »Grammatik, Orthographie und Prosodie« durchgesehen hat.[54] 1968 veröffentlichte der Zürcher Artemis Verlag ein hochwertiges Faksimile dieser Ausgabe, die gekauft, jedoch bewusst nicht in die rekonstruierte Bibliothek gestellt wurde. Erst 2002 ist es gelungen, eine Ausgabe der ›Schriften‹ von 1787 aus den Mitteln der Erich-und-Amanda-Kress Stiftung anzukaufen.[55] Die Ausgabe bietet einen weiteren Reiz: Auf dem Titelblatt des ersten Bandes steht von der Hand des Vorbesitzers Dr. Karl Müller:

> Dieses Exemplar der Werke Goethes stammt aus der Bibliothek von Wieland, welche in Weimar versteigert wurde. In dem ersten Bande, welcher mir entwendet und durch den gegenwärtigen von mir ersetzt worden ist, stand ›Amalie Ihrem Wieland‹. Das Buch war ein Geschenk der Herzogin Amalia an Wieland.[56]

---

[52] Klaus-P. Bauch, Maria-B. Schröder: Alphabetisches Verzeichnis der Wieland-Bibliothek. Bearb. nach dem ›Verzeichniß der Bibliothek des verewigten Herrn Hofraths Wieland. 1814.‹ Hannover 1993 (Schriftenreihe des Antiquariats Klaus-P. Bauch 1).

[53] Johann Wolfgang von Goethe: Schriften. 8 Bände. Mit 8 gest. Frontisp. und 8 gest. Titelvignetten nach Daniel Chodowiecki, J. W. Meil, J. H. Ramberg, Angelika Kaufmann, F. Oeser u. a. Leipzig: Göschen 1787 – 1790.

[54] G. J. Göschen and Ernst von Houwald (28.1.1821). In: Stephan Füssel: Studien zur Verlagsgeschichte und zur Verlegertypologie der Goethe-Zeit. Berlin u. a. 1999 (Georg Joachim Göschen, ein Verleger der Spätaufklärung und der deutschen Klassik 1), S. 107.

[55] Erstmals 1996 und dann wieder 2003 erhielt das Wieland-Museum Schenkungen von Frau Amanda Kress, die zum Andenken an ihren verstorbenen Mann, Erich Kress (1907 – 1993), einem Enkel von Reinhold Schelle, dem Gründer des Wieland-Museums Biberach, die Erich-und-Amanda-Kress Stiftung ins Leben gerufen hat. Aus den Erträgen dieser Stiftung konnten in den letzten Jahrzehnten zahlreiche Werke für die Rekonstruktion erworben werden.

[56] Zu Dr. Karl Wilhelm Müller (Apolda 1801? – Bad Salzungen 1874) vgl. Allgemeine Deutsche Biographie, Erg. Bd. 52, Leipzig 1906. S. 522 – 524. Seine Bibliothek wurde 1869 in Leipzig versteigert, und die Ausgabe ging in den Besitz von Emil Wiebe,

Es wäre interessant, der Frage nachzugehen, wann und unter welchen Umständen die Herzogin Anna Amalia diese Ausgabe dem Dichter geschenkt hat – nur eine der vielen Facetten der Rekonstruktion, die noch enträtselt werden muss.

Über die Jahre war es ein seltener Glücksfall, wenn ein Buch erworben werden konnte, das nachweislich in Wielands Händen gewesen oder gar mit einem Besitzvermerk des Dichters versehen ist. Den Grundstock für die rekonstruierte Wieland-Bibliothek bildeten zu Anfang sechzig Bände, die 1942 dem Museum mit dem Nachlass von Wielands Urenkel, dem Geheimrat Dr. jur. Carl Peucer (1843 – 1937) vermacht wurden.[57] In diesen Büchern findet man den Vermerk »ex bibliotheca poetae Wieland« von fremder Hand (vermutlich eines Nachkommen), jedoch nur ein kleines Buch enthält eine Eintragung von Wielands Hand – ein Werk des Diogenes Laertios, »De Vita Et Moribus Philosophorum Libri X« (1585), in dem Wieland in Kloster Berge seinen Namenszug auf dem Titelblatt und auf der letzten Seite des hintersten Vorsetzblattes, dort mit der Jahreszahl 1749, geschrieben hat (Abb. 1). Die zahlreichen Randnotizen stammen, zum Bedauern der Wieland-Forschung, nicht von Wieland, sondern von Vor- oder Nachbesitzern.[58]

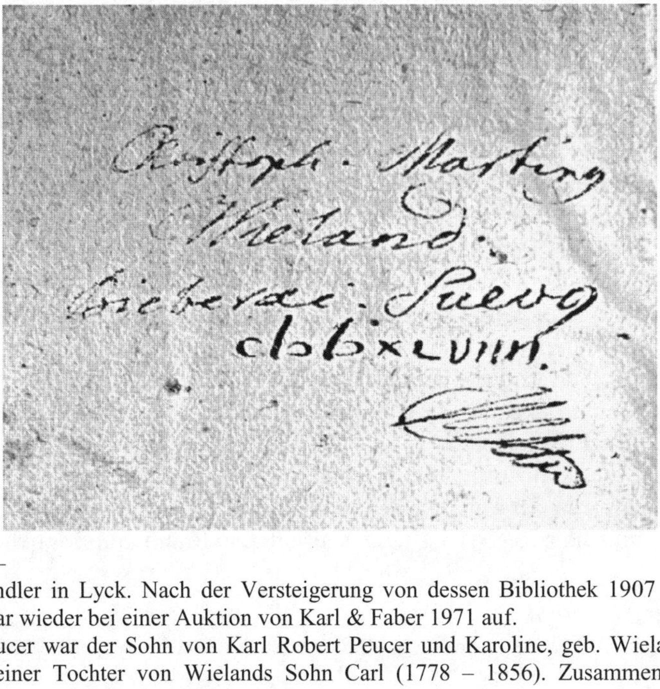

Buchhändler in Lyck. Nach der Versteigerung von dessen Bibliothek 1907 tauchte das Exemplar wieder bei einer Auktion von Karl & Faber 1971 auf.

57 Carl Peucer war der Sohn von Karl Robert Peucer und Karoline, geb. Wieland (1820 – 1903), einer Tochter von Wielands Sohn Carl (1778 – 1856). Zusammen mit seiner Schwester Elisabeth Hecht-Peucer hat C. Peucer das Wieland-Museum mit erheblichen Geldzustiftungen und mit seinem Nachlass unterstützt.

58 Vgl. Bernhard Seuffert: Prol VII. Nachträge und Untersuchungen, S. 4: »Ob die lateinischen Bemerkungen und eine französische auf den Rändern von Wieland herrühren, kann ich nicht bestimmen […]«.

Ein anderes Werk aus diesem Konvolut, von großem Interesse besonders für die Geschichte des Theaters in Biberach, ist ein Englisch / Deutsches – Deutsch / Englisches Wörterbuch aus dem Jahre 1761,[59] also just aus dem Jahr als der Dichter Shakespeares ›Sturm‹ im Biberacher Komödienhaus aufführte und sich zur Übersetzung weiterer 21 Stücke des großen englischen Dichters aufmachte. Anzunehmen wäre, dass er sich dieses Wörterbuchs für seine Übersetzung bediente. Bei den weiteren Titeln der rekonstruierten Bibliothek ist nur noch im ersten Band der 18bändigen Ausgabe von Georges Louis Leclerc de Buffons ›Histoire naturelle des oiseaux‹ (1785) Wielands eigenhändiger und sehr charakteristischer Namenszug als Besitzvermerk auf dem Titelblatt zu finden.

In den letzten vierzig Jahren, in denen Antiquariatskataloge im Wieland-Archiv durchforstet wurden, ist es nur einmal vorgekommen, dass ein Werk mit einem handschriftlichen Besitzvermerk des Dichters in einem Auktionskatalog angeboten wurde. In einer Ausgabe von Klopstocks ›Messias‹ war nicht nur auf dem Titelblatt der Namenszug des Dichters, sondern an einer Stelle im Text, in der es sich um den ungläubigen Thomas handelt, waren die Initialen »CMW« über den Namen »Thomas« geschrieben. Die Ausgabe konnte leider nicht gekauft werden, da sie zu kostspielig und eine entsprechende Ausgabe des ›Messias‹ bereits im Bestand vorhanden war.

Von den im Verzeichnis von 1814 aufgeführten 3 854 Bänden ist es dem Wieland-Archiv bis heute gelungen, etwa 2 200 Bände für die Rekonstruktion zu erwerben – circa 1 700 Bände fehlen noch.[60] Die Möglichkeit im Internet bei Online-Antiquariaten aktiv zu suchen, öffnet neue Wege, fehlende Bände aufzuspüren. Ist allerdings ein Werk gefunden, muss es auch finanzierbar sein! Nach der Gründung der Biberacher Wieland-Gesellschaft 2006 haben einige Mitglieder nicht nur die gesamten Buch-Bestände des Wieland-Archivs ehrenamtlich im Online-Katalog des Südwestdeutschen Bibliotheksverbundes angelegt, sondern auch systematisch die fehlenden Bände aus dem Versteigerungsverzeichnis in den gängigen Antiquariatsangeboten im Internet gesucht und aufgelistet. Bei der Eröffnung der neuen Dauerausstellung in Wielands Gartenhaus 2009 lag diese Liste aus, und seitdem wurden über 40 Bücher für die Rekonstruktion gestiftet. Ein beeindruckendes Zeichen für die heutige Verbundenheit Biberacher Bürger mit »ihrem Wieland«.

Wie sieht die rekonstruierte Bibliothek in Biberach aus? In den Räumen des Wieland-Archivs in der Unteren Schranne von 1969 bis 1997 war die Wieland-Bibliothek in einem eigens dafür ausgestatteten Raum mit Möbeln aus dem

---

59 Nathan Bailey: A Compleat English Dictionary, oder vollständiges Englisch-Deutsches Wörterbuch. […] anfangs von Nathan Bailey in einem kurzen Compendio herausgegeben. Bey dieser dritten Auflage aber um noch mehr als die Hälfte vermehret von Theodor Arnold. 2 Teile in 1 Band. Leipzig und Züllichau: in der Buchhandlung des Waysenhauses bey […] Frommann. 1761.

60 Vgl. Wieland-Bibliothek (Anm. 52), S. [45 – 48]; dort findet sich ein Register der Titel, die in der Rekonstruktion der Wieland-Bibliothek im Wieland-Archiv bis zum Jahr 1993 vorhanden waren.

Nachlass von Wielands Urenkel Carl Peucer auf- und ausgestellt. Seit 2002 gibt es ein derart eindrucksvolles Ambiente nicht mehr – die Rekonstruktion ist als geschlossene Sammlung innerhalb der übrigen Bestände im Archiv aufgestellt.

Die Bücher der Rekonstruktion stellen sowohl monetäre als auch inhaltliche Werte dar. Als Beispiel sei die vorher genannte Prachtausgabe von Salomon Geßners ›Schriften‹ genannt. Angekauft wurde sie 1955 für 175,– DM. In den 1990er Jahren hätte man bei einer Auktion 11 500,– DM zahlen müssen – und heute erscheint das Werk überhaupt nicht mehr im Antiquariatsangebot. Ein weiteres bibliophiles Juwel ist die Ausgabe von Dorats ›Les Baisers‹ (1770), die mit einem roten Leder-Einband der Guild of Women-Binders und mit dem Exlibris der Marchoness of Londonderry ausgestattet ist. Gar seltene Werke wie ein Exemplar des ersten Bandes von ›The German Museum‹ (1800), mit dem Titelporträt Wielands, veranschaulichen die Bedeutung der Rekonstruktion wie auch die Popularität des Dichters in England.

Einige nachfolgende Beispiele sollen die Bezüge zwischen den Werken in Wielands Bibliothek und deren Einflussnahme auf seine Dichtungen aufzeigen und veranschaulichen. Die 41bändige Sammlung von französischen Feenmärchen – ›Le Cabinet des Fées‹ (1785 – 1789) – war einer der ersten Ankäufe für die Rekonstruktion. Aus dem Inhalt der verschiedenen Märchen hat Wieland sowohl für seinen Roman ›Die Abenteuer des Don Sylvio von Rosalva‹ wie auch für die Märchensammlung ›Dschinnistan oder auserlesene Feen- und Geistermärchen‹ geschöpft. Bayle's ›Dictionnaire‹ (1730) wurde bereits erwähnt und ermöglicht es, Wielands Kenntnisstand z. B. von der antiken Stadt Abdera nachzuzeichnen. Im Vorbericht der ›Abderiten‹ steht:

> Diejenigen, denen etwan daran gelegen sein möchte, sich der Wahrheit der bei dieser Geschichte zum Grunde liegenden Tatsachen und charakteristischen Züge zu vergewissern, können…sich aus den Artikeln Abdera und Demokritus in dem Baylischen Wörterbuche überzeugen […].[61]

Die 70bändige Kehler-Ausgabe der ›Oeuvres complètes‹ (1785 – 1789) von Voltaire steht auf dem Regal fast neben den ›Oeuvres posthumes‹ (1788 – 1789) von Friedrich dem Großen. Bekanntlich wurde Wieland von seinen Zeitgenossen als der »Voltaire Deutschlands« gefeiert,[62] und in seinen Werken ›Oberon‹, ›Agathon‹ oder ›Agathodämon‹ findet sich Gedankengut Voltaires wieder. Im Heldenepos ›Cyrus‹ aus dem Jahr 1759 mag Friedrich der Große gar als Vorbild für einen humanen Herrscher gedient haben.

---

61 Wieland: Die Abderiten. In: WOA 11.1, S. 156 – 461, hier: S. 156.

62 Aus Anlass von Wielands 200. Todestag (20. Januar 1813) findet eine von Dr. Yvonne Häfner kuratierte und von der Firma Ranger Design AG, Stuttgart, gestaltete Ausstellung, »Christoph Martin Wieland – Der Voltaire der Deutschen«, im Museum Strauhof, Zürich (12. Dezember 2012 bis 24. Februar 2013), und im Museum Biberach, Biberach (23. März bis 26. Mai 2013) statt. Vgl. Yvonne Häfner: Blicke durchs Schlüsselloch. Zur Konzeption der Ausstellung zu Leben und Werk Christoph Martin Wielands im Zürcher Museum Strauhof. In: Wieland-Studien 7 (2012), S. 261 – 280.

Aus anderen Bereichen finden sich beispielsweise die ›Einleitung zur Kenntniß der englischen Landwirthschaft und ihrer neuesten pract. und theoret. Fortschritte…‹ von Albrecht Thaer (1801) oder die mit wunderschönen, kolorierten Kupferstichen ausgeschmückte 17bändige Ausgabe von Johann V. Sicklers ›Der teutsche Obstgärtner‹ (1794 – 1804). Anzunehmen, dass beide Werke dem Dichter während seiner Oßmannstedter Jahre als Leitfaden dienten – dort, wie er selber bekannte, hat er sich als »poetischer Landwirt« mit dem zeitgenössischen »landwirtschaftlichen Bücherwesen« über Obstbau, Viehzucht und Felderwirtschaft beschäftigt.[63]

Eine der besonderen Anschaffungen der letzten Jahre ist das Werk ›Auszug der vornehmsten Gedichte aus dem von Herrn Barthold Heinrich Brockes in fünf Theilen herausgegebenen Irdischen Vergnügen in Gott‹ (1763), eine Sammlung von Gedichten aus den Jahren 1721 bis 1748. Rückblickend bekennt der 19jährige Wieland, dass Brockes sein Leibautor gewesen war, und dieser hatte auch einen großen Einfluss auf das religiöse Denken Wielands.[64] Karl August Böttiger berichtet aus einem Gespräch Wielands:

> Sein Vater hatte den ganzen Brockes viele Jahre lang an einen Biberacher Patricier verborgt, der ihn auf einmal zurückschickte. Der 10jährige Knabe Wieland, der seine Sprache nur aus der Bibel, die er bei seinem frommen Vater fleisig lesen musste, u. aus dem Gesangbuche kannte, und nur mit der Mutter und dem Dienstmädchen im Hause sprach, erstaunte als er den poetischen Reichthum in Brockes Vergnügen mit Gott zum erstenmal erblickte, und fiel mit unglaublicher Begierde darüber her. Von nun an machte er auch selbst Versuche, die natürlich sehr lahm ausfallen mussten.[65]

2009 konnte die 13bändige Ausgabe ›The history of the decline and fall of the Roman Empire‹ (1787 – 1789) von Edward Gibbon angekauft werden, auf die Wieland in seinen ›Gedanken von der Freyheit über Gegenstände des Glaubens zu philosophiren‹ verweist. Im ›Teutschen Merkur‹ wurde die Veröffentlichung der ersten drei Bände der Ausgabe 1788 anzeigt. Zu den vier 1774 erschienenen Bänden des ›Vie d'Apollonius de Tyane‹ (1774) von Philostratos, die in den letzten Jahren dem Archiv gestiftet wurden, erfahren wir in Wielands Handbuch von 1774, dass der Dichter sich mit den Gedanken der positiven Darstellung des Lebens und der Lehre des Apollonius beschäftigte, und diese haben sich später im Roman ›Agathodämon‹ niedergeschlagen.[66]

Diese Beispiele mögen genügen, um zu verdeutlichen, wie wichtig und aufschlussreich Kenntnisse über den Bestand von des Dichters Bibliothek für das Verständnis seiner Werke und seiner Bildungswelt sind. Die vielseitigen Facet-

---

63 Gärten in Wielands Welt (Anm. 3), S. 46.

64 Wieland an Johann Jakob Bodmer (Tübingen, 6. März 1752), In: WBr 1, S. 45 – 52, hier: S. 49. Vgl. auch Uwe Blasig: Religiöse Entwicklung des frühen Christoph Martin Wieland. Frankfurt [u. a.] 1990. S. 62 ff.

65 Gespräch mit Böttiger (3. Januar 1801). In: Böttiger (Anm. 14) S. 273 – 275, hier: S. 273 f.

66 Jutta Heinz: Agathodämon. In: WHb, S. 314 – 322, hier: S. 314 ff.

ten von Wielands Bibliothek zeigen eindeutig, wie sehr der Dichter in allen Literaturen der Welt zuhause war.

Die Forschungsaufgaben für das Wieland-Archiv – sowohl die Rekonstruktion als auch der Sammelbereich »Zeitgenossen, Einfluss und Wirkung« – wurden bereits Mitte des vorigen Jahrhunderts von Hansjörg Schelle wie folgt begründet:

> Wieland, der poeta doctus, der gelehrte Dichter, der von Kind an in Büchern seine unentbehrlichen Gefährten sah, war mit einer fast unbegrenzten Empfänglichkeit begabt, Anregungen aus fremden Autoren in sich aufzunehmen und diese Stoffe, Motive, Situationen usf. seinen eigenen Dichtungen einzuverwandeln. [...] Dabei verfuhr der Dichter nicht wahllos: Was Wieland aus der literarischen Überlieferung übernahm und als Dichter, Übersetzer und Publizist weitervermittelte, entsprach seiner Wesensart.[67]

Wieland selbst hat jene Gedanken in seiner Antwort auf die Vorwürfe seiner Zeitgenossen, er sei nicht originell, wie folgt formuliert:

> Man sollte doch *finden* und *erfinden* unterscheiden. Was ist überhaupt der Stoff unsrer Gedichte. Fast alles läßt sich bis auf die entfernteste Periode des Menschengeschlechts zurückführen. Woher nahmen die Mauren den Stoff der Contes u. Fabliaux, woraus die Provenzalpoesie und später die romantische Epopöe der Italiener hervorging. Haben nicht Shakspeare und Milton fast alle Stoffe entlehnt? Woher nahm Homer seinen Stoff? [...] Aber die Bearbeitung des Stoffs ist die wahre Erfindung. So hab ich den Agathon, die Musarion, den Idris erfunden. Oder wo hat irgend eine Nation ein so erfundnes u. komponirtes Gedicht, wie meine Musarion ist, aufzuweisen?[68]

Die Finanzierung eines solchen Unterfangens wie der Rekonstruktion hing in den Gründerjahren des Wieland-Museums beziehungsweise -Archivs erstens am ehrenamtlichen Engagement der beteiligten privaten Bürger wie der Kaufleute der Familie Schelle, die ihre Zeit und ihre Energie für die inhaltlichen und finanziellen Belange des Museums geopfert haben; zweitens kamen zahlreiche Spenden und Unterstützung aus der Bevölkerung, etwa durch ihre Teilnahme an sogenannten Wieland-Abenden, die über viele Jahre vom örtlichen Dramatischen Verein zur Aufstockung der Kasse des Museums veranstaltet wurden.[69] Ab 1972 hat es sich die Stadtverwaltung zur Aufgabe gemacht, das bis dahin Geschaffene zu erhalten und weiter zu entwickeln. Bei den Buchpreisen heutzutage, wie auch früher, ist die Anschaffung der Werke für die Rekonstruktion der Wieland-Bibliothek mit hohen finanziellen Anforderungen verbunden. In einigen Fällen hat das Deutsche Literaturarchiv in Marbach beziehungsweise die dort angegliederte Arbeitsstelle für literarische Museen und Gedenkstätten in Baden-Württemberg Mittel zur Verfügung gestellt, das heißt die Bücher wurden

---

[67] Schelle (Anm. 5), S. 22.

[68] Gespräch mit Böttiger (Anm. 14), S. 274 f.

[69] Der heutige Dramatische Verein ist der älteste Amateur-Theater-Verein Deutschlands, gegründet 1686. Vgl. 300 Jahre Dramatischer Verein. Bürgerliche Komödiantengesellschaft von 1686 Biberach an der Riss e. V. Biberach 1986, S. 47.

dem Archiv als Dauerleihgabe gegeben. So konnte ›Code de la Nature, ou le véritable Esprit de ses Loix‹ (1755) von Étienne-Gabriel Morelly der Rekonstruktion zugefügt werden – bereits während Wielands Aufenthalt in Zürich war dieses Werk des französischen Aufklärers über Natur und Utopia Gegenstand von Gesprächen im Kreise der Zürcher Freunde.[70]

Es muss noch einmal betont werden, dass eine Rekonstruktion von Wielands Bibliothek sowie die damit verbundenen Erkenntnisse um seinen Bildungsstand in Anbetracht der Wandlungen, denen diese, wie wir gesehen haben, unterworfen war, über das Versteigerungsverzeichnis hinaus gehen muss. Wieland erwähnt in zahlreichen Briefen gelesene oder als Geschenk erhaltene Bücher, die im ›Verzeichnis‹ nicht aufgeführt sind.[71] Ein mehr als nur flüchtiger Blick in die Ausleihbücher der Herzoglichen Bibliothek würde einige interessante Aspekte zu Wielands Lesewelt eröffnen. Beispielsweise werden im Ausleihbuch für 1798 bei Wieland 13 Titel aus dem vorhergehenden Buch übertragen. Es wird dabei vermerkt, dass, anstatt vier nicht näher genannte ausgeliehene Titel zurückzugeben – »welche sich nicht nach langem Warten vorfinden wollen« –, der Dichter durch Vermittlung von Karl August Böttiger der Herzoglichen Bibliothek die 1704 erschienene Prachtausgabe ›Historia de la Conquista de Mexico‹ von Antonio de Solis angeboten hat. Auf »Befehl des Herrn Geh. Raths von Goethe«, der damals zusammen mit Minister Christian G. Voigt die Oberaufsicht über die Herzogliche Bibliothek hatte, wurde das Angebotene als Äquivalent angenommen – und befand sich demzufolge auch nicht im Versteigerungsverzeichnis.[72] Ebenfalls kann man davon ausgehen, dass die Werke, die von Wieland als Herausgeber im ›Teutschen Merkur‹ rezensiert wurden – und dies waren alleine von 1773 bis 1802 über 200 Stück[73] – in seiner Bibliothek zumindest zeitweise gewesen sein müssen – auch jene fehlen streckenweise im ›Verzeichnis‹. Zweifelsohne haben die Erben vor der Auktion Bücher für eigene Zwecke entnommen. Die sechzig Bücher aus dem Nachlass des Urenkels, Carl Peucer, liefern hierfür den Beweis – auch sie sind im Versteigerungsverzeichnis

---

70 Vgl. Aus dem Tagebuch von F. D. Ring, 12. März 1755. In: Starnes 1, S. 92.

71 Vgl. Wieland an Friedrich Justus Riedel (Biberach, 3. Februar 1769). »Ich habe wirklich die braunschweigische Übersetzung von Yoriks Reisen bekommen [Übers. v. Matthäus Theodor Mittelstedt]; sie ist schlecht, herzlich schlecht – doch unendlichmal besser als die von Tristram Shandy [Übers. v. Johann Friedrich Zückert].« In: WBr 3, S. 579 – 581, hier: S. 581; vgl. auch WBr 6.1, S. 601. Beide Werke sind *nicht* im Verzeichnis der Versteigerung aufgeführt.

72 Konrad Kratzsch: Die Leserschaft der Herzoglichen Bibliothek und ihre Lektüre in den Jahren 1792 bis 1800. Nach den Ausleihbüchern. In: Historische Bestände der Herzogin Anna Amalia Bibliothek zu Weimar. Beiträge zur Geschichte und Erschließung. Hg. von Konrad Kratzsch/Siegfried Seifert. München [u. a.] 1992 (Literatur und Archiv 6), S. 99 – 113, hier: S. 103; vgl. auch Franziska Schulz: Lesen um 1800. Die Leserschaft der Herzoglichen Bibliothek in Weimar auf der Grundlage der Ausleihbücher. In: Weimar-Jena: Die große Stadt 1 (2008), T. 2, S. 77 – 96.

73 Vgl. WBibl 906 – 1146, S. 191 – 217.

nicht aufgeführt.[74] Der Grazer Wieland-Forscher Bernhard Seuffert äußert sich zum Bestand von Wielands Bibliothek in den ›Prolegomena zu einer Wieland-Ausgabe‹ von 1909:

> Übrigens ist zweifellos, daß bei Wielands Tod nicht mehr alles an Büchern vorhanden war, was er jemals besessen hat, und auch, daß in den Auktionskatalog nicht alles aufgenommen worden ist, was beim Tode vorhanden war. Dies sei ein für allemal zur Beachtung gesagt.[75]

Weiteren Spuren von Wielands Lesewelten nachzugehen, bleibt somit noch ein Auftrag für die Zukunft. Die Rekonstruktion von Wielands Bibliothek, die in Deutschland bislang einmalig ist, bleibt weiterhin ein wichtiger Schwerpunkt der vielseitigen Aufgaben des Wieland-Archivs und der Christoph Martin Wieland-Stiftung.

Mit dem Schlusssatz von Heinrich Meyers Beobachtungen bei der Auktion von Wielands Bibliothek schließt dieser Bericht über die Rekonstruktion von Wielands Bibliothek in Biberach:

> [...] und so wäre noch vieles zu nennen; doch, der weise deutsche Kaiser Friedericus Barbarossa soll vor mehreren hundert Jahren schon gesagt haben, das Vortrefflichste von allen Dingen in der Welt sey – das Maaß – und solches bedenkend will ich hier die Betrachtungen über Wielands Bibliothek und den Verkauf derselben endigen.[76]

---

[74] In Wieland-Bibliothek, S. [7] – [13], werden diese 60 Bände aufgelistet.

[75] Prol III – IV, S. 14.

[76] Meyer (Anm. 40), S. 88.

Alexander Rosenbaum

Unverhoffte Ehren? Wieland als Mitglied der Berliner Akademien der Wissenschaften und Künste

Mit einem unbekannten Dankschreiben Wielands

Bis in sein hohes Alter hinein sind Wieland seitens verschiedener Akademien und Gesellschaften Ehrenmitgliedschaften angetragen worden. Sie bezeugen die seiner Persönlichkeit und seinem Werk zeitlebens entgegengebrachte hohe Wertschätzung, die nicht zuletzt in der Verleihung des helvetischen Bürgerrechts (1801) Ausdruck fand.[1] Zu den Würdigungen zählen neben der frühen Mitgliedschaft in der Churfürstlich Mayntzischen Academie nützlicher Wissenschaften zu Erfurt (1754)[2] auch die Ernennungen zum Mitglied der Berliner Königlich Preußischen Akademie der Wissenschaften (1786) und der Königlich Preußischen Akademie der Künste und mechanischen Wissenschaften (1789) sowie die Aufnahmen als auswärtiges Mitglied des Pariser Institut National des Sciences et des Arts (1803)[3] und der Königlichen Akademie der Wissenschaften in München (1808).[4]

Wieland hat auf diese spezifische Form institutioneller Anerkennung stets höflich reagiert, gelegentlich aber bemerkt, »diese Art von Weyrauch« nicht sonderlich zu schätzen.[5] So betonte er anlässlich der 1807 erfolgten Mitgliedschaft in der traditionsreichen, 1644 in Nürnberg begründeten literarischen Gesellschaft des ›Löblichen Hirten- und Blumen-Ordens an der Pegnitz‹, dass er

---

1 Vgl. WBr 15.1, S. 423 und S. 433.

2 Vgl. Richard Thiele: Die Gründung der Akademie nützlicher (gemeinnütziger) Wissenschaften zu Erfurt und die Schicksale derselben bis zu ihrer Wiederbelebung durch Dalberg (1754–1776). Mit urkundlichen Beilagen. In: Jahrbücher der Königlichen Akademie gemeinnütziger Wissenschaften zu Erfurt N. F. 30 (1904) (Festschrift zur Feier des 150jährigen Bestehens der Kgl. Akademie). Erfurt 1904, S. 1 – 138, hier: S. 44, S. 102 und S. 114. Wieland dürfte seine im Gründungsjahr 1754 erfolgte, 1773 erneuerte Ernennung zum ordentlichen auswärtigen Mitglied Johann Wilhelm Baumer verdankt haben, einem Verwandten seiner Mutter, der an der Erfurter Universität lehrte und bei dem Wieland während seines Studiums in Erfurt 1749/50 lebte. Baumer fungierte zwischen 1754 und 1765 als Sekretär der Akademie. Vgl. ebd., S. 35 f. sowie WBr 2, S. 91.

3 Vgl. WBr 16.1, S. 98 f.

4 Vgl. WBr 17.1, S. 319.

5 Zu Wielands verhaltener Reaktion auf die Nachricht über die Verleihung des helvetischen Bürgerrechts vgl. Wieland an Heinrich Geßner (Oßmannstedt, 20. April 1801). In: WBr 15.1, S. 423. Zu Wielands eigenen Akademieplänen vgl. Klaus Manger: Wielands Kosmopoliten. In: Europäische Sozietätsbewegung und demokratische Tradition. Die europäischen Akademien der Frühen Neuzeit zwischen Frührenaissance und Spätaufklärung. Hg. von Klaus Garber u. Heinz Wismann. Bd. 2. Tübingen 1996, S. 1637 – 1667.

nach dergleichen »äusserlichen Ehrenzeichen nie getrachtet« und diese ohne eigenes Zutun erhalten habe.[6] Das Verdienst, dem achtungswürdigen Pegnesischen Blumenorden anzugehören, nehme er gerne an – unter der zweifachen Voraussetzung, »daß mir diese Ehre von dem Orden aus eigener Bewegung ertheilt, und ich dadurch zu keinerley Art von litterarischen Beyträgen verbindlich gemacht würde«.

Unter den ihm zuteil gewordenen akademischen Ehren schätzte Wieland vor allem die Berufung in die »von dem großen Friedrich erneuert[e] Königlich Preußisch[e] Akademie der Wissenschaften in Berlin«.[7] Anders als es sich im Rückblick darstellt, verdankte er die im Dezember 1786 erfolgte Ernennung indes gerade nicht dem der deutschen Sprache wenig zugeneigten, im August 1786 verstorbenen Regenten, sondern vielmehr dem Reformwillen seines Nachfolgers Friedrich Wilhelm II. Tiefgreifende innerinstitutionelle Neuordnungen waren auch der Grund für Wielands zwei Jahre später erfolgte Aufnahme als Ehrenmitglied der Berliner Kunstakademie. Dass man sich in beiden Fällen zu einem für die preußische Akademiegeschichte bedeutsamen Zeitpunkt an den erfolgreichen Autor, Übersetzer und Herausgeber wandte, ist kein Zufall. Aus Anlass eines in den Akten der Berliner Kunstakademie aufgefundenen, bislang unbekannten Dankschreibens Wielands sollen die Umstände dieser in mehrfacher Hinsicht bemerkenswerten Mitgliedschaften skizziert werden.

I.

Ungeachtet seiner rückblickenden Beteuerung, nach Ehrenmitgliedschaften nie gestrebt zu haben, hat sich der junge Wieland sehr wohl um diese bemüht. Bereits im September 1759 betonte er gegenüber Johann Jakob Bodmer:

> Ich werde seit einiger Zeit von dem Einfall geritten ein Mitglied der Academie in Berlin zu seyn; nehmlich nur ein Titularmittglied, ohne Pension. Diese an sich selbst wenig bedeutende Sache würde mir zu Bern einen *relief* geben, und es ist nirgends nötiger den Leuten durch dergl. Verbrämungen zu imponieren als hier.[8]

Eine Ernennung bedeutete für Wieland, der drei Monate zuvor von Zürich nach Bern übergesiedelt war, um dort eine – bald ungeliebte – Stelle als Hauslehrer anzutreten, mithin die Möglichkeit, sein gesellschaftliches Ansehen zu stärken und sich als gelehrter Autor der Dichtungen ›Die Natur der Dinge‹ und ›Cyrus‹

---

[6] Wieland an Ludwig von Nostiz-Drzwiecky (Weimar, 5. März 1807). In: WBr 17.1, S. 189. Folgendes Zitat ebd. Zu Wielands Dankschreiben vom 11. September 1807 vgl. ebd., S. 247 f. und Werner Kügel: Geschichte und Gedichte des Pegnesischen Blumenordens. Bd. 2: 1794–1844. Aachen 2008, S. 73 – 75.

[7] Wieland an Ludwig von Nostiz-Drzwiecky (Weimar, 5. März 1807). In: WBr 17.1, S. 189.

[8] Wieland an Johann Jakob Bodmer (Bellevue bei Bern, 6. September 1759). In: WBr 1, S. 524.

zu empfehlen. Und nicht zuletzt dürfte Wieland mit seinem Vorstoß versucht haben, sich in dem an der Akademie lebhaft ausgetragenen Monadenstreit zu positionieren.[9]

Wielands Anliegen, das Bodmer an Johann Georg Sulzer nach Berlin weiterleitete, wurde von diesem jedoch mit der Begründung abgelehnt, dass Wielands Verdienste in der preußischen Hauptstadt zu wenig bekannt seien. Man habe die Akademie mit unbekannten Namen so überhäuft, dass man noch lange brauchen werde, um der gelehrten Ehre wieder den rechten Wert verleihen zu können. Und überdies gebe es keine Klasse, welche die Aufnahme eines Dichters rechtfertige: Man frage sich, so Sulzer in seiner abschlägigen Antwort an Bodmer, ob Wieland »Mathematicus oder Physicus« sei.[10] Wieland möge auf eine günstigere Gelegenheit warten.

Diese ergab sich ein Vierteljahrhundert später: Von seiner Wahl zum auswärtigen ordentlichen Mitglied der ›Académie Royale des Sciences et Belles Lettres à Berlin‹ am 7. Dezember 1786 erfuhr Wieland durch den Akademiesekretär Johann Heinrich Samuel Formey. In einem kurzen, auf den 9. Dezember datierten Schreiben betonte dieser, unter den in die Akademie aufgenommenen »noms les plus célebres« habe jener Wielands nicht fehlen dürfen.[11] Tatsächlich erfolgte seine Aufnahme in jener Sitzung, in der mit Charles Bonnet, Johann Georg Adam Forster, Nikolaus Joseph Freiherr von Jacquin, Immanuel Kant und Alessandro Conte Volta namhafte Gelehrte zu Mitgliedern ernannt wurden.

Wieland zeigte sich von dieser Wahl überrascht: »avec une bien agreable surprise« habe er die Nachricht Formeys erhalten, den er bei dieser Gelegenheit seiner besonderen Wertschätzung versicherte. Er fühle sich geehrt, als Literat Teil einer europäischen Gelehrtengemeinschaft zu sein:

> Quels que puissent etre les titres, qu'un amour ardent du Vrai et du Beau et 40. ans d'application assidue et constante à cultiver les bonnes Lettres me peuvent avoir acquis, je tiendrai toujours à gloire de les voir confirmés par la voix d'un Corps aussi respectable et qui tient une place si distinguée parmi les Amphictyons de l'Europe sçavante. Je Vous

---

9 Vgl. Barbara Bauer: Die Anfänge der Berliner *Académie Royale des sciences* im Urteil der gelehrten Öffentlichkeit. In: Europäische Sozietätsbewegung und demokratische Tradition. Die europäischen Akademien der Frühen Neuzeit zwischen Frührenaissance und Spätaufklärung. Hg. von Klaus Garber u. Heinz Wismann. Bd. 2. Tübingen 1996, S. 1413 bis 1453, hier: S. 1436.

10 Johann Georg Sulzer an Johann Jakob Bodmer (Berlin, 16. Oktober 1759). Zit. nach: Starnes I, S. 162. Im Unterschied zur alten leibnizianischen Akademie sahen die unter Friedrich II. erneuerten Statuten für Poesie und Beredsamkeit, Medizin, Theologie und Jurisprudenz keine eigenen Sektionen mehr vor. Vgl. Bauer (Anm. 9), S. 1416 f.

11 Johann Heinrich Samuel Formey an Wieland (Berlin, 9. Dezember 1786). In: WBr 9.1, S. 205. Gemäß den Statuten erfolgten die Ernennungen ohne die vorherige Zustimmung der Geehrten.

supplie, Monsieur, de vouloir bien faire agréer à l'Académie Royale, et à son illustre Curateur l'hommage de ma reconnoissance, de mon respect et de mon devouement.[12]

Wielands späte Aufnahme erfolgte zu einem bedeutsamen, durch den Tod Friedrichs II. markierten Wendepunkt in der Geschichte dieser traditionsreichen Akademie. So nutzte der eine Woche nach Friedrichs Ableben zum Kurator ernannte Wirkliche Geheime Etats- und Kabinettsminister Ewald Friedrich Graf von Hertzberg den Wechsel in der Regentschaft, um die unter Friedrich einseitig am französischen Vorbild orientierte Institution behutsam zu modernisieren. Zu diesen Bemühungen zählte neben der Einführung des Deutschen als zweiter Wissenschaftssprache auch die strategische Aufnahme neuer Mitglieder. Bis Ende des Jahres 1788 wurden insgesamt 16 neue ordentliche sowie 27 auswärtige Mitglieder ernannt und damit der ambitionierte Versuch unternommen, Anschluss an die europäische Akademiebewegung zu gewinnen.[13]

Von Hertzbergs Reformbestrebungen zielten zudem darauf ab, die Akademie auf ihre ursprünglichen, lange vernachlässigten Ziele zu verpflichten. So strebte er die Verwirklichung eines Vorhabens an, das schon Leibniz in seinem Akademieplan von 1700 als ein primäres Ziel angesehen hatte und das auch im ersten Reglement von 1710 benannt worden war: das der Pflege, Erforschung und Vereinheitlichung der deutschen Sprache.[14] Deren Zustand hatte Friedrich II. in seiner 1780 veröffentlichten Schrift ›De la littérature allemande‹ noch als »demi-barbare« beschrieben.[15] Ziel der Ende 1791 unter von Hertzbergs Regie aus Mitgliedern der Akademie begründeten Deputation zur Vervollkommnung der deutschen Sprache war die Herausgabe einer Geschichte der deutschen Sprache, eines vollständigen Wörterbuchs sowie einer ausführlichen Grammatik.[16]

---

12 Wieland an Johann Heinrich Samuel Formey (Weimar, 16. Dezember 1786). In: WBr 9.1, S. 208 f. Amphiktyonien (griech. ›Umwohner‹) bezeichnen lose kulturpolitische Verbände von Stadtstaaten zum Schutz und der Verwaltung eines Heiligtums sowie der Veranstaltung von Festspielen zu Ehren der Gottheit.

13 Vgl. Conrad Grau: Die Preußische Akademie der Wissenschaften zu Berlin. Eine deutsche Gelehrtengesellschaft in drei Jahrhunderten. Heidelberg, Berlin, Oxford 1993, S. 117.

14 Vgl. Leibniz und seine Akademie. Ausgewählte Quellen zur Geschichte der Berliner Sozietät der Wissenschaften 1697–1716. Hg. von Hans-Stephan Brather. Berlin 1993, S. 80 f. und S. 204.

15 Friedrich II. von Preußen: De la littérature allemande. Berlin 1780, S. 6. In einer Wieland zugeschriebenen Rezension heißt es in diesem Zusammenhang: »Sollen wir nicht hoffen, daß, in diesen lezten friedlichen Zeiten Seiner Regierung auch die teutschen Musen den günstigen Einfluß seiner Vorsorge, die sich über Alles erstrekt, empfinden werden?« In: TM (1781), 1, S. 270 f., hier: S. 271. In seinem ein Jahr später veröffentlichten ersten der ›Briefe an einen jungen Dichter‹ sah Wieland diese Hoffnung jedoch enttäuscht.Vgl. TM (1782), 3, S. 129 – 157, hier: S. 151.

16 Vgl. die Eingabe von Hertzbergs an Friedrich Wilhelm II. von Preußen, »betreffend die Vervollkommnung der deutschen Sprache durch Mithülfe der Akademie« (4. Januar 1792). In: Adolf Harnack: Geschichte der Königlich Preußischen Akademie der Wissenschaften zu Berlin. Bd. 2: Urkunden und Actenstücke. Berlin 1900, S. 322 f. Zur

Vor dem Hintergrund dieser Bestrebungen wird deutlich, dass die Ernennung Wielands – der erst ein halbes Jahr später die Berufung Johann Gottfried Herders folgte – eine programmatische war.[17] In seinem persönlichen Dankschreiben an Wieland vom 27. März 1787 hat von Hertzberg dies nachdrücklich betont:

> Eure Wohlgebohrn haben für diese Aufnahme niemanden zu danken, sondern Sie haben vor andern den entschiedensten Anspruch zur Mitgenossenschaft unserer Akademie schon längst gehabt, da Sie sich nicht allein um die ganze gelehrte Republick, sondern auch besonders um die Teutsche Musen so sehr u. so lange verdient gemacht, daß alle ächte Teutsche Sie als einen der vornehmsten Schöpfer unserer Nationalsprache u. Litteratur verehren.[18]

Mit Wieland würdigte die Berliner Akademie der Wissenschaften mithin einen Gelehrten, der in entscheidender Weise jenen Zielen vorgearbeitet hatte, denen sich die zu reformierende Akademie verschrieb. Seinen Brief an Wieland nutzte von Hertzberg zugleich dazu, ihm als Beilagen das Aufnahme-Diplom[19] sowie seine am 25. Januar 1787 in der Akademie verlesene Denkschrift auf Friedrich II. zu übermitteln. In dieser suchte von Hertzberg den verstorbenen Regenten als den eigentlichen Initiator jenes zweiten »renouvellement de cette Académie«[20] zu würdigen, auf den sich Wieland noch im späten Rückblick von 1807 beziehen sollte.[21]

II.

Auf den ersten Blick weniger programmatisch, für Wieland gleichwohl ähnlich überraschend, war seine knapp zwei Jahre später am 10. Februar 1789 erfolgte Ernennung zum Ehrenmitglied der Königlich Preußischen Akademie der Künste

---

Deutschen Deputation vgl. Claudia Sedlarz: Ruhm oder Reform? Der »Sprachenstreit« um 1790 an der Königlichen Akademie der Wissenschaften in Berlin. In: Berliner Aufklärung. Kulturwissenschaftliche Studien. Bd. 2. Hg. von Ursula Goldenbaum u. Alexander Košenina. Hannover 2003, S. 245 – 276.

17 Die Aufnahme Herders, dreifacher Preisträger der Akademie, erfolgte am 27. Juli 1787. Vgl. Grau (Anm. 13), S. 105. Zu Herders zeitgleich entstandener Schrift ›Idee zum ersten patriotischen Institut für den Allgemeingeist Deutschlands‹ vgl. Hans Tümmler: Johann Gottfried Herders Plan einer deutschen Akademie (1787). In: Ders.: Weimar, Wartburg, Fürstenbund 1776–1820. Geist und Politik im Thüringen der Goethezeit. Gesammelte Aufsätze. Bad Neustadt a. d. Saale 1995, S. 39 – 52.

18 Ewald Friedrich von Hertzberg an Wieland (Berlin, 27. März 1787). In: WBr 9.1, S. 256.

19 Die Ernennungsurkunde wurde am 24. Januar 1787 ausgefertigt. Vgl. ebd., S. 239 f. und Taf. III.

20 Ewald Friedrich von Hertzberg: Mémoire historique sur la dernière Année de la Vie de Fréderic II, Roi de Prusse. Avec l'Avant-propos de son Histoire, écrite par lui-même. In: Nouveaux Mémoires de l'Académie Royale des Sciences et Belles-Lettres. Année 1785. Berlin 1787, S. 321 – 352, hier: S. 341. Zu der auch von Formey verwendeten Formulierung eines »second renouvellement« vgl. Sedlarz (Anm. 16), S. 254.

21 Vgl. Anm. 7.

und mechanischen Wissenschaften. Auch diese bedeutende, 1699 durch Kurfürst Friedrich III. (seit 1701 König Friedrich I. in Preußen) begründete Institution führte unter dessen Nachfolgern, Friedrich Wilhelm I. und Friedrich II., ein Schattendasein. Mit dem preußischen Minister Friedrich Anton Freiherr von Heinitz stand ihr seit Februar 1786 ein noch von Friedrich II. ernannter, in Verwaltungsfragen hoch erfahrener Kurator vor, der die Akademie als ein Instrument staatlicher Kunst- und Wirtschaftsförderung verstand.[22] Wie von Hertzberg zielte auch von Heinitz durch die Ernennung neuer Mitglieder darauf ab, den Ruf der Institution zu festigen. Neben Berliner und auswärtigen Künstlern wurden dabei gezielt Gelehrte und Personen von Stand als Ehrenmitglieder aufgenommen, von denen man sich erhoffte, dass sie »das Beste der Akademie auf eine oder die andere Weise zu befördern suchen«, wie es in den 1790 veröffentlichten neuen Statuten heißt.[23]

Über die näheren Umstände der Ernennung Wielands informieren die Briefe des Akademiesekretärs Andreas Riem an Friedrich Justin Bertuch.[24] Riem, ein umtriebiger Schriftsteller, Theologe und Entrepreneur der Akademischen Kunst- und Buchhandlung, pflegte enge geschäftliche Verbindungen nach Weimar.[25] Anlässlich eines Besuchs im Spätsommer 1788 besichtigte er die von Bertuch initiierte Herzogliche Freye Zeichenschule zu Weimar, in der er ein wichtiges Vorbild für die zu reformierende Berliner Kunstakademie sah. Ob Riem auch Wieland traf, ist nicht überliefert, sicher ist aber, dass er Bertuch in den folgenden Monaten mehrfach darum bat, Ankündigungen seines Verlags im ›Teutschen Merkur‹ zu platzieren.[26]

Noch im September beantragte Riem bei von Heinitz die Berufung Bertuchs zum Ehrenmitglied der Akademie.[27] Im Januar 1789 schlug von Heinitz vor, Herzog Carl August von Sachsen-Weimar und Eisenach aufzunehmen[28], eine Ernennung, der weitere folgen sollten, wie Riem nach Weimar berichtete:

---

22 Vgl. von Heinitz' Rede anlässlich der Aufnahme von Hertzbergs zum Ehrenmitglied der Berliner Kunstakademie. In: Monats-Schrift der Akademie der Künste und mechanischen Wissenschaften 1 (1788), S. 147 – 150. Als Königlich Preußischer Geheimer Staats-, Kriegs- und dirigierender Minister und Chef des Bergwerks- und Hütten-Departements war der zuvor in sächsischen Staatsdiensten tätige Heinitz seit 1777 für die Neuordnung der Berliner Bergakademie zuständig, zu der auch die Königliche Porzellan-Manufaktur gehörte.

23 Reglement für die Akademie der bildenden Künste und mechanischen Wissenschaften zu Berlin (1790). In: Hans Müller: Die Königliche Akademie der Künste zu Berlin 1696 bis 1896. Erster Teil. Berlin 1896, S. 183 – 198, hier: S. 193.

24 Vgl. Berliner Kunstakademie und Weimarer Freye Zeichenschule. Andreas Riems Briefe an Friedrich Justin Bertuch 1788/89. Hg. von Anneliese Klingenberg u. Alexander Rosenbaum. Göttingen 2012.

25 Vgl. Christoph Martin Vogtherr: Andreas Riem als Akademiesekretär und Kunstschriftsteller. In: Andreas Riem. Ein Europäer aus der Pfalz. Hg. von Karl H. L. Welker. Stuttgart 1999, S. 51 – 60.

26 Vgl. Klingenberg/Rosenbaum (Anm. 24), S. 10 und S. 38.

27 Vgl. ebd., S. 69 und S. 71.

28 Vgl. ebd., S. 24.

> [E]he Sie es erwarten sollen Sie hören daß wir den Verdiensten Goethens und Krause Gerechtigkeit wiederfahren zu laßen wißen. Nach einem halben Jahre werde ich Wieland vorschlagen, um mich der Pflichten zu entledigen, die ich den Königen in Athen schuldig zu seyn glaube.[29]

Die für den 11. Februar 1789 geplante feierliche Aufnahme des Herzogs wurde schließlich zum Anlass genommen, das Procedere zu verkürzen. So beschloss der Senat die zeitgleiche Ernennung von Goethe, Wieland und Herder zu Ehrenmitgliedern sowie die Aufnahme von Georg Melchior Kraus, dem Direktor der Weimarer Zeichenschule und Mitherausgeber von Bertuchs ›Journal des Luxus und der Moden‹, zum auswärtigen ordentlichen Mitglied.[30]

Was man sich von diesen Aufnahmen erhoffte, ist dem Diplom zu entnehmen, welches den neuen Mitgliedern wenig später übersandt wurde. Demnach bestehe der Zweck der Akademie und der sie konstituierenden Persönlichkeiten darin, »richtige Kenntnisse der Kunst in den Königlichen Staten zu verbreiten und Künstler zu bilden, deren Werke der Nation Ehre machen«.[31] Der mit dem Privileg eines Ehrenmitglieds ausgezeichnete verpflichte sich, »die Academie mit seinen Kunstfähigkeiten und Kenntnissen in allen Fällen, so wie es eines jeden Mitgliedes erste Pflicht ist, zu unterstützen«. Auch die Wahl Herzog Carl Augusts ließ sich auf diese Weise begründen, würdigte man mit ihm doch einen Staatsmann, der es über seine aktive Rolle im Fürstenbund hinaus in patriotischer Absicht verstanden hatte, Weimar zu einem Hauptsitz der Wissenschaften und Künste zu gestalten.[32]

Auch für diese Ernennung hat sich Wieland formvollendet bedankt. Sein in den Akten der Berliner Kunstakademie überliefertes, auf den 15. März 1789 datiertes eigenhändiges Schreiben ist bislang unbekannt, weshalb es hier vollständig nach der Handschrift abgedruckt wird (Abb. 1).[33]

---

[29] Andreas Riem an Friedrich Justin Bertuch (Berlin, 1. Februar 1789). In: Ebd., S. 27. Riem hatte Bertuch bereits am 3. Januar 1789 über seinen Plan informiert, beide als Ehrenmitglieder vorzuschlagen. Vgl. ebd., S. 20.

[30] Vgl. ebd., S. 89 f. und S. 116 – 125.

[31] Zu dem an Wieland übersandten Diplom vgl. WBr 10.1, S. 151.

[32] Vgl. Anton Friedrich von Heinitz: Rede, welche bey der Aufnahme Sr. hochfürstl. Durchlaucht, des regierenden Herzogs von Sachsen Weimar, vorgelesen wurde. In: Monats-Schrift der Akademie der Künste und mechanischen Wissenschaften zu Berlin 2 (1789), S. 1 f. sowie das von Riem verfasste Ehrendiplom für Herzog Carl August. In: Klingenberg/Rosenbaum (Anm. 24), S. 91 f.

[33] Geheimes Staatsarchiv Preußischer Kulturbesitz, I. HA Rep. 76 alt Ältere Oberbehörden für Wissenschaft, Kunst, Kirchen- und Schulsachen, III, Nr. 169: Acta betreffend die Aufnahme der Ehren Mitglieder und Assessoren der Academie 1783–1789, fol. 110. Erstdruck bei Klingenberg/Rosenbaum (Anm. 24), S. 122. Die eigenhändige Ausfertigung trägt Eingangsvermerke von Riem, von Heinitz und dem Assessor Johann Gottfried Moelter. Dem handschriftlichen Vermerk »4ten Vortrag 28 März« ist zu entnehmen, dass Wielands Brief in der folgenden Akademiesitzung vorgelegt wurde.

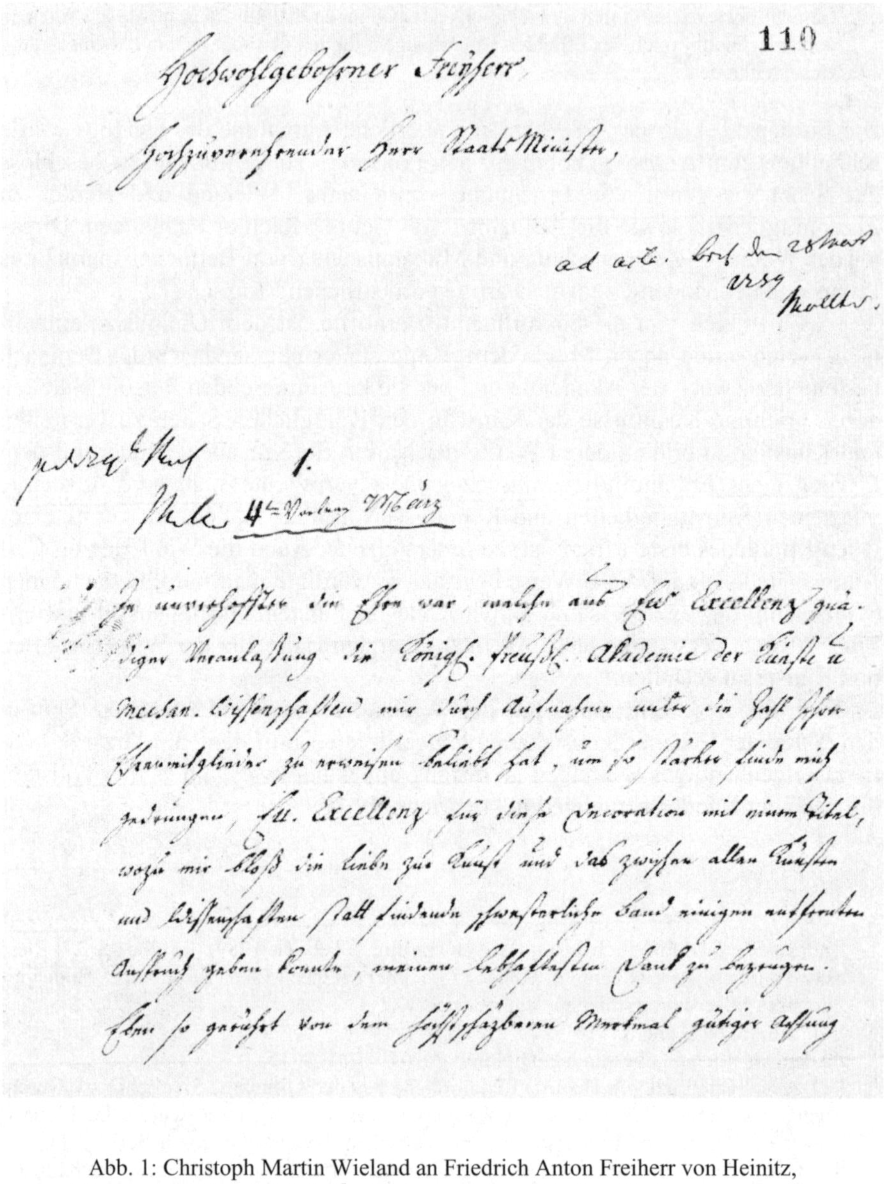
Hochwohlgeborner Freyherr,
Hochzuverehrender Herr Staats Minister,

Je unverhoffter die Ehre war, welche auf Ew. Excellenz gnädigen Veranlassung die Königl. Preußl. Akademie der Künste u mechan. Wissenschaften mir durch Aufnahme unter die Zahl ihrer Ehrenmitglieder zu erweisen beliebt hat, um so stärker finde mich gedrungen, Ew. Excellenz für diese Decoration mit einem Titel, wozu mir bloß die Liebe zur Kunst und das zwischen allen Künsten und Wissenschaften statt findende schwesterliche Band einigen entfernten Anspruch geben konnte, meinen lebhaftesten Dank zu bezeugen. Eben so gerührt von dem hochschätzbaren Merkmal gütiger Achtung

Abb. 1: Christoph Martin Wieland an Friedrich Anton Freiherr von Heinitz, Weimar, 15. März 1789, S. 1r, Geheimes Staatsarchiv Preußischer Kulturbesitz.

Hochwohlgebohrner Freyherr, / Hochzuverehrender Herr StaatsMinister,
Je unverhoffter die Ehre war, welche aus Ew Excellenz gnädiger Veranlaßung die Königl. Preuß. Akademie der Künste u Mechan. Wissenschaften mir durch Aufnahme unter die Zahl Ihrer Ehrenmitglieder zu erweisen beliebt hat, um so stärker finde mich gedrungen, Eu. Excellenz für diese Decoration mit einem Titel, wozu mir bloß die Liebe zur Kunst und das zwischen allen Künsten und Wissenschaften statt findende schwesterliche Band einigen entfernten Anspruch geben konnte, meinen lebhaftesten Dank zu bezeugen.

Eben so gerührt von dem höchstschäzbaren Merkmal gütiger Achtung // so Eu. Excellenz mir dadurch zu geben haben geruhen wollen als durchdrungen von dem Vorzug einer Gesellschaft anzugehören, die unter der Leitung und dem Schutz eines Ministers dessen große Eigenschaften und Verdienste schon lange von ganz Teutschland erkannt und verehrt werden, die Regierung Friedrich Wilhelms II. durch das goldene Alter der schönsten und nützlichsten Künste zu verherrlichen verspricht, fühle ich meine geringen Kräfte wenigstens durch den lebhaftesten Wunsch angefacht, so viel zu diesem edeln Zwecke beyzutragen, als sich Gelegenheit dazu // darbieten wird. Mit dieser Gesinnung erbitte ich mir Ew. Excellenz fortdaurendes gnädiges Wohlwollen, und habe die Ehre mit unbegrenzter Verehrung mich zu nennen, / Eu. Excellenz / unterthänigster und gehorsamster / Diener / Wieland.

Weimar 15^{t} März 1789.

So unverhofft die Ehre war – unbegründet war sie auch in diesem Falle nicht, galt sie doch einem Dichter, dessen Werk das Schaffen bildender Künstler wesentlich prägte und insofern einen gewichtigen Beitrag zur allgemeinen Geschmacksbildung leistete. So wurden auf den 1786 im Zuge der Reformbemühungen initiierten, jährlich veranstalteten Berliner Akademieausstellungen zahlreiche Kunstwerke gezeigt, die mit der Person und dem Werk Wielands verbunden waren.[34]

Gleich sechs der acht Rektoren der Akademie, die Wielands Ehrendiplom unterzeichneten, waren dem Dichter künstlerisch oder persönlich verbunden: so die sein Werk illustrierenden Zeichner und Kupferstecher Daniel Chodowiecki, Johann Wilhelm und Johann Heinrich Meil sowie Daniel Berger. Dieser stellte in der Akademieausstellung von 1794 einen nach Heinrich Rambergs Vorlage geschaffenen Kupferstich ›Aspasia‹ vor, der das Titelkupfer zum dritten Teil der ›Geschichte des Agathon‹ in Göschens Fürstenausgabe bildete.[35] Und auch der von Friedrich II. geförderte Bildnis- und Historienmaler Johann Christoph Frisch präsentierte mehrfach Bildwerke zu Wieland-Themen, so 1787 die Zeichnung ›Der Tod des Eremiten‹ nach ›Oberon‹ und 1802 das Ölgemälde ›Idee einer Cleone, aus Wielands Aristipp‹.[36] Enge Verbindungen bestanden vor allem zu dem seit November 1788 als Vizedirektor der Akademie amtierenden

34 Vgl. Die Kataloge der Berliner Akademie-Ausstellungen 1786–1850. Bearbeitet von Helmut Börsch-Supan. 3 Bde. Berlin 1971, Bd. 3 (Registerband), S. 127 und S. 143. Neben drei Bildnissen Wielands wurden bis 1812 insgesamt 16 Arbeiten nach Werken des Dichters, vor allem zum ›Oberon‹, ausgestellt.

35 Vgl. Werner R. Deusch: Wieland in der zeitgenössischen Buchillustration. Eine Bibliographie. Stuttgart 1964, S. 22, S. 33 f., S. 42 und S. 47 f. Zu Bergers Kupfer vgl. Börsch-Supan (Anm. 34), Bd. 1, 1794, S. 17 (Nr. 25).

36 Vgl. ebd., 1787, S. 9 (Nr. 41) und 1802, S. 16 (Nr. 29). Vgl. ebd., 1804, S. 2 (Nr. 6).

Chodowiecki, dessen ausführliche ›Nachricht von Berlinischen Künstlern und Kunstsachen‹ Wieland 1776 im ›Teutschen Merkur‹ veröffentlicht hatte.[37]

Der bedeutendste Wieland-Verehrer unter den Rektoren der Berliner Kunstakademie war zweifellos der 1788 zum Hofbildhauer und Lehrer der Bildhauerklasse ernannte Johann Gottfried Schadow.[38] Anlässlich von Schadows Aufenthalt in Weimar im September und Oktober des Jahres 1802 sollte sich Wieland die Möglichkeit bieten, die in seinem Dankschreiben an von Heinitz vom 15. März 1789 in Aussicht gestellte »Gelegenheit« zu ergreifen und sich in einem Streitfall zu positionieren, der die intellektuellen Beziehungen zwischen Weimar und Berlin in jenen Jahren nachhaltig trübte: Zwei Jahre zuvor hatte Goethe, welcher dem Berliner Kunstgeschehen von jeher kritisch gegenüberstand – selbst am Tage seines Dankes für die erhaltene Ehrenmitgliedschaft sollte er seinem in Italien weilenden Kunstfreund Johann Heinrich Meyer mitteilen, in Deutschland würde »viel Erbärmliches über die Kunst geschrieben« und die Berliner Kunstakademie zeichne sich darin besonders aus[39] –, seinen Aufsatz ›Flüchtige Uebersicht über die Kunst in Deutschland‹ veröffentlicht. Darin kam er zu der kursorischen Einschätzung, dass sich in Berlin der »prosaische Zeitgeist am meisten zu offenbaren« scheine: Poesie werde durch Geschichte verdrängt, Charakter und Ideal zugunsten eines bloßen Porträts aufgegeben sowie einer patriotischen Kunst gehuldigt.[40] Schadow hatte diesem Urteil öffentlich widersprochen[41] und sich wohl Goethes Unmut zugezogen – zumindest weigerte sich dieser bei ihrer Begegnung 1802 in Weimar entschieden, sich von ihm porträtieren zu lassen.

In Oßmannstedt hatte Schadow mehr Glück, zeigte sich Wieland doch hoch erfreut über den Wunsch des renommierten Bildhauers, seinem alten »Kopf

---

37 Vgl. TM (1776), 2, S. 261 – 281.

38 Vgl. Schadows spätes Urteil (1849): »Für Deutschlands Ruhm erschien Wielands Oberon. Die Anmut der Dichtung setzte alle in Entzücken; der Reim hatte einen bis dahin unbekannten Zauber«. Johann Gottfried Schadow: Kunstwerke und Kunstansichten. Hg. von Götz Eckardt. Bd. 1. Berlin 1987, S. 13.

39 Johann Wolfgang Goethe an Johann Heinrich Meyer (Weimar, 27. Februar 1789). In: Goethes Briefwechsel mit Heinrich Meyer. Hg. von Max Hecker. Bd. 1. Weimar 1917, S. 29. Goethes Kritik bezieht sich auf Riems Werk ›Ueber die Malerei der Alten‹ (1787). Zu Goethes Korrespondenz mit der Berliner Kunstakademie anlässlich seiner Aufnahme vgl. Klingenberg/Rosenbaum (Anm. 24), S. 119 f.

40 »In Berlin scheint, außer dem individuellen Verdienst bekannter Meister, der Naturalismus, mit der Wirklichkeits- und Nützlichkeitsforderung, zu Hause zu seyn und der prosaische Zeitgeist sich am meisten zu offenbaren. / Poesie wird durch Geschichte, Character und Ideal durch Portrait, symbolische Behandlung durch Allegorie, Landschaft durch Aussicht, das allgemein Menschliche durchs Vaterländische verdrängt. / Vielleicht überzeugt man sich bald: daß es keine patriotische Kunst und patriotische Wissenschaft gebe«. In: Propyläen 3 (1800), 2, S. 165 – 169, hier: S. 167. Zu Schadows Auseinandersetzung mit Goethe vgl. Martin H. Schmidt: »Ich machte mir: eine Büste von Goethe«. Schadows Widerstreit mit Goethe. Frankfurt a. M. u. a. 1995.

41 Johann Gottfried Schadow: Ueber einige, in den Propyläen abgedruckte Sätze, die Ausübung der Kunst in Berlin betreffend. In: Eunomia 1 (1801), S. 487 – 519.

diese unverdiente Ehre zu erweisen«.[42] Ungeachtet von Goethes Bemühungen, dieses Vorhaben zu torpedieren, gelang es Schadow, Wielands Bildnisbüste zur allgemeinen Zufriedenheit auszuführen, wenngleich sie Meyer freilich später als »eher kenntlich, als ähnlich« bemängeln und ihr vorwerfen sollte, dass der klassizistische Anspruch des Idealischen zugunsten einer bloß naturalistischen Auffassung aufgegeben worden sei.[43]

Abb. 2: Johann Gottfried Schadow, Entwurf zum Postament für die Büste Wielands, 1803, Bleistift, 156 x 186 mm, Staatliche Museen zu Berlin, Kupferstichkabinett, Inv. Nr. Sz Schadow 27.

42 Wieland an Anna Amalia von Sachsen-Weimar und Eisenach (Oßmannstedt, 30. September 1802). In: WBr 16.1, S. 49.

43 Weimarische Kunstausstellung vom Jahre 1803 und Preisaufgabe für das Jahr 1804. In: Allgemeine Literatur-Zeitung 1804, 1, S. I – VIII, hier: S. VIII. Vgl. Wielands spätes Urteil über seine Bildnisse: »[D]och dünkt mich die Schadowische als Kunstwerk die beste von allen, und an ihrer Ähnlichkeit ist auch nichts auszusetzen«. Wieland an Charlotte Wilhelmine Geßner (Weimar, 30. September 1808). In: WBr 17.1, S. 464.

Schadow zeigte sich von der Kritik der Weimarischen Kunstfreunde wenig beeindruckt und veröffentlichte in der von August von Kotzebue herausgegebenen Zeitschrift ›Der Freimüthige‹ einen Bericht über seine Arbeit an Wielands Bildnis. Darin betonte er, es »mit all' der Liebe« gemacht zu haben, »die enthusiastische Verehrung und persönliche Zuneigung hervorbringen«; die Lektüre von Wielands Werken habe ihm verdeutlicht, »daß auch wir Deutschen Mahler sind«.[44] Der seinem Aufsatz beigegebene Kupferstich (vgl. die Vorzeichnung in Abb. 2) zeigte schließlich die Büste auf einem aufwendig gestalteten Sockelpostament, dessen allegorisches Bildprogramm in einem eigenwillig reizvollen Kontrast zum realistisch aufgefassten Porträt des Siebzigjährigen steht.[45] Es stellt den von Psyche an einen Pfahl gefesselten, von einem Leier spielenden Genius und einem flötenden Satyr flankierten Amor dar und darf als Huldigung an die zeitlosen Dichtungen des ›Agathon‹ und ›Oberon‹ verstanden werden.[46] Im Oktober 1804 stellte Schadow sein Werk auf der Berliner Kunstausstellung öffentlich vor.[47]

Wenngleich die Berliner Akademien der Wissenschaften und Künste in ihrer – zweifellos gehegten – Hoffnung auf Beiträge ihres Ehrenmitglieds enttäuscht wurden, so konnten sie also dennoch auf Wieland zählen: auf den von von Hertzberg gefeierten »vornehmsten Schöpfer unserer Nationalsprache« und auf den von Schadow gewürdigten Dichter, dem die zeitgenössischen Künstler wesentliche Impulse verdankten. Die zu einem für die preußische Akademiegeschichte entscheidenden Zeitpunkt erfolgten Berufungen Wielands belegen damit einmal mehr dessen herausragenden Rang in der literarischen wie bildkünstlerischen Landschaft um 1800.

---

44 Kunstnachrichten vom Herrn Rektor Schadow allhier. In: Der Freimüthige Nr. 87, 2. Juni 1803, S. 346 f., hier: S. 346.

45 Vgl. Carl August Böttigers Urteil (1829): »Wieland trug in den späten Jahren stets ein schwarzsammtnes Käppchen, und so bildete ihn auch Schadow. Dieß gab ihm das Ansehen eines Abate, wofür der Dichter des Agathon und Oberon doch nicht gehalten sein wollte«. Zitiert nach: Sibylle Badstübner-Gröger, Claudia Czok und Jutta von Simson: Johann Gottfried Schadow. Die Zeichnungen. Katalog Teil I. Berlin 2006, S. 276.

46 Zu der Schadow zugeschriebenen Vorzeichnung vgl. ebd., S. 275 f. Schadow deutete das durch Böttiger angeregte allegorische Programm wie folgt: »Die Musik des kleinen Satirs und des Genius geben der Psyche (der Seele) die Kraft, den Amor zu fesseln«. Schadow (Anm. 44), S. 346. Zur Frage des von Schadow gewünschten Mottos vgl. Wieland an Carl August Böttiger (Oßmannstedt, 12. Dezember 1802). In: WBr 16.1, S. 76.

47 Vgl. Börsch-Supan (Anm. 34), Bd.1, 1804, S. 47 (Nr. 231). Die im Katalog enthaltene Beschreibung deutet den Sockel als antikes »Opferkästchen« und verweist darauf, dass sein Bildprogramm als eine »Anspielung auf den Geist der Gedichte Wielands« zu verstehen sei.

Frank Zöllner

Zwei Briefe Christoph Martin Wielands an Leonhard Meister

Nachträge zu ›Wielands Briefwechsel‹

In Band 9 von ›Wielands Briefwechsel‹ finden sich zwei Briefe Christoph Martin Wielands an Leonhard Meister. Im ersten, wesentlich kürzeren Brief vom 10. September 1787 schlägt Wieland Meisters Bitte um eine biographische Stellungnahme für seine geplante Biographie deutscher Dichter aus und verweist ihn auf künftige eigene Beiträge im ›Teutschen Merkur‹. Der zweite, längere Brief vom 28. Dezember 1787 kommt dieser Bitte dann doch nach, da es Wieland aus zeitlichen Gründen nicht möglich ist, seinem Vorsatz treu zu bleiben, und liefert einen Abriss seines bisherigen Lebens. Wieland plante immer wieder, selbst seine Biographie zu schreiben. Dieser Plan blieb jedoch unerfüllt, was die wenigen eigenen Äußerungen zu seinem Leben umso wertvoller macht.

Beide Briefe sind bekannt und in Band 9.1 (Juli 1785 – März 1788) abgedruckt. Als Vorlage diente jedoch nicht die Handschrift (H), sondern der Abdruck (D) in den ›Ausgewählten Briefen‹[1]. Die Originalbriefe wurden zwar, wie Bernhard Seuffert in den ›Prolegomena zu einer Wieland-Ausgabe‹[2] bemerkt, von Bächthold in Winterthur entdeckt, konnten später aber nicht mehr aufgefunden werden. Bei der Arbeit des Wieland-Forschungszentrums Oßmannstedt gelang es, den Verbleib zu ermitteln. Die Briefe befinden sich in der Bibliothek Jakob Heinrich Meister in Winterthur.

Siegfried Scheibe merkte in seinem Abschlussbericht der Edition von ›Wielands Briefwechsel‹ an:

> Das alles schließt nicht aus, daß künftig weiterhin einzelne Briefe bekannt werden, die nun nicht mehr in die Ausgabe aufgenommen werden können. Es wäre im Interesse der Benutzer wünschenswert, wenn diese Briefe künftig an einem Platz, vielleicht in den ›Wieland-Studien‹, veröffentlicht würden, um dem Benutzer der Ausgabe das Auffinden solcher ergänzenden Texte zu erleichtern.[3]

Dieser Bitte entsprechend sind die beiden Briefe zur Vervollständigung der Edition hier eingerückt. Auf einen Kommentar wird hier verzichtet. Die kommentarbedürftigen Stellen sind durch Band 9.2 schon abgedeckt. Der Paul

---

1 Ausgewählte Briefe von C. M. Wieland an verschiedene Freunde in den Jahren 1751 – 1800 geschrieben und nach der Zeitfolge geordnet. Bd. 3. Zürich 1815, Nr. 313, S. 375 – 377; Nr. 315, S. 379 – 393.

2 Prol. VIII, 2299 und 2341.

3 Siegfried Scheibe: Zum Abschluss der Edition von Wielands Briefwechsel. In: Wieland-Studien 5 (2005), S. 210 – 217, hier: S. 213.

Reinhart-Stiftung, und hier ganz besonders Frau Johanna Reinhart, danke ich nicht nur für die Bereitstellung der Briefdigitalisate sowie für den Zugang zur Bibliothek Jakob Heinrich Meister und die Gelegenheit, strittige Stellen an den Originalbriefen zu überprüfen, sondern ganz besonders auch für die Erlaubnis, die Briefe in den ›Wieland-Studien‹ zu publizieren.

Zu Band 9 (Juli 1785 – März 1788)

WBr 9, 411. An Leonhard Meister

Hochgeehrtester Herr Professor,

Ich finde mich von Ihnen mit einem Schreiben vom 28ten des abgewichnen Monats beehrt, dessen Inhalt mich in einige Verlegenheit sezt. Eine ganz ofne treuherzige Erklärung wird wohl das beste Mittel seyn, mich bey einem Manne von Ihrem Charakter, und der so gütig von mir zu dencken scheint, aus der Sache zu ziehen.

Mancherley Beweggründe, die schon lange vorhanden sind, aber wegen des Gegengewichts anderer Vorstellungen und Umstände, nicht genug auf mich würkten, haben mich vor einiger Zeit endlich auf den Entschluß gebracht, authentische Beyträge zu meiner künftigen Biographie nach und nach in meinem t. Merkür bekannt zu machen. Nie habe ich vielleicht weniger Zeit zur Ausführung dieses Vorhabens gehabt als dermalen: aber Ihr sowohl unmittelbar als durch die Frau von *laRoche* an mich gebrachtes Ansinnen wird es beschleunigen, und ich bin fest entschloßen mit dem nächstkommenden October den Anfang zu machen. Vielerley Umstände und Rücksichten, besonders der erwähnte Mangel an Muße, erlauben mir // nicht, Ihrem Wünsche weder eher noch in einem besondern für Ihre *Biographie teutscher Dichter* bestimmten Aufsaz ein Genüge zu thun; Sie werden also die Güte haben, jene dem T. Merkur bestimmte Beyträge zu erwarten, und es wird alsdann von Ihnen abhängen, von den darin Materialien Gebrauch zu machen, und ihnen die beliebige Form zu geben. Angenehm ist es mir daß Hr. *Dwall* den Ausländern, besonders den Franzosen etwas zuverläßigeres von mir zu sagen entschlossen ist als die schiefen, unrichtigen und zum Theil unartigen Nachrichten u Urtheile, die aus ziemlich trüben Quellen, wie es scheint, in einige Stücke der *Bibliotheque Universelle des Romans* auch im *vol. 37.* des *Cabinets des Fées,* in dessen *vol. 36.* eine elende Übersetzung des Don Silvio enthält, ist eine sehr magere u zum Theil unrichtige *Notice* von dem Verf. desselben ich weiß nicht von wem gegeben worden geflossen sind. *(voyez p. e. Aoust. 1778. p. 72. s. Mars 1781. p. 86. s. Mars 1782. au commencement. Janv. 1785. vol. 2. au Commencement, etc. etc.)* Ich habe es immer unter mir gehalten, dieses *barbouillage* unbekannter

Bursche, die von einem Manne den sie nicht kennen, u von dessen Schriften sie keine Zeile zu lesen im Stande sind, mit so unverschämter Dreistigkeit absprechen, einer öffentlichen Aufmerksamkeit zu // würdigen, mich aber oft gewundert, daß unter den vielen Freunden, die ich haben soll *(à ce qu'on dit)* sich binnen 10 Jahren auch nicht einer gefunden hat, dem es einfiel diese *notice*n u Urtheile des mir unbekannten Herausgebers der *Bibl. des Romans* zu berichtigen.

Übrigens ergreiffe ich mit vielem Vergnügen diese Gelegenheit, Sie, Mein Herr, der vorzüglichen Hochachtung zu versichern, womit ich die Ehre habe zu seyn, dero

ergebenster Diener
Wieland.

Weimar den 10ten *Sept.*
1787.

H Bibliothek Jakob Heinrich Meister (Paul Reinhart-Stiftung), Winterthur, Signatur: 335, Nr. 15
1 Bl., 23 cm x 18 cm schwarze Tinte
Adresse auf Bl 1, linker Rand: An / Herrn Professor *Meister* / in / *Zürich.*

Korrekturen Wielands

10 Beyträge] → Beygeträge
25 Nachrichten] → Nachrichtigen
26 – 29 auch … gegeben worden.] erg
33 von] > Von
34 zu] erg

Zu Band 9 (Juli 1785 – März 1788)

WBr 9, 468. An Leonhard Meister

Hochgeschäztester Herr Professor

Als ich Ihnen und dem T. Merkur etwas einer *Biographie* ähnliches versprach, war es würklich meine Meynung Wort zu halten: aber auch hier erfuhr ich, daß

promettre est un et tenir est un autre.

Kurz, es ist mir jezt physisch und metaphysisch unmöglich so etwas nur zu versuchen; aber um so mehr ist es Pflicht daß ich wenigstens eine Stunde dazu verwende, um die Arbeit, so Sie auf mich zu wenden die Güte gehabt haben, nicht dadurch vergeblich zu machen, wenn ich sie der Berichtigungen, die ihr hier u da nöthig sind, entbehren ließe. Also – da meine Zeit dermalen theurer ist als Ostindisches Rosenöl, – sogleich *ad rem.*

—

Wegen des im *Proëmio* viel zu freygebig und mit würklicher Verschwendung der beliebten *drogue,* Hyperbole, über meine Autorschaft ausgegossenen Lobes, wasche ich meine Hände – doch möchte ich Sie bitten, den Ton um einige Noten herabzustimmen und mir sonderl. die Anbeter *Kl.* (den ich selbst verehre, wiewohl zwischen ihm u mir nie ein näheres Verhältnis statt gehabt hat) nicht auf den Hals zu ziehen. //

1) Ich bin den 5ten *Sept.* 1733. in der freyen Reichsstadt Biberach gebohren, aus einer alten bürgerl. Familie daselbst, deren sämtliche Glieder seit 150 Jahren ansehnliche öffentliche Ämter in dieser kleinen Republik verwaltet haben. Dieser Umstand, verbunden mit der damaligen großen *frugalitas* u *simplicität* der Lebensart und Sitten an diesem Orte, mit einer Art von Naturleben in e. sehr anmuthigen Gegend, bey nicht dürftigen aber doch auf das nothwendige beschränkten Vermögensumständen, hatte großen Einfluß auf meine erste Bildung. Ich war sehr frühzeitig, u mein Vater war von meinem 3ten Jahr an m. erster Lehrer. Mit 8 Jahren laß ich des *Nepos vitas* schon mit den feurigsten Gefühl – im 13ten verstand oder *divinirte* ich meinen Horaz u Virgil schon besser als mein Lehrer. Von meinem 12ten bis ins 14te Jahr machte ich eine unendliche Menge von lateinischen u teutschen Versen, die freyl. elend genug waren – fieng auch im 13ten schon ein Heldengedicht über die Zerstörung Jerusalems an.

Mit 13 ½ Jahren ward ich nach Klosterbergen bey Magdeburg, eine damals unter des bis zur Schwärmerey devoten Abbts Steinmez Aufsicht stehend berühmte Schule geschikt. Ich blieb dort zwey Jahre, // machte starke *progressen in litteris,* schwärmte anfangs mit, kam aber bald wieder durch mein damaliges Lieblingsstudium, nehml. durch eine poetische Manier in den *Metaphy*sischen *Terris incognitis* herum zu *vagieren,* ins freye und von einem System aufs ander. Ich war etwas weniges über 15 Jahr, als mir ein kleiner Aufsaz, Über die Möglichkeit, wie *Venus* aus Meerschaum habe entstehen, u auf gleiche Weise das ganze *Universum* ohne den lieben Gott aus ewigen Elementen sich habe formiren können – beynahe sehr böse Händel in meinem Kloster zugezogen hätte. Übrigens war ich damals schon bis zum *Enthusiasmus* φιλοκαλος, u in diesen Zeiten trug *Xenophon* u der Englische *Spectator, Tattler* u *Guardian* sehr viel zu meiner bildung bey.

In meinem 16ten Jahre hielt ich mich, anstatt nach Hause zu reisen (wie ich sollte) ein Jahr zu *Erfurt* bey *Dr. Baumern* auf (der nachmals als

Prof. der *Medecin* u *Chemie* nach Giessen kam u vermuthl. noch lebt) um bey ihm in der // Philosophie zuzunehmen. Das Beste was er an mir that war ein sogenanntes *privatissimum,* das er mir über – den *Don Quichotte* laß.

Den Charakter meiner Liebe zu *Sophien* muß man aus meinen ersten Schriften hohlen. Sie war höchst *enthusiasti*sch, aber im eigentlichsten Verstande platonisch, ich kann mich aber jezt nicht darüber ausbreiten. Wir waren im Jahr 1750. (wo ich erst 17 Alt war) nur ungefehr 4 Monate beysammen; denn im *November* gieng ich nach *Tübingen,* wo ich, statt *Jura* zu studiren, mich in mein Zimmer einschloß, u binnen 1 ½ Jahren meine ersten Poetischen Schriften schrieb u herausgab. Das Gedicht über die Nat. d Dinge war das Werk von 3 Monaten. – Mit allen s. Mängeln hat es mir die Liebe Ihres großen Obmann *Blaarers* u des vortrefl. *Breiting*ers erworben. Beyden hatte ich in der Folge viel zu dancken. Mit *Bodmern* wurde ich dadurch bekannt, daß ich ihm 5 Gesänge eines in der Folge cassirten Gedichts *Arminius,* in Hexametern, ohne meinen Nahmen zuschikte; es währte eine Zeit, bis ich ihm entdekte, // daß ich der u der, ein Mensch von 18 ½ Jahren und Verfasser von 3 oder 4 Werklein sey, die Er und sein Freund *Hagedorn* für Schriften ganz verschiedener Verfasser gehalten hatten. Dies war die erste Ursache der ausserordentl. Affection die er für mich faßte, u einige Jahre behielt. Ich lebte bis Ostern 1759. in der Schweiz, das lezte Jahr in *Bern,* wo ich in *Liaison* mit vortreflichen Personen beyderley Geschlechts, besonders zwey Freundinnen die wenig ihres gleichens an Geist u Herz u Cultur hatten, *Julie Bondely* (εν μακαριταις) u *Mariane Fels,* lebte.

Überhaupt habe ich meinem 7 jährigen Auffenthalt in der Schweiz, den edlen, vorzüglichen u geschikten Personen und überhaupt der sehr guten Societät worin ich dort lebte, unendl. viel zu dancken.

Im Jahr 1760. wurde ich als Senator in meine Vaterstadt berufen, u bald darauf zum Stadtschreiber u Director der Canzley daselbst erwählt. In diesem Posten blieb ich bis Ostern 1769. Die Musen // waren hier *Curarum dulce lenimen* fur mich. Ich war bey Bodmern mit der Französ. Italien. u Englischen litteratur sehr bekannt worden. Auf diese schränckte ich mich jezt fast ganz ein, laß Nichts teutsches besonders keine *Journale* noch neu heraus kommende Sachen mehr, u war von aller teutschen litteratur u aller Verbindung mit teutschen Gelehrten u Schriftstellern bis ins Jahr 1768 so rein abgeschnitten, als ob ich den *Styx* schon *passir*t hätte. In diesen 8 Jahren arbeitete ich, meist zu meinem eignen Trost (weil mir die Rathshaus- u Canzley Geschäfte sehr lästig waren) eine Menge Wercke aus, als 1) Shakespears Übersez. 8. Bände 2) Agathon 3) Komische Erzählungen 4) *Musarion* 5) Don Silvio v. Rosalva, ein Buch, das durch schlechte Übersetzungen u Auszüge in ein Ganz falsches Licht gestellt worden ist, da sein wahrer Zweck ist, dem Aberglauben einen tödlichen Stoß zu geben. 6) *Idris* u 7) die erste Hälfte vom Neuen *Amadis.* Mit meinem // Übergang aus der Platonischen Schwärmerey zur Mystischen (*ao* 1755. 56.) und mit meinem Herabsteig aus den Wolcken auf die Erde gieng es sehr natürlich u *gradatim.* Mein *Cyrus* u meine *Panthea* u *Araspes* waren die erste Frucht der Wiederherstellung meiner Seele in ihre natürliche Lage. Indeßen konnte es nicht anders seyn als daß damals alles noch sehr *ideali*sch in m. Kopfe war.

Durch ein paar Jahre Aufenthalt in der zwar kleinen, aber *paritœti*schen u damals sehr unruhigen Reichsstadt Biberach kam ich ins praktische Leben, u dies würkte so ausserordentl. auf mich, daß in weniger als einem Jahr mein ganzes voriges Leben in der Schweiz mir wie ein schöner Traum vorkam, u daß ich mich aller meiner dortigen Freunde u Verbindungen (den einzigen *Zimmermann,* damals noch zu Brugg ausgenommen) nur wie abgeschiedener Seelen im *Elysium* erinnerte. Sehr viel trug auch zu der *Re-//volution* in meiner Seele meine mit dem Jahre 1761. angefangene *Connexion* mit den Bewohnern des Gräfl. Stadionischen Schlosses Warthausen, besonders mit Hrn. *La Roche* u mit dem Grafen selbst bey, der einer der vorzüglichsten Weltmänner unsrer Zeit war, und unendl. viel zu Erweiterung u Berichtigung meiner Welt u Menschen-Kentnis beytrug. Ein geringes aber unverfälschtes Denkmal habe ich ihm vorlängst im *Proëmio* des Neuen *Amadis* gestiftet.

Ich hatte anfangs in Biberach viel zu kämpfen: nach u nach aber erwarb ich mir das Zutrauen beyder Religionspartheyen u die Liebe der Bürgerschaft, und man ließ mich sehr ungern ziehen, als ich den von dem Höchstsel. Vortreflichen Churfürsten *Emerick Joseph* zu Maynz erhaltenen Ruf, (nicht als Canzler sondern) als Regierungsrath u erster Prof. der Philosophie auf der von Ihm neubelebten u erweiterten *Universitœt Erfurt* erhielt. Sein damaliger erster Minister, *Baron* // von *Groschlag,* der mich zu Warthausen hatte kennen gelernt, hatte hieran den meisten Antheil und ich brachte unter s. Schutz und mit seiner Freundschaft beehrt, drey sehr angenehme Jahre in *Erfurt* zu, wo ich nach u nach wieder mit der deutschen *litteratur* bekannt wurde. Denn *NB.* Meine Gleichgültigkeit hierüber war sogroß gewesen, daß es mir Ganz was Neues war, *ao.* 1768. durch einen Brief von meinem nachmaligen Freund u Collegen Riedel in Erfurt, zu erfahren, daß mir *Agathon, Musarion* u andere Schriften großen Beyfall u *Celebritœt* in Teutschland erworben hätten.

Im Jahr 1762. wurde ich an den weimarischen Hof eingeladen und hatte zum erstenmal das Glück in der Herzogin-Regentin, *Amalia, Niece* Friedrichs des Großen u Schwester des jezt regierenden Herzogs von Braunschweig. Mutter u damaligen Vormünderin des seit 1765. regierenden Herzogs Carl August, die Zierde der teutschen Fürstinnen kennen zu lernen. Sie berief // mich bald darauf nach *Weimar,* um im Charakter eines Herzogl. Sachsischen Hofraths an der Bildung u Instruction Ihrer beyden Prinzen, besonders des jungen Herzogs, noch 3 Jahre Antheil zu nehmen, nach Verfluß dieser Zeit aber mit einem ansehnlichen Gehalt mein übriges Leben, nach meinen Wünschen, frey, ohne Geschäfte, den Musen, u meiner Familie, u meinen Freunden zu leben. *Amalia* u *Carl August* sind mir seit dieser Zeit gewesen, was *Octavia* und *August* dem *Virgil,* und sind es noch.

—

Meine Frau ist Tochter aus einem guten Hause in Augsburg, und eines der vortreflichsten Geschöpfe Gottes in d. Welt – ein Muster jeder weiblichen u häuslichen Tugend, frey von jedem Fehler ihres Geschlechts, mit einem Kopf ohne Vorurtheile und mit einem moralischen Charakter der einer Heiligen // Ehre machen würde. Die Zwey und zwanzig Jahre die ich nun mit ihr lebe, sind vorbey gekommen ohne daß ich nur ein einzigesmal gewünscht hätte, nicht verheurathet zu seyn; im Gegentheil ist sie und ihre Existenz mit der meinigen so verwebt, daß ich nicht 8 Tage von ihr entfernt seyn kann, ohne etwas dem Schweizer Heimweh ähnliches zu erfahren. Von 13 Kindern, die sie mir gebohren hat leben 10, liebenswürdige, gut artige, an Seel u Leib gesunde Geschöpfe, die nebst ihrer Mutter das Glück meines Lebens machen: Schwerlich ist jemals ein Mensch für den Genuß reiner häuslicher Glükseligkeit mehr gemacht, und derselben mehr theilhaftig gewesen als der Mann der dies schreibt.

Die in Ihrem Aufsaz aus den Briefen des reisenden Franzosen angeführte Stelle ist meiner unwürdig und wirft durch ihren Ton ein falsches Licht auf mich u meine Familie. Ich habe weder die *prætension,* die mir dieser Mensch (der mich nicht einmal gesehen hat) andichtet, noch irgend eine andere. Ich bin von Natur launisch oder humoristisch, // ausserdem aber was man *un homme simple et uni* nennt. Es ist ein Zug meines Charakters, der sich nie *dementir*et hat, ohne Neid u Eifersucht zu seyn, Talente u Verdienste mit Wärme zu lieben, und gegen den Ruhm eher zu gleichgültig als zu passionirt zu seyn.

Der *Anecdote* mit Bodmers *Zilla* erinnere ich mich nur noch sehr dunkel, und glaube daß sie Ihnen nicht ganz richtig erzählt worden seyn mag.

Meine Leidenschaft für *M^e La Roche* hatte sich bereits im Jahr 1755. zu einer ganz ruhigen Freundschaft herabgestimmt, und ist auch in den 60ger Jahren so geblieben. Wir hätten gar nicht getaugt mit einander, geschweige als Mann u Frau, zu leben, und sahen dies beyde sehr gut ein, nachdem der erste Schmerz u Trennung vorüber war. In allen meinen *Liebesavant*üren war viel Illusion, und reine Glükseligkeit kenne ich erst seit dem 21. October 1765. als der Epoke meiner Verheurathung. Alles dies ist nicht französisch, und wird vermuthlich mit Behutsamkeit und // so kurz als möglich gesagt werden müssen, wenn es in den Augen der Pariser mich nicht lächerl. machen soll – Wiewohl es freylich auch unter ihnen noch Leute giebt, die einen Sinn für Natur, Wahrheit und *Honneteté* haben.

—

Die Anekdote mit Bodmers Magd, die aus Liebe zu mir wahnsinnig wurde, ist nur halb wahr, wie so vieles andere was von mir herum getragen wird. Ich war damals sehr stolz und mit sublimen Idealen angefüllt; ich sprach nie kein Wort mit dem armen Mädchen; noch viel weniger spann sie jemals in dem Zimmer, wo ich gewöhnlich lebte u arbeitete. Das Lesen meiner damaligen Gedichte und was sie bey Tische manchmal von mir hörte stimmte nach u nach ihre Imagination so hoch bis sie endl. überschnappte. Sie war schon rasend, als sie mir durch ihren nächtlichen Uberfall so bang machte, daß ich Bodmern, der schon zu Bette lag um Hülfe rief. Landluft, Aderlassen, und ein derber schweizerischer Dorfschulmeister, den sie heurathete, brachten sie wieder zu rechte. //

Eine andere *Anekdote* verdient eher angeführt zu werden, und das ist die: daß der berühmte Dichter, *Comte de Boufflers,* im Jahr 1770 oder 71. uhngefehr den ersten Grund zu meiner nachmaligen großen *Reputation* in *Wien* legte, indem er einigen dortigen Damen von erstem Rang meine Grazien stückweise ins Französische übersezte, und ihnen tüchtig den Text dabey laß, daß sie, als Teutsche Frauen, ihren Landsmann, der solche Verse zu machen wüßte und den er so höflich war einen Günstling der Grazien zu nennen, erst durch einen Franzosen kennen lernen müßten.

Jezt ist keine Stadt in Teutschland, wo ich mehr und wärmere Leser u Freunde hätte als *Wien.*

—

Sed ohe jam satis est – denn es ist, dencke ich hinlängl., Sie, lieber Herr Professor, in den Stand zu setzen, mehr chronologische Ordnung (welches ein sehr nöthiger Punct bey meiner *bio-//graphie* ist) in Ihr Fragment über mich hineinzubringen, manches zu *rectificir*en, manches zu *supplir*en, und zu sehen, was ganz weggestrichen werden muß.

—

Von meinen Auserlesenen Gedichten ist auch der 7te Band mit *Idris* u *Zenide* und der *Philosophie endormie* schon vor einen Jahr erschienen.

Machen *Sie* nun, Mein Herr u Freund, aus diesem allem, wenn Sie Lust und Zeit haben, ein Neues Ganzes, und empfangen Sie indessen, mit der Versicherung meiner besondern Hochachtung, den Danck

Ihres gehorsamsten
u verbundensten Dieners
Wieland

Weimar den 28ten *Dec.*
1787.

H Bibliothek Jakob Heinrich Meister (Paul Reinhart-Stiftung), Winterthur, Signatur: 335, Nr. 16.
4 Bll., 23 cm x 18 cm, pag., schwarze Tinte; h: a) Bleistift: Albert Reinhart, b) braune Tinte: unbekannt

Korrekturen Wielands

7 aber um so mehr ist] > und es ist also
9 vergeblich] → unbrauchbar
20 freyen] erg
23 der] > deren
23 damaligen] erg
24 an diesem Orte,] erg
25 bey] > und
30 oder *divinirte*] erg
35 Mit] → I
35 ward] → kam ich
36 Aufsicht] → stehe
39 durch] erg
40 in den] > die
40 *vagieren*] > schwärmen
51 Prof.] → xxxx
61 Poetischen] → Sch
65 f. in der Folge cassirten] erg
67] daß] → w
76 den] → un
77 überhaupt] → der
79 1760.] > 1759.
81 Ostern] udZ erg
85 besonders … Sachen] erg
107 Brugg] → Brugg)
110 angefangene] → angefangener
112 vorzüglichsten] > ersten
119 zu] → vo
122 Sein] > Der
127 *ao.*] → von
133 Herzogin-Regentin] > damaligen
133 *Amalia*] erg
132 – 134 *Niece* … Braunschweig.] erg
139 Gehalt] → und
148 Die] erg
151 von] → ohne

156 reiner] erg
158 Briefen] > Briefens
196 einigen] > den
213 schon] → ersch
217 Danck] > g

Zeichen und Abkürzungen

Bl	Blatt
erg	ergänzt. Beispiel: »heute] erg« bedeutet; »heute« wurde nach der Niederschrift des umgebenden Textes hinzugefügt.
H	Handschrift
Xx	unentzifferbarer Groß- bzw. Kleinbuchstabe
>	Korrektur zu der folgenden bzw. zu der im Lemma stehenden Textform
→	Sofortkorrektur zu der folgenden bzw. zu der im Lemma stehenden Textform. Beispiel: »Wonne] Freud →« bedeutet, dass der Wortansatz zu »Freude« durch »Wonne« ersetzt wurde, ehe das folgende Wort niedergeschrieben wurde.
/	Zeilenumbruch bei Grußformeln
//	Seitenumbruch in der Handschrift

Die Auszeichnungen folgen den Grundsätzen von ›Wielands Werken‹ (Oßmannstedter Ausgabe).

Thomas C. Starnes

WIELANDS BRIEFWECHSEL

Addenda und Korrigenda

Im Jahre 1949 klagte Friedrich Sengle, der Vater der modernen Wieland-Forschung, die Korrespondenz des Dichters ähnele einem »Trümmerfeld«,[1] eine Beschwerde, die seit dem Erscheinen des zweiteiligen Registerbandes zu ›Wielands Briefwechsel‹ (WBr) im Sommer 2007 nicht mehr zu hören sein sollte. Denn damit wurde ein hundertjähriges Projekt zum Abschluss gebracht: Eine gewaltige Gesamtleistung mit 35 Bänden bzw. Teilbänden, die auf fast 20 000 Seiten mehr als 9 100 überlieferte und erschlossene Korrespondenz-Stücke dokumentiert beziehungsweise verzeichnet und dazu ein Füllhorn eingehender Kommentierungen und ausgiebiger Exkurse bietet. Eine Briefausgabe ist jedoch ein nie zu beendendes Unternehmen – so sorgfältig sie gesammelt und bearbeitet sein mag, erweist sie sich bald als ergänzungsbedürftig. Für die Ausgabe von ›Wielands Briefwechsel‹ sind schon drei längere Supplemente erschienen,[2] und zur weiteren Vervollständigung der Edition werden hier wiederum 40 Ergänzungen und Berichtigungen veröffentlicht.

1) Datierung und Kommentarergänzung zu WBr 1, Nr. 103

Als Entstehungszeit dieses undatierten Briefes von Sophie Gutermann an Wieland wird April 1753 mit Fragezeichen angegeben. Nach dem Kommentar »gibt [es] keinen sicheren Anhaltspunkt für die Datierung« (WBr 2, S. 176). Sophies Schreiben besteht größtenteils aus einer Beurteilung der Schriften Friedrich von Hagedorns, deren Anmut sie lobt – von einigen ausschweifenden und zu wenig »ehrerbietig[en]« Stellen abgesehen. Gleich anfangs notiert sie, der Hamburger sei »in der that groß genug, alle wesentliche schönheiten der Werke eines Bodmers u. der ihrigen einzusehen« (WBr 1, Z. 9f.). Daraus lässt sich schließen, dass sie den Inhalt von Hagedorns Brief vom 15. Mai 1753 an Bodmer kennt, worin es unter anderem heißt: »Ich bitte, dH. Wieland meiner wahren Hochachtung zu versichern und, in meinem Namen, ihn um mehrere moralische

---

[1] Eigentlich wurde behauptet, die »bisherige Wieland-Forschung« insgesamt mache »den Eindruck eines Trümmerfeldes«; Friedrich Sengle: Wieland. Stuttgart 1949, S. 9.

[2] Thomas C. Starnes: Die andere Briefausgabe. Ergänzende Bemerkungen zu Wielands Briefwechsel: In: Vernunft – Freiheit – Humanität. Über Johann Gottfried Herder. Festgabe für Günter Arnold zum 65. Geburtstag. Hg. von Claudia Taszus. Eutin 2008, S. 409 – 462; Siegfried Scheibe: Nachträge zur Edition von ›Wielands Briefwechsel‹. In: Wieland-Studien 7 (2012), S. 187 – 201; Übersicht der Nachträge zur Ausgabe von Wielands Briefwechsel. In: Wieland-Studien 7 (2012), S. 203 – 213. Vgl. auch im vorliegenden Band die Beiträge von Alexander Rosenbaum und Frank Zöllner.

Briefe anzusprechen. Sollte man wohl hoffen dürfen, ihn einmal in Hamburg kennen zu lernen? In welchen Umständen befindet sich dieser vortrefliche Dichter […]. Zu philosophischen und hohen Gedichten scheint er gleichsam gebohren zu seyn: so wie der Verfasser der Erzaehlungen zum Geschichtschreiber der Zärtlichkeiten. Der Reim wird in seinen Erzählungen so wenig vermisset, daß sie, wie mich deucht, durch den Reim verlieren würden. Ich bin ihm für ein ungemeines Vergnügen verbunden, das ich an der Wahl und dem Vortrage seiner Erzehlungen gehabt habe.« (Friedrich von Hagedorn. Briefe. Hg. von Horst Gronemeyer. 2 Bde. Berlin und New York 1997, hier: Bd. 1, S. 365f.) Unbekannt ist, ob Wieland mit Erlaubnis Bodmers das Schreiben Hagedorns an Sophie weiterleitete, oder Auszüge daraus in einen eigenen, noch zu erschließenden Brief an sie einverleibte. Auf jeden Fall muss es diese Stelle in Hagedorns Brief sein, auf die sich ihre Bemerkungen beziehen. Demgemäß ist Brief Nr. 103 etwa Ende Mai oder Anfang Juni 1753 zu datieren.

2) Erschlossener Brief zu WBr 1; etwa nach Nr. 303
Wieland an Vinzenz Bernhard von Tscharner. Zürich, vor Mitte Juli 1758.

Bezeugt: Tscharner an Johann Georg Zimmermann. Bern, 15. Juli 1758: »Connoissies Vous la Tragédie que Mr. Wieland vient de publier & dont il m'a envoy un exemplaire?«
Quelle: Niedersächsische Landesbibliothek, Hannover. Ms. XLII, 1933, A II, 97, Nr. 35; siehe auch Starnes 1, S. 132.
Erläuterung: Die Tragödie, Wielands ›Lady Johanna Gray‹, die in der 1758 bei Heidegger und Cie. gedruckten Zürcher Ausgabe 108 Seiten umfasst, wurde am 20. Juli 1758 in Winterthur uraufgeführt. Zur Datierung sei vermerkt, dass Zimmermann das Drama schon vor dem 14. Juli in Händen gehabt hat, und es soll ihn bei der Lektüre »würklich biß zum fanatisme bezaubert« haben (WBr 1 und 2, Nr. 304).

3) Kommentarberichtigung zu WBr 3, Nr. [181]

Dieser erschlossene Brief Julie von Bondelis an Wieland, »vor 20. September 1763« datiert, wird durch ihr Schreiben vom 29. September 1763 an Johann Georg Zimmermann bezeugt. Dort meldet sie: »Mad. la Roche m'avait demandé la lettre à l'archevêque pour le comte de Stadion, […] j'adressai le livre à Wieland […]« (WBr 6.1, S. 320). Dem Kommentar nach sei weder »lettre« noch »livre« bekannt. Sicher handelt es hier aber um die 1762 in Amsterdam erschienene Schrift ›Jean Jacques Rousseau citoyen de Genève à Christophe de Beaumont Archevêque de Paris‹. N.B. Im Text eines zweiten, auf 4. November 1763 datierten Briefes von Julie an Wieland, nur fragmentarisch und in deutscher Übersetzung überliefert, verwies sie auf ein »Schreiben an den Erzbischof«, das Wielands Beifall erhalten haben soll (WBr 3, S. 205). Hier wird im Kommentar das Schreiben Rousseaus an Beaumont identifiziert (WBr 6.1, S. 333).

4) Kommentarberichtigung zu WBr 3, Nr. 182
Diese fragmentarische Wiedergabe eines Wieland-Briefes an Julie von Bondeli, datiert auf 20. September 1763, ist nur als Insert in Julies Schreiben vom 29. September an Johann Georg Zimmermann überliefert (WBr 6.1, S. 320). Das dort stehende Bruchstück enthält nichts als Wielands Beschreibung eines Porträts der Sophie La Roche (WBr 3, S. 177). Zum Text dieses Briefes gehört aber sicher auch Wielands Reaktion auf Rousseaus Schreiben an den Erzbischof von Paris. Vgl. oben, Nr. 3.

5) Inhaltsergänzung und Datierung des erschlossenen Briefes WBr 3, Nr. [236]
Bezeugt: Julie von Bondeli an Sophie La Roche. Bern. Etwa 20. Februar 1764: »W[ieland] m'écrit que ma correspondence est la seule qu'il ait encore, si seroit il passé quelque chose qui vous empêchat de lui ecrire. Quelques passages de sa lettre me font croire qu'il voudroit ou me faire une confidence ou me sonder pour savoir si je suis instruite, mais tout sera à pure perte, je le laisserai dans l'incertitude.«
Quelle: Correspondance complète de Jean Jacques Rousseau. Ed. par R. A. Leigh. Genève et Oxford 1965 ff., hier : Bd. 19, S. 168 – 170. Im dortigen Kommentar heißt es, aus dem sonstigen Inhalt des Briefes sei er sicher nach dem 30. Januar 1764 und aus sonstiger Korrespondenz Julies wohl vor dem Ende Februar zu datieren.
Erläuterung: Wielands Brief an Julie von Bondeli, wie er für WBr 3, Nr. [236] erschlossen wurde, beruht auf zwei Stellen in Julies Antwortschreiben vom 29. Februar 1764: Erstens auf seiner Erklärung, er sei mit der Musik zufrieden, und zweitens auf seiner Bitte, Julie richte seine Grüße an ihre Mutter und Schwester Charlotte aus. Im Kommentar wird »vor 29. Februar 1764« als Entstehungszeit des Briefes angegeben (WBr 6.1 S. 352). Eine genauere Datierung: vor Mitte Februar 1764, vielleicht kurz davor, ermöglicht Wielands Brief vom 16. Februar 1764 an Sophie La Roche: »J'attends en peu une lettre de Julie« (WBr 3, Nr. 234, Z. 67f.). Dieser Satz führt wieder auf das Zeugnis der Inhaltsergänzung: Wielands Erwartung entspricht Julies Ahnung, er wollte in seinem Schreiben nach Bern entweder ihr etwas mitteilen oder doch feststellen, inwieweit sie schon über alles informiert sei. Des Dichters indirekte, ängstliche Erkundigung passt völlig zu den verwickelten Verhältnissen zu seiner Verlobten Maria Regina Behringer und ihrer Mutter und insbesondere zu seiner Geliebten Bibi Hogel, deren Entbindung bevorstand. Dass Julie in der Tat gut informiert war, beweisen weitere Paragraphen ihres Briefes an Frau La Roche sowie auch ihre sarkastischen Bemerkungen über Wielands Umstände in einem Brief vom 11. Februar 1764 an Johann Georg Zimmermann (Eduard Bodemann: Julie von Bondeli und ihr Freundeskreis. Hannover 1874, S. 277).

6) Inhaltsergänzung des erschlossenen Briefes WBr 3, Nr. [540]
Bezeugt: Friedrich Nicolai an Isaak Iselin. Berlin. 6. Juli 1770: »Wieland ist ohnstreitig einer der besten deutschen Köpfe. Aber ich befürchte, Riedel

verdirbt ihn. […] In diesen Mann setzt W. ein ungemeßenes Vertrauen, er nennt ihn selbst in einem Privatschreiben an Weiße sein *ander Ich.*«
Quelle: Holger Jacob-Friesen: Profile der Aufklärung. Friedrich Nicolai – Isaak Iselin Briefwechsel (1767 – 1782). Edition, Analyse, Kommentar. Bern u. a. 1997, S. 239.
Erläuterung: Die Erschliessung des Wieland-Briefes von etwa 29. Juni 1768 an Felix Christian Weiße beruht in erster Linie auf einem Schreiben dieses Datums von Wieland an den Erfurter Professor der Philosophie Friedrich Justin Riedel: »Hier, mein liebster Freund, ist Idris, und ein Schreiben an Herrn Weiße *sub volanti*, welches Sie lesen, und hernach zuschließen, und die Addresse darauf zu setzen belieben werden.« (WBr 3, S. 527) Teile vom Inhalt dieses verschollenen Briefes hat Weiße fast sofort seinen Freunden Friedrich von Hagedorn und Karl Wilhelm Ramler anvertraut: Wieland habe ihn zu einem Briefwechsel aufgefordert und ihn, der schon Philipp Erasmus Reich als Verleger der ›Musarion‹ gewonnen hatte, auch wenigstens andeutungsweise gebeten, die Veröffentlichung des Gedichts ›Idris‹ zu vermitteln (WBr 6.1, S. 562f.). Zum Inhalt des Briefes ist nun das Quasi-Zitat in der oben stehenden Mitteilung Nicolais den Umschreibungen Weißes hinzuzufügen.
Exkurs: Da Riedel Wieland als Übermittler seines Schreibens dient, kann es nicht überraschen, dass er darin anerkennend erwähnt wird. Seine überschwängliche Bezeichnung als ein »ander Ich« deutet aber vielleicht auf eine Überschätzung von Riedels Ruf in gelehrten Kreisen – genau wie die Herzensergüssse, die Wieland direkt auf ihn ausschüttete: »Jedes Blatt, das ich von Ihnen bekomme, vermehrt die Liebe, die Sie mir abgewonnen haben. Ihre Freundschaft, Ihr Briefwechsel ist ein Gut, dessen ich nun nicht mehr entbehren könnte. Ihre Briefe versichern mich immer mehr, daß unsere Köpfe und unsere Herzen für einander gemacht sind.« (WBr 3, S. 526) Mit solchen Komplimenten hatte Wieland wohl taktische Absichten: Durch den vermeintlichen Einfluss Riedels, den er kurz zuvor als Briefpartner kennengelernt hatte, hoffte der kontaktarme Biberacher ein Mittel zur Aufhebung seiner kleinstädtischen Isolierung gefunden zu haben – und es kann auch sein, dass er schon früh die Erlangung einer Professur in Erfurt ins Auge fasste, wobei Riedel nützlich sein konnte. Wielands Begeisterung – oder Lobhudelei – war aber von kurzer Dauer. Nachdem die zwei Männer in Erfurt einander von Angesicht zu Angesicht gegenüberstanden, beschrieb Wieland den 16. Juni 1769 sein »ander Ich« als »un sujet excellent« »malgré un peu de distraction et beaucoup d'étourderie« (WBr 4, S. 6).

7) Kommentarberichtigung zu WBr 4, Nr. 565

In diesem Brief vom 21. Juli 1772 von Erfurt aus an Riedel in Wien schrieb Wieland: »Je vous prie de dire beaucoup de politesses de ma part à vos Jesuites: Plut à Dieu, que nous en eussions leurs pareils ici!« (WBr 4, S. 579) Im Kommentar wird vermutet, »vos Jesuiten« beziehe sich auf »Etwa Jordan Simon« (WBr 6.2, S. 1053). Nur zehn Tage früher aber, in einem Schreiben an Riedel vom 11. Juli, hatte Wieland diese ihm freundlich gesinnten Jesuiten genannt: »Dem Pater Denis danken Sie meo nomine für die Ehre, die er meinem Diogenes angethan ... und den Ehrwürdigen Pater Mastallier, der weise genug ist, um die komischen Erzählungen, und wie ich hoffe, auch das hohe Lied Salomons ohne Aergerniß zu lesen, umarmen Sie statt meiner siebenmal« (WBr 4, S. 560). Diese zwei Jesuiten, beide Lehrer an dem Wiener Theresianum, sind es, auf die Wieland anspielt, und nicht der Augustiner Jordan Simon, der sich schon im Jahre 1769 in Erfurt als unversöhnlicher Feind Wielands und Riedels erwies.

8) Kommentarberichtigung zu WBr 4, Nr. 610

Im Text des vom 26. August 1772 datierten Briefes nach Wien an Friedrich Justin Riedel erklärt Wieland seine Freude über die Achtung, womit »einige dasige Patres S. J.« ihn beehren, und bittet Riedel »dem P. Purkard für die überschickten vortrefflichen Specima seiner edlen Untergegebenen« zu danken – und diesem mitzuteilen, dass »eine ehrenvolle Recension derselben in der hiesigen Zeitung erscheinen« werde. Nach dem Kommentar seien weder die Patres S. J. noch Purkard und seine Specima zu ermitteln. Weiter heißt es, die versprochene Rezension im Jahrgang 1772 der ›Erfurtischen gelehrten Zeitung‹ sei »nicht erschienen.« (WBr 6.2, S. 1087) Mit »Purkard« ist jedoch der Wiener Jesuit Joseph Burkard, Lehrer am Theresianum, zu verstehen, die Patres S. J. sind seine Ordensbrüder und Kollegen am Institut, Michael Denis und Karl Mastellier (vgl. oben, Nr. 7). Am 14. September 1772, weniger als drei Wochen nach Absendung des Briefes an Riedel, erschien die versprochene Rezension, sicher von Wieland selbst verfaßt: Erfurtische Gelehrte Zeitung, 1772, S. 608 – 610: »Wien. Prosen und Gedichte über die bildenden Künste. Von den Hörern der schönen Wissenschaften im ersten Jahre öffentlich abgelesen im k. k. Theresiano den 4ten des Monats August, im Jahr 1772«.

9) Kommentar zum erschlossenen Brief WBr 5, Nr. [192]

Wielands Brief vom 20. August 1773 an den Arzt Johann Georg Zimmermann ist aus dessen Antwortschreiben vom 26. August erschlossen worden, woraus man folgern kann, Wieland fürchtet, er sei bei Charlotte von Stein in Ungnade gefallen. Getrennte Hinweise anderswo in Zimmermanns Brief auf die Schauspielerin Romana Koch und auf den Roman ›Agathon‹ lassen vermuten, die eine oder der andere oder sogar beide zugleich könnten Charlottes Unwillen erweckt haben. Frau Kochs Spiel in der Titelrolle bei der Weimarer Aufführung von Wielands Oper ›Alceste‹ hat den Dichter so entzückt, dass die Herzogin Mutter Anna Amalia sich darüber ärgerte. Die kurz vorher erschienene neue Ausgabe des ›Agathon‹, dessen Liebesszenen, so Zimmermann, die Keuschheitsgelübde eines Geistlichen gefährdet hätten (Starnes 1, S. 472 und 487), hat Frau von Stein sicher wenigstens eingesehen. Mit ihr, einer der Hofdamen Anna Amalias, war Wieland befreundet, aber die Koch-Affäre und die ›Agathon‹-Passus könnten zu Spannungen geführt haben, denn besonders in dieser frühen Zeit war Frau von Stein eher ethisch als ästhetisch eingerichtet – und pflegte eine Moralistin zu sein, die zur übersinnlichen Schwärmerei neigte.

10) Kommentarberichtigung zu WBr 5, Nr. 193

In seinem Brief aus Hannover vom 26. August 1773 an Wieland berichtet Zimmermann: »An Frau von Stein habe ich den 19. August geschrieben [...]« (WBr 5, S. 161). Im Kommentar heißt es: »Brief nicht bekannt.« (WBr 6.3, S. 1244) Auszüge aus diesem Brief stehen jedoch schon in dem Artikel ›Briefe Zimmermanns und Charlottens von Schiller an Charlotte und Friedrich von Stein‹ in: Mitteilungen aus dem Litteraturarchive in Berlin, Bd. 2 (1898 – 1900), S. 2 – 3; siehe auch Starnes 1, S. 487.

11) Erschlossener Brief zu WBr 5; etwa nach Nr. 387
Johann Eustachius Graf von Goertz an Wieland. Paris, etwa Mitte April 1775.

Bezeugt: Caroline Gräfin von Goertz an ihren Gatten. Weimar. 22. Apr. 1775: »Wieland est venu me lire votre lettre.«
Quelle: Gabriele von Trauchburg. Zwei verkannte Weimarer Schöngeister. Beobachtungen und Anmerkungen der Gräfin Caroline und des Grafen Johann Eustachius von Görtz zu Literaten und Philosophen zwischen 1768 und 1778. In: Goethes erstes Weimarer Jahrzehnt. Anna Amalia und Goethe. Tagungsband mit weiteren Forschungsbeiträgen. Hg. von Ilse Nagelschmidt. Weimar 2010, S. 57 – 130, hier: S. 128.
Erläuterung: Das letzte bekannte Korrespondenzstück zwischen Wieland und Goertz ist ein erschlossenes Schreiben des Dichters, vor dem 5. Februar 1775 datiert. Zwischen dem 6. März und dem 19. Juni 1775 wird er in keinem der überlieferten Briefe von und an Wieland erwähnt. Zu möglichem Inhalt vgl. die Briefe des Grafen aus Paris an seine Gattin, die eingehend über die dortigen Erlebnisse der Weimarer Prinzen berichten (Othmar Freiherr von Stotzingen: Beiträge zur Jugendgeschichte des Herzogs Karl August. In: Jahrbuch des Freien Deutschen Hochstifts 1909, S. 311 – 371).

12) Erschlossener Brief zu WBr 5; etwa nach Nr. 387
Prinz Carl August von Sachsen-Weimar an Wieland. Paris, etwa Mitte April 1775.

Bezeugt: Caroline Gräfin von Goertz an ihren Gatten. Weimar. 1. Mai 1775: »Wieland [...] est trés content de la lettre du duc.«
Quelle: Wie Nr. 11 oben.
Erläuterung: Ein Briefwechsel zwischen dem Prinzen Karl August und Wieland aus dieser Zeit ist nicht belegt. Zwischen dem 7. April und dem 20. Mai 1775 wird Karl August weder in Briefen von noch an Wieland genannt. Siehe oben, Nr. 11.

13) Nicht erfasster Brief zu WBr 5; etwa nach Nr. 502
Helfrich Peter Sturz an Wieland. Oldenburg, etwa Mitte Januar 1776.
Quelle: Jaikyung Hahn: Helfrich Peter Sturz (1736 – 1779). Der Essayist, der Künstler, der Weltmann. Leben und Werke mit einer Edition des vollständigen Briefwechsels. Stuttgart 1976, S. 412f. Gedruckt nach der fragmentarischen Handschrift in der Abraham'ske Autografsamling, Kongelige Bibliothek, Kopenhagen.
Inhalt und Erläuterung: Der Brief ist die Antwort auf Wielands Schreiben vom 24. Dezember 1775 (WBr 5, S. 456f.). Sturz bedankt sich darin für die Ablehnung und Rücksendung einiger dem ›Merkur‹ angebotenen, unsanft scherzenden Briefe über Lavaters Physiognomik; er erkennt die Richtigkeit dieser Entscheidung des Herausgebers und habe die Briefe verbrannt; außer Wieland habe niemand sie gelesen, und er erbäte sich »darüber ein ewiges Stillschweigen«. Anscheinend hat Wieland Sturz die Bitte gewährt; gegensätzlich hat Sturz die Episode aber in einem undatierten Brief an Johann Georg Zimmermann nacherzählt: »Endlich […] will ich […] mein Bekenntniß über die Physiognomik mittheilen. […] Ich hatte die Sache nur flüchtig durchdacht, wo es mir in meiner schlimmen Laune einfiel, über Lavaters ersten Entwurf zu spotten. […] Ich schrieb in dem ersten Feuer einige Briefe und schickte sie an Wieland, der aber, dank sey es ihm, von ihrer Bekanntmachung abmahnte. Diese Briefe sind verbrannt.« (Theodor Merzdorf: Helfrich Peter Sturz. In: Archiv für Litteraturgeschichte 7 (1878), S. 33 – 92, hier: S. 92; auch in WBr 6.3, S. 1488.)

14) Kommentarergänzung zu WBr 9.1, Nr. 360
Im Brief an Wieland vom 22. Juni 1787 meldet der Leipziger Verleger Georg Joachim Göschen, die von ihm für den Jahrgang 1786 auszuzahlenden ›Merkur‹-Gelder werde ein Herr Stritter aus Frankfurt am Main, Schwager des Herrn Rat Krauss, nach Weimar mitbringen. Im Kommentar wird weder »Krauss« noch Stritter erwähnt (WBr 9.2, S. 335). Im Register stehen einfach die zwei Namen als »Krauss, Rat, Schwager von Herrn Stritter« und »Stritter, Herr, aus Frankfurt a. M., Schwager von Rat Krauss« (WBr 9.2, S. 562 und S. 589). Der Erstgenannte war der gebürtige Frankfurter Georg Melchior Kraus, Maler und Radierer, seit 1776 Direktor der Weimarer Freien Zeichenschule, seit 1780 herzoglich weimarischer Rat. Der Zweite war Johann Reinhard Stritter, Kommerzienrat in Frankfurt, Gatte einer der fünf Schwestern von Kraus und Vermittler mancher Geschäfte zwischen seinem Schwiegervater im Frankfurter ›Gasthof zur weißen Schlange‹ und dem Weimarer Entrepreneur Friedrich Justin Bertuch (vgl. die Briefe Stritters an Bertuch im Weimarer Goethe- und Schiller-Archiv, Hs. 06/1897; siehe auch das Intelligenz-Blatt der freien Stadt Frankfurt vom 19. März 1793).

15) Text zum erschlossenen Brief WBr 9.1, Nr. [494]
Georg Joachim Göschen an Wieland. Leipzig, vor 22. Januar 1788.

Den 23. Januar 1788 schrieb Friedrich Schiller an Göschen, Wieland schäme sich, auf dessen verbindlichen Brief noch nicht geantwortet zu haben; auf Göschens Besuch in Weimar freuen sich Schiller und Wieland beide (WBr 9.1, S. 390). Im Kommentar wird vermutet: »Der Brief Göschens muß einige Zeit vor dem 22. Januar 1788 geschrieben sein, vermutlich Anfang des Jahres 1788.« Vom Inhalt des Schreibens wird nichts vermutet (WBr 9.2, S. 476). Übersehen – oder stillschweigend zurückgewiesen – ist das veröffentlichte Fragment eines Briefes von Göschen an Wieland, den 16. Januar 1788 datiert (N.B. Dieser Brief fehlt auch in Seufferts ›Prolegomena zu einer Wieland-Ausgabe‹ VIII!). Dort schrieb der Verleger: »Ich sehe wohl ein, daß, wenn Sie Schillers *poetische Forderung* befriedigen wollen, Ihnen so wenig übrig bleibt, daß Sie mir keinen leichtern Akkord machen können. Dieses ist eine große Schwierigkeit! Aber ich lasse mich nicht gerne abschrecken. Lassen Sie uns sehen, ob wir ohne Gefahr darüber wegkommen können. Die Hoffnung, den Absatz über 1500 bringen zu können, reizt meinen Muth, da die Überlegung, den Satz vielleicht auf 1500 zu bringen, mich schreckt. Lassen Sie uns mit dem ersten Jahre des N. Merkurs den Versuch machen. Komme ich nicht auf meine Kosten, so läßt Schiller von seiner Forderung so viel nach, daß Sie mir in dem Akkord von 336 Ld'or so viel erlassen können, daß ich nur meine 5 prc übrig behalte.« (Robert Boxberger. Zeitgenössische Mitteilungen über Schiller. Aus Handschriften der Dresdener Bibliothek veröffentlicht. In: Akademische Blätter. Hg. von Otto Sievers. Braunschweig 1884. S. 65 – 75 und 350 – 359, hier: S. 67f.; vgl. Starnes 2, S. 125.) Der Brief soll unter den Handschriften der Sächsischen Landesbibliothek Dresden unter Signatur h 43, Bd. 8, Nr. 16 aufbewahrt sein (Stephan Füssel: Repertorium der Verlagskorrespondenz Göschen (1783 bis 1828). Berlin und New York 1996, S. 58, Nr. 437).
Erläuterung: Der Inhalt des Brieffragments handelt von Schillers Belohnung für seine Mitarbeit am NTM.

16) Erschlossener Brief zu WBr 10.1; etwa nach Nr. 103
Karoline Herder an Wieland. Weimar, etwa Mitte September 1788.

Bezeugt: Karoline Herder an Jean Paul Richter. Weimar. 30. Okt. 1788. »Da mein Mann seit Anfang Augusts auf einer Reise nach Italien […] ist, so habe ich Ihre, ihm zugesandten 2 Aufsätze sogleich an Herrn Hofrath Wieland gesandt, mit der Bitte, mir solche sogleich wieder zurückzugeben, wenn er sie nicht in den Merkur einrücken wolle. Ich hatte keine Antwort von ihm erhalten, u. war der Meinung, daß er sie behalten u. selbst an Ihnen hierüber schreiben wolle, wie ich ihn gebeten habe.«
Quelle: Jean Pauls Sämtliche Werke. Historisch-kritische Ausgabe hg. von der Deutschen Akademie der Wissenschaften zu Berlin. 4. Abt.: Briefe an Jean Paul. Hg. von Norbert Miller. Bd. 2, S. 128; vgl. Starnes 2, S. 152.

Erläuterung: In dem von Karoline erwähnten Brief an Herder von Jean Paul schrieb dieser, er wage es nicht, die Aufsätze dem H. Hofrat Wieland unmittelbar zu schicken (Jean Pauls sämtliche Werke. 3. Abt.: Briefe. Bd. 1, S. 248 und 4. Abt., Bd. 1, S. 531). Die zwei Jahre zurückliegende Ablehnung von ein paar Einsendungen Jean Pauls für den TM durch Wieland scheint ihn eingeschüchtert zu haben. Vgl. Starnes 2, S. 62 und 66.

17) Erschlossener Brief zu WBr 10.1; etwa nach Nr. 114
Karl Leonhard Reinhold an Wieland. Jena, etwa Ende September 1788.
Bezeugt: Reinhold an Shack Hermann Ewald in Gotha. Jena, 10. Oktober 1788: »Gleich nach Empfang Ihres Paketes habe ich Ihre Abhandlung nach Weimar an den Herausgeber des Merkurs abgesendet, der Ihnen einstweilen durch mich seinen besten Dank sagen läßt.«
Quelle: Karl Leonhard Reinhold. Korrespondenzausgabe der Österreichischen Akademie der Wissenschaften. Hg. von Reinhard Lauth u. a. Stuttgart-Bad Cannstadt 1983 ff., Bd. 2, S. 27.
Erläuterung: Ein einziger Beitrag Ewalds im TM ist belegt: Im Januar-Heft 1786, S. 3 – 32, steht seine Übersetzung einer französischen Schrift über Sterndeutekunst (TMRep, S. 243, Nr. 1406). Die von Reinhold erwähnte und weitergeleitete Abhandlung ermittelten die Herausgeber seiner Korrespondenz nicht. Den Dank für die Einsendung hatte Wieland wohl zwischen dem 5. und 8. Oktober während eines Jenaer Aufenthalts mündlich geliefert (Starnes 2, S. 151). Vielleicht ist die hier in Frage kommende Abhandlung trotz des langen Zeitabstandes mit dem unten in Nr. 19 genannten Aufsatz identisch.

18) Erschlossener Brief zu WBr 10.1; etwa nach Nr. 121
Wieland an Karoline Herder. Weimar, vor dem 30. Oktober 1788.
Bezeugt: Karoline Herder an Jean Paul. Weimar. 30. Okt. 1798. »Leider hat er [Wieland] diese [von Jean Paul an Herder für den ›Merkur‹ übersandten] Aufsätze beiseite gelegt, u. sendet mir sie, auf die Veranlassung Ihres zweiten Briefs, zurück, mit der Äusserung, daß er sie in den Merkur nicht aufnehmen kann.«
Quelle: Jean Pauls SämtlicheWerke [wie oben in Nr. 16] 4. Abt.: Bd. 1, S. 128.
Erläuterung: Siehe oben, Nr. 16.

19) Erschlossener Brief zu WBr 10.1; etwa nach Nr. 208
Wieland an Karl Leonhard Reinhold. Weimar, etwa Anfang April 1789.
Bezeugt: Reinhold an Schack Hermann Ewald. Jena. 30. Apr. 1789: »Wieland hat mir vor einigen Wochen den philosophischen Aufsatz, den Sie dem Merkur anzubiethen die Güte hatten, nachdem er ihn mit Vergnügen durchlesen hat, zurückgesendet, mit dem Bedeuten, daß er sich für ein Journal philosophischen Inhalts besser als für den Merkur qualificire, dem durch einen gewissen anonymus ein paar Jahre her und leider auch durch mich zu viel Philosophie für den

größten Theil seiner Leser aufgepackt wurde, so daß beym Herausgeber von allen Seiten Klagen darüber ein liefen.«
Quelle: Reinhold [wie oben in Nr. 17], Bd. 2, S. 82; vgl. Starnes 2, S. 169.
Erläuterung: Der gewisse Anonymus ist Karl von Knoblauch auf Hatzbach, der in den Jahren 1787 und 1789 etliche Aufsätze an den TM lieferte (TMRep, S. 506). Ewalds philosophische Abhandlung nicht ermittelt, sie ist auch den Herausgebern von Reinholds Korrespondenz unbekannt. Vgl. oben, Nr. 17.

20) Kommentarberichtigung zu WBr 10.1, Nr. 288
Im Brief vom 8. Aug. 1789 kündigt Wieland seinem Schwiegersohn Reinhold auf den nächstfolgenden Montag [den 10. August] einen Besuch des Oberkonsistorialrats »von Irwin« [!] aus Berlin an (WBr 10.1, S. 244–245). Der Kommentar teilt mit, der Oberkonsistorialrat Karl Franz Irwing speiste den 9. August 1789 an der Weimarer Hoftafel – sein Besuch bei Reinhold sei aber unbekannt (WBr 10.2, S. 251). Eine Bestätigung des Zusammenseins liefert Reinholds Brief vom 20. Okt. 1789 an Irwing: »Erlauben Sie [...] meinem Herzen die Befriedigung, Ihnen schriftlich zu wiederholen, daß mir der Tag, an welchem ich Ihre persönliche Bekanntschaft gemacht habe, unvergeßlich ist.« (Reinhold [wie oben in Nr. 17], Bd. 2, S. 174)

21) Erschlossener Brief zu WBr 11.1; etwa nach Nr. 59
Wieland an Johann Baptist, Edler von Alxinger. Weimar, etwa April 1791.
Bezeugt: Alxinger an Ludwig Heinrich Nicolay. Wien. 2. Mai 1792: »Wieland schrieb mir viel Schmeichelhaftes über den Bliomberis und versprach eine Anzeige in dem Mercur. Ich freute mich eben so sehr ja noch mehr auf einen Tadel als auf sein Lob, aber auf beyde umsonst. Denn die Anzeige folgte nicht.«
Quelle: Die beiden Nicolai. Briefwechsel zwischen Ludwig Heinrich Nicolay in St. Petersburg und Friedrich Nicolai in Berlin (1776–1811). Hg. von Heinz Ischreyt. Lüneburg 1989, S. 336.
Erläuterung: Zur Datierung vgl. Wielands Brief vom 7. April 1791 an Georg Joachim Göschen, den Verleger des ›Bliomberis‹. Dort hob er eine frühere negative Bewertung des Gedichts auf, bezeichnete einige Stellen darin als wirklich schön und sprach Alxinger sogar eine Ehrenstelle unter den Dichtern aller modernen Nationen zu (WBr 11.1, S. 69–70). Warum die versprochene Rezension nicht erschien, bleibt unerklärt. Auch Göschen hatte Wieland versichert, den ›Bliomberis‹ im April-Heft des ›Merkur‹ anzuzeigen und ihn dann im Mai-Heft »von seiner schönsten Seite« vorzuführen (WBr 11.1, S. 55).

22) Kommentarergänzung zu WBr 11.1, Nr. 447
Dieses undatierte Schreiben Georg Joachim Göschens an Wieland enthält das Neueste aus dem gerichtlichen Streit mit der Weidmannschen Buchhandlung über die Ausgabe von des Dichters ›Sämmtlichen Werken‹. In diesem Brief (als Handschrift in der Sächsischen Landesbibliothek Dresden unter Signatur: h 43,

Bd. 8, Nr. 88 aufbewahrt) schrieb er: »Die Sache ist nun bis zur rechtlichen Entscheidung reif. Der Geheime Kriegsrath Müller giebt im Schöppenstuhl das Urtheil und er hat die Güte gehabt mich selbst zu besuchen und mir zu sagen: ›meine Meynung wißen Sie!‹ Um Sie aber nun von allem zu unterrichten leg ich Ihnen die samtlichen bisherigen Acten bey.« (WBr 11.1, S. 383) Neben der Handschrift dieses Briefes liegt (unter der Signatur: h 43, Bd. 8, Nr. 87) der Entwurf eines Schreibens »an den Geh. K. R. M.«, worin die Auseinandersetzung mit der Weidmannschen Handlung dargelegt ist (Füssel [wie oben in Nr. 15], Nr. 1136). Wegen seines Fundorts und Inhalts gehört dieser Entwurf, an den Geheimen Kriegsrat Müller gerichtet, aller Wahrscheinlichkeit nach zu der von Göschen genannten Beilage. Der Kommentar erwähnt die Beilage nicht, bietet aber dafür zwei lange den Prozess betreffende Acta aus dem Stadtarchiv Leipzig (WBr 11.2, S. 626 – 638).

23) Kommentar- und Registerergänzung zu WBr 12.1, Nr. 19

Im Brief vom 18. und 19. August 1793 an Göschen meldet Wieland, er rücke einen kleinen von einem Hr. D. Marquard eingesandten Aufsatz bloß in den ›Merkur‹, um ihn dort beantworten zu können (WBr 12.1, S. 34). Die Einsendung, ›Apologie der teutschen Lettern‹, von M. unterzeichnet und von einer Antwort des Herausgebers begleitet, erschien in der Tat im NTM, Sept. 1793, S. 99 – 112. Der Kommentar zum Brief bezeichnet den Aufsatz als eine direkte Reaktion auf Göschens Didotsche Lettern in Wielands ›Sämmtlichen Werken‹ und liefert dann eine eingehende Darlegung der Ansichten des Dichters zur orthographischen Reform der deutschen Sprache (WBr 12.2, S. 27 – 29). Über den Verfasser des Aufsatzes wird keine Auskunft gegeben, und im Register steht nur »*Marquard*, Verfasser eines Aufsatzes im NTM« (WBr 12.2, S. 405). Der Einsender, der sich u. a. in seiner Schrift gegen die Verwendung lateinischer Lettern erklärt, weil sie zu Augenermüdung und -leiden führen, war der hannoveranische Arzt und Hofrat sowie medizinische und politische Schriftsteller Heinrich Matthias Marcard. Zwei weitere Einsendungen von ihm wurden 1801 und 1804 in den NTM aufgenommen; vgl. TMRep, S. 512.

24) Kommentarberichtigung und Registerergänzung zu WBr 12.1, Nr. 117

Im Brief vom 30. Dezember 1793 an seine Tochter Charlotte, die zu der Zeit auf Besuch in der Schweiz weilt, erwähnt Wieland den »wegen seiner theologischen Dogmatik pp. berühmten Pfarrer Stapfer[ ]«. Dieser Hinweis auf Daniel Stapfer lockt im Kommentar folgendes hervor: »Wieland schrieb, nachdem er am 28. Dezember 1755 in Brugg eine Predigt von ihm gehört hatte, einen enthusiastischen Brief an ihn. Vgl. BW, Bd. 1, Nr. 212.« (WBr 12.2, S. 109) Anscheinend fußt die Anmerkung auf einem Bericht Johann Georg Zimmermanns: »Mein Jugendfreund hieß Daniel Stapfer. […] eine kleine Predigt, die Er in unserer kleinen Vaterstadt Brugg hielt, und die nicht Er, sondern ich, im Jahre 1755 drucken ließ, brachte damals Herrn Wieland in einen solchen Enthusias-

mus, daß er an meinen Freund, den er sonst nicht kannte, schrieb […]« (›Ueber die Einsamkeit‹, 4 Teile Leipzig 1785, hier: 3. Teil, S. 4). Im Buch wird aber nicht behauptet, Wieland habe die Predigt gehört; vielmehr wird angedeutet, er habe sie gelesen. Ferner ist vor April 1759 keine Reise Wielands nach Brugg belegt, und darüber hinaus hat er kurz vor dem 24. Dezember 1755 die Einladung seines Freundes Johann Heinrich Schinz, die Weihnachtszeit in Altstetten zuzubringen, abgelehnt: »Ich habe mich in verwichner Zeit nicht so gar wohl befunden, und fast drey Wochen immer das Haus gehütet. Itzo bin ich zwar ziemlich wohl, aber muß die Kälte so viel ausweichen als ich kan, und werde also diesesmal das Fest hier begehen.« (WBr 1, S. 251)
Zur Ergänzung des Registers, WBr. 12.2, S. 416: Stapfer, Daniel (1728 – 1807), Diakon in Brugg, 1766 nach Bern als »Helfer« am Münster berufen, später Prediger daselbst, einer der berühmtesten Kanzelredner der Zeit, Bruder des Berner Theologen Johannes Stapfer.

25) Quellenergänzung zu WBr 12.1, Nr. 232
Die Textgrundlage zum gedruckten Brief ist eine Handschrift im Goethe- und Schiller-Archiv, Weimar. Die Signatur, die WBr 12.2, S. 187, nicht angibt, ist: Hs. 93/N 27, Nr. 45.

26) Erschlossener Brief zu WBr 12.1, etwa nach Nr. 372
Wieland an Karoline Herder. Weimar, vor dem 28. Dez. 1794.
Bezeugt: Karoline Herder an Gleim. Weimar. 28. Dez. 1794: »Ich habe bei Wieland wegen seinen Werken angefragt und erhielt die Antwort: Göschen gibt, so viel ich weiss, erst die kleine Ausgabe auf velin oder geglättet Papier aus, und unser l. Gleim (wofern er auf diese praenumeriert hat) thut am besten, sich gerade desswegen an Göschen zu wenden. Er thut sein Äusserstes, dass auch eine Quart und gr. 8 ausgabe längstens in 6 Wochen in eines jeden Subs[c]ribenten Händen sey. An der Verzögerung ist nicht er, sondern ein Zufall, der ihm beträchtlichen Schaden thut, schuldig.«
Quelle: Jaro Pawel: Ungedruckte Briefe Herders und seiner Gattin an Gleim. In: Zeitschrift für deutsche Philologie 24 (1892), S. 342 – 368, und 25 (1893), S. 36 – 70, hier: 24, S. 365, wo der Brief falsch auf den 23. Dez. 1794 datiert ist. Vgl. Johann Gottfried Herder: Briefe. Bd. 7. Hg. von Günter Arnold. Weimar 1982, S. 514.
Erläuterung: Dem Wortlaut nach scheint Wieland eher brieflich als mündlich auf Frau Herders Anfrage geantwortet zu haben. Zu Göschens Bericht über Schwierigkeiten beim Druck der ›Sämmtlichen Werke‹ vgl. WBr 12.1, S. 352.

27) Kommentarberichtigung zu WBr 12.1, Nr. 446
Dieses Schreiben aus Hamburg, den 14. April 1795 datiert, das von Friedrich Ludwig Schröders künftiger Niederlegung der Direktion des Hamburger Natio-

naltheaters berichtet, ist nur aus einem Teilabdruck im NTM bekannt; dort steht es im Mai-Heft 1795, S. 94 – 95, als Anmerkung zum »Epilog, Freitag den 27 März am Schluß der Schaubühne, gesprochen von Schröder«. Im Kommentar wird vermutet, die Zeilen begleiteten den im Mai-Heft nachfolgenden mit ›G.‹ gezeichneten und den 13. April datierten ›Auszug aus einem Brief aus Hamburg‹ (WBr 12.2, S. 341). Diesen zweiten Beitrag erhielt Wieland aber als Beilage zu einem den 15. April 1795 datierten Schreiben von Johann Ludwig Gries (siehe unten, Nr. 28). Es ist aber durchaus möglich, dass Gries beide Artikel einsandte.

28) Kommentarberichtigung zu WBr 12.1, Nr. 449

In diesem kurzen Brief vom 15. April 1795 aus Hamburg bittet Johann Ludwig Gries um die sofortige und anonyme Aufnahme eines beigelegten Aufsatzes in den ›Merkur‹. Im Kommentar heißt es: »Die Beilage ist nicht überliefert. Möglicherweise handelt es sich um folgenden im Mai-Heft des Merkur erschienenen Aufsatz: Politische Arithmetik.« (WBr 12.2, S. 344) Ein undatiertes Schreiben Carl August Böttigers, dessen Urteil über ein paar neue Einsendungen aus Hamburg für den ›Merkur‹ Wieland kurz vorher erbeten hatte, beseitigt die Unsicherheit: Beide sollten, meinte Böttiger, eingerückt werden; der eine, die Schrift des Hamburger Patrioten, welche Schröder persönlich nicht zu nahe trete, solle unter der Rubrik: ›Auszüge aus Hamburger Briefen‹ direkt nach dem anderen, dem von Schröder gesprochenen Epilog, stehen (WBr 12.1, S. 449). Zum Verständnis der Ratschläge Böttigers vgl. das Mai-Heft des NTM, S. 96 – 105. Dort befindet sich, von G. unterzeichnet und den 13. April 1795 datiert, ein »Auszug aus einem Briefe aus Hamburg, in Beziehung auf Nummer VIII im dritten Stück des Merkurs v. dies. J.« Im Artikel werden Vorschläge des Leiters der französischen Schaubühne in Hamburg zum Zusammenwirken mit dem deutschen Theater gelobt und Friedrich Ludwig Schröders schroffe Ablehnung derselben getadelt. Anscheinend wollte Gries sich nicht zur Kritik Schröders, so gemäßigt sie auch war, bekennen. Zum vorangestellten Epilog Schröders siehe oben, Nr. 27.

29) Datierungskorrektur (?) zu WBr 12.1, Nr. 451

Dieser Brief von Georg Joachim Göschen, in dem er seine Freude über die bevorstehende Eheschließung Charlotte Wielands mit Heinrich Geßner ausdrückt, wird »nach 17. April 1795« datiert. Im Kommentar heißt es, die zugrundeliegende Handschrift in der Sächsischen Landesbibliothek Dresden unter der Signatur »Msc. Drsd. 43, VIII, Nr. 108« sei undatiert; die Datierung mußte nach dem Inhalt der Wieland-Briefe vom 17. April und 1. Mai an Göschen geschätzt werden (WBr 12.2, S. 345). Die genannte Handschrift trägt jedoch nach der Angabe bei Füssel (wie oben in Nr. 15), S. 214, Nr. 1595, das spezifische Datum 23. April 1795.

30) Kommentarergänzung zu WBr 13.1, Nr. [477]
Ein nicht überlieferter Brief Georg Joachim Göschens etwa vom 11. Februar 1797 wurde aus zwei Briefen Wielands erschlossen. Am 6. Februar 1797 legte der Dichter seinem Verleger einen Plan vor, mit dessen finanzieller Hilfe er ein Rittergut in Tannroda zu kaufen beabsichtigte (WBr 13.1, S. 501 – 505), und am 14. Februar dankte er für Göschens Gutheißung des Vorhabens (WBr 13.1, S. 511). Der Kommentar bietet nur die Vermutung, die erschlossene Zuschrift Göschens liege zwischen den beiden Briefen und sei wohl die Antwort auf den Ersten. Einen näheren Beweis sowie Aufschlüsse über den Inhalt liefert Göschens Brief vom 25. Februar 1797 an Böttiger: »Daß Wieland ein Gut kauft, ist ein Entschluß, der viel Gutes hat. Stirbt er, so ist seine Familie versorgt. Aber die Frage ist, was für ein Gut ist es? Ist es wirklich verwüstet, so braucht Wieland noch viel Geld, um es aufzuhelfen, ehe er den Genuß hat. – Wieland muß schlechterdings einen erfahrenen Ökonom mit sich nehmen, diesen das Gut besehen und untersuchen lassen […]. Ich habe Wieland einige Erinnerungen über den Ankauf des Gutes geschrieben, woraus er nicht ahndet, daß wir beide uns verstehen, vornehmlich habe ich ihn gebeten, mir den Anschlag zu senden, und ihm versprochen, mit einem verständigen Ökonom darüber zu Rate zu gehen.« (SLB Ms. h 37, Bd. 59, Nr. 14; Louise Gerhardt: Karl August Böttiger und Georg Joachim Göschen im Briefwechsel. Leipzig 1911, S. 35 – 36)

31) Kommentar- und Registerberichtigung zu WBr 13.1, Nr. 511
In seinem Brief vom 25. März 1797 an seinen Schwiegersohn Heinrich Geßner schreibt Wieland im Zusammenhang mit dem Oßmannstädter Gutskauf, »daß der zeitherige Pachter des ganzen Rittergutes erst auf Jacobi 1799 abzieht« (WBr 13.1, S. 543). Im Kommentar wird der Pächter als Johann Zacharias Stark identifiziert (WBr 13.2, S. 490), im Register aber kommt mit Bezug auf denselben Brief der Name Friedrich Gabriel Starke vor (WBr 13.2, S. 622). Zur Klärung des Durcheinanders sei hier vermerkt, dass Zacharias Starke von 1745 bis zu seinem Tode im Jahre 1760 der Pächter des Ritterguts Ossmannstedt war – wonach sein fünfter Sohn, Friedrich Gabriel, die Pacht übernahm (Martin Wagner: Familie Stark aus Oßmannstedt. In: Azmenstat 956 – Oßmannstedt 2006. Festschrift. Hg. von der Gemeinde Oßmannstedt. Weimar 2006, S. 34 – 41). N. B. In seinem Schreiben vom 4. April 1797 an Göschen weist Wieland erneut auf den derzeitigen Pächter hin (WBr 13.1, S. 565). Im Kommentar wird dieser wieder irrtümlich als Johann Zacharias Starke identifiziert (WBr 13.2, S. 504).

32) Kommentarergänzung zu WBr 13.1, Nr. 527
In seinem Brief vom 3. April 1797 an seinen Schwiegersohn, den Zürcher Buchhändler Heinrich Geßner, deutet Wieland auf ein Paket französischer Bücher, die dieser kurz vorher nach Weimar geschickt hatte, und bemerkt: »Retifs Cœur humain devoilé (ein detestables Werk!) habe ich durch Hrn. Böttiger auf Euere Rechnung an einen Berliner Buchhändler verkauft, der in dieser Jubilate

Messe an Hern. Wolf zu bezahlen versprochen hat.« (WBr 13.1, S. 556) Im Kommentar zu diesen Zeilen heißt es: »Berliner Buchhändler: Nicht ermittelt.« (WBr 13.2, S. 500) Der Buchhändler war Johann Daniel Sander, wie sein Brief vom 5. Jan. 1799 an Carl August Böttiger beweist: »Le cœur humain devoilé wollte ich, um Wieland einen Gefallen zu thun, behalten, aber desto besser, wenn ich das Buch wieder loswerden kann. Ich schicke es mit dem nächsten Paket nach Weimar.« (Die Briefe Johann Daniel Sanders an Carl August Böttiger. Hg. von Bernd Maurach. 4 Bde. Bern 1990 – 1993, hier: Bd. 3, S. 14) Wie Sander dem von ihm verehrten Wieland durch Übernahme des Werks einen Gefallen tun wollte, wird nicht ausdrücklich erklärt. Sicher hängt es aber mit Wielands oft bezeugten Sorgen um die Gesundheit und die Finanzen Geßners zusammen.

33) Kommentarergänzung zu WBr 13.1, Nr. 572

Im Brief vom 22. Mai 1797 an Wieland erkennt August Wilhelm Schlegel die bahnbrechende Arbeit des ersten Shakespeare-Eindeutschers an und legt als ein Zeichen wahrer Verehrung und Bewunderung den Anfang seiner eigenen Übersetzung bei (WBr 13.1, S. 600 – 601). Dem Kommentar vielleicht hinzuzufügen wäre Georg Joachim Göschens Bericht gegen Ende September 1797 in einem Brief an Carl August Böttiger: Schlegel habe sich darüber beschwert, dass Wieland seinen Brief nicht beantwortet habe (Sächsische Landesbibliothek Dresden, Ms. h 37, Bd. 59, Nr. 21).

34) Kommentar zum erschlossenen Brief WBr 14.1, Nr. [488]

Der Brief an den Berliner Verleger Johann Daniel Sander wird durch Zeilen aus Wielands Schreiben vom 28. April 1799 an Carl August Böttiger bezeugt. Dort behauptet der Dichter, er interessiere sich mehr für »Gartenbücher« als für »Meister Brunquells« neuesten »offspring«, legt aber zur Weiterleitung ein »epistolio« an H. Sander bei (WBr 14.1, S. 489). Über diesen wohl etwas launigen Dankzettel für ein geschenktes Buch schrieb Sander den 18. Mai 1799 an Böttiger: »Daß ein Briefchen von dem Vater Wieland mir sehr große Freude gemacht hat, brauche ich Ihnen nicht erst zu sagen. Ich werde das Blättchen als ein Heiligthum aufheben u. mir bei Gelegenheit noch ein anderes von ihm zu erwerben suchen.« (Sanders [wie oben in Nr. 32], Bd. 3, S. 25) Der ›Romanbrunnquell‹, wie Wieland ihn im Quellenbrief bezeichnete, war aller Wahrscheinlichkeit nach August Heinrich Julius Lafontaine, von dem dessen Verleger Sander anderswo sagte, er könnte in Kurzem wohlhabend werden, wenn er nur zwei solche Schriftsteller wie Lafontaine hätte (ebd., S. 16). Vgl. weiter Sanders Brief vom 21. Aug. 1799 an Böttiger, worin der Verleger meldet, ein Päckchen mit dem zweiten Band von Lafontaines ›Herrmann Lange‹ sowie dem 3. und 4. Bändchen von dessen ›Kleinen Romanen‹ seien unterwegs nach Weimar und sollten u. a. an Herder, Wieland und die Regierungsrätin Voigt verteilt werden (ebd., S. 42).

35) Nicht erfasster Brief zu WBr 14.1, nach Nr. 523
Carl August Böttiger an Wieland. Weimar, 25. Sept. 1799.

Quelle: Hs. in Jagiellon-Bibliothek, Krakow.

Inhalt und Erläuterung: Nach brieflicher Mitteilung Günter Arnolds vom 8. August 2010 geht es um den Besuch des portugiesischen Diplomaten Antonio d'Araujo de Azevedo, condé de Barca, und des Amsterdamer Ehepaars Cappadoce bei Wieland in Oßmannstedt. Zu vergleichen ist Christian Gottlob von Voigts Hinweis auf den Besuch in seinem Brief vom 27. September 1799 an Goethe: »Ein portugiesischer Ex-Gesandter ist hier, der den Frieden mit Frankreich schloß, den die Franzosen revozierten und den Gesandten in Tempel steckten. Seitdem er frei ist, reist er in der Welt herum. Er hat einen jüdischen Herrn und Dame, names Cappadoce, mit sich, die in Amsterdam wohnhaft sind [...]. Da Kommandeur d'Aranjo (so heißt der Gesandte) auf deutsche Literatur ausgeht, so hat er Wieland besucht und soll sich sehr gefallen.« (Goethes Briefwechsel mit Christian Gottlob von Voigt. Hg. von Hans Tümmler. 4 Bde. Weimar 1949 – 1962, hier: Bd. 2, S. 187.)

36) Erschlossener Brief zu WBr 16.1, etwa nach Nr. 505
Wieland an Karl Leonhard Reinhold. Weimar, etwa Anfang Juni 1805.

Bezeugt: Caroline Schlegel an August Wilhelm Schlegel. Kiel, 4. Sept. 1805: »Reinhold sagte neulich auch etwas über Göthens üblen gesundheitszustand, daß Wieland sehr für ihn fürchte, und geschrieben hätte bei Schillers Todt, die Furcht Göthen zu verlihren habe ihn fast diesen vergessen lassen.«

Quelle: Caroline. Briefe aus der Frühromantik. Hg. von Erich Schmidt, vermehrt nach Georg Waitz. 2 Bde. Leipzig 1913, hier: Bd. 2, S. 415.

Erläuterung: Zum möglichen Inhalt des hier erschlossenen Briefes vgl. Wielands Schreiben vom 6. Juni 1805 an Georg Joachim Göschen: »Ich kann mir vorstellen welche Sensazion die Nachricht von Schiller's Tode in Leipzig gemacht haben mußte. Nach Herdern, und solange uns Göthe noch erhalten wird, konnte Deutschlands Litteratur keinen empfindlichern Verlust erleiden. Wollte Gott, daß wir nur nicht auch über den Einzigen, der uns darüber trösten kann, noch immer in Sorgen schweben müßten! Ich kann Ihnen nicht ausdrücken, wie leicht mir um's Herz würde, wenn ich gewiß sein könnte, diesen Fall nicht zu erleben.« (WBr 16.1, S. 435) Im Laufe der fünf Monate nach Friedrich Schillers Tod am 9. Mai 1805 ist kein Brief Wielands an Reinhold überliefert; in den zwei Briefen Reinholds an seinen Schwiegervater während dieser Zeit (WBr 16.1, Nr. 497 und 515) werden Goethe und Schiller nicht erwähnt.

37) Kommentarberichtigungen zu WBr 18.1, Nr. 95

In diesem Brief an Wieland schreibt seine Tochter Charlotte Wilhelmine Geßner den 4. April 1810: »Der Arme Geßner hatte böse Tage doch Gottlob geht es ihm auch wieder leidentlich.« (WBr 18.1, S. 107) Im Kommentar wird auf einen früheren Briefbericht Charlottes über ihren kränkelnden Mann hingewiesen, aber mit verdruckter Datierung, falscher Quellenangabe und verstümmelter Umschreibung ihrer Worte: Sie berichtet, so WBr 18.2, S. 97, »am 6. August 1810, daß ihr der behandelnde Arzt mitgeteilt habe, die Krankheit sei unheilbar und es sei mit dem baldigen Tod zu rechnen (BW 17.1, Nr. 557, Z. 38 – 51 und Nr. 558)«. In WBr 17.1, Nr. 558, Z. 54 – 58, nicht 38 – 51, den 6. August 1809, nicht 1810 datiert, schrieb Charlotte, der Arzt habe ihr gesagt, er wünschte herzlich, daß Geßner »bald von seinen Leiden befreyt werde. Herstellung kann man bey den jetzigen Umständen und der niedergeschlagenheit seines Gemüths nur nicht mehr erwarten noch hoffen – es wäre einen Wunder ähnlich wenn die jetzige Kur und die frische Luft beträchtlich gute Veränderungen bewirkten. Ich glaube dieser Herbst und Winter wird viel Entscheiden [...]«. Brief Nr. 557 in WBr 17.1, nur fünfzehn Zeilen lang, ist von Wieland an Karl Leonhard Reinhold und erwähnt Geßner nicht.

38) Adressatenidentifizierung zu WBr 18.1, Nr. 128

Mit diesem Billet, den 3. Juni 1810 datiert, leitete Wieland ein kleines, neu eingelaufenes Manuscript für den NTM weiter und bittet um dessen Einrückung ins nächste Monatsstück (WBr 18.1, S. 131). Im Kommentar wird als Briefempfänger Karl Bertuch mit Fragezeichen genannt; es folgt eine Liste aller Beiträge im Juli-Heft 1810 des NTM, worunter die unbekannte Einsendung sich befinden könnte (WBr 18.2, S. 121 – 122). Sämtliche Fragezeichen tilgt Karl Bertuchs Brief vom 4. Juli 1810 an den ›Merkur‹-Redakteur Carl August Böttiger: »Dem Junius 1810 Merkur habe ich von Ihnen noch nichts erhalten, dazu sende ich von Vater Wieland einen spät erhaltenen Beitrag aus Thomson; der junge Verfasser lebt, so viel ich weiß, hier. Ich kenne ihn aber nicht. Wieland wünscht sehr es im nächsten Stück zu sehen.« (Sächsische Landesbibliothek Dresden, Ms. h 37, Bd. 11, Nr. 38; Starnes 3, S. 373) ›Die Liebe der Waldsänger. Versuch einer treuen Übersetzung aus dem Englischen des Jakob Thomson‹ des Jenenser Studenten Johann Christoph Wilhelm Neuendorff steht im Juni-, nicht Juli-Heft. Die Anmerkung und Nachschrift auf S. 91 und 97 – 98 sind wohl Wielands letzter Beitrag zu dem von ihm begründeten Journal! Vgl. TMRep, S. 270 und 515.

39) Kommentarergänzung zu WBr 18.1, Nr. 237

In diesem Billet vom 22. April 1811 an Johann Cornelius Rudolf Ridel, Meister vom Stuhl der Weimarer Freimaurerloge Anna Amalia, empfiehlt Wieland die Überbringerin, die hilfsbedürftige Witwe des vor kurzem verstorbenen Welser Stadtarzts und Apothekers Herrmann, der Freimaurer gewesen sein soll. Zur Identifizierung des Verstorbenen vgl. die kurze Todesanzeige in der ›Wiener Zeitung‹, 1811, Nr. 1281: »Franz Hermann (geb. um 1747, gest. 18.3.1811) Arzt.«

40) Kommentarergänzung zu WBr 19, Nr. VIII 10a

In diesem Schreiben Wielands vom 12. August 1782 an die Gräfin Tina von Brühl geht es, wie auch in zwei kurz zuvor (vom 18. Juli bzw. 22. Juli; WBr 19, S. 39 – 40) an sie gerichteten Briefen, um Heinrich Ottokar August Reichards ›Journal de Lecture‹. In den ersten beiden Briefen wird das Journal namentlich genannt; in dem letzten, dem hier betrachteten, heißt es nur, Wieland beeile sich, »die Fortsetzung der Geschichte der Duchesse de C. zu schicken« – eine Schrift, die, ob Biographie oder Fiktion, eine der interessanten und wohlgeschriebensten sei, die er »jemals gelesen« habe (WBr 19, S. 41). Im Kommentar wird nur auf Wielands zwei frühere Briefe an die Gräfin hingewiesen, welche beweisen, die nicht weiter identifizierte Geschichte sei im ›Journal de Lecture‹ abgedruckt (WBr 19, S. 154). Diese ›Histoire de la duchesse de C***‹ erschien zunächst 1782 in Paris als eine Einlage im zweiten Teile des Romans ›Adèle et Théodore‹ der berühmten Mme Stéphanie-Felicité du Crest de Genlis. Die Geschichte der Duchesse – eine etwa 20 000 Worte umfassende Novelle, die das erschütternde Schicksal einer mißhandelten jungen Ehefrau erzählt – genoss eine solche besondere Beliebtheit, dass sie 1783 in Paris separat gedruckt wurde. Es ist diese Novelle, die das ›Journal de Lecture‹ 1782 unter dem Titel ›L'histoire de la duchesse de C***, écrite par elle meme‹ in zwei Teilen im Juli-Heft, S. 32 – 64 und im August-Heft, S. 145 – 175, des dritten Bands wieder druckte. Angesichts von Wielands Lob für die Verfasserin, verdient sie wohl im Kommentar identifiziert zu werden, denn anderswo hat er Mme de Genlis sehr negativ beurteilt. Vgl. z. B. ein Gespräch am 9. März 1797, das von Böttiger aufgezeichnet wurde: »Ich lerne, sagte er mir […] aus den schlechtesten Büchern oft das Meiste. […] So hat er vorige Woche le chevalier de l'ordre du Cygne von der Madame Genlis durchgewürgt.« (Karl August Böttiger. Literarische Zustände und Zeitgenossen. Begegnungen und Gespräche im klassischen Weimar. Hg. von Klaus Gerlach und René Sternke. Berlin 1998. S. 220.)

Burkhart Kroeber

Dankesrede für den Christoph Martin Wieland-Übersetzerpreis 2011

gehalten am 21. September 2011

Für einen schönen Preis bedankt man sich immer gern, aber dieser erfüllt mich aus zwei Gründen mit besonderer Freude: Erstens, weil ich ihn für die Übersetzung eines Buches von Italo Calvino bekomme, und zweitens, weil es nicht irgendein Buch von Calvino ist, sondern eines, um dessen Übersetzung ich mich besonders lange und intensiv bemüht hatte, nämlich alles in allem gut zwanzig Jahre. Der Fall ist so außergewöhnlich, daß ich diese schöne Gelegenheit heute benutzen möchte, um ihn in aller gebotenen Kürze zu erzählen und ein bißchen über meine Erfahrungen mit Calvino zu sprechen.

Wer Italo Calvino war, was er geschrieben hat und welche Rolle er in der italienischen und internationalen Literatur der zweiten Hälfte des zwanzigsten Jahrhunderts gespielt hat, kann ich hier nicht ausbreiten, ich empfehle allen, die es genauer wissen wollen, einmal den Wikipedia-Artikel über ihn zu lesen, den ich größtenteils selber verfaßt habe und regelmäßig kontrolliere (was man bei Wikipedia ja tun muß, damit nicht irgendwelche Besserwisser oder Vandalen den Artikel verunstalten). Ich habe in diversen Radio-Interviews und anderen öffentlichen Gesprächen nie einen Hehl daraus gemacht, daß mir Calvino von meinen Autoren immer der liebste war – und das sage ich in voller Übereinstimmung mit meinem berühmtesten und produktivsten Autor, Umberto Eco, denn der schrieb nach Calvinos plötzlichem Tod am 19. September 1985 in einem sehr schönen Nachruf schlicht und ergreifend: »Era quello che amavo di più« – (»Er war derjenige, den ich am meisten liebte«).

Meine große Liebe zu Calvino begann, als ich 1982 seinen Roman ›Wenn ein Reisender in einer Winternacht‹ übersetzen durfte (wie es dazu kam, ist eine eigene Geschichte, die auch etwas mit dem Welterfolg von Ecos ›Name der Rose‹ zu tun hat). Wer Calvinos höchst originellen und hinreißenden »Meta-Roman über das Lesen« gelesen hat (der im ›Spiegel‹ unter der Überschrift »Hinein ins Vergnügen!« rezensiert worden ist), wird meine spontane Verliebtheit unschwer verstehen – solange er nicht zu denen gehört, die das Buch frustriert in die Ecke geworfen haben, da es aus lauter Geschichten besteht, die immer am spannendsten Punkt abbrechen …

Persönlich kennengelernt habe ich Calvino erst zwei Jahre später, als ich die siebenundzwanzig pedantisch durchnummerierten Texte (bei Calvino muß man sich immer auf den allgemeinen Ausdruck »Texte« zurückziehen, da es so schwer ist, seine literarischen Hervorbringungen genauer zu definieren) des schmalen Bandes ›Herr Palomar‹ übersetzte. Es war in Wien, wo er 1984 den Österreichischen Staatspreis verliehen bekam. Ich traf ihn am Vorabend der Verleihung im Hilton Hotel, wir beschnupperten uns ein bißchen verlegen, während ein freundlicher junger Redakteur des Österreichischen Rundfunks unsere Begegnung mit geschickten Fragen erleichterte und auf seinem Tonbandgerät aufzeichnete, bis schließlich Calvinos argentinische Ehefrau Chichita dazukam und uns munter in ein Wiener Beisl entführte, wo wir dann locker den ganzen Abend bis ein Uhr nachts plauderten.

Am nächsten Abend, bei der feierlichen Preisverleihung im hochbarocken Ignaz-Seipel-Saal, vor der ganzen Wiener Kulturprominenz mit schwarzberockten Botschaftern und Präsidenten in der ersten Reihe, mußte ich den Anfangstext von ›Palomar‹ auf deutsch vorlesen, und zwar noch *bevor* Calvino selbst seine italienische Originalfassung vortrug (er hatte es so gewollt – damit, wie er sagte, die Zuhörer wüßten, worum es ging, und nicht bloß dem »schönen Klang« des für sie unverständlichen Italienisch lauschten). Die Übersetzung dieses knapp sieben Seiten langen Textes – Herr Palomar steht am Strand und versucht, eine einzelne Welle zu beobachten – hatte ich erst am Nachmittag im Hotel verfaßt, denn sie war mir beim Lesen des Buches so schwer vorgekommen, daß ich sie vorläufig weggelassen und mit dem zweiten Text begonnen hatte. Nun mußte ich sie *ad hoc* anfertigen, weil Calvino auf der Vorlesung gerade dieses Textes bestand. Irgendwie habe ich mich durchgewurschtelt, beim mündlichen Vortrag kann man ja manche Ungenauigkeit vertuschen. Ich weiß noch wie heute: Während ich meine kaum drei Stunden alte Übersetzung vorlas, schaute ich ab und zu aus den Augenwinkeln auf den neben mir sitzenden Calvino und sah, wie er mit einem Stift in der Hand skandierend von links nach rechts über die Zeilen seines Buches fuhr. Ich wußte, daß er kein Deutsch konnte, und als ich ihn hinterher schüchtern fragte, was er denn da gemacht habe, erklärte er mir: »Ho controllato il ritmo« – (»Ich habe den Rhythmus kontrolliert«). Das war typisch für seine Vorstellung von einer guten Übersetzung: Der Rhythmus muß stimmen. Auch in seinem eigenen Schreiben war ihm der Rhythmus immer sehr wichtig, er pflegte an seinen Sätzen, die auf den ersten Blick immer so leicht und locker klingen, immer sehr lange zu feilen – und das mußte er auch, denn mündlich, beim Sprechen, war er keineswegs locker und leicht, eher ein bißchen gehemmt und stotterig.

Nach dieser Begegnung in Wien habe ich Calvino nur noch einmal kurz in Rom getroffen, im Frühjahr 1985 in seiner Wohnung, wo er von zwei deutschen Romanisten interviewt wurde, die mich dazu gebeten hatten. Diese zweite Begegnung ist mir jedoch nur als knapp und fast etwas kühl in Erinnerung. Ein halbes Jahr später war Calvino tot, und ich bekam einen Anruf aus Graz, wo er beim Steirischen Herbst hätte auftreten sollen: ob ich für ihn einspringen und etwas über ihn sagen könne. Ich nutzte die Gelegenheit, um dem Publikum dieses renommierten Literaturfestivals vor Augen zu führen, was für eine außergewöhnliche Figur der Autor Calvino in seiner Heimat Italien gewesen war: Er hatte nach einem Gehirnschlag zwei Wochen im Koma gelegen, und die italienische Presse hatte sein Sterben mit größter Aufmerksamkeit verfolgt: Täglich hatten die Zeitungen detaillierte ärztliche Bulletins über seinen Zustand gebracht, als handle es sich um eine Persönlichkeit wie – was weiß ich – der Papst oder der Staatspräsident, und am Tag nach seinem Tod erschienen die meisten Blätter mit mehreren Seiten voller Würdigungen und Nachrufe. Die römische Zeitung ›La Repubblica‹ hatte ganze sechs Seiten nur für das Thema »La scomparsa di Calvino« frei geräumt (dort war auch der oben erwähnte Nachruf von Eco erschienen), und ich weiß noch, wie ich diese sechs Zeitungsseiten vor dem Grazer Publikum hochhielt, um ihm vor Augen zu führen, wie hoch, wie geradezu himmelhoch der doch so leise Autor Calvino in seinem Lande geschätzt worden war und wurde (Als Heinrich Böll fast auf den Tag genau zwei Monate vorher gestorben war, standen in den deutschen Feuilletons die üblichen zweispaltigen Nachrufe, und das war's ...).

Eine Zusammenarbeit in Fragen des Übersetzens gab es bei Calvino freilich kaum (anders als bei Eco, mit dem ich bei jedem Buch eine ausgiebige Korrespondenz über allerlei sachliche und textliche Details geführt habe und der sich auch immer sehr für Übersetzungsprobleme interessierte). Calvino ließ mir zwar gleich zu Anfang über seinen Verlag mitteilen, ich könne mich jederzeit an ihn wenden, wenn ich Fragen hätte, aber ich fand seine Texte immer so klar, geradezu kristallklar, daß ich nie wußte, was ich ihn hätte fragen sollen. Das Problem war bei ihm nie das Verständnis seiner Texte, es gab darin auch kaum je verborgene Anspielungen oder Zitate (und wenn doch, dann relativ leicht auffindbare), das Problem war immer nur, wie man diese Texte möglichst adäquat – also nach Möglichkeit ebenso kristallklar – ins Deutsche bringt. Das gilt übrigens auch für die Übersetzungen in andere Sprachen und wurde von allen Calvino-Übersetzern so empfunden. Sein amerikanischer Übersetzer William Weaver, der auch die Romane von Eco übersetzt hat und nebenbei Musikkritiker und ein sehr guter Amateurpianist war, sagte mir einmal, als wir über den Unterschied zwischen Calvino und Eco sprachen: »Wenn ich Eco übersetze, spiele ich gerne Sachen von Beethoven oder Brahms, wenn ich Calvino übersetze, zieht es mich immer zu Mozart.«

Ein besonders gutes Beispiel für Calvinos kristalline Klarheit und filigrane Transparenz, sowohl in der Sprache wie im Denken, ist sein 1972 erschienenes Buch ›Die unsichtbaren Städte‹, für dessen Übersetzung mir jetzt der Christoph Martin Wieland-Übersetzerpreis zuerkannt worden ist. Was es mit diesem einzigartigen Buch auf sich hat, werde ich heute Abend in der Lesung genauer erklären, hier nur soviel: Es handelt sich um 55 kurze, durch eine Rahmenerzählung verbundene Texte, die man, wollte man sie literaturkritisch definieren, vielleicht am ehesten als *poèmes en prose*, also Prosagedichte bezeichnen könnte. Knappe, fast minimalistische Skizzen, Sprachbilder, die an Zeichnungen von Paul Klee erinnern, so zart und zugleich präzise formuliert, daß es auf jedes einzelne Wort ankommt, ja auf jedes Komma – und eben auf den *Rhythmus*.

Genau den aber konnte ich, ehrlich gesagt, in der 1977 erschienenen Erstübersetzung von Heinz Riedt nicht recht erkennen, und so kam es, daß ich nach Calvinos Tod im Herbst 1985 den Hanser Verlag bat, mich eine Neuübersetzung der ›Unsichtbaren Städte‹ versuchen zu lassen. Ein paar Proben, die ich vorlegte, wurden auch durchaus positiv beurteilt, und Michael Krüger machte mir Hoffnung auf eine Calvino-Gesamtausgabe »in den nächsten Jahren«, zum fünften oder zehnten Todestag oder so. Sie hatten halt noch ziemlich viele unverkaufte Exemplare der Erstausgabe auf Lager …

Einen Teil meiner Übersetzungsproben konnte ich Ende 1985 in einem Artikel über Calvino als *politisch* zu lesenden Autor in Wagenbachs ›Freibeuter‹ veröffentlichen, aber dann kamen mehrere nachgelassene Schriften von Calvino heraus, die rasch eine nach der anderen übersetzt werden mußten, und die Neuausgabe der ›Unsichtbaren Städte‹ hatte zu warten. Zum Glück jedoch nicht ewig: Es vergingen nur schlappe zwanzig Jahre, bis ich 2005 einen Anruf bekam: Jetzt wolle der Verlag das Buch machen, zwar nicht im Rahmen einer Gesamtausgabe, aber doch als Neuausgabe der ›Unsichtbaren Städte‹, und so kramte ich meine Proben wieder hervor und versuchte, den Ton und den Rhythmus wiederzufinden.

Geholfen hat mir dabei übrigens der erwähnte amerikanische Kollege Bill Weaver, dessen bereits 1974 erschienene Übersetzung ›Invisible Cities‹ ich bei der Arbeit immer wieder konsultierte, weniger Rat als Bestätigung suchend, und die ich gleichsam als Metronom benutzt habe. Den Vergleich zwischen der Tätigkeit des Übersetzens und der des Musizierens habe ich schon öfter gezogen – in beiden Fällen muß eine gegebene Vorlage adäquat interpretiert und für ein Publikum verstehbar »aufgeführt« werden –, aber nie war dieser Vergleich für mich so überzeugend wie beim Übersetzen der filigranen Prosagedichte in Calvinos ›Unsichtbaren Städten‹.

Daher habe ich mich naturgemäß ganz besonders gefreut, als ich erfuhr, daß ausgerechnet dieses Buch mir jetzt den Christoph Martin Wieland-Übersetzerpreis eingebracht hat. Ich danke der Jury und allen Beteiligten dafür von Herzen.

Dank
dem Wissenschaftlichen Beirat der Wieland-Studien

Als die Wieland-Studien 1990/91 von Dr. Hans Radspieler und vom Wieland-Archiv Biberach an der Riß, unter der damaligen Leitung von Dipl. Bibliothekarin Viia Ottenbacher, M.A., ins Leben gerufen wurden, war ein Wissenschaftlicher Beirat von Wieland-Forschern mit von der Partie. Dieser sorgte für die Breite und Ausrichtung des unregelmäßig erscheinenden Jahrbuchs, begleitete sein wissenschaftliches Programm und trat dafür ein, daß die ›Studien‹ zugleich ihren Namensträger vor dem Hintergrund der Aufklärungsforschung sahen.

Dieser Wissenschaftliche Beirat hat sich von Anfang an aus fünf Persönlichkeiten zusammengesetzt, die für Wielands Leben und Werk sowie dessen Verbreitung sich große Verdienste erworben haben. Prof. Dr. Dr. h. c. Jan Philipp Reemtsma verdanken die Wieland-Leser – ungeachtet seiner zahlreichen anderen Aktivitäten – den Reprint der ›Sämmtlichen Werke‹ (1984), die Werke in Einzelausgaben, besonders die Politischen Schriften (3 Bde., Nördlingen 1988) und die Schriften zur deutschen Sprache und Literatur (3 Bde., Frankfurt am Main und Leipzig 2005) neben den Studien zu Wielands Werk. Prof. Dr. Siegfried Scheibe hat die 1963 begonnene Akademie-Edition von Wielands Briefwechsel fortgeführt und im Jahr 2007 mit den Registern in Band 20, zuletzt seit 1993 unter dem Dach der Berlin-Brandenburgischen Akademie der Wissenschaften, zu einem glanzvollen Abschluß gebracht. Prof. Dr. Hansjörg Schelle, bereits familiär über seinen Großvater, den Begründer, mit Wieland-Museum und -Archiv eng verbunden, hat durch vielfältige, auch quellengeschichtliche Arbeiten zu Wielands Leben und Werk beigetragen und insbesondere auch anläßlich des Wieland-Jubiläums 1983 mit einem im Jahr darauf erschienenen Sammelband die nordamerikanische Wieland-Forschung dokumentiert. Und Prof. Dr. Thomas C. Starnes hat über seine Einzelstudien hinaus die Maßstäbe setzende Chronik von Wielands Leben und Werk in drei Bänden 1987 vorgelegt und ein Repertorium zum ›Teutschen Merkur‹ 1994 erarbeitet.

Den nach sieben Bänden der ›Wieland-Studien‹ (1991 – 2012) aus dem Beirat heraus geäußerten Wunsch, aus ihm auszuscheiden beziehungsweise ihn aufzulösen, nimmt der Herausgeber zum Anlaß, den Kollegen auch im Namen von Wieland-Archiv Biberach und Wieland-Forschungszentrum Oßmannstedt herzlich für alle beratende Tätigkeit und die schriftlichen Beiträge zu danken. In diesen Rückblick auf das Geleistete einschließlich der in den Studien fortgeführten und fortzuführenden Christoph Martin Wieland- und Sophie von La

Roche-Bibliographie mischt sich insofern ein mildernder Gedanke in den Verlust, als der Ausblick von der Zuversicht getragen wird, daß uns Rat und Tat der Beiratsmitglieder dankenswerterweise erhalten bleiben.

Jena, Oßmannstedt, im März 2013

Klaus Manger

PROFESSOR EM. DR. JUR. DR. PHIL. JÜRGEN CARL JACOBS
17. MAI 1936 – 29. DEZEMBER 2011

Jürgen Jacobs, der seit seinem literaturwissenschaftlichen Debüt ›Wielands Romane‹ (1969) die Wieland-Forschung nicht nur begleitet, sondern mitgestaltet hat, ist am 29. Dezember 2011 in seinem 75. Lebensjahr gestorben. Seit seinem Studienbeginn 1956 hat er die Ordinarien- und Gremien-Universität durchlaufen. 1962 wurde er in der Rechtswissenschaft mit der Dissertation zum bürgerlichen Recht: »Die perpetuatio fori im internationalen Recht des Zivilprozesses und der Freiwilligen Gerichtsbarkeit« bei dem Kölner Juristen Prof. Dr. Hans Carl Nipperdey promoviert. 1964 wurde er nach der Promotion in der Philosophischen Fakultät mit der Dissertation in Germanistischer Literaturwissenschaft: ›Wielands Romane‹ bei dem Kölner Germanisten Walter Hinck an der Universität Köln Wissenschaftlicher Assistent. 1971 habilitierte sich Jacobs an der Universität Köln mit der Arbeit: »Wilhelm Meister und seine Brüder. Untersuchungen zum deutschen Bildungsroman« (erschienen 1972). Zunächst lehrte er seit 1972 als Wissenschaftlicher Rat und Professor an der Universität Bonn, seit 1983 dann auf dem Lehrstuhl für Neuere deutsche Literaturgeschichte an der Bergischen Universität Wuppertal. Wie er in seiner Abschiedsrede anläßlich seiner Emeritierung am 16. Juli 2001 (in: Euphorion 97, 2003, S. 285 – 302) sagte, verlasse er eine Universität, die sich in jüngster Zeit zu einer Dienstleistungs-Hochschule gewandelt habe. 1999 war Jacobs ordentliches Mitglied der Nordrhein-Westfälischen Akademie der Wissenschaften geworden, in der er u. a. auf fachliche Grundlegungen wie Editionen hinwirkte.

Wielands Romane, so Jacobs' literaturwissenschaftliches Debüt, erwarteten von ihren Lesern nicht mehr den schlichten Glauben an die Geschichte, sondern die Bereitschaft, »das gesellige Spiel«, zu dem das Erzählen geworden sei, »mitzuspielen«. Die Auseinandersetzung mit Wielands Werk, obschon eines der bedeutendsten der Literaturgeschichte, gehört noch immer nicht zu den Lieblingsbeschäftigungen der Germanistik. Mit seinen Studien zu ›Wielands Romanen‹ (1969) oder zu ›Don Quijote in der Aufklärung‹ (1992) hat Jürgen Jacobs Maßstäbe gesetzt. So wies er überzeugend auf Wielands Schlüsselstellung hin, die ihm im 18. Jahrhundert auch dadurch zukomme, daß er überraschend früh des Cervantes' Hauptwerk als anthropologischen Roman gelesen hat. Außerdem hat sich Jacobs in den Wieland-Studien 4 (2005) Wielands Rokoko mit einer Interpretation von dessen ›Neuem Amadis‹ gewidmet.

Durch Wielands frühe Romane war für ihn der Weg zur Gattungsgeschichte des Bildungsromans vorgezeichnet, die Jürgen Jacobs zusammen mit Markus Krause 1989 vorgelegt hat: »Der deutsche Bildungsroman. Gattungsgeschichte vom 18. bis zum 20. Jahrhundert«. Die Literatur des 18. Jahrhunderts, des Jahrhunderts der Aufklärung, die Romangeschichte sowie die Literatur der Goethezeit und ihre Wirkungsgeschichte bildeten seine Forschungsschwerpunkte. Neben dem Bildungsroman waren es insbesondere die Gattungen des Schelmenromans (1983), auch in europäischer Perspektive (1998), des Fürstenspiegels (2001), des Conte Philosophique in Deutschland (2006) oder das Drama des 18. Jahrhunderts (1980). Entgegen mancherlei Verzeichnungen des 18. Jahrhunderts betonte der Aufklärungsforscher dessen skeptischen Grundzug und untersuchte die ›Aporien der Aufklärung‹ (2001). Neben Wieland galt seine größte Aufmerksamkeit Lessing (1986) und immer wieder auch Goethe (1997, 1999, 2001, 2004).

Einer, der wie Jürgen Jacobs mit dem Studium der Rechte begonnen hatte und damit den Rechtsdenkern in der Literatur auch nahekam, beobachtete die Entwicklung der Universitäten in jüngster Zeit und ihren Weg in die vermeintlichen Kundenwünschen Rechnung tragende Dienstleistungs-Hochschule mit kritischem Blick. Mit stupender Klarheit sah der Rechtsdenker bereits 1971 die durch Eingriffe der Ministerialbürokratie forcierte Verschulung und Ideologisierung voraus. Sie ließ ihn ernüchternd fragen, was bei dieser Entwicklung verloren, was gewonnen würde. Der angesichts von Dauerreformen in Kauf genommene Niveauverlust wurde zusätzlich durch die »Verschwisterung von Wissenschaft und Wirtschaft« sowie durch die fremdartige Orientierung der Hochschulen an Wünschen ihrer sogenannten »Bildungskunden« begünstigt. Zur Entmündigung des Hochschullehrers paßte aus seiner Sicht die Reduktion des Studiums auf prüfungsrelevantes Wissen. »Bildung als Bedingung von Freiheit« erschien ihm unhintergehbar. Wiederholt hat er u. a. auf Einladung der Koreanischen Gesellschaft für Germanistik auch in Fernost wissenschaftliche Kolloquien veranstaltet sowie Vorträge und Vorlesungen in Seoul, Cheongju, Taegu und Tokyo gehalten. Hochschulpolitisch und wissenschaftsgeschichtlich ging der Germanistik und speziell der Wielandforschung mit dem Tod von Jürgen Jacobs ein Weltbürger verloren.

Klaus Manger

Jena, im Februar 2013

Register

I.
Register der Personen

II.
Register der Werke Wielands

III.
Register der Werke Shakespeares

Abkürzungen

Folgende Literatur wird in den ›Wieland-Studien‹ durchgehend abgekürzt zitiert:

AA Christoph Martin Wieland: Gesammelte Schriften. Hg. von der Deutschen Kommission der Königlich Preußischen Akademie der Wissenschaften [seit 1945: Hg. von der Deutschen Akademie der Wissenschaften zu Berlin; seit 1969: Hg. von der Akademie der Wissenschaften der DDR durch Hans Werner Seiffert]. Abt. I: Werke, Bd. 1 – 4, 6, 7, 8. T. 2, 9 – 15, 18, 20 – 23. Abt. II: Übersetzungen, Bd. 1 – 4, 9, 10. Berlin: Weidmannsche Buchhandlung (seit 1954: Akademie-Verlag) 1909-1975.

Zitierweise:
Wieland: [Titel]. In: AA [Abteilung als römische Ziffer]/[Bandnummer als arabische Ziffer], S. [x – y], hier: S. [xy]. Die Anmerkungsbände sind jeweils separat, mit einem der Seitenzahl vorangesetzten A, paginiert.

AM/NAM Attisches Museum/[ab 1805:] Neues Attisches Museum. Hg. von C. M. Wieland, [1805 ff.] Johann Jakob Hottinger und Friedrich Jacobs. 7 Bde. Bd. 1 – 4 und Band 1 – 3. Zürich: H. Geßner; Leipzig; P. P. Wolf in Komm. 1796 – 1811.

Zitierweise:
Wieland: [Titel]. In: [AM oder NAM] [Bandnummer als arabische Ziffer] (Jahr), [Heftnummer als arabische Ziffer], S. [x – y], hier: S. [xy].

C^{1-4} Christoph Martin Wieland: Sämmtliche Werke. 39 Bde. (C^1) bzw. 36 Bde. (C^{2-4}) und 6 Supplementbde. Leipzig: Göschen 1794 – 1811. In den Formaten 8° (C^1), kl. 8° (C^2), gr. 8° (C^3) und 4° (C^4).

Zitierweise
Wieland: [Titel]. In: $C^{[1,\,2,\,3\text{ oder }4]}$ [Bandnummer in arabischen Ziffern], S. [x – y], hier: S. [xy].

C^{1r} Reprint Ausgabe der 8°-Ausgabe (C^1) der ›Sämmtlichen Werke‹. Leipzig 1794 – 1811. Hrsg. von der »Hamburger Stiftung zur Förderung von Wissenschaft und Kultur« in Zusammenarbeit mit dem Wieland-Archiv, Biberach an der Riß und Dr. Hans Radspieler. 45 Bde. in 14 Bdn. Hamburg 1984.

Zitierweise
Wieland: [Titel]. In: C^{1r} [Bandnummer in arabischen Ziffern], S. [x – y], hier: S. [xy].

FA — Johann Wolfgang von Goethe. Sämtliche Werke, Briefe, Tagebücher und Gespräche. Hg. von Friedmar Apel. 40 Bde. Frankfurt am Main: Deutscher Klassiker-Verlag 1985 ff.

Zitierweise:
Goethe: [Titel]. In: FA [Bandnummer als arabische Ziffer], S. [x – y], hier: S. [xy].

HA — Goethes Werke. Hamburger Ausgabe in 14 Bänden, Hg. von Erich Trunz, Hamburg: Wegner [1]1948; München: Beck 1981.

Zitierweise:
Goethe: [Titel]. In: HA [Bandnummer als arabische Ziffer], S. [x – y], hier: S. [xy].

MA — Johann Wolfgang Goethe: Sämtliche Werke nach Epochen seines Schaffens. Hg. von Karl Richter in Zusammenarbeit mit Herbert G. Göpfert, Norbert Miller, Gerhard Sauder und Edith Zehm. 22 Bde. München: Hanser 1986 ff.

Zitierweise:
Goethe: [Titel]. In: MA [Bandnummer als arabische Ziffer], S. [x – y], hier: S. [xy].

NA — Schillers Werke. Nationalsausgabe. Begründet von Julius Petersen. Fortgeführt von Lieselotte Blumenthal, Benno von Wiese und Siegfried Seidel. Hg. von im Auftrag der Klassik-Stiftung Weimar und des Deutschen Literaturarchivs Marbach von Norbert Oellers. Weimar: Böhlau 1949 ff.

Zitierweise:
Schiller: [Titel]. In: NA [Bandnummer als arabische Ziffer], S. [x – y], hier: S. [xy].

NTM — Siehe TM.

Prol — Bernhard Seuffert: Prolegomena zu einer Wieland-Ausgabe. [T.] I – IX. (Abhandlung der Königlich Preußischen Akademie der Wissenschaften. Philosoph-historische Klasse.) Berlin 1904 – 1940. Auch als Einzeldrucke: Berlin 1904 – 1941.

Zitierweise:
Prol [Teil der Prolegomena als römische Ziffer]/[Nummer des Prolemonenons als arabische Ziffer]. Wenn in Ausnahmefällen auf eine bestimmte Seitenzahl verwiesen wird, so erhält die arabische Zahl ein vorangestelltes S.

ProlErg — Hans Werner Seiffert: Ergänzungen und Berichtigungen zu den Prolegomena VIII und IX zu einer Wieland-Ausgabe. Berlin 1953 (Abhandlungen der Deutschen Akademie der Wissenschaften zu Berlin. Klasse für Sprache, Literatur und Kunst. Jg. 1953. Nr. 2).

Zitierweise wie für Prol.

Starnes	Thomas C. Starnes: Christoph Martin Wieland. Leben und Werk. Aus zeitgenössischen Quellen chronologisch dargestellt. Bd. 1 – 3. Sigmaringen: Thorbecke 1987. Zitierweise: Starnes [Angabe des Bandes als arabische Ziffer], S. [x – y], hier: S. [xy].
TM/NTM	Der Teutsche Merkur/[ab 1790:] Der Neue Teutsche Merkur. Hg. von C. M. Wieland. Weimar 1773 – 1789/1790 – 1810. Vom ›Merkur‹ erschienen zunächst jährlich vier Bände, die 1773 und 1774 als Bd. 1 bis 8 durchgezählt, ab 1775 jeweils als 1. bis 4. Vierteljahr bezeichnet sind; von 1790 an erschienen jährlich 3 Bände. Zitierweise: Wieland: [Aufsatztitel]. In: TM/NTM [Jg. 1 – 17/1 – 21] ([Jahr]), [Stück/Heftnummer als arabische Ziffer], S. [x – y], hier: S. [xy].
TMRep	Thomas C. Starnes: Der Teutsche Merkur. Ein Repertorium. Sigmaringen 1994. Zitierweise: TMRep, S. [xy].
TW	William Shakespeare. Theatralische Werke in 21 Einzelbänden. Übersetzt von Christoph Martin Wieland. Nach der ersten Zürcher Ausgabe von 1762–1766 neu hrsg. von Hans und Johanna Radspieler. Zürich 1993–1995. Zitierweise: Shakespeare/Wieland: [Werktitel]. In: TW [Bandnummer als arabische Ziffer], S. [x – y] (Akt als römische Ziffer, Szene als arabische Ziffer).
WA	Goethes Werke. Weimarer Ausgabe. Hg. im Auftrag der Großherzogin Sophie von Sachsen. (I. Abtheilung: Goethes Werke; II. Abtheilung: Goethes Naturwissenschaftliche Schriften; III. Abtheilung: Goethes Tagebücher; IV. Abtheilung: Briefe.) 143 Bde. Weimar: Hermann Böhlau 1887 – 1919. Zitierweise: Goethe: [Titel]. In: WA [Abteilungsnummer als römische Ziffer]/[Bandnummer als arabische Ziffer], S. [x – y], hier: S. [xy].
WBibl	Gottfried Günter und Heidi Zeilinger: Wieland-Bibliographie. Berlin und Weimar: Aufbau-Verlag 1983. XII, 649 S. (Redaktionsschluß: 31. Dezember 1980). Zitierweise: WBibl [Nummer des Werkes], S. [x – y].
Wieland-Bibliothek	Klaus-P. Bauch/Maria-B. Schröder: Alphabetisches Verzeichnis der Wieland-Bibliothek. Bearbeitet nach dem ›Verzeichniß der Bibliothek des verewigten Herrn Hofraths Wieland. 1814‹. Hannover 1993. Zitierweise: Wieland-Bibliothek, S. [xy].

WBr

Wielands Briefwechsel. Hg. von der Deutschen Akademie der Wissenschaften zu Berlin, Institut für deutsche Sprache und Literatur [ab Bd. 2, 1968: durch Hans Werner Seiffert; ab Bd. 3, 1975: Hg. von der Akademie der Wissenschaften der DDR, Zentralinstitut für Literaturgeschichte durch Hans Werner Seiffert; ab Bd. 7, 1992: Hg. von der Akademie der Wissenschaften, Berlin, durch Siegfried Scheibe; ab 1993 von der Berlin-Brandenburgischen Akademie der Wissenschaften durch Siegfried Scheibe]. 20 Bde., Berlin: Akademie Verlag 1963 – 2007.

Zitierweise:
[Absender] an [Empfänger] ([Ort], [Tag. Monat (ausgeschrieben). Jahr]). In: WBr [Bandnummer], S. [x-y], hier: S. [xy].

WHb

Wieland-Handbuch. Leben – Werk – Wirkung. Hg. von Jutta Heinz. Stuttgart u. a.: Metzler 2008.

Zitierweise:
[Autor]: Art. [Titel]. In: WHb, S. [x – y], hier: S. [xy].

Wieland-Studien

Wieland-Studien. Aufsätze, Texte u. Dokumente, Diskussion, Berichte, Bibliographie. Hg. von Klaus Manger (Bd. 1 von Hans Radspieler) und vom Wieland-Archiv Biberach. Sigmaringen: Thorbecke (ab Bd. 4, 2005: Heidelberg: Universitätsverlag Winter Heidelberg) 1991 ff.

Zitierweise:
[Autor]: [Titel]. In: Wieland-Studien [Bandnummer als arabische Ziffer] (Jahr), S. [x – y], hier: S. [xy].

WOA

Wielands Werke. Historisch-kritische Ausgabe. Hg. von Klaus Manger und Jan Philipp Reemtsma. Berlin und New York: Walter de Gruyter 2008 ff.
Werke aus WOA werden folgendermaßen zitiert:

Zitierweise:
Wieland: [Titel]. In: WOA [Bandnummer als arabische Ziffer], S. [x – y], hier: S. [xy].

Works (PW)

The works of Shakespear in eight volumes. The genuine text (collated with all the former editions, and then corrected and emended) is here settled: … with a comment and notes. Hg. von Alexander Pope u. William Warburton. Dublin 1747.

Zitierweise:
Shakespeare: [Werktitel]. In: Works (PW) [Bandnummer als arabische Ziffer], S. [x – y], hier: S. [xy].

REDAKTIONELLE RICHTLINIEN FÜR DIE BEITRÄGER

Die Beiträger werden gebeten, bei der äußeren Einrichtung ihrer Typoskripte folgende Grundsätze zu beachten:

1. Bitte senden Sie ihren Text als WORD-Datei oder in einem kompatiblen Format ein. Eine Musterdatei mit Formatvorlagen erhalten Sie über die Herausgeber.

2. Für eigene Hervorhebungen verwenden Sie bitte Kursivierungen. Von Auszeichnungen sollte möglichst sparsam Gebrauch gemacht werden.

3. Alle Quellenangaben und Anmerkungen erscheinen als Fußnoten. Verwenden Sie zum Erstellen der Fußnoten ausschließlich die automatische Fußnotenfunktion ihres Textverarbeitungsprogrammes.

4. Quellenzitate werden im Text in doppelten An- und Abführungen (»...«), Werktitel in einfachen (›...‹) wiedergegeben. In Langzitaten von mehr als drei Zeilen entfallen die Anführungszeichen. Trennen Sie diese durch Leerzeilen vom Haupttext und verwenden Sie die Formatvorlage ›Langzitat‹.

5. Literaturangaben erfolgen immer vollständig, es sei denn, der Titel wurde bereits angeführt. Dann wird unter Nennung des Autors und der Fußnotennummer auf die vollständige Literaturangabe verwiesen, z. B.: Müller (Anm. 4), S. 12. Werden mehrere Werke eines Autors zitiert, kann ggf., durch Doppelpunkt abgetrennt, ein Kurztitel dem Namen nachgestellt werden. Gebrauchen Sie bitte die im Abkürzungsverzeichnis verwendeten Siglen.

Verwenden Sie für Erstzitate bitte die folgenden Zitierweisen:

a) Monographien

   [Vorname Name]: [Titel]. [Ort] [Jahr], S. [xy].

b) Aufsätze aus Sammelwerken

   [Vorname Name]: [Titel]. In: [Sammelwerkstitel]. Hg. von [Vorname Name]. [Ort] [Jahr], S. [x – y], hier: [S. xyz].

c) Aufsätze aus Zeitschriften

   [Vorname Name]: [Titel]. In: [Zeitschriftenname] [Jahrgangsnummer] ([Jahr]), H. [x], S. [x - y], hier: S. [xy].

d) Reihentitel werden am Ende der Literaturangabe, aber vor der Seitenzahl aufgenommen, z. B.:

   [Vorname Name]: [Titel]. [Ort] [Jahr] ([Reihenname] [Nummer als arabische Ziffer]), S. [xy].

e) Die Zitierweisen der siglierten Werke entnehmen Sie bitte dem Abkürzungsverzeichnis.

f) Seitenangaben über mehrere Seiten hinweg werden durch geschützte Leerzeichen und Gedankenstrich getrennt: S. [abc] – [xyz].

g) Die Angaben »f.« und »ff.« werden durch Leerzeichen von der Seitenzahl, auf die sich beziehen, getrennt.

6. Bitte zitieren Sie die bereits dort erschienenen Werke Wielands nach der Oßmannstedter Ausgabe.

7. Bitte erstellen Sie zu allen Eigennamen sowie zu den Werken Wielands in Ihrem Artikel Registereinträge.

Es wird darum gebeten, die redaktionellen Richtlinien bei der Abfassung des Typoskripts genau zu beachten, da sonst das Typoskript mit der Bitte um Umarbeitung zurückgesandt werden muß. Alle nicht vom Setzer verschuldeten Korrekturen müssen dem Autor berechnet werden.

Um entsprechende Sorgfalt bitten Herausgeber und Verlag der ›Wieland-Studien‹.